LE CŒUR ET LA RAISON

Préparé pour la presse par
Ulla Kölving
et Andrew Brown

Photo Arnaldo Cordero 1988

ROLAND MORTIER

Le Cœur et la Raison

Recueil d'études sur le
dix-huitième siècle

Préface de
René Pomeau

VOLTAIRE FOUNDATION · OXFORD
EDITIONS DE L'UNIVERSITÉ DE BRUXELLES
UNIVERSITAS · PARIS
1990

Voltaire Foundation
University of Oxford
Oxford OX1 3NA

ISBN 0-7294-0395-5

Editions de l'Université de Bruxelles
Avenue Paul Héger 26
1050 Bruxelles

ISBN 2-8004-1013-2

Universitas
62 avenue de Suffren
75015 Paris

ISBN 2-7400-0000-6

Printed in England at The Alden Press, Oxford

La passion et la raison ne se contredisent pas toujours ; l'une commande quelquefois ce que l'autre approuve ... La raison, sans les passions, serait presque un roi sans sujets.

Diderot, *Essai sur les règnes de Claude et de Néron*

Vous n'êtes point les hommes de votre temps ; vous êtes les hommes de l'avenir, les précurseurs de la raison future.

Essai sur les préjugés, 1770

Table des matières

Tabula gratulatoria

William ACHER, Paris
David ADAMS, University of Manchester
Leonard ADAMS, University of Guelph
Shozo AKAGI, Université d'Osaka
Paolo ALATRI, Università di Perugia
Sylviane & Christian ALBERTAN, Fontenay-aux-Roses
A. Owen ALDRIDGE, University of Illinois, Urbana
Herbert & Mrs ALLGEIER-STENBERG, Kraainem
Janet Gurkin ALTMAN, University of Iowa
Elizabeth ANDERSON, Edinburgh
Tomas ANFÄLT, Uppsala
Maria Rosaria ANSALONE, Università di Napoli
Gérald ANTOINE, Paris
Dimitris APOSTOLOPOULOS, Athènes
Edouard ARANDA, Paris
Javier ARCE, Escuela española de historia y arqueologia, Roma
Maurice-A. ARNOULD, Mons
Andrée ART, Bruxelles
Lloyd James AUSTIN, University of Cambridge
Albert AYGUESPARSE, Académie royale de langue et de littérature françaises, Bruxelles

Claude J.-B. BACKVIS, Université libre de Bruxelles
Willy BAL, Académie royale de langue et de littérature françaises, Bruxelles
Simone BALAYÉ, Paris
Eva H. BALÁZS, Université Eötvös, Budapest
Giles BARBER, Linacre College, Oxford
W. H. BARBER, Voltaire Foundation, Oxford
Michel BARIDON, Université de Bourgogne

Georges BARTHEL, Universität Tübingen
Alain BAUDRY, Paris
Annie BECQ, Paris
Miguel BENITEZ, Universidad de Sevilla
Georges BENREKASSA, Université de Paris VII
Pierre BERÈS, Paris
José M. BERMUDO AVILA, Universidad de Barcelona
Charles BERTIN, Académie royale de langue et de littérature françaises, Bruxelles
Georges-L. BÉRUBÉ, Université York, Toronto
Roland BEYEN, K. U. Leuven
Marthe & Jean BINGEN, Bruxelles
Simone BLAVIER-PAQUOT, Liège
Olivier BLOCH, Université de Paris I-Panthéon-Sorbonne
Jean-Claude BONNET, C.N.R.S., Paris
J. Th. de BOOY, Roosendaal
Georges BORGHANS, Bruxelles
Bernard BRAY, Universität des Saarlandes
Chevalier Jacques BROTCHI, Université libre de Bruxelles
Andrew BROWN, Voltaire Foundation
Pierre BRUNEL, Université de Paris IV-Sorbonne
Else Marie BUKDAHL, Det Kungelige Danske Kunstakademi, København

Denise CAMU, Aalst
Jean-Daniel CANDAUX, Bibliothèque publique et universitaire, Genève
Cinta CANTERLA, Universidad de Cadiz
Michael CARDY, University College of Swansea
Paolo CARILE, Università di Ferrara
Paolo CASINI, Università di Roma
Pierre-Georges CASTEX, de l'Institut
Xavier du CAUZÉ DE NAZELLE, Ambassadeur de France en Belgique
Giorgio CERRUTI, Torino
Jean Marie H. CHARTRY D'HEUR, Université de Paris IV-Sorbonne
Paul CHAVY, Halifax, Nova Scotia
Anne-Marie CHOUILLET, Boulogne-Billancourt
Geneviève CLUYDTS, Bruxelles
Yves COIRAULT, Université de Paris IV-Sorbonne

Georges Colin, Bruxelles
Gabriel Conesa, Université de Paris IV-Sorbonne
Henri Coulet, Aix-en-Provence
Manuel Couvreur, F.N.R.S., Bruxelles

J. A. Dainard, Projet Graffigny, Université de Toronto
Georges Daniel, Paris
Robert Darnton, Princeton University
Simon Davies, Queen's University of Belfast
Nino Dazzi, Università di Roma La Sapienza
Robert Debever, Bruxelles
Claude De Grève, Université de Paris X-Nanterre
Marcel De Grève, Rijksuniversiteit te Gent
Paul De Groote, Bruxelles
Roger Dehaybe, Commissaire général aux Relations internationales de la Communauté française de Belgique, Bruxelles
Paul Delbouille, Université de Liège
Claudie Delloye, Bruxelles
Michel Delon, Université de Paris X-Nanterre
Paul Delsemme, Bruxelles
Charles Delvoye, Université libre de Bruxelles
Jean-Paul De Nola, Università di Palermo
Jean Deprun, Université de Paris I
Gama Desbonnet, Bruxelles
Georges Désir, Ministre de la Région de Bruxelles-Capitale
Raphaël De Smedt, Bibliothèque royale Albert Ier, Bruxelles
Anne Desprechins de Gaesebeke, Gand
Lucette Desvignes, Dijon
Jacques Detemmerman, Bruxelles
Jean-Pierre Devroey, Bruxelles
Paul De Zuttere, Bruxelles
Jacques D'Hondt, Président de la Société française de philosophie
Jean Dierickx, Université libre de Bruxelles
Samy Djelassi, Uppsala
Mireille & Marc Dominicy, Bruxelles
Jackie Douillet, Hénin Beaumont
Loukia Droulia, Centre for Neohellenic Research, Athens
Pierre & Simone Dubois, La Haye

Mme Louis DUBRAU, Académie royale de langue et de littérature françaises, Bruxelles
Alain DUFOUR, Genève
Georges DULAC, Centre d'étude du XVIIIe siècle, Montpellier
Georges-Henri DUMONT, Académie royale de langue et de littérature françaises, Bruxelles
Claire DUMORTIER, Bruxelles

Jean EHRARD, Riom
Dennis F. ESSAR, Brock University / University of Swaziland
René ETIEMBLE, Vernouillet

Bernhard FABIAN, Westfälische Wilhelms-Universität Münster
Andrew Walker FAIRBAIRN, University of Newcastle upon Tyne
Alison Anne Bowie FAIRLIE, University of Cambridge
Yves-Alain FAVRE, Université de Pau
René FAYT, Bruxelles
Valmy FÉAUX, Ministre-Président de l'Exécutif de la Communauté française, Bruxelles
Edmond FERENCZI, Commission des Communautés européennes, Bruxelles
Peter FFOULDS, Ffoulds Foundation, Bournemouth
Georges FILLOUX, Paris
André FINET, Université libre de Bruxelles
Beatrice FINK, University of Maryland
Renate FINKE-OSIANDER, Ambassadeur d'Allemagne en Belgique
Maurice-André FLAMME, Bruxelles
Pierre FORTASSIER, Paris
René FOUBERT, Sambreville
Marie FREDERICQ-LILAR, Université libre de Bruxelles
Alan FREER, Università di Pisa
Robert FRICKX, Vrije Universiteit Brussel
Joë FRIEDEMANN, Université hébraïque, Jérusalem
Claire FRONVILLE, Washington, D.C.

Denise Rachel GALPERIN, Université de Tel-Aviv
Robert GARAPON, Université de Paris IV-Sorbonne
Jean GAULMIER, Université de Paris IV-Sorbonne
Dieter GEMBICKI, Genève

Jean-Philippe GENET, Université de Paris I
Albert GERARD, Université de Liège
Jan K. M. GEVERS, Amsterdam
Alberto GIL NOVALES, Universidad Complutense, Madrid
Jean-Pierre GILET, Université libre de Bruxelles
Jean GODEAUX, Bruxelles
Gianluigi GOGGI, Pisa
Alain GOLDSCHLÄGER, University of Western Ontario, London
André GOOSSE, Université de Louvain
Paul GORCEIX, Castillon-la-Bataille
Claudine GOTHOT-MERSCH, Académie royale de langue et de littérature françaises, Bruxelles
Jean-Pierre GRAFE, Ministre de la Communauté française, Bruxelles
Robert & Mme GUBBELS, Bruxelles
Alexis GUÉDROÏTZ, Bruxelles
Edouard GUITTON, Université de Rennes II Haute-Bretagne
Basil GUY, University of California, Berkeley

Paul & Lydie HADERMANN, Université libre de Bruxelles
Roger HAHN, University of California, Berkeley
Norman HAMPSON, University of York
Blake T. HANNA, Université de Montréal
Joseph HANSE, Académie royale de langue et de littérature françaises, Bruxelles
Geneviève HAROCHE-BOUZINAC, Le Chesnay
Ephraïm HARPAZ, Jérusalem
Hervé HASQUIN, Université libre de Bruxelles
Donald M. HASSLER, Kent State University, Ohio
Paul & Véronique HEIRBRANT TRIFFAUX, Bruxelles
Jacques HENEN, Bruxelles
Albert HENRY, Université libre de Bruxelles
Marian HOBSON, Trinity College, Cambridge
Paul HOFFMANN, Université des sciences humaines, Strasbourg
Etienne & Anne HOFMANN, Université de Lausanne
André & Mme HOMÈS, Bruxelles
Germaine H. J. HOMÈS-VAN SCHOOR, Académie royale de Belgique
Simone HUYBERECHTS, Université libre de Bruxelles

Henri JANNE, Recteur honoraire de l'Université libre de Bruxelles

Uta JANSSEN-KNORSCH, Nijmegen
Roger JAQUEL, Mulhouse
Baron André JAUMOTTE, Bruxelles
Peter JIMACK, University of Stirling
Pierre JODOGNE, Université de Liège
Neal & Ghislaine JOHNSON, University of Guelph
Hidda M. JOLLES, N.W.O., La Haye
Herbert JOSEPHS, Michigan State University
Brian JUDEN, London
Monique JUTRIN-KLENER, Université de Tel-Aviv
Siegfried JÜTTNER, Universität Duisburg

Frank A. KAFKER, University of Cincinnati
Didier KAHN, C.N.R.S., Paris
Françoise KARRO, Bibliothèque nationale, Paris
Albert KIES, Professeur émérite des Facultés universitaires Saint-Louis, Bruxelles
Wallace KIRSOP, Monash University
Joanna KITCHIN, Edinburgh
Kurt KLOOCKE, Tübingen
Peter-Eckhard KNABE, Universität Köln
Renate KNOLL, Universität Münster
Joseph KOHNEN, Centre universitaire, Luxembourg
Ulla KÖLVING, Voltaire Foundation
Domokos KOSÁRY, Hungarian Academy of Sciences, Budapest

Jacques LACANT, Université de Paris X-Nanterre
François LAFORGE, Parmain
Mme Marcel LAMBRICHS-HAARDT, Bruxelles
Alfred LAMESCH, Université libre de Bruxelles
Roger LANGENAEKEN, Bruxelles
Claude LAURIOL, Président de l'Université Paul Valéry, Montpellier
Claude LEBÉDEL, Versailles
Jacques LECLAIR, Bruxelles
Paul LE CLERC, President of Hunter College, City University of New York
Patrick J. LEE, Barry University
Maija LEHTONEN, Université de Helsinki
Wolfgang LEINER, Universität Tübingen

Jacques LEMAIRE, Université de Lille III Charles de Gaulle
Edna Hindie LEMAY, Paris
Jacques LEPAFFE, Bruxelles
Monique LEVRAY, Bruxelles
Michel LICHTLÉ, Université de Paris IV-Sorbonne
Suzanne LILAR, Bruxelles
Jean & Mme LIMAGE, Bruxelles
Jacques-Gérard LINZE, Académie royale de langue et de littérature françaises, Bruxelles
Selma & Raph LIPSKI-ISRAËL, Bruxelles
Annette LORENCEAU, Paris
Alexandre LORIAN, Jérusalem
Jean-Louis LUXEN, Administrateur général, Ministère de la Communauté française, Bruxelles

Antony MCKENNA, Marseille
André MAGNAN, Université de Caen
Olivier MAINGAIN, Directeur adjoint au cabinet de M. Féaux, Bruxelles
Nicole MANAND, Bruxelles
Louise MARCIL-LACOSTE, Université de Montréal
Pierre de MARET, Université libre de Bruxelles
Jean-Claude MARTIN, City University of New York
Jacques MARX, Université libre de Bruxelles
H. T. MASON, University of Bristol
Michèle MAT, Bruxelles
Georges MAY, Yale University
Gita MAY, Columbia University, New York
Renato G. MAZZOLINI, Università di Trento
Geneviève & Sylvain MENANT, Paris
Philippe MÉNARD, Université de Paris IV-Sorbonne
Caroline MERLE D'AUBIGNÉ, Paris
Pierre MERTENS, Université libre de Bruxelles
Christiane MERVAUD, Université de Rouen
Jean MESNARD, Université de Paris IV-Sorbonne
Albert MEEUS, Conseiller émérite à la Cour de cassation, Bruxelles
Michel MEYER, Université libre de Bruxelles
Paul H. MEYER, University of Connecticut
Jean-Jacques MIRISCH, Saint-Mandé

Jacques MONFRIN, Académie des inscriptions et belles-lettres, Paris
Michel MORINEAU, Secrétaire national de la Ligue française de l'enseignement, Paris
Alexandra MORTIER, Bruxelles
Julien MORTIER, Bruxelles
Laurent MORTIER, Bruxelles
Philippe MORTIER, Le Pré Saint-Gervais
Stéphanie MORTIER, Bruxelles
Loyse MORTIER-TRIFFAUX, Bruxelles
Elisabeth MOSSIAT-DETRIGNE, Namur
Jeanine MOULIN, Académie royale de langue et de littérature françaises, Bruxelles
Léo MOULIN, Bruxelles
François & Ursula MOUREAU, Université de Bourgogne
José-Michel MOUREAUX, Paris
Daniel MOUTOTE, Montpellier
Suzanne MUHLEMANN, Brugg
W. W. MYNHARDT, Rijksuniversiteit, Utrecht

Hisayasu NAKAGAWA, Université de Kyoto
Robert NIKLAUS, University of Exeter
Charles-Ferdinand NOTHOMB, Président de la Chambre des Représentants, Bruxelles

Gerhard OBERHAMMER, Universität Wien
Barbro OHLIN, Göteborg
Maurice OLENDER, Ecole des hautes études en sciences sociales, Paris
Robin O'NEILL, British Ambassador to Belgium
Thomas OWEN, Académie royale de langue et de littérature françaises, Bruxelles

John PAPPAS, Paris
Jean-Noël PASCAL, Université de Montpellier III
Olga PENKE, Université de Szeged
Baronne Fela PERELMAN, Bruxelles
Jean A. PERKINS, Swarthmore College
Lucette PEROL, Clermont-Ferrand
Edgar PESIN, Blois
R. G. PETERSON, St Olaf College

Liano Petroni, Università di Bologna
Paul Pettiaux, Uccle
Colette Piau-Gillot, Université de Paris XI
Madeleine Pinault, Musée du Louvre
Danielle Pister, Université de Metz
George Pistorius, Williams College
Maria-Cristina Pitassi, Institut d'histoire de la Réformation, Genève
Franco Piva, Università di Trento
Jacques Pohl, Professeur honoraire à l'Université libre de Bruxelles
René Pomeau, de l'Institut
René Pommier, Université de Paris IV-Sorbonne
Charles Porset, C.N.R.S., Université de Paris IV-Sorbonne
Alberto Postigliola, Istituto universitario orientale, Napoli
Raymond Pouilliart, Université catholique de Louvain
Anne & Michel Pourtois, Bruxelles
Ilya Prigogine, Bruxelles
Aurelio Principato, Università di Pavia
Gunnar von Proschwitz, Göteborg
Jacques Proust, Montpellier

Marc Quaghebeur, Archives et musée de la littérature, Bruxelles

Agnes G. Raymond, University of Massachusetts, Amherst
T. J. Reed, The Queen's College, Oxford
Marc Régaldo, Université de Bordeaux III
Henri Reinhold, Bruxelles
Claude Remy, Rhôde-Saint-Genèse
Pierre Rétat, Université Lumière-Lyon II
Roselyne Rey, Centre Alexandre Koyré, Paris
Claude Reymond, Professeur honoraire de l'Université de Lausanne
J. M. Roberts, Merton College, Oxford
Philippe Roberts-Jones, Secrétaire perpétuel de l'Académie royale des sciences, des lettres et des beaux-arts, Bruxelles
Daniel Roche, Université de Paris I-Sorbonne
Gary B. Rodgers, Oita
Paul Romus, Université libre de Bruxelles
Aubrey Rosenberg, Victoria College, University of Toronto
K. H. & Mrs Ross, Bruxelles
Antonio Rotondò, Università di Firenze

Jean ROUSSEL, Paris
Jean ROUSSET, Université de Genève
Françoise RUBELLIN, Université Jean Moulin-Lyon III
Pierre RUELLE, Université libre de Bruxelles
Jacques RUSTIN, Université des sciences humaines, Strasbourg

Lynn SALKIN SBIROLI, Roma
John Kristian SANAKER, Bergen
Herman SCHURMANS, B.R.T., Bruxelles
Leon SCHWARZ, California State University, Los Angeles
Bertram Eugene SCHWARZBACH, Paris
Jean SGARD, Université Stendhal, Grenoble
Miriam & Theo SHEFFER, Jérusalem
English SHOWALTER, Rutgers University, Camden
Georges SION, Secrétaire perpétuel honoraire de l'Académie royale de langue et de littérature françaises, Bruxelles
Gisèle & Jacques SLEZYNGER, Bruxelles
Rudolf SMEND, Göttingen
Paul-F. & Mme SMETS, Bruxelles
David SMITH, University of Toronto
Alex A. SOKALSKI, University of Saskatchewan
José SOUSA UVA, Lisboa
Alex U. SOYKA, Montréal
Antoinette SPAAK, Présidente du Conseil de la Communauté française, Bruxelles
Godlieve SPAAS, Roehampton Institute, London
Jürgen von STACKELBERG, Universität Göttingen
Barbara STAFFORD, University of Chicago
Jean STAROBINSKI, Genève
Monique S. STERN, University of Massachusetts, Boston
D. M. STEWART, Lady Margaret Hall, Oxford
Philip STEWART, Duke University, Durham, N.C.
Anthony STRUGNELL, University of Hull
Sigbrit SWAHN, Université de Lund

Leon & Ruth THALER, Flushing
Georges THINÈS, Académie royale de langue et de littérature françaises, Bruxelles
Jacques THIRY, Université libre de Bruxelles

Ian THOMPSON, University of Oxford
Françoise THYS-CLÉMENT, Recteur de l'Université libre de Bruxelles
Tomoo TOBARI, Université Chuo, Tokyo
Jean TORDEUR, Secrétaire perpétuel de l'Académie royale de langue et de littérature françaises, Bruxelles
Antonio TORLO, Torre del Greco, Napoli
M. R. TRICKETT, St Hugh's College, Oxford
Giovanna TRISOLINI, Università di Trieste
Raymond TROUSSON, Université libre de Bruxelles

André VANDEGANS, Académie royale de langue et de littérature françaises, Bruxelles
Simone VAN DER BORGHT, Bruxelles
Patricia VANHEMELRYCK, Bruxelles
Georges VAN HOUT, Bruxelles
Albert E. J. VAN LOOCK, Bruxelles
Robert O. J. VAN NUFFEL, Bruxelles
Monica VAN PAEMEL, Boechout
Jean VARLOOT, Paris
Aram VARTANIAN, University of Virginia
Jeroom VERCRUYSSE, Vrije Universiteit Brussel
Paul VERGUYSE, Bruxelles
Laurent VERSINI, Université de Paris IV-Sorbonne
Rudolf VIERHAUS, Max-Planck-Institut für Geschichte, Göttingen
Marcel VOISIN, Université libre de Bruxelles et Université de Mons-Hainaut
Jürgen VOSS, Paris / Mannheim

Renée WALDINGER, Graduate School, City University of New York
Richard E. A. WALLER, University of Liverpool
Robert L. WALTERS, University of Western Ontario
Antoinette WEBER-CAFLISCH, Genève
Heinz WEINBERGER, Ambassadeur d'Autriche en Belgique
Dina & Jean WEISGERBER, Bruxelles
Christian WENTZLAFF-EGGEBERT, Universität Köln
Stephen WERNER, University of California at Los Angeles
Paul WILLEMS, Académie royale de langue et de littérature françaises, Bruxelles
Ursula WINTER, Berlin

Charles WIRZ, Institut et musée Voltaire, Genève
Christiane WOIT, épouse ROBERT, Bruxelles
Liliane WOUTERS, Académie royale de langue et de littérature françaises, Bruxelles

Yvan YLIEFF, Ministre de l'Education et de la Recherche scientifique, Bruxelles
Serge YOUNG, Société civile des auteurs multimédia, Bruxelles

Chantal ZOLLER, Bruxelles

Institutions

Athénée royal, Arlon
Institut für Romanische Philologie, Freie Universität Berlin
Séminaire de littérature française, Universität Bern
Bibliothèque universitaire, Brest
Bristol University Library
Académie royale de langue et de littérature françaises, Bruxelles
Bibliothèques de l'Université libre de Bruxelles
Groupe d'étude du XVIIIe siècle, Université libre de Bruxelles
Bibliothèque générale, Facultés universitaires Saint-Louis, Bruxelles
Institut des hautes études de Belgique, Bruxelles
Institut et musée Voltaire, Genève
Institut Benjamin Constant, Université de Lausanne
Bibliotheek, Rijksuniversiteit te Leiden
Afd. Romaanse Literatuur, K. U., Leuven
John Rylands University Library, Manchester
Bibliothèque publique et universitaire, Neuchâtel
Institut d'études classiques et romanes, Université d'Oslo
Taylor Institution Library, University of Oxford
Voltaire Foundation, University of Oxford
Universitätsbibliothek, Trier
Universitaire instelling Antwerpen, Wilrijk

Préface

Qui ne connaît les grands ouvrages de Roland Mortier, *Diderot en Allemagne (1750-1850)*, *Clartés et ombres du siècle des Lumières*, *Le Tableau littéraire de la France au XVIIIe siècle*, pour ne citer que les principaux titres? On sait aussi qu'un maître tel que notre ami est très sollicité: communications à des colloques, conférences, leçons de professeur invité, allocutions, contributions diverses. Ce sont autant d'occasions de présenter les avancées d'une recherche toujours active. Ceux qui en ces circonstances ont entendu Roland Mortier se rappellent combien son propos, sur des sujets judicieusement choisis, captive un auditoire, par sa clarté, son élégance, son discret humour. Ce sont ces textes, dispersés par la force des choses dans toutes sortes de publications, qu'on trouvera réunis en ce volume.

L'ensemble, d'une belle unité, atteste la cohérence des travaux de Roland Mortier. Un seul domaine: le siècle des Lumières européennes, parcouru selon les grandes lignes de son développement chronologique, depuis le premier Fontenelle (vers 1680) jusqu'à l'époque impériale (avec Mme de Staël rêvant encore, en 1814, d'écrire un poème sur les croisades de Richard Cœur-de-Lion). Chaque étude éclaire un aspect du sujet. Les plus grands, Voltaire, Diderot, Rousseau, y ont leur place, Diderot s'assurant une prépondérance en accord avec la préférence personnelle de l'auteur. Si le nom de Montesquieu ne figure pas au titre de l'un des articles, le philosophe des *Lettres persanes* et de *L'Esprit des lois* intervient fréquemment dans les analyses qui y sont développées. De moindres personnages, d'Alembert, Dupaty, voire un Lacurne de Sainte-Palaye, sont là pour témoigner que la «philosophie» ne se limitait pas à un «quarteron» de grands auteurs. S'ouvrant par une prospective de «La pensée des Lumières», le volume se conclut par un bilan de «L'Europe des Lumières».

On est frappé par l'envergure «comparatiste» de l'enquête. Sur chaque question, il est fait état des travaux antérieurs, dans toutes les langues où se publient aujourd'hui les études littéraires. Ainsi, s'agit-il de définir la satire, Roland Mortier cite des contributions en français, en allemand, en anglais, en polonais (dans une traduction allemande); ailleurs des travaux en italien, en espagnol, sont mis à profit. En outre, c'est normalement la dimension européenne des problèmes qui est prise en compte. Par exemple, sur le thème de la femme galante en révolte contre l'ordre moral et social, l'Anglaise Fanny Hill est confrontée à ses sœurs hispaniques (la Lozana Andaluza, la Pícara Justina), françaises (Margot la Ravaudeuse, Thérèse philosophe). Et sur la notion même des Lumières, il est souligné (p.14) que les diverses dénominations (*Enlightenment*, *Aufklärung*, *Illuminismo*, *Ilustración*, *Prosvéchtchenie*) attestent l'extension européenne du mouvement. En même temps, il est noté que loin d'être synonymes, les divers termes recouvrent des concepts assez hétérogènes. On sait gré à Roland Mortier de citer «l'amusante notice» de l'*Oxford English Dictionary* de 1897, anachronique et réprobatrice: *Enlightenment* désignerait l'esprit des philosophes français du XVIIIe siècle, leur «prétentieux intellectualisme», leur «mépris déraisonnable pour la tradition et l'autorité» (p.14). Ailleurs il est indiqué combien diffère de la «philosophie» française l'*Aufklärung* allemande, «en liaison étroite avec l'Etat et avec les confessions protestantes» (p.213).

Roland Mortier conduit ses études selon une méthode que ses développements parfois l'amènent à énoncer explicitement. «Retourner aux textes, à tous les textes» (p.312; voir aussi p.150): telle est, si l'on ose dire, la première «règle» de la méthode. Son application vaudra au lecteur de ce volume quelques découvertes plutôt étonnantes. On ne lira pas sans stupeur l'éloge, long et appuyé, de la Faculté de théologie par Diderot (p.182-89). Texte «paratonnerre» (il se lit dans l'article «Bible» de l'*Encyclopédie*)? Les considérations de prudence n'en sont certainement pas absentes. Mais Roland Mortier rappelle les découvertes de Blake Hanna: Diderot a parcouru le cycle complet de la Faculté de théologie, et en est sorti docteur. Roland Mortier a tout à fait raison de conclure que le Philosophe s'en souvient ici avec sympathie: il réhabilite «le savoir immense» de ses compagnons d'étude, «l'intelligence et la conscience professionnelle» de ses anciens maîtres. Nous ajouterons que ce texte de Diderot pourrait éclairer le cas de l'abbé de Prades, d'abord couronné docteur de ladite Faculté, puis durement censuré. Récupéré à Potsdam par Voltaire et l'entourage de Frédéric II, il finira pourtant par réintégrer l'Eglise. Peut-être entre la théologie de la Sorbonne et la «philosophie» l'abîme n'était-il pas aussi profond et infranchissable que le donnent à penser les attaques d'un Voltaire, qui, lui, n'a jamais fait d'études de théologie ni fréquenté aucun théologien (Prades mis à part). En ce même domaine, le recours aux textes conduit Roland Mortier à mettre en valeur une œuvre souvent citée, mais trop méconnue : l'*Examen des apologistes* de Lévesque de Burigny (p.342 et suiv.). Par une analyse détaillée, il en montre la solidité, que dessert malheureusement un style terne.

Dans une autre direction, la recherche des textes a permis d'élucider une incroyable histoire, évoquée par *Le Rêve de d'Alembert*: certains auraient vu dans une basse-cour les produits d'un accouplement entre une poule et un lapin, c'est-à-dire des «poulets couverts de poils». Les meilleurs spécialistes n'avaient pu jusqu'ici découvrir la source. Par une patiente enquête Roland Mortier remonte jusqu'au responsable: Réaumur. *L'Art de faire éclorre* de celui-ci relate l'expérience tentée pour lier des «amours» entre une poule et un lapin. Bien entendu, malgré «l'ardeur exceptionnelle» du lapin, la cohabitation des deux «amants» demeura stérile. Mais il en resta l'idée d'êtres hybrides (p.254, 255). Retenons enfin la plus singulière des trouvailles, dont nous sommes redevables à la recherche des textes rares. Roland Mortier a exhumé un petit roman, des plus curieux: l'*Histoire d'un pou français* (1779). C'est un pamphlet visiblement inspiré par le ministère britannique contre l'intervention française aux côtés des Insurgents américains (assortie d'un projet de débarquement en Angleterre). Mais ce qui n'est pas banal, c'est l'affabulation imaginée par l'auteur anonyme. Un pou rédige son autobiographie. Il raconte comment, né sur la tête d'une fille de joie, il passa successivement sur d'autres têtes : Marie-Antoinette, la chevalière d'Eon, Beaumarchais, etc. Nous laissons au lecteur le plaisir de suivre les aventures de cet intéressant parasite (p.441 et suiv.). On notera la hardiesse intellectuelle de notre animal. Ayant sombré quelque temps dans une «profonde léthargie», il se demande ce qu'était devenue dans l'intervalle son âme immortelle. Ce pou français est un pou philosophe.

Le recours aux textes fonde la solidité de toutes ces études. Mais Roland Mortier sait dépasser la pure érudition. Constamment il situe la question traitée par une mise en perspective. De là le vif intérêt que nous prenons à le lire. S'agissant, par exemple, des *Salons* de Diderot, il attire notre attention sur la discordance entre notre goût et le «grand goût» du Philosophe. L'auteur des *Salons* prône la peinture d'histoire, et celle qui représente sur la toile «la moralité en action si chère à son cœur». Nous estimons, nous, que la vraie peinture, c'est tout autre chose. Nous privilégions donc aujourd'hui les Watteau, Pater, Lancret, Boucher, Fragonard, en fait dédaignés, pour ne pas dire méprisés par le Philosophe. Mais Roland Mortier nous invite à replacer en son temps le «grand goût» de Diderot: en accord avec les «projets grandioses» de Ledoux, de Boullée, destinés à illustrer le prestige d'une «nation naissante», à l'approche de la Révolution les *Salons* ont pour idéal «un art mis au service d'une collectivité qui prend conscience de sa force et son avenir» (p.180-81).

Ces études démontrent combien est éclairante la perspective historique. L'histoire d'*Atala* affirme-t-elle la rupture avec le XVIIIe siècle, comme Chateaubriand nous invite à le penser quand il l'annexe au *Génie du christianisme*? En réalité un examen attentif de la mort de cette héroïne, «femme de chair et de désir», fort ignorante de la religion chrétienne, fait ressortir à quel point l'épisode demeure tributaire de la littérature du siècle philosophique. Ce siècle même, Roland Mortier en sa conclusion le met en place dans la succession des âges. L'histoire de l'humanité passe par des hauts et des bas, bien loin de progresser selon une courbe ascendante. Il est évident pourtant que dans la ligne «ondulante» du devenir universel l'Europe des Lumières se détache comme un «point de haute fréquence» (p.507).

Des analyses aussi stimulantes incitent le lecteur à prolonger la réflexion. L'article «Voltaire et la Bible» s'achève sur la remarque que «les éditions critiques ne sont pas un divertissement gratuit pour érudits». En effet, les pages qui précèdent en ont fourni la preuve. Etablissant pour les *Œuvres complètes de Voltaire* le texte critique de *L'Examen important de milord Bolingbroke*, Roland Mortier a mis au jour une diatribe du dernier Voltaire. Elle était jusqu'ici restée ignorée, l'édition de Kehl l'ayant retranchée. Pour quelles raisons? On le comprendra en lisant ici, p.131, cette note datant de 1776. Elle éclaire l'antichristianisme de Voltaire. Plus que jamais, à quelques mois de sa mort, l'idée d'un Dieu incarné «l'écœure autant qu'elle l'exaspère». Avec une lucidité impitoyable, il force son lecteur à considérer en face ce qu'implique nécessairement le dogme de l'Incarnation. Jésus, sans doute, comme tout homme s'acquittait des fonctions organiques indispensables à la vie. Eclate alors l'incompatibilité absolue entre notre pauvre condition humaine et l'idée de l'Etre des êtres, qui fait rouler les mondes et inscrit dans la conscience de chacun la loi morale. Imaginer cet Etre suprême allant à la selle, quelle absurdité! Voltaire le dit, mais par les termes les plus crus, enfreignant, comme le souligne Roland Mortier, les normes de la décence et du goût, auxquelles il est pourtant si attaché. Très peu, au XVIIIe siècle et en tout temps, osent un constat aussi brutal, qu'ils soient chrétiens, ou déistes, ou simplement respectueux des convenances. Voltaire allait jusqu'au bout de sa logique. Mais par une formulation aussi choquante il ignorait la religiosité dont se teintait, en cette fin du siècle, le théisme ambiant. Ou plus vraisemblablement il n'en avait cure. Il s'isolait en tout cas, et les éditeurs de Kehl qui le censurèrent le savaient bien.

Un autre personnage, au terme de sa carrière, en vient à une solitude, dangereuse pour un homme politique. C'est Robespierre, dont on lira ici le discours dénonçant les philosophes des Lumières (p.465). Le 9 Thermidor était proche. Robespierre, en grand-prêtre de l'Etre suprême, isolé en tête d'un cortège, gravissant un bouquet à la main la Montagne symbolique, allait – le savait-il? – vers sa «Roche tarpéienne». L'étude sur «les héritiers des philosophes» devant la Révolution fait sentir à quel point la question reste ouverte. Il n'est pas possible de s'en tenir, comme le voulait l'Incorruptible, à une réponse simpliste. Car la Révolution, contrairement à l'opinion de Clemenceau, n'est pas un «bloc», mais un processus. La plupart des héritiers de la philosophie ont accompagné, plus ou moins loin, les débuts révolutionnaires. Mais au moment de la loi des suspects du 22 Prairial an II (10 juin 1794), loi de sang, sinistre commentaire du discours anti-philosophique de Robespierre, la rupture effectivement est totale. Les uns ont payé de leur vie, tel Condorcet, poursuivi par la haine de l'Incorruptible. D'autres sont en prison, tel Laclos, que peut-être vise l'orateur quand il désigne «ceux qui se sont prostitués [...] au parti d'Orléans» (p.465). Laclos cependant, comme spécialiste de la recherche militaire, eut droit à des ménagements. Incarcéré à l'Abbaye, libéré, réincarcéré, transféré (ou évadé?) à Versailles, il se transporte de temps à autre à Meudon pour faire des essais sur le «boulet creux». Bientôt on l'enfermera tout de bon, mais à Picpus, prison périphérique, moins immédiatement exposée à l'attention du Tribunal révolutionnaire. Quand on parle de la Révolution, il ne faut jamais oublier la guerre. Depuis 1792, la primauté du militaire n'a cessé de s'affirmer. D'autres «héritiers» ont émigré. D'autres enfin se terrent, attendant de reparaître sous la Convention thermidorienne ou sous le Directoire. On peut retenir ici le cas d'un vétéran des luttes encyclopédiques, l'abbé Morellet. L'abbé vivait d'une pension, ayant remplacé ses bénéfices ecclésiastiques. Pour la percevoir, sous la Terreur, il doit présenter un certificat de civisme. Afin d'obtenir cette pièce, il comparaît devant une commission de la Commune de Paris. On le fait revenir plusieurs fois, jusqu'à ce qu'il comprenne qu'il risque d'être expédié directement dans une prison, antichambre de la guillotine. Il fait son deuil de la pension et se cache. La commission était formée d'un boucher (qui n'était pas Legendre), d'un coiffeur pour dames, d'un prêtre défroqué. Devant de tels experts, Morellet commentait ses ouvrages d'économiste. C'est le côté «Révolution culturelle» de la Terreur montagnarde: pour fonder la république nouvelle, il faut détruire les cadres de l'ancienne société. De cette politique procéda la suppression des académies de l'ancien régime. Mais la Convention thermidorienne, en son avant-dernière séance, crée l'Institut, dont les classes correspondent aux académies de la monarchie, complétées par une classe des sciences morales et politiques. Morellet raconte, dans ses *Mémoires*, comment l'Académie française (dont il faisait partie) renaît alors sous une nouvelle dénomination. Les survivants, Suard, Ducis, Saint-Lambert et quelques autres, se regroupent. On se prépare à reprendre le travail du dictionnaire: Morellet en avait caché chez lui les manuscrits. Ensuite plusieurs héritiers de la philosophie vont appuyer à ses débuts le régime consulaire: Laclos, qui participa au 18 Brumaire et en fut récompensé, et des anciens de 1789 comme Volney, Sieyès. Le coup d'Etat de Bonaparte était apparu à beaucoup comme devant sauver la Révolution des périls intérieurs et extérieurs.

Le présent volume ne prétend évidemment pas explorer tous les aspects du siècle des Lumières. Mais il en indique les deux lignes de force, par son intitulé même: *Le Cœur et la Raison*. On ne manquera pas de penser à l'un des clichés de l'époque: «l'esprit et le cœur». L'excellent Rollin l'avait inscrit en sous-titre de son *Traité des études* (1740). Le recteur de l'Université de Paris se proposait d'exposer «la manière d'enseigner et d'étudier les belles-lettres, par rapport à l'esprit et au cœur». Des journalistes, Philippe de Prétot, Bruys et d'autres, avaient publié en quinze volumes *Les Amusements du cœur et de l'esprit* (1734-1737), suivis de *Nouveaux amusements de l'esprit et du cœur* (1741-1745). De ce «cœur», de cet «esprit», le romancier libertin Crébillon le fils a narré les *Egarements*. On ne s'étonnera donc pas que dans *Le Taureau blanc* de Voltaire l'héroïne prie le Serpent (alias Satan) de lui faire des contes, «pour achever», dit-elle, «de me former l'esprit et le cœur».

L'un et l'autre termes constituent un couple inséparable, plus étroitement uni que ne l'a imaginé une histoire littéraire simpliste. Roland Mortier dénonce à juste titre les schématismes qui trop longtemps eurent cours. Il y aurait eu deux côtés du XVIIIe siècle, la «philosophie» à l'intellectualisme desséchant, la «sensibilité» qui parle au «cœur»: deux entités soit contemporaines et antagonistes, soit se succédant dans le temps, par réaction de la seconde contre les excès de la première. Une telle dichotomie, s'inspirant d'une psychologie conventionnelle des facultés, faussait totalement la réalité. Un Diderot, parmi maints autres, tout philosophe, directeur de l'*Encyclopédie* qu'il est, «reste», écrit avec raison Roland Mortier, «l'homme de l'élan, de la chaleur, de l'exaltation de tête [...], proche de cette troupe enthousiaste et passionnée où se rejoignent poètes, musiciens et danseurs» (p.206). On se gardera donc de confiner les penseurs des Lumières dans l'ordre de la pure raison. Car un Dupaty, indissolublement disciple des encyclopédistes et «âme déjà romantique» (p.308), n'est nullement une exception.

A ce «cœur», inscrit en tête du volume, et si présent dans les Lumières du siècle, sont consacrés ici un certain nombre d'articles, comme «Des larmes de la sensibilité aux larmes du sentiment: Baculard d'Arnaud, Diderot, Ballanche». On relèvera cependant la variante du titre par rapport à la formule «l'esprit et le cœur». A «l'esprit», notion vaguement intellectuelle, est substituée «la raison», autrement dit la pensée analytique s'exerçant selon toute la rigueur de la logique. Et l'ordre des deux termes est inversé. Le pieux Rollin plaçait «le cœur» après «l'esprit», comme s'il appartenait à ce cœur d'avoir le dernier mot. Même ordre, mais ironiquement, chez la princesse du *Taureau blanc*. Au contraire, au titre du présent ouvrage, c'est «la raison» qui occupe la place éminente. Si Roland Mortier donne à la «sensibilité» du siècle toute son importance, c'est toutefois sur ce qui fait la force de cet âge qu'il insiste: sur son exigence rationnelle. Nous ne connaissons que trop ces périodes qu'il évoque «où la pensée analytique capitule devant l'irrationnel, qui vient combler le vide laissé dans les esprits» (p.201). Roland Mortier cite ici Diderot: «Alors les hommes se meuvent dans les ténèbres. Ce sont les temps de l'ignorance et du crime, du fanatisme et des conquêtes». Menace permanente, contre laquelle la leçon du siècle des Lumières conserve entièrement sa valeur.

Mais les études qu'on va lire font déjà par elles-mêmes l'apologie de la «raison». Conduites avec une rigueur souple, faisant apercevoir, à partir de sujets bien délimités, de larges horizons, délectables par la clarté de l'exposé comme par la qualité de la langue, ces pages ont de quoi séduire le lecteur. Connaître et comprendre une époque d'une riche complexité, tel est le plaisir que nous procure un guide tel que Roland Mortier, au plein sens de l'expression homme des Lumières.

René Pomeau, de l'Institut

Notice biographique

Roland Fabien Jules Mortier né le 21 décembre 1920 à Gand.
Marié le 14 juillet 1948 avec Loyse Triffaux.

Carrière universitaire

1938-1941	Université libre de Bruxelles
1941-1942	Université de Gand
1942	Licence en Philosophie et Lettres
1945-1955	Professeur à l'Athénée royal de Malines
1950	Doctorat en Philosophie et Lettres, Université libre de Bruxelles
1954	Agrégation de l'enseignement supérieur, Université libre de Bruxelles
1955-1960	Professeur à l'Université libre de Bruxelles
1960-1990	Professeur ordinaire à l'Université libre de Bruxelles

Professeur associé à l'Université de Paris IV-Sorbonne, 1980-1981 ; à l'Université de Londres (Royal Holloway College), 1981-1982 ; à l'Université de Cologne, 1983-1984 ; chaire Francqui à la Katholieke Universiteit, Louvain, 1976 ; à l'Université catholique de Louvain-la-Neuve, 1984.

Professeur invité aux universités de Vienne ; Duisburg ; Guelph, McGill, Toronto ; Case Western Reserve, Maryland, Stanford, Yale ; Bordeaux, Montpellier ; Exeter ; Jérusalem ; et à l'Ecole normale supérieure de Pise.

Fonctions

Président de la Faculté de Philosophie et Lettres, Université libre de Bruxelles, 1975-1977 ; Directeur du Groupe d'étude du XVIIIe siècle, Université libre de Bruxelles, et des *Etudes sur le XVIIIe siècle* (Bruxelles, Editions de l'Université de Bruxelles) ; Vice-président de l'Institut des hautes études, Bruxelles.

Membre de l'Académie royale de langue et de littérature françaises, Belgique, depuis 1969; Membre d'honneur de l'Académie hongroise des sciences; Membre étranger de l'Académie allemande des sciences, R.D.A.; Corresponding Fellow de la British Academy.

Président de d'Association internationale de littérature comparée, 1976-1979; Président honoraire de l'Association internationale des études françaises; Président de la Société internationale d'étude du XVIIIe siècle, 1983-1987; Président du comité d'honneur de la Société des études staëliennes; Président de la Société Diderot depuis 1990.

Membre du Comité directeur des *Œuvres complètes de Diderot*; Membre du Conseil consultatif des *Œuvres complètes de Voltaire*; Membre du Conseil scientifique de la Bibliothèque royale Albert Ier, Bruxelles; Représentant belge au Comité des sciences humaines de la Fondation européenne des sciences, Strasbourg; Membre du bureau de la Società universitaria di studi di lingua e letteratura francese.

Distinctions

Docteur *honoris causa* de l'Université Paul Valéry, Montpellier, de l'Université de Göttingen et de l'Université hébraïque de Jérusalem.

Prix Francqui, 1965; Prix Montaigne de la Stiftung F.V.S., 1983; Prix Counson de l'Académie royale de langue et de littérature françaises, 1985.

Commandeur de l'Ordre de Léopold, Belgique; Officier des Palmes académiques, France; Commandeur de l'Ordre du Mérite, Pologne; Médaille d'argent de la Ville de Paris; Croix Artibus et litteris, Autriche.

Bibliographie des travaux de Roland Mortier[1]

LIVRES

Le «Journal encyclopédique» (1750-1793): une suite de l'«Encyclopédie». Notes, documents et extraits réunis par G. Charlier [et] R. Mortier (Bruxelles: La Renaissance du Livre, et Paris: Nizet, 1952, 134 p.).

Diderot en Allemagne (1750-1850) (Paris: P.U.F., 1954, 464 p.; Travaux de la Faculté de philosophie et lettres de l'Université libre de Bruxelles 15).

Un précurseur de Madame de Staël: Charles Vanderbourg (1756-1827): sa contribution aux échanges intellectuels à l'aube du XIXe siècle (Paris; Bruxelles: Didier, 1955, 272 p.; Etudes de littérature étrangère et comparée).

Les «Archives littéraires de l'Europe» (1804-1808) et le cosmopolitisme littéraire sous le Premier Empire (Bruxelles: Palais des Académies, 1957, 251 p.; Académie royale de Belgique: Classe des lettres et des sciences morales et politiques: Mémoires 51, fasc. 4).

Un pamphlet «rabelaisant», le «Hochepot ou Salmigondi des Folz» (1596): étude historique et linguistique suivie d'une édition du texte (Bruxelles: Palais des Académies, 1959, 131 p.; Académie royale de Belgique: Classe des lettres et des sciences morales et politiques, Lettres 52, fasc. 3).

Les Années de formation de F. H. Jacobi, d'après ses lettres inédites à M. M. Rey (1763-1771), avec «Le Noble» de Madame de Charrière (Genève: Institut et Musée Voltaire, 1966, 204 p.; Studies on Voltaire and the eighteenth century 45). En collaboration avec J. Th. de Booy.

Diderot in Deutschland, 1750-1850. Übertragung von H. G. Schürmann (Stuttgart: Metzler, 1967, 490 p.).

Clartés et ombres du siècle des Lumières. Etudes sur le XVIIIe siècle littéraire (Genève: Droz, 1969, 161 p.; Histoire des idées et critique littéraire).

1. Bibliographie établie par Ulla Kölving et Elizabeth Kreager.

Difficultés sur la religion proposées au Père Malebranche par Mr..., officier militaire dans la marine : texte intégral du « Militaire philosophe », d'après le manuscrit de la Bibliothèque Mazarine, édité, introduit et annoté par Roland Mortier (Bruxelles : Presses Universitaires de Bruxelles, 1970, 430 p. ; Université libre de Bruxelles, Institut d'histoire du christianisme).

Le « Tableau littéraire de la France au XVIIIe siècle » : un épisode de la « guerre philosophique » à l'Académie française sous l'Empire (1804-1810) (Bruxelles : Palais des Académies, 1972, 144 p.).

La Poétique des ruines en France : ses origines, ses variations, de la Renaissance à Victor Hugo (Genève : Droz, 1974, 237 p. ; Histoire des idées et critique littéraire 144).

Voltaire : les ruses et les rages du pamphlétaire (University of London : The Athlone Press, 1979, 24 p. ; Cassal Bequest Lecture 1978).

Diderot and the « grand goût » : the prestige of history painting in the eighteenth century (Oxford : Clarendon Press, 1982, 15 p. ; The Zaharoff Lecture, 1981-1982).

L'originalité : une nouvelle catégorie esthétique au siècle des Lumières (Genève : Droz, 1982, 218 p. ; Histoire des idées et critique littéraire 207).

Az Európai felvilágosodás fényei és árnyai : valogattott tanulmányok, [choisies et éditées par] Bene Ede, [traduites par] Fászy Anikó, Kormányos József (Budapest : Gondolat Kiadó, 1983).

Diderot et son temps. Catalogue établi sous la direction de Roland Mortier et Michèle Mat. Introduction de Roland Mortier (Bruxelles : Bibliothèque royale Albert 1er, 1985, xlii, 376 p. ; Catalogues des expositions organisées à la Bibliothèque royale Albert 1er, C 202).

Diderot, *Le Pour et le contre*. Edition critique et annotée, présentée par Emita Hill, Roland Mortier, Raymond Trousson (Paris : Hermann, 1986 ; Diderot, *Œuvres complètes* 15, xxxii, 308 p.).

Diderot en Allemagne (1750-1850) [réédition mise à jour] (Genève : Slatkine, 1986, xxvi, 464 p.).

Voltaire, *Le Philosophe ignorant* et *L'Examen important de milord Bolingbroke*, éditions critiques, dans : *The Complete works of Voltaire / Les Œuvres complètes de Voltaire* 62, p.1-105 et p.127-362 (Oxford : The Voltaire Foundation, 1987).

Le Cœur et la Raison : recueil d'études sur le dix-huitième siècle. Préparé pour la presse par Ulla Kölving et Andrew Brown, préface de René Pomeau (Oxford : The Voltaire Foundation ; Bruxelles : Editions de l'Université de Bruxelles ; Paris : Universitas, 1990, lxx, 540 p.).

Charles-Joseph de Ligne, *Mes écarts.* Choix établi par Roland Mortier [...] lecture par Roland Mortier (Bruxelles : Editions Labor, 1990, 146 p.).

ARTICLES

1948

« Retour d'un thème » [Apollinaire et Marcel Aymé], *Marginales* 11 (1948), p.55-57.

« Un centenaire oublié : la *Délie* de Scève », *Marginales* 13 (1948), p.225-230.

1949

« Un problème de notoriété et d'influence : deux imitations oubliées de *Candide* au XVIIIe siècle », dans : *Handelingen van het Achtiende Vlaamse Filologencongres* (Gent, 19-21 avril 1949 ; Leuven : Pauwels, s.d.), p.153-155.

1951

« Deux imitations oubliées de *Candide* au XVIIIe siècle », *Neophilologus* 35 (1951), p.17-24.

« La première analyse française du *Faust* de Goethe », *Rivista di letterature moderne* 2 (1951), p.275-281.

« Les réactions d'un critique classique devant Byron », *Revue des langues vivantes* 4 (1951), p.295-302.

« Un ‹ germanisant › sous l'Empire et la Restauration : Charles Vanderbourg (1765-1827) », *Revue belge de philologie et d'histoire* 29 (1951), p.1003-1027.

« Une revue germanisante sous l'Empire : *Les Archives littéraires de l'Europe* (1804-1808) », *Revue de littérature comparée* 25 (1951), p.43-64.

1953

« De *Encyclopédie* en het moderne Humanisme », *Diogenes* (Gent) 1 (1953), p.18-22.

« Un témoignage curieux sur Diderot, vers 1750 », *Marche romane* 3 (1953), p.159-168.

1954

« A propos du *Candide anglois* de J. L. Castillon », *Revue de littérature comparée* 28 (1954), p.490-491.

« La littérature des Lumières dans les Pays-Bas autrichiens », *Revue de l'Université de Bruxelles* 7 (1954-1955), p.198-215.

« La postérité illégitime du *Neveu de Rameau* », *Marche romane* 4 (1954), p.5-9.

« La tradition manuscrite du *Neveu de Rameau* », *Revue belge de philologie et d'histoire* 32 (1954), p.525-532.

« Un grand historien des idées : Paul Hazard (1878-1944) », *Revue de l'Université de Bruxelles* 7 (1954-1955), p.48-60.

1955

« Le *Journal de lecture* de F. M. Leuchsenring (1775-1779) et l'esprit ‹ philosophique › », *Revue de littérature comparée* 29 (1955), p.205-222.

« Le prince de Ligne imitateur de Diderot », *Marche romane* 5 (1955), p.121-129.

« Le problème des limites de l'humain chez Diderot et Vercors », dans : *Literature and science : proceedings of the sixth triennial congress, Oxford, 1954*. International Federation for Modern Languages and Literatures (Oxford : Blackwell, 1955), p.197-202.

« Voltaire à la Bibliothèque Royale [de Bruxelles] », *Le Flambeau* 38 (1955), p.15-25.

1956

« Le genre romanesque en France : essai d'une définition », *Revue de l'Université de Bruxelles* 9 (1956-1957), p.56-71.

« Le Neveu de Rameau, homme révolté », *La Curée. Revue du Cercle de Philosophie et Lettres de l'U.L.B.* (novembre 1956), p.10-15.

1957

« Bibliographie de M. Gustave Charlier », dans : Gustave Charlier, *De Montaigne à Verlaine : nouveaux problèmes d'histoire littéraire* (Bruxelles : La Renaissance du Livre, 1957), p.I-IX.

« Hommage à M. Gustave Charlier », *Bulletin de l'Académie royale de langue et de littérature françaises* 35 (1957), p.117-121.

1958

« Bruges dans l'œuvre de Camille Lemonnier », dans : *Actes du second Congrès national (Lille, 30 mai – 2 juin 1957) : les Flandres dans les mouvements romantique et symboliste*. Société Française de Littérature Comparée (Paris: Didier, 1958; Etudes de littérature étrangère et comparée), p.131-137.

«Deux témoignages allemands sur Diderot», *Revue de littérature comparée* 32 (1958), p.92-94.

«Les idées politiques de Pascal», *Revue d'histoire littéraire de la France* 58 (1958), p.289-296.

«L'influence philosophique»; «Le prince de Ligne»; «Les sociétés littéraires», dans: *Histoire illustrée des lettres françaises de Belgique*, publiée sous la direction de Gustave Charlier et Joseph Hanse (Bruxelles: La Renaissance du Livre, 1958), p.213-238.

1959

«Diderot et ses ‹deux petits Allemands›», *Revue de littérature comparée* 33 (1959), p.192-199.

«Diderot sous le prisme de la critique marxiste», dans: *Comparative Literature*. Proceedings of the second congress of the International comparative literature association at the University of North Carolina, September 8-12, 1958. Edited by Werner P. Friedrich (Chapel Hill: University of North Carolina Press, 1959; University of North Carolina Studies in Comparative literature 23), ii.679-691 (traduit en néerlandais dans: *Tijdschrift van de Vrije Universiteit van Brussel* 3 (1961), p.1-13).

«Gustave Charlier (20 juillet 1885 – 8 avril 1959)», *Revue belge de philologie et d'histoire* 37 (1959), p.914-918.

«Gustave Charlier (1885-1959)», *Revue de littérature comparée* 33 (1959), p.297-298.

«Gustave Charlier (1885-1959)», *Le Flambeau* 42 (mars-avril 1959), p.I-IV.

«In memoriam Gustave Charlier», *Bulletin de la Société belge des professeurs de français* 8 (septembre 1959), p.3-8.

«Le style du Cardinal de Retz», dans: *Stil-und Formprobleme in der Literatur: Vorträge des VII. Kongresses der Internationalen Vereinigung für moderne Sprachen und Literaturen in Heidelberg*. Hrsg. im Auftrag der F.I.L.L.M. von Paul Böckmann (Heidelberg: Carl Winter, 1959), p.201-208.

1960

«Note sur un passage du *Rêve de d'Alembert*: Réaumur et le problème de l'hybridation», *Revue d'histoire des sciences* 13 (1960), p.309-316 (et dans: *La*

Vie et l'œuvre de Réaumur (1683-1757), Centre International de Synthèse, section d'histoire des sciences (Paris : P.U.F., 1962), p.116-123).

« Un commentaire du *Neveu de Rameau* sous le Second Empire », *Revue d'histoire littéraire de la France* 60 (1960), p.11-17.

1961

« Les *Dialogues sur l'âme* et la diffusion du matérialisme au XVIIIe siècle », *Revue d'histoire littéraire de la France* 61 (1961), p.342-358.

« Diderot et le problème de l'expressivité : de la pensée au dialogue heuristique », *Cahiers de l'Association internationale des études françaises* 13 (1961), p.283-297.

« [Sur Jean-Jacques Rousseau] », *Le Thyrse* 63 (1961), p.145-146.

1962

« Le destin de l'artiste dans la ‹ Comédie › balzacienne », *Studi francesi*, anno 6, 18 (1962), p.488-494.

« Histoire d'une vie », dans : *Maurice Maeterlinck (1862-1962)*. Sous la direction de Joseph Hanse et Robert Vivier ([Bruxelles] : La Renaissance du Livre, 1962), p.11-40.

1963

« Diderot au carrefour de la poésie et de la philosophie », *Revue des sciences humaines* [62] (1963), p.485-501.

« Diderot et la notion de ‹ peuple › », *Europe* 405-406 (janvier-février 1963), p.78-88.

« L'‹ original › selon Diderot », *Saggi e ricerche di letteratura francese* 4 (1963), p.139-157 (et dans : *Filološki Pregled* 1-2 (1963), p.95-104).

« La réaction allemande aux premières œuvres philosophiques de Diderot », *Diderot studies* 4 (1963), p.131-151.

« Solitude et sociabilité chez Jean-Jacques Rousseau », *Le Flambeau* 46 (1963), p.400-426.

« Unité ou scission du siècle des Lumières ? », *Studies on Voltaire and the eighteenth century* 26 (1963), p.1207-1221.

1964

« A propos du sentiment de l'existence chez Diderot et Rousseau : notes sur un article de l'*Encyclopédie* », *Diderot studies* 6 (1964), p.183-195.

«Emile Verhaeren», dans : *Biographie nationale* (publiée par l'Académie Royale des Sciences, des Lettres et des Beux-Arts de Belgique ; Bruxelles : Bruylant, 1964), xxxii.706-716.

1965

«Un adversaire vénitien des ‹Lumières›, le comte de Cataneo», *Studies on Voltaire and the eighteenth century* 32 (1965), p.91-268.

1966

«La fonction des nouvelles dans le *Roman comique*», *Cahiers de l'Association internationale des études françaises* 18 (1966), p.41-51, avec une discussion, p.246-249.

1967

«A propos de la source de l'*Addition aux Pensées philosophiques* de Diderot», *Revue d'histoire littéraire de la France* 67 (1967), p.609-612.

«L'idée de décadence littéraire au XVIIIe siècle», *Studies on Voltaire and the eighteenth century* 57 (1967), p.1013-1029.

«La pénétration de la littérature russe à travers les revues belges entre 1880 et 1890», *Revue belge de philologie et d'histoire* 45 (1967), p.777-794 (résumé dans : *Actes du Ve Congrès de l'Association internationale de littérature comparée, Belgrade, 1967*, Amsterdam : Swets and Zeitlinger, 1969, p.577).

«Philosophie et religion dans la pensée de Madame de Staël», *Rivista di letterature moderne et comparate* 20 (1967), p.165-176.

«La première traductrice française de Sienkiewicz : Marguerite Poradowska», dans : *Mélanges de littérature comparée et de philologie offerts à Mieczyslaw Brahmer* (Warszawa : Editions scientifiques de Pologne, 1967), p.371-377.

«Voltaire et le peuple», dans : *The Age of the Enlightment : studies presented to Theodore Besterman.* Edited by W. H. Barber, J. H. Brumfitt, R. A. Leigh, R. Shackleton et S. S. B. Taylor (Edinburgh ; London : Oliver and Boyd, 1967 ; St. Andrews University publications 57), p.137-151.

1968

«Benjamin Constant et les ‹Lumières›», *Europe* 467 (mars 1968), p.6-21.

«*La Légende d'Ulenspiegel*, une épopée de la liberté», *Revue de l'Université de Bruxelles* 21 (1968-1969), p.35-46.

«Madame de Staël : héritière du XVIIIe siècle», *Annales de l'Université de Paris* 38 (1968), p.396-399.

«The ‹philosophes› and public education», *Yale French studies* 40 (1968), p.62-76.

1969

«Allocution au colloque international relatif aux problèmes d'édition de textes français du XVIIIe siècle», *Revue de l'Université de Bruxelles* 22 (1969-1970), p.55-59, (discussion, p.151-176).

«Le *Militaire philosophe*», *Revue de l'Université de Bruxelles* 22 (1969-1970), p.60-71.

1970

«Deux rêveries devant le promontoire : Hugo et Rimbaud», *Bulletin de l'Académie royale de langue et de littérature françaises* 48 (1970), p.123-135.

[Discours de réception à l'Académie], *Bulletin de l'Académie royale de langue et de littérature françaises* 48 (1970), p.62-73.

«Mme de Staël et l'héritage des ‹Lumières›», dans : *Madame de Staël et l'Europe : Colloque de Coppet (18-24 juillet 1966) organisé pour la célébration du deuxième centenaire de la naissance de Madame de Staël (1766-1966)* (Paris : Klincksieck, 1970 ; Actes et colloques 7), p.129-139, avec une discussion, p.140-144.

«Notice sur Gustave Charlier», *Académie royale de langue et de littérature françaises, Annuaire* (1970), p.99-127.

1971

«La remise en question du christianisme au XVIIIe siècle», *Revue de l'Université de Bruxelles* (1971), p.415-445 (et dans : *Problèmes d'histoire du christianisme* 1 (1970-1971), p.39-69 ; *Amis de France*, faisant partie de *Zootecnica e vita* 15 (Messina 1972), p.99-133 ; traduction polonaise dans : *Człowiek i światopogląd* (1975), p.88-105.

«L'autobiographie littéraire et la *Recherche du temps perdu*», *Bulletin de l'Académie royale de langue et de littérature françaises* 49 (1971), p.163-181.

«Diderot anticolonialiste : à propos d'un livre récent» [Yves Benot, *Diderot, de l'athéisme à l'anticolonialisme*. Paris : Maspero, 1970], *Revue belge de philologie et d'histoire* 49 (1971), p.892-901.

«Hins, Marie-Auguste-Désiré-Eugène (pseudonymes : Diogène, Hamed)», dans : *Biographie nationale*, publiée par l'Académie Royale des Sciences, des Lettres et des Beaux-Arts de Belgique (Bruxelles : Bruylant, 1971-1972), xxxvii.442-449.

«Notice sur Julia Bastin», *Académie royale de langue et de littérature françaises, Annuaire* (1971), p.149-166.

«Pour une histoire du pastiche littéraire au XVIIIe siècle», dans : *Beiträge zur französischen Aufklärung und zur spanischen Literatur : Festgabe für Werner Krauss zum 70. Geburtstag* (Berlin : Akademie-Verlag, 1971 ; Schriften des Instituts für romanische Sprachen und Kultur 7), p.203-217.

«Une lettre inconnue de F. H. Jacobi à J. A. Comparet», *Dix-huitième siècle* 3 (1971), p.51-59.

1972

«Age des Lumières», dans : *Dizionario critico della letteratura francese*, diretto da Franco Simone (Torino : Unione Tipografico-Editrice Torinese, 1972), i.6-13.

«Les formes de la satire chez Voltaire», *Documentatieblad Werkgroep 18e eeuw* 15-16 (1972), p.43-64.

«Holbach et Diderot : affinités et divergences», *Revue de l'Université de Bruxelles* (1972), p.223-237.

«Libertinage littéraire et tensions sociales dans la littérature de l'ancien régime : de la *Picara* à la *Fille de joie*», *Revue de littérature comparée* 46 (1972), p.35-45.

«Sensibility, neoclassicism or preromanticism ?», dans : *Eighteenth century studies presented to Arthur M. Wilson*, edited by Peter Gay (Hanover : The University Press of New England, 1972) p.153-163 ; texte original français dans : *Le Préromantisme : hypothèque ou hypothèse ?* Colloque organisé à Clermont-Ferrand les 29 et 30 juin par le Centre de recherches révolutionnaires et romantiques de l'Université. Actes du colloque établis et présentés par Paul Viallaneix (Paris : Klincksieck, 1975 ; Actes et colloques 18), p.310-318.

1973

«Aires culturelles et périodes littéraires. Quelques critères de détermination pour le XVIIIe siècle», *Neohelicon* 1 (1973), I-II, p.130-136.

«Discontinu et rupture dans *La Bataille de Pharsale*», *Degrés* 1, no.2 (1973), c.1-c.6.

«Encore le projet d'une *Encyclopédie russe*», dans : *Missions et démarches de la critique : mélanges offerts au professeur J.-A. Vier* (Paris : Klincksieck, 1973 ; Publications de l'Université de Haute-Bretagne 2), p.265-267.

«Lumière(s)», dans : *Dictionnaire international des termes littéraires*, dirigé par Robert Escarpit (Paris ; La Haye : Mouton, 1973), p.275-278.

«La poétique des ruines en littérature au XVIe siècle», dans : *Expression, communication and experience in literature and language. Proceedings of the XII Congress of the International Federation for Modern Languages and Literatures*, edited by Ronald G. Pepperwell (London : The Modern Humanities Research Association, 1973), p.128-129.

1974

«Allocution [prononcée à l'ouverture du colloque international tenu à Bruxelles les 3, 4, et 5 mai 1973 sur le mouvement symboliste en littérature]», *Revue de l'Université de Bruxelles* (1974), p.228-231.

«Deux poètes des ruines au XVIIIe siècle», *Etudes sur le XVIIIe siècle* 1 (1974), p.39-47.

«Diderot, Ernesti, et la ‹philosophie populaire›», dans : *Essays on Diderot and the Enlightenment in honor of Otis Fellows*, edited by John Pappas (Genève : Droz, 1974 ; Histoire des idées et critique littéraire 140), p.207-230.

«Le Groupe d'étude du XVIIIe siècle», *Etudes sur le XVIIIe siècle* 1 (1974), p.7-9.

«Le Groupe d'étude du XVIIIe siècle», *La Pensée et les hommes* 18 (1974), p.121-123.

«Les héritiers des ‹philosophes› devant l'expérience révolutionnaire», *Dix-huitième siècle* 6 (1974), p.45-57.

«Le traité *Du sentiment* de P.-S. Ballanche : un programme antiphilosophique et post-révolutionnaire», dans : *Approches des Lumières : mélanges offerts à Jean Fabre* (Paris : Klincksieck, 1974), p.319-331.

«Un ‹portrait› de Benjamin Constant par Madame de Charrière», *Bulletin de l'Académie royale de langue et de littérature françaises* 52 (1974), p.239-247.

1975

«Charles Duclos et la tradition du ‹roman libertin›», *Etudes sur le XVIIIe siècle* 2 (1975), p.59-69.

«Diderot et le dialogue philosophique», dans : *Provocatie en inspiratie / Provocation et inspiration : Liber amicorum Leopold Flam* (Antwerpen : Ontwikkeling, 1973-1975), ii.467-485.

«In memoriam André Boutemy (13 novembre 1910 – 3 avril 1974)», *Etudes sur le XVIIIe siècle* 2 (1975), p.7-10.

«Isabelle de Charrière, mentor de Benjamin Constant», *Documentatieblad Werkgroep 18e eeuw* 27-29 (1975), p.101-139.

«Notice sur Jean Pommier, 1893-1973», *Académie royale de langue et de littérature françaises, Annuaire* (1975), p.73-86.

«Rapport de Roland Mortier» [Témoignages décisifs], dans: *Le Préromantisme : hypothèque ou hypothèse ?* Colloque organisé à Clermont-Ferrand les 29 et 30 juin par le Centre de recherches révolutionnaires et romantiques de l'Université. Actes du colloque établis et présentés par Paul Viallaneix (Paris, Klincksieck, 1975 ; Actes et colloques 18), p.97-113.

«Un magistrat ‹âme sensible›: le président Dupaty (1746-1788)», dans: *Studies in eighteenth-century French literature presented to Robert Niklaus*, edited by J. H. Fox, M. H. Waddicor and D. A. Watts (Exeter: Exeter University Press, 1975), p.151-162.

«Unité et diversité des Lumières en Europe occidentale», dans: *Les Lumières en Hongrie, en Europe centrale et en Europe orientale.* Actes du deuxième colloque de Mátrafüred, 2-5 octobre 1972 (Budapest: Akadémiai Kiadó, 1975), p.147-157 (en trad. hongroise dans: *Helikon* 19 (1973), p.482-492).

1976

«Le bilan d'une œuvre» [Jean Fabre], *Dix-huitième siècle* 8 (1976), p.12-20.

«Le bon usage de l'antiquité», *Studies on Voltaire and the eighteenth century* 154 (1976), p.1487-1507.

«L'Europe française des Lumières», dans: *Histoire littéraire de la France.* Par un collectif sous la direction de P. Abraham et R. Desné. *V. 1715-1794. Première partie.* Sous la direction de M. Duchet et J.-M. Goulemot (Paris: Editions sociales, 1976), p.81-111.

«Fonctions et limites de la relation historique dans l'interprétation de l'œuvre littéraire», *Revue belge de philologie et d'histoire* 54 (1976), p.357-373.

«Rhétorique et discours scientifique dans *Le Rêve de d'Alembert*», *Wolfenbütteler Studien zur Aufklärung* 3 (1976), p.327-338.

«*Le Système de la nature*, une bible matérialiste», *Beiträge zur romanischen Philologie* 15 (1976), p.43-71.

«‹Karmannyĭ filosofskiĭ slovar'› Vol'tera – slovar' ili pamflet ?» [Le *Dictionnaire philosophique portatif* de Voltaire – dictionnaire ou pamphlet ?] [Trad. par P. R. Zaborov], dans: *Sravnitel'noe izoutchenie literatour* (Leningrad: Nauka, 1976), p.373-381.

«Un voltairien belge en Orient: René Spitaels (1809-1849)», dans: *Regards sur les lettres françaises de Belgique : études dédiées à la mémoire de Gustave*

Vanwelkenhuyzen, publiées par Paul Delsemme, Roland Mortier et Jacques Detemmerman (Bruxelles : A. De Rache, 1976), p.27-47.

1977

« Après la journée ‹ portes ouvertes › de la Faculté de philosophie et lettres », *U 2000*, 3 (1977), p.5-6.

« Diversité des ‹ Lumières › européennes », *Romanistische Zeitschrift für Literaturgeschichte* 1 (1977), p.281-292 (et dans : *Studien zum achtzehnten Jahrhundert* 1 (1978), p.39-51).

« Dossier spécial francité. Introduction », *U 2000*, 3 (1977), p.21.

« Ecole chrétienne et refus du monde (XVIIe siècle et XVIIIe siècles) », dans : *Eglise et enseignement. Actes du colloque du Xe anniversaire de l'Institut d'histoire du christianisme de l'Université libre de Bruxelles, 22-23 avril 1976*, édités par Jean Préaux (Bruxelles : Editions de l'Université de Bruxelles, 1977 ; Université libre de Bruxelles : Faculté de philosophie et lettres 67), p.79-87.

« Franco Simone, historien de l'histoire littéraire », *Revue de littérature comparée* 51 (1977), p.479-494.

« Hommage à Gustave Vanwelkenhuyzen », *Bulletin de l'Académie royale de langue et de littérature françaises* 55 (1977), p.129-139.

« Notice sur Gustave Vanwelkenhuyzen (9 avril 1900 – 28 janvier 1976) », *Académie royale de langue et de littérature françaises, Annuaire* (1977), p.77-96.

« Prélude à la fête révolutionnaire : la ‹ fête bocagère › dans la poésie descriptive de la fin du XVIIIe siècle », dans : *Les Fêtes de la Révolution. Colloque de Clermont-Ferrand (juin 1974).* Actes recueillis et présentés par Jean Ehrard et Paul Viallaneix (Paris : Société des Etudes Robespierristes, 1977 ; Bibliothèque d'histoire révolutionnaire, 3e série, 17), p.73-84.

« La satire, ce ‹ poison de la littérature › : Voltaire et la nouvelle déontologie de l'homme de lettres », dans : *Essays on the age of Enlightement in honor of Ira O. Wade*, edited by Jean Macary (Genève : Droz, 1977 ; Histoire des idées et critique littéraire 164), p.233-246.

« Un dossier mystérieux : Benjamin Constant à Bruxelles (1774-1780) », *Etudes sur le XVIIIe siècle* 4 (1977), p.129-134.

« Un *Max Havelaar* belge : *Félix Batel, ou la Hollande à Java* de Jules Babut (1869) », *Bulletin de l'Académie royale de langue et de littérature françaises* 55 (1977), p.222-306.

« Les voyageurs français en Italie et le débat sur les institutions au XVIIIe siècle », dans: *Modèles et moyens de la réflexion politique au XVIIIe siècle.* Actes du colloque organisé par l'Université lilloise des lettres, sciences humaines et arts, du 16 au 19 octobre 1973 (Villeneuve-d'Ascq: Université de Lille III, 1977; Publications de l'Université de Lille), i.117-136.

1978

«Autour de Suzanne Lilar», *Bulletin de l'Académie royale de langue et de littérature françaises* 56 (1978), p.183-188.

«Le discours de Mirabeau sur la ‹contribution du quart› a-t-il été récrit?», dans: *Studies in the French eighteenth century presented to John Lough by colleagues, pupils and friends.* Edited by D. J. Mossop, G. E. Rodmell, D. B. Wilson (Durham: University of Durham, 1978), p.123-127.

«Diderot and two ‹charités romaines› in the 1765 exhibition», *Forum* (Houston), 16, 1 (1978), p.44-52. Traduction de V. Brady-Papadopoulou.

«Exotic curiosities and mental structures in a ‹colonial novel›», *Comparative Literature Studies* 15 (1978), p.151-158.

«La fonction des ‹realia› dans *César Birotteau*», *Beiträge zur romanischen Philologie* 17, Heft 1 (1978; Numéro spécial: Mélanges offerts à Rita Schober), p.95-99.

«La genèse du poème selon Marcel Thiry: gloses sur *Le Poème innommé* (1938)», dans: *Etudes de littérature française de Belgique offertes à Joseph Hanse pour son 75e anniversaire.* Publiées par Michel Otten avec la collaboration de Roland Beyen et Pierre Yerles (Bruxelles: Editions Jacques Antoine, 1978), p.269-277.

«Hommage à Emilie Noulet», *Bulletin de l'Académie royale de langue et de littérature françaises* 56 (1978), p.237-245.

«Quand Monseigneur d'Hermopolis pastichait le ‹jargon philosophique›», *Etudes sur le XVIIIe siècle* 5 (1978), p.11-21.

«Réception de M. André Vandegans», *Bulletin de l'Académie royale de langue et de littérature françaises* 56 (1978), p.29-44.

«Le siècle des Lumières aux pays de Liège, de Namur et de Hainaut», dans: *La Wallonie: le pays et les hommes. Lettres – arts – culture.* Direction scientifique R. Lejeune et J. Stiennon, *II. Du XVIe siècle au lendemain de la première guerre mondiale* (Bruxelles: La Renaissance du Livre, 1978), p.75-101.

1979

«Le XVIIIe siècle et la fin de l'ancien régime», dans: *Bruxelles: mille ans de vie quotidienne.* Direction Georges H. Dumont et André Uyttebrouck (Bruxelles: La Renaissance du Livre, 1979), p.125-160.

«‹Des lettres qui, certainement, méritent de passer à la postérité› (Constant d'Hermenches à Belle de Zuylen [...]) : communication», *Bulletin de l'Académie royale de langue et de littérature françaises* 87 (1979), p.229-240 (et, en résumé, dans: *Lettre de Zuylen* 5 (1980), p.5-6).

«Diderot et l'assistance publique, ou la source et les variations de l'article ‹Hôpital› de l'*Encyclopédie*», dans: *Enlightenment studies in honour of Lester G. Crocker.* Edited by Alfred J. Bingham and Virgil W. Topazio (Oxford: The Voltaire Foundation, 1979), p.175-185.

«Littérature et histoire: quelques réflexions», *Synthesis* 6 (1979), p.7-15.

«Lumières, préromantisme, romantisme : un problème de délimitation», dans: *Actes du VIIe Congrès de l'Association internationale de littérature comparée* (Stuttgart: Bieber, 1979; Bibliothèque de la *Revue canadienne de littérature comparée* 3), ii.105-107.

«Les penseurs: crise de conscience et esprit ‹philosophique›», dans: *Histoire de la laïcité principalement en Belgique et en France.* Direction scientifique : Hervé Hasquin (Bruxelles: La Renaissance du Livre, 1979), p.3-23.

«Une théologie politique sous la Restauration», dans: *Christianisme d'hier et d'aujourd'hui: hommages à Jean Préaux*, édités par Guy Cambier (Bruxelles: Editions de l'Université de Bruxelles, 1979; Université libre de Bruxelles: Faculté de philosophie et lettres 70), p.93-107.

1980

«Ceux qui nous quittent: Edmond Vandercammen», *Bulletin de l'Académie royale de langue et de littérature françaises* 58 (1980), p.113-117.

«Lessing und die französische Aufklärung des 18. Jahrhunderts», *Zeitschrift für Germanistik* 1 (1980), p.201-210.

«La littérature des ‹Lumières› comme moyen de communication», dans: *Littérature et communication*, Institut collégial européen de Loches, 1979, 7 (1980), p.32-38 (et dans: *Revue de l'Université de Bruxelles* (1979), p.248-259).

«Madame de Staël, ou la fidélité», *Cahiers staëliens* 28 (1980), p.33-40.

«Meslier et le statut de l'ecclésiastique», dans: *Le Curé Meslier et la vie intellectuelle, religieuse et sociale à la fin du 17e et au début du 18e siècle.* Actes du

Colloque international de Reims, 17-19 octobre 1974 (Reims : Bibliothèque de l'Université de Reims, 1980), p.111-119.

« Pourquoi des dix-huitiémistes ? Réponse de R. Mortier », *Revue de synthèse*, 3e série, 97-98 (1980), p.53-62.

« Préface », dans : Charles Van Lerberghe, *La Chanson d'Eve* (Bruxelles : Editions Antoine, 1980), p.7-14.

« Réception de M. Raymond Trousson », *Bulletin de l'Académie royale de langue et de littérature françaises* 58 (1980), p.118-130.

« Rousseau et la dissemblance », dans : *Reappraisals of Rousseau : studies in honour of R. A. Leigh*, ed. Simon Harvey *et al.* (Manchester : Manchester University Press, 1980), p.24-36.

« Une réflexion allemande sur les révolutions », *Etudes sur le XVIIIe siècle* 7 (1980), p.147-160.

« Une satire antijanséniste au lendemain de la Fronde », *Problèmes d'histoire du christianisme* 9 (1980), p.119-133.

1981

« Cent ans de littérature comparée : l'acquis, les perspectives », dans : *Classical models in literature / Les Modèles classiques dans les littératures / Klassische Modelle in der Literatur*, edited by Zoran Konstantinović *et al.* Proceedings of the IXth congress of the International Comparative Literature Association [...] Innsbruck 1979, I (Innsbruck, AMOE, 1981 ; Innsbrucker Beiträge zur Kulturwissenschaft 49), p.11-17.

« En relisant le Prince de Ligne », dans : *Onzième Congrès international de bibliophilie*, Bruxelles 21-27 septembre 1979. Communications éditées par P. Culor et E. Rouir ([Bruxelles] : Association internationale des bibliophiles, 1981), p.83-92.

« Réception de M. Lloyd James Austin », *Bulletin de l'Académie royale de langue et de littérature françaises* 59 (1981), p.5-19.

« Tradition et innovation, règles et génie : l'itinéraire des Lumières », dans : *Actes du VIIIe Congrès de l'Association internationale de littérature comparée* (Stuttgart : Bieber, 1980), p.61-67.

« Voies et voix de la critique en Belgique francophone », *Micromegas* (Roma), 8, 2-3 (1981), p.67-73.

1982

«L'art poétique des Chénier», *Cahiers Roucher – André Chénier* 2 (1982), p.135-144.

«Montesquieu et Voltaire historiens», dans : *Histoire et communication* (Institut collégial européen de Loches, 1982), p.47-52.

«Les os de nos pères», *Français 2000* (Bulletin de la Société des professeurs de français 104 ; février 1982, Bruxelles), p.49-52.

«Signification et action des ‹Lumières› françaises dans l'évolution intellectuelle de l'Europe», dans : *Slawische Kulturen in der Geschichte der europäischen Kulturen vom 18. bis zum 20. Jahrhundert* (confér., octobre 1976, Unesco), hrsg. von Gerhard Ziegengeist (Berlin : Akademie-Verlag, 1982 ; Akademie der Wissenschaften der DDR : Zentralinstitut für Literaturgeschichte), p.51-54.

«La transition du 18e au 19e siècle», *Dix-huitième siècle* 14 (1982), p.7-12.

«Voltaire et Rousseau au banc des accusés devant Mgr Frayssinous», dans : *Voltaire et Rousseau en France et en Pologne.* Actes du colloque [...] (Nieborow, octobre 1978 ; [Varsovie] : Editions de l'Université de Varsovie, 1982 ; Les Cahiers de Varsovie 10), p.231-242.

1983

«Des larmes de la sensibilité aux larmes du sentiment : Baculard d'Arnaud, Diderot, Ballanche», dans : *Das weinende Saeculum.* Colloquium der Arbeitsstelle des 18. Jahrhunderts Gesamthochschule Wuppertal / Universität Münster. Schloss Dyck vom 7-9 Oktober 1981 (Heidelberg : Winter, 1983 ; Beiträge zur Geschichte der Literatur und Kunst des 18. Jahrhunderts 7), p.31-37.

«D'un préjugé esthétique de Diderot», dans : *Französische Literatur im Zeitalter der Aufklärung : Gedächtnisschrift für Fritz Schalk.* Hrsg. von Wido Hempel (Frankfurt A/M : Klostermann, 1983 ; Analecta romanica 48), p.254-260.

«L'étrange Durissard», dans : *Ecritures à Maurice-Jean Lefebve, avec des « Inédits » de l'auteur : hommages.* Edités par A. Mingelgrün et A. Nysenholc (Bruxelles : Editions de l'Université de Bruxelles, 1983 ; Université libre de Bruxelles : Faculté de philosophie et lettres 86), p.147-150.

«Existe-t-il au XVIIIe siècle en France l'équivalent de la ‹Popularphilosophie› allemande ?», *Studia Leibnitiana* 15 (1983), p.42-45.

«La fonction de l'espace dans les *Sortilèges* de Michel de Ghelderode», dans : *Michel de Ghelderode dramaturge, et conteur.* Actes du Colloque de Bruxelles (22-23 octobre 1982), édités par Raymond Trousson (Bruxelles : Editions de l'Université de Bruxelles, 1983; Université libre de Bruxelles: Faculté de philosophie et lettres 88), p.129-135.

«Modes d'approche des Lumières», dans: *Sur l'actualité des Lumières / Aufklärung heute*, rédigés par [...] Zoran Konstantinović *et al.* (Innsbruck, AMOE, 1983; Innsbrucker Beiträge zur Kulturwissenschaft 54), p.9-11.

«Les niveaux de discours dans *Adolphe*», *Annales Benjamin Constant* 3 (1983), p.13-18.

«La notion d'harmonie dans les *Illuminations*», dans: *Mélanges à la mémoire de Franco Simone*, iv, *Tradition et originalité dans la création littéraire* (Genève: Slatkine, 1983; Centre d'études Franco-Italien, Universités de Turin et de Savoie: Bibliothèque Franco Simone 9), p.441-449.

«L'originalité», *Bulletin de l'Académie royale de langue et de littérature françaises* 61 (1983), p.256-261.

«Réception de M. Jean Rousset», *Bulletin de l'Académie royale de langue et de littérature françaises* 61 (1983), p.101-112.

«Un homme. Une œuvre [Paul Delsemme]», dans: *Théâtre de toujours, d'Aristote à Kalisky: hommages à Paul Delsemme*, édités par Gilbert Debusscher et Alain Van Crugten (Bruxelles: Editions de l'Université de Bruxelles, 1983; Université libre de Bruxelles: Faculté de philosophie et lettres 87), p.7-14.

«Une fiction politique de la fin de l'ancien régime: l'*Histoire d'un Pou français*», *Etudes sur le XVIIIe siècle* 10 (1983), p.63-73.

«Voltaire et la Bible, ou les ruses du polémiste», dans: *Colloque 76: Voltaire. Acts of the eighth colloquium* organized by the Department of French, University of Western Ontario. Ed. Robert L. Walters (London, Ontario: Department of French, 1983), p.17-28.

1984

«Le XVIIIe siècle ‹belge› et la poussée du radicalisme», *Trienio* 4 (1984), p.3-16. En collaboration avec Jean-Jacques Heirwegh.

«L'actualité de Diderot au XIXe siècle», dans: *La Pensée et les hommes* (novembre 1984), p.135-140.

«L'article ‹(Philosophie) antédiluvienne› et la critique des préjugés», *Les Cahiers rationalistes* 396 (mai 1984), p.229-235.

«Diderot et le projet d'une ‹philosophie populaire›», *Revue internationale de philosophie* 148-149 (1984; numéro spécial: Diderot et l'Encyclopédie, 1784-1984), p.182-195; voir aussi «Présentation», p.3-10.

«Emile Verhaeren, Karl Marx et l'expansion européenne», dans : *Emile Verhaeren : poète, dramaturge, critique*. Colloque international organisé à l'Université de Cologne les 28 et 29 octobre 1983 par le Romanisches Seminar der Universität zu Köln [etc.], édité par Peter-Eckhard Knabe et Raymond Trousson (Bruxelles : Editions de l'Université de Bruxelles, 1984), p.145-155.

«Pour une poétique du dialogue : essai de théorie d'un genre», dans : *Literary theory and criticism : Festschrift presented to René Wellek in honor of his eightieth birthday*. Edited by Joseph P. Strelka (Bern : P. Lang, 1984), p.457-474.

«Les spécificités nationales des ‹Lumières› occidentales», dans : *The Enlightenment in a Western Mediterranean context : selected proceedings of the international conference, 1982*. Ed. Frederick Gerson *et al.* (Toronto : Benben, 1984), p.141-146.

1985

«Diderot et les théologiens : l'article ‹Bible› de l'*Encyclopédie*», *Beiträge zur romanischen Philologie* 24 (1985), p.199-204.

«Enseignement et problèmes de périodisation en littérature comparée», *Neohelicon* 12, 1 (1985), p.189-92.

«Rapport sur l'esthétique au XVIIIe siècle», dans : *Aufklärungen : Frankreich und Deutschland im 18. Jahrhundert* 1, hrsg. von Gerhard Sauder und Jochen Schlobach (Heidelberg : Carl Winter Universitätsverlag, 1985), p.65-71.

«Un jésuite belge en Hongrie au siècle des Lumières», *Hungarian studies* 1/2 (1985), p.213-223.

«Une romancière allemande spectatrice de la Révolution française de 1848» [Fanny Lewald], dans : *Littérature et culture allemandes : hommages à Henri Plard*, édités par Roger Goffin *et al.* (Bruxelles : Editions de l'Université de Bruxelles, 1985 ; Université libre de Bruxelles, Faculté de philosophie et lettres 92), p.147-163.

«Les voies obliques de la propagande ‹philosophique›», dans : *Voltaire and his world : studies presented to W. H. Barber*, edited by R. J. Howells *et al.* (Oxford : The Voltaire Foundation, 1985), p.381-392.

1986

«L'athéisme en France au XVIIIe siècle : progrès et résistances», *Problèmes d'histoire du christianisme* 16 (1986), p.45-62.

«Les obstacles à la communication inter-culturelle : un témoin exemplaire au XVIIIe siècle (H.-P. Sturz)», dans : *Sensus communis : contemporary trends in comparative literature. Panorama de la sitation actuelle en littérature comparée. Festschrift für Henri Remak*, hrsg. von János Riesz *et al.* (Tübingen : Narr, 1986), p.335-341.

«La penseée des Lumières, ou ‹suivre dans le silence les traces de la raison humaine›», *Etudes sur le XVIIIe siècle* 13 (1986), p.7-17.

«Le poète et la demoiselle», *Bulletin de l'Académie royale de langue et de littérature françaises* 64 (1986), p.28-39.

«Préface», dans : Charles Van Lerberghe, *Lettres à Albert Mockel (1887-1906)*. Edition établie, présentée et annotée par Robert Debever et Jacques Detemmerman (Bruxelles, Labor, 1986 ; Archives du futur), p.7-10.

«Les retards et les obstacles à la révélation de la littérature allemande en France», *Cahiers staëliens*, n.s. 37 (1985-1986), p.1-9.

«Variations on the dialogue in the French Enlightenment» [traduction Jean A. Perkins], *Studies in eighteenth-century culture* 16 (Madison, Wisc., 1986), p.225-240.

1987

«Anouilh et Marivaux, ou l'amour puni», dans : *Formen innerliterarischer Rezeption*, hrsg. von Wilfried Floeck *et al.* (Wiesbaden : Harrassowitz, 1987 ; Wolfenbütteler Forschungen 34), p.167-172.

«Aspects du rêve chevaleresque, de La Curne de Sainte Palaye à Madame de Staël», dans : *Idéologie et propagande en France*, sous la direction de Myriam Yardeni. Colloque organisé par l'Institut d'histoire et de civilisation française de l'Université de Haïfa (Paris : Picard, 1987), p.135-152.

«L'athéisme en France au XVIIIe siècle : progrès et résistances», *Problèmes d'histoire du christianisme* 16, 1986 [1987], p.45-62.

«De les van de Verlichting» [traduction néerlandaise de G. Adé], *De Gids* 9-10 (1987), p.776-780.

«Diderot entre les ‹têtes froides› et les ‹enthousiastes›», dans : *Man and nature* 6 (1987), p.1-19.

«Diderot et le projet encyclopédique», dans : *La Culture peut-elle être un projet ?* Deux colloques de l'Institut collégial européen (Loches), sous la direction de Gilbert Gadoffre (Direction régionale de l'Ile de France, Ministère de la Culture, 1987), p.135-141.

«Discours» [l'Europe des Lumières]», *Bulletin de l'Académie royale de langue et littérature françaises* 65 (1987), p.222-232.

«Julie, Virginie, Atala, ou la mort angélique», dans: *Itinéraires et plaisirs textuels: mélanges offerts au professeur Raymond Pouilliart*, édités par Georges Jacques et José Lambert (Louvain-la Neuve: Bibliothèque de l'Université; Bruxelles: Eds. Nauwelaerts, 1987; Université de Louvain: Recueil de travaux d'histoire et de philologie, 6 série, fasc. 32), p.63-74.

«La littérature de langue française», dans: *La Belgique autrichienne, 1713-1794: les Pays-Bas méridionaux sous les Habsbourg d'Autriche* (Bruxelles: Crédit Communal, 1987), p.263-300.

«Lumières de l'Europe, Europe des Lumières», *Bulletin de l'Académie royale de langue et de littérature françaises* 65 (1987), p.222-232.

«Ma relation à la lecture», *Euphorion* 81 (1987), I, p.8-9.

«La modernité de Diderot», dans: *Diderot: comunicações apresentadas ao Colóquio international Diderot realizado en Lisboa, em 28 e 29 de Janeiro de 1985*. Sociedade Portuguesa de Estudos do Século XVIII. Coordenação de Maria Helena Carvalho dos Santos (Lisboa: Universitária Editora, 1987), p.301-311.

«La notion de liberté dans la pensée ‹encyclopédiste›», dans: *De la Ilustración al Romanticismo. II Encuentro: servidumbre y libertad* (Cádiz, 3-5 Abril; Cádiz: Universidad de Cádiz, 1987), p.55-61.

«Le roman romantique de langue française en Belgique: du roman historique à l'époque nationale», dans: *Le Romantisme dans le roman européen du XIXe siècle* (Leuven: Leuvense Cahiers; Europese Reeks, 1987), p.13-31.

«Un pamphlet ‹bruxellois› de 1789 contre l'émigration du comte d'Artois», *Bulletin de l'Académie royale de langue et de littérature françaises* 65 (1987), p.149-167. En collaboration avec Carlo Bronne.

«Voltaire lecteur de Chastellux», dans: *Le Siècle de Voltaire: hommage à René Pomeau*, édité par Christiane Mervaud et Sylvain Menant (Oxford: The Voltaire Foundation, 1987), ii.663-673.

1988

«Comment terminer la Révolution et fonder la République», dans: *Le Groupe de Coppet et la Révolution Française*. Actes du quatrième colloque de Coppet, 20-23 juillet 1988. Publiés sous la direction d'Etienne Hofmann et d'Anne-Lise Delacrétaz (Lausanne: Institut Benjamin Constant; Paris: Jean Touzot, 1988), p.293-307.

«Diversité des Lumières», *Etudes sur le XVIIIe siècle* 15 (1988), p.15-23.

«La fascination de l'étrange à la veille de la Révolution française (d'après les *Mémoires* de la baronne d'Oberkirch)», dans: *Das Achtzehnte Jahrhundert.*

Facetten einer Epoche. Festschrift für Rainer Gruenter, hrsg. von Wolfgang Adam (Heidelberg : Carl Winter, 1988), p.159-166.

«L'imaginaire historique du XVIIIe siècle : de Voltaire plus particulièrement», *Storia della storiografia* 14 (1988), p.136-145.

«L'impie foudroyé (*Mémoires* de Saint-Simon, année 1715)», dans : *Ouverture et dialogue : mélanges offerts à Wolfgang Leiner à l'occasion de son soixantième anniversaire*, édités par Ulrich Döring *et al.* (Tübingen : Narr, 1988), p.707-719.

«Quand Van Lerberghe jugeait ses confrères», dans : *Charles Van Lerberghe et le symbolisme*, hrsg. von Raymond Trousson und Helmut Siepmann (Köln : DME, 1988), p.164-181.

«Les références grecques et latines dans l'annexe du *Plan d'une université*», dans : *Editer Diderot*, études recueillies par Georges Dulac (Oxford : The Voltaire Foundation, 1988 ; Studies on Voltaire and the eighteenth century 254), p.463-465.

«Un dieu-araignée ?», dans : *Enlightenment essays in memory of Robert Shackleton.* Edited by Giles Barber and C. P. Courtney (Oxford : The Voltaire Foundation, 1988), p.223-229.

1989

«Belle and Benjamin : political gradations», *Eighteenth-century life* 13, n.s., 1 (1989 ; numéro spécial : *Isabelle de Charrière, Belle de Zuylen*, ed. by Beatrice Fink), p.16-25.

«Benjamin Constant devant la Révolution française», dans : *Benjamin Constant et la Révolution française, 1789-1799*, sous la direction de Dominique Verrey et d'Anne-Lise Delacrétaz (Genève : Droz, 1989 ; Université de Lausanne : Publications de la Faculté des lettres 32), p.11-21.

«Cocteau à l'Académie», *Revue de l'Université de Bruxelles* (1989 ; Numéro spécial : *Jean Cocteau*, composé par Albert Mingelgrün), p.111-118.

«Comment éditer Diderot ?», *Revue belge de philologie et d'histoire* 67 (1989), p.563-572.

«La ‹consolatio mortis›, ou le roman sermonneur au tournant des Lumières», dans : *Dilemmes du roman. Essays in honor of Georges May*. Ed. Catherine Lafarge (Saratoga, California : Anma Libri, 1989 ; Stanford French and Italian Studies 65), p.205-215.

«Discours de M. Roland Mortier» [à la remise du prix Montaigne à M.

Charles Bertin], *Bulletin de l'Académie royale de langue et de littérature françaises* 67 (1989), p.292-302.

«Du bon usage de la digression dans les articles ‹encyclopédiques› de Diderot», dans: *Transactions of the seventh international congress on the Enlightenment.* Budapest 26 July-2 August 1987 (Oxford: The Voltaire Foundation, 1989; Studies on Voltaire and the eighteenth century 263), i.15-31.

«Fontenelle entre l'optimisme scientifique et le pessimisme anthropologique», dans: *Fontenelle.* Actes du colloque tenu à Rouen du 6 au 10 octobre 1987, publiés par Alain Niderst (Paris: P.U.F., 1989), p.675-682.

«Les jeux du munologue», dans: *Jean Muno, 1924-1988.* Dir. par Robert Frickx (Lausanne: L'Age d'homme, 1989; Le Groupe du roman, cahier 23), p.43-47.

«La place de d'Alembert dans la littérature des Lumières», dans: *Jean d'Alembert, savant et philosophe: portrait à plusieurs voix* (Paris, Ed. des Archives contemporaines, 1989), p.17-39.

«La Révolution et les mots: le cas du P. Buée», dans: *L'Image de la Révolution française.* Dir. par Michel Vovelle (Oxford: Pergamon Press, 1989), i.253-258.

«Rivarol, la Révolution française et les ‹philosophes›», dans: *Ideology and religion in French literature. Essays in honour of Brian Juden* (Camberley: Porphyrogenitus, 1989), p. 275-283.

1990

«L'autre XVIIIe siècle», dans: *Dix-huitième siècle européen: en hommage à Jacques Lacant*, textes réunis par Claude De Grève, avec la collaboration de Pierre Brunel, Francis Claudon et Sylvain Menant (Paris: Aux Amateurs de Livres, 1990), p.27-31.

«Diderot and penal law: objections to Beccaria», dans: *Aesthetics and the literature of ideas. Essays in honor of A. Owen Aldridge.* Ed. by Fr. Jost, with the assistance of Melvin J. Friedman (Newark: University of Delaware Press, 1990), p.203-213.

«Diderot devant la peinture de batailles», dans: *Présence de Diderot.* Hrsg. Siegfried Jüttner (Frankfurt-am-Main &c.: Peter Lang, 1990; Europäische Aufklärung in Literatur und Sprache, 1), p.202-209.

«Diderot et la propriété privée», dans: *Langue, littérature du XVIIe et du XVIIIe siècle: mélanges offerts à Frédéric Deloffre.* Textes réunis par Roger Lathuillère (Paris: SEDES, 1990), p.547-553.

«Jean-Jacques Rousseau : l'origine d'une prise de conscience», dans : *L'Enfant dans la société d'aujourd'hui*, éd. par Alfred Lamesch (Bruxelles : Editions de l'Université de Bruxelles, 1990), p.13-21.

«La langue ‹révolutionnée› : objet et fonctions», *Etudes art et littérature Université de Jérusalem* 17 (1990), p.39-60.

«Présentation», *Recherches sur Diderot et sur l'Encyclopédie* 8 (1990), p.1-5.

«Sous le signe du roi David : Pierre Nothomb poète de l'amour», *Bulletin de l'Académie royale de langue et de littérature françaises* 68 (1990), p.82-95.

«Un jacobin contre le théâtre», dans : *Semper aliquid novi : littérature comparée et littératures d'Afrique. Mélanges offerts à Albert Gérard* (Tübingen : G. Narr, 1990), p.369-376.

COMPTES RENDUS

1949

A. Brun, «Le baron d'Eckstein, policier et journaliste marseillais», *Revue de littérature comparée* 21 (1947), p.481-496 ; G. Charlier, «Le baron d'Eckstein en Belgique», *Revue de littérature comparée* 22 (1948), p.290-296, dans : *Revue belge de philologie et d'histoire* 27 (1949), p.467-469.

René Jasinski, *Histoire de la littérature française* (Paris : Boivin & Cie, 1947, 2 vol.), dans : *Revue belge de philologie et d'histoire* 27 (1949), p.783-787.

1950

Erich Auerbach, *Mimesis : Dargestellte Wirklichkeit in der abendländischen Literatur* (Bern : A. Francke, s.d. [1946]), dans : *Revue belge de philologie et d'histoire* 28 (1950), p.189-192.

Revue de littérature comparée 23, avril-septembre 1949. Numéro spécial : *Goethe (1749-1832) et Chateaubriand (1768-1848)*, dans : *Revue belge de philologie et d'histoire* 28 (1950), p.1475-1478.

Yves Le Hir, *Lamennais écrivain* (Paris : A. Colin, 1948), dans : *Revue belge de philologie et d'histoire* 28 (1950), p.1478-1480.

1951

Yves Le Hir, *Les Paroles d'un croyant de Lamennais*. Texte publié sur le manuscrit autographe, avec des variantes, une introduction et un commentaire (Paris : A. Colin, 1949), dans : *Revue belge de philologie et d'histoire* 29 (1951), p.858-859.

Thomas R. Palfrey, *Le Panorama littéraire de l'Europe (1833-1834). Une revue légitimiste sous la monarchie de juillet* (Evanston, Illinois: Northwestern University Press, 1950; Northwestern University Studies in the humanities 22), dans: *Revue belge de philologie et d'histoire* 29 (1951), p.856-858.

Revue de littérature comparée 24, avril-juin 1950. Numéro spécial: *Balzac dans le monde*, dans: *Revue belge de philologie et d'histoire* 29 (1951), p.1374-1376.

1952

Herbert Dieckmann, *Inventaire du fonds Vandeul et inédits de Diderot* (Genève: Droz, et Lille: Giard, 1951; Textes littéraires français), dans: *Revue belge de philologie et d'histoire* 30 (1952), p.887-889.

F. C. Green, «Autour de quatre lettres inédites de Diderot à John Wilkes», *Revue de littérature comparée* 25 (1951), p.449-467, dans: *Revue belge de philologie et d'histoire* 30 (1952), p.571-572.

H. Le Maître, *Essai sur le mythe de Psyché dans la littérature française des origines à 1890* (Paris: Boivin, s.d.), dans: *Revue belge de philologie et d'histoire* 30 (1952), p.244-245.

Henri Roddier, *J. J. Rousseau en Angleterre au XVIII*e *siècle. L'œuvre et l'homme* (Paris: Boivin, 1950; Etudes de littérature étrangère et comparée 21), dans: *Revue belge de philologie et d'histoire* 30 (1952), p.890-892.

Voltaire, *Lettres inédites aux Tronchin.* Avec une introduction de B. Gagnebin (Genève: Droz, et Lille: Giard, 1950, 3 vols.), dans: *Revue belge de philologie et d'histoire* 30 (1952), p.239-243.

1953

Erich Auerbach, *Vier Untersuchungen zur Geschichte der französischen Bildung* (Bern: A. Francke, 1951), dans: *Revue belge de philologie et d'histoire* 31 (1953), p.587-589.

Gavin de Beer, Georges Bonnard, Louis Junod, *Miscellanea Gibboniana* (Lausanne: Librairie de l'Université, F. Rouge, 1952; Publications de la Faculté des lettres de l'Université de Lausanne 10), dans: *Revue belge de philologie et d'histoire* 31 (1953), p.867-868.

Denis Diderot, *Œuvres romanesques.* Texte établi, avec une présentation et notes, par H. Bénac (Paris: Garnier Frères, 1951; Classiques Garnier), dans: *Revue belge de philologie et d'histoire* 31 (1953), p.285-286.

Albert Lortholary, *Le Mirage russe en France au XVIII*e *siècle* (Paris: Editions contemporaines, Boivin & Cie, 1951), dans: *Revue belge de philologie et d'histoire* 31 (1953), p.95-98.

H. Tuzet, « Les deux voyages d'Alexandre Dumas en Sicile », *Revue de littérature comparée* 25 (1951), p.195-208, dans : *Revue belge de philologie et d'histoire* 31 (1953), p.289.

1954

Lennart Breitholtz, *Le Théâtre historique en France jusqu'à la Révolution* (Uppsala : A.B. Lundequistska Bokhandeln, et Wiesbaden : Otto Harrassowitz, 1952), dans : *Revue belge de philologie et d'histoire* 32 (1954), p.567-569.

Fernand Desonay, *Ronsard poète de l'amour, Livre II : de Marie à Genèvre* (Bruxelles : Palais des Académies, 1954 ; Académie royale de langue et de littérature françaises de Belgique), dans : *Revue de l'Université de Bruxelles* 7 (1954-1955), p.471-473.

Jean Fabre, *Stanislas-Auguste Poniatowski et l'Europe des Lumières* (Paris : Institut d'études slaves, 1952), dans : *Revue belge de philologie et d'histoire* 32 (1954), p.1194-1199.

Revue de littérature comparée 27, janvier-mars 1953. Numéro spécial : *Orientations en littérature comparée*, dans : *Revue belge de philologie et d'histoire* 32 (1954), p.895-896.

Voltaire, *Lettres inédites à son imprimeur Gabriel Cramer*. Publiées avec une introduction et des notes par Bernard Gagnebin (Genève : Droz, et Lille : Giard, 1952), dans : *Revue belge de philologie et d'histoire* 32 (1954), p.147-150.

1955

Louis Desgraves, *Catalogue de la bibliothèque de Montesquieu* (Genève : Droz, et Lille : Giard, 1954 ; Société des publications romanes et françaises 43), dans : *Revue belge de philologie et d'histoire* 33 (1955), p.1050-1051.

Giuseppe Giarizzo, *Edward Gibbon e la cultura europea del settecento* (Napoli : Istituto italiano per gli studi storici, et Torino : Casa editrice Einaudi, 1954), dans : *Revue belge de philologie et d'histoire* 33 (1955), p.683-688.

Georges May, *Diderot et « La Religieuse »* (New Haven : Yale University Press, et Paris : P.U.F., 1954 ; Institut d'études françaises de Yale University), dans : *Revue belge de philologie et d'histoire* 33 (1955), p.646-651.

1956

Gabriel Bonno, *Les Relations intellectuelles de Locke avec la France (d'après des documents inédits)* (Berkeley and Los Angeles : University of California Press, 1955), dans : *Revue belge de philologie et d'histoire* 34 (1956), p.524-525.

Frédéric Deloffre, *Une préciosité nouvelle : Marivaux et le marivaudage. Etude de langue et de style* (Paris: Les Belles Lettres, 1955; Annales de l'Université de Lyon, 3e série, Lettres 27), dans: *Revue belge de philologie et d'histoire* 34 (1956), p.755-757.

Diderot, *Correspondance I (1713-1757)*. Edition établie, annotée et préfacée par Georges Roth (Paris: Les Editions de Minuit, 1955), dans: *Revue belge de philologie et d'histoire* 34 (1956), p.1093-1095.

Kurt Weinberg, *Henri Heine, «romantique défroqué», héraut du symbolisme français* (New Haven: Yale University Press, et Paris: P.U.F., 1954), dans: *Revue belge de philologie et d'histoire* 34 (1956), p.485-486.

1957

Auguste Wilhelm Schlegel und Frau von Staël: eine schicksalhafte Begegnung. Nach unveröffentlichten Briefen erzählt von Pauline Gräfin de Pange. Deutsche Ausgabe von Willy Grabert (Hamburg: Claassen & Goverts, 1949), dans: *Revue belge de philologie et d'histoire* 35 (1957), p.1108.

Diderot, *Correspondance II (décembre 1757 – novembre 1759)*. Edition établie et annotée par Georges Roth (Paris: Les Editions de Minuit, 1956), dans: *Revue belge de philologie et d'histoire* 35 (1957), p.823-825.

Diderot, *Œuvres philosophiques*. Texte établi, avec introduction, bibliographie et notes, par Paul Vernière (Paris: Garnier Frères, 1956), dans: *Revue de littérature comparée* 31 (1957), p.122.

Diderot, *Supplément au voyage de Bougainville*, publié par Herbert Dieckmann (Genève: Droz, et Lille: Giard, 1955), dans: *Revue belge de philologie et d'histoire* 35 (1957), p.283-285.

Marie-Jeanne Durry, *Autographes de Mariemont. Première partie: avant 1800*. Tome I: *De Jean Rolin à Madame de Pompadour*; Tome II: *De Vauvenargues à Dolomieu* (Paris: Nizet, 1955), dans: *Revue belge de philologie et d'histoire* 35 (1957), p.95-98.

Grundpositionen des französischen Aufklärung (Berlin: Rütten und Loening, 1955), dans: *Revue belge de philologie et d'histoire* 35 (1957), p.92-95.

Erich Loos, *Baldassare Castiglione, «Libro del Cortegiano»: Studien zur Tugendauffassung des Cinquecento* (Frankfurt: Klostermann, 1955; Analecta Romanica: Beihefte zu den romanischen Forschungen 2), dans: *Erasmus* 9 (1957), p.732-734.

P. Mesnard, «Kierkegaard aux prises avec la conscience française», *Revue belge de philologie et d'histoire* 29 (1955), p.453-477, dans: *Revue belge de philologie et d'histoire* 35 (1957), p.288.

F. Petralia, «Lettere inedite di Paul Claudel a Paterne Berrichon», *Rivista di letterature moderne e comparate* 8 (1955), p.229-250, dans : *Revue belge de philologie et d'histoire* 35 (1957), p.584.

Joachim Rosteutscher, *Das ästhetische Idol im Werke von Winckelman, Novalis, Hoffmann, Goethe, George und Rilke* (Bern : Francke, 1956), dans : *Erasmus* 10 (1957), p.682-683.

G. R. Roy, «Walt Whitman, George Sand and certain French socialists», *Revue de littérature comparée* 29 (1955) p.550-561, dans : *Revue belge de philologie et d'histoire* 35 (1957), p.288.

Fritz Schalk, *Diderots Essai über Claudius und Nero* (Cologne und Opladen : Westdeutscher Verlag, 1956 ; Arbeitsgemeinschaft für Forschung des Landes Nordrhein-Westfalen : Geisteswissenschaft Abhandlung 39), dans : *Revue de littérature comparée* 31 (1957), p.284-285.

1958

P. Barrière, *L'Académie de Bordeaux centre de culture internationale au XVIII*[e] *siècle (1712-1792)* (Bordeaux : Bière, 1951), dans : *Revue belge de philologie et d'histoire* 36 (1958), p.504-506.

Diderot, *Œuvres philosophiques.* Textes établis avec introductions, bibliographies et notes par Paul Vernière (Paris : Garnier Frères, 1956), dans : *Revue belge de philologie et d'histoire* 36 (1958), p.276-277.

B. Munteano, «Les prémisses rhétoriques du système de l'abbé Du Bos», *Rivista di letterature moderne e comparate* 10 (1957), p.1-28 ; B. Munteano, «Survivances antiques : l'abbé Du Bos esthéticien de la persuasion passionnelle», *Revue de littérature comparée* 30 (1956), p.318-350, dans : *Revue belge de philologie et d'histoire* 36 (1958), p.1090.

Jean Orcibal, *Port-Royal entre le miracle et l'obéissance : Flavie Passart et Angélique de Saint-Jean Arnauld d'Andilly* (Paris : Desclée de Brouwer, 1957), dans : *Revue belge de philologie et d'histoire* 36 (1958), p.1319-1321.

Fritz Schalk, *Das Lächerliche in der französischen Literatur des Ancien Régime* (Köln und Opladen : Westdeutscher Verlag, 1954 ; Arbeitsgemeinschaft für Forschung des Landes Nordrhein-Westfalen : Geisteswissenschaft Abhandlung 19), dans : *Revue de littérature comparée* 32 (1958), p.602-603.

Paul Vernière, *Spinoza et la pensée française avant la Révolution* (Paris : P.U.F., 1954, 2 vol. ; Publications de la Faculté des lettres d'Alger 20), dans : *Revue de littérature comparée* 32 (1958), p.122-128.

Eberhard Weis, *Geschichtschreibung und Staatsauffassung in der französischen*

Enzyklopädie (Wiesbaden: Franz Steiner, 1956; Veröffentlichungen des Instituts für Europäische Geschichte, Mainz 14), dans: *Revue belge de philologie et d'histoire* 36 (1958), p.202-205.

Arthur M. Wilson, *Diderot: the testing years, 1713-1759* (New York, Oxford: Oxford University Press, 1957), dans: *Revue belge de philologie et d'histoire* 36 (1958), p.976-978.

1959

Annales de la Fondation Maurice Maeterlinck 4 (1958), dans: *Revue de l'Université de Bruxelles* 12 (1959-1960), p.373-374.

M. Bataillon, «Jean-Marie Carré, 1887-1958», *Revue de littérature comparée* 32 (1958), p.5-11; M. Bataillon, «L'héritage de Fernand Baldensperger 1871-1958», *Ibid.* 32 (1958), p.161-167, dans: *Revue belge de philologie et d'histoire* 37 (1959), p.886.

Georges Brunet, *Le Pari de Pascal* (Paris: Desclée de Brouwer, 1956), dans: *Revue belge de philologie et d'histoire* 37 (1959), p.136-137.

Geneviève Delassault, *Le Maistre de Sacy et son temps* (Paris: Nizet, 1957), dans: *Revue belge de philologie et d'histoire* 37 (1959), p.446-448.

Diderot, *Correspondance III (novembre 1759 – décembre 1761)*. Recueillie, établie et annotée par Georges Roth (Paris: Les Editions de Minuit, 1957), dans: *Revue belge de philologie et d'histoire* 37 (1959), p.249-250.

Felix Raymond Freudmann, *The Memoirs of Madame de La Guette: a study* (Genève: Droz, et Paris: Minard, 1957), dans: *Revue belge de philologie et d'histoire* 37 (1959), p.1080-1081.

J. Jacquot, «‹Le théâtre du monde› de Shakespeare à Calderon», *Revue de littérature comparée* 31 (1957), p.341-372, dans: *Revue belge de philologie et d'histoire* 37 (1959), p.565.

René Jasinski, *Vers le vrai Racine* (Paris: A. Colin, 1958; Collection études littéraires), dans: *Revue belge de philologie et d'histoire* 37 (1959), p.791-797.

G. Pire, «Jean-Jacques Rousseau et Robinson Crusoé», *Revue de littérature comparée* 30 (1956), p.479-496; G. Pire, «Du bon Plutarque au citoyen de Genève», *Ibid.* 32 (1958), p.510-547; M. Launay, «Jean-Jacques Rousseau et Gustave III de Suède», *Ibid.* 32 (1958), p.496-509, dans: *Revue belge de philologie et d'histoire* 37 (1959), p.565-566.

J. Voisine, «La baronne Blaze de Bury (1813-1894) et ses amitiés cosmopolites. Avec des documents inédits», *Revue de littérature comparée* 31 (1957), p.229-253, dans: *Revue belge de philologie et d'histoire* 37 (1959), p.887.

1960

Diderot, *Correspondance IV (février 1762 – décembre 1764)*. Recueillie, établie et annotée par Georges Roth (Paris: Les Editions de Minuit, 1958), dans: *Revue belge de philologie et d'histoire* 38 (1960), p.462-463.

Fr. Pamp, «Der Einfluss Rimbauds auf Georg Trakl», *Revue de littérature comparée* 32 (1958), p.396-406, dans: *Revue belge de philologie et d'histoire* 38 (1960), p.622.

Louis Trénard, *Histoire sociale des idées : Lyon de l'« Encyclopédie » au préromantisme* (Paris: P.U.F., 1958; Collection des cahiers d'histoire publiés par les Universités de Clermont, Lyon et Grenoble 3), dans: *Revue belge de philologie et d'histoire* 38 (1960), p.108-110.

1961

Chaïm Perelmann et L. Olbrechts-Tyteca, *La Nouvelle Rhétorique : traité de l'argumentation* (Paris: P.U.F., 1958), dans: *Revue belge de philologie et d'histoire* 39 (1961), p.90-94.

Cl. Pichois, «Préromantiques, rousseauistes et shakespeariens», *Revue de littérature comparée* 33 (1959), p.348-355, dans: *Revue belge de philologie et d'histoire* 39 (1961), p.600.

N. Rinsler, «Gérard de Nerval and Heinrich Heine», *Revue de littérature comparée* 33 (1959), p.94-102, dans: *Revue belge de philologie et d'histoire* 39 (1961), p.600-601.

J. J. Rousseau, *Les Rêveries du promeneur solitaire*, texte établi, avec introduction, notes et relevé de variantes par Henri Roddier (Paris: Garnier Frères, 1960), dans: *Revue de littérature comparée* 35 (1961), p.677-680.

Renée Waldinger, *Voltaire and Reform in the light of the French Revolution* (Genève: Droz, et Paris: Minard, 1959), dans: *Revue belge de philologie et d'histoire* 39 (1961), p.94-96.

1962

Georges Brunet, *Un prétendu traité de Pascal : le Discours sur les passions de l'amour* (Paris: Les Editions de Minuit, 1959), dans: *Revue belge de philologie et d'histoire* 40 (1962), p.461-463.

Diderot, *Correspondance V (janvier 1765 – février 1766)*. Recueillie, établie et annotée par Georges Roth (Paris: Les Editions de Minuit, 1959), dans: *Revue belge de philologie et d'histoire* 40 (1962), p.1370-1371.

Herbert Dieckmann, *Cinq leçons sur Diderot* (Genève: Droz, et Paris: Minard,

1959; Société de publications romanes et françaises 64), dans: *Revue belge de philologie et d'histoire* 40 (1962), p.929-932.

L. Folkierski, «L'anglais de Diderot», *Revue de littérature comparée* 34 (1960), p.226-244, dans: *Revue belge de philologie et d'histoire* 40 (1962), p.605.

J. Viktor Johansson, *Sur la «Correspondance littéraire secrète», et son éditeur* (Göteborg: Akademiförlaget-Gumperts, et Paris: Nizet, 1960), dans: *Revue belge de philologie et d'histoire* 40 (1962), p.1060-1061.

R. Triomphe, «L'URSS et la littérature comparée», *Revue de littérature comparée* 34 (1960), p.304-310, dans: *Revue belge de philologie et d'histoire* 40 (1962), p.602.

1963

Y. Batard, «A propos de la *Divine comédie*: réflexions oscillantes sur la traduction», *Revue de littérature comparée* 35 (1961), p.17-24, dans: *Revue belge de philologie et d'histoire* 41 (1963), p.282.

J. H. Broome, «Autour d'une épigraphe: Byron et Fougeret de Monbron», *Revue de littérature comparée* 34 (1960), p.337-353, dans: *Revue belge de philologie et d'histoire* 41 (1963), p.288-289.

Pierre Courcelle, *L'Entretien de Pascal et Sacy: ses sources et ses énigmes* (Paris: Vrin, 1960), dans: *Revue belge de philologie et d'histoire* 41 (1963), p.679-681.

J. Dagen, «Hermétisme et cabale en France de Lefèvre d'Etaples à Bossuet», *Revue de littérature comparée* 35 (1961), p.5-16, dans: *Revue belge de philologie et d'histoire* 41 (1963), p.285.

Diderot, *Correspondance VI (janvier – décembre 1766)* et *Correspondance VII (janvier – décembre 1767)*. Recueillie, établie et annotée par Georges Roth (Paris: Les Editions de Minuit, 1961 et 1962), dans: *Revue belge de philologie et d'histoire* 41 (1963), p.1256-1260.

Marie-Jeanne Durry, *Autographes de Mariemont. Deuxième partie*. Tome I: *De Boufflers à Lamennais*. Tome II: *De Marchangy à Victor Hugo* (Paris: Nizet, 1959), dans: *Revue belge de philologie et d'histoire* 41 (1963), p.150-153.

Ecrits sur Pascal, avec la collaboration de Annie Barnes *et al.* (Paris: Editions du Luxembourg, 1959), dans: *Revue belge de philologie et d'histoire* 41 (1963), p.285-288.

W. Th. Elwert, «L'emploi des langues étrangères comme procédé stylistique», *Revue de littérature comparée* 34 (1960), p.409-437, dans: *Revue belge de philologie et d'histoire* 41 (1963), p.282.

Werner Krauss, *Cartaud de la Villate : ein Beitrag zur Entstehung des geschichtlichen Weltbildes in der französischen Aufklärung* (Berlin : Akademie-Verlag, 1960, 2 vol. ; Deutsche Akademie der Wissenschaften zu Berlin. Schriftenreihe der Arbeitsgruppe zur Geschichte der deutschen und französischen Aufklärung 2), dans : *Revue belge de philologie et d'histoire* 41 (1963), p.544-546.

Leonard M. Marsak, *Bernard de Fontenelle : the idea of science in the French Enlightenment* (Philadelphia : The American Philosophical Society, 1959), dans : *Revue belge de philologie et d'histoire* 41 (1963), p.546-549.

Revue de littérature comparée 35, octobre-décembre 1961, dans : *Revue belge de philologie et d'histoire* 41 (1963), p.1368-1369.

Société française de littérature comparée. *Actes du troisième Congrès national, Dijon, 1er – 3 juin 1959 : la France, la Bourgogne et la Suisse au XVIII*[e] *siècle* (Paris : Didier, 1960 ; Etudes de littérature étrangère et comparée 40), dans : *Revue belge de philologie et d'histoire* 41 (1963), p.969-971.

1964

Le Colloque Prévost. Aix-en-Provence, 20 et 21 décembre 1963, dans : *Revue de littérature comparée* 38 (1964), p.334-335.

V. E. Graham, « The pelican as image and symbol », *Revue de littérature comparée* 36 (1962), p.235-243, dans : *Revue belge de philologie et d'histoire* 42 (1964), p.1114.

R. Mercier, « Les débuts de l'exotisme africain en France », *Revue de littérature comparée* 36 (1962), p.191-209, dans : *Revue belge de philologie et d'histoire* 42 (1964), p.1123.

G. Pire, « Jean-Jacques Rousseau lecteur de Pierre Charron », *Revue de littérature comparée* 36 (1962), p.481-494, dans : *Revue belge de philologie et d'histoire* 42 (1964), p.1123.

Charles Rihs, *Voltaire : recherches sur les origines du matérialisme historique* (Genève : Droz, et Paris : Minard, 1962 ; Etudes d'histoire économique, politique et sociale 40), dans : *Revue belge de philologie et d'histoire* 42 (1964), p.731-735.

J. Roos, « Romain Rolland et Tolstoï », *Revue de littérature comparée* 36 (1962), p.5-31, dans : *Revue belge de philologie et d'histoire* 42 (1964), p.743.

X. Tilliette, « Antonio Machado, poète philosophe », *Revue de littérature comparée* 36 (1962), p.32-49, dans : *Revue belge de philologie et d'histoire* 42 (1964), p.748.

1965

Albert Béguin, *Pascal par lui-même* (Paris: Editions du Seuil, 1959; Ecrivains de toujours 6), dans: *Revue belge de philologie et d'histoire* 43 (1965), p.732-733.

Ronald Grimsley, *Jean d'Alembert (1717-83)* (Oxford: Clarendon Press, 1963), dans: *Revue belge de philologie et d'histoire* 43 (1965), p.623-626.

D. H. Pageaux, «La genèse de l'œuvre poétique de M. J. Quintana», *Revue de littérature comparée* 37 (1963), p.227-267, dans: *Revue belge de philologie et d'histoire* 43 (1965), p.339.

1966

M. Cadot et J. Voisine, «La littérature comparée en Europe orientale», *Revue de littérature comparée* 38 (1964), p.589-601, dans: *Revue belge de philologie et d'histoire* 44 (1966), p.725.

Diderot, *Correspondance IX (1759)* et *Correspondance X (janvier 1770 – mars 1771)*. Texte recueilli, établi et annoté par Georges Roth (Paris: Les Editions de Minuit, 1963), dans: *Revue belge de philologie et d'histoire* 44 (1966), p.250-252.

François Hemsterhuis, *Lettre sur l'homme et ses rapports, avec le commentaire inédit de Diderot*. Texte établi, présenté et annoté par Georges May (New Haven: Yale University Press, et Paris: P.U.F., 1964; Yale romanic studies, second series, 12), dans: *Revue belge de philologie et d'histoire* 44 (1966), p.606-609.

R. Pouilliart, «Maeterlinck et Carlyle», *Revue de littérature comparée* 38 (1964), p.337-358, dans: *Revue belge de philologie et d'histoire* 44 (1966), p.733.

Eckart Schroeder, *Diderot und die literarästhetische Tradition: ein Beitrag zur Diderots Antikebild* [Thèse de l'Université de Marburg] (Marburg, 1963), dans: *Revue belge de philologie et d'histoire* 44 (1966), p.252-254.

Utopie et institutions au XVIIIe siècle: le pragmatisme des Lumières. Textes recueillis par Pierre Francastel et suivis d'un essai sur l'esthétique des Lumières (Paris et La Haye: Mouton, 1963 ; Ecole pratique des hautes études, Sorbonne, sixième section: Sciences économiques et sociales, Congrès et colloques 4), dans *Revue belge de philologie et d'histoire* 44 (1966), p.146-149.

1967

Diderot, *Correspondance XI (avril 1771 – décembre 1771)*. Recueillie, établie et annotée par Georges Roth (Paris: Les Editions de Minuit, 1964), dans: *Revue belge de philologie et d'histoire* 45 (1967), p.525-526.

1968

Diderot, *Correspondance XII (janvier 1772 – juin 1773)*. Recueillie, établie et annotée par Georges Roth, et *Correspondance XIII (juin 1773 – avril 1774)*. Recueillie par Georges Roth, établie et annotée par Georges Roth et Jean Varloot (Paris: Les Editions de Minuit, 1965 et 1966), dans *Revue belge de philologie et d'histoire* 46 (1968), p.1471-1473.

Diderot, *Mémoires pour Catherine II*. Texte établi d'après l'autographe de Moscou, avec introduction, bibliographie et notes par Paul Vernière (Paris: Garnier, 1966), dans: *Revue belge de philologie et d'histoire* 46 (1968), p.660-662.

Revue de littérature comparée 39 (1965), et 40, I (1966), dans: *Revue belge de philologie et d'histoire* 46 (1968), p.657-658.

Jerome Schwartz, *Diderot and Montaigne: the «Essais» and the shaping of Diderot's humanism* (Genève: Droz, 1966), dans: *Revue belge de philologie et d'histoire* 46 (1968), p.537-540.

1969

Diderot, *Correspondance XIV (mai 1774 – octobre 1776)*. Publiée par Georges Roth et Jean Varloot (Paris: Les Editions de Minuit, 1968), dans: *Revue belge de philologie et d'histoire* 47 (1969), p.1113-1115.

B. Munteano, *Constantes dialectiques en littérature et en histoire: problèmes, recherches, perspectives* (Paris: Didier, 1967; Etudes de littérature étrangère et comparée), dans: *Revue belge de philologie et d'histoire* 47 (1969), p.111-116.

1970

Revue de littérature comparée 40, II, III, IV (1966), 41 (1967), 42 (1968), dans: *Revue belge de philologie et d'histoire* 48 (1970), p.164-168.

1971

Michael T. Cartwright, *Diderot critique d'art et le problème de l'expression* (Genève: Droz, 1969; Diderot studies 13), dans: *Revue belge de philologie et d'histoire* 49 (1971), p.544-548.

Diderot, *Correspondance XV (novembre 1776 – juillet 1784)* et *Correspondance XVI (complément, corrections, listes et index général)*. Publiée par Georges Roth et Jean Varloot (Paris: Les Editions de Minuit, 1970), dans: *Revue belge de philologie et d'histoire* 49 (1971), p.709-711.

Répertoire analytique de littérature française 1, janvier-février 1970 (Saint-

Médard-en-Jalles), dans : *Revue belge de philologie et d'histoire* 49 (1971), p.700-702 (en collaboration avec R. Trousson).

Répertoire analytique de littérature française 4, septembre-octobre 1970, et 5, novembre-décembre 1970 (Saint-Médard-en-Jalles), dans : *Revue belge de philologie et d'histoire* 49 (1971), p.998-999.

Revue de littérature comparée 43, 1 (1969), dans : *Revue belge de philologie et d'histoire* 49 (1971), p.1396-1398.

1972

Pierre M. Conlon, *Prélude au siècle des Lumières en France : répertoire chronologique de 1680 à 1715. Tome premier : 1680-1691,* et *Tome second : 1692-1699* (Genève : Droz, 1970 et 1971 ; Histoire des idées et critique littéraire 104 et 115), dans : *Revue belge de philologie et d'histoire* 50 (1972), p.481-484.

Pierre M. Conlon, *Prélude au siècle des Lumières en France : répertoire chronologique de 1680 à 1715. Tome troisième : 1700-1707* (Genève : Droz, 1972 ; Histoire des idées et critique littéraire 121), dans : *Revue belge de philologie et d'histoire* 50 (1972), p.1253-1254.

Jean Meslier, *Œuvres complètes.* Préfaces et notes par Jean Deprun, Roland Desné, André Soboul (Paris : Editions Anthropos, 1970, 1971), dans : *Revue belge de philologie et d'histoire* 50 (1972), p.229-234.

Robert Niklaus, *A literary history of France : the eighteenth century, 1715-1789* (London : Benn, et New York : Barnes and Noble, 1970), dans : *Dix-huitième siècle* 4 (1972), p.428-430.

Francis Pruner, *L'Unité secrète de Jacques le Fataliste* (Paris : Minard, 1970 ; Lettres modernes : Situations 20), dans : *Revue belge de philologie et d'histoire* 50 (1972), p.484-486.

Heinz Willi Wittschier, *Die Lyrik der Pléiade* (Frankfurt : Athenäum Verlag, 1971 ; Schwerpunkte Romanistik 11), dans : *Romanische Forschungen* 84 (1972), p.621-623.

1973

« L'Ame matérielle » (ouvrage anonyme). Edition critique, avec une introduction et des notes par Alain Niderst (Paris : Nizet, 1969), dans : *Revue belge de philologie et d'histoire* 51 (1973), p.740-741.

Dizionario critico della letteratura francese, diretto da Franco Simone (Torino : Unione Tipografico-Editrice Torinese, 1972, 2 vols), dans : *Revue belge de philologie et d'histoire* 51 (1973), p.671-673.

Pierre Rétat, *Le Dictionnaire de Bayle et la lutte philosophique au XVIIIe siècle* (Paris : Belles-Lettres, 1971 ; Bibliothèque de la Faculté des lettres de Lyon 28), dans : *Revue de littérature comparée* 47 (1973), p.473-476.

1974

Revue de littérature comparée 44 (1970), dans : *Revue belge de philologie et d'histoire* 52 (1974), p.194-196.

1975

Jacques Chouillet, *L'Esthétique des Lumières* (Paris : P.U.F., 1974 ; SUP 4), dans : *Revue d'histoire littéraire de la France* 75 (1975), p.845-846.

Diderot studies 14 (1971), dans : *Revue belge de philologie et d'histoire* 53 (1975), p.490-492.

Images du peuple au XVIIIe siècle. Centre aixois d'études et de recherches sur le XVIIIe siècle (Paris : A. Colin, 1973), dans : *Revue d'histoire littéraire de la France* 75 (1975), p.127-129.

1976

Pierre M. Conlon, *Prélude au siècle des Lumières en France : répertoire chronologique de 1680 à 1715. Tome quatrième : 1708-1715* et *Tome cinquième : supplément. Index : première partie* (Genève : Droz, 1973 et 1974 ; Histoire des idées et critique littéraire 131 et 139), dans : *Revue belge de philologie et d'histoire* 54 (1976), p.161-162.

Arthur M. Wilson, *Diderot* (New York : Oxford University Press, 1972), dans : *Revue belge de philologie et d'histoire* 54 (1976), p.541-543.

Ursula Winter, *Der Materialismus bei Diderot* (Genève : Droz, et Paris : Minard, 1972 ; Kölner Romanistische Arbeiten, neue Folge 40), dans : *French studies* 30 (1976), p.67-69.

1977

Revue de littérature comparée 45 (1971), et 46 (1972), dans : *Revue belge de philologie et d'histoire* 55 (1977), p.274-277.

1978

Pierre M. Conlon, *Prélude au siècle des Lumières en France : répertoire chronologique de 1680 à 1715. Tome sixième : Index. Suite* (Genève : Droz, 1975 ; Histoire des idées et critique littéraire 146), dans : *Revue belge de philologie et d'histoire* 56 (1978), p.476-478.

R. Grimsley, *From Montesquieu to Laclos : studies on the French Enlightenment* (Genève : Droz, 1974 ; Histoire des idées et critique littéraire 141), dans : *Revue belge de philologie et d'histoire* 56 (1978), p.478-479.

C. B. O'Keefe, *Contemporary reactions to the Enlightenment (1728-1762)* (Paris : Champion, 1974), dans : *Revue belge de philologie et d'histoire* 56 (1978), p.477-478.

1979

Hans Ulrich Gumbrecht, *Funktionen parlamentarischer Rhetorik in der Französischen Revolution : Vorstudien zur Entwicklung einer historischen Textpragmatik* (München : Wilhelm Fink, 1978), dans : *Francia* 7 (1979), p.804-805.

1980

Simone Balayé, *Madame de Staël : Lumières et liberté* (Paris : Klincksieck, 1979), dans : *Dix-huitième siècle* 12 (1980), p.562-565.

Lloyd Raymond Free, *Virtue, happiness and Duclos' « Histoire de madame de Luz »* (La Haye : Martinus Nijhoff, 1974 ; Archives internationales d'histoire des idées : series minor 15), dans : *Revue belge de philologie et d'histoire* 58 (1980), p.727-729.

Peter-Eckhard Knabe, *Die Rezeption der französischer Aufklärung in den « Göttingischen Gelehrten Anzeigen » (1739-1779)* (Frankfurt/M : V. Klostermann, 1978 ; Analecta romanica 42), dans : *Arcadia* 15 (1980), p.203-205.

1981

Jean Balcou, *Fréron contre les philosophes* (Genève ; Paris : Droz, 1975 ; Histoire des idées et critique littéraire 151), dans : *Revue belge de philologie et d'histoire* 59 (1981), p.714-718.

Jean Deprun, *La Philosophie de l'inquiétude en France au XVIIIe siècle* (Paris : Vrin, 1979), dans : *Revue d'histoire littéraire de la France* 81 (1981), p.1006-1009.

1982

Neues Handbuch der Literaturwissenschaft. XI. Europäische Aufklärung, I (hrsg von Walter Hinck), 1974 ; [...] XIII. *Europäische Aufklärung, III* (hrsg von Jürgen von Stackelberg), 1980 (Akademische Verlagsgesellschaft Athenaion, Franfurt-am-Main, Wiesbaden), dans : *Romanistische Zeitschrift für Literaturgeschichte* 6 (1982), p.399-405.

1984

Rhetorik, III : *Rhetorik im 18. Jahrhundert* (Stuttgart : Frommann-Holzboog, 1983), dans : *Romanische Forschungen* 96 (1984), p.328-330.

1985

James O'Higgins, *Yves de Vallone : the making of an esprit-fort* (The Hague, etc : Martinus Nijhoff, 1982 ; Archives internationales d'histoire des idées 97), dans : *Revue de littérature comparée* 59 (1985), p.345-347.

Le Tournant du siècle des Lumières, 1760-1820 : les genres en vers des Lumières au Romantisme, sous la direction de György M. Vajda (Budapest : Akademiai Kiadó, 1982 ; Histoire comparée des littératures de langues européennes, sous les auspices de l'A.I.L.C., 3), dans : *Revue de littérature comparée* 59 (1985), p.101-103.

1986

Nicolao Merker, *Die Aufklärung in Deutschland* (München : Bock, 1982 ; Becksche Elementarbücher), dans : *Revue belge de philologie et de littérature* 64 (1986), p.398-400.

1987

David J. Adams, *Diderot, dialogue and debate* (Liverpool : Francis Cairns, 1986 ; Vinaver Studies in French 2), dans : *Recherches sur Diderot et sur l'Encyclopédie* 3 (1987), p.164-166.

Christiane Mervaud, *Voltaire et Frédéric II : une dramaturgie des Lumières, 1736-1778* (Oxford : The Voltaire Foundation, 1985 ; Studies on Voltaire and the eighteenth century 234), dans : *Revue d'histoire littéraire de la France* 87 (1987), p.302-305.

1988

Prince de Ligne, *Lettres à la marquise de Coigny*. Edition présentée et annotée par Jean-Pierre Guiccardi (Paris : Editions Desjonquères, 1986), dans : *Revue d'histoire littéraire de la France* 88 (1988), p.776-777.

1989

Stephen Werner, *Socratic satire : an essay on « Le Neveu de Rameau »* (Birmingham, Alabama : Summa, 1987), dans : *Romanische Forschungen* 101 (1989), p.124-125.

Liste des abréviations

A.-T. Diderot, *Œuvres complètes*, éd. J. Assézat et M. Tourneux (Paris 1875-1879).

D Voltaire, *Correspondence and related documents*, éd. Th. Besterman, dans *Œuvres complètes de Voltaire*, 85-135 (Genève, Banbury, Oxford 1968-1977).

DPV Diderot, *Œuvres complètes*, éd. H. Dieckmann, J. Proust, J. Varloot *et al.* (Paris 1975-).

Leigh Rousseau, *Correspondance complète*, éd. R. A. Leigh (Genève, Banbury, Oxford 1965-).

M Voltaire, *Œuvres complètes*, éd. L. Moland (Paris 1877-1885).

O.E. Diderot, *Œuvres esthétiques*, éd. P. Vernière (Paris 1965).

O.P. Diderot, *Œuvres politiques*, éd. P. Vernière (Paris 1963).

Rousseau, *O.C.* Rousseau, *Œuvres complètes*, éd. B. Gagnebin, M. Raymond *et al.* (Paris 1959-).

Salons Diderot, *Salons*, éd. J. Seznec et J. Adhémar (Oxford 1957-1965).

Voltaire *Œuvres complètes de Voltaire*, éd. W. H. Barber, Ulla Kölving *et al.* (Genève, Banbury, Oxford 1968-).

Pourquoi je suis dix-huitiémiste ?

Pourquoi je suis dix-huitiémiste ? La réponse n'est ni simple ni évidente à mes propres yeux, mais je puis affirmer sans hésitation que cette option n'est pas le fait du hasard ou des circonstances, et que – pour parler le langage d'aujourd'hui – elle n'est pas entièrement « innocente ».

Quand je réfléchis à ce que furent mes premiers pas dans la recherche en histoire littéraire, il m'apparaît très clairement qu'ils ne furent pas motivés par l'attirance vers une période déterminée de l'histoire de notre culture, mais par le désir de retrouver, au-delà des antagonismes du moment (j'entends par là les années tragiques de 1940-1942), une période où la culture française et la culture allemande s'étaient senties complémentaires et n'avaient pas craint, selon la belle formule de l'idéologue Degérando, de « s'enrichir par les échanges ». Cette époque, je la situai au début du XIXe siècle, dans le mouvement d'idées qui devait conduire à *De l'Allemagne*, et qui marque le tournant des Lumières vers le romantisme. C'était, très consciemment, une tentative de dépasser les contradictions de l'heure, les rapports de puissance, la violence et le fracas de la guerre, les frustrations nationalistes, et de déceler dans un passé encore relativement proche les premiers germes d'une Europe conçue comme un ensemble pluraliste et ouvert. De là sont issus mes premiers travaux sur les *Archives littéraires de l'Europe* et ma thèse sur leur animateur, Charles Vanderbourg.

Je m'aperçus bientôt qu'il était impossible d'entrer en profondeur dans la problématique du XVIIIe siècle finissant, encore douloureusement marqué par l'expérience révolutionnaire et par son corollaire, l'émigration, sans remonter à la source de sa pensée et de son esthétique, à tout son arrière-plan idéologique, le mouvement des Lumières. C'est ainsi qu'a surgi le projet d'un *Diderot en Allemagne*, où se dessinaient déjà toutes les affinités et toutes les tensions qui devaient marquer l'histoire ultérieure des rapports franco-allemands.

A vrai dire, ce projet était passablement téméraire, car j'étais peu préparé à une telle entreprise. Le XVIIIe siècle, dans les programmes d'enseignement des années quarante, tant au niveau secondaire qu'universitaire, était encore réduit à la portion congrue, et dans celle-ci Voltaire et Rousseau se voyaient attribuer la part essentielle, même si les choix opérés étaient le plus souvent contestables, et en tout cas fort peu représentatifs. Quant à Diderot, continuait à planer sur lui le verdict prononcé par sa postérité immédiate : tête folle, en proie à toutes les contradictions, auteur de quelques livres scandaleux, capable de faire une bonne page mais jamais un bon livre, esprit brouillon dont la survie était assurée par son rôle dans l'*Encyclopédie* (qui restait d'ailleurs un nom prestigieux, mais rien de plus) et par quelques pages brillantes, mais très conformes à l'idée qu'on se faisait de lui, j'entends : les *Regrets sur ma vieille robe de chambre*.

Il me fallut donc découvrir Diderot, et ce ne fut pas chose aisée, car les bonnes éditions étaient rares et la littérature critique, vers 1950, n'était pas, et de très loin, aussi foisonnante qu'elle ne l'est de nos jours. C'est donc par le biais de Diderot, et grâce à l'extraordinaire diversité de son œuvre, que je suis entré dans la complexité et dans la richesse du XVIIIe siècle européen (puisque ma recherche se situait d'emblée dans le champ de ce qu'il est convenu d'appeler la méthode comparatiste). Diderot m'a littéralement ouvert le siècle des Lumières et, s'il ne m'en a pas fourni toutes les clés, il m'a en tout cas engagé dans la plupart des voies que je me suis efforcé d'y tracer. Ma vision des Lumières en a été profondément et peut-être définitivement marquée.

J'en viens ainsi à la seconde question posée par Jacques Roger :[1] Que représente pour moi le siècle des Lumières ? Elle est si ample, si personnelle, si délicate, que des précautions s'imposent au départ. La première, c'est que mon goût pour cette époque n'a rien d'exclusif, et que j'ai toujours refusé de m'enfermer dans le cadre d'une seule époque, si prestigieuse fût-elle. Les cloisonnements « sectoriels » dans la recherche et dans l'organisation universitaire sont peut-être des nécessités d'ordre opérationnel, mais ils ne doivent ni conditionner, ni borner le champ de nos lectures et de nos interprétations. Ma seconde remarque, c'est que mon amour profond pour l'âge des Lumières n'a pas fait de moi

1. Au moment où il accédait à la direction de la *Revue de synthèse*, l'éminent spécialiste de la pensée scientifique au XVIIIe siècle avait posé cette double question à quelques-uns de ses collègues. Nous saluons ici avec émotion la mémoire d'un ami très cher qui nous fut enlevé prématurément.

un «inconditionnel». Je ne m'aveugle ni sur ses erreurs, ni sur ses insuffisances, ni sur ses inévitables limitations. Comme je l'ai souligné dans le titre d'un de mes livres, ce siècle a ses clartés, qui sont admirables, mais il a aussi ses zones d'ombre : les oublier ou les passer sous silence serait de mauvaise méthode.

Je vois donc le XVIIIe siècle comme un siècle étonnamment divers, et parfois contradictoire, un des plus riches de l'histoire de notre culture, et peut-être, à bien des égards, un de ceux qui nous sont restés le plus proches, au point que certains de ses aspects gardent, aujourd'hui encore, une vertu stimulante, voire un effet détonant.

Loin de moi l'idée d'identifier Lumières et XVIIIe siècle, même si le siècle lui-même l'a souhaité, et parfois affirmé. Young et Blake, les piétistes allemands, Claude de Saint-Martin et les «illuminés» lyonnais ne peuvent s'intégrer dans le concept de Lumières qu'au prix d'une distorsion qui lui enlèverait sa valeur signifiante. De même, plus on s'éloigne vers l'Est en partant de l'axe anglo-français, plus on doit déplacer dans le temps le point d'équilibre de ce qu'on ne qualifie plus de Lumières, mais d'*Aufklärung*, de *Prosvéchènya*, ou de quelque autre désignation qui n'est jamais entièrement synonyme du terme français. Pourquoi s'en étonner puisque déjà le terme d'*Enlightenment* n'est pas un vocable d'époque, mais un mot forgé au XIXe siècle sur le modèle allemand ?

Reste que cette diversité, qu'il faut souligner et toujours garder en mémoire, ne doit pas oblitérer quelques traits communs essentiels, qui concernent les nouveaux objectifs (et peut-être les nouveaux mythes) de la pensée européenne du XVIIIe siècle.

Les hommes du siècle des Lumières ont rêvé, depuis Bayle, d'une «république des lettres» qui s'étendrait jusqu'en Russie et jusqu'à Philadelphie. Ils ont voulu créer un monde sans œillères et sans passeports, ouvert au dialogue fraternel et aux confrontations fécondes. Ils y ont réussi en partie, mais seulement au niveau le plus élevé. Leur erreur a été, peut-être, de voir cette «république intellectuelle» en termes européo-centriques et dans un cadre mental trop strictement français. Voltaire, à Potsdam ou à Schwetzingen, peut se croire à Versailles, tout comme le prince de Ligne se sent successivement autrichien, belge, polonais ou russe, mais toujours français d'esprit. En Hollande, Hemsterhuis et Belle de Zuylen n'écriront jamais dans une autre langue que le français. Marie-Thérèse correspond en français avec sa fille, la dauphine Marie-Antoinette, et l'on sait ce que Frédéric II pensait de la langue de son pays, au grand scandale des meilleurs esprits allemands.

Cette apparente unité de langue a pu créer l'illusion d'une Europe sur le point de devenir définitivement française, au sens plein du terme, non dans celui d'une imprégnation culturelle dominante. Diderot s'est laissé piéger par ce mirage pendant son séjour en Russie au point de se dire persuadé qu'aucune nation, plus que la russe, n'était prête à devenir française d'esprit. Custine, un peu plus tard, se montrera plus clairvoyant. L'erreur de beaucoup d'observateurs (qui ne sont pas tous français) a été de confondre l'identité dans l'unification avec la pluralité dans l'échange. Mais on peut se demander si cette communauté de langue et de culture n'était pas préférable, après tout, aux particularismes exacerbés que nous a légués le nationalisme romantique.

Une autre raison de l'échec de ces tendances unifiantes a été sans doute qu'elle est apparue, aux yeux de beaucoup, comme une sorte d'internationale des privilégiés, méconnaissant les problèmes spécifiques ou locaux, les réalités socio-économiques, les traditions culturelles, voire l'actualité politique la plus immédiate (le cas limite étant celui de Diderot qui semble ignorer, alors qu'il vit à Saint-Pétersbourg, la situation dramatique créée par la révolte de Pougatchev).

Mais s'il a échoué en tant que facteur d'unification européenne, l'esprit des Lumières n'en a pas moins laissé des traces profondes qui marquent aujourd'hui encore notre sensibilité, nos modes de penser, voire notre conception de la vie et de la société. En situant le bonheur sur cette terre, en faisant – comme disait Diderot – descendre la philosophie des nuées, il accomplissait sans le savoir le vœu de Spinoza : « non de morte, sed de vita meditatur philosophus ». Sans doute son rejet de la métaphysique allait-il jusqu'à l'extrême (comme si l'on pouvait évacuer la métaphysique en la niant), mais le refus de la systématisation prématurée, l'appel à l'expérimentation ouvraient la voie, non au progrès scientifique (où il n'égala jamais le XVIIe siècle), mais à l'application technique de la science en vue de sa diffusion et de sa mise au service de l'homme. Tel est bien le sens profond de l'*Encyclopédie*.

En levant les tabous qui pesaient sur la critique religieuse et politique, il a permis à la réflexion de s'exercer dans les domaines jusqu'alors les plus fermés. Sans doute la campagne antichrétienne prend-elle parfois, surtout en France (qu'on songe à Meslier, au *Militaire philosophe*, ou au Voltaire de 1760-1770), des accents d'une violence presque insoutenable, mais il faut bien admettre que celle-ci était à la mesure de l'oppression que l'orthodoxie n'avait cessé de faire peser sur la pensée libre. Dans un tout autre ordre d'idées, les piétistes allemands et le Rousseau de la *Profession de foi* préparent la rénovation de la pensée religieuse et sa dissociation d'avec l'ordre établi.

Timidement, puis avec une intensité croissante, l'idée d'une éducation nationale se fait jour, avec La Chalotais et le *Plan d'une université* de Diderot, pour aboutir aux premières réalisations sous la Révolution et l'Empire. Une ébauche de pensée sociale se manifeste, qui se substitue à la traditionnelle charité chrétienne: on en voit les prémices dans les thèses des «philanthropes», dans les prises de position de Diderot face à Helvétius, dans les velléités de réforme de Turgot.

L'idée s'impose, en politique, que la légitimité n'est pas de droit divin, mais qu'elle résulte d'un contrat social, donc d'un consensus général. Les conséquences qu'on en tire sont souvent discordantes, mais il est clair que la base théorique, d'origine religieuse, sur laquelle se fonde l'ancien régime, commence à chanceler. La Contre-Révolution ne pourra qu'en retarder la chute.

L'évolution de la pensée juridique va dans le même sens. La bigarrure parfois cocasse du droit coutumier irrite le rationalisme des «philosophes», dont la volonté d'ordre et de cohérence se concrétisera dans le *Code civil.* Mais surtout, on voit, avec Beccaria, le droit pénal changer de signification: l'acte délictueux n'est plus tenu pour un péché contre l'ordre divin, mais pour une violation des règles sociales. Le châtiment n'est plus, dès lors, une expiation, mais la compensation du tort infligé au groupe. La torture et la peine de mort apparaissent, dans cet éclairage, comme les survivances d'un passé barbare et d'une pensée irrationnelle.

Ceci n'est qu'un aspect – mais un aspect exemplaire – d'une *sécularisation* de la pensée qui pousse les «philosophes» à contester l'emprise de l'Eglise sur l'Etat. A cet égard, les pays protestants apparaissent parfois comme des modèles (l'Angleterre d'abord, ensuite la Hollande et la Prusse), et l'on voit en Italie un Pilati di Tassulo dénoncer les privilèges du clergé et les habitudes mentales du catholicisme italien comme les causes profondes du retard économique et politique de son pays.

Ce souci de réformes profondes et radicales entraînera bon nombre de philosophes vers une dangereuse sympathie pour le despotisme (ou l'absolutisme) éclairé. Trop soucieux de l'immédiat, ils ne verront que tardivement (comme Diderot dans le cas de la Russie) les funestes effets de ce totalitarisme avant la lettre. Encore ne faut-il pas mettre tous les « despotes » sur le même pied, et convient-il de faire le départ entre l'œuvre de Catherine II ou du grand Frédéric, et celle de Joseph II ou de Pierre-Léopold de Toscane.

Globalement, on peut donc dire que les grands écrivains du XVIIIe siècle s'accordent dans la conception qu'ils se font de leur rôle. Qu'il s'agisse de Pope ou de Gibbon, de Montesquieu ou de Voltaire, de Verri ou de Beccaria, de Lessing ou de Herder, et quelles que soient leurs divergences sur bien des points, ils ont le même objectif, qui est d'améliorer le sort de l'homme et de l'éclairer vers un meilleur avenir. L'expression de *Beförderung der Humanität* caractérise bien cet objectif primordial, qui animera encore l'optimisme humaniste (tant socialiste que libéral) du XIXe siècle. Mais cette option modifie, du même coup, le statut de l'écrivain dans la société. Il ne se situe plus en marge de celle-ci, comme responsable de son édification religieuse ou de son divertissement, mais en position avancée, comme un guide et un inspirateur. Aussi se veut-il indépendant, matériellement et intellectuellement, du mécénat et du pouvoir, faute de quoi il perdrait sa crédibilité et sa force d'entraînement. La réforme intérieure de Rousseau n'a pas d'autre mobile. De même, sans se connaître, d'Alembert et Klopstock revendiquent avec les mêmes arguments l'autonomie de l'intellectuel.

La littérature devient, du coup, une véritable force dans l'ordre politique et social, une force que certains savent déjà ménager habilement. La « royauté » spirituelle de Voltaire à Ferney, ses combats pour la justice (affaire Calas) et pour la tolérance, contribuent autant que ses œuvres proprement « philosophiques » à modeler son image et à marquer le siècle de son empreinte. Si le gouvernement français n'en a qu'une conscience imprécise, les despotes de l'Europe centrale et orientale l'ont perçu très tôt, et ils en jouent avec une subtilité remarquable, mélange de conviction et de cynisme d'ailleurs. Certains s'y laisseront piéger et croiront, avec Voltaire, que « c'est du Nord que nous vient aujourd'hui la lumière ».

Sans doute tous les philosophes ne sont-ils pas d'accord sur la méthode qu'il convient d'adopter dans leurs rapports avec le monde contemporain. Au pessimisme anthropologique presque stérilisant d'un Fontenelle s'oppose la volonté de rayonnement exotérique qui dynamise la pensée de Voltaire, du clan holbachique, des encyclopédistes et plus tard d'un Condorcet. De même pourrait-on opposer les « systématiques » comme Rousseau ou d'Holbach à ceux qui se font de la recherche de la vérité une idée plus dialectique. Pour Lessing, pour Diderot, la vérité (si tant est qu'elle existe à titre définitif) est le terme lointain, toujours fuyant, d'une quête inlassable, mue par l'esprit de curiosité et par un «démon» questionneur qui met l'accent sur l'effort de dépassement, sur l'indispensable et perpétuel renouvellement de la problématique. Lessing admire en Diderot «un de ces sages qui s'efforcent davantage de créer des nuages que de les dissiper». Peut-être est-ce là une des conquêtes les plus révolutionnaires de l'esprit européen. C'est elle qui conduira Lessing à se faire de l'histoire des religions une idée résolument anti-voltairienne: non plus l'histoire des aberrations de l'esprit humain, mais le lent progrès vers une vision du monde détachée des visions animistes et des terreurs ancestrales, par une démarche vers plus de rigueur et de dépouillement.

Mais les aspects idéologiques ne suffisent pas à enserrer la richesse du siècle des Lumières. J'aime cette époque aussi pour sa liberté de ton: pour la truculente verdeur de *Tom Jones* et de *Jacques le Fataliste*, pour l'insolence du *Beggar's Opera*, pour les folles divagations du *Compère Mathieu*, pour la lucidité tranchante des *Liaisons dangereuses*, pour les subtiles variations du théâtre de Marivaux, pour les passionnantes explorations du «moi» de Jean-Jacques. Jamais ce siècle n'est plus authentiquement lui-même que dans le maniement du paradoxe, ceux de Mandeville, de Diderot, de Chamfort, de Lichtenberg, du prince de Ligne, où la liberté d'esprit peut se jouer de tous les interdits et défier tous les tabous.

Il est le siècle aussi de la contradiction. Comme Nietzsche l'a fort bien montré – et comme les discussions passionnées suscitées par les anniversaires et les commémorations le vérifient encore aujourd'hui – le dialogue entre Voltaire et Rousseau, en d'autres termes le débat sur Nature et Culture, reste vivant et il nous concerne plus que jamais.

Ce siècle que l'on a dit celui de la raison raisonnante, voire du détachement un peu glacé, a été dans une large mesure celui de l'élan, de la générosité, de l'enthousiasme, de l'appel au génie. On aurait tort de le figer dans l'ironie voltairienne, elle-même bien éloignée d'épuiser la grandeur du «patriarche de Ferney», historien de la culture moderne, champion des causes perdues, apôtre de la tolérance.

L'irrespect et la désinvolture y coexistent avec la gravité, avec le sens civique, avec la ferveur militante. Comment pourrait-on l'enfermer dans une veine ou dans un style? Le siècle de Manon est aussi celui de la Merteuil; celui de *Candide* fait un triomphe à *La Nouvelle Héloïse*;

Sade est le contemporain de Restif et de Baculard ; le même lecteur peut goûter les sarcasmes de Swift, les attendrissements de Richardson, la saveur encore terrienne de Fielding. En art, le siècle de Greuze est aussi celui de Watteau, de Chardin, de David, mais encore – ne l'oublions pas – celui de Hogarth et des « ruinistes », de Goya et de Fuseli. La légèreté du style rocaille s'y exprime à côté de la gravité du style néo-classique et des cauchemars nés de l'imagination, sans même parler des rêves futuristes de Boullée et de Ledoux. Et que ne pourrait-on dire de la polyvalence musicale d'un siècle qui a vu l'acmé de Vivaldi et de Bach, qui a aimé Pergolèse et Gluck, et qui s'achève sur Haydn et Mozart ?

Comment réduire cette multiplicité chatoyante à un dénominateur commun, comme par exemple le rococo ? Il n'y a pas *un*, mais *des styles des Lumières*, et toute proposition inverse aboutit fatalement à des implications réductrices, donc inadéquates.

Au critique récent qui posait, en termes de méthodologie historique, la question « Le dix-huitième siècle existe-t-il ? », je répondrais donc sans hésiter : « Bien sûr. » Certes, je sais (et j'ai abordé moi-même à plusieurs reprises) les problèmes que pose toute périodisation, surtout quand elle se veut séculaire. Mais il est trop facile de « différer » le XVIIIe siècle en tant qu'hypothèse de travail, à moins qu'on ne veuille sourdement le ramener aux définitions mutilantes qui ont cours dans un enseignement resté prisonnier des habitudes. On n'isole pas Voltaire de Rousseau, ni Diderot de Shaftesbury, ni Lessing de l'un et de l'autre. Le XVIIIe siècle est sans doute la somme des individus de marque qui le constituent, mais il est aussi une époque bien définie, confrontée à des situations singulières, vivant sur certaines valeurs et en élaborant de nouvelles. Il n'est pas plus le siècle du rococo qu'il n'est intégralement le siècle des Lumières, et Blake y tient, en définitive, plus de place que Bolingbroke. Pourquoi s'en étonner si l'on veut bien admettre qu'il marque, dans notre culture, le premier et immense effort vers l'*ouverture*, c'est-à-dire vers la *différence* ?

Le XVIIIe siècle, pour moi, n'est ni une passion, ni une norme, ni un domaine réservé, ni un mythe à usage roboratif. Il forme un tout, à la fois lointain et proche, celui d'une époque fascinante tournée vers l'avenir, questionneuse et inquiète, qui n'a voulu renoncer à aucune de ses impulsions et ne s'est interdit aucune exploration, une époque à la fois sensualiste et rationnelle, lucide et passionnée, proche du concret et chevauchant les universaux. Ce siècle a cru à l'homme, non à un être désincarné et abstrait, mais à un homme fait de chair et d'os, de rêves et de sueur, comme ce mineur du Harz que Diderot évoque en réfutant la morale d'Helvétius. Il fait partie de notre culture et de notre sensibilité, mais il reste aussi un objet vivant, susceptible d'une jouissance immédiate, de ce que Roland Barthes appelait si justement le « plaisir de la lecture ».

Diversité des Lumières

La pensée des Lumières, ou « suivre dans le silence les traces de la raison humaine »[1]

Parler du XVIIIe siècle, ou des Lumières, comme d'une entité cohérente et bien définie, est une vue à la fois séduisante et dangereuse. D'abord, parce que toute généralisation dans un cadre spatio-temporel aussi large n'est possible qu'au prix d'une simplification résultant en partie de la décision de l'historien, qui reconstruit le passé avec des documents consciemment ou inconsciemment privilégiés. Ensuite, parce que ce choix s'oriente tout naturellement vers les forces qui incarnent le changement, et laisse dans l'ombre l'énorme pesée des traditions, des usages, des résistances dont l'action retardatrice et parfois souterraine a été mise en évidence par l'histoire de la longue durée et par celle des mentalités. Dans le cas des Lumières, il faut poser d'emblée en fait qu'elles n'ont pas occupé partout la totalité du XVIIIe siècle et qu'elles n'en sont pas synonymes, bien loin de là. Le XVIIIe siècle est aussi celui des piétistes, des méthodistes, des illuministes lyonnais, de Hamann et de Young, de Klopstock et de Blake. En France, « philosophes » et encyclopédistes sont loin de faire l'unanimité ; ils sont même parfois en butte aux avanies et à la persécution (qu'on songe à Diderot prisonnier à Vincennes, à l'humiliante rétractation d'Helvétius, au destin tragique de l'abbé Du Laurens, sans même évoquer l'exil de Jean-Jacques Rousseau).

Si même on veut bien admettre que le mouvement des Lumières représente le XVIIIe siècle en ce qu'il a de plus spécifique et de plus original, force est de constater :

1° – qu'il constitue un tout très fluctuant à l'intérieur de chaque

1. Exposé présenté à l'Université de Cadix le 11 avril 1985 à l'ouverture du premier « Encuentro de la Ilustración al Romanticismo ».

culture, et a fortiori dans l'ensemble des cultures européennes, marquées en profondeur par des différences sociales, économiques, politiques et intellectuelles considérables;

2° – que le progrès des Lumières varie donc fortement dans le temps et dans l'espace. Apparues en Angleterre et en France dès la fin du XVIIe siècle, elles ne se manifestent ou ne s'imposent ailleurs qu'avec un retard aisément explicable, qui les situe parfois en symbiose avec le romantisme nationaliste au début du XIXe siècle.[2]

On ne peut définir exactement dans les mêmes termes *Lumières, Enlightenment, Aufklärung, Illuminismo, Ilustración, Prosvéchtchenie*, etc. La lexicologie de ces termes est d'ailleurs très révélatrice de ce phénomène, et de sa prise de conscience. J'ai montré ailleurs[3] comment le concept français était né d'une laïcisation progressive de la notion de «lumière divine» et combien précoce avait été, en France, le sentiment de vivre, au XVIIIe siècle, en un «âge éclairé», même chez les ennemis des encyclopédistes comme Palissot et Fréron. Le terme allemand n'est apparu que tardivement, et la fameuse notice de Kant *Was ist Aufklärung?* n'a paru dans la *Berlinische Monatsschrift* qu'en décembre 1784. L'Angleterre, patrie pourtant des Lumières, n'acceptera le mot *Enlightenment* qu'à contre-cœur et avec un retard considérable, comme l'atteste l'amusante notice de l'*Oxford English Dictionary* de 1897: «sometimes used (after German *Aufklärung, Aufklärerei*) to designate the spirit and aims of the French philosophers of the 18th century [...] in the implied charge of shallow and pretentious intellectualism, unreasonable contempt for tradition and authority».

Ces préalables étant posés, et restant présents à notre esprit, il faut admettre sans conteste que le siècle des Lumières manifeste, au-delà de ses différences, un certain nombre d'analogies qui constituent une réalité et une vision du monde dont la force et les caractères sont indéniables, et ont d'ailleurs laissé une empreinte ineffaçable dans l'esprit européen.

La complexité de la recherche est manifeste aussitôt qu'on tente de rassembler ces données et de les ordonner en tout serré et rigoureux. A la différence des écoles et des mouvements structurés, les Lumières

2. Voir mon article «Unité et diversité des Lumières en Europe occidentale», *Les Lumières en Hongrie, en Europe centrale et en Europe orientale* (Actes du 2e colloque de Mátrafüred, 1972), Budapest 1975, p.147-57.

3. *Clartés et ombres du siècle des Lumières* (Genève 1969), ch.I, «‹Lumière› et ‹Lumières›, histoire d'une image et d'une idée», p.13-59.

n'ont pas suscité de manifeste-programme. Ni le «Discours préliminaire» à l'*Encyclopédie*, ni l'article «Philosophe» de Dumarsais paru dans les *Nouvelles libertés de penser*, et repris dans l'*Encyclopédie*, ni l'article de Kant ne se présentent en termes programmatiques. Ce qui s'y affirme serait plutôt un esprit, ou une méthodologie, mais les objectifs restent abstraits et généraux.

C'est donc à nous, lecteurs et historiens du siècle des Lumières, qu'il appartient de dégager les perspectives fondamentales de cette époque si controversée. Les définir en termes de pure raison serait indéfendable, car il faudrait faire coïncider les «lumières» avec le cartésianisme et avec sa variante malebranchiste. Les réduire à l'empirisme lockien ne serait guère plus soutenable, car l'esprit systématique et les a priori essentialistes s'y maintiennent jusque dans la pensée matérialiste radicale du baron d'Holbach.

Plutôt que de raisonner en termes de doctrine, toujours contestables, c'est à une attitude générale envers l'ensemble du rapport entre l'homme, la société et l'univers qu'il faudrait songer. Le penseur des Lumières se situe dans un cosmos rationnel, presque géométrisé, dont Newton lui a donné la formule et qu'à la fin du siècle Boullée concrétisera symboliquement dans le fameux projet de cénotaphe sphérique baignant dans une lumière qui descend de son sommet. L'univers n'est plus senti (ou est moins senti, en tout cas) comme un lieu de mystères, habité par des forces étranges, qui était encore celui de la Renaissance, tel que le percevait un Giordano Bruno, et tel que l'évoque Ronsard dans son *Hymne des démons*. A cet univers démonique, fondé sur de troublantes correspondances, se substitue une totalité perceptible en termes de raison, et donc accessible directement à l'homme sans passer par un jeu de symboles. L'arbre des sciences de Bacon, repris par l'*Encyclopédie*, s'inscrit dans le même réseau d'idées que les taxinomies de Linné, ou la nomenclature de la philosophie wolfienne.

Cet univers connaissable, l'homme doit en prendre la mesure, et c'est la méthode que Diderot propose à ses lecteurs dans les *Pensées sur l'interprétation de la nature*. Partant du principe que l'ordre de la nature ne contredit pas celui de la raison, le philosophe des Lumières exhorte ses disciples à «suivre dans le silence les traces de la raison humaine» (comme l'écrit Usbek à Hassein, dervis de la montagne de Jaron dans les *Lettres persanes* de Montesquieu, lettre XCVII), ou à pratiquer la recherche expérimentale en multipliant les essais et les conjectures, comme le suggère Diderot.

Le souci de rationalité se marquera surtout dans la volonté d'universalisme et dans le souci d'unification des coutumes et du droit. C'est à lui qu'on devra les définitions classiques et célèbres de la *Declaration of Independence* : « That all men are created equal, that they are endowed by their creator with certain inalienable rights, that among these are life, liberty and the pursuit of happiness », qui deviendront bientôt les droits de l'homme de la Révolution française. Si l'esclavage est ressenti comme une pratique inhumaine et infâme, c'est en raison de cette foi dans l'unité du genre humain, et nullement dans le souci de respecter une quelconque négritude dont personne ne semble encore s'aviser. La Société des Amis des Noirs dénonce et combat l'esclavage au nom des principes, mais sans s'inquiéter du statut qui leur sera fait ultérieurement.

La même volonté de rationalité unifiante conduira l'ancien régime à préparer la réforme de sa jurisprudence, ouvrant ainsi la voie à la légalité révolutionnaire et à la normalisation du statut des juifs et des protestants. C'est en son nom, et en celui de l'utilitarisme social, que Beccaria condamnera la torture et la peine de mort. Plus tard, l'architecture et l'urbanisme tenteront de l'inscrire dans le tissu urbain, avec le souci de géométrisation de l'espace et d'équilibre des volumes, à l'opposé du mouvement centrifuge du baroque.

Le cosmos rationalisé est aussi un monde laïcisé, où les valeurs religieuses se désacralisent, quand elles ne sont pas résolument niées. C'est l'époque où l'on écrit en Angleterre *The Reasonableness of Christianity* (Locke) et *Christianity not mysterious* (Toland), où se multiplient en France les *Examens, ou doutes sur la religion*. L'apologétique chrétienne, de son côté, défend la religion en termes de raison, de nature et de sociabilité, du moins chez ses champions les plus écoutés (comme l'évêque Lamourette). La tendance dominante va moins vers l'athéisme militant et vers le déterminisme matérialiste que vers un christianisme adouci, volontiers sentimental, parfois quiétiste, ou vers le déisme d'un Voltaire, d'un Rousseau ou d'un Pope.

D'une façon générale, le centre de la pensée se déplace de la transcendance vers l'immanence de ce bas monde. Diderot félicite Socrate d'avoir fait descendre la philosophie des nuages vers la terre. Le devoir de l'homme, comme son droit le plus inaliénable, est de faire son bonheur ici-bas. L'eudémonisme est peut-être un des points sur lesquels se manifeste le plus aisément l'accord des esprits «éclairés». Plutôt que de raisonner sur nos fins dernières, il faut s'efforcer de bien vivre, en faisant son bonheur et celui des autres. Le XVIIIe siècle est d'ailleurs persuadé que les deux se conjuguent, ce qui explique le succès de la morale de l'intérêt, qui est celle d'Helvétius et d'Adam Smith, et que Sade sera presque seul à contester au nom des droits absolus d'une nature qui justifie la violence et la domination de l'autre. C'est la faillite de cette illusion qui incitera la France à se tourner vers le kantisme et vers son impératif moral catégorique après les retombées de la Terreur, et qui poussera Joseph de Maistre à se faire l'apologiste du sacrifice, de la Providence et même du bourreau.

Mais n'anticipons pas sur la période post-thermidorienne. Le XVIIIe siècle se détourne de la métaphysique (que Voltaire compare à une longue nuit coupée de rares éclairs) pour se confronter avec le monde – celui des hommes et celui de la nature. Cette nature, il voudrait la maîtriser pour la mettre à son service, sans deviner les redoutables implications de cette maîtrise (fort bien pressenties par Goethe dans *L'Apprenti-sorcier*). On changera le monde naturel pour améliorer les conditions de vie, mais on expérimente aussi par simple plaisir de l'intelligence ou de l'œil. Cette double voie mènera à l'amélioration des pratiques agricoles (Jethro Tull, Arthur Young, Duhamel Du Monceau), à la naissance de l'industrie mécanique (si bien illustrée par la machine à bas de l'*Encyclopédie*), ainsi qu'aux innombrables cabinets de curiosités, aux cours populaires de physique et de chimie, et aux grands voyages d'exploration (de Cook à La Pérouse, en passant par Anson et Bougainville).

Car ce siècle de la raison est aussi celui du pragmatisme, qui devra assurer à un maximum d'êtres humains un maximum de bonheur, ou du moins une vie plus supportable. De même qu'on se détourne des fallacieuses séductions d'un au-delà de plus en plus lointain, et en tout cas inconnaissable, on se méfie du prestige des mots.[4]

Le malheur des hommes ne vient pas seulement de leurs erreurs ou de l'ordre des choses, il résulte pour une bonne part de l'abus des mots qui nous trompe sur les choses. Le débat sur la linguistique débouche sur un problème philosophique et anthropologique, qui implique à son

4. Voir le chapitre «Das Thema ‹Missbrauch der Wörter›» dans l'excellent ouvrage d'Ulrich Ricken, *Sprache, Anthropologie, Philologie in der französische Aufklärung* (Berlin 1984), p.194-210.

tour une exigence de rigueur factuelle. Fontenelle s'exclame (dans la préface à l'*Histoire de l'Académie des sciences*) : « Le règne des termes et des mots est fini, on veut des choses [...] et de là vient qu'on avance ». Déjà Locke avait dénoncé « the abuse of words » : le XVIIIe siècle y verra l'origine de bien des préjugés. Diderot dénonce les suites funestes de l'esprit d'abstraction : « Les sciences abstraites ont occupé trop longtemps et avec trop peu de fruit les meilleurs esprits [...] les mots se sont multipliés sans fin, et la connaissance des choses est restée en arrière » (*Pensées sur l'interprétation de la nature*, XVII). Dans sa concision extrême, la formule de Genovesi, « cose, non parole », pourrait bien être plus caractéristique encore de l'esprit des Lumières que le « sapere aude » de Kant.[5]

Il est symptomatique que cette discussion sur l'abus des mots ait eu très vite des implications politiques. Montesquieu, Voltaire, les encyclopédistes, puis les grammairiens révolutionnaires ou antirévolutionnaires vont découvrir le pouvoir magique, en même temps que l'ambiguïté, de vocables comme : démocratie, aristocratie, tyrannie, liberté ou humanité.

Le XVIIIe siècle, en cela rationaliste et empiriste à la fois, veut mettre fin au laxisme de l'usage, à l'imprécision des termes, générateurs de perversion des concepts, et par là de désordre et de confusion. Il croit pouvoir légiférer jusque dans le dictionnaire, éliminer les flottements sémantiques et fixer des normes de sens. Ces illusions, qui révèlent une certaine candeur dans la conception du langage, ne sauraient pourtant faire oublier tout ce qu'a de positif la lutte menée au XVIIIe siècle contre le verbalisme, le jargon et les excès de la pensée abstraite, mais aussi contre une société et une tradition qui préféraient « la vérité de l'usage » à la « vérité des choses ».

Une immense curiosité parcourt ce siècle, avide de réel, de connaissances, de nouveautés. Rien ne lui paraît plus archaïque et déraisonnable que l'idée d'un savoir réservé, ou d'une science ésotérique. De même que l'*Encyclopédie* combat le secret professionnel des hommes de métier, elle insiste sur la nécessité de répandre les connaissances, non seulement pour faire le bonheur du plus grand nombre, mais pour « changer la commune manière de penser ».

Ce savoir balaiera les résidus de la pensée magique et les croyances

5. L'actualité du problème est attestée de nos jours par l'ouvrage de Michel Foucault, *Les Mots et les choses* (Paris 1966).

populaires traditionnelles tenues pour superstitieuses. On peut être un excellent bénédictin comme le P. Feijóo, et combattre des pratiques rituelles tenues pour étrangères à la vraie orthodoxie. On peut aussi les combattre comme Voltaire pour écraser en définitive cette entité ténébreuse qu'on qualifie d'infâme. Mais si on diverge sur les objectifs, on reste bien d'accord sur les dangers de l'ignorance et sur les funestes conséquences des «préjugés». Rares sont ceux qui, comme Bernardin de Saint-Pierre, se risquent à célébrer le bonheur dans l'ignorance.

Puisque le savoir favorisera le progrès et le bonheur, il faudra aussi l'appliquer à l'économie et à la politique. Rationalité et laïcisation s'accordent mal avec l'absolutisme de droit divin. On verra resurgir la théorie (d'origine protestante mais vigoureusement contestée par Hobbes) du rapport contractuel entre le souverain et la société civile. En attendant de proclamer les droits de l'homme et du citoyen, on revendique ceux de l'individu: moins de privilèges, moins de droits acquis, et plus de liberté.

Le point sur lequel l'unanimité peut se faire le plus aisément est celui de la critique des institutions archaïques: de Cadalso à Voltaire, de Pilati di Tassulo à Radichtchev, tous les penseurs s'accordent à dénoncer les mauvaises institutions, inadaptées à l'esprit nouveau, bâties sur l'arbitraire, sur l'ignorance et sur l'injustice. La popularité de Voltaire se fondera moins, au niveau du grand public, sur son œuvre littéraire que sur sa lutte pour Calas, pour Sirven, contre les erreurs judiciaires, contre le servage dans le Jura.

On est persuadé que le mal ne découle pas de la nature humaine ou du péché originel, mais de la dépravation des institutions (qu'elles soient administratives, judiciaires, fiscales ou autres). D'Holbach écrit dans le *Système de la nature*:

> On nous dit que des sauvages, pour applatir la tête de leurs enfans, la serrent entre deux planches, et l'empêchent par là de prendre la forme que la nature lui destinoit. Il en est à peu près de même de toutes nos institutions; elles conspirent communément à contrarier la nature, à gêner, détourner, amortir les impulsions qu'elle nous donne, à leur en substituer d'autres qui sont les sources de nos malheurs.[6]

Diderot met dans la bouche du Neveu de Rameau la critique d'une

6. *Système de la nature* (Londres 1770), i.151.

société qui prêche la vertu et qui pratique le vice, où le crime conduit au succès, et il remarque :

> Il y avait dans tout cela beaucoup de ces choses qu'on pense, d'après lesquelles on se conduit, mais qu'on ne dit pas [...] Il est certain que, d'après des idées d'institution aussi directement calquées sur nos mœurs, il devrait aller loin.

Et il partage la conviction de son ami d'Holbach, pour qui la société est devenue « un état de guerre ». Si les philosophes sont, dans leur immense majorité, bien loin d'être révolutionnaires, leur dénonciation du système politique – parce qu'elle restera sans écho concret – minera le vieil édifice.

Leur volonté de changement bute, un peu partout, sur l'inertie des pouvoirs. Aussi certains philosophes sont-ils prêts à applaudir les chefs d'Etat qui imposent des réformes d'en haut, sans s'apercevoir du caractère bureaucratique et autoritaire de la politique de ces despotes éclairés qui s'appellent Catherine II, Frédéric II, Joseph II, ou de ces ministres régaliens qui s'appellent Aranda, Campomanes, Pombal, ou Kaunitz. Les ambiguïtés de la théorie politique des philosophes s'expliquent par cette alliance tactique, mais aussi par leur inexpérience, et certains n'auront les yeux dessillés qu'après le partage de la Pologne, un peu trop tard malheureusement. Peut-être aussi sont-ils victimes de leur obsession de rationalité. Ils recherchent des lois universelles, tenues pour naturelles, qui régleraient aussi bien la politique que la morale.

On reste perplexe, de nos jours, devant le titre de certains ouvrages du baron d'Holbach :

– *La Politique naturelle, ou discours sur les vrais principes du gouvernement* (1773).
– *Système social, ou principes naturels de la morale et de la politique* (1773)
– *La Morale universelle, ou les devoirs de l'homme fondés sur la nature* (1776)

On aura remarqué la référence constante à l'idée de nature, une des idées-force du siècle, mais qui reste aussi une idée particulièrement imprécise. Il est évident que l'ordre naturel de Montesquieu n'est pas exactement celui de Sade. On n'en est pas moins tenté de lui demander des normes, des règles, des préceptes de vie, sans s'apercevoir qu'il s'agit, dans bien des cas, d'une véritable pétition de principe. Certes, tout le monde ne partage pas l'avis de Jean-Jacques Rousseau sur la bonté originelle de la nature, mais ceux-là mêmes qui la contestent et qui constatent l'existence du mal rattachent ce dernier à la «nécessité des choses» (d'Holbach).

La nature est souvent traitée comme une entité quasi divine, à qui on est prêt à rendre un culte. Un des ouvrages les plus populaires de la fin du siècle est *De la philosophie de la nature* (1770) du pseudo-Delisle de Sales (J. B. Isoard), véritable péan lyrique à une nature maternelle, bienfaisante et souveraine.

Le prestige des sciences de la nature est énorme, mais il se confond parfois avec des curiosités un peu enfantines, où la science reste un prétexte à des jeux qui confinent à la magie: c'est le cas de l'électricité dont les applications pratiques ne sont pas encore perçues.

Du moins l'existence de ces forces magnétiques ou électriques vient-elle ébranler la conception statique de la matière, qui restait celle du mécanicisme matérialiste. Ainsi se dégage un concept nouveau, celui de l'énergie, auquel la Révolution semble donner une force concrète, et qui permet de réconcilier parfois, assez bizarrement, spiritualistes et matérialistes, également convaincus de l'existence de fluides générateurs d'énergie et de mouvement (Balzac illustrera cette étrange conjonction dans *Ursule Mirouët*).

Si le XVIIIe siècle découvre l'énergie, il pose aussi les principes d'une dynamique des échanges sur laquelle il fondera sa théorie économique. Les conflits entre dirigisme et libre-échangisme sont débattus dans l'œuvre de l'abbé Galiani. Adam Smith préconise la division du travail au nom d'un utilitarisme social que l'article «Epingle» de l'*Encyclopédie* justifiait déjà quelques décennies plus tôt. Bientôt, Malthus appliquera les normes d'une bonne économie aux mécanismes biologiques, en corrigeant les excès de la nature par une judicieuse régulation des naissances.

De tous les côtés, le XVIIIe siècle semble vouloir investir le monde humain. Dans une Europe encore fondamentalement agricole, vouée à des pratiques rurales traditionnelles, les nouvelles méthodes d'exploitation des sols séduisent une noblesse soucieuse de remettre en valeur des terres trop longtemps négligées. Mais l'esprit de système s'empare bien vite de ce zèle réformateur, et on verra naître le courant physiocratique qui prône ce qu'il appelle le «despotisme légal», qui n'est autre que la nécessité naturelle par rapport à l'ordre d'institution.

L'esprit de réforme ne s'arrête pas à ces seules limites. Il débouche logiquement sur une réforme de l'éducation, problème soudain central et controversé. Si l'être humain est la «tabula rasa» de l'empirisme, si l'innéité des caractères est niée (ce que fait Helvétius dans le célèbre *De l'esprit*), le rôle de l'éducation devient primordial et les philosophes considèrent qu'il ne faut plus en laisser le privilège au clergé. Alors que l'*Emile* de Rousseau, hostile au système scolaire, n'envisageait encore que l'éducation privée conçue par un précepteur, les projets d'éducation publique se multiplient un peu partout. Ils restent le plus souvent timides, dans la crainte de dépeupler les campagnes et d'appauvrir ainsi l'Etat.

Sur ce plan, comme sur celui du paupérisme et de l'assistance publique, le XVIIIe siècle reste extrêmement prudent. Déjà les classes les plus pauvres apparaissent comme les «classes dangereuses» du XIXe siècle. L'article «Hôpital» de l'*Encyclopédie*, qui est pourtant écrit par Diderot, illustre cette peur et donne d'inquiétantes suggestions pour y remédier. L'esprit des Lumières réprouve le concept chrétien de charité, au nom de celui de justice, mais il ne met rien en place qui puisse en tenir lieu. Le mendiant est tenu pour un fainéant ou pour un délinquant potentiel et la solution toute trouvée, au nom de l'utilitarisme social, est celle des «workhouses» et de leurs équivalents hollandais.

Que tous ces points de vue soient soutenus, débattus, ou combattus par des écrivains est aussi un fait nouveau. L'homme de lettres, tel qu'il se manifeste au XVIIIe siècle, ne se veut plus un pur artiste voué à la recherche formelle. Il veut agir sur la société, changer le monde ; il revendique son indépendance, intellectuelle et financière, et rejette la pratique des pensions et du mécénat. D'Alembert, dans un texte très important, lui assigne la devise : *Liberté, vérité, pauvreté*, et du côté allemand Lessing et Klopstock y feront écho.

L'écrivain se doit d'informer et d'éveiller. Pour ce faire, il n'hésitera pas à changer de registre, à bouleverser ses normes esthétiques et même ses a priori de goût. Voltaire écrit un *Dictionnaire philosophique* et Feijoo se fait l'instituteur de son peuple dans le *Teatro crítico universal.* Littérature et philosophie se rapprochent jusqu'à se confondre, et leur dérive va transformer aussi l'historiographie. Gibbon, Voltaire, puis Volney élaborent, sous la forme de vastes synthèses, une véritable «philosophie de l'histoire», fortement engagée dans un sens idéologique à la fois anticatholique et anticlérical, et qui débouche sur une finalité politique plus réformiste que révolutionnaire.

Beaucoup moins optimistes que ne le sera Condorcet dans son *Esquisse d'un tableau historique des progrès de l'esprit humain*, composée pourtant au beau milieu de la Terreur, ces philosophes de l'histoire restent imprégnés de l'idée de *décadence*, ce concept central de la réflexion de Montesquieu. Ils restent sensibles au danger de retombée dans la barbarie et dans l'irrationnel, à la menace des tyrannies, et voient l'histoire comme un pénible cheminement vers une plus haute forme d'humanité, guetté par de soudaines et terrifiantes rechutes. L'optimisme, si souvent attribué aux Lumières, ne l'est qu'à très long terme, et généralement de façon conditionnelle, car l'anthropologie de la majorité de ces penseurs récuse le principe rousseauiste de la bonté naturelle. Seule une philosophie des Lumières assez primaire croit aux lendemains qui chantent. Rousseau lui-même affirme la corruption de l'homme absolument irréversible. Quant à Voltaire, il réduit le bonheur à quelques activités très simples sur un petit lopin de terre, près du Bosphore. D'autres le situent en Ethiopie (comme Johnson), en Chine, ou dans les îles du Pacifique.

Cette extension des horizons génère, parallèlement, le sens du relatif, c'est-à-dire de l'altérité. Montesquieu, puis d'Argens, Goldsmith et Cadalso, regardent l'Europe à travers les yeux de l'étranger. Fiction commode sans doute pour critiquer en toute tranquillité, mais qui oblige à se poser des questions sur l'*autre*, qu'il soit Persan, Chinois, Turc ou Juif.

La prééminence des valeurs européennes n'est plus aussi immédiatement acceptable, surtout lorsqu'il s'agit des valeurs traditionnelles (les nouvelles valeurs se voulant, elles, résolument universelles). Le regard critique posé sur la diversité des religions et des cultes vient à l'appui d'une tolérance un peu détachée (celle de Zadig au marché de Bassorah), mais elle encourage aussi la naissance d'une histoire des religions, dans une perspective très éloignée du providentialisme et du judéocentrisme de Bossuet. L'Angleterre joue dans ce domaine un rôle de pionnier, que relaient en France un Fréret, un Lévesque de Burigny, un Boulanger, avant de trouver un vulgarisateur de génie dans la personne de Voltaire, puis un exégète féru de symbolisme avec Dupuis.

Ce siècle épris de rationalité et d'unité, qui croit aux vertus de la centralisation (d'où son goût pour une Chine assez mythique), s'efforce pourtant de faire sa part à la différence. Lorsqu'il croit constater le déclin de la poésie et de l'énergie créatrice, il s'intéresse à un passé européen, lui aussi très vite entaché de mythes. L'épopée ossianique apparaît comme le double nordique, et barbare, de l'épopée gréco-latine, qu'elle surpasse en puissance évocatrice dans le registre de la violence et des troubles mélancolies. L'opposition Nord-Sud chère aux romantiques allemands, mais déjà à Mme de Staël et à son ami Bonstetten, y plonge ses racines.

Au fil des années, la «philosophie» récupère même un moyen âge chevaleresque et courtois et s'invente le roman historique, souvent confondu avec le pire «style troubadour» dans un même élan de nostalgie. Il faut le répéter: le moyen âge n'est pas une invention romantique, mais le rêve d'une société qui se sentait, à tort ou à raison, hyper-cultivée. Après tout, c'est Gibbon qui ouvre l'étude synthétique du haut moyen âge, et c'est Voltaire qui met en scène les chevaliers avec heaume et armure dans *Tancrède*. Ce n'est pas à moi qu'il revient de dire ce qu'ont été, dans l'architecture et dans la peinture du XVIIIe siècle, l'orientalisme et le médiévisme, deux formes de la recherche d'un *ailleurs* qu'on retrouve jusque dans l'aménagement des jardins, où le prince de Ligne croyait découvrir les éléments d'une typologie des grandes nations et de leur culture. Le Jardin des Plantes, lui-même inspiré de Kew Gardens, se veut un microcosme voué à l'instruction des foules, et il n'est pas indifférent que la Révolution en confie la gestion à Bernardin de Saint-Pierre.

«L'Europe des Lumières» – la formule est de Caraccioli – reste cependant plus un idéal qu'une réalité, et il ne pouvait en être autrement dans cette extraordinaire mosaïque que Napoléon allait, de gré ou de force, tenter d'unifier et de rationaliser. Le modèle anglais est plus érudit, plus politique, plus scientifique aussi que les autres. Le français se distingue par sa virulence, et par la qualité des hommes qui s'y associent: exclus du pouvoir, voués à une théorisation sans impact sur les faits, ils tiennent le langage le plus radical et le plus dur. L'Italie se signale par son anticléricalisme et son souci de réformes pratiques, un peu comme l'Espagne des réformateurs de la fin du siècle.

De même que la Terreur jacobine renversera quelques grandes illusions du siècle, en révélant que l'Etat (substitut de Dieu) peut être aussi répressif et aussi intolérant que l'avait été l'Eglise, les guerres révolutionnaires et napoléoniennes réveilleront les nationalismes en sommeil. La présence militaire française contredisait trop cruellement les rêves universalistes et humanitaires de 1789 – ceux de Burns, de Blake ou de Godwin, ceux de Klopstock, de Kant et de Schiller, ceux de ces rénovateurs de l'Espagne tenus soudain pour «afrancesados» et jugés à ce titre traîtres à leur nation. La tragédie de Goya, ce merveilleux porte-parole de la raison, des Lumières, de la liberté sous toutes ses formes, illustre ce virage brutal. Celui qui avait illustré dans les *Caprichos* la maxime «El sueño de la razón produce monstruos» s'est trouvé soudain entouré de ces monstres que l'on croyait exorcisés.

S'il est contestable de voir dans la Révolution la fille, et plus encore l'aboutissement, des Lumières, il n'en reste pas moins que son déroulement va peser lourdement sur leur destin. Après 1793, plus rien ne sera tout à fait comme avant, même si la part des Lumières reste considérable dans la suite du devenir européen. L'histoire a fait justice de certaines illusions et de certaines contradictions internes de la pensée des Lumières. Elle ne les a ni balayées, ni oubliées: Hegel, Saint-Simon, Fourier, Michelet et Marx vont les intégrer dans une nouvelle problématique, ce qui est – pour les idées – la meilleure forme de survie à long terme. C'est désormais sur d'autres chemins que les penseurs vont suivre – et pas toujours dans le silence – «les traces de la raison humaine».

Fontenelle entre l'optimisme scientifique et le pessimisme anthropologique

Presque tous les spécialistes qui se sont occupés de la pensée de Fontenelle ont été frappés par le contraste entre le scepticisme désabusé de ses premières œuvres (*Nouveaux dialogues des morts*, 1683) et la glorification de la science qui, entamée dès les *Entretiens sur la pluralité des mondes* (1686), va culminer dans les *Eloges* de savants destinés à l'Académie des sciences et dans les textes théoriques recueillis dans l'*Histoire* de cette Académie (1702).

Certains critiques ont durci cette opposition jusqu'au désespoir intellectuel (F. Grégoire) ou jusqu'à une philosophie de l'universelle illusion (L. Maigron, A. Adam). D'autres, plus nuancés, ont inscrit cette tension au sein d'une évolution intellectuelle qui va faire du libertin des débuts un précurseur de la «philosophie expérimentale» chère aux Lumières (W. Krauss, M. Roelens, A. Niderst).

Sans songer à nier cette opposition profonde, où d'aucuns ont voulu voir une sorte de conversion; sans contester la réalité d'une évolution dans la trajectoire intellectuelle d'un homme qui a failli mourir centenaire, j'aimerais poser le problème en des termes un peu différents de ceux dans lesquels on l'a abordé jusqu'ici, ce qui me conduira à atténuer l'apparente contradiction du penseur[1] et à souligner ce que son évolution suppose de cohérence et de continuité cachées.

Les commentateurs ont été unanimes à relever l'importance du «libertinage intellectuel» dans la formation intellectuelle du jeune Fon-

1. C'est ainsi que Maurice Roelens, dans son excellente présentation des *Textes choisis de Fontenelle* (Paris 1966), va jusqu'à dire que la *Préface sur l'utilité des mathématiques et de la physique* constitue «une sorte de procès au jeune Fontenelle, celui des *Dialogues des morts*» (p.266).

tenelle. Il partage le scepticisme des libertins, leur mépris de la multitude, leur désenchantement sur la nature humaine et sur son goût des idées fausses. Alain Niderst a recensé avec précision ce que Fontenelle doit à Bernier, à Saint-Evremond, à La Mothe Le Vayer. L'originalité des *Nouveaux dialogues* est moins dans leur contenu que dans le ton décisif et tranché qu'adoptent les interlocuteurs, loin de la mouvante et complexe subtilité d'un Montaigne.

Les *Nouveaux dialogues des morts* se veulent, au premier chef, un procès intenté à l'homme et à ses faiblesses. Ces faiblesses font partie de sa nature, mais tous les hommes n'en sont pas affectés au même degré. A l'instar de La Mothe Le Vayer, Fontenelle distingue la petite société des sages (les interlocuteurs du groupe d'Orasius Tubero) de l'énorme cohue des esprits voués à l'erreur et au merveilleux. Straton déclare que, «pour trouver la vérité, il faut tourner le dos à la multitude, et que les opinions communes sont toujours la règle des opinions saines, pourvu qu'on les prenne à contresens».[2] Ce n'est pas que la raison soit impuissante, puisque «sur tout ce qui regarde la conduite des hommes, elle a des décisions très sûres; le malheur est qu'on ne la consulte pas» (p.339). Si l'immense majorité des humains se laisse déterminer par la coutume du pays, et par les préjugés qu'elle impose, c'est que l'examen critique, et la suspension de jugement qu'il implique, «est un état violent pour l'esprit humain», comme le dit Raphaël, qui ajoute: «Tout le monde ne sait pas douter, on a besoin de lumières pour y parvenir, et de force pour s'en tenir là. D'ailleurs le doute est sans action, et il faut de l'action parmi les hommes» (p.341-42). Et le même Raphaël pourra conclure: «Non, non, avec aussi peu de raison qu'en ont les hommes, il leur faut autant de préjugés qu'ils ont accoutumé d'en avoir. Les préjugés sont le supplément de la raison. Tout ce qui manque d'un côté, on le trouve de l'autre.»

Il y a, dans l'argumentation de Raphaël, une double articulation. D'une part, l'attitude rationnelle critique est incompatible avec les exigences de la vie sociale; d'autre part, elle est insuffisante à combler nos besoins, et les préjugés lui tiennent lieu de complément: «La raison nous propose un trop petit nombre de maximes certaines, et notre esprit est fait pour en croire davantage. Ainsi, le surplus de son inclination à croire va au profit des préjugés, et les fausses opinions

2. Dialogue v avec Raphaël d'Urbain, *Nouveaux dialogues des morts*, éd. J. Dagen (Paris 1971), p.336; nous en modernisons le texte.

achèvent de la remplir.» Les conquêtes de la raison sont donc acquises, même pour le sceptique Raphaël, mais elles ne satisfont pas à l'immense besoin de croire, et donc à la fascination de l'erreur.

La notion de progrès est, elle aussi, mise en question, puisque l'expérience acquise n'est pas transmissible et que toute existence est un départ au point zéro. Fontenelle fait dire à Montaigne, dans son dialogue avec Socrate (p.167):

> Ils [les hommes] sont faits comme les oiseaux, qui se laissent toujours prendre dans les mêmes filets, où l'on a déjà pris cent mille oiseaux de leur espèce. Il n'y a personne qui n'entre tout neuf dans la vie, et les sottises des pères sont perdues pour les enfants.

La vérité est d'un accès difficile, et sa pratique est souvent ardue. Aussi l'homme préfère-t-il aux arguments rationnels les illusions de son imaginaire. L'erreur peut d'ailleurs être féconde, dans la mesure où elle est mobilisatrice: «Toutes les sciences ont leur chimère, après laquelle elles courent, sans la pouvoir attraper; mais elles attrapent en chemin d'autres connaissances fort utiles» (p.316). C'est ainsi que la chimie est née des chimères des alchimistes et de leur désir de fabriquer de l'or. La raison les en aurait plutôt dissuadés. Comme dit Raymond Lulle à la veuve de Mausole: «On perdrait courage, si on n'était pas soutenu par des idées fausses.» Sur quoi Artémise s'interroge: «Il n'est donc pas inutile que les hommes soient trompés?», ce qui lui vaut la fameuse et terrible réplique (p.318):

> Comment inutile? *Si par malheur la vérité se montrait telle qu'elle est, tout serait perdu*; mais il paraît bien qu'elle sait de quelle importance il est qu'elle se tienne toujours en quelque façon cachée.

La formule, dans sa brutale concision, rappelle irrésistiblement la boutade que tout le XVIIIe siècle lui attribuera, et lui reprochera avec véhémence: «Si je tenais toutes les vérités dans ma main, je me donnerais bien garde de l'ouvrir pour les découvrir aux hommes.»[3]

3. L'abbé de Mably témoigne de l'authenticité de ce mot, et il s'efforce de l'expliquer, par respect de la mémoire de Fontenelle: «Que voulait-il dire en s'exprimant ainsi? Que les hommes se soucient fort peu de la vérité [...] Il voulait faire entendre que nous sommes destinés à nous repaître éternellement d'*erreurs* et de *chimères*; que nos sottises ont de *puissants protecteurs à qui on ne déplaît pas impunément*; que, qui veut vivre tranquillement, doit être sage pour soi et permettre au genre humain d'être la dupe des folies qu'il aime, et dont il ne permettrait qu'on le désabusât. Est-ce là penser d'une manière barbare? [...] Les gens les plus éclairés [...] savent qu'elle [la vérité] est

Il y a, dans ces aphorismes tranchants, une volonté de choquer le lecteur ordinaire, une amertume mal contenue, mais aussi cette recherche stylistique qui tourne parfois, chez Fontenelle, au procédé et à l'exaspération.

La position de Fontenelle, dans ses *Dialogues des morts*, durcit en la radicalisant celle de ses maîtres libertins. Elle constitue, en quelque sorte, un passage à la limite. Son amertume, qui se veut joyeusement désespérée ou tristement lucide selon l'angle de vue, exprime le divorce du penseur agnostique par rapport à une société marquée par le dogmatisme religieux, par l'intolérance généralisée, par le refus de toute différence, par la crédulité et par l'esprit de soumission. Le philosophe libertin, fût-il l'homme de Richelieu comme La Mothe Le Vayer ou celui de Mazarin comme Naudé, doit porter le masque et jouer un jeu. Ce jeu est devenu intolérable, vers 1680, au jeune héritier des libertins et son refus le conduit dans un premier temps à une intransigeance presque méprisante. On se tromperait cependant en y voyant un élitisme social: le penseur libertin s'éloigne de la multitude pour penser librement et pour se détacher des préjugés vulgaires. Dans la «Lettre de l'autheur» qui ouvrait les *Cinq dialogues faits à l'imitation des Anciens* (1631) par le pseudo-Orasius Tubero, La Mothe Le Vayer déclarait déjà: «La liberté de mon style mesprisant toute contrainte, et la licence de mes pensées purement naturelles sont aujourd'hui des *marchandises de contrebande, et qui ne doivent estre exposées au public.*» Un peu plus loin, il ajoutait: «*Mocquons nous des suffrages d'une sotte multitude*, et dans *le juste mespris d'un siècle ignorant et pervers*, joüissons des vrais et solides contentemens de *nos entretiens privés.*» Il juge ses dialogues «plus propres à demeurer dans l'obscurité d'un cabinet amy, qu'à souffrir l'esclat et le plein jour d'une publique lumiere». Pour éviter tout malentendu sur son attitude volontairement ésotérique (encore qu'il ne s'explique pas quant au paradoxe que constitue la publication

triste, renfrognée, épineuse, parce qu'elle combat toujours quelques passions qui nous sont chères. Le sage que vous désirez, Ariste, serait un étourdi qui gâterait tout en ne saisissant pas l'à-propos des choses» (Mably, *Œuvres posthumes*, 1798), i.329-31; cité par W. Krauss dans son *Fontenelle und die Aufklärung* (München 1969), p.105-106. Voltaire est de ceux que ces paroles choquaient le plus. Il parlera avec mépris du «lâche Fontenelle», fâcheux exemple dans la lutte «philosophique». Voir notre étude sur «L'ésotérisme des Lumières», dans *Clartés et ombres du siècle des Lumières* (Genève 1969).

imprimée), La Mothe Le Vayer précise sa position dans un texte qui paraît capital pour toute cette étude :

Je vous prie de faire un peu de reflexion, non seulement sur les erreurs, sottises, et impertinences des opinions du *vulgaire (ce mot comprend à nostre esgard le cavallier, l'homme de robe, et le paysan également)*, mais encore sur *l'autorité tyrannique du temps*, et des coutumes qui les ont establies, et sur *l'opiniastreté invincible* avec laquelle elles sont si aveuglement soustenues.

Il serait difficile d'être plus explicite et plus clair. Les libertins ont le sentiment de représenter une minorité suspecte et menacée, brimée par une société où prévaut à tous les niveaux une mentalité archaïque et oppressive. Cinquante ans après La Mothe Le Vayer, les choses n'ont pas tellement changé et le climat de conformisme triomphant autour de 1680 n'est guère fait pour rassurer, ou pour encourager, les penseurs libres. La tentation du repli ésotérique se poursuivra d'ailleurs, mais de façon épisodique, à travers le XVIIIe siècle. C'est ainsi que Diderot écrira, à la fin de sa vie, dans l'*Essai sur les règnes de Claude et de Néron* :

L'homme peuple est le plus sot et le plus méchant des hommes : *se dépopulariser, ou se rendre meilleur, c'est la même chose. La voix du philosophe qui contrarie celle du peuple est la voix du la raison.*[4]

Le propos de Fontenelle, si souvent tenu pour scandaleux ou provocateur, prend tout son sens dans un tel éclairage. Il faut le tenir pour ce qu'il est : l'expression d'un pessimisme anthropologique poussé jusqu'à l'extrême, avec le radicalisme d'un jeune écrivain amoureux du paradoxe et de la pointe.

Trois ans après les *Nouveaux dialogues*, en 1686, paraît la première édition des *Entretiens sur la pluralité des mondes*. Fontenelle se serait-il subitement converti à l'esprit scientifique et à l'idée de progrès, lui qui tenait les vérités découvertes « de temps en temps » pour « petites » et propres tout juste à « amuser » (Descartes, parlant au faux Démétrius) ? Plutôt qu'un revirement brutal, il conviendrait d'y lire l'amorce d'une réorientation. En effet, il n'était guère possible d'aller plus loin dans la critique de l'esprit humain et de son penchant à l'erreur qu'il ne l'avait fait dans certains *Dialogues* : la recherche y paraissait bloquée (Descartes : « Pour ce qui regarde le fond de la philosophie, j'avoue que cela n'avance guère. » Le faux Démétrius : « Il n'est que trop visible qu'elle

4. *Essai sur les règnes de Claude et de Néron*, éd. J. Deprun et A. Lorenceau, DPV, XXV.297.

[la vérité] n'est point faite pour nous»; p.380-81). Conclusion accablante, mais que contredisaient déjà çà et là quelques concessions à l'importance de la raison, comme les propos de Straton devant Raphaël («la raison n'est pas toujours si irrésolue»). Or, nous l'avons vu, Straton tient le discours des libertins, et Raphaël se borne à répliquer que «la raison nous fournit un *trop petit nombre* de maximes certaines». Le mal n'est pas tant du côté de la raison et de ses insuffisances que du côté des hommes, qui lui préfèrent le faux: c'est donc en ce sens qu'il faut agir, en luttant contre cette inclination naturelle par une meilleure information et par la chasse aux archaïsmes de la pensée. La vulgarisation de l'astronomie détruira les vestiges d'une cosmologie encore empreinte d'obsessions et de terreurs ancestrales, en lui substituant une interprétation mécaniste dégagée de l'anthropocentrisme. M. Niderst a fort justement souligné les limites de l'information scientifique de Fontenelle à cette date[5] et les insuffisances du savant. Reste que le souci de vulgariser, même s'il est occasionnel chez Fontenelle, reflète un désir d'étendre l'empire de la raison. Mais jusqu'où? Sur ce point capital, le penseur n'a guère évolué par rapport aux *Dialogues*: «Contentons-nous d'être une petite troupe choisie qui les croyons et ne divulgons pas nos mystères dans le peuple.»[6] Nous restons ici dans la tradition de «l'obscurité du cabinet ami» de La Mothe Le Vayer, bien loin de la vulgarisation militante postérieure à 1750.

La méfiance de Fontenelle envers notre aptitude à recevoir le vrai restera une constante de sa pensée, mais elle ne l'empêchera pas de continuer à porter autour de lui la bonne parole du vrai savoir. L'étude de l'histoire et celle des mythes (qu'il appelle des fables) vont pourtant contribuer à une modification assez profonde de cette critique démystifiante: l'analyse attentive de ce qu'il exécutait assez sommairement en 1683 sous le nom d'erreurs et de préjugés le conduira à affiner et à nuancer son épistémologie. La préparation de l'*Histoire des oracles* (1686) avait inauguré une critique prudemment rationaliste du fait religieux où s'ébauchait timidement une méthodologie de la critique historique. Le petit traité *De l'origine des fables* (dont M. Niderst place la rédaction entre 1691 et 1699) est l'aboutissement de cette réflexion toute en

5. A. Niderst, *Fontenelle à la recherche de lui-même (1657-1702)* (Paris 1972), p.281: «Une science approximative».

6. *Textes choisis*, éd. Roelens, p.176.

subtilité. Le ton est donné d'emblée, et il n'est ni ironique, ni condescendant :

Etudions l'esprit humain dans une de ses plus étranges productions : c'est là bien souvent qu'il se donne le mieux à connaître.

Loin de tourner la mythologie en dérision, il écrit :

Croira-t-on ce que je vais dire ? *Il y a eu de la philosophie même dans ces siècles grossiers*, et elle a beaucoup servi à la naissance des fables.

Celles-ci seraient le résultat d'une application erronée du principe de causalité et leur maintien serait dû à notre « respect aveugle de l'antiquité ». Fontenelle en dégage une méthodologie de l'erreur, qui devrait inspirer toutes nos démarches. Si les fables ne sont, comme il dit, « que l'histoire des erreurs de l'esprit humain », il ne faut ni les perpétuer dans l'enseignement, ni les ignorer avec mépris, et sa conclusion rejoint la grande leçon de prudence et de lucidité qu'inspire son anthropologie sceptique :

Ce n'est pas une science de s'être rempli la tête de toutes les extravagances des Phéniciens et des Grecs ; mais c'en est une de savoir *ce qui a conduit* les Phéniciens et les Grecs *à ces extravagances. Tous les hommes se ressemblent si fort qu'il n'y a point de peuple dont les sottises ne nous doivent faire trembler.*

Le procès de la nature humaine reste donc ouvert, et il se poursuit à travers l'évolution du philosophe.

En 1699, l'auteur des *Entretiens* devient secrétaire perpétuel de l'Académie des sciences. Raison suffisante pour donner à sa production un caractère nouveau, qui va se concrétiser dans les *Eloges* des savants et dans l'*Histoire de l'Académie des sciences.* A propos de cette illustre compagnie, M. Niderst nous a opportunément rappelé qu'elle constituait, dans la société d'états de l'ancien régime, une « petite démocratie », une sorte de « république expérimentale ». Fontenelle y trouvera donc cette « petite troupe choisie » à laquelle il rêvait dans les *Entretiens.*

Dès 1688, dans la *Digression sur les Anciens et les Modernes*, Fontenelle a dû admettre la réalité d'un progrès de l'esprit humain : « Il est maintenant dans l'âge de virilité, où il raisonne avec plus de force, et a plus de lumières que jamais. » Encore restreint-il ce progrès à une époque toute récente : dans la préface à l'*Histoire de l'Académie des sciences* (1699), il souligne le décalage entre la renaissance des arts et des lettres d'une part, celle des sciences d'autre part. « Ce n'est guère que de *ce siècle-ci* que l'on peut compter le renouvellement des mathématiques et de la physique [...] le règne des *mots* et des *termes* est passé, on veut des *choses.*»

Les remarquables progrès de la science restent pourtant le fait d'une minorité qui s'y consacre avec désintéressement. Fontenelle n'a guère changé d'avis sur le reste de l'humanité, qui jouit des avantages procurés par la science avec une indifférence qui voisine avec l'ingratitude. Dans la même préface, il écrit (vi.60):

Telle est la destinée des sciences maniées par un petit nombre de personnes; l'utilité de leur progrès est invisible à la plupart du monde [...] et le public ne jouit du succès qu'elle a eu qu'avec une espèce d'ingratitude [...] Il sera toujours plus aisé au public de jouir des avantages qu'elle lui procure, que de les connaître.

On le voit: même lorsqu'il se veut – fonction oblige – l'apologiste de la science moderne, Fontenelle oppose le savant à la masse des hommes, asservis aux préjugés. Dans l'éloge du marquis de L'Hôpital (mort en 1704), il revient à son leitmotiv (iv.121):

Car il faut avouer que la nation française, aussi polie qu'aucune nation, est encore dans cette espèce de barbarie, qu'elle doute si les sciences poussées à une certaine perfection ne dérogent point, et s'il n'est point plus noble de ne rien savoir.

Il répète à satiété, dans les *Eloges*, que les savants sont incapables «de se faire valoir autrement que par leurs ouvrages» (*Eloge d'Amontons*; vi.159), qu'ils vivent dans l'obscurité et souvent dans une extrême pauvreté: Poupart vivait un peu comme Diogène en un siècle où les rois ne visitent plus les Diogènes dans leur tonneau (vi.262).

Ailleurs encore (dans l'*Eloge de Louville*; vii.438), il souligne la persistance des croyances magiques dans la France moderne et il constate, d'un ton blasé: «Nous ne rapporterions pas ces bagatelles, si elles n'étaient de quelque utilité pour *l'histoire des connaissances du genre humain*, et si elles ne faisaient voir *avec quelle extrême lenteur les nations en corps cheminent vers les vérités les plus simples.*»

On pourrait sans difficulté multiplier les remarques qui vont dans ce sens au milieu des discours sur les praticiens de la science. Dans l'*Eloge de Malebranche*, il n'hésite pas à déclarer que «même parmi les philosophes, pour qui tous les autres hommes sont peuple, il y a encore un peuple qui ne peut guère aller jusque-là». De Leibniz il dit que ses vastes lectures l'avaient rendu «plus indulgent pour la faiblesse humaine».

L'idée de notre faiblesse est donc au cœur de toute la pensée de Fontenelle. Il ne s'agit pas, comme chez Montaigne, d'un doute fondamental sur les capacités de notre raison, même si les *Dialogues* de 1683 semblent parfois aller dans ce sens. Il ne s'agit pas non plus, comme chez Pascal, de fonder sur cette faiblesse la nécessité d'un recours à l'absolu divin. Au terme d'une réflexion amère sur l'histoire, Fontenelle a été conduit à un profond pessimisme en constatant les pesanteurs de notre pensée et les obstacles que constituent certains archétypes mentaux, comme la tendance au merveilleux ou l'attrait de l'imagination, cette «folle du logis». L'immense majorité des hommes ne s'intéresse pas à la recherche du vrai: le doute lui est insupportable et les fables suffisent à faire son bonheur. Héritier des libertins, contraint à la clandestinité pour ses livres les plus audacieux, Fontenelle refuse l'optimisme qu'on associe aux Lumières. Il est vrai que cet optimisme n'est entièrement partagé ni par Voltaire, ni par d'Holbach, ni par Diderot. La correspondance de Voltaire et l'*Essai sur les mœurs* abondent en considérations amères sur la sottise régnante et sur les horreurs de l'histoire. Simplement, les «philosophes» croiront qu'on peut, au fil des siècles, dépouiller le vieil homme. Fontenelle, fasciné comme Flaubert par la bêtise, en est moins sûr et il ne fait confiance qu'au petit nombre, à cette «petite troupe choisie» pour laquelle, seule, il a toujours écrit. Position originale, contestée, mais qui n'empêchera pas Diderot de le compter parmi «les contemporains que nous avons eus sous le siècle de Louis XIV».

La place de d'Alembert dans la littérature des Lumières

Le XVIIIe siècle est passionnément attaché à l'idée de l'unité profonde du savoir. Il se refuse à opposer les multiples démarches de l'esprit et il s'efforce de les concilier dans une harmonieuse synthèse. Il n'a pas connu la spécialisation à outrance qui se pratique de nos jours, avec les effets réducteurs qu'on connaît, ni à plus forte raison le cloisonnement rigoureux, et quasi conflictuel, entre culture scientifique et culture humaniste, si vigoureusement dénoncé par C. P. Snow dans *The Two cultures*. L'opinion publique de l'époque, dans son immense majorité, partage cette conviction. Buffon est admiré au même degré que Voltaire, et le pèlerinage à Montbard suscite autant d'adeptes que celui de Ferney. *Le Spectacle de la nature*, de l'abbé Pluche, est un des livres les mieux représentés dans les bibliothèques privées. Ne tend-il pas à concilier, dans une unité retrouvée, les jeunes sciences de la nature et la théodicée, cette profonde aspiration des lumières chrétiennes ? Voltaire vulgarise Newton et fait de la chimie à Cirey, à la grande joie de quelques caricaturistes. Rousseau herborise, Diderot braconne, avec passion, sur le terrain des mathématiques d'abord, puis sur ceux de la physique, de la biologie et de la médecine, pour nous donner ce chef-d'œuvre de fiction scientifique (à ne pas confondre avec la science-fiction) qui s'appellera *Le Rêve de d'Alembert*. Et il n'est pas indifférent que ce soit le grand théoricien de l'algèbre et du calcul des probabilités qui se trouve au cœur même de cette œuvre si moderne. A Paris, les cours de sciences naturelles de l'abbé Nollet attirent un large public, sans cesse renouvelé, où la jeunesse est bien représentée. Les voyages d'exploration suscitent une vive curiosité, que la littérature entretient et prolonge : qu'on songe au grand périple de Saint-Preux, dans *La Nouvelle Héloïse*, et dans un autre ordre d'idées, au *Supplément au voyage de Bougainville*, sans même évoquer toute la littérature du « bon sauvage ».

Certes, le rêve de l'« uomo universale » qu'avait caressé la Renaissance italienne, et dont Léonard de Vinci est le représentant le plus typique, apparaît désormais comme un objectif inaccessible, en raison précisément des énormes progrès de la science expérimentale, mais il reste normal au XVIIIe siècle d'associer étroitement littérature et science, sans discrimination a priori et sans complexe d'infériorité. Cette union du savoir et de l'écriture, des sciences naturelles et de la culture littéraire, de la mathématique et de la psychologie est peut-être l'aspect le plus remarquable, le plus suggestif, le plus significatif en tout cas de l'œuvre du co-directeur de l'*Encyclopédie*.

Les ennemis de d'Alembert l'ont bien compris. Dans leur clan, la haine, l'envie, l'esprit de parti ont tout fait pour le réduire à sa seule capacité de spécialiste. Ils allaient à contresens de l'époque, parce qu'ils en refusaient les valeurs, et d'Alembert leur apparaissait comme une des expressions les plus prestigieuses de cette aspiration à la synthèse. N'ayant pu le salir dans sa vie privée, s'étant discrédités en l'attaquant sur ses origines (« homuncio cui nec est pater, nec res », aurait dit de lui le P. Tolomas, s'il faut en croire les contemporains), ils s'en prendront à sa personnalité littéraire et à sa volonté de synthèse. On connaît le cri rageur du Neveu de Rameau dans la *Satire seconde* de Diderot :

> Nous prouverons que de Voltaire est sans génie ; que Buffon [...] n'est qu'un déclamateur ampoulé ; que Montesquieu n'est qu'un bel esprit ; nous reléguerons d'Alembert dans ses mathématiques.[1]

On le voit, c'est bien la jonction de l'écrivain et du savant qui est visée, et la réduction aux mathématiques est tenue, très ouvertement, pour une relégation dans le domaine inoffensif des spécialistes. Goethe, en traduisant *Le Neveu de Rameau* au cours de l'hiver de 1804-1805, fut alerté par cette phrase qui le touchait au vif dans ses propres préoccupations scientifiques. L'auteur de la *Farbenlehre* s'associe aussitôt à d'Alembert parce qu'il se sent visé, comme lui, en ce qu'il a de plus cher. Comme les commentaires de Goethe sont moins connus que le texte de Diderot, je me permettrai de donner ici la traduction de la note qu'il consacre à d'Alembert :

> Jamais sa gloire de mathématicien n'a été contestée, mais lorsque la vie et la société l'ont amené à se développer au plan littéraire dans de multiples directions, les malveillants en prirent prétexte pour y chercher des points

1. *Le Neveu de Rameau*, éd. Henri Coulet, DPV, xii.113.

faibles et pour les étaler. Ces natures haineuses, qui ne reconnaissent qu'à contre-cœur les supériorités indiscutables, voudraient enfermer chaque homme éminent dans les limites de la spécialité où il excelle, et lui refuser une culture diversifiée, pourtant la seule qui nous satisfasse pleinement. Ils ont coutume d'affirmer qu'il aurait dû, pour sa gloire, éviter telle ou telle entreprise. Comme si on faisait tout en vue de sa gloire! Comme si l'union vitale avec des esprits aux goûts similaires, dans une participation sérieuse avec ce qu'ils font et réalisent, n'avait pas la plus haute valeur!

Et Goethe de s'indigner contre la tendance à séparer écrivains et savants par un véritable cloisonnement corporatif (*gildemaeszige Trennung*).

Sur ce point vital, Goethe se proclame solidaire de d'Alembert et de son souci d'union. En pleine guerre d'indépendance allemande, en pleine crise de nationalisme, Goethe s'affirme ici l'héritier des Lumières, le défenseur d'un humanisme universaliste dont d'Alembert a été le modèle et le champion. L'hommage a tout son poids. Il dit, mieux que nous ne pourrions le faire, ce que d'Alembert a représenté en son temps, et l'idéal culturel dont il fut le porteur.

L'entrée spectaculaire du mathématicien dans le domaine de la littérature est liée, historiquement, au lancement de l'*Encyclopédie* et à la rédaction du célèbre «Discours préliminaire» (1751) qui résume admirablement la finalité du grand projet, et qui condense en même temps le propos idéologique de l'entreprise et ses concepts unificateurs. Dès les premières pages, le lecteur est fixé:

Pour peu qu'on ait réfléchi sur la liaison que les découvertes ont entre elles, il est facile de s'apercevoir que les sciences et les arts se prêtent mutuellement des secours, et qu'il y a par conséquent *une chaîne qui les unit*. Mais il est souvent difficile de réduire à un petit nombre de règles ou de notions générales, chaque science ou chaque art en particulier; il ne l'est pas moins de *renfermer dans un système qui soit un*, les branches infiniment variées de la science humaine.[2]

A propos de l'aimant, dont les propriétés singulières déconcertent alors les chercheurs, d'Alembert remarque (i.28):

Au défaut d'une telle connaissance, et des lumières nécessaires sur la cause physique des propriétés de l'aimant, ce serait sans doute une recherche bien digne d'un philosophe, que de réduire, s'il était possible, toutes ces propriétés *à une seule*, en montrant la liaison qu'elles ont entre elles.

Mais il doute qu'on puisse aller au-delà, et il conclut sur ce point:

2. *Œuvres complètes* (Paris 1821-1822), i.18.

La seule ressource qui nous reste donc dans une recherche si pénible, quoique si nécessaire, [...] c'est d'amasser le plus de faits qu'il nous est possible, de les disposer dans l'ordre le plus naturel, de les rappeler à un certain nombre de faits principaux dont les autres ne soient que des conséquences. Si nous osons quelquefois nous élever plus haut, que ce soit avec cette sage circonspection qui sied si bien à une vue aussi faible que la nôtre.

A la différence des encyclopédies antérieures, celle-ci ne se présentait pas seulement comme un inventaire du savoir, mais comme une tentative de classement, d'ordonnance et de filiation. Dans le désordre apparent de l'univers, il appartiendra à la réflexion philosophique de retrouver des schémas ordonnateurs et d'en souligner la parenté. Cette recherche contribuera d'ailleurs à cimenter la vie sociale par le biais de la communication :

Je remarquerai seulement que l'agrément et l'avantage que nous trouvons dans un pareil commerce, soit à faire part de nos idées aux autres hommes, soit à joindre les leurs aux nôtres, doit nous porter à resserrer de plus en plus les liens de la société commencée, et à la rendre plus utile pour nous qu'il est possible.

Le savoir, pour d'Alembert, ne peut se couper de son efficacité sociale, de son lien avec la vie morale et avec la subsistance économique. Toute transcendance est bannie de ce discours centré sur l'homme en société. Conscient des limites humaines, il enseigne la modestie et la prudence, sans jamais tomber dans un scepticisme désarmant (i.33) :

L'univers, pour qui saurait l'embrasser d'un seul point de vue, ne serait, s'il est permis de le dire, qu'*un fait unique et une grande vérité*.

Ceci dit, avec la réserve qui s'impose, d'Alembert n'en reste pas moins très ouvert à toutes les nuances chatoyantes de la sensation, telles qu'elles s'expriment dans les beaux-arts. Certes, sa conception de la poésie reste fort traditionnelle, mais il aborde les questions musicales avec une extrême finesse. Lorsqu'il affirme que « toute musique qui ne peint rien n'est que du bruit », il vise la multitude de ceux dont les sens sont restés vulgaires, et il fait cette remarque pénétrante (i.39) :

tout ce qu'on en doit conclure, c'est qu'après avoir fait un art d'apprendre la musique, on devrait bien en faire un de l'écouter.

Ainsi, par un biais inattendu, se révèle une sensibilité délicate, attentive à la nuance, affinée par le travail. Nous en retrouverons l'expression dans ses subtiles analyses psychologiques.

Retenons, au passage, sa réhabilitation des arts mécaniques, absurdement abandonnés «à ceux d'entre les hommes que les préjugés ont placés dans la classe la plus inférieure», et qui sont méprisés de ce fait. Pourtant, la mise au point de la boussole ou de la montre à échappement honore ses auteurs au même titre que le perfectionnement de l'algèbre. D'Alembert y voit d'ailleurs la suite d'une patience séculaire plutôt que l'illumination d'un moment. Il n'est pas indifférent que ce soit le fils adoptif de la vitrière de la rue Michel-le-Comte qui ait écrit dans son discours-programme: «c'est peut-être chez les artisans qu'il faut aller chercher les preuves les plus admirables de la sagacité de l'esprit, de sa patience et de ses ressources» (i.41).

Le «Discours préliminaire», dans sa seconde partie, se présente comme une théorie de l'histoire, ou plus précisément comme une historiographie militante où la philosophie des Lumières définit ses objectifs et se projette dans l'avenir par rapport à un passé de misère, de désordre, de servitude et de violence. Vision simplificatrice sans doute, et très orientée, mais hautement mobilisatrice, puisqu'elle se prolongera jusqu'au terme du XIXe siècle. Héritier de la Renaissance, d'Alembert se rallie à la théorie des grands âges, qui croit voir que l'effort des hommes vers la lumière triomphe pour un temps des forces de ténèbres et d'ignorance: siècle de Périclès, siècle d'Auguste, siècle des Médicis, siècle de Louis XIV, siècle de la philosophie à l'heure où il écrit.

La philosophie se sent pourtant toujours menacée par l'esprit de parti et par la pensée dogmatique; elle se sait vulnérable à ce que l'époque appelle «les préjugés», et qui inclut aussi bien le despotisme théologique que les formes bâtardes de religiosité. Car le progrès, dans tous les domaines, reste précaire: «La barbarie dure des siècles, *il semble que ce soit notre élément*; la raison et le bon goût ne font que passer». Mais d'Alembert fait confiance au mouvement culturel qui traverse son époque et, contre Rousseau, il en juge le bilan résolument positif. Ainsi se constitue, petit à petit, une épopée du savoir qui a aussi son martyrologe, et qui jalonne l'histoire de figures libératrices, de saints laïques, qui s'appellent Bacon, Descartes et Newton.

Mais d'Alembert est assez lucide pour saisir également les faiblesses de la nouvelle culture qui s'instaure. Il suffit de lire les passages sur le rapport entre l'esprit philosophique et les belles-lettres pour y retrouver le thème du déclin esthétique qui obsédait déjà Voltaire. Du moins le philosophe se réjouit-il que la poussée de l'esprit critique, «qui veut

tout voir et ne rien supposer», ait contribué à affranchir la littérature de l'admiration aveugle des anciens. Le lien d'une telle conception historique avec le «modernisme» de Fontenelle saute aux yeux. On sait le succès que connaîtra, jusqu'à la première guerre mondiale, cette version modernisée de l'antique «translatio studii».

Dans le même «Discours préliminaire», le lecteur attentif avait pu saisir au passage une discrète allusion au mécénat et aux fâcheuses conséquences de ce qui était qualifié de «faux bel esprit». D'Alembert va revenir en 1753 au problème central du statut matériel de l'homme de lettres et de son lien avec les classes dirigeantes. On aurait grand tort de tenir pour une rhétorique de circonstance ou pour une simple parade le long *Essai sur la société des gens de lettres et des grands ; sur la réputation ; sur les mécènes, et sur les récompenses littéraires.*[3] Peu de textes ont eu un impact social aussi rapide et aussi profond.

La révolution du statut de l'homme de lettres et de son rôle dans la société était indissolublement liée à la fonction de guide et d'inspirateur que la philosophie des Lumières lui assignait. Qui, mieux que le «philosophe», pouvait maîtriser l'ensemble du savoir et, à défaut d'accéder au pouvoir, pouvait inspirer l'action politique et le choix des grandes options ? Voltaire déjà avait rêvé d'être le conseiller de Frédéric II et de la grande Catherine. Diderot prendra Sénèque pour objet de sa réflexion sur la liaison de la politique et de la morale.

Dans le cas de d'Alembert, cette problématique commune se doublait de considérations personnelles, comme l'a fort bien montré John Pappas dans une étude sur «D'Alembert et la nouvelle aristocratie».[4] Victime des tabous de l'époque et de ce qu'on appelait «la honte de sa naissance», l'illustre mathématicien a ressenti maintes fois l'opprobre des bien-pensants et l'humiliation de la part des grands. Qu'il en ait souffert ne fait aucun doute, mais il serait excessif de réduire l'*Essai* à une vengeance indirecte d'origine subjective. D'Alembert se fait et se veut ici le porte-parole d'une nouvelle classe intellectuelle qui n'a pas encore de nom spécifique. En vertu de sa culture et sa suprématie intrinsèque, celle-ci revendique le respect et la dignité.

Qu'importent, dès lors, le ton oratoire de l'*Essai*, les outrances ou

3. Publié dans la première édition des *Mélanges de littérature, d'histoire et de philosophie* (Berlin 1753).

4. John Pappas, «D'Alembert et la nouvelle aristocratie», *Dix-huitième siècle* 15 (1983), p.335-43.

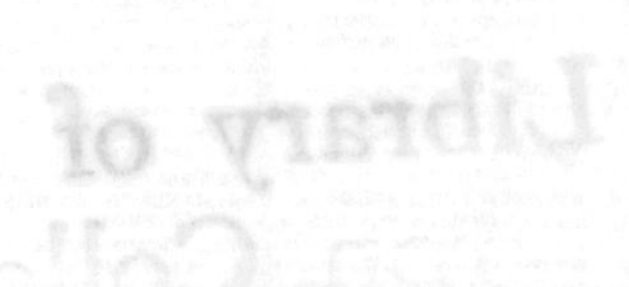

les naïvetés de sa perception de l'histoire, les généralisations où son auteur se complaît! L'essentiel n'est pas là, mais dans une revendication dont l'audace tranquille ne nous est peut-être plus perceptible aujourd'hui, compte tenu de l'évolution de la société et des mœurs.

Ici encore, d'Alembert aborde la question de manière globale, mais c'est pour distinguer aussitôt la situation de l'homme de lettres de celle du géomètre. Le premier est un inquiet qui a besoin de l'approbation du public:

> Plus on a d'esprit, plus on est mécontent de ce qu'on en a [...] l'estime des autres est un supplément à l'opinion peu favorable que nous avons de nous-mêmes, c'est un roseau dont l'amour-propre cherche à s'étayer.[5]

A l'opposé, la science nous dispense du suffrage d'autrui; la valeur d'un ouvrage n'y dépend pas de l'opinion, et, nous dit d'Alembert,

> de là vient cette satisfaction intérieure si pure et si complète que procure l'étude de la géométrie.

L'homme de lettres cherche donc des assurances autour de lui. Il est normal qu'il se tourne d'abord vers ceux qu'il croit à la fois désintéressés (parce que tournés vers d'autres objets) et pourvus de lumières suffisantes (en raison de leur éducation privilégiée): ce sont les grands de ce monde. Mais d'Alembert fait bonne et expéditive justice du préjugé qui suppose que les grands auraient, toutes choses restant égales, des connaissances plus éclairées.

En des termes que seule l'élégance du style empêche d'être cinglants, il stigmatise l'inculture de la classe dominante, son éducation déplorable, sa morgue insupportable, son amour des flatteurs serviles. Son approbation est donc sans valeur. C'est l'estime publique que l'écrivain doit rechercher; elle seule fait produire de grandes choses.

Que l'écrivain vise donc la renommée qui tient au talent, et non la considération sociale, qui tient à l'état ou à la fortune. Une règle de vie s'impose, que d'Alembert formule en termes impératifs à l'intention des écrivains, et particulièrement des plus talentueux (iv.355):

> qu'ils cessent de rechercher la société des grands malgré les dégoûts visibles ou secrets qu'ils y rencontrent, d'ignorer les avantages que la supériorité du génie donne sur les autres hommes, de se prosterner enfin aux genoux de ceux qui devraient être à leurs pieds.

5. Nous citons d'après le texte des *Œuvres* de 1821-1822 (iv.340).

Après des siècles qui avaient perpétué l'antique tradition de l'écrivain à gages et du poète amuseur, de l'artiste courtisan et du scribe besogneux, d'Alembert renversait les rôles en faisant de l'écrivain-penseur le sommet de la nation. Il inaugurait ainsi ce «sacre de l'écrivain» où Paul Bénichou a vu légitimement une des grandes mutations de la mentalité collective.

La recommandation de d'Alembert est d'autant plus pressante qu'il est très conscient des faiblesses et des vanités de la gent littéraire, des haines envenimées qu'elle couve en son sein. Si l'homme de lettres veut occuper la place qu'il mérite, il doit opérer sa propre reconversion : se tenir à l'écart des mesquineries, éviter les entraînements de la mode, ne pas répondre aux satires. Redevable de son talent à ses compatriotes, il ne s'expatriera que pour échapper à la persécution, et d'Alembert joindra l'exemple au précepte en refusant les flatteuses invitations de Frédéric II et de la grande Catherine.

La logique de son discours conduit ce penseur pondéré, que l'on a dit prudent, voire craintif, à faire un vibrant éloge de Diogène (iv.359),

> le philosophe de l'antiquité le plus décrié, parce que sa véracité intrépide le rendait le fléau des philosophes même [...] Chaque siècle et le nôtre surtout auraient besoin d'un Diogène, mais la difficulté est de trouver des hommes qui aient le courage de l'être, et des hommes qui aient le courage de le souffrir.

La promotion de l'écrivain-philosophe doit donc aller de pair avec une transformation radicale et profonde du rapport social (iv.360) :

> Malgré cette lumière générale dont se glorifie notre siècle philosophe, il est encore bien des gens, et bien plus qu'on ne croit, pour qui la qualité d'*auteur* ou d'*homme de lettres* n'est pas un titre assez noble. Il faut avouer que la nation française a bien de la peine à secouer le joug de la barbarie qu'elle a porté si longtemps.

Inversement, l'écrivain rejettera les formes littéraires méprisables qui sont le corollaire de son indignité : la satire, le journalisme et par-dessus tout, les épîtres dédicatoires, «une des choses qui ont le plus avili les lettres». Le programme que d'Alembert lui propose se résume en trois mots : *Liberté, vérité* et *pauvreté*. A propos du dernier mot, il dissipe toute ambiguïté en rejetant l'idée que l'écrivain doit être nécessairement pauvre. Sa formule signifie simplement que l'écrivain ne doit pas craindre la pauvreté, et qu'il doit la préférer aux compromissions. Mais il lui est permis d'être riche, s'il ne doit sa fortune qu'à lui-même. Par pauvreté, d'Alembert n'entend pas misère, ou état de besoin, car l'indigence mène à l'esclavage, et elle l'y accoutume. Il définit plutôt par ce mot une condition modeste, effacée, mais tranquille, qui garantit l'indépendance. L'*Essai* ne se veut ni revendicatif, ni polémique, comme en témoigne la célèbre conclusion (iv.372) :

J'ai assez vu la plupart des Mécènes et des grands pour n'avoir point à m'en louer, et assez peu pour n'avoir point à m'en plaindre.

En dépit de la modération que d'Alembert s'était imposée, l'*Essai* eut un profond retentissement, auquel il fait allusion dans la seconde édition (1759). Je voudrais en citer ici une preuve nouvelle et peu connue, empruntée une fois encore au domaine allemand.

A la mort de Lessing, son ami le philosophe Moses Mendelssohn avait entamé la rédaction d'un portrait intellectuel de l'auteur de *Laokoon* et de *Minna von Barnhelm*. Le projet n'aboutit pas, et il n'en subsiste que les notes préparatoires qui furent publiées en 1795. Parmi les traits dominants de la personnalité de Lessing relevés par Mendelssohn, on trouve cette note lapidaire :

Son incapacité à fréquenter les Grands. Impression que fit sur lui l'*Essai* de d'Alembert sur la *société des Gens de lettres et des Grands.*

Condorcet, dans son *Eloge de d'Alembert*, accordera le même poids à l'*Essai* et célébrera son influence :

Peut-être devons-nous en partie à cet ouvrage le changement qui s'est fait dans la conduite des gens de lettres, et qui remonte vers la même époque : ils ont senti enfin que toute dépendance personnelle d'un Mécène leur ôtait le plus beau de leurs avantages, la liberté de faire connaître aux autres la vérité lorsqu'ils l'ont trouvée, et d'exposer dans leurs ouvrages, non les prestiges de l'art d'écrire, mais le tableau de leur âme et de leurs pensées [...] par une révolution heureuse, la bassesse est devenue un ridicule que très-peu d'hommes de lettres ont eu le courage de braver.[6]

Retenons, dans le texte de Condorcet, la jolie formule : « exposer dans leurs ouvrages le tableau de leur âme et de leurs pensées ». Elle pourrait s'appliquer avec bonheur à toute la partie personnelle de l'œuvre de d'Alembert. Il y manifeste une acuité de perception, un sens du mouvant, une sensibilité à la nuance la plus subtile, qui méritent notre attention et qui l'apparentent à Marivaux. L'auteur de *La Double inconstance* l'a d'ailleurs fasciné et s'il a critiqué la « métaphysique du

6. Condorcet, *Eloge de M. d'Alembert*, dans d'Alembert, *Œuvres*, i.IX-X.

cœur» et cette «anatomie de l'âme» dont il aurait été l'initiateur, il lui a cependant rendu le plus bel hommage qu'on puisse imaginer au XVIIIe siècle dans le long *Eloge de Marivaux*.[7]

«Cette anatomie de l'âme» qu'il dénonce dans le «Discours préliminaire», d'Alembert l'a pratiquée lui-même à l'occasion, et c'est peut-être à une auto-critique qu'il se livre lorsqu'il dissèque l'œuvre de Marivaux. Le *Portrait de l'auteur fait par lui-même* qu'il écrit en 1760 est attentif à toutes les contradictions de sa personnalité: peu d'esprit dans la conversation, ce qui met tout le monde à l'aise; «une gaieté qui va quelquefois jusqu'à l'enfance»; peu de goût pour la dispute, parce qu'il n'éprouve pas le désir de subjuguer les autres, mais aussi pour une raison plus fondamentale, qui tient à sa philosophie:

> à l'exception des sciences exactes, il n'y a presque rien qui lui paraisse assez clair pour ne pas laisser beaucoup de liberté aux opinions; et sa maxime favorite est *que presque sur tout on peut dire tout ce qu'on veut.*

On touche ici à un trait caractéristique que d'autres lui reprocheront en le taxant de scepticisme ou d'indifférentisme. Condorcet, dans son *Eloge*, déplorera que l'opinion de d'Alembert puisse «livrer au doute, à l'incertitude, et par conséquent à des principes vagues et arbitraires, des questions importantes au bonheur de l'humanité». Ce n'est pas une affaire de prudence, ou de frileuse réserve devant le danger. D'Alembert est persuadé qu'en dehors des sciences quantifiables, il n'y a ni certitude ni vérité absolue. Lui-même est loin d'être pyrrhoniste: il adhère à certaines positions et il passera sa vie à les défendre, mais il a en même temps une nette conscience de leur caractère relatif et subjectif. Il partage aussi la vision pessimiste de Fontenelle sur la faiblesse de l'esprit humain, sur son attirance vers l'illusion, sur son besoin de croire qui le rend esclave des «préjugés». Il faut en convenir: d'Alembert n'est pas un maître d'action, mais de détachement et son caractère l'incite plus à l'indulgence qu'à l'engagement. Comme il le dit lui-même:

> L'expérience et l'exemple des autres lui ont appris en général qu'il faut se défier des hommes; mais son extrême franchise ne lui permet pas de se méfier d'aucun en particulier.[8]

Il se sait timide, peu sociable, incapable de flatterie, passionnément

7. *Eloge de Marivaux*, *Œuvres*, iii.577-621.
8. *Portrait de l'auteur, fait par lui-même*, *Œuvres*, i.10.

attaché à son indépendance, et il l'attribue à son enfance pauvre et solitaire (i.10-11):

accoutumé dès son enfance à un genre de vie obscur et étroit, mais libre [...] il n'est entré dans le monde que fort tard, et ne s'y est jamais beaucoup plu.

En ce siècle de sociabilité, d'Alembert se sent un être à part, et c'est un sentiment qu'il partage avec Jean-Jacques Rousseau, dont il diffère sur tant d'autres points. En ce siècle qu'on dit, bien à tort, rationnel et critique, d'Alembert se range du côté des âmes sensibles. Il confirme, par cette confession, que la synthèse du cœur et de la raison fut le véritable projet de l'âge des Lumières (i.12):

Son âme, naturellement sensible, aime à s'ouvrir à tous les sentiments doux; c'est pour cela qu'il est tout à la fois très gai et très porté à la mélancolie; *il se livre même à ce dernier sentiment avec une sorte de délices*; et cette pente que son âme a naturellement à s'affliger, le rend assez propre à écrire des choses tristes et pathétiques.

Ce penchant à la tristesse est perceptible dans le beau portrait qu'il a laissé de mademoiselle de Lespinasse.[9] On sait l'amour sans espoir qu'il lui a voué, mais l'amour n'avait pas aveuglé, ni même entamé, sa lucidité un peu amère (iii.724):

La finesse de goût qui se joint en vous au désir continuel de plaire, fait que d'un côté il n'y a jamais rien en vous de recherché, et que de l'autre il n'y a jamais rien de négligé; aussi peut-on dire de vous que vous êtes très naturelle et nullement simple.

Le portrait, tout en nuances, est fait de renversements successifs, d'antithèses et de restrictions qui lui donnent une allure un peu précieuse. Il exprime avec doigté les contradictions de Julie, persuadée qu'on n'est heureux que par les passions et consciente de leur danger. Il note que son désir de plaire cache en fait une certaine sécheresse, et il lui reproche son besoin de s'entourer d'amis et de se constituer une cour.

Mais la mort de Julie va lui inspirer des pages pathétiques, où l'homme d'Alembert se livre plus ouvertement qu'ailleurs. Toute la sensibilité qui va submerger la fin du siècle est déjà présente ici, avec ses excès de rhétorique et ses abondantes références littéraires. Les

9. *Portrait de mademoiselle de l'Espinasse, adressé à elle-même en 1771*, *Œuvres*, iii.721-28.

historiens du «style sensible» devraient faire un sort à cet hommage *Aux mânes de mademoiselle de l'Espinasse*, daté du 22 juillet 1775. Au-delà des tics d'époque, on y entend le cri d'un être malheureux et mal aimé, déchiré par le malentendu qui l'a séparé finalement de celle qu'il a «si tendrement et si constamment aimée» et dont il a «cru être aimé quelques moments».

Il lui avait offert une affection paisible, fondée sur la similitude de leur origine et de leur rapport au monde. «Hélas», s'écrie-t-il, «pourquoi n'avez-vous pu ni aimer, ni être aimée en paix?» Toute la philosophie du bonheur, si chère au XVIIIe siècle, bute sur l'opacité du cœur et sur les contradictions de l'affectivité:

> Vous m'avez dit tant de fois, et vous m'avez encore avoué en soupirant, quelques mois avant de mourir, que de tous les sentiments que vous avez inspirés, le mien pour vous et le vôtre pour moi étaient les seuls qui ne vous eussent pas rendue malheureuse. Pourquoi ce sentiment ne vous a-t-il pas suffi?[10]

Devant cette impasse, la sagesse abdique. Il ne reste au philosophe qu'à se vouer à la mélancolie, en se souvenant des paroles prémonitoires du prophète juif ou de Dante, et à attendre la mort. Ce n'est pas sous ces sombres couleurs qu'on a coutume d'évoquer le directeur de l'*Encyclopédie*.

Dans la vie publique de d'Alembert, les contemporains ont surtout retenu le rôle qu'il a joué dans les académies, et tout particulièrement à l'Académie française, lorsqu'il en devint le secrétaire perpétuel en 1772. On a souvent évoqué l'habile tactique manœuvrière qui a fait basculer peu à peu l'Académie dans le sens du parti «philosophique», et le prestige que celui-ci en a tiré. Pour être juste, il faudrait ajouter que ce glissement avait commencé sous Duclos, et qu'il coïncide avec un intérêt croissant du grand public pour les activités de l'illustre compagnie.

L'action de d'Alembert et de ses amis tendra à faire de l'Académie française une esquisse de contre-pouvoir. Dans un pays où l'aristocratie partage avec l'Eglise, sous la tutelle du roi, la réalité du pouvoir, dans une France dont l'économie reste essentiellement agraire, la philosophie des Lumières cherche dans les institutions culturelles un point d'appui

10. *Aux mânes de mademoiselle de l'Espinasse*, *Œuvres*, iii.731.

et une tribune, en même temps qu'un statut prestigieux qui accrédite son discours.

Sans la moindre intention paradoxale, d'Alembert soutient dans l'*Essai sur la société des gens de lettres* que l'Académie est, dans le système monarchique régnant (qu'il qualifie d'ailleurs de système despotique), un lien d'égalité (iv.369) :

> [Richelieu] sentit [...] que la forme *démocratique* convenait mieux qu'aucune autre à un état tel que la république des lettres qui ne vit que de sa liberté ; cet homme rare qui connaissait le prix des talents, voulut que dans l'Académie française l'esprit marchât sur la même ligne à côté du rang et de la noblesse, et que tous les titres y cédassent à celui d'*homme de lettres*. Il voulut que cette académie fût presque entièrement composée des bons écrivains de la nation, pour la décorer aux yeux des sages ; d'un petit nombre de grands seigneurs, pour la décorer aux yeux du peuple ; que ces derniers vinssent remplir seulement les places que les grands écrivains laisseraient vides ; qu'ainsi dans l'Académie française les préjugés servissent à honorer le talent, et non le talent à flatter les préjugés.

L'institution académique, ainsi devenue un résumé de la république des lettres, est le lieu par excellence où les distinctions sociales sont abolies et où les détenteurs de la nouvelle culture peuvent parler librement. D'Alembert, lorsqu'il accédera au secrétariat de l'Académie, ne se privera pas de cette opportunité. Les ennemis des «philosophes» dénonceront hautement ce monopole de fait et, pratiquant habilement l'amalgame, le satirique Gilbert les accusera de cumuler privilèges et emplois :

> Eux seuls peuvent prétendre au rare privilège
> D'aller au Louvre, en corps, commenter l'alphabet.
> Grammairiens jurés, immortels par brevet,
> Honneurs, richesses, emplois, ils ont tout en partage.[11]

Dans la même satire, Gilbert s'en prenait nommément à d'Alembert :

> C'est un joli pédant, géomètre orateur,
> De l'Encyclopédie ange conservateur,
> Dans l'histoire chargé d'inhumer ses confrères ;
> Grand homme, car il fait leurs extraits mortuaires.

La perfidie mise à part, Gilbert avait fort bien vu que c'était dans ses éloges des membres défunts que d'Alembert menait le plus

11. Gilbert, *Le Dix-huitième siècle* (1775).

activement, et le plus impunément, la lutte pour ses idées. A ce titre, ces éloges méritent d'être relus, comme les ont lus les contemporains. Celui de l'abbé Fleury amène d'Alembert à citer son *Abrégé de catéchisme pour les enfants* et à y joindre des réflexions inédites de Condorcet sur l'enseignement de la morale :

Quelques philosophes – note l'orateur – ont formé dans ces derniers temps le projet d'un catéchisme de simple morale, à l'usage de tous les peuples, de tous les temps, et même de toutes les religions et de tous les hommes, c'est-à-dire à l'usage des enfants de tous les âges et de tous les lieux.[12]

Il faudrait, ajoute-t-il, s'inspirer dans un tel manuel du procédé des Questions et Réponses utilisé par Fleury et donner ainsi à l'ouvrage la forme d'un catéchisme. Soit dit en passant, ce projet sera réalisé sous la Révolution par Volney dans le *Catéchisme du citoyen*. Mais d'Alembert est étrangement conscient des impasses de cette morale dans une société aussi inégale que la société française de son temps (ii.614) :

Il y a un article délicat et difficile, c'est celui *du tien* et *du mien*, au moins pour les classes pauvres de la société qui se voient privées de tout, tandis que d'autres regorgent de superflu. Peut-être n'y a-t-il à cet égard, pour les hommes très indigents et hors d'état de gagner leur vie, d'autre morale que la loi, si le gouvernement ne pourvoit pas à leur subsistance.

On le voit : si d'Alembert s'oppose à Rousseau dans sa vision culturelle et ethnologique, il est très proche de lui dans sa dénonciation de l'injustice et de la servitude économique.

L'éloge de l'abbé de Roquette, qui tourne en fait à la dénonciation du fanatisme, lui sert de prétexte pour évoquer les sermons de l'abbé de Boismont, en qui il reconnaît un chrétien selon son cœur, sensible à la misère paysanne.

Il le cite abondamment dans ses notes, faisant ainsi un sort à des passages très durs (iii.55) :

Qu'apercevons-nous dans ces hameaux confusément épars ? une solitude morne, une nature triste et languissante, des toits délabrés, des maisons de boue, où la lumière semble ne pénétrer qu'à regret ; partout la disette et le besoin sous les formes les plus hideuses et les plus dégoûtantes [...] placez-vous dans ces cabanes infectes, habitées par la mort seule, incertaine sur le choix de ses victimes : hélas ! l'objet le moins affreux qui frappe vos regards

12. *Œuvres*, ii.601.

est le mourant lui-même : épouse, enfants, tout ce qui l'environne semble être sorti du cercueil pour y rentrer pêle-mêle avec lui.

Faire écho à de tels textes constituait à l'époque un acte de révolte contre le système qui perpétuait l'injustice. L'enfant pauvre se réveille dans le cœur de d'Alembert à l'évocation de cette misère atroce. On est loin du «joli pédant» brocardé par Gilbert.

L'éloge de l'évêque Chamillart, toujours absent à l'Académie, aboutit à la recommandation d'y élire le moins possible d'évêques : «L'Académie, qui doit être essentiellement une société de gens de lettres, ne doit pas finir par être un concile».

L'éloge de Testu contient une curieuse analyse de l'ennui, celui de Bouhier une nouvelle attaque contre la bassesse des dédicaces, celui de Charpentier la définition du sage philosophe, celui de Mongin une liste fort curieuse de sujets de concours éventuels.

Dans l'éloge de l'apologiste Houtteville, il finit par dénoncer l'inutilité des apologies. Comme on ne peut rien ajouter aux preuves de l'authenticité de la religion, d'Alembert juge ces écrits dangereux parce qu'ils suscitent la contestation et il propose tranquillement l'interdiction de tous les écrits sur la religion. Houtteville avait publié, entre autres, un *Essai philosophique sur la Providence* qui fut fort critiqué, et d'Alembert remarque (iii.240) :

La cause de la foi était malheureuse entre les mains de l'abbé Houtteville. Il est vrai que la matière qu'il traitait dans ce livre, envisagée du côté purement philosophique, offre des difficultés insurmontables sans les lumières de la révélation ; il paraît impossible, quand on est privé de ces lumières, de justifier les voies de la Providence par rapport à l'homme ; et, comme l'a très bien dit Pascal, Dieu reste une énigme pour qui n'est pas éclairé par le flambeau du christianisme.

Le meilleur de ses éloges est pourtant celui qu'il a consacré à un pur écrivain, sans liaison avec la lutte philosophique : il s'agit de l'*Eloge de Marivaux*. Il admire son souci d'originalité, son irrévérence à l'égard des anciens, son amour de la simplicité dans le jeu des acteurs, sinon dans son style de théâtre. Il ne sait s'il doit louer ou critiquer la ressemblance entre ses pièces, cette perpétuelle «surprise de l'amour», mais il le lave de l'accusation de préciosité (iii.585) :

Il croyait être naturel dans ses comédies, parce que le style qu'il prête à ses acteurs, est celui qu'il avait lui-même, sans effort comme sans relâche, dans la conversation. S'il ne pouvait se résoudre à dire simplement les choses même les plus communes, du moins la facilité avec laquelle il parlait de la sorte semblait demander grâce pour ses écrits, parce qu'on pouvait croire, à sa brillante et abondante volubilité, qu'il parlait en quelque sorte sa langue maternelle, et qu'il lui aurait été impossible de s'exprimer autrement quand il l'aurait voulu.

Détail cocasse : d'Alembert voit dans cette recherche, qui n'exclut pas le naturel, la raison du succès de Marivaux auprès des étrangers.

Ils croient, en l'entendant, avoir fait beaucoup de progrès dans notre langue, et lui savent gré de les avertir de ce progrès ; ils le lisent à peu près comme un érudit lit un auteur grec ou latin difficile à traduire ; ils se félicitent d'en avoir bien pénétré le sens, et l'écrivain profite de la satisfaction que cette lecture fait éprouver à son amour-propre.

Ne pourrait-on appliquer cette analyse amusée à certains de nos exégètes contemporains ?

A la fin de son éloge de Marivaux, d'Alembert louait la modération et la droiture de ses sentiments religieux, son opposition à toute forme d'intolérance, son horreur égale du faux zèle et de l'impiété scandaleuse. Cette modération se retrouvait, sinon dans les propos de d'Alembert (s'il faut en croire Voltaire), en tout cas dans ses écrits. Il fut le premier étonné de la réaction de Rousseau à son article « Genève » de l'*Encyclopédie*. Mais la meilleure preuve de sa volonté d'objectivité dans une affaire devenue passionnelle nous est fournie par son ouvrage *Sur la destruction des jésuites en France, par un auteur désintéressé* (1765). Sans doute ne peut-il que se féliciter de voir la défaite des ennemis de l'*Encyclopédie*, mais il refuse de se joindre à la cohorte de ceux qui accablent les vaincus. Il reconnaît leurs mérites, d'autant plus qu'il n'éprouve aucune sympathie pour leurs adversaires jansénistes qui triomphent un peu trop bruyamment à son gré. Son œuvre ne sera donc pas un pamphlet, ou un réquisitoire, mais une analyse rationnelle des erreurs commises par la Compagnie de Jésus, la plus grave ayant été de s'attaquer aux hommes de lettres, dont les jésuites n'ont pas compris l'importance croissante. Pour lui, la leçon à tirer de toute l'affaire est l'urgente nécessité de séparer l'autorité civile et l'autorité ecclésiastique.

Dans sa correspondance avec le roi de Prusse, d'Alembert ira plus loin encore dans cette analyse et nous y trouvons l'expression de sa méfiance à l'égard du triomphalisme affiché par les autres philosophes. Les jansénistes, les théologiens de la Sorbonne, les parlementaires mêmes lui semblent plus intolérants, et donc plus dangereux, que les jésuites évincés. D'après lui, il faut combattre le mal à la racine, c'est-à-dire dans la prétention dogmatique à la possession de la vérité et dans l'agressivité de l'institution monastique.

A bien des égards, le libéralisme anticlérical de d'Alembert est celui d'un intellectuel sans illusions sur notre aptitude à saisir les fins dernières, hostile à toute Révélation, mais surtout à toute forme de violence et de coercition. Ce refus de la violence se manifeste également dans sa relation avec Jean-Jacques: si Rousseau se dresse contre lui, l'inverse n'est pas vrai et il arrivera à Rousseau d'en prendre conscience. Rien n'est plus significatif, à cet égard, que la discordance de ton entre les lettres de Voltaire et celles de d'Alembert relatives a Jean-Jacques. D'Alembert a tenté de minimiser leur opposition, il a attendu longtemps une éventuelle réconciliation, il a plaint Rousseau pour sa mauvaise santé, pour son malheureux caractère, pour sa pauvreté surtout, et pour les souffrances qu'il endure à l'étranger. On ne peut qu'admirer la dignité de son attitude et la patience qu'il manifeste en rappelant Voltaire à plus de calme. Même quand Rousseau aura coupé les ponts qui pouvaient les réunir, il prêchera la modération et s'indignera d'une mystification où il croira voir la main de Mme Du Deffand, «cette vieille et infâme catin». Tout en croyant au dérangement mental de Jean-Jacques, il refusera de s'associer à qui voudrait persécuter un malheureux qui souffre et contre lequel il affirme n'avoir aucun grief personnel.

La Harpe, devenu sous la Révolution l'ennemi acharné des «philosophes», traitera avec une condescendance méprisante les écrits de d'Alembert, «une suite de petits aperçus, [...] de petites idées communes, [...] de vieilles anecdotes rajeunies», mais il aura l'élégance de rendre hommage à ses qualités humaines:

> Il avait de la malice dans l'esprit, mais de la bonté dans le cœur; et si on lui a reproché des traits d'humeur ou de prévention, il était incapable de fausseté et de méchanceté.[13]

Certes, d'Alembert n'a ni le génie littéraire de Voltaire, ni l'originalité de Diderot, ni la puissance émotive de Rousseau, mais il reste, à un degré inférieur, un penseur typique de l'âge des Lumières, peut-être plus représentatif de son temps par sa modération même. Plutôt

13. La Harpe, *Lycée, ou cours de littérature ancienne et moderne* (Paris an XIII), XV.130.

que d'exceller en littérature, ou de se confiner dans la géométrie, il s'est voulu l'homme de la synthèse, ou du moins de la conciliation :

L'imagination dans un géomètre qui crée n'agit pas moins que dans un poète qui invente ; il est vrai qu'ils opèrent différemment sur leur objet [...] et c'est pour cela que les talents du grand géomètre et du grand poète ne se trouveront peut-être jamais ensemble. Mais soit qu'ils s'excluent, ou ne s'excluent pas l'un l'autre, ils ne sont nullement en droit de se mépriser réciproquement. De tous les grands hommes de l'antiquité, Archimède est peut-être celui qui mérite le plus d'être placé à côté d'Homère.

Cet œcuménisme de l'esprit n'a rien perdu de sa valeur en notre siècle de cloisonnement du travail. Il reste une des grandes leçons de l'âge des Lumières.

L'idée de décadence littéraire au XVIIIe siècle

Les définitions historiques sont toujours sujettes à caution, et celle du XVIIIe siècle n'échappe pas à la règle. On a coutume de caractériser l'âge des Lumières par un sentiment de confiance et d'optimisme, ainsi que par une croyance indestructible dans la perfectibilité indéfinie de l'espèce humaine: définition d'autant plus séduisante que c'est ainsi que le XVIIIe siècle s'est vu et jugé lui-même. Il y a cependant bien des ombres dans ce tableau et le siècle des «philosophes» a connu, comme les autres, des moments de crise, de doute et d'inquiétude, sentiments que les adversaires de la «philosophie» ont exagérés jusqu'au masochisme. Tant et si bien qu'on a pu écrire tout une thèse (d'ailleurs contestable) sur le pessimisme des Lumières en France.[1]

Certes, chaque époque et chaque mouvement portent en eux des germes de contradiction, et par là de destruction. Encore ne faut-il pas confondre les plans de la réflexion critique et, au mépris de la saine méthodologie, brouiller les partisans des Lumières avec leurs ennemis, l'esthétique avec la philosophie, le progrès des idées avec celui de la création artistique. Opposer le pessimisme des Lumières à leur optimisme bien connu ne fait qu'obscurcir le problème si l'on néglige délibérément de tenir compte du niveau où le débat se situe dans chaque cas et de la nature des notions qui sont mises en cause. L'étonnant n'est donc pas qu'il y ait eu en France, dès le XVIIIe siècle, des esprits qui ont cru vivre une ère de déclin et qui ont contesté avec violence l'idéologie de leur temps – le fait est bien connu[2] – mais plutôt que le

1. Henry Vyverberg, *Historical pessimism in the French Enlightenment* (Cambridge, Mass. 1958). Voir aussi la première partie du solide ouvrage de Koenraad Swart, *The Sense of decadence in 19th century France* (La Haye 1964), surtout p.34-38.

2. M. Kurt Wais a fait une remarquable synthèse de la pensée anti-philosophique et réactionnaire de la seconde moitié du siècle dans son livre *Das Antiphilosophische Weltbild des französischen Sturm-und-Drang (1760-1789)* (Berlin 1934). Il resterait à

sentiment d'un progrès intellectuel et historique décisif ait coexisté, chez certains penseurs «éclairés», avec la conscience d'un déclin littéraire et d'une corruption du goût. Nous nous proposons ici d'éclairer ce paradoxe, de dissiper son caractère contradictoire et de dégager, par la même occasion, les mobiles complexes d'un aspect surprenant de la conscience littéraire et esthétique de l'âge des Lumières.

Il s'est trouvé, à toutes les périodes, des esprits chagrins ou inquiets, toujours disposés à se lamenter sur le déclin des mœurs, des lettres et des arts et à vanter la splendeur des siècles passés. Cette conviction désabusée se rattache généralement à une vision historique fondée sur la théorie des «grands âges» ou du «siècle d'or».[3] Dans le cas présent, c'est l'exaltation du siècle de Louis XIV – thème favori de l'historiographie littéraire de Perrault à Voltaire et bien au-delà – qui va déclencher une réaction et engendrer, avec la querelle des anciens et des modernes, la première manifestation du thème de la décadence du goût.

Cette querelle, comme on sait, se distingue malaisément de la querelle homérique et c'est parmi les défenseurs acharnés des classiques que va se manifester ouvertement pour la première fois l'idée d'une régression littéraire.[4] L'occasion sera la publication, au début de 1714, du *Discours sur Homère* qui accompagnait la très contestable *Iliade en vers français* d'Antoine Houdar de La Motte. Scandalisée par des remarques qu'elle tenait pour insultantes et profanatrices à l'endroit de son idole littéraire, Anne Dacier, la plus éminente philologue de son temps, ripostait à ces critiques par une dénonciation véhémente et personnelle, suivie d'une pesante réfutation de chaque paragraphe du *Discours*. Au terme de sa carrière, l'infatigable traductrice faisait le procès d'une mode littéraire qui décriait les grands classiques et qui menaçait dans ses fondements la conception de la beauté et du goût qu'elle n'avait cessé de défendre. Le lourd traité *Des causes de la corruption du goust*[5] connut un grand

étudier la liaison de cette pensée avec l'idéologie de droite pendant l'émigration et sous la restauration, entre autres avec un Joseph de Maistre.

3. M. Franco Simone en donne de curieux exemples pour le XIVe siècle, dans son livre *Il Rinascimento francese*, p.123 et suiv., par exemple Jean Raulin, «Timeo ne ad decrepitam aetatem nunc venerit mundus».

4. Conviction que ne partagent pas les «anciens», pour qui l'imitation peut être créatrice de nouvelles beautés (qu'on songe à La Fontaine).

5. Paris 1714, 614 pages, avec approbation du 25 novembre 1714 et privilège du 29 décembre. L'ouvrage ne fut mis en vente qu'en janvier 1715.

retentissement qu'attestent les rééditions de 1715 et de 1725, de même que la polémique qu'il suscita.

L'esthétique de Mme Dacier est aussi simple que dépourvue de nuances. Les anciens sont la source unique du bon goût; «c'est l'estude des Grecs et des Latins qui nous a tirez de la grossiereté où nous estions; et nous allons voir que c'est l'ignorance et le mépris de cette mesme estude qui nous y replonge» (p.23-24). Elle avoue sans fard qu'elle s'inspire des idées d'un *Traité des causes de la corruption de l'éloquence* (dont on ne sait s'il est de Quintilien ou de Tacite), mais elle ajoute de nouveaux griefs à ceux du rhéteur latin (p.27-28):

L'un, ce sont ces spectacles licentieux qui combattent directement la Religion et les mœurs, et dont la Poësie et la Musique également molles et efféminées communiquent tout leur poison à l'Ame, et relaschent tous les nerfs de l'esprit, de sorte que presque toute nostre Poësie d'aujourd'huy porte ce caractere. L'autre, ce sont ces Ouvrages fades et frivoles, dont j'ai parlé dans la Préface sur l'Iliade, ces faux Poëmes Epiques, ces Romans insensez que l'Ignorance et l'Amour ont produits, et qui métamorphosant les plus grands Heros de l'antiquité en Bourgeois Damoiseaux, accoustument tellement les jeunes gens à ces faux caracteres, qu'ils ne peuvent plus souffrir les vrais Heros s'ils ne ressemblent à ces personnages bizarres et extravagants.

Voilà donc l'opéra et le roman dénoncés comme les vrais responsables de la corruption du goût.[6] Selon Mme Dacier, il est vain de remettre en question ce qu'a établi le «consensus» séculaire des meilleurs esprits (p.53-54 et 392). Il suffit, dès lors, de retourner aux bons modèles pour retrouver le secret du bon goût: «J'espère [que] les beaux Esprits Modernes se desabuseront, [...] et qu'ils verront enfin que le seul moyen qu'ils ayent de corriger leur goust entierement corrompu, c'est de suivre la voye qu'ils ont abandonnée, et de former leur jugement sur ces excellents Originaux [Aristote, Horace, Homère et Virgile] pour le rendre juste» (p.392-93).

Pour conclure, Mme Dacier invite La Motte à faire cause commune avec elle contre un «géomètre», membre de l'Académie des sciences, «qui veut prouver par deux mille démonstrations géométriques qu'Ho-

6. Même attaque plus loin, p.30: «les Poëtes d'aujourd'huy qui deshonnorent la Poësie, n'ont jamais travaillé serieusement [...] Ils n'ont fait que des estudes plus nuisibles que profitables [...] ils n'ont que les Caffez pour Cabinet et pour Parnasse, et n'ayant la teste remplie que d'Opera et de Romans, ils n'ont que de fausses idées».

mère est un sot et ses Poëmes des ouvrages monstrueux» (on aura reconnu sans peine l'abbé Terrasson derrière ces périphrases).

La violence insolite des reproches d'Anne Dacier mit aussitôt le feu aux poudres et un admirateur de Fontenelle, identifié par Barbier avec le fameux Thémiseul de Saint-Hyacinthe,[7] répliqua par deux *Lettres à madame Dacier sur son livre « Des causes de la corruption du goust»* (28 mars et 10 avril 1715) où il défendait Fontenelle et La Motte, puis attaquait Mme Dacier sur son respect superstitieux des anciens qui faisait obstacle à tout progrès en littérature.[8]

Engagée sur des bases aussi floues, puisque ni Mme Dacier ni son contradicteur ne s'expliquent sur leur conception du «bon goût», la discussion ne pouvait mener à rien: on le vit bien l'année suivante, quand Mme Dacier donna un *Homère défendu contre l'apologie du R. P. Hardouin, ou suite des causes de la corruption du goust* (Paris 1716) où l'érudition, une fois de plus, tenait lieu d'esthétique.

Le dogmatisme d'une Anne Dacier, son attachement fétichiste aux anciens, sa méconnaissance de la littérature vivante, enlevaient à son diagnostic une large part de sa pertinence et de ses chances d'être entendu.

Le thème de la corruption du goût n'en survivra pas moins, mais en se transposant cette fois vers un objectif plus direct, celui de la poésie moderne. On dénoncera le péril d'un maniérisme nouveau, issu de l'esprit analytique et du désir de briller, qui transforme la poésie en un jeu d'esprit où l'affectation tient lieu de chaleur et où l'ingéniosité remplace l'inspiration: en somme, une nouvelle préciosité.

L'étrange, c'est que l'école de Fontenelle et de La Motte ait eu pour principal accusateur un critique que des contemporains ont appelé «le singe de Fontenelle». Il s'agit de Toussaint Rémond de Saint-Mard, personnage assez oublié aujourd'hui en dépit du rôle qu'il a joué de son temps.[9] A diverses reprises, ce disciple indépendant des «modernes»

7. L'attribution est plus plausible que celle qui donne les deux *Lettres* pour l'œuvre de La Motte et en fait donc un plaidoyer pro-domo. L'erreur provient de ce que, à trois reprises, en 1715 et 1716, les *Lettres* furent jointes aux *Réflexions sur la critique* de La Motte.

8. Saint-Hyacinthe s'autorisait ici de Fontenelle dans la *Digression sur les anciens et les modernes* (1688).

9. M. Arnaldo Pizzorusso s'est intéressé à lui, dans l'appendice, «Rémond de Saint-Mard e le sue riflessioni sulla poesia», de son livre *Il Ventaglio e il compasso* (Naples

a mis le public en garde contre l'invasion du mauvais goût, prélude à une nouvelle barbarie. En effet, Rémond n'hésite pas à employer ce terme dans une lettre sur l'art de bien écrire.[10] L'histoire du goût, pour lui, est cyclique, et non progressive («la Nature ne fait qu'aller et venir et tourner toujours sur elle-même», p.33, note). Dès lors, la décadence est presque inévitable et le retour à la barbarie est proche: «le siècle de barbarie où nous entrons», écrit Rémond (p.31). Pour dissiper toute équivoque, il explique la distinction qu'il fait entre «être» dans la barbarie et y «entrer»: la situation de la littérature française au début du XVIIIe siècle est celle de la littérature latine au début de l'époque impériale (p.32, note).

Jamais on n'aima tant, jamais on ne cultiva tant les Belles Lettres; jamais on n'eut plus de ce qu'on appelle esprit; ce fût comme aujourd'hui à qui le mettrait l'un sur l'autre, et voilà ce que j'appelle entrer dans la Barbarie. Y être est tout autre chose, c'est avoir rompu tout commerce avec les Belles Lettres, c'est n'avoir plus aucune idée des Sciences; c'est être dans une ignorance crasse, et sur ce pié-là, il serait fou de nous traiter de barbares: mais si, comme il n'y a pas à en douter, la corruption du goût mène nécessairement à la barbarie: on me permettra de dire que nous y entrons.

Le problème est donc clairement posé en termes historiques. Une culture arrivée à un raffinement extrême finit par dégénérer (p.58, note):

Séneque et Pline en parlent tous deux à merveille [du goût], et comme s'ils l'avoient eu exquis. Je voudrois bien savoir pourquoi en parlant si bien du goût, ils en manquoient si fréquemment dans leurs ouvrages? Apparemment que de leur temps c'étoit, comme aujourd'hui, la mode de l'avoir mauvais: peut-être aussi que le tems où l'on parle le plus du goût n'est pas celui où on l'a meilleur. Dans le siecle de Louis XIV, on en parloit peu, on songeoit peu à connoître sa nature; mais sans trop la connoître, on en avoit beaucoup. Nous en parlons aujourd'hui davantage, et nous en avons moins. Serait-ce que, semblable aux fruits délicats, le goût ne veut pas être trop manié?

1964), p.279-307. La théorie littéraire de Rémond est assez proche de celle de Fontenelle, de même que sa conception du dialogue; les divergences portent sur l'exécution et sur le style. Voir aussi Robert L. Myers, «Fréron's critique of Rémond de Saint-Mard», *Studies on Voltaire* 37 (1965), p.147-64.

10. *Réponse de l'auteur à madame la comtesse de V*[ertillac], *qui lui avait demandé des règles pour bien écrire*, dans *Œuvres de monsieur Rémond de Saint-Mard* (Amsterdam 1749), iii.12-90. La date de la *Réponse* n'est pas indiquée, mais elle se rapporte à une *Lettre de madame de *** à monsieur de **** (Paris 1737), qui est de Mme de Vertillac.

Mais Rémond serait plutôt enclin à trouver la vraie cause dans la corruption générale des mœurs qui a dégradé la sensibilité. Précisant plus loin son diagnostic, il stigmatise l'absence de naturel dans une littérature où tout est recherche, affectation, brillant, volonté de surprendre, originalité à tout prix (p.82-83).

Au lieu d'embellir l'art, on ne songe aujourd'hui qu'à le défigurer; on heurte de front les regles, on denature les genres; ce n'est que fard, que faux-brillant, que parure artificielle; plus de simplicité, plus de beau feu, plus d'harmonie dans nos discours. [...] Vous m'allez demander pourquoi des gens que vous estimez, et que j'estime aussi, des gens qui ont de l'esprit, quelquefois même du génie, donnent dans de pareils égaremens, se livrent à de si étranges singularités?

Souci de facilité et réussite assurée, répond Rémond, qui conclut sarcastiquement: «Il n'y a donc point à hésiter, madame, il faut être *nouveau*; on est sûr du moins d'un succès passager» (p.84).

L'analyse est plus détaillée, la critique plus sévère encore dans *Trois lettres à monsieur D*** sur la naissance, les progrès et la décadence du goût en France.*[11] Le siècle de Louis XIV a atteint la perfection dans tous les genres; il ne restait au XVIIIe siècle qu'à chercher le mérite dans la nouveauté («le nouveau, quand il n'est pas totalement ridicule, nous enchante, nous séduit»; p.181). Un accord s'institue tacitement entre l'auteur et son public, comme du temps de Sénèque, dont le style était fait «pour ébloüir des gens qui commençoient à avoir envie d'être ébloüis» (p.183).

Passant du général au particulier, Rémond s'en prend alors nommément aux deux responsables de la corruption du goût, Fontenelle et La Motte. Le premier, pour décrier les anciens, a voulu briller dans tous les genres; chez lui, tout est conscient, élaboré, étudié: «cet empire qu'il a sur son imagination [...] on a regret de le voir acheté par la perte de ce beau feu, de ce beau naturel qui touche et qui enchante» (p.190, note).

La recherche systématique de l'esprit entraîne d'intéressantes répercussions stylistiques (p.192):

Son grand Art est de supprimer les liaisons; parce que bien qu'elles donnent de la chaleur et du naturel au discours, elles n'étonnent point, *et lui veut*

11. En appendice aux *Réflexions sur la poésie en général* (La Haye 1734); réimprimées dans *Œuvres* (Amsterdam 1749), iii.156-246.

absolument étonner. Mais sa façon d'étonner, sa manière d'éblouïr, celle qui lui plaît davantage, la plus dangereuse, *la plus capable de ruiner le bon goût*,[12] la plus cruelle pour les gens raisonnables, c'est qu'au lieu de prendre le ton des matières qu'il traite, il leur fait prendre le sien.

Les copistes de Fontenelle n'imitèrent que ses défauts, et non ses brillantes qualités. Le plus redoutable, celui qui va «achever de nous perdre», Houdar de La Motte, est «un homme de quelque esprit, mais qui, *n'ayant aucune sorte de goût*,[12] ne devait pas naturellement nous séduire». Depuis, ce n'est partout que «nouvelle création de mots, que mariages mal assortis dans les expressions [...] nous ne pouvons plus aujourd'hui être touchés que par le neuf, le recherché et le bisare» (p.213-14).

Dans sa troisième *Lettre*, Rémond cherche les raisons générales de «la dépravation du goût» et les trouve dans des causes économiques et sociales: l'instabilité due à la guerre, la diminution du patrimoine, les spéculations financières résultant des projets de Law. Il règne un climat d'incertitude et de tension qui éloigne les plus doués des activités de l'esprit, «talens qui mènent à une misère prochaine, s'ils ne sont soûtenus de manege, d'impudence et de bassesse» (p.219). Rémond dénonce l'hypocrisie sociale, l'affectation froide des conversations, avec une vivacité qui annonce Rousseau: «Telles sont nos mœurs; par elles jugez de notre style, et ne vous étonnez plus de ces petites phrases dont sont farcis nos Livres, phrases froides et maniérées comme l'esprit qui les a produites» (p.226).

De même, il précède Voltaire et la *Correspondance littéraire* de Grimm dans son aversion pour l'avalanche d'imprimés qui inonde la littérature. Journaux, traductions, abrégés, dictionnaires, compilations, «ce sont toutes ces facilités qui nous perdent [...] Vivent les difficultés! c'est par l'habitude à les vaincre que l'esprit prend de la forme et de l'étendue» (p.234, note). Si l'imprimerie elle-même contribue à répandre l'ignorance et le mauvais goût, les cafés l'entretiennent. C'est dans «ces réduits littéraires», ces «petites Académies de Bel-Esprit» que l'on apprend aux jeunes auteurs à «fuir le naturel comme trop commun, comme un moyen usé de plaire» (p.242). Rémond fait pourtant confiance, malgré tout, à l'avenir du bon goût, «car la mode et les cabales ne subsisteront pas toûjours» (p.245).

12. C'est nous qui soulignons.

L'humeur chagrine de Rémond n'est point un exemple isolé et l'on voit se multiplier, au cours du siècle, ces dénonciations maussades. Il est même curieux de constater qu'elles sont souvent le fait de penseurs tout acquis à la «philosophie» et à l'idée de progrès.

Le thème de la corruption du goût affleure régulièrement dans la *Correspondance littéraire*, avec des connotations qui rappellent les arguments de Rémond: les journaux se multiplient, mais on n'y trouve que des injures grossières ou des louanges fades (15 juillet 1754); le perfectionnement de la vie sociale encourage le goût frivole ou factice et décourage le vrai génie (1er juin 1755); Fontenelle et ses imitateurs sont, à maintes reprises, rendus responsables de la corruption du style (1er novembre 1756, 1er février 1757,[13] 1er septembre 1761,[14] 1er janvier 1762,[15] 1er avril 1762, 1er décembre 1763, 1er juin 1766,[16] 15 octobre 1767). Parmi ces imitateurs, on relève les noms de Marivaux, de Moncrif, de Voisenon, de l'abbé Trublet et de Poullain de Saint-Foix.

La prolifération des imprimés augmente la tendance à la vulgarité et fait ainsi décliner le goût (1er novembre 1753, 15 novembre 1759,[17] 15 juin 1767); l'abondance des traductions et des abrégés est un signe

13. On trouve ce jour-là, dans l'éloge funèbre de Fontenelle, des réserves très significatives: «Son style qu'un goût sévère condamnerait sans doute [...] M. de F. a pensé porter un coup funeste au goût [...] si ses opinions et celles de M. de Lamotte eussent prévalu dans le public sur le cri plus fort de la nature, c'en était fait de notre goût; nous aurions vu renaître le siècle des Voiture [...] la grandeur du péril que nous avons couru [...] le mal qu'il aurait pu nous faire par son style [a été rendu inopérant par Voltaire] le simple, le naturel, le vrai sublime ne le touchaient point [...] le défaut de sensibilité l'a laissé sans goût; il l'a exposé [...] à servir de modèle à toute une classe de mauvais écrivains [...] Malheur à un peuple si jamais des Fontenelle et des La Motte réussissent à abattre la statue d'Homère et de Sophocle, de Cicéron et de Virgile!» On croirait entendre Diderot...

14. «Grâce à M. de Voltaire, à M. de Montesquieu, à M. Diderot, à M. Buffon et à J.-J. Rousseau, le jésuite Neuville, et le berger Fontenelle, et le peseur de riens Marivaux, et le comique confrère Trublet, ont tous paru sans danger pour le goût».

15. Où les bergers de Fontenelle et de La Motte sont jugés aussi sévèrement que ceux du peintre Boucher.

16. «Le berger Fontenelle et le spirituel La Motte auraient de nouveau gâté le goût» (après les précieux), si Voltaire n'était survenu.

17. «Le goût n'a pas été mieux ménagé par la multiplication des livres [...] la manière de faire un livre est devenue un art de manœuvre, commme celle de fabriquer du drap ou de la toile».

de déclin (1er février 1771, 1er mars 1772; 1er septembre 1761,[18] 1er décembre 1761);[19] le maniérisme de style en est un autre, et Grimm réprouve «un style concis, serré et haché, ce qu'on appelle de l'esprit dans l'expression, et beaucoup d'antithèses [...] cette manière a été de tous temps celle des siècles de décadence» (1er septembre 1761).

Dans l'ensemble, cependant, Grimm a meilleure opinion du goût moderne que ne l'ont Rémond ou Voltaire. Il parle, le 1er novembre 1753, d'un siècle «où le goût a fait tant de progrès»; c'est que les grands écrivains du XVIIIe siècle ont rétabli le bon goût menacé par la nouvelle préciosité (cf. ci-dessus, n.13 et 14). Grimm va même jusqu'à dater ce redressement; il le situe à la fin du premier demi-siècle: «Le goût de la bonne philosophie et de la bonne littérature a repris le dessus en France depuis une vingtaine d'années, et a fait oublier les pauvretés spirituelles de La Motte et consorts» (15 octobre 1767).

Libre à Palissot et aux ennemis des Lumières de se lamenter,

> O mes concitoyens, qu'est devenu le goût?
> L'ignorance domine, elle s'étend sur tout.[20]

Grimm n'a pas le sentiment de vivre une période de décadence. En dépit de remarques isolées qui pourraient faire croire à une contradiction, il rejette toute idée de rationalité historique dans le domaine des lettres: le progrès et la décadence y sont discontinus, imprévisibles, sujets à des fluctuations régies par le hasard.

Il répète avec insistance que le progrès n'est constant que dans les sciences et qu'il n'a aucun sens dans le domaine des arts (1er décembre 1753, 15 décembre 1754). Le nombre des hommes de génie est borné, ils se rassemblent ordinairement en un siècle; «quand ce siècle est passé, les génies manquent; mais comme le goût des arts subsiste dans la nation, les hommes veulent faire à force d'esprit ce que leurs maîtres ont fait à force de génie» et c'est le début d'une ère de déclin. Grimm

18. «Insensiblement le goût se perd avec la belle littérature et avec l'étude des humanités».

19. Les abrégés sont la perte de l'histoire, comme les journaux et les dictionnaires sont celle des lettres. «Mais il faut bien retourner à la barbarie et à l'ignorance d'où nous étions tirés. Cette révolution est aussi nécessaire que celle qui amène les beaux siècles de la littérature». On retrouve ici la conception cyclique de la littérature déjà soutenue par Rémond de Saint-Mard.

20. *Epître à mon digne ami M. Nicolet*; cf. *Correspondance littéraire* du 1er novembre 1769.

dénonce l'absurdité de la querelle des anciens et des modernes et la fausse analogie qui est à sa base : l'homme de goût peut aimer simultanément Homère, Michel-Ange, Pergolèse et Molière et, en dépit de la chronologie, mettre Montaigne au-dessus de l'abbé Trublet.

Tout comme il est aberrant de confondre arts et sciences, il n'est pas raisonnable de considérer les arts et les lettres comme un ensemble qui progresserait ou déclinerait en bloc. Grimm admet de bonne grâce, peu après 1750, que la poésie est en crise, que la tragédie achève sa carrière, que Molière et La Fontaine n'ont pas de successeurs, que la musique française est âprement contestée (il était bien placé pour en juger), mais il ne voudrait pas en conclure abusivement à une décadence artistique générale. La littérature a vu surgir un nouveau type d'écrivain, inexistant sous Louis XIV : « je les appellerais volontiers philosophes de génie. Tels sont M. de Montesquieu, M. de Buffon, M. Diderot, etc. C'est cette espèce d'hommes, si rare et si glorieuse pour une nation, qui fait aujourd'hui la principale gloire de la France, et qui donne à notre siècle un avantage réel sur le précédent » (1er décembre 1753).

La position de Grimm est particulièrement intéressante pour notre propos, dans la mesure où elle refuse à la fois la satisfaction facile des « modernes » et le pessimisme atrabilaire des antiphilosophes.[21] S'il fallait résumer sa pensée, on dirait que, pour lui, la France progresse rapidement du côte scientifique et philosophique et que sa littérature, stationnaire ou en déclin dans certains genres, s'est taillé de nouveaux domaines où elle triomphe avec éclat.

Le cas de la poésie se pose en des termes qui lui sont propres. Tout le monde s'accorde à constater sa chute au XVIIIe siècle, mais on s'oppose violemment lorsqu'il s'agit d'établir à qui en incombe la faute. Déjà Raynal constatait dans ses *Nouvelles littéraires* (éd. Tourneux, ii.170) que « la poésie est bien près de sa chute chez nous ; on ne lit plus de vers qu'en province ». Mais est-ce la faute des lecteurs, ou de l'esprit philosophique, ou de l'impiété qui se répand ?[22] Ne serait-ce pas plutôt celle des poètes et des « bureaux d'esprit » pour lesquels ils écrivent ? « Si nous sommes las de poésie », écrit Grimm (1er avril 1762), « ce n'est point de celle qui porte le caractère et l'empreinte du génie ». C'est d'un recueil de poésies « erses » qu'il est question.

En 1764 il le répète à propos d'une mise en accusation des philosophes

21. Sur Château-Lyon, Chabanon, Caraccioli, etc., voir Vyverberg, p.79 et suiv.

22. Par exemple le P. Lombard, *Réflexions sur l'impiété prise du côté littéraire* (1749).

par Chabanon (*Sur le sort de la poésie en ce siècle philosophe*) : «L'on a prouvé par de très beaux raisonnements que le goût et le talent de la poésie disparaissent dès qu'on commence à cultiver la raison et la philosophie. Nous sommes bien plats. Il est arrivé par hasard en France que la disette des poëtes et les faibles progrès de la philosophie ont commencé en même temps. [...] D'autres on ajouté que c'était la faute de la philosophie, et d'autres l'ont cru et personne n'a vu que c'était la faute des poëtes et non des philosophes» (15 septembre 1764).

Ce problème très actuel d'une concurrence possible entre philosophie et poésie, d'une compensation chèrement payée au progrès intellectuel, devait évidemment préoccuper un homme aussi complet que Diderot. Nous avons étudié cette question ailleurs;[23] nous avons montré en quels termes elle se posait et comment Diderot avait tenté de lever cette apparente contradiction. Sans entrer dans les détails, rappelons que Diderot stigmatise en général le verbalisme des poètes ainsi que leur servilité et qu'il souligne en particulier la médiocrité des poètes contemporains. Il est sans pitié pour les poètes, «gens sans principes et qui regardent sottement la philosophie comme la cognée des beaux-arts» (*Jacques le Fataliste*) mais n'est-il pas de leur avis quand il constate (*Salon de 1767*) : «partout décadence de la verve et de la poésie à mesure que l'esprit philosophique fait des progrès»? Plus loin il soupire : «Il n'y a plus moyen de faire des contes à nos gens [...] Une nation est vieille quand elle a du goût». Lui-même se sent un poète que la philosophie aurait étouffé : «Je décrochais de la muraille une vieille lyre dont la philosophie avait coupé les cordes.»

Faut-il voir là une contradiction interne que nous ajouterons à toutes celles où une critique un peu courte a voulu l'enfermer? Ce serait lui faire tort, car Diderot ne récuse ni *la* philosophie en faveur de *la* poésie, ni l'inverse. Il fait le procès d'*une* philosophie et d'*une* poésie : pour la poésie du XVIIIe siècle, la chose va de soi, mais pour la philosophie? Diderot n'a cessé de critiquer une méthode de pensée purement analytique et rationnelle qui ne ferait pas sa part au génie, au rêve, à l'enthousiasme, à l'imagination, «l'imagination, sans laquelle on n'est ni un poète, ni un philosophe». Songe-t-il à d'Holbach lorsqu'il écrit en marge de la *Lettre sur l'homme* de Hemsterhuis : «Point d'hommes

23. «Diderot au carrefour de la poésie et de la philosophie», *Revue des sciences humaines* (octobre-décembre 1963), p.485-501. Voir ci-dessous, p.149-67.

qui fassent moins usage de leur imagination que les philosophes, surtout les matérialistes modernes, qui n'assurent que ce qu'ils sentent. De là la décadence de la poésie parmi nous.» L'auteur du *Rêve de d'Alembert* entendait bien, pour sa part, réconcilier les sœurs momentanément ennemies: «Le philosophe veut être vrai. Le poète veut être merveilleux. Si l'image est en même temps fidèle et surprenante, l'auteur est en même temps philosophe et poète».[24]

Crise de la poésie, certes, mais non crise de la littérature: voilà en somme le sentiment de Diderot. Tourné vers l'avenir, il est sensible à une nouvelle forme de poésie, plus large, plus ambitieuse («si vous faites du versificateur un Apollon, le poète sera pour moi un Hercule») et il ne s'attarde pas nostalgiquement à la splendeur du siècle de Louis XIV. L'idée d'une régression littéraire ou d'une «décadence du goût» lui est foncièrement étrangère. Il s'oppose sur ce point, comme sur quelques autres, au jugement de Voltaire.

Au fil des années, au fur et à mesure qu'il se modèle sur son rôle de «patriarche», Voltaire s'enferme dans le mythe du «grand siècle» pour n'accorder à son époque que le seul bénéfice des «lumières» mieux partagées et du recul spectaculaire de «l'infâme». Sans doute arrive-t-il souvent à Voltaire de se féliciter de vivre au XVIIIe siècle, mais c'est pour des raisons d'ordre idéologique bien plus que littéraire.

M. Krauss a fait à deux reprises[25] un sort à la très belle lettre de Voltaire au duc de La Vallière du 25 avril 1761 (D9754) qui semble contrevenir à cette règle.

> Nous sommes inondés à la vérité, de pitoyables brochures, et la mienne se mêle à la foule; c'est une multitude prodigieuse de moucherons et de chenilles, qui prouve l'abondance des fruits et des fleurs; vous ne voiez pas de ces insectes dans une terre stérile; et remarquez que dans cette foule immense de ces petits écrits, tous effacés les uns par les autres, et tous précipités au bout de quelques jours dans un oubli éternel, il y a souvent plus de goût et de finesse, que vous n'en trouveriez dans tous les livres écrits avant les Lettres provinciales.

Qu'on ne s'y méprenne pourtant pas. L'alinéa qui précède éclaire ce

24. Hemsterhuis, *Lettre sur l'homme et ses rapports*, éd. Georges May (New Haven 1964), p.85.

25. Cf. *Studien zur deutschen und französischen Aufklärung* (Berlin 1963), p.98, 157-58.

développement d'un optimisme surprenant: «dans tous les arts de l'esprit, nos artistes valent moins qu'au commencement du grand siècle, et dans ses beaux jours; mais la nation vaut mieux.»

Le recul de la «superstition» et de l'intolérance peut donc compenser, dans une certaine mesure, le déclin des belles-lettres sur le plan politique, philosophique et religieux; ce déclin n'en reste pas moins une perte irréparable aux yeux de l'artiste et de l'historien de la culture.

L'idée que le progrès des Lumières va de pair avec la décadence des lettres et du goût est un des thèmes favoris de la vision voltairienne de l'histoire de la culture.

> La lumière, il est vrai, commence à se répandre;
> *Avec moins de talents on est plus éclairé;*[26]
> *Mais le goût s'est perdu, l'esprit s'est égaré.*
> *Ce siècle ridicule est celui des brochures,*
> Des chansons, des extraits, et surtout des injures.[27]

Si ce siècle n'est pas celui des grands talents, il est celui des esprits cultivés.[28]

Le bon temps était le siècle de Louis 14 dont je n'ai bu que la lie [...] il n'y a en France aujourd'hui aucun grand talent, dans quelque genre que ce puisse être [...] mais en récompense il y a beaucoup de philosophie, le monde est plus éclairé [...] et voilà ce qui me console.[29]

Votre nation s'élève, et je crains que la nôtre ne commence à dégénérer à quelques égards [...] Les grands talents sont rares, mais la science et la raison sont communes.[30]

Il [La Harpe] a de plus un grand malheur, c'est d'être né dans un siècle dégoûté qui ne veut plus que des Drames et des doubles croches, et qui au fond ne sait ce qu'il veut. Le public est à table depuis quatre-vingts ans; il boit enfin de mauvaise eau-de-vie sur la fin du repas.[31]

Mon cher enfant [...] n'espérez pas rétablir le bon goût. Nous sommes en tout sens dans le tems de la plus horrible décadence. Cependant soiez sûr qu'il viendra un temps où tout ce qui est écrit dans le stile du siècle de Louis 14 surnagera, et où tous les autres écrits goths et Vandales resteront plongés, au fond du fleuve de l'oubli.[32]

26. C'est nous qui soulignons.
27. *Epître à Mlle Clairon* (1765; M.x.384).
28. Lettre à Mme Du Deffand, 24 septembre 1766 (D13586).
29. Lettre à Servan, 9 mai 1766 (D13291).
30. Lettre au prince de Golitzyn, 14 août 1767 (D14363).
31. Lettre à Condorcet, 18 juillet 1774 (D19028).
32. Lettre à La Harpe, 23 avril 1770 (D16308).

Nous sommes dans la décadence des talents dans ce temps où l'esprit s'est perfectionné.[33]

Par ma foy notre siècle est un pauvre siècle après celuy de Louis 14.[34]

Vous qui empêchez que ce siècle ne soit la chiasse du genre humain.[35]

Et l'on pourrait glaner d'autres exemples dans le *Siècle de Louis XIV*, «le siècle le plus éclairé qui fut jamais» (ch.I), ou dans le *Précis du siècle de Louis XV* où il écrit: «on a beaucoup écrit dans ce siècle; on avait du génie dans l'autre» (ch.XLIII).

Ce classicisme intransigeant, cette idéalisation du «siècle de Louis XIV» agaçaient un peu les encyclopédistes, moins imbus que Voltaire du mythe des «grands âges». Grimm parle en leur nom dans sa *Correspondance littéraire* (15 novembre 1770), et c'est pour protester: «Depuis quelque temps, le patriarche parle avec humeur de son siècle [...] il a tort [...] ce siècle en vaut bien un autre [...] jamais le bon goût n'a été plus général qu'aujourd'hui [...] plus le goût s'étend et se perfectionne, moins nous sommes convaincus que tout est épuisé: au contraire, nous voyons devant nous des richesses immenses, dont nous n'avons pas encore joui.»

Il semble que certains aient soupçonné Voltaire de vouloir sculpter sa propre statue en décriant ses contemporains. Diderot, qui l'avait pourtant appelé «ce méchant et extraordinaire enfant des Délices»,[36] le défend avec éloquence contre les critiques violentes de Naigeon: «Cet homme, dites-vous, est né jaloux de toute espèce de mérite. Sa manie de tout temps a été de rabaisser, de déchirer ceux qui avaient droit à notre estime. Soit; mais qu'est-ce que cela fait?»[37]

L'opinion de Voltaire est donc bien loin de refléter celle du XVIIIe siècle tout entier et de ses grands auteurs. L'idée de décadence littéraire n'a jamais été reçue comme une vérité de fait universellement admise. Sans doute a-t-elle hanté certains esprits, et même d'excellents. Mais

33. Lettre à Tressan, 22 mars 1758 (D7692).

34. Lettre à Mme Du Deffand, après la lecture du *Père de famille*, 27 décembre 1758 (D8004).

35. Lettre à d'Alembert, 12 décembre 1768 (D15361).

36. Lettre à Sophie Volland, 25 novembre 1760. Il écrira le 12 août 1762: «Cet homme n'est que le second dans tous les genres» (*Correspondance*, éd. Roth et Varloot, iii.264-65; iv.100).

37. Avril ou mai 1772 (*Correspondance*, xii.53).

on s'égarerait en voulant la grossir ou la généraliser.[38] De toute façon, on ne saurait l'identifier avec les autres formes que le thème a revêtues. Ceux-là même qui, comme Voltaire, se sont posés en laudateurs du temps passé ont cru vivre une ère de transformation et de rénovation: cette «révolution» des esprits que le patriarche vieilli se réjouissait d'avoir vu éclater sous ses yeux. Seuls les antiphilosophes, par conviction ou par tactique, brouilleront décadence littéraire, religieuse, culturelle et morale: à nous de ne pas les suivre dans cette confusion de l'esthétique et des idéologies.

38. On en trouvera d'autres preuves dans les textes cités par Werner Krauss dans son excellente introduction à l'anthologie éditée par lui avec la collaboration de Hans Kortum, *Antike und Moderne in der Literaturdiskussion des 18. Jahrhunderts* (Berlin 1966). Cf. aussi l'extrait des *Lettres juives* du marquis d'Argens, p.237-50 de cet ouvrage.

Pour une histoire du pastiche littéraire au XVIIIe siècle

I. *Le problème méthodologique*

L'absence de définition précise des catégories littéraires a entretenu pendant longtemps, et continue à entretenir, la confusion entre des formes d'expression aussi particulières que la parodie, le pastiche, le «travesti» (du type *Virgile travesti* ou *Ovide en belle humeur*) et l'apocryphe pur et simple. Il est significatif que cette question fondamentale et préalable n'ait pas été débattue (si ce n'est occasionnellement, au cours des discussions) lors du onzième congrès de l'Association internationale des études françaises qui s'est tenu à Liège en juillet 1959 et dont l'un des thèmes s'intitulait précisément «Pastiche et parodie».[1] Les distinctions opérées par les auteurs de dictionnaires (Littré, Bescherelle, Larousse) ne permettent guère de voir clair dans la spécificité des phénomènes concernés et pour la grande masse des sujets parlants l'équation établie dans le *Dictionnaire encyclopédique Quillet* reste d'application: «Pastiche: voir Parodie». Il convient, dès lors, de saluer avec reconnaissance et admiration le remarquable article du romaniste allemand Wido Hempel qui s'est attaqué en pionnier à cette délicate matière,[2] fournissant ainsi les bases de toute discussion approfondie du problème. Nous renvoyons le lecteur à cette étude fondamentale pour tout ce qui regarde l'histoire de ces mots et leur définition précise. Sur le plan qui nous intéresse, retenons que:

I. La parodie se définit *contre* l'œuvre qui lui sert de référence, alors que le pastiche recherche la plus grande *analogie* possible avec son modèle.

1. *Cahiers de l'Association internationale des études françaises* 12 (1960).

2. «Parodie, Travestie und Pastiche: zur Geschichte von Wort und Sache», *Germanisch-Romanische Monatschrift* n. s. 15 (1965), 2, p.150-76.

II. Le pastiche est d'ordre *stylistique*, de façon exclusive (de sorte qu'on ne pastiche pas une œuvre, mais un style d'auteur ou un style d'époque).

III. Le pastiche, à la différence de la parodie, n'est *pas nécessairement* comique.

IV. Le pastiche suppose une *distance*, génératrice d'ironie ; il peut être, dans certains cas, un hommage au sens le plus élevé.

Comme le remarque Wido Hempel, le pastiche est une activité *ludique* propre à un milieu littéraire fortement concentré ; il suppose donc à la fois une solide culture et une haute virtuosité. Il peut répondre à des nécessités expressives sérieuses (lorsque le registre linguistique courant se révèle inadéquat) ou exercer une fonction exorcisante (lorsque le pasticheur tend à se libérer d'une influence envoûtante).[3]

Ces analyses pénétrantes ne font peut-être pas apparaître dans sa variété et sa plénitude la complexité d'un phénomène littéraire hautement révélateur. Certains de ces aspects mériteraient d'être approfondis : nous y reviendrons plus loin. Reste que les confusions sont dorénavant rendues impossibles et que la singularité, l'exceptionnelle signification psycho-sociale du pastiche peut être abordée en pleine clarté.

II. *Nouveauté du phénomène*

La parodie, au sens que nous lui donnons, existe depuis des millénaires. Peut-être remonte-t-elle aux origines mêmes de la littérature. En tout cas, la *Batrachomyomachia* et Aristophane en offrent des échantillons très élaborés.

L'histoire du pastiche littéraire est beaucoup plus courte. Sorti du langage des marchands de tableaux (pour qui un « pasticcio » est un faux qui imite à s'y méprendre en amalgamant des éléments authentiques), le mot n'a pas reçu la connotation péjorative qu'on aurait pu supposer : à une époque qui ne connaît pas les procédés modernes de reproduction un « pasticciere di quadri » peut être un peintre très estimé, à plus forte raison quand il atteint à la virtuosité d'un Luca Giordano. Francisé en « pastiche », le terme apparaît pour la première fois chez Roger de Piles, en 1677 ; mais il faudra attendre Diderot pour qu'il passe dans le vocabulaire (un « pastiche en poésie », à propos de pièces en style

3. Cf. également Werner Krauss, *Grundprobleme der Literaturwissenschaft* (Hamburg 1968), p.76.

«marotique»), avant que Marmontel ne l'exécute sommairement, en 1787, dans ses *Eléments de littérature*.[4]

Comme toujours, la chose préexiste au mot et c'est en pleine époque classique qu'elle se manifeste ouvertement. Déjà La Fontaine pastiche lorsqu'il «marotise» dans ses *Contes*, mais le procédé est encore irrégulier et le modèle un peu flou. Plus banalement, c'est à des fins parodiques que Boileau pastiche Balzac et Voiture dans certaines de ses lettres. Le premier exemple d'un vrai pastiche se trouve chez La Bruyère, artiste «fin de siècle», obsédé par les problèmes de technique et d'expression, préoccupé par les recherches de style et les tics de langage; mais aussi écrivain pétri de culture et que l'on sent écrasé sous le poids d'une longue tradition («tout est dit, depuis qu'il y a des hommes et qui pensent»). Et déjà le pastiche se révèle, sous la plume de La Bruyère, ductile et multiple: pastiche «de l'ancien langage» (et pastiche de supercherie) au chapitre «De la cour»;[5] pastiche avoué, divertissement stylistique non déguisé au chapitre «De la société et de la conversation»;[6] enfin, pastiche «marotique» où l'on ne sait si La Bruyère est le mystificateur ou le mystifié, à la fin du chapitre «De quelques usages».[7] Ainsi, d'emblée, le pastiche dévoile sa redoutable ambiguïté. Il est significatif aussi qu'il coïncide avec la fin d'un grand mouvement littéraire, avec une époque fortement marquée par le sentiment d'une perfection indépassable.[8]

III. *Le pastiche au XVIIIe siècle*

A peine a-t-il été créé que le nouveau genre connaît une vogue extraordinaire, qui se maintiendra à travers tout le siècle. Il convient toutefois de le distinguer très nettement de la parodie, dont il se rapproche à l'occasion, mais avec laquelle il ne se confond jamais. La

4. Marmontel, *Œuvres* (Paris 1787), ix.90: «cette singerie qu'on appelle pastiche».

5. La Bruyère, *Caractères*, «De la cour», 54 (de 1689): «Un vieil auteur [...] dit que» (éd. R. Garapon, Paris 1962, p.237).

6. *Caractères*, «De la société et de la conversation», 30 (de 1690): «Montaigne dirait» (p.162).

7. *Caractères*, «De quelques usages», 73 (de 1692), après un long développement sur le vieillissement rapide de la langue (p.443-44).

8. Avec le corollaire nécessaire de la conscience d'une imminente décadence littéraire; cf. notre étude «L'idée de décadence littéraire au XVIIIe siècle», *Studies on Voltaire* 57 (1967), p.1013-29. Voir ci-dessus, p.53-67.

parodie implique une désacralisation qui s'accompagne d'une perte de substance et d'une sorte de «reductio ad minimum».

Hanté par le prestige des genres nobles, tragédie et épopée, le XVIIIe siècle verra fleurir les «travestis» (*Homère travesti* et *Télémaque travesti* de Marivaux) et les parodies dramatiques, auxquelles de bons travaux ont été consacrés depuis longtemps.[9]

Le pastiche recourt, lui aussi, à l'ironie, mais elle ne vise pas nécessairement l'œuvre pastichée. Un rapport complexe s'institue entre l'écrivain, le lecteur et l'auteur imité. Le pasticheur tente de pénétrer les secrets d'un style, de capter un art de dire, d'arriver à une sorte d'osmose avec un langage qui n'est pas le sien. Le lecteur est associé, non comme un complice, mais comme un initié, à une entreprise qui suppose sa connivence. L'art consiste à suggérer une «manière» ou un ton, tout en maintenant le léger décalage qui doit provoquer le sourire amusé, non le gros rire de transgression ou de violation qu'engendre la parodie. Le pasticheur a dû s'assimiler les secrets d'un code: il prouve par là la plasticité de son talent, son aptitude à saisir le détail typique, et il fait participer son lecteur à l'exploit et au plaisir de la réussite. Pareille entreprise ne se conçoit qu'en fonction d'une curiosité très moderne, ouverte à la diversité des manières, des époques, ou des niveaux de langage.

Mélange de mystification et de virtuosité, le pastiche exige des dons peu communs (donc inégalement répartis, comme on le verra) et il s'exerce dans des directions et sur des matières très variées. Plutôt que d'opérer des coupes chronologiques, nous distinguerons les pastiches au XVIIIe siècle selon des critères internes.

1. *La Bible et les prophètes*

Sujets intangibles jusque-là, les livres sacrés semblent exciter au XVIIIe siècle une étrange fascination stylistique et inspirent de nombreux pastiches qui, notons-le, n'ont pas toujours des intentions irréligieuses ou polémiques. Le grand spécialiste du style pseudo-biblique est Mel-

9. G. Lanson, «La parodie dramatique au XVIIIe siècle», *Hommes et livres* (1895), p.261-93; et Valeria B. Grannis, *Dramatic parody in XVIIIth century France* (1931). Lanson a fort bien relevé la parenté avec les procédés «burlesques» du XVIIe siècle et souligné la vive opposition que la parodie rencontra de la part de presque tous les écrivains de valeur (même de la part de Marivaux, voir l'*Eloge de Marivaux* par d'Alembert).

chior Grimm, que sa formation protestante avait peut-être sensibilisé à ce ton. C'est par un pastiche des visionnaires et des «Volksbücher» qu'il débute en littérature, avec un bonheur et un succès qu'il ne retrouvera plus. *Le Petit prophète de Boehmischbroda* (1753) contient «Les Vingt-et-Un Chapitres de la Prophétie de Gabriel Joannes Nepomucenus Franciscus de Paula Waldstorc, dit Waldstoerchel,[10] natif de Boehmischbroda en Bohême,[11] Philosoph. et Theolog. moral. Studio. in Colleg. mai. RR. PP. Soc. Jes. Fils de discrète et honorable personne, Eustachius Josephus Wolfgangus Waldstorch, Maître Lutier et Facteur de violon, demeurant dans la Judengass de l'Altstadt[12] à Prague, auprès les Carmes, à l'enseigne du violon rouge, et il les a écrits de sa main, et il les appelle sa vision».

Le ton est créé d'entrée de jeu: «Et j'étois dans mon grenier, que j'appelle ma chambre, et il faisoit froid et je n'avois point de feu dans mon poële, car le bois étoit cher» (p.1) et il se maintient dans les propos que tient la mystérieuse voix:

> Et mon cœur s'émut de pitié envers toi [le peuple français], et je me dis à moi-même: ce peuple est gentil, j'aime son esprit qui est léger, et ses mœurs qui sont douces, et j'en veux faire mon peuple, parce que je le veux; et il sera le premier, et il n'y aura point d'aussi joli peuple que lui (p.25).

> C'est pourquoi la vanité et l'insolence de ton indocilité sont parvenues à leur comble, et je suis las de les souffrir.
> Et encore un moment, et je te balayerai, comme le vent du midi balaye la poussière des champs, et je te replongerai dans la fange de la barbarie d'où j'avois tiré tes pères dans les mouvemens de ma clémence (p.37).

> O Peuple embrouillé dans l'yvresse de tes égaremens, ô Peuple de dur entendement, écoute ma voix qui te parle pour la dernière fois, et sois sensible à la constance de mes avertissemens.
> Ote-moi l'ennui de ton Opera (p.41).

Car toute la charge comique de ce texte (dont le seul défaut est d'être un peu long) vise le maniérisme de l'opéra français, et nullement le style prophétique.

Encouragé par le succès du *Petit prophète*, Grimm va récidiver à

10. *Waldstorch*: en allemand cigogne noire, par opposition à *Hausstorch*, ou cigogne blanche.

11. Aujourd'hui Cesky Brod, à trente kilomètres à l'est de Prague.

12. La rue des Juifs dans la Vieille Ville. On notera ces détails qui font «couleur locale».

plusieurs reprises, jusqu'à tomber dans la facilité mécanique du procédé. Il insère, dans la *Correspondance littéraire* du 1er janvier 1770, un *Sermon philosophique prononcé le jour de l'an 1770 dans la grande synagogue de la rue Royale, butte Saint-Roch* [...] *par moi, natif de Ratisbonne, prophète mineur, missionnaire indigne dans les pays et langues d'outre-Rhin et du Nord*, avec l'épigraphe: *Nunc dimittis servum tuum, Domine* [...] *et gloriam plebis tuae Israel.* Cette fois, le pastiche sert à des fins ouvertement irréligieuses et anticléricales («l'inspiré et imbécile saint Siméon», p.414) pour conduire à une apothéose du mouvement des Lumières rédigée dans le style vaticinant des prophètes:

> Que votre confiance en soit donc plus ferme! Lorsque vous serez importunés par les ténèbres dont le midi et l'occident nous envoient encore de temps en temps des bouffées, et que la superstition expirante voudrait épaissir autour de nous, ne craignez plus leur retour; dites: nous sommes dans le passage; et portez vos yeux vers l'orient et le septentrion, au-devant de cette heureuse révolution dont nous voyons de tous côtés poindre les boutures, mais dont les fruits sont réservés à la génération prochaine. Alors vous vous écrierez avec un saint transport: L'empire des ténèbres est détruit! la nuit est passée! l'aurore, la messagère du soleil, ne tardera pas à paraître![13]

L'utilisation du jargon prophétique dans la lutte contre l'Eglise vise donc bien à créer un climat de «contre-Eglise»: la chapelle des «philosophes» a sa synagogue, ses archiprêtres, ses marguilliers, son temple, son rituel (qui est celui de Ferney). Dans la mesure où l'objet pastiché est aussi objet de dérision, le pastiche, ici, confine à la parodie. Il ne s'y dissout cependant pas, puisque l'on sent que le style prophétique a pour Grimm une valeur en soi et exerce sur lui une séduction poétique indépendante de son contenu. En veut-on des preuves? Elles abondent dans sa correspondance avec Catherine II.[14] La lettre du 24 novembre 1776, à elle seule, contient:

– un pastiche du *Credo* («Je crois en Catherine, unique quoique seconde, et seconde quoiqu'unique [...] Je crois aussi en son saint esprit»);

– un pastiche de prière («Mater nostra qui es en Russie»);

– un pastiche d'acte de contrition;

– un pastiche des *Lamentations* de Jérémie, subdivisé en Aleph, Beth

13. *Correspondance littéraire*, éd. Tourneux (Paris 1877-1882), VIII.432.

14. Texte établi par Jacques Grot, *Mémoires publiés par la Société impériale historique de Russie* 44 (Saint-Pétersbourg 1885).

et Ghimel («J'ai connu trop tard ta loi, et que me sert de l'avoir adorée de loin ?») ;

– un pastiche du *Te Deum* («Te Catharinam laudamus») ;

le tout coupé d'éloges hyperboliques et de phrases allemandes.

L'imitation de ce qu'il appelle dans cette lettre «la liturgie de l'ancienne et de la nouvelle loi» est donc, chez Grimm, un véritable tic littéraire, une irrésistible tentation.

Il faut croire, d'ailleurs, que ce mode d'expression plaisait à l'époque. Ne voit-on pas un anonyme adopter la manière du *Petit prophète* pour rapporter les scènes d'horreur et de panique qui marquèrent tristement les fêtes en l'honneur du mariage du Dauphin, où un millier de spectateurs furent piétinés par la foule, par les chevaux ou étouffés dans les fossés ?[15]

> Et ils ont environné la ville de lumière, et leurs lumières conduiront la multitude dans les ténèbres de la mort.
>
> Et il y en aura plusieurs dans la multitude qui ne verront point la lumière, et ils auront des yeux et ils ne verront point, et ils auront des pieds et ils ne marcheront point [...]

Grimm sera lui-même le premier à s'en indigner («combien il faut avoir peu d'âme pour faire d'un malheur public un objet de plaisanterie !»).

D'autres sauront se servir du procédé avec plus d'à-propos : c'est ainsi que l'abbé Morellet rédige en style prophétique la *Vision de Charles Palissot* (1760) qui lui vaudra les rigueurs de la prison et l'appui des rieurs, et Voltaire aimera lui aussi adopter cette forme d'ironie dans certaines de ses «facéties».

2. *Le pastiche « de l'ancien langage »*

On peut rassembler dans cette catégorie les exercices de style «moyenâgeux» et les imitations plus élaborées de l'ancien français. Pour La Bruyère, on l'a vu plus haut, il s'agit d'une simple curiosité linguistique, variante de l'anticomanie. Pour d'autres, ce langage «vieille France» a une valeur sentimentale, voire politique : ce sont les nostalgiques de l'ancienne féodalité, les adversaires de la monarchie absolutiste et de son administration bourgeoise. Tel est le cas du vieux maréchal de Brissac, représentant presque caricatural (et d'ailleurs fort sympathique) du «parti des ducs» : Gleichen l'évoque dans ses *Mémoires* avec une

15. *Correspondance littéraire*, 1er juillet 1770 (ix.67 et suiv.).

ironie affectueuse et attendrie : « son style gaulois, ses phrases amphigouriques, ses bas ponceau roulés [...] tout cela allait parfaitement à l'air de son âme. De loin, on croyait voir un vieux fou ; mais de près, c'était un homme du temps des Bayards. »[16]

A vrai dire, les rares échantillons de la prose du vieux maréchal qui nous ont été conservés ressemblent davantage à un mélange de style précieux et de style « troubadour » qu'au français du xve siècle. Qu'on en juge par ce cri d'indignation à propos d'une prise de voile forcée : « la manigancieuse perruchonnerie de la tantâtre à l'endroit de sa tourterelle et colombine de nièce qu'elle avait entrepris d'encager inhumainement et déloyaument »,[17] ou par cet autre morceau reproduit dans la *Correspondance littéraire* : « Ma seule, unique et essentielle déité veut donc que j'aille donquichotter pour les paroissiaux intérêts de sa conscience couleur de rose ? [...] J'ai vu qu'autrefois faire et dire était un terminé inviolable » (à la comtesse de Gisors).[18] Proust aurait aimé ce vieux soldat, mi-Bloch et mi-Charlus. Il va de soi qu'en se projetant, par le langage et par le costume, dans un moyen âge héroïque et légendaire, Brissac obéissait au même réflexe de classe qui animait un Saint-Simon ou un Boulainvilliers un demi-siècle plus tôt : on en retiendra que ces féodaux nostalgiques se faisaient du passé une image passablement fantaisiste.

Ces aristocrates ne sont pourtant pas les seuls à faire du pseudo-médiévisme. Vers la même époque que Brissac (soit vers 1765), le Neuchâtelois Abram Pury, ancien officier du roi de Sardaigne et grand admirateur de Jean-Jacques, rédigeait dans une langue habilement calquée sur celle du xve siècle de prétendues *Chroniques ou annales écrites autrefois par des chanoines du chapitre de Notre-Dame de Neuchâtel* qui firent quelques dupes illustres, depuis Michelet jusqu'aux lexicographes modernes. L'intention, toute patriotique, du démocrate neuchâtelois qu'était Pury visait à démontrer que ses concitoyens étaient Suisses, et non Prussiens, et donc à soutenir ce qu'on est convenu d'appeler la thèse de « l'indigénat helvétique ».[19] L'habileté du pasticheur était

16. Cité dans Galiani, *Correspondance*, éd. Perey et Maugras (1818-1882), ii.354.

17. Galiani, *Correspondance*, ii.665.

18. 1er décembre 1765 (éd. Tourneux, vi.431).

19. Voir sur tout cet épisode, l'excellente étude de Charly Guyot, « Du pastiche au faux : un pasticheur suisse français du xviiie siècle : Abraham Pury », dans le recueil *De Rousseau à Marcel Proust* (Neuchâtel 1968), p.83-87.

indéniable, et le succès de la supercherie en fait foi. Mais il s'agit ici d'une supercherie, d'un faux que l'auteur tente d'accréditer, ce qui exclut l'ironie, l'allusion et toute connivence avec le lecteur complice. Les extraits de *Chroniques* forgés par Pury ne sont pas un exercice de virtuosité littéraire, mais un acte politique: il ne faut pas y voir un pastiche au sens strict, mais un «faux prémédité» (l'expression est de M. Guyot), une «tromperie n'ayant pour excuse que l'excellence de l'intention patriotique». La place de Pury est donc moins légitime dans l'histoire du pastiche que dans celle des apocryphes et des mystifications littéraires.

3. *Le pastiche littéraire*

A. Pastiche d'auteur

Plutôt que d'imiter un style d'époque assez mal défini, les écrivains du XVIIIe siècle semblent avoir pris un plaisir particulier à retrouver le ton de Rabelais et de Montaigne. La richesse, la verdeur, la souplesse de la langue du XVIe siècle étaient regrettées par ceux qui voyaient avec inquiétude le français s'appauvrir (La Bruyère, Fénelon, Desfontaines, Diderot).[20]

Le pastiche «rabelaisant» devient un véritable genre, auquel sacrifie volontiers le spirituel abbé Galiani. C'est ainsi qu'il écrit au maréchal de Brissac une épître gargantuesque qu'il faudrait citer intégralement et dont voici un passage caractéristique:

> J'espère par grâce et opération de la dive bouteille [...] qu'il vous sera licite et loisible de passer franchement oultre jusqu'à cent (ans), et conserver votre vieillesse chenue, vivant quoy et joyeux, sans engendrer oncques mélancholie, voir entre repas, banquet et festins, fraîches joues pleines de salacité et lascivie, testons mirifiques, poussans et promouvans convoitise impudique, comme il convient à galant et magnanime chevalier.[21]

On ne sera pas surpris de trouver Diderot au nombre de ces «rabelaisants» enthousiastes. Evoquant dans une lettre au prince Alexandre Golitzyn[22] quelques souvenirs assez lestes liés à des «lubies napolitaines», Diderot juge opportun d'enrober ces réminiscences érotiques sous le

20. Voir A. François dans Brunot, *Histoire de la langue française*, vi.II, p.1130.

21. Copie annexée à une lettre du 15 octobre 1774 (*Correspondance*, ii.354). Cette lettre circula dans les salons pendant tout l'hiver 1774-1775 et y connut un vif succès.

22. La Haye, 21 mai 1774 (*Correspondance*, éd. Roth et Varloot, xiv.28-32).

voile du langage «pantagruélique». Forme et contenu sont d'ailleurs associés dans son esprit, et le «pantagruélisme» est autant un style de vie qu'une forme d'écriture: «Or pantagruéliser, sçavez ce que c'est: c'est boire, manger et dormir dans toutes les combinaisons possibles, ce qu'on appelle *Vie de Roi.*»[23]

Le goût de Diderot pour le pastiche ne remonte pas, du reste, à 1774. Il y a des pastiches dans *Les Bijoux indiscrets* (1748), et en particulier une spirituelle imitation de Bossuet (ou des grands orateurs de la chaire) au chapitre xv, «Les bramines»:

> Qu'entends-je dans tous les cercles? Un murmure confus, un bruit inouï vient frapper mes oreilles. Tout est perverti, et l'usage de la parole que la bonté de Brama avait jusqu'à présent affecté à la langue, est, par un effet de sa vengeance, transporté à d'autres organes. Et quels organes? Vous le savez, messieurs. Fallait-il encore un prodige pour te réveiller de ton assoupissement, peuple ingrat? et tes crimes n'avaient-ils pas assez de témoins, sans que leurs principaux instruments élevassent la voix? Sans doute leur mesure est comblée, puisque le courroux du Ciel a cherché des châtiments nouveaux [...] Qu'ils confessent donc, ces vers orgueilleux, la faiblesse de leur raison et la vanité de leurs efforts. Qu'ils cessent de nier l'existence de Brama, ou de fixer des limites à sa puissance. Brama est; il est tout puissant [...][24]

On retrouve un mouvement similaire dans le *Sermon philosophique* prononcé par Grimm le 1er janvier 1770 (viii.416-17) et déjà analysé plus haut:

> Lorsque je jette les yeux sur cette auguste assemblée; lorsque je considère de quels hommes elle est composée [suit ici un passage de caractère nettement parodique] je suis tenté de croire que la vigne du Seigneur[25] est dans l'état le plus florissant, que l'ivraie ne pousse nulle part parmi le froment [...] Mais à la vue de tant d'abus qui se multiplient, de tant de dangers qui s'accroissent, de tant d'ennuis qui nous menacent, ma voix s'affaiblit, mon cœur se serre, et je ne puis que m'écrier douloureusement avec le roi et prophète David [...]

Et sans doute pourrait-on allonger la liste des pastiches d'auteur, genre appelé à la vogue que l'on sait au XIXe siècle et au début du

23. Ce texte est légèrement postérieur à *Jacques le Fataliste* qui se situe ouvertement dans la lignée de Pantagruel et baigne dans le même climat d'érotisme que la lettre à Golitzyn.

24. *Les Bijoux indiscrets*, DPV, iii.77-78.

25. Image fréquemment utilisée par Voltaire pour désigner l'œuvre collective des «philosophes». On lira à ce propos «Candide's garden and the Lord's vineyard» par Norman L. Torrey, dans *Studies on Voltaire* 27 (1963), p.1657-66.

XXe. Les pastiches les plus réussis et les plus admirés au XVIIIe siècle appartiennent toutefois à un registre différent. Nous l'appellerons, faute de mieux, le pastiche de genre. Il ne vise en effet plus un style personnel, mais le style attaché à un genre ou à une variété particulière au sein de la littérature générale.

B. Pastiche de genre

a. Pastiche du style érudit

L'œuvre la plus répandue au XVIIIe siècle, en dehors de *La Nouvelle Héloïse* et de *Candide*, ou des ouvrages scientifiques de l'abbé Pluche et de Buffon, ce n'est ni *Manon Lescaut*, ni les *Lettres persanes*, mais – comme l'a solidement démontré Daniel Mornet – *Le Chef-d'œuvre d'un inconnu, poème heureusement découvert et mis au jour avec des remarques savantes et recherchées, par M. le Docteur Chrisostome Matanasius.*[26] Il s'agit d'une œuvre tenant à la fois de la parodie et du pastiche, et qui fut conçue comme un divertissement collectif par l'équipe du *Journal littéraire* de La Haye: Van Effen, 's Gravesande, Marchand, Sallengre, avec pour inspirateur principal un des plus grands journalistes du temps, l'ancien officier Thémiseul de Saint-Hyacinthe. Son succès fut extraordinaire et, chose suprenante pour une œuvre de circonstance, il se prolongea pendant un demi-siècle.[27]

Il est vrai que l'intérêt de l'œuvre fut habilement relancé par l'adjonction à l'édition de Londres (1732) de la bouffonne *Déification du Dr Aristarchus Masso*, truffée d'allusions littéraires et de pointes satiriques (entre autres contre Voltaire).

Le Chef-d'œuvre d'un inconnu se donne pour l'édition savante d'un poème pastoral ancien, d'une fausse naïveté, que des cuistres écrasent littéralement sous les gloses et les analogies. Conçu dans l'atmosphère assez tendue de la querelle des anciens et des modernes, ce pseudo-monument de critique académique devait ridiculiser les méthodes et le langage des commentateurs classiques, les anticomanes aveugles, et tout l'appareil solennel de l'érudition guindée.

26. Première édition: La Haye 1714; 6e éd. 1732; 7e éd. 1744; 8e éd. 1745; 9e éd. 1806.

27. La préface de la quatrième édition tire gloire de ce succès et en fournit quelques exemples: le livre ayant été défendu à Paris, il se vendit 10 écus pour la bibliothèque du cardinal de Rohan; deux éditions clandestines parurent, à quatre mois de distance, à Rouen et à Orléans (ville natale de Saint-Hyacinthe).

Sans doute le détail révèle-t-il à l'œil exercé une intention nettement parodique et ne peut-on parler de trompe-l'œil, mais la structure générale, l'emploi des formules, la disposition même du texte attestent à l'évidence un sens aigu du pastiche. Le texte et ses scholies sont précédés, ou plutôt bardés, par une épaisse gangue d'approbations fantaisistes, d'éloges en vers, d'épîtres emphatiques, de dédicaces dithyrambiques. Sous le pastiche de style, l'intention satirique transparaît et elle va souvent assez loin. On lit dans l'« Approbation » : « comme il n'y a rien dans cet ouvrage qui ne soit conforme aux opinions et aux préjugez reçûs, je n'y vois aucune vérité qui puisse en empêcher l'expression » (éd. 1744, *4 r°).

Le R. P. Pancrace de Barbafoin, gardien du couvent d'Eselsberg (on regrette un peu que l'épaisseur de la parodie gâte ici la finesse du pastiche), déclare : « J'ai admiré la modestie et la retenue du Commentateur, en même temps que j'ai été surpris de l'immense érudition qui paraît dans ce bel ouvrage » (*4 v°).

Quant aux censeurs religieux, les PP. Bougayos et Briochis (ironie sur Brioché), ils sont catégoriques à leur manière : « Nous n'y avons rien trouvé qui ne soit très-conforme à nos sentimens, et par conséquent rien qui ne soit très orthodoxe [...] d'ailleurs l'art de faire des commentaires est celui de tous qui est le plus important aux Théologiens ».

Le long poème hollandais qui chante les louanges du Dr Matanasius est un pastiche amusant du ton emphatique et superlatif des compliments de l'âge baroque.[28] La virtuosité linguistique des auteurs se manifeste encore dans les poèmes en hébreu, en grec, en latin (attribué à Henry de Bolingbroke), dans un pastiche du français du XVIe siècle, qui fait songer à Scève,[29] et dans un quatrain occitan, prétendûment par D. de Satiriac (**5 v°).

Cet usage caractéristique du pastiche à des fins satiriques et parodiques se poursuit dans les commentaires aux amours du berger Colin, un peu trop longuement peut-être à notre gré. Mais tel n'était pas l'avis des lecteurs du temps, le nombre des éditions en fait foi, de même que les treize imitations relevées par Leschevin en 1806.

28. *Lofbazuin geblazen over de weêrgalooze Puikaantekeningen von 't Pronkjuweel der Aarts-Letter-Helden* (éd. 1744), **3 r°- **4 v°.

29. **5, par Chilperic Asiatides.

b. Pastiche du jargon technique et des récits de voyage

Un autre pastiche qui connut la grande vogue avait des intentions moins caustiques et moins agressives que *Le Chef-d'œuvre d'un inconnu*. Il imitait, sur le mode badin, le jargon technique des marins et l'appliquait ironiquement au coche d'eau qui conduisait les Parisiens du Carrousel à Saint-Cloud. Ce *Voyage de Paris à Saint-Cloud par mer* (sic!) était l'œuvre du Rouennais Louis-Balthazar Néel (1695-1751). Publié à La Haye en 1748 (in-12), il fut continué en 1752 par Augustin-Martin Lottin sous le titre *Retour de Saint-Cloud à Paris par mer et par terre* et les deux textes furent dorénavant jumelés (Paris, 1754, 1760 et 1762).

Le succès durable des deux ouvrages est attesté, dans les dernières années de l'ancien régime, par leur réédition, dans le trentième tome de la célèbre collection de *Voyages imaginaires, romanesques, merveilleux, allégoriques, amusans, comiques et critiques, suivis des Songes et Visions, et des Romans cabalistiques.*[30] L'auteur de l'«Avertissement» y déclare (p.XIV):

Il n'est personne qui ne connoisse le *Voyage de Paris à Saint-Cloud* [...] Cette ingénieuse plaisanterie [...] eut, dans sa nouveauté, un succès qui s'est toujours soutenu depuis: il en a été fait des éditions multipliées, et le public ne se lasse point de lire cet élégant badinage. On ne pouvoit mieux peindre l'étonnement ridicule d'un jeune homme sans expérience, à sa première sortie de la maison paternelle: c'est le rat de La Fontaine.

> Si tôt qu'il fut hors de sa case;
> Que le monde, dit-il, est grand et spacieux!
> Voilà les Apennins, et voilà le Caucase!
> La moindre taupinée était mont à ses yeux.[31]

Le Parisien sédentaire commençait, à cette époque, à s'intéresser aux récits de voyage mais il répugnait encore à bouleverser ses habitudes casanières, d'autant qu'il ignorait presque tout du monde extérieur (p.28: le jeune Parisien croit que tout pousse aux arbres, que la viande sort d'une manufacture, que la Seine fournit la morue, le maquereau, le hareng saur, que le meilleur vin vient des Gobelins).

Faisant taire ses inquiétudes, un jeune Parisien décide de prendre le bateau pour se rendre à Saint-Cloud dans la maison de campagne d'un ami. Son courage ne s'explique que par l'amour qu'il ressent pour la

30. Amsterdam et Paris, 1787-1789, 39 tomes in-8°; XXX.303-64 et 365-409,

31. *Fables*, VIII.X, «Le rat et l'huître».

jolie Henriette: «J'avais besoin d'un aussi puissant motif pour vaincre ma répugnance à jamais m'exposer en route [...] Omnia vincit Amor» (p.32).

Le héros, un jeune homme frais émoulu du collège, est croqué sans méchanceté et son émoi avant le «grand voyage» est évoqué avec un sourire apitoyé: il passe quatre jours à faire ses malles, fait une confession intégrale, rédige un testament olographe, paie ses dettes et fait ses adieux à tout le voisinage. Pour s'habituer à «l'air marin», il se promène sur les barques des blanchisseuses. Craignant la disette, il emporte dans un panier d'osier du biscuit, du pain, du vin, de l'eau d'Arcueil à la glace, des cerises, du fromage de Brie (car ce récit charmant est aussi une plongée dans la vie quotidienne d'un bourgeois de Paris au milieu du XVIIIe siècle).

Le jour du départ, un dimanche, veille de la Saint-Jean, il va écouter la messe avant de s'embarquer sur le *Vieux-Saint-François*, commandé par le capitaine Duval, marin expérimenté qui navigue depuis vingt ans.

C'est à partir d'ici que le récit change de ton et passe d'un burlesque très atténué au pastiche pur et simple, l'effet comique étant obtenu par la superposition du vocabulaire de la haute mer à un petit déplacement sur la Seine, à quelques lieues à peine de Paris (p.46):

Je fis embarquer mon bagage sous la *levée*;[32] on n'attendoit plus que le vent de huit heures et demie pour tirer la planche et *pousser hors*. Déjà le Pilote avoit levé le drapeau avec lequel il donnoit le signal du haut de la *Jettée*, et les Matelots répandus dans les Auberges voisines, y battoient le *Boute-selle*, et y hâtoient à grands cris les voyageurs.

Le moment du départ est aussi celui des adieux, et tout le monde pleure à chaudes larmes, comme si le *Saint-François* était quelque *Astrolabe* en partance pour les antipodes (p.50-51):

Le Navire fut mis *à flot* [...] je montai sur *le tillac* pour voir la manœuvre [...] A peine étions-nous dans la demi-Rade, que plusieurs Passagers ayant fait signal du bord du rivage qu'ils vouloient s'embarquer avec nous, le Capitaine a fait jetter la *Chaloupe* en mer pour les aller recueillir [...] après quoi nous nous sommes trouvés en pleine mer, vis-à-vis du nouveau *Carrousel* [...] Un petit vent de *Sud* nous poussoit, et apparemment qu'il nous étoit contraire, car on ne *hissa* aucune *voile*, pas même la *misène*; mais on fit seulement *force*

32. Les italiques sont de l'auteur et marquent comme un soulignement les termes spécialisés.

de rames jusqu'à ce que nous pussions saisir *les vents Alisés*. L'odeur du goudron commença tout d'un coup à me porter à la tête.

Le procédé est facile, mais efficace; il est d'ailleurs spirituellement préparé en tête du volume par une carte de géographie, laquelle reproduit de façon amusante le cours de la Seine entre la Grenouillère et Saint-Cloud, dans un décor d'époque.

Le livre fut bien accueilli, tant par la critique que par le public. L'«Avant-propos» de l'édition de 1754 reproduit un article paru le 10 juillet 1749, dans les *Feuilles sur quelques écrits de ce tems*[33] où le *Voyage* est accueilli avec faveur,[34] et, qui plus est, traité très nettement comme un pastiche:

Cette brochure est extrêmement amusante [...] Les termes de Marine et les noms des Vents y sont toujours placés à propos et d'une manière très comique. *L'auteur*, quel qu'il soit, *a un rare talent* pour la narration et *pour copier le style des personnages qu'il introduit*. Le fameux *Chef-d'œuvre d'un inconnu* est le père de tous les ouvrages de ce genre. Mais, quand on employe aussi heureusement l'idée d'un autre sur un objet différent, on peut bien se passer du mérite de l'invention.

L'auteur du *Voyage* conteste poliment, mais fermement, cette prétendue parenté: «Je n'ai point assez de vivacité pour trouver aucun rapport entre ce grand sçavant livre et le mien. Je respecte trop *Matanasius* pour jouer au parallèle avec lui» (p.XIII).

Qu'il l'ait voulu ou non, reste pourtant que cette parenté a été ressentie, et qu'un des meilleurs critiques du temps a su déceler la continuité du goût pour le pastiche dans la première moitié du XVIIIe siècle.

4. *Le pastiche de la langue populaire*

Ce dernier type de pastiche est sans doute le mieux connu de tous et diverses études lui ont été consacrées, mais on en a souligné beaucoup

33. Il s'agit évidemment de la revue dirigée par Fréron: *Lettres sur quelques écrits de ce temps* (1749-1754, 13 vol.), i.127-33.

34. Une preuve supplémentaire en est fournie par la publication, en 1759, d'un *Voyage de Paris à La Roche-Guion, en vers burlesques*, dont l'attribution est peu sûre.

plus l'utilisation parodique que celle qui nous intéresse ici.[35] Les «mazarinades» d'abord, les «sarcelades» plus tard, ont recouru à une imitation délibérée du langage populaire et de la vulgarité des harengères pour susciter la curiosité à des fins essentiellement polémiques. Mais ce n'est qu'au XVIIIe siècle, comme l'a fort bien noté Alexis François,[36] que ce procédé accède à la dignité d'un genre littéraire et que se constitue, en poésie comme au théâtre, un authentique «style poissard», très distinct au demeurant de la littérature «argotique», fondée sur le vocabulaire des malfaiteurs. Alexis François y a dénombré bon nombre de caractères récurrents dont la constance suggère qu'il s'agit là d'un jargon artificiel, donc d'une convention littéraire.

On ne saurait cependant réduire le style «poissard» à une sorte de sublime inversé: la volonté de saisir sur le vif certaines formes, et jusqu'à certaines inflexions, de la langue populaire y est indiscutable. Comment nier la volonté de pastiche quand on voit le maître incontesté du genre, J.-J. Vadé, préciser à l'intention de son lecteur: «Il faut, pour l'agrément du débit, *avoir l'attention de parler d'un ton enroué* lorsqu'on contrefait la voix des acteurs, celle des actrices doit être imitée par *une inflexion poissarde et traînante à la fin de chaque phrase*»?[37]

Ce style se prête commodément à des fins parodiques. Ainsi, *La Grenouillère galante*,[38] jouée en 1735 à la foire Saint-Laurent, se donne ouvertement pour une parodie des célèbres *Indes galantes*. Mais dans

35. Le bon ouvrage de A. P. Moore, *The «genre poissard» and the French stage of the 18th century* (New York 1935) se limite délibérément au seul répertoire dramatique (si ce n'est dans la partie initiale, où l'histoire du genre est rapidement esquissée). Cet usage particulier est loin d'épuiser la variété des emplois du style «poissard».

36. «La langue postclassique», dans Brunot, *Histoire de la langue française*, IV.II.I: «Le vocabulaire poissard».

37. Cité par Moore, *The «genre poissard»*, p.127.

38. La Grenouillère était un des lieux où les bateliers de la Seine débarquaient leur marchandise, et en particulier les arrivages de poisson. Fréquenté par les vendeurs de marée et les portefaix il est (avec la Râpée) le lieu de prédilection des ouvrages «poissards»: Vadé, *Lettres de la Grenouillère, entre M. Jérôme Dubois, pêcheur du Gros-Caillou, et Mlle Nanette Dubut, blanchisseuse de linge fin* (1760); les anonymes: *Poissardiane* [...] *avec permission des pateliers de la Grenouillère* (vers 1760), *Goûté des porcherons* [...] *de l'imprimerie de Mme Engeule, blanchisseuse de gros linge, à la Grenouillère*. Une chanson très populaire s'intitule *Les Mariniers d'la Guernouyère* et, en 1800 encore, on joue au Théâtre des Troubadours *Vadé à la Grenouillère, folie poissarde*. Son emplacement correspond à l'actuel Quai d'Orsay (d'après le nom du prévôt des marchands qui le fit aménager).

bien des cas le pastiche n'est pas soumis à cette fonction subalterne: il se veut une imitation aussi habile que possible du langage du peuple, et plus précisément de celui de l'ouvrier parisien. Il n'est plus inséré à des fins que l'on pourrait qualifier de «socialement exotiques», dans le dialogue de roman – comme chez Furetière, Marivaux, Caylus et plus tard dans *Faublas* –, mais devient un langage littéraire spécifique dans l'œuvre de Vadé.

Si, dans les pièces en vers, le style poissard se limite le plus souvent à un vocabulaire et à quelques déviations de prononciation, il est des textes qui attestent avec évidence le désir d'osmose, de calque qui fait l'originalité du pastiche. C'est la syntaxe, le mouvement même de la phrase qui est mis en cause dans une œuvre comme *Jérôme et Fanchonnette, pastorale de la Grenouillère* (créée le 18 février 1755) et davantage encore dans le *Compliment de la clôture de la foire Saint-Laurent* (6 octobre 1755), mis dans la bouche de ces deux personnages. On en jugera par ces quelques échantillons tirés du *Compliment*:

> Jerosme, *embarrassé*: Dame, c'est qu'faut donner le boui d'une magnière de sentiment ben r'tapée au moins... là... comme qui diroit un échappment d'conversation sur une reconnoissance ben stipulée touchant... L'occasion du sujet de ce que je sommes redevabes... Là, tu m'entends ben... c'est à dire...
>
> Fanchonnette: Jérôme, laissez ça là, vote langage s'enfonce dans l'embrouillarmini.[39]

Et plus loin (p.5):

> Cadet: Parle donc, Jérôme, est-ce que j'suis un chien moi là-d'sus [le chapitre du cœur], tu crois p'têtre que j'ten r'céde...
>
> Jérôme: Hé, sois s'que tu voudras; chacun pour soi dans s'moment-ci, je me frois guillocher pour l'emporter sur vous tous en cas d'ça.
>
> Fanchonnette, *piquée*: C'est donc à dire que je surfais ces belles Dames et ces Messieux quand j'dis que j'suis la plus r'connoissante de toutes leux gracieusetés? Monssieux mon amant? vous voulez m'doner du d'sous de s'côté-ci? Fort peu d'ça. Et si vous croyez avoir plus distingation qu'moi pour ce qui est de mes sentimens pour la Copagnie, j'vous l'dis, j'vous donne vote sac et vos quilles.

Plus bas encore (p.8):

> Fanchonnette: Tiens s'autre avec sa voix de tournebroche, y vous entonne un Orpera. Dis donc Cadet; quand zon chante comme ça, faut s'faire accompagner par un chaudron.

39. La Haye, Pierre Gosse, 1759, p.3-4.

Cadet: Hé! sarpejeu y gnya qu'pour toi à vouloir jouer du gozier ici.
Jérôme: Vous sentez fort, Manzelle, qu'un homme n'a pas l'passage de la ruette fait pour la mursique comme qui diroit la surpape d'la voix d'une femme.

Et ce n'est certes ni une convention, ni un pseudo-parler paysan de théâtre qui lui fait employer les expressions: rencarter (rejeter), rogome (eau-de-vie), boire un liton de paffe, endèver, ste tenderté (cette tendresse), ou lui fait noter les prononciations: dénicheux d'marles, yau, ratourner en érrière, libarté, cheux li (chez lui), all'a, verté.

Reste que c'est à l'intérieur de ce registre populaire-patoisant que les catégories du pastiche et de la parodie tendent le plus souvent à se recouper.

Conclusion

Les classements que nous avons opérés sont certes loin d'être exhaustifs, tout comme les exemples présentés pourraient sans doute être multipliés. Mais notre propos n'était pas d'épuiser le sujet. Il visait surtout à souligner la spécificité d'un phénomène littéraire qui semble bien avoir pris naissance, en France, au XVIIIe siècle et y avoir connu une vogue fort significative. Ainsi s'ajoute un nouvel aspect à la complexité, déjà si grande, de l'âge des Lumières. Succédant à une période prestigieuse et féconde, il adopte vis-à-vis du fait littéraire, linguistique et culturel une attitude de curiosité tantôt déférente, tantôt ironique, qui suppose un sens aigu du relatif, de la diversité des registres, et même une part de sens historique. Exercice de dédoublement et de distanciation, le pastiche est peut-être la première forme de cette littérature au second degré qui caractérise les époques de haute saturation culturelle.

Voltaire

Voltaire et le peuple

L'attitude de Voltaire devant les masses populaires n'a jamais fait, à notre connaissance, l'objet d'une étude spécifique. La plupart des critiques ont évité ce sujet avec une étrange réserve ou ne l'ont abordé qu'avec réticence, en couvrant Voltaire d'excuses et de justifications. Les autres, comme Faguet, ont cru pouvoir tirer de deux ou trois citations adroitement rapprochées la preuve de ses contradictions et de l'inconsistance de sa pensée politique.[1] Le silence ou la gêne des uns, le triomphe bruyant des autres s'expliquent sans peine. Assurément, Voltaire n'avait rien d'un démocrate, au sens moderne du mot,[2] mais de combien de penseurs du XVIIIe siècle pourrait-on dire le contraire? Rousseau lui-même n'hésite pas à écrire: «A prendre le terme dans la rigueur de l'acception, il n'a jamais existé de véritable démocratie et il n'en existera jamais [...] S'il y avait un peuple de dieux, il se gouvernerait démocratiquement. Un gouvernement si parfait ne convient pas à des hommes.» Du moins Rousseau est-il républicain et partisan de la souveraineté populaire, mais l'écrasante majorité des écrivains politiques, de Montesquieu aux physiocrates, s'accorde à exclure les masses populaires de la gestion publique et à réserver celle-ci aux seuls propriétaires. Mably n'a que mépris pour le peuple, «cette lie de l'humanité

1. E. Faguet, *La Politique comparée de Montesquieu, Rousseau et Voltaire* (Paris 1902), p.78, n.1, 80 («il ne s'est jamais assez surveillé pour ne point tomber dans les contradictions») et 83 («Voltaire n'est rien moins que systématique dans ses idées politiques et peut être accusé même de les avoir eues quelque peu flottantes»). Ce jugement se fonde sur la comparaison de trois lettres: à Damilaville (1er avril 1766; D13232); à Linguet (15 mars 1767; D14039); et à La Chalotais (28 février 1763; D11051); il ne touche pas réellement au fond du problème.

2. De là à qualifier l'ancienne victime du chevalier de Rohan d'«aristocrate [...] par désir de fonder [l'autorité souveraine] sur l'ignorance populaire [...] par passion de maintenir une énorme distance entre le peuple et les hautes classes» (Faguet, p.78), il y a une marge que seules la distorsion des textes et une hostilité de principe permettent d'ignorer.

[...] destinée à servir de lest au vaisseau de la société», et d'Holbach, si radical à d'autres égards, est persuadé que «c'est la propriété qui fait le citoyen».[3] Dès lors, pourquoi glisser pudiquement sur certaines phrases de Voltaire, pourquoi aussi vouloir en tirer des conclusions abusives et faciles?

La pensée voltairienne constitue un ensemble cohérent et solide, à condition de la voir dans son ensemble et dans sa vraie perspective. En ignorer certains aspects fondamentaux serait la preuve d'une déférence mal inspirée. En isoler quelques formules brillantes et amères serait plus tendancieux encore, et nous laisserait sur l'image d'un Voltaire grimaçant et caricatural.[4] Reste donc à ouvrir le dossier et à retourner aux textes, mais à tous les textes ou du moins à un choix très largement représentatif. On évitera ainsi de tomber dans les simplifications outrancières d'un Faguet, tout en rompant le pieux silence d'un Barni,[5] trop soucieux de ne pas ternir l'image d'un Voltaire humaniste libéral pour faire un sort à cette question gênante. Plus près de nous, un exégète voltairien s'inquiétait en constatant que certaines déclarations de Voltaire pourraient le rendre suspect «aux yeux des critiques marxistes[6] qui y verront la marque d'un historien de classe, de la classe bourgeoise» et il s'empressait de conclure sur ce point en affirmant: «il ne faut donc pas exagérer le mépris de Voltaire pour le peuple».[7]

L'examen attentif des nombreux textes répartis sur un demi-siècle nous prouve que le problème est loin d'être simple et qu'il s'accommode mal d'une réponse en noir ou blanc. Surtout, il n'est pas fondamentalement politique en dernière analyse. L'attitude de Voltaire envers le peuple s'inspire de considérations sociales, philosophiques, éducatives, mais avant tout économiques et religieuses dont on ne saurait faire fi sans la trahir. C'est ce que trop de commentateurs ont oublié, tout

3. *Encyclopédie*, article «Représentants»; *Ethocratie*, ii.16.

4. Nous aimerions reprendre à notre compte deux remarques excellentes de René Pomeau: «la pensée de Voltaire n'est [...] pas aussi courte que le donnerait à croire un groupement de textes partiel et partial» et «il serait [...] injuste de s'en tenir aux textes où l'humeur voltairienne rétrécit comiquement le débat» (*La Religion de Voltaire*, Paris 1956, p.393-94).

5. *Histoire des idées morales et politiques en France au XVIIIe siècle* (Paris 1865).

6. Voir entre autres l'étude de J. Varloot sur «Voltaire et le matérialisme» dans *Europe* (mai-juin 1959), p.73-74.

7. Ch. Rihs, *Voltaire: recherches sur les origines du matérialisme historique* (Genève 1962), p.138, n.310 et p.140.

comme on a négligé de vérifier quel sens Voltaire accordait au mot «peuple» et quelles distinctions il y établissait.

Il n'y a pas lieu de s'attarder beaucoup aux textes où le concept de *peuple* se confond avec celui de masse flottante et versatile, la *turba* dont parle Sénèque, et qui ne s'identifie pas nécessairement avec la *plebs*. Ce point de vue remonte aux stoïciens, et plus haut sans doute; il imprègne la pensée des «libertins» du XVIIe siècle qui se veulent, selon le P. Garasse, des «esprits transcendants» (Naudé compare la «populace» au caméléon ou à «la sentine et cloaque dans laquelle coulent toutes les ordures de la maison»). Il est typique d'un groupe minoritaire, mais éclairé, qui se tient pour «déniaisé» et n'a que mépris pour les erreurs du vulgaire. En ce sens, c'est aussi l'attitude de Diderot.[8]

Dans *Brutus*, Messala traite avec dédain «l'erreur des peuples imbéciles» et réclame un chef «dont le nom seul impose à ce peuple volage» (I.iv; M.ii.336). Ce reproche d'inconstance reparaît dans une variante au texte de *Mariamne* (III.iii; M.ii.221), où Varus déclare à Hérode:

> Vous connaissez le peuple: on le change en un jour;
> Il prodigue aisément sa haine et son amour.
> Si la rigueur l'aigrit, la clémence l'attire.

vers qui se retrouvent presque mot-à-mot dans *La Mort de César*:

> Je sais quel est le peuple, on le change en un jour:
> Il prodigue aisément sa haine et son amour.
> Si ma grandeur l'aigrit, ma clémence l'attire.[9]

Dans la même pièce, Brutus dit à Cassius:

> Ce peuple mou, volage, et facile à fléchir,
> Ne sait s'il doit encor l'aimer ou le haïr.[10]

Une note du *Traité sur la tolérance* (ch.VIII; M.xxv.46) reprend la même idée:

Tacite, qui connaît si bien le naturel des princes, devait connaître celui du peuple, toujours vain, toujours outré dans ses opinions violentes et passagères,

8. Cf. notre article sur «Diderot et la notion de ‹peuple›», *Europe* (janvier-février 1963), p.78-88.

9. I.iv.287-289 (*La Mort de César*, éd. D. J. Fletcher, Voltaire 8, p.191).

10. II.iv.177-178 (Voltaire 8, p.204).

incapable de rien voir, et capable de tout dire, de tout croire, et de tout oublier.

Ailleurs, la critique porte plutôt sur l'ignorance et la superstition des foules. Hermogide, parlant à Eriphyle dans la pièce du même nom (M.ii.477), déclare:

> Pour qui ne les craint point, il n'est point de prodiges:
> Ils sont l'appât grossier des peuples ignorants [...]
> Pensez en roi, madame, et laissez au vulgaire
> Des superstitions le joug imaginaire.

Mais ce sont là des lieux communs qui ne permettent aucune conclusion sur la pensée profonde de Voltaire.[11] Son inquiétude devant le peuple vient d'ailleurs, et tout d'abord de sa longue réflexion sur l'histoire des hommes, passée et présente.

L'abondante documentation que Voltaire a recueillie, en vue de *La Henriade*, puis de ses ouvrages historiques, l'a amené à la conclusion désolante que les masses populaires sont la proie facile de la superstition et du fanatisme, mais aussi qu'elles sont capables des atrocités les plus révoltantes et des crimes les plus inhumains. La «populace», comme l'appelle Voltaire, va d'instinct aux formes les plus basses du sentiment religieux et sympathise spontanément avec la partie la plus rétrograde du clergé.[12] Voltaire ne cessera de rappeler aux rois que ces masses fanatisées et aveugles sont le pire danger pour l'Etat, pour l'autorité royale et pour le progrès de la pensée. L'inquiétude, encore diffuse dans *La Henriade*, éclate dans l'*Essai sur les mœurs* où elle se nuance parfois d'une sorte d'horreur.

Songeant aux excès de la Ligue, il fait dire au bon roi Henri:

11. Ces textes n'ont pas été suffisamment exploités dans la seule étude consacrée à la question, «The people in eighteenth-century tragedy from *Œdipe* to *Guillaume Tell*», par J. Van Eerde (*Studies on Voltaire* 27, p.1703-13).

12. Cf. *Le Pauvre diable*, «le peuple est l'âne, et le moine est le singe» (M.x.102); lettres à d'Alembert (4 juin 1769; D15676): «un capucin prêchant à Saint-Roch a plus de crédit sur le peuple que tous les gens de bon sens n'en auront jamais»; à d'Argental (20 avril 1769; D15600): «un cordelier véhément»; à Condorcet (27 janvier 1776; D19883): «Il y a une autre canaille à laquelle on sacrifie tout; et cette canaille est le peuple [...] c'est pour elle qu'on va à la Messe [...] qu'on rend le pain béni [...] qu'on a condamné le chevalier de La Barre».

Vous connaissez le peuple, et savez ce qu'il ose
Quand, du ciel outragé pensant venger la cause,
Les yeux ceints du bandeau de la religion,
Il a rompu le frein de la soumission.[13]

Ailleurs, il avertit les rois du danger de subversion qui les menace en leur rappelant les théories politiques des Ligueurs:

Partout on entendait cette fatale voix
Que le peuple en tout temps est souverain des rois.
Ces maximes alors, en malheurs si fécondes,
Jetaient dans les esprits des racines profondes.[14]

Dans *Le Siècle de Louis XIV*,[15] il ironise sur les prétendus miracles du diacre Pâris, puis se ravise et en tire la leçon à l'usage de ses contemporains. De telles absurdités restent possibles. «La religion peut encore aiguiser les poignards. Il y a toujours, dans la nation, un peuple qui n'a nul commerce avec les honnêtes gens, qui n'est pas du siècle [...] et sur qui l'atrocité du fanatisme conserve son empire comme certaines maladies qui n'attaquent que la plus vile populace». N'avait-il pas écrit plus haut que «la populace est presque partout la même» (ch.x; M.xiv.258)?

Mais c'est dans l'*Essai sur les mœurs* que les accents de dégoût et d'horreur se multiplient, soutenus par un foisonnement d'exemples. L'histoire, pour Voltaire, n'est qu'une longue succession d'erreurs, de préjugés, de cruautés et de crimes. Les masses, laissées à elles-mêmes, retournent aussitôt aux instincts les plus barbares: il n'en veut pour preuve que les violences infligées aux frères de Witt, ou les scènes de cannibalisme qui firent suite à l'assassinat de Concini:

La populace, toujours extrême, toujours barbare, quand on lui lâche la bride, va déterrer le corps de Concini, inhumé à Saint-Germain-l'Auxerrois, le traîne dans les rues, lui arrache le cœur; et il se trouva des hommes assez brutaux pour le griller publiquement sur des charbons, et pour le manger.[16]

Ce même peuple n'a cessé de freiner le progrès et de faire obstacle aux rois les plus éclairés. Voltaire rappelle le triste sort de l'empereur

13. II.33-36 (*La Henriade*, éd. O. Taylor, Voltaire 2, p.393).
14. X.I, variante de l'édition de 1723 (Voltaire 2, p.595).
15. Chapitre XXXVII, «Du jansénisme» (M.xv.62).
16. Chapitre CLXXV, «De la France sous Louis XIII» (M.xii.576).

Henri IV, humilié par Grégoire VII, et il s'exclame, s'adressant directement aux rois de son temps (ch.XLVI; M.xi.398):

Arrêtez-vous un moment près du cadavre exhumé de ce célèbre empereur Henri IV, plus malheureux que notre Henri IV, roi de France. Cherchez d'où viennent tant d'humiliations et d'infortunes d'un côté, tant d'audace de l'autre, tant de choses horribles réputées sacrées, tant de princes immolés à la religion: vous en verrez l'unique origine dans la populace; c'est elle qui donne le mouvement à la superstition. C'est pour les forgerons et les bûcherons de l'Allemagne que l'empereur avait paru pieds nus devant l'évêque de Rome; c'est le commun peuple, esclave de la superstition, qui veut que ses maîtres en soient les esclaves. Dès que vous avez souffert que vos sujets soient aveuglés par le fanatisme, ils vous forcent à paraître fanatique comme eux; et si vous secouez le joug qu'ils portent et qu'ils aiment, ils se soulèvent. Vous avez cru que plus les chaînes de la religion, qui doivent être douces, seraient pesantes et dures, plus vos peuples seraient soumis; vous vous êtes trompé: ils se servent de ces chaînes pour vous gêner sur le trône, ou pour vous en faire descendre.

Voilà pour les enseignements du passé. Mais ne peut-on mieux augurer du présent, et le peuple est-il définitivement voué à cette condition proche de la brute? La réponse de Voltaire à cette question n'est pas invariable, mais on finit par découvrir, au-delà des mouvements d'humeur et des réactions liées aux circonstances, un fond de doctrine dont il ne s'est guère écarté et qui s'accorde d'ailleurs logiquement avec l'ensemble de sa pensée.

Une des grandes questions qui se sont posées au siècle des Lumières, depuis Fontenelle jusqu'à Condorcet, a été de savoir s'il convenait de diffuser ces «lumières» de façon extensive et d'en faire bénéficier le peuple. Voltaire estime que le problème a été mal posé, et qu'il importe de distinguer ce qu'il faut entendre par «peuple» et par «lumières», tout en s'accordant sur le processus même de cette diffusion.

Le peuple, pour Voltaire, n'est nullement un tout homogène. Il se compose d'une masse de travailleurs misérables et peu qualifiés, et d'une élite d'artisans spécialisés et cultivés. Voltaire n'attend rien des uns et beaucoup des autres. Il estime nécessaire le maintien d'une main-d'œuvre inculte, non scolarisée et il redoute visiblement que la généralisation d'une éducation populaire n'aboutisse à dépeupler les campagnes et à vider les ateliers:[17] argument économique émanant

17. On retrouve ici l'incidence d'un problème qui a vivement préoccupé le XVIIIe siècle, la hantise de la dépopulation. Diderot y voyait la conséquence de l'attrait des

d'un gros propriétaire qui d'ailleurs ne s'en cache pas. Qu'on en juge par la lettre à Damilaville du 1er avril 1766 (D13232):

Je crois que nous ne nous entendons pas sur l'article du peuple que vous croyez digne d'être instruit. J'entends par peuple la populace qui n'a que ses bras pour vivre.[18] Je doute que cet ordre de citoyens ait jamais le temps ou la capacité de s'intruire, ils mourraient de faim avant de devenir philosophes, il me paraît essentiel qu'il y ait des gueux ignorants.[19] Si vous faisiez valoir comme moi une terre, et si vous aviez des charrues vous seriez bien de mon avis, ce n'est pas le manœuvre qu'il faut instruire, c'est le bon bourgeois, c'est l'habitant des villes, cette entreprise est assez forte et assez grande [...] Je suis de l'avis de ceux qui veulent faire de bons laboureurs des enfants trouvés, au lieu d'en faire des théologiens; au reste il faudrait un livre pour approfondir cette question.

Il ne s'agit point là d'une boutade ou d'un paradoxe. Voltaire est très sérieux et il ne variera pas sur cet article, comme le prouve une lettre à Linguet du 15 mars 1767 (D14039):

distinguons dans ce que vous appelez peuple, les professions qui exigent une éducation honnête et celles qui ne demandent que le travail des bras et une fatigue de tous les jours. Cette dernière classe est la plus nombreuse. Celle-là pour tout délassement et pour tout plaisir, n'ira jamais qu'à la grand'messe et au cabaret, parce qu'on y chante et qu'elle y chante elle-même. Mais pour les artisans plus relevés, qui sont forcés par leurs professions mêmes, à réfléchir

villes et de la transformation des paysans en soldats et en laquais, c'est-à-dire en sujets improductifs. La question a été fort bien étudiée au congrès de Genève (1963) sur le siècle des Lumières, particulièrement dans les contributions de Sir Julian Huxley, «A factor overlooked by the philosophes: the population explosion», et de Mme Agnès Raymond, «Le problème de la population chez les Encyclopédistes» (*Studies on Voltaire* 25, p.861-83 et 26, p.1379-88).

18. L'article «Peuple» de l'*Encyclopédie*, rédigé par Jaucourt d'après une dissertation de l'abbé Coyer, constate également qu'«autrefois le peuple étoit l'état général de la nation, simplement opposé à celui des grands et des nobles», mais que l'évolution du mot depuis une vingtaine d'années a limité fortement son acception: «Il ne reste donc dans la masse du peuple que les ouvriers et les laboureurs.» Cependant Jaucourt et Coyer, à la différence de Voltaire, éprouvent la plus vive sympathie pour le sort des masses laborieuses.

19. On voit mal comment concilier cette formule, et celles qui suivront, avec l'affirmation de M. Antoine Adam: «Voltaire ne dit pas que le peuple doit être tenu à l'écart du progrès des Lumières» («Voltaire et les Lumières», *Europe*, mai-juin 1959, p.16). Ce n'est pas rendre justice à Voltaire que d'ignorer certains aspects de sa pensée parce qu'ils s'harmonisent difficilement avec nos idéologies comtemporaines.

beaucoup, à perfectionner leur goût, à étendre leurs lumières; ceux-là commencent à lire dans toute l'Europe.

Dans une lettre à d'Alembert (2 septembre 1768; D15199), il est plus net encore et plus caustique:

Il [Damilaville] doit être content, et vous aussi, du mépris où l'*inf*... est tombée chez tous les honnêtes gens de l'Europe. C'était tout ce qu'on voulait et tout ce qui était nécessaire. On n'a jamais prétendu éclairer les cordonniers et les servantes; c'était le partage des apôtres.

Quand éclate à Lyon une émeute populaire qui se termine par une fusillade, Voltaire écrit à Tabareau (3 février 1769; D15461):

A l'égard du peuple il sera toujours sot et barbare, témoin ce qui est arrivé à la canaille de Lyon. Ce sont des bœufs, auxquels il faut un joug, un aiguillon et du foin.

Il confie à Damilaville, le 12 octobre 1764, que «la vérité n'est pas faitte pour tout le monde. Le gros du genre humain en est indigne»;[20] le 19 mars 1766, même son de cloche dans une lettre au même correspondant: «il est à propos que le peuple soit guidé, et non pas qu'il soit instruit. Il n'est pas digne de l'être» (D13212) ainsi que le 28 avril 1766: la majorité des gens «ne méritent pas qu'on les éclaire. Il est très certain [...] que la raison fait de grands progrès, mais ce n'est jamais que chez un petit nombre de sages» (D13271).

Lorsqu'il lit, en 1763, dans l'*Essai d'éducation nationale* de La Chalotais: «Le bien de la société demande que les connaissances du peuple ne s'étendent pas plus loin que ses occupations. Les frères de la Doctrine chrétienne, qu'on appelle ‹ignorantins›, sont survenus pour achever de tout perdre: ils apprennent à lire et à écrire à des gens qui n'eussent dû apprendre qu'à dessiner et à manier le rabot et la lime, mais qui ne le veulent plus faire», Voltaire ne peut s'empêcher d'applaudir à ces vues qui rejoignent les siennes et il s'empresse d'écrire à l'auteur: «Je vous remercie de proscrire l'étude chez les laboureurs. Moi qui cultive la terre, je vous présente requête pour avoir des manœuvres, et non des clercs tonsurés.»[21]

Pour autant que le paysan n'abandonne pas sa charrue, Voltaire est prêt à glorifier son état: «Celui qui défriche un champ rend plus de

20. D12138. Il rejoint ainsi l'attitude de celui qu'il appelle «le lâche Fontenelle».

21. 28 février 1763 (D11051). Cf. *Questions sur l'Encyclopédie*, article «Propriété»: «On a besoin d'hommes qui n'aient que leurs bras et de la bonne volonté» (M.xx.293).

service au genre humain, que tous les barbouilleurs de papier de l'Europe» (aux d'Argental, le 11 mars 1763; D11084).

Ces textes sont clairs et explicites. Ils émanent d'un philosophe qui méprise les erreurs de la «populace», d'un bourgeois qui redoute ses soulèvements et d'un propriétaire qui tient à se réserver une main-d'œuvre abondante et peu coûteuse.

Faudrait-il dès lors rejeter Voltaire parmi les théoriciens soucieux de maintenir le peuple dans ses ténèbres afin de sauvegarder leurs privilèges économiques et sociaux? En dépit des apparences et de la dureté de certaines formules, rien ne serait plus faux.

Sans doute Voltaire est-il persuadé qu'il serait dangereux d'ouvrir des écoles dans tous les villages et de vouloir répandre le savoir humain dans toutes les classes, mais ce n'est ni par opportunisme ni par mépris pour l'espèce humaine. L'explication profonde se trouve dans sa philosophie de l'histoire et dans sa conception du progrès. Celui-ci est lent, peu spectaculaire et toujours précaire. Accélérer le mouvement de l'histoire, brusquer les faits, c'est leur faire violence et risquer de tout gâter par un zèle mal inspiré.

Les «lumières» doivent donc se diffuser, et se diffuseront un jour, mais par étapes successives. Le peuple finira par en bénéficier insensiblement, non par une initiation brutale qui le jetterait dans l'oisiveté et dans la subversion, mais par une sorte de lente osmose. On lit dans *Le Siècle de Louis XIV*:

> Il faut d'abord qu'elle [la raison] soit établie dans les principales têtes; elle descend aux autres de proche en proche, et gouverne enfin le peuple même qui ne la connaît pas, mais qui, voyant que ses supérieurs sont modérés, apprend aussi à l'être. C'est un des grands ouvrages du temps, et ce temps n'était pas encore venu.[22]

Cette théorie de l'éducation progressive par l'exemple, et non par l'instruction, lui tient visiblement à cœur. Dans la lettre, déjà citée, écrite à Damilaville le 13 avril 1766 (D13249), il la développe in extenso:

> Il est bien certain que les pélerinages, les prétendus miracles, les cérémonies superstitieuses ne feront jamais un honnête homme. L'exemple seul en fait, et c'est la seule manière d'instruire l'ignorance des villageois. Ce sont donc

22. Chapitre XXXVI, «Du calvinsime au temps de Louis XIV» (M.XV.38).

les principaux citoyens qu'il faut d'abord éclairer. Il est certain par exemple que si à Naples les seigneurs donnaient à dieu la préférence qu'ils donnent à st Janvier, le peuple au bout de quelques années se soucierait fort peu de la liquéfaction dont il est aujourd'hui si avide. Mais si quelqu'un s'avisait à présent de vouloir instruire ce peuple napolitain, il se ferait lapider. Il faut que la lumière descende par degrés. Celle du bas peuple sera toujours fort confuse. Ceux qui sont occupés à gagner leur vie, ne peuvent l'être d'éclairer leur esprit. Il leur suffit de l'exemple de leurs supérieurs.[23]

Il faut entrer dans les articulations profondes de la pensée voltairienne pour comprendre comment il concilie, sans l'ombre d'un paradoxe, la nécessité d'éclairer les masses avec le refus de les instruire. Cette association peut nous paraître spécieuse; elle ne l'était nullement pour lui.

Voltaire s'est toujours dressé avec indignation contre ceux qui voulaient maintenir le peuple dans un état d'abrutissement. Une chose est de croire le peuple, dans sa majorité, rebelle à la raison,[24] une autre de vouloir perpétuer et exploiter sciemment cet état. Dans un petit pamphlet intitulé *Jusqu'à quel point on doit tromper le peuple* (M.xxiv.71), il écrit:

C'est une très grande question, mais peu agitée, de savoir jusqu'à quel degré le peuple, c'est-à-dire neuf parts du genre humain sur dix,[25] doit être traité comme des singes.

L'article «Fraude» du *Dictionnaire philosophique* (M.xix.205-208) pose la question de savoir «S'il faut user de fraudes pieuses avec le peuple» et Voltaire, par la bouche du sage Ouang, s'élève contre cette scandaleuse théorie:

Nos lettrés sont de la même pâte que nos tailleurs, nos tisserands et nos laboureurs [...] et il y a bien moins de crimes parmi les lettrés que parmi le

23. La même idée est développée dans le *Dictionnaire philosophique*, article «Superstition»: «L'exemple de ces magistrats n'éclairera pas la canaille [...] Leurs mœurs adoucies adouciront celles de la plus vile et de la plus féroce populace» (M.xx.456).

24. «Le petit peuple ne raisonnera jamais: on ne raisonne que dans l'oisiveté. Le peuple est entre l'homme et la bête» (*Notebooks*, éd. Th. Besterman, Voltaire 82, p.534).

25. Ce calcul de proportions a fait l'objet d'échanges de correspondance entre Voltaire et Frédéric II (cf. D13183, D13212).

peuple. Pourquoi ne pas daigner instruire nos ouvriers comme nous instruisons nos lettrés?[26]

Nous sommes arrivés ici à un point crucial du problème et nous pouvons nous demander si Voltaire ne se contredit pas ou si son attitude n'a pas évolué. La suite du texte nous éclaire bientôt. L'instruction à laquelle songe Voltaire n'est ni littéraire, ni philosophique, ni historique, ni théologique surtout; elle ne se confond en rien avec l'enseignement que Diderot, Talleyrand et Condorcet voudront voir dispenser à tous les citoyens. Diffuser la culture et le savoir à des millions d'hommes lui paraîtrait absurde et périlleux; autre chose est de répandre «une religion sans superstition», la croyance à «un Dieu qui punit et qui récompense», puisqu'aussi bien le rôle du philosophe est d'«annoncer un Dieu».

La lettre à Damilaville (D13232) ne disait pas autre chose:

Confucius a dit qu'il avait connu des gens incapables de sciences, mais aucun incapable de vertu; aussi doit on prêcher la vertu au plus bas peuple; mais il ne doit pas perdre son temps à examiner qui avait raison de Nestorius ou de Cirille, d'Eusèbe ou d'Athanase, de Jansénius ou de Molina, de Zwingle ou d'Œcolampade,[27] et plût à dieu qu'il n'y eût jamais eu de bon bourgeois infatué de ces disputes, nous n'aurions jamais eu de guerre de religion, nous n'aurions jamais eu de st Barthélemy, toutes les querelles de cette espèce ont commencé par des gens oisifs et qui étaient à leur aise; quand la populace se mêle de raisonner, tout est perdu.

L'instruction à donner aux masses se précise, et se limite du même coup, à une sorte d'évangélisation déiste. Dans sa lutte contre l'Eglise romaine, Voltaire sait qu'il ne triomphera que lorsque son église personnelle aura trouvé des adeptes. Comme l'a très bien dit René Pomeau, «la propagande voltairienne [...] ne fait pas table rase, elle dresse temple contre temple».[28]

Voltaire n'a pas assez confiance dans les «lumières» du peuple pour vouloir l'initier à la philosophie des «frères», ou à ce qu'il appelle «les

26. Voir la première *Epître aux fidèles* (D.app.233). Voltaire souhaiterait qu'à l'exemple des Anglais on puisse «éclairer à la fois le chancelier et le cordonnier».

27. Voltaire, on le voit, s'insurge surtout contre le fait que l'Eglise, ayant le monopole de l'enseignement, ne recrute des élèves dans le peuple que pour en faire des prêtres ou des moines; cf. la lettre à La Chalotais (28 février 1763; D11051): «des manœuvres, et non des clercs tonsurés». Bien des remarques surprenantes de Voltaire s'expliquent par le contexte de l'époque et par sa haine de l'Eglise toute-puissante.

28. *La Religion de Voltaire*, p.376.

mystères de Mitra» (D14991), mais il espère réussir à le gagner à une forme de religion plus humaine, plus tolérante, plus douce. On s'est demandé souvent s'il était sincère, et certains de ses propos ont contribué à entretenir le doute:

> La croyance des peines et des récompenses après la mort est un frein dont le peuple a besoin.[29]

Qu'un dieu soit indispensable pour contenir la «canaille», Voltaire en est intimement persuadé[30] et c'est ce qui l'éloigne du curé Meslier:

> Pourquoi adresser ce testament à des hommes agrestes qui ne savaient pas lire? Et, s'ils avaient pu lire, pourquoi leur ôter un joug salutaire, une crainte nécessaire qui seule peut prévenir les crimes secrets?[31]

Ce même sentiment le dressera plus tard contre d'Holbach et sa «synagogue» avec une violence qui n'est pas inspirée seulement par l'intérêt ou par l'opportunisme, mais aussi par une sincère conviction. Car enfin, s'il est vrai qu'il faut un dieu à la «populace», Voltaire croit aussi qu'il en faut un aux philosophes; seulement, ce n'est pas tout à fait le même. Inutile de revenir là-dessus après le beau livre de René Pomeau.

Il arrive, on l'a vu, que Voltaire se laisse aller au découragement devant tant de sottise, tant d'aveuglement, tant de férocité. Le peuple ne serait-il donc que cette «populace», cette «canaille» toujours capable du pire, toujours sollicitée par le fanatisme?

29. *Lettres à S. A. Mgr le prince de* *** (M.xxvi.511-12).

30. Cf. *Questions sur l'Encyclopédie*, article «Athéisme»: «Il est très vrai que par tout pays la populace a besoin du plus grand frein» (M.xvii.463). De même, Voltaire note en marge de *Le Vrai sens du système de la nature* (Londres 1774), p.134, ligne 13: «la populace est une bête féroce qu'il faut enchaîner par la crainte de la potence et de l'enfer» (cf. W. S. Ljublinski, *Voltaire-Studien*, Berlin 1961, p.121 et 142).

31. D'Alembert pose la même question à Frédéric II, mais en des termes très différents (29 janvier 1770). Sa morale repose sur «la liaison du véritable intérêt avec l'accomplissement de nos devoirs», mais elle se heurte à un insurmontable obstacle, «c'est de savoir si ceux qui n'ont rien, qui donnent tout à la société et à qui la société refuse tout, qui peuvent à peine nourrir de leur travail une famille nombreuse, ou même qui n'ont pas de quoi la nourrir; si ces hommes, dis-je, peuvent avoir d'autre principe de morale que la loi, et comment on pourrait leur persuader que leur véritable intérêt est d'être vertueux, dans le cas où ils pourraient ne l'être pas. Si j'avais trouvé à cette question une réponse satisfaisante, il y a longtemps que j'aurais donné mon catéchisme de morale» (*Œuvres*, Paris 1821-1822, v.289).

– Distingue toujours les honnêtes gens, qui pensent, de la populace, qui n'est point faite pour penser.[32]
– Ce monde-ci (il faut que j'en convienne) est un composé de fripons, de fanatiques et d'imbéciles, parmi lesquels il y a un petit troupeau séparé qu'on appelle *la bonne compagnie*; ce petit troupeau étant riche, bien élevé, instruit, poli, est comme la fleur du genre humain; c'est pour lui que les plaisirs honnêtes sont faits.[33]
– Par quelle fatalité est il plus aisé de rassembler des laboureurs et des vignerons que des gens qui pensent![34]
– Nous aurons bientôt de nouveaux cieux et une nouvelle terre; j'entends pour les honnêtes gens: car pour la canaille le plus sot ciel et la plus sotte terre est ce qu'il lui faut![35]
– La canaille créa la superstition, les honnêtes gens la détruisent.[36]

Pourtant ces accès de dépression et de pessimisme ne sont pas le dernier mot de Voltaire, tout comme la vie ne se résume pas pour lui à un dilemme entre les ratiocinations de Pangloss et le fatalisme du derviche. Il y a une issue, mais elle est lointaine et son accès est ardu. Voltaire se refuse à désespérer de l'homme et à abandonner la majorité du genre humain au sort de la brute.

L'attentat de Damiens lui inspire, dans le *Précis du siècle de Louis XV*, ces considérations nuancées (M.xv.394):

L'esprit des Poltrot et des Jacques Clément, qu'on avait cru anéanti, subsiste donc encore chez les âmes féroces et ignorantes! La raison pénètre en vain chez les principaux citoyens: le peuple est toujours porté au fanatisme, et peut-être n'y a-t-il d'autre remède à cette contagion que d'éclairer enfin le peuple même; mais on l'entretient quelquefois dans des superstitions, et on voit ensuite avec étonnement ce que ces superstitions produisent.

On retrouve la même lueur d'espoir, la même nuance dans un *Dialogue entre un philosophe et un contrôleur général des finances* (M.xxiii.502) où l'ignorance des masses est expliquée par leur condition économique et par la politique délibérée des grands:

La populace reste toujours dans la profonde ignorance où la nécessité de

32. *Questions sur l'Encyclopédie*, article «Blé» (M.xviii.16).

33. *Conversation de M. l'intendant des Menus en exercice avec M. l'abbé Grizel* (M.xxiv.247).

34. A d'Alembert, 23 juillet 1769 (D15770).

35. A d'Alembert, 13 janvier 1769 (D15427).

36. *Le Dîner du comte de Boulainvilliers*, «Pensées détachées de M. l'abbé de Saint-Pierre», éd. U. Kölving, Voltaire 63A, p.408.

gagner sa vie la condamne, et où l'on a cru longtemps que le bien de l'Etat devait la tenir.

Peut-être faut-il chercher le dernier mot de Voltaire dans le *Sermon des cinquante*. Le troisième et dernier point développe l'idée qui lui est chère: que le moment est venu de dissocier christianisme et religion, qu'il faut prêcher aux hommes la religion naturelle:

> On nous dit qu'il faut des mystères au peuple, qu'il faut le tromper. Eh! mes frères, peut-on faire cet outrage au genre humain?

Bien des superstitions ont déjà disparu, parmi les plus choquantes. Pourquoi donc désespérer?

> Il faut avoir le courage de faire encore quelques pas: le peuple n'est pas si imbécile qu'on le pense; il recevra sans peine un culte sage et simple d'un Dieu unique, tel qu'on dit qu'Abraham et Noé le professaient, tel que tous les sages de l'Antiquité l'ont professé, tel qu'il est reçu à la Chine par tous les lettrés [...] lorsque la raison, libre de ses fers, apprendra au peuple qu'il n'y a qu'un Dieu [...] certes alors, mes frères, les hommes seront plus gens de bien, en étant moins superstitieux.[37]

En définitive, on peut dire que Voltaire n'a jamais cru qu'il fallait instruire la masse des travailleurs manuels,[38] mais qu'il fallait l'éclairer moralement par l'exemple et lui proposer une forme de religion plus pure et plus rationnelle. L'histoire et l'expérience lui ont appris à se défier du peuple dont l'action a souvent contrarié le progrès des Lumières. De toute manière, celui-ci restera lent, et ses résultats fragiles: Voltaire préfère placer ses espoirs dans des réformes venues d'en haut, inspirées par les «philosophes» aux souverains éclairés, soutenues par le «petit troupeau» des «honnêtes gens» et dont le peuple finira par bénéficier à la longue, par une sorte de réfraction discrète et efficace.

Sur ce plan, tout comme sur d'autres, il se sépare à la fois de Diderot,

37. M.xxiv.453. Cf. Fréret, dans le troisième entretien du *Dîner du comte de Boulainvilliers*, «L'adoration pure de l'Etre suprême commence à être aujourd'hui la religion de tous les honnêtes gens; et bientôt elle descendra dans une partie saine du peuple même» (Voltaire 63A, p.397).

38. Il est curieux de constater que Rousseau partage cet avis, mais pour une raison diamétralement opposée; cf. *Emile*, livre I (*O. C.*, iv.267): «Le pauvre n'a pas besoin d'éducation; celle de son état est forcée; et il n'en sauroit avoir d'autre.» On comparera ces positions intransigeantes et théoriques aux solutions raisonnables et concrètes proposées par Diderot dans le *Plan d'une université pour le gouvernement de Russie* et dans l'*Essai sur les études en Russie* (A.-T., iii.415, 417, 429, 520).

du baron d'Holbach et de Jean-Jacques. Certains lui en sauront gré, comme le Nietzsche du brillant parallèle Voltaire-Rousseau dans *Der Wille zur Macht*. D'autres le blâmeront de ce qu'ils jugent une faiblesse : Robespierre, bien sûr, mais aussi Germaine de Staël, peu suspecte de jacobinisme pourtant et qui écrira dans *De la littérature* : « [Voltaire] aimoit les grands seigneurs, il aimoit les rois ; il vouloit éclairer la société plutôt que la changer ».[39] Jugement sommaire, fondé sur une simplification excessive, mais qui illustre l'ancienneté d'un malentendu que cet article a tenté de lever ou, du moins, d'éclairer quelque peu.

39. *De la littérature*, éd. Van Tieghem, p.278.

Les formes de la satire chez Voltaire

Voltaire, génie satirique: la formule paraît aller de soi. Et Musset ne lui a-t-il pas donné valeur de symbole en l'assimilant au rire sardonique et pervers d'un vieillard incapable d'amour et d'élan?

> Dors-tu content, Voltaire, et ton hideux sourire
> Voltige-t-il encore sur tes os décharnés?

Mais déjà Flaubert protestait contre cette méchante et facile imagerie romantique. Il s'exclamait: «Cet homme-là me semble ardent, convaincu, superbe [...] Toute son intelligence était une machine de guerre. Et ce qui me le fait chérir, c'est le dégoût que m'inspirent les voltairiens, des gens qui rient sur les grandes choses. Est-ce qu'il riait, lui? Il grinçait.» Ce qui prouve, soit dit en passant, que le pharmacien Homais n'est nullement la caricature de Voltaire, mais celle de ses ineptes suiveurs.

Par réaction, la critique contemporaine semble vouloir réduire au minimum, faute de pouvoir les supprimer, la part de comique et d'humour, le goût pour la raillerie sacrilège, l'irrépressible volonté de dérision qui forment quelques-unes des composantes essentielles du génie voltairien. On lit, dans un ouvrage sur le siècle des Lumières, cette formule significative du désir de déceler, en Voltaire, un esprit sérieux (comme si les humoristes n'étaient pas les gens les plus sérieux du monde!): «L'amusement et l'ironie sont des masques; quand il bouffonne, il est au bord de l'émotion».[1] Pourquoi faut-il qu'on veuille toujours enfermer Voltaire dans une définition unique et simple? pourquoi ne repousse-t-on le jugement cruel de Mme de Staël: «*Candide* semble écrit par un être d'une autre nature que nous, indifférent à notre sort, content de nos souffrances, et riant comme un démon, ou comme un singe, des misères de cette espèce humaine avec laquelle il

1. J.-M. Goulemot, M. Launay, G. Mailhos, *Le Siècle des Lumières* (Paris 1968), p.83.

n'a rien de commun»,[2] que pour transformer l'auteur de *L'Ingénu* en une sorte de Jean-Paul Sartre de l'âge des Lumières?

Encore faudrait-il, au préalable, que l'on s'accordât sur le sens qu'il convient de donner au mot «satire», ainsi qu'au genre littéraire qu'il représente. Une grande confusion semble régner dans ce domaine et les avis des spécialistes s'opposent, bien plus qu'ils ne se complètent.

Pour M. H. Abrams, auteur d'un *Glossary of literary terms* qui fait autorité dans l'université américaine, «*Satire* is the literary art of diminishing a subject by making it ridiculous and evoking towards it attitudes of amusement, contempt, or scorn», définition qui paraît convenir bien mieux à la parodie et au burlesque, et qui se concilie péniblement avec ce qui est dit plus loin, dans le même article, de la satire horatienne, «[which] undertakes to evoke a smile at the foibles of men», et où l'auteur parle «in the character of an urbane and tolerant man of the world who is moved to amusement rather than indignation at the spectacle of human folly – sometimes including his own». Comment admettre, dans ces conditions, que la satire «uses laughter as a weapon, and against a butt outside the work itself»? L'insistance sur l'aspect comique conduit notre théoricien jusqu'à déclarer que «the distinction between the *comic* and the *satiric* is a sharp one only at its extreme». M. Abrams corrige d'ailleurs sa définition sur un point essentiel lorsqu'il remarque que la satire «has usually been justified by those who practice it as *a corrective* of human vice and folly. As such, its aim has been to ridicule the failing rather than the individual, and to limit its ridicule to corrigible faults, excluding those for which a man is not responsible», ce qui nous semble une nouvelle généralisation contre laquelle bon nombre d'œuvres satiriques semblent s'inscrire en faux. N'est-ce pas Martínez de la Rosa qui écrivait que

> la satira, maligna en aparencia,
> sana de corazón, persigue el vicio
> por vengar la virtud y la inocencia,

2. *De l'Allemagne*, III, ch.IV, «Du persiflage introduit par un certain nombre de philosophes». *Persiflage*: on a trop tendance à oublier que Voltaire était hostile à ce néologisme, et à l'état d'esprit qu'il traduit. Il l'oppose à «l'esprit» et au «sentiment» et pose la question à l'abbé d'Olivet: «Dites-moi si Racine a *persiflé* Boileau, si Bossuet a *persiflé* Pascal, et si l'un et l'autre ont *mystifié* La Fontaine». Sur l'histoire et l'emploi de *persiflage*, on lira l'excellente étude de Werner Krauss, «Zur Wortgeschichte von ‹Persiflage›», dans *Archiv für das Studium der neueren Sprachen und Literaturen*, 201, p.1-28.

mettant ainsi l'accent sur la finalité morale et didactique, sans aucune restriction, et faisant fi des aspects comiques du genre.

Il faudrait distinguer d'ailleurs, avec plus de rigueur qu'on ne le fait d'ordinaire, *la satire* en tant que genre littéraire, et *l'esprit satirique* qui s'exprime de multiples façons et à travers des genres très variés.

La satire au sens strict du mot, en d'autres termes la satire en vers, est un genre spécifiquement latin, ainsi que l'affirmait fièrement Quintilien («satura quidem tota nostra est»). Du pêle-mêle qu'elle était à l'origine («farrago»), elle a évolué avec Lucilius dans le sens du ridicule et de la censure, l'intention polémique et l'intention comique restant étroitement associées.[3]

On notera que l'opposition des théoriciens se situe, avant tout, sur le point de la prépondérance à accorder à l'un ou à l'autre de ces éléments. C'est en vain qu'on tenterait de dégager une doctrine en cette matière hautement controversée, et les affirmations les plus contradictoires accroissent la perplexité de celui qui cherche à voir clair dans le problème.

Pour Witke, la satire se caractérise par son utilité (*usefulness*). Son objet est d'instruire plutôt que d'amuser, ce qui la différencie radicalement de la comédie. Le satirique est un écrivain soucieux d'éthique pratique, résolument installé dans la vie quotidienne, qui stigmatise les

3. La satire latine a fait l'objet d'une abondante littérature critique, dont nous extrayons (grâce aux suggestions éclairées de notre collègue Jean Préaux) les ouvrages les plus importants: E. de Saint-Denis, *Essais sur le rire et le sourire des Latins* (Paris 1965); C. A. Van Rooy, *Studies in classical satire, and related literary history* (Leiden 1965); J.-P. Cèbe, *La Caricature et la parodie dans le monde romain antique, des origines à Juvénal* (Paris 1966); *Die Römische Satire*, éd. Dietmar Korzeniewski (Darmstadt 1970); Ch. Witke, *Latin satire: the structure of persuasion* (Leiden 1970). Sur le genre satirique en général, on lira, entre autres: G. Highet, *The Anatomy of satire* (Princeton 1962); R. Paulson, *The Fiction of satire* (Baltimore 1967); J. Russell et A. Brown, *Satire. A Critical anthology* (Cleveland 1967); Matthew Hodgart, *La Satire*, trad. P. Frédérix (Paris 1969). On y ajoutera, en raison de sa copieuse introduction méthodologique, l'ouvrage de Maria Tronskaja, *Nemetskaïa Satira Epochi Prosvechenjia*, trad. all. *Die Deutsche Prosa-satire der Aufklärung* (Berlin 1969). L'état du problème théorique a été établi d'une manière remarquable dans une savante mise au point de M. Jürgen Brummach, «Zu Begriff und Theorie der Satire», dans *Deutsche Vierteljahrsschrift für Literaturwissenschaft und Geistesgeschichte* (*Sonderheft Forschungsreferate*) 45 (mai 1971), p.275-377. Les questions de définition, de limites, de morphologie, de typologie sont étudiées de manière très approfondie dans la seconde partie («Forschungsbericht»).

erreurs et les défauts de ses contemporains, fouaille leurs ridicules, et déplore la perte de l'âge d'or. La préoccupation esthétique est négligeable dans ce genre fonctionnel et pragmatique, où le rire lui-même est un facteur secondaire, parce que médiat.

Maria Tronskaja dit presque exactement l'inverse. Se fondant sur l'avis de l'Américain Worcester et du Soviétique Jakov Elsberg, elle accorde au rire un caractère prédominant sur la fonction didactique. Assez curieusement, elle fait siennes les considérations de caractère idéaliste exposées par Schiller dans *Ueber naive und sentimentalische Dichtung*: «Satirisch ist der Dichter wenn er den Widerspruch der Wirklichkeit mit dem Ideale zu seinem Gegenstande macht [...] In der Satire wird die Wirklichkeit als Mangel dem Ideal als der höchsten Realität gegenübergestellt.» Dès lors, elle inclut dans l'inspiration satirique un nombre impressionnant d'œuvres en prose, romans, récits, fables, esquisses, parodies, etc.

L'excellent spécialiste de la satire latine qu'est C. A. Van Rooy présente une définition souple et nuancée, qui accueille des œuvres fort diverses dans leur intention et dans leurs procédés: «Latin satire is a poem in which prevalent follies or vices, or individuals or groups as guilty of such, are assailed with ridicule or censure, or by the mixing of jest with earnestness [mélange appelé en grec *spoudogéloïon*], with or without an element of moral exhortation towards the improvement of society» (p.93). On remarque la prudence du théoricien, soucieux de n'exclure aucune forme de satire, encore qu'il admette un peu plus loin que, Perse mis à part, la fonction exhortative est beaucoup plus rare que la forme strictement négative et critique.

Russell et Brown ont préféré renoncer à toute définition, en se bornant à constater que la critique et l'humour se conjuguent, mais que l'un d'eux peut fort bien être absent (ce qui nous semble très contestable). Cette absence de rigueur doctrinale leur permet d'inclure Euripide et Molière, Donne et Corbière, Erasme et La Rochefoucauld, mais la notion de *satire* s'y dissout entièrement, pour se réduire à une vague forme critique opérant par la voie de la fiction. Les auteurs de la *Critical Anthology* concèdent d'ailleurs de bon gré que la satire, dans cette perspective, devient un genre second, une simple variante des genres consacrés.

Plus prudent à certains égards, et plus aventureux à d'autres, Gilbert Highet a préféré ne pas définir la satire, quitte à y établir ensuite des catégories formelles (il y distingue, pour sa part, monologue, parodie, et narration déformante). Sous sa plume alerte et brillante, le genre satirique finit par recouvrir l'ensemble de la littérature critique (ou de démystification), incluant ainsi les romans picaresques, mais aussi *Animal Farm*, *Bouvard et Pécuchet*, ou tels passages humoristiques d'*A la recherche du temps perdu*. Renonçant à toute velléité de définition, le critique se condamne du même coup à voir son objet se diluer dans le vaste ensemble de la littérature non-héroïque ou antihéroïque (pour reprendre l'excellente distinction établie par Aristote dans sa *Poétique*). En revanche, mieux que tous ses prédécesseurs, Highet a noté une différence essentielle entre le rire de la satire et le pur rire comique: c'est que le premier pourrait être atroce s'il le voulait, mais qu'il se refuse à aller jusqu'au bout de sa logique intérieure. *Candide* est une œuvre terrible, mais que le rire sauve du désespoir complet.

La constatation qui s'impose à l'issue de cet examen général est que, dès le moment où disparaissent les critères *formels* (d'ailleurs très imprécis) qui permettaient de cerner la satire latine et ses survivances traditionnelles, le genre satirique ne peut être circonscrit que par des critères d'ordre psychologique et conceptuel, par la *tonalité* de l'œuvre et par l'*attitude* de son auteur. A la différence du sonnet, du drame, du roman ou du conte, la satire n'appartient plus au répertoire des «formes simples» (*einfache Formen*) analysées par André Jolles: elle constitue un ensemble déterminé par une *intentionalité*, et qui puise ses éléments dans les genres les plus variés, qu'elle recoupe en quelque sorte selon un axe particulier.

Si l'on admet qu'une définition préalable est méthodologiquement indispensable, nous dirons pour notre part que toute œuvre satirique présuppose une double condition: d'abord, que l'auteur prenne plaisir à fustiger autrui (ce qui revient à dire que cette censure constitue pour lui *un divertissement intellectuel*, un motif de délectation intime, lié à *une forme d'agressivité* canalisée par l'ironie, qui le protège du didactisme et de l'autosatisfaction pharisaïque); ensuite, que cette censure relève d'*une vision du monde et de l'homme* (qui peut d'ailleurs aussi bien être conservatrice que révolutionnaire), en regard de laquelle le comportement décrit et dénoncé apparaît comme une anomalie ou comme une aberration que la dérision stigmatisera plus efficacement que l'indignation.

On voit dans quelle large mesure Voltaire répond à ce double critère, à la fois par son «impétuosité» (si finement mise en valeur par Delattre) et par le soubassement philosophique et moral auquel toute son œuvre se réfère, explicitement ou non.

Le rôle primordial de la fonction critique assignée par Voltaire à son œuvre littéraire est notoire et indiscutable, au point que l'adjectif *voltairien* est passé dans la langue avec la nuance de «scepticisme railleur» (Dictionnaire Robert). Mais Rousseau, lui aussi, se voulait le critique de son temps et l'instituteur des mœurs. La différence est qu'il pratique une méthode toute différente, fondée sur l'éloquence, l'indignation, la véhémence ou la persuasion émotive. L'ironie n'est pas son fait, et le sens de l'humour n'apparaît qu'à de rares moments de détente et lorsqu'il est capable de se détacher un instant de lui-même.[4]

Diderot, lui aussi, est trop passionné, trop spontané pour pratiquer la satire traditionnelle, à la manière de Perse, d'Horace ou de Juvénal, et il fera éclater les cadres du genre dans la brève *Satyre première* comme dans la *Satyre seconde*, mieux connue sous le nom du *Neveu de Rameau*.

S'il fallait faire la part, dans l'œuvre de Voltaire, de tout ce qui relève de l'esprit satirique, une bonne moitié à coup sûr devrait être retenue, allant de *La Pucelle*, c'est-à-dire de l'épopée héroï-comique, jusqu'à la correspondance et aux facéties. Nous procéderons donc par étapes, en partant de la satire proprement dite, pour aborder ensuite les formes variées et nouvelles que va prendre, au fil des années, l'esprit qui l'anime, et l'extension constante de son champ d'application.

Au sens traditionnel et restrictif du terme, la satire en vers avait été portée en France à un haut degré de maîtrise par Mathurin Régnier et par Boileau. L'un et l'autre avaient exploité au maximum les «lieux communs» du genre, en l'occurrence la peinture des mœurs, le tableau de genre, la critique littéraire et l'admonestation morale. Les conditions historiques de l'époque ne leur permettaient plus d'inclure dans leur thématique les grands sujets de la polémique religieuse et politique du XVIe siècle. A la farouche indignation d'un Agrippa d'Aubigné, à la véhémence fougueuse des *Tragiques*, succèdent la cocasserie et le pittoresque du *Repas ridicule* ou des *Embarras de Paris*, les pointes personnelles contre Cotin, Pradon, Quinault et quelques autres victimes de choix.

4. Voir J. Voisine, «Self-ridicule in *Les Confessions*», *Yale French Studies* 28 (Fall-Winter 1961-1962), p.55-63.

Voltaire, qui se voulait l'élève et le continuateur des auteurs du «grand siècle», ne manquera pas de perpétuer cette tradition, et cela dès le début de sa carrière. Il a vingt ans, à peine, lorsqu'il se jette dans la Querelle des Anciens et des Modernes, en lançant contre Houdar de La Motte la satire du *Bourbier* (1714). Curieuse pièce que celle-là, et qui mérite de retenir d'emblée l'attention. Sous la fiction d'un voyage au Parnasse, l'auteur dénonce les grenouilles de la montagne poétique, les ennemis du grand Homère, les faux poètes qui croupissent dans «le noir bourbier d'infecte profondeur» (M.x.77):

> [...] chansonniers, faiseurs d'odes,
> Rogues corneurs de leurs vers incommodes,
> Peintres, abbés, brocanteurs, jetonniers,
> D'un vil café superbes casaniers,
> Où tous les jours, contre Rome et la Grèce,
> De maldisants se tient bureau d'adresse.

De toute évidence, cette satire littéraire se réclame de Boileau, et par là d'Horace («le harpeur ami de Mécénas», v.8). Elle ne comporte aucune incidence philosophique, aucune idée d'engagement (si ce n'est sur le plan littéraire). Au contraire, pourrait-on dire, puisque Voltaire y raille, non seulement Houdar, mais aussi «le tiers état auteur, dudit Houdar unique admirateur». Enfin, on retiendra, au milieu de cette satire, un curieux pastiche en style pseudo-médiéval, ancêtre du «style troubadour»:

> Adonc, amis, si, quand ferez voyage
> Vous abordez la poétique plage,
> Et que La Motte ayez désir de voir,
> Retenez bien qu'illec est son manoir.

Le contraste est saisissant avec la satire *Le Pauvre diable*, écrite – il est vrai – près d'un demi-siècle plus tard (1758; M.x.99-113). Entretemps, l'écrivain a renouvelé sa manière, recourant à des modes d'expression aussi variés que le conte, le dialogue, la facétie. Dans ce pseudo-dialogue en vers entre l'auteur et un «pauvre diable» à la recherche d'un métier, la satire littéraire s'accompagne d'intentions polémiques plus personnelles et plus âpres. On connaît le schéma: un malheureux sans situation a cru trouver un débouché à l'armée, dans la magistrature, au monastère, et enfin dans l'état littéraire. Dans cette courbe, la satire suit une progression ascendante: anodine pour les militaires, elle égratigne la magistrature («Allez juger: êtes-vous riche? – Non, [...]

Quoi! point d'argent, et de l'ambition! Pauvre impudent! apprends qu'en ce royaume tous les honneurs sont fondés sur le bien»), se fait cruelle pour le moine («animal inutile, malin, gourmand, saltimbanque indocile, qui gâte tout et vit à nos dépens»), mais elle culmine dans la peinture de la prostitution morale qui sévit dans les milieux d'écrivains brocardés par notre poète. Voltaire exécute sommairement ses ennemis littéraires, qui sont dans certains cas aussi des adversaires idéologiques. La violence atteint du coup à des proportions insolites dans la satire traditionnelle:

Je m'accostai d'un homme à lourde mine,
Qui sur sa plume a fondé sa cuisine,
Grand écumeur des bourbiers d'Hélicon,
De Loyola chassé pour ses fredaines,
Vermisseau né du cul de Desfontaines,
Digne en tous sens de son extraction,
Lâche Zoïle, autrefois laid giton:
Cet animal se nommait Jean Fréron.

Il montre plus d'égards pour le chef de file du parti dévot, Le Franc de Pompignan, et se contente de le couvrir de ridicule, sous le couvert de l'épigramme et du calembour:

[...] votre dur cas me touche:
Tenez, prenez mes cantiques sacrés;
Sacrés ils sont, car personne n'y touche;
Avec le temps un jour vous les vendrez.

Mais Voltaire n'est pas moins féroce dans ses animosités purement littéraires: Trublet a beau être le disciple respectueux de Fontenelle, son zèle pour les «modernes» lui vaudra de passer dans la trappe:

Il entassait adage sur adage;
Il compilait, compilait, compilait;
On le voyait sans cesse écrire, écrire
Ce qu'il avait jadis entendu dire,
Et nous lassait sans jamais se lasser.
Il me choisit pour l'aider à penser.

De degré en degré, le pauvre diable va tomber chez les convulsionnaires de Saint-Médard, ces jansénistes avilis par le délire prophétique, et ce sera l'occasion de régler un vieux compte avec le journaliste des *Nouvelles ecclésiastiques*, Abraham Chaumeix, dont Voltaire trace un portrait inoubliable de méchanceté, mi-Tartuffe, mi-Dom Basile:

Persécuteur, délateur, espion;
Chez les dévots je forme des cabales:
Je cours, j'écris, j'invente des scandales,
Pour les combattre et pour me faire un nom,
Pieusement semant la zizanie,
Et l'arrosant d'un peu de calomnie.
Imite-moi, mon art est assez bon;
Suis, comme moi, les méchants à la piste;
Crie à l'impie, à l'athée, au déiste,
Au géomètre; et surtout prouve bien
Qu'un bel-esprit ne peut être chrétien:
Du rigorisme embouche la trompette;
Sois hypocrite, et ta fortune est faite.

La suite des tribulations du pauvre diable importe peu. Suffit qu'il ait permis à Voltaire de traîner dans la boue les représentants les plus écoutés du parti dévot, depuis le milieu jésuite (assez nettement ménagé) jusqu'au parti janséniste, doublement odieux à ses yeux et d'autant plus férocement fustigé. Car ce n'est plus de raillerie qu'il s'agit ici, mais d'une véritable exécution littéraire où la passion et le ressentiment entraînent Voltaire, au-delà de la simple satire, jusqu'à la dénonciation, au pamphlet, voire même (pour Fréron) à l'insulte.

La satire a donc changé de caractère après 1750. En pleine bataille «philosophique», Voltaire transforme cette arme légère en une artillerie lourde contre le camp ennemi. L'ironie n'est plus de saison, il faut détruire si l'on veut survivre. Plus de ménagements, mais un feu nourri et impitoyable: la satire redevient ce qu'elle était du temps d'Aristophane, une mise en accusation à la fois idéologique et personnelle.

En 1760, avec *Le Russe à Paris* (M.x.120-31), Voltaire revient au procédé du pseudo-dialogue qui l'avait si bien servi dans *Le Pauvre diable*. Déguisé cette fois en Russe, sous le nom transparent d'Ivan Alethov, il va reprendre le combat contre la clique dévote pour la défense du parti «philosophique». L'éloge initial de Paris sous le grand roi servira de repoussoir à la peinture de la décadence littéraire et morale qui a suivi les guerres et les désordres financiers. La poésie, la presse, l'éloquence, le théâtre sont en pleine dégénérescence. Au cygne de Cambrai, à l'aigle de Meaux ont succédé:

Maître Abraham Chaumeix, Hayer le récollet,
Et Berthier le jésuite, et le diacre Trublet,
Et le doux Caveyrac, et Nonnotte, et tant d'autres.

Le ton est moins personnel, moins passionné, mais plus grave, plus amer que dans la satire précédente. Ce que Voltaire déplore, c'est l'acharnement manifesté par le pouvoir contre quiconque ose penser librement. La satire reprend un ton plus doctrinal; l'attaque, un propos plus général.

Dépassant ses rancœurs personnelles, il s'en prend à l'ensemble des ennemis du groupe «encyclopédique»:

Ennemis des talents, des arts, des gens de bien,
Qui se sont faits dévots, de peur de n'être rien.[...]
Ces oiseaux de la nuit, rassemblés dans leurs trous,
Exhalent les poisons de leur orgueil jaloux:
Poursuivons, disent-ils, tout citoyen qui pense.
Un génie! il aurait cet excès d'insolence!
Il n'a pas demandé notre protection!

Mais l'espoir renaît en finale, et ce qui avait débuté en *lamento* et en critique s'achève sur une profession de foi et d'espoir «philosophique»:

Il est des cœurs bien faits, il est de bons esprits,
Qui peuvent, des erreurs où je la vois livrée,
Ramener au droit sens ma patrie égarée.
Les aimables Français sont bientôt corrigés.

Voltaire revient à la satire littéraire en 1761, avec *Les Chevaux et les ânes*, diatribe contre la sottise, le charlatanisme et le déclin général du talent. On y retrouve ses têtes de Turc habituelles, et quelques nouveaux venus (Boyer de Mirepoix, Crevier, l'abbé La Coste), mais l'absence d'humour et le didactisme trop appuyé nuisent au plaisir du lecteur et affadissent la portée des traits.

Le Marseillais et le lion (1768), bien que classé dans les satires par les éditeurs de Voltaire, a tous les caractères de la fable, et en particulier le didactisme. La satire (dirigée ici contre l'anthropocentrisme) n'est pas au cœur même de l'œuvre; elle n'y est qu'un ingrédient très secondaire.

En revanche, un conte en vers comme *Les Trois empereurs en Sorbonne* (1768; M.x.151-56) appartient de plein droit au registre satirique, et mérite à ce titre un examen plus détaillé. Ecrivant en pleine affaire de

Bélisaire,[5] Voltaire imagine que Trajan, Titus et Marc-Aurèle (les trois empereurs sauvés de l'enfer par Marmontel) viennent en visite à Paris. On leur montre la statue d'Henri IV, les boulevards, la Foire, l'Opéra et enfin la Sorbonne. A leur stupéfaction, ils s'y entendent condamner, avec Henri IV, Epictète, Caton et quelques autres, aux supplices éternels, alors que Jacques Clément, Ravaillac, Damiens et Fréron sont absous et admis à voir Dieu face à face.

Les notes accentuent encore le ton polémique du texte en soulignant les cas analogues, dans la Bible, de crimes justifiés, et même exaltés: Judith, Salomon, David, Jahel, Aod, ou en ironisant sur le procès de canonisation du capucin Cucufin dont le seul mérite est «d'avoir laissé répandre un œuf frais sur sa barbe».

La parenté de ce conte, dans son argumentation et dans son répertoire d'exemples, avec de nombreux autres textes voltairiens est d'une éclatante évidence. La satire en vers ne procède pas autrement que la facétie en prose, le dialogue, le conte, le pamphlet, l'article de dictionnaire ou la correspondance. Il n'y a, hormis la forme, aucune différence radicale de nature entre *Les Trois empereurs*, l'article «Ravaillac» des *Questions sur l'Encyclopédie*, *La Canonisation de saint Cucufin*, *Le Dîner du comte de Boulainvilliers*, ou certaines notes acerbes à *L'Examen important de milord Bolingbroke*, sans parler des petits libelles contre Riballier, Larcher et Coger, dit *Cogé pecus*.[6]

Ainsi se manifeste, à travers l'extraordinaire variété des genres et des formes, l'unité d'une pensée et la cohérence d'une œuvre. La satire en vers n'est pas, pour Voltaire, une fin en soi, comme elle l'était pour Boileau; elle est un moyen parmi d'autres au service d'une cause plus vaste.

Dans le même registre, le dialogue en vers entre *Le Père Nicodème et Jeannot* (M.x.162-66) atteindra son objectif par le ridicule, l'antilogie, la fausse naïveté. Le Père Nicodème endoctrine son disciple:

> Jeannot, souviens-toi bien que la philosophie
> Est un démon d'enfer à qui l'on sacrifie.
> Archimède autrefois gâta le genre humain;

5. Le roman de Marmontel avait été vivement censuré par la Sorbonne en 1767. La Faculté de théologie avait particulièrement relevé la proposition «qu'on n'éclaire point les esprits avec la flamme des bûchers».

6. Voir sur lui l'article de J.-Th. de Booy, «L'abbé Coger, dit Coge Pecus, lecteur de Voltaire et de d'Holbach», *Studies on Voltaire* 18 (1961), p.183-96.

> Newton dans notre temps fut un franc libertin [...]
> Pour faire ton salut, ne pense point, Jeannot;
> Abrutis bien ton âme, et fais vœu d'être sot.

Voltaire ne recule pas devant les moyens faciles pour accabler ses ennemis. Pour un satirique, le procédé est de bonne guerre, mais il n'est pas sans risques, puisqu'on peut l'inverser tout aussi facilement, dans son outrance réductrice: les antiphilosophes ne s'en feront pas faute.

Quelques flèches sont décochées, au passage, à Larcher, à Coger, à Nonnotte: qui se souviendrait d'eux si Voltaire ne les avait pas épinglés au passage? On pourrait en dire autant de l'abbé Grizel,[7] que Voltaire ne se lasse pas de citer (un peu comme tel passage du prophète Ezéchiel, quand il s'agit de tourner la Bible en dérision). Il serait curieux, à certains égards, de dresser la liste des victimes favorites de Voltaire: elle constituerait un surprenant martyrologe, dont les personnages ne survivent que grâce au talent de leur ennemi juré. Paradoxe de l'histoire!

Mais Voltaire ne plaisante jamais sans raison. Derrière l'ironie un peu lourde de la sentencieuse homélie du Père Nicodème, c'est toute sa thématique de la lumière qui affleure, et Voltaire n'admet pas de raillerie sur ce chapitre: la longue histoire du hibou ébloui par le soleil est un apologue qui agit *a contrario*. Quand le maître lui dit:

> Profite de sa faute; et, tapi dans ton trou,
> Fuis le jour à jamais en fidèle hibou.

l'élève rétorque, parlant au nom de millions de Français:

> On a beau se soumettre à fermer la paupière,
> On voudrait quelquefois voir un peu de lumière.

et cela d'autant plus que la lumière progresse dans toute l'Europe, et jusque dans le Midi (thème favori de la correspondance, comme nous l'avons montré ailleurs[8]).

Mais devant les objurgations du bon Père, Jeannot se résignera:

> Allons, ne voyons goutte, et chérissons l'erreur

et sa sagesse fait présager pour très bientôt «un bon canonicat» ou quelque titre de prélat.

7. Voir la *Conversation de M. l'intendant des Menus en exercise avec M. l'abbé Grizel.*
8. Dans notre livre *Clartés et ombres du siècle des Lumières* (Genève 1969).

La satire, pour être grosse et simplifiante, n'en porte pas moins sur un des points fondamentaux de la doctrine voltairienne : le refus d'un savoir réservé. Elle en constitue une illustration caricaturale où le rôle dévolu au comique pèse peut-être un peu lourdement sur l'intention didactique.

Nous avons vu la part de l'apologue dans la satire précédente. Celle des *Systèmes* se réduit, en fait, à une fable ironique sur la prétention des philosophes systématiques, et en même temps à une leçon de tolérance :

> Imitez le bon Dieu qui n'en a fait que rire.

Apologue encore, mais plus nettement satirique dans son vêtement allégorique : *Les Cabales* (1772 ; M.x.177-86). Retournant à l'inspiration moralisatrice des anciens, Voltaire y fustige l'esprit de parti et de brigue qui sévit à tous les échelons : cabales littéraires, querelles des Bouffons, guerre des parlements, disputes entre économistes, tout y passe, même la cabale des athées. On sait que les dernières années de Voltaire furent obsédées par la lutte contre l'athéisme, jugé pernicieux à l'ordre social.

> De saint Ignace encore on me voit souvent rire ;
> Je crois pourtant un Dieu, puisqu'il faut vous le dire. [...]
> L'univers m'embarrasse, et je ne puis songer
> Que cette horloge existe, et n'ait point d'horloger.

Il rêve, avant la lettre, d'un esprit œcuménique, ce qu'il traduit à sa manière propre, un peu désinvolte à la vérité :

> J'ai désiré cent fois, dans ma verte jeunesse,
> De voir notre saint-père, au sortir de la messe,
> Avec le grand lama dansant un cotillon.

Mais ce n'est, hélas, qu'un rêve et en 1770, comme en 1700, la discorde continue à brouiller les hommes. Ce n'est, en tout cas, pas l'attitude dénoncée par Mme de Staël dans *De l'Allemagne*, et l'on ne voit rien de démoniaque ou de simiesque dans cette allégorie, aucun désintérêt non plus pour le reste de l'espèce humaine.

Si l'on veut bien considérer dans son ensemble l'usage que fait Voltaire de la satire traditionnelle en vers, on constate combien il en élargit le champ d'application et les moyens d'expression. Aux allusions personnelles, à la critique littéraire, à la censure des mœurs du temps vient s'ajouter tout le poids d'une philosophie du progrès rationnel et l'arrière-plan, moins apparent, d'une pensée politique hostile à l'absolutisme, mais surtout à la mainmise de l'Eglise sur l'Etat. Toute la satire voltairienne est reliée à l'actualité par un réseau serré d'allusions et de références, qui en font une œuvre profondément engagée dans une lutte plus large pour une réforme de la société.

La variété des thèmes n'a d'égale que la variété des formes : monologue, dialogue, conte en vers, fable, allégorie. Mais, à voir les choses de plus près, on se rend compte que cette variété est bien plus grande encore si l'on franchit le cadre étroit de la satire en vers.

Dans *Le Temple du Goût* (1731), Voltaire reprend le procédé de l'alternance de la prose et des vers, mis à la mode par Chapelle et Bachaumont au XVIIe siècle, pour raconter un voyage imaginaire au pays des artistes et des écrivains, où sa verve et sa causticité trouvent abondamment à s'employer. Encore ce pèlerinage s'achève-t-il sur un hommage aux grands auteurs qui constituent le Panthéon littéraire de Voltaire. Il est d'autres sujets où sa vindicte ne trouve pas ce correctif, et qui donnent plus de champ à sa combativité naturelle. La satire de l'Eglise et du cléricalisme en est une des applications les plus fréquentes, mais elle s'étend parfois au christianisme lui-même.

Laissons de côté les ouvrages de polémique pure, comme *L'Examen important de milord Bolingbroke* ou *La Bible enfin expliquée*, des mercuriales comme *Le Sermon du rabbin Akib*, encore que les ingrédients satiriques y soient subtilement mêlés, pour nous en tenir aux passages qui relèvent directement du genre par leur volonté démonstrative et par leur recours à l'ironie. Ironie très particulière, d'ailleurs, et qui tient de l'humour noir, comme si Voltaire était incapable de plaisanterie dans une matière aussi grave, et selon lui aussi tragique.

Dans *Dieu et les hommes* (1769), il établit un bilan presque commercial des victimes du fanatisme religieux, avec le détachement affecté d'un employé aux écritures. Mais derrière la fausse désinvolture et la distance créée par le style, on sent affluer le dégoût et l'horreur, le cri de pitié difficilement refoulé (M.xxviii.234-35) :

> nous avouons que les massacres de Mérindol et de Cabrières sont bien peu de chose. Il ne s'agit que de vingt-deux gros bourgs mis en cendres [...] d'enfants à la mamelle jetés dans les flammes ; de filles violées, et coupées ensuite par quartiers ; de vieilles femmes qui n'étaient plus bonnes à rien, et qu'on faisait sauter en l'air en leur enfonçant des cartouches chargées de poudre dans leurs deux orifices. Mais comme cette petite exécution fut faite juridiquement, avec

toutes les formalités de la justice, par des gens en robe, il ne faut pas omettre cette partie du droit français.

Cet usage paradoxal de la litote, cette fausse prétention au flegme ne seront plus compris à l'époque romantique : on y verra l'expression d'une monstrueuse indifférence, comme si la sympathie et la pitié ne pouvaient se manifester que dans les cadences du style périodique ou dans les véhémences de l'imprécation.

Mais sommes-nous encore dans les limites du registre satirique ? On peut en douter quand on voit que le comique n'est plus ici qu'un procédé de style, une sorte de provocation lancée à la sensibilité du lecteur, et en définitive le masque derrière lequel se cachent la répulsion et l'horreur. L'évocation des horreurs du fanatisme religieux, comme celle des horreurs de la guerre et de l'exploitation coloniale dans *Candide*, n'est plus de l'ordre de la satire : il s'agit en réalité d'un tragique inversé, qu'on ne nie que pour mieux en souligner la gravité.

A ce niveau, le propos satirique de Voltaire se marque davantage dans des œuvres brèves et percutantes où la distanciation ironique vient appuyer la volonté démonstrative. Nous avons vu la prédilection de notre auteur, dans ses satires versifiées, pour *le dialogue humoristique*. La forme mise à part, rien ne distingue ces morceaux des satires en prose que sont la plupart des petits dialogues voltairiens : le *Dialogue du chapon et de la poularde* (1763) traite du même sujet que *Le Marseillais et le lion*, c'est-à-dire de notre droit de manger les animaux, envisagé sur le plan religieux et philosophique.

Entreprise de démystification, les dialogues de Voltaire recourent tous à l'ironie et cachent leur propos déiste fort sérieux derrière le paravent de l'humour. Les paradoxes de Croutef dans *André Destouches à Siam*, les exposés naïfs de la foi chrétienne par le frère Rigolet dans le dialogue de l'empereur de la Chine et du frère Rigolet (*Relation du bannissement des jésuites de la Chine*), sont à leur manière d'éblouissantes satires.

La même constatation vaut également pour un grand nombre d'articles des *Questions sur l'Encyclopédie* et des autres ouvrages alphabétiques. Voltaire y retrouve même parfois le secret de l'antique « farrago », cette forme initiale de la « satura » latine : une sorte de faux désordre, qui amuse l'esprit par le caractère imprévisible de sa démarche (article « Blé », section VI ; la vision cocasse rapportée dans l'article « Dogmes » ;

le dialogue à une seule voix de l'article «Job»; les bouffonneries de l'article «Ezéchiel»; l'assimilation de Mme Dacier à Hypatie, dans l'article de ce nom; le rythme endiablé des articles «Pourquoi» et «Taxes»; les dialogues rapides dans «Ravaillac», «Providence», «Liberté de penser»; les polémiques personnelles de «Quisquis», où nous retrouvons Nonnotte, Patouillet et Larcher, victimes décidément familières; l'humour tantôt médical, tantôt anticlérical de «Ventres paresseux»; la dérision de l'article biographique «Ignace de Loyola»; la satire de l'intolérance et de la sottise de la censure à l'article «Livres», section II).

Dans la mesure où ces textes n'appartiennent pas à un genre structuré, mais se signalent au contraire par leur construction invertébrée, on peut estimer qu'ils font partie du domaine de la satire, interprétée *lato sensu*, puisque cette absence de rigidité est un des traits constitutifs du genre.

Les moyens littéraires mis en œuvre sont d'ailleurs similaires ou identiques à ceux que nous avons relevés dans les satires en vers. *Reductio ad minimum* de l'adversaire tantôt par l'avilissement, l'animalisation ou la dégradation directe; tantôt par la fausse ingénuité niaise du monologue où se trahit l'insuffisance d'une pensée; tantôt encore par la juxtaposition d'arguments contradictoires dont la bigarrure et le rythme endiablé font éclater l'inconsistance. En gros, on pourrait parler d'un comique par mécanisation ou par animalisation, celui-là même qui a fait la célébrité de certaines épigrammes fulgurantes de Voltaire.[9]

Reste à savoir si les contes tels que *Zadig, Micromégas* et *Candide*, ou si un poème tel que *La Pucelle* peuvent être rangés et étudiés valablement parmi les «satires». C'est ce que font, dans le secteur qu'ils prospectent, Maria Tronskaja, Gilbert Highet, Russell et Brown. Mais la logique de pareil système conduirait à juxtaposer Horace, Marot, les romans picaresques, Swift, Joyce, *Les Copains*, Rabelais, Cervantes, *Bouvard et Pécuchet* – c'est ce que fait, avec beaucoup de brio et de verve, M. Highet. Autant dire que la notion de genre s'est évaporée et que subsiste comme résidu commun un certain type d'intentionalité. Mais l'exemple de la *Critical Anthology* monrre qu'on peut alors, tout aussi bien, annexer Molière, Maïakovski, Kafka, Edgar Poe, Mark Twain, La

9. Fréron est peint en âne, Rousseau en singe et en basset; La Bletterie rampe; Terrasson se fait fouetter au bordel; Desfontaines est «le bedeau de Sodome». Il semble que la brièveté même de l'épigramme satirique contraigne Voltaire à plus de violence dans l'attaque, à l'absence de ménagements et de nuances.

Fontaine et John Donne, pour ne citer qu'au hasard. L'esprit satirique est autre chose que la satire; c'est une attitude de l'esprit qui peut s'insinuer dans presque tous les genres, et dans la comédie tout particulièrement, sans détruire leur homogénéité.

A les suivre, c'est la quasi totalité de l'œuvre de Voltaire qu'il aurait fallu envisager, en incluant l'*Essai sur les mœurs* aussi bien que *La Pucelle* (notre dernière épopée héroï-comique française), *L'Ingénu* aussi bien qu'*Alzire* ou *L'Orphelin de la Chine*. Le caractère critique de cette œuvre, son engagement personnel, sa volonté démystifiante, son goût de l'antiphrase, son intention profonde de changer le monde, jointe à un recul qui fait de ce monde un spectacle dérisoire, l'oscillation perpétuelle entre l'atroce et le cocasse: autant de traits qui font de Voltaire un des tempéraments les plus authentiquement satiriques de la littérature européenne. Mais c'est aussi un auteur qui s'inscrit délibérément dans une théorie littéraire fondée sur la distinction des genres, pour qui la tragédie, la comédie, le roman, le conte, l'épopée, l'histoire étaient des domaines propres, régis par des lois spécifiques.

Pour lui, la satire avait les siennes, comme elle avait aussi ses limites. A l'âge de 80 ans, en 1774, il en viendra à douter de tout, et même de la vertu de la satire, dans cette amère méditation rétrospective qu'est le *Dialogue de Pégase et du vieillard* (M.x.195-206). Appliquant à la lettre la leçon de *Candide*, le vieillard défriche, sème et bâtit; le monde est laid et cruel; la vie littéraire est une jungle. «Va, vole au mont sacré», dit-il à Pégase, «je reste en mon jardin». «Un bon cultivateur est cent fois plus utile / Que ne fut autrefois Hésiode ou Virgile.» Et, pour conclure,

> Plus de vers, et surtout plus de philosophie.
> A rechercher le vrai j'ai consumé ma vie;
> J'ai marché dans la nuit sans guide et sans flambeau:
> Hélas! voit-on plus clair au bord de son tombeau? [...]
> Je me tais. Je ne veux rien savoir, ni rien dire.

Lassitude d'octogénaire? Peut-être, mais ne nous laissons pas prendre au ton désabusé du vieillard. C'est le même poète qui parle par la voix de Pégase, et celui-ci décoche au passage des traits empoisonnés à Fréron, à Patouillet, à Nonnotte, à d'autres vieilles connaissances.

Non, Voltaire n'a jamais cessé de pratiquer la satire, mais une satire adaptée à ses besoins et à son propos, une satire au statut élargi, en fonction de la promotion qu'il accorde à l'écrivain et à son rôle social.

Si l'on veut savoir ce que Voltaire entendait par la satire, il faut le chercher dans son épître *A Boileau, ou mon testament* (1769; M.x.397-402); elle sera l'expression du génie libre, revendication de justice et de liberté, forme parallèle de l'action publique et civile, sans laquelle elle n'est que déclamation creuse ou flatterie camouflée.

Boileau, correct auteur de quelques bons écrits,
Zoïle de Quinault, et flatteur de Louis,
Mais oracle du goût dans cet art difficile
Où s'égayait Horace, où travaillait Virgile,
Dans la cour du Palais je naquis ton voisin;
De ton siècle brillant mes yeux virent la fin,
Siècle de grands talents bien plus que de lumière [...]

Louis avait du goût, Louis aimait la gloire:
Il voulut que ta muse assurât sa mémoire;
Et, satirique heureux, par ton prince avoué,
Tu pus censurer tout, pourvu qu'il fût loué [...]

Sous un ciel orageux, dans ces temps destructeurs,
Des chantres de nos bois les voix sont étouffées:
Au siècle des Midas, on ne voit point d'Orphées. [...]

Ce temps est, réponds-tu, très bon pour la satire,
Mais quoi! puis-je en mes vers, aiguisant un bon mot,
Affliger sans raison l'amour-propre d'un sot;
Des Cotins de mon temps poursuivre la racaille,
Et railler un Coger dont tout Paris se raille?
Non, ma muse m'appelle à de plus hauts emplois.
A chanter la vertu j'ai consacré ma voix.
Vainqueur des préjugés que l'imbécile encense,
J'ose aux persécuteurs prêcher la tolérance [...]

Malgré soixante hivers, escortés de seize ans,
Je fais au monde encore entendre mes accents.
Du fond de mes déserts, aux malheureux propice,
Pour Sirven opprimé je demande justice [...]

Ainsi je fais trembler, dans mes derniers moments,
Et les pédants jaloux, et les petits tyrans.
J'ose agir sans rien craindre, ainsi que j'ose écrire.
Je fais le bien que j'aime, et voilà ma satire.
Je vous ai confondus, vils calomniateurs,
Détestables cagots, infâmes délateurs;
Je vais mourir content. Le siècle qui doit naître
De vos traits empestés me vengera peut-être [...]

Nous nous verrons, Boileau: tu me présenteras

Chapelain, Scudéri, Perrin, Pradon, Coras.
Je pourrais t'amener, enchaînés sur mes traces,
Nos Zoïles honteux, successeurs des Garasses [...]

Mais je veux avec toi baiser dans l'Elysée
La main qui nous peignit l'épouse de Thésée.
J'embrasserai Quinault, en dusses-tu crever; [...]

Tandis que j'ai vécu, l'on m'a vu hautement
Aux badauds effarés dire mon sentiment;
Je veux le dire encor dans ces royaumes sombres:
S'ils ont des préjugés, j'en guérirai les ombres.
A table avec Vendôme, et Chapelle, et Chaulieu,
M'enivrant du nectar qu'on boit en ce beau lieu,
Secondé de Ninon, dont je fus légataire,
J'adoucirai les traits de ton humeur austère.
Partons: dépêche-toi, curé de mon hameau,
Viens de ton eau bénite asperger mon caveau.

Ainsi, le dernier mot de cet écrivain, tenu par ses détracteurs pour un génie de la haine et de la moquerie, consiste à assigner à la satire une fonction positive et sociale, à l'intérieur d'une vision plus vaste d'une humanité en marche vers des lendemains meilleurs. Nous voilà loin, très loin, du «hideux sourire» dont parlait Musset. Voltaire mérite mieux que sa légende.

Voltaire et la Bible, ou les ruses du polémiste

A partir de la cinquantaine, Voltaire semble littéralement fasciné par les problèmes de critique biblique, tant néo-testamentaire que vétéro-testamentaire et les ouvrages qui s'y rattachent occupent dans sa production une place toujours croissante. Les exercices de table des années de Cirey ont sans doute préparé le terrain à ces préoccupations, mais c'est après 1750 que le thème biblique se fait envahissant, jusqu'à devenir obsédant après 1765. Après le *Sermon des cinquante*, c'est le tour à *L'Examen important*, aux nombreux articles bibliques du *Dictionnaire philosophique*, puis des *Questions sur l'Encyclopédie*, à *Dieu et les hommes*, à *La Bible enfin expliquée*, enfin à l'*Histoire de l'établissement du christianisme*, sans parler des nombreux factums et pseudo-sermons qui en constituent le prolongement (*Sermon du rabbin Akib, Discours de l'empereur Julien, Le Taureau blanc*, etc.).

Je ne reviendrai pas ici sur le fond du débat, encore que certaines de mes conclusions m'y ramènent obligatoirement. L'attitude de Voltaire à l'égard de la tradition religieuse juive a fait l'objet de nombreuses études au cours des dernières décennies, et ces travaux ont jeté un éclairage plus pénétrant et plus correct sur des textes souvent interprétés assez hâtivement ou de manière tendancieuse. Un pamphlétaire antisémite français a publié, pendant la dernière guerre, un *Voltaire antijuif*[1] dont les quelque deux cent quarante pages constituent le plus extraordinaire florilège de textes voltairiens sur la barbarie et sur l'immoralité de l'Ancien Testament. L'auteur se gardait bien de faire remarquer que tous ces textes visaient une *histoire sainte* plus de deux fois millénaire, et non le judaïsme contemporain, de même qu'il voilait soigneusement l'absence de toute référence à un concept racial. Si Voltaire a sa place

1. Henri Labroue, *Voltaire antijuif* (Paris 1942). Selon la préface, le livre aurait été achevé en 1939.

dans l'*Histoire de l'antisémitisme* de Léon Poliakov,[2] ce n'est qu'au prix de l'extrapolation de certains passages particulièrement violents, coupés de leur propos fondamental et isolés ainsi de façon quelque peu artificielle. On comprend, après Auschwitz, la gêne de M. Poliakov devant telle page de *L'Examen important*, tout comme est légitime l'analyse du rabbin Arthur Herzberg dans son étude sur *The French Enlightenment and the Jews* (New York 1968). Encore faut-il juger Voltaire en fonction de son projet et dans le cadre culturel qui est le sien. On évitera ainsi les pièges de l'anachronisme et les risques d'injustice.

René Pomeau, se fondant sur les travaux d'Adolphe Lods, a mis en lumière à la fois les défauts et les mérites, les aveuglements et l'originalité de la critique biblique voltairienne.[3] Arnold Ages a scruté de près les mécanismes de cette critique, l'utilisation qu'elle fait de ses sources et les procédés qu'elle met en œuvre.[4] Mais personne n'est allé aussi loin, dans la réhabilitation de ces analyses, dans la mise en évidence de leur immense mérite objectif, que Bertram Eugene Schwarzbach dans son excellent livre sur *Voltaire's Old Testament criticism* (Genève 1971): Voltaire y apparaît, dans les limites de l'exégèse testamentaire de son temps, comme un des hommes les mieux informés et comme un précurseur de la critique biblique contemporaine, moins paralysée que celle de Bossuet, de Calmet, de Huet ou de Warburton par le carcan de l'orthodoxie.[5]

Ceux qui mènent le combat contre les idées régnantes, contre les tabous et les crédo, ceux qui remettent en question l'intangible *sainteté* d'une tradition vénérée sont contraints de frapper alternativement avec force et avec astuce, et c'est ce qu'a fait Voltaire. Ne retenir de son œuvre que l'image d'un antisémite quasi paranoïaque est d'abord un grave contresens et c'est ensuite une inadmissible trahison. Le propos de Voltaire était de désacraliser la pensée et l'histoire, tout comme il voulait les dégager de leurs perspectives trop exclusivement européo-

2. Tome III, *De Voltaire à Wagner* (Paris 1962), p.103 et suiv.

3. René Pomeau, *La Religion de Voltaire* (Paris 1956; nouv. éd., Paris 1969).

4. *Voltaire's biblical criticism: a study in thematic repetitions*, Studies on Voltaire 30 (1964); *Voltaire, Calmet and the Old Testament*, Studies on Voltaire 41 (1966); «Voltaire and the New Testament: a study in ironic didactism», *Zeitschrift für französische Sprache und Literatur* 78 (1968).

5. Il conclut: «The Voltairean legacy in Bible studies is one of intelligent inquiry, wide curiosity and ingenious guesses... who can leave much more?» (p.260).

centriques ou nationales. On pourrait, en alignant les textes sarcastiques de Voltaire sur les *Welches*, compiler sans peine un *Voltaire antifrançais*, et ce serait, de toute évidence, se méprendre radicalement sur ses intentions. L'ironie est toujours une arme à double tranchant, et bien des lecteurs sont, hélas, imperméables à l'humour. De même, il est injuste et faux d'insinuer qu'une polémique antijuive était, en France, au XVIIIe siècle, à la fois commode et sans danger. C'est oublier de propos délibéré que Voltaire n'est antijuif que parce qu'il est, essentiellement et fondamentalement, antichrétien et anticatholique; or nul n'osera avancer que la critique de la religion d'Etat était, autour de 1760, une position commode et dépourvue d'effets redoutables. La violence de certains passages voltairiens doit s'éclairer, non par le contexte des années 1940-1945, mais par celui de l'époque des Calas, des Sirven, du chevalier de La Barre et de son ami d'Etallonde, par la véritable terreur que l'orthodoxie fait régner quand sa survie est en cause, par la persécution de l'*Encyclopédie*, par la chasse aux sorcières déchaînée contre Helvétius.

Dans de telles conditions, Voltaire se trouve soumis à des contraintes passablement contradictoires. Il doit être à la fois agressif et prudent, polémique et persuasif, puisqu'il s'agit simultanément de faire passer un message, d'éviter les coups et de séduire le lecteur dont on ébranle les habitudes mentales. La solution consiste à ruser avec une habileté consommée, en observant les règles d'un jeu complexe et subtil qui lui assurera à la fois l'efficacité et l'impunité. Toutes les astuces de la rhétorique seront donc mises à contribution: l'ironie, l'antiphrase, l'ellipse, la prétérition, mais aussi le pathétique, l'indignation, la plainte, le cri. Forme et structure s'adapteront avec souplesse à la diversité des publics, depuis la feinte simplicité de l'article de dictionnaire jusqu'à l'érudition accablante de l'analyse critique. Pour sauver la face, et pour permettre à l'autorité établie de ne pas se déjuger, on se dissimulera derrière des auteurs prétendus, de préférence étrangers pour faire bonne mesure. Il suffira de faire parler un imaginaire rabbin Akib, un philosophe célèbre, mais défunt comme Bolingbroke, un fantomatique Dr Obern aussi illustre qu'inconnu. Ces roueries d'auteur deviennent, pour Voltaire, une source d'amusement à laquelle il prend un plaisir personnel, mais sa délectation ne peut nous faire oublier qu'il s'agit aussi d'une obligation imposée, et qui ne laisse à l'écrivain qu'une étroite marge de manœuvre. Dans la situation de l'auteur non-orthodoxe, le choix du style et des moyens d'expression résulte de contraintes extrêmement pesantes, auxquelles Diderot fait explicitement référence dans son commentaire sur la *Lettre sur l'homme et ses rapports* de F. Hemsterhuis. Si, quant à lui, il a opté pour les généralités,[6] le laconisme et l'obscurité, Voltaire recourt à des procédés plus conformes à son tempérament impétueux et à ses goûts de pamphlétaire. Ces ressources stylistiques et rhétoriques ont été soigneusement relevées et analysées,[7] et je n'y reviendrai donc pas.

Je voudrais, par contre, attirer l'attention sur une des astuces les plus efficaces et les mieux dissimulées de la polémique voltairienne en matière biblique : je songe ici à l'usage extrêmement étudié et dosé des variantes et des notes.

Les travaux les meilleurs et les plus récents en matière de critique voltairienne des textes sacrés ont dû, forcément, traiter en bloc les ouvrages qui s'y réfèrent, vu l'absence d'une édition critique qui en distinguerait les strates successives et qui ferait ainsi doublement la part de l'étude thématique et de l'analyse formelle. Or plusieurs de ces livres ont été construits par couches superposées, les ajouts venant s'agglutiner à un texte que parfois même ils contestent ou nient. La chronologie interne des œuvres de Voltaire est restée, dans bien des cas, un terrain en friche. Elle autorise cependant d'intéressantes remarques sur l'évolution idéologique du «patriarche de Ferney» et sur ses procédés de composition, plus proches du comportement de Balzac que de celui de Flaubert. La fécondité d'une telle étude m'est apparue avec évidence lorsque je fus amené, naguère, à mettre en chantier l'édition critique de *L'Examen important de milord Bolingbroke*.[8]

On me permettra de rappeler que la version originale de cet ouvrage capital remonte à 1766, année où il paraît dans le *Recueil nécessaire*. Diverses éditions reproduiront ce premier texte, amendé et augmenté ensuite dans les rééditions de 1771 et de 1776, de telle sorte que l'état définitif de *L'Examen important* est pratiquement contemporain de *La*

6. François Hemsterhuis, *Lettre sur l'homme et ses rapports. Avec le commentaire inédit de Diderot*, éd. George May (New Haven, Paris 1964), p.513.

7. Nous songeons à ceux déjà cités, d'Arnold Ages, mais aussi aux recherches de Jeanne Monty sur le *Dictionnaire philosophique*, d'Ursula Schick sur les contes, d'Ute van Runset sur les dialogues, pour ne citer que quelques-unes.

8. *L'Examen important de milord Bolingbroke*, éd. R. Mortier (Voltaire 62), p.127-362.

Bible enfin expliquée, alors que son état initial correspondait à la publication du *Philosophe ignorant*.

Les ajouts de 1771 et ceux de 1776 auraient pu, en principe, être de simples corrections de fait, issues d'une information plus étendue ou plus précise. Ils n'auraient eu, dans cette hypothèse, qu'un intérêt documentaire. Tel n'est pas le cas, si ce n'est en de rares occasions.

Pour éclairer le problème, prenons un exemple très concret, en l'occurrence le deuxième paragraphe du chapitre VIII, « Suite des mœurs des Juifs sous les Juges » (p. 197-98). Voltaire y traite, avec un mélange de délectation scandalisée et de révulsion indignée, de certaines pratiques sexuelles mentionnées dans l'Ancien Testament, et par la même occasion, de la barbarie de l'ancien peuple juif.

Parlerons-nous d'un lévite qui vient sur son âne avec sa concubine et de la paille et du foin dans Gabaa de la tribu de Benjamin ? et voilà les Benjamites qui veulent commettre le péché de sodomie avec ce vilain prêtre, comme les Sodomites avaient voulu le commettre avec des anges. Le lévite compose avec eux et leur abandonne sa maîtresse ou sa femme, dont ils jouissent toute la nuit, et qui en meurt le lendemain matin. Le lévite coupe sa concubine en douze morceaux avec son couteau, ce qui n'est pourtant pas une chose si aisée, et de là s'ensuit une guerre civile.

C'est sous cette forme, dont la condensation et l'accélération accentuent jusqu'au grotesque l'horreur et le ridicule de la situation, que Voltaire résume en 1766 le chapitre XIX du livre des Juges.

En 1771, il fait suivre le mot *anges* d'un appel de note, et il feint de compléter une lacune de Bolingbroke, c'est-à-dire de lui-même.

L'illustre auteur a oublié de parler des anges de Sodome. Cependant, cet article en valait bien la peine. Si jamais il y eut des abominations extravagantes dans l'histoire du peuple juif, celle des anges que les magistrats, les porte-faix et jusqu'aux petits garçons d'une ville veulent absolument violer, est une horreur dont aucune fable païenne n'approche, et qui fait dresser les cheveux à la tête. Et on ose commenter ces abominations ? et on les fait respecter à la jeunesse ? et on a l'insolence de plaindre les brames de l'Inde et les mages de Perse, à qui Dieu n'avait pas révélé ces choses, et qui n'étaient pas le peuple de Dieu ! et il se trouve encore parmi nous des âmes de boue assez lâches à la fois, et assez impudentes, pour nous dire, Croyez ces infamies, croyez, ou le courroux d'un Dieu vengeur tombera sur vous ; croyez, ou nous vous persécuterons, soit dans le consistoire, soit dans le conclave, soit a l'officialité, soit dans le parquet, soit à la buvette. Jusqu'à quand des coquins feront-ils trembler des sages !

On s'aperçoit aussitôt du changement de ton. A l'ironie macabre, à l'humour noir, au sourire dégoûté de 1766 succède sans transition une sortie passionnée et pathétique. Mais c'est qu'en même temps la portée du texte se trouve modifiée. Il ne s'agit plus d'aiguiser des sarcasmes sur des mœurs révolues et lointaines, de souligner la distance qui nous sépare de ce peuple primitif et grossier, mais de faire éclater ce qu'a d'odieux et de paradoxal, d'immoral et de scandaleux la liaison établie entre les religions chrétiennes modernes et de prétendus livres saints qui ne sont qu'un tissu d'horreurs et de crimes. En élargissant la comparaison aux cultes païens, puis aux religions orientales, Voltaire dénonce le caractère à la fois dérisoire et atroce du message biblique, et du même coup disqualifie tout l'appareil de l'orthodoxie, puisqu'il se fonde sur cette tradition et qu'il la perpétue. *L'histoire sainte*, telle que Voltaire la pratique, n'est ni un exercice d'érudit, ni un discours innocent. Sa pensée se tourne résolument vers le présent, c'est-à-dire vers les procédures de l'Inquisition, de l'officialité, vers l'association monstrueuse entre un Etat du XVIIIe siècle et une religion au caractère encore barbare et primitif. Au-delà de la Bible, ici et ailleurs, c'est l'Europe de 1760, et non le peuple juif, qui est en cause, et c'est ce qui motive la soudaine et violente explosion de bile. L'exécution du chevalier de La Barre, épouvantable crime judiciaire perpétré par l'Etat à l'instigation de l'Eglise, n'est que le prolongement d'une terrifiante sauvagerie. Le style du critique ne peut plus s'accommoder de l'ironie et de la distanciation. Au contraire, Voltaire s'engage, proteste, s'insurge, au point d'en perdre la maîtrise de soi.

En se relisant, en vue de l'édition de 1776, il ajoutera encore, sur un ton toujours indigné, mais plus proche de l'écœurement, en s'adressant au lecteur *philosophe* :

> Quel est l'homme de bien qui ne se sente ému de tant d'horreurs ? Et on les souffre ! que dis-je ? on les adore ! Que d'imbéciles, mais que de monstres !

La progression du texte illustre à la fois le cheminement d'une pensée et le propos fondamental de l'auteur, lequel est plus moral qu'historique, puisqu'il s'inscrit dans une perspective résolument contemporaine. Voltaire n'est antijuif, ici et ailleurs, que dans la mesure où il est antichrétien et antipapiste. Judaïsme et catholicisme sont les deux faces d'une même pensée théologique, imbue de sa supériorité, convaincue d'être le dépositaire privilégié d'une vérité intangible et absolue.

D'une manière générale, l'étude des notes et des variantes de *L'Examen important* conclut à une radicalisation croissante des phobies de Voltaire en fait de religion. Quelques exemples encore pour attester cette constante et obsédante liaison du passé au présent.

Les allusions à la personne de Jésus sont, à cet égard, particulièrement caractérisiques. En 1766, Voltaire l'appelle (ch.VII) «ce Juif dont nous avons depuis fait un dieu», et c'est l'impression qui prévaut au chapitre XI, «De la personne de Jésus», qui insiste sur les contradictions des Evangiles et sur le caractère tardif de sa déification.

Toujours en 1766, le chapitre X s'achevait de manière très neutre: «Venons à Jésus et à l'établissement du christianisme» (p.209). L'édition de 1776 y ajoute ce développement incendiaire et indigné:

> et pour y arriver, passons par-dessus les assassinats de tant de rois, et par-dessus les enfants jetés au milieu des flammes dans la vallée de Tophet, ou écrasés sous des pierres. Glissons sur cette suite affreuse et non interrompue d'horreurs sacrilèges. Misérables Juifs, est-ce donc chez vous que naquit un homme de la lie du peuple qui portait le nom très commun de Jésus! Voyons donc quel était ce Jésus.

On conviendra que la présentation ne se fait plus dans la même atmosphère, et que la hargne vise aussi bien le prophète populaire, l'agitateur de la plèbe, que le prétendu peuple élu.

L'expression *lie du peuple* constitue d'ailleurs une de ces formules obsédantes que Voltaire se plaira à répéter, et qui devra, dans son esprit, discréditer la religion qui se réclamera d'une telle origine.

> plusieurs fanatiques s'ingérèrent de prêcher le bas peuple (XI.47-48)
> [Jésus et Jean] laissèrent quelques disciples dans la lie du peuple (XI.62-63)
> notre Fox [...] était comme lui [Jésus] un ignorant de la lie du peuple (XII.7-8)
> des gens qui ont voulu ameuter la populace [...] ils finissent la plupart par être pendus. Jésus le fut en effet (XI.186-189)
> Dès que les sociétés de demi-juifs, demi-chrétiens se furent insensiblement établies dans le bas peuple (XIV.1-2)
> [Matthieu] un écervelé de la boue du peuple (XIV.54)
> c'est ainsi qu'on réussit avec le peuple (XIX.147-148)
> une canaille abjecte [les chrétiens] s'adressait à une populace non moins méprisable (XV.5-6)

Dans ce contexte, Jésus apparaît comme un analphabète illuminé, dont le comportement est loin d'être édifiant, mais qui n'a jamais prétendu être Dieu, ni laisser un message doctrinal.

C'est, une fois encore, par une note conçue comme un addendum critique que la transformation du personnage de Jésus en figure légendaire, puis en divinité, est alertement et agressivement condensée. Le procédé est bien connu, et il est caractérisique de la rhétorique de combat pratiquée par Voltaire: un ensemble complexe de faits, étalés sur une durée considérable, est transposé au présent et ramassé en quelques phrases abruptes, où les contrastes sont mis en évidence; le tout est soutenu par un rythme ascendant, qui aboutit, en crescendo, à la dénonciation d'un état tenu pour scandaleux. L'essentiel est moins dans l'argumentation elle-même, dont les éléments reparaissent à diverses reprises dans plusieurs textes voltairiens, que dans l'habileté de la mise en œuvre, destinée à opérer un effet de choc sur le lecteur et à susciter son indignation.

Voici le texte d'une note ajoutée dans l'édition de 1771, et qui a été modifiée sur plusieurs points dans celle de Kehl et dans celles qui en découlent (x.218 note *e*; p.219):

> Vous voyez évidemment, lecteur, qu'on n'osa pas imaginer d'abord tant de fictions révoltantes. Quelques adhérents du Juif Jésus se contentent dans les commencements de dire que c'était un homme de bien injustement crucifié, comme depuis nous avons, nous et les autres chrétiens, assassiné tant d'hommes vertueux. Puis on s'enhardit; on ose écrire que Dieu l'a ressuscité. Bientôt après, on fait sa légende. L'un suppose qu'il est allé au ciel et aux enfers. L'autre dit qu'il viendra juger les vivants et les morts dans la vallée de Josaphat; enfin on en fait un Dieu. On fait trois dieux. On pousse le sophisme jusqu'à dire que ces trois dieux n'en sont qu'un.

Suit alors un passage d'un ton très différent, appelé par l'idée de transsubstantiation, et sur lequel nous reviendrons un peu plus loin, en étudiant les variations de registre du pamphlétaire.

Rappelons ici, pour autant que ce soit nécessaire, que le chapitre XII, «Quelle idée il faut se former de Jésus et de ses disciples», est tout entier une addition de 1776, que l'édition de Kehl a supprimé pour des raisons bien compréhensibles. Jésus y est présenté comme *un paysan grossier*, ne sachant ni lire, ni écrire, et qui se mit à la tête d'une petite secte. Voltaire le compare à Fox, «qui était comme lui un ignorant de la lie du peuple, prêchant quelquefois comme lui une bonne morale, et prêchant surtout l'égalité qui flatte la canaille». Tous deux étaient hostiles aux prêtres, et en furent durement punis. Dans le cas de Jésus, les légendes se mirent à proliférer après sa mort, et la rencontre de la secte avec la philosophie de Platon engendra «tous les dogmes absurdes dont elle fut farcie». En quelques alinéas, ce chapitre supplémentaire condensait la longue argumentation historique de *Dieu et les hommes*[9] et exposait l'état final de la réflexion voltairienne sur ce problème délicat.

Des impostures greffées maladroitement sur les aventures et les propos d'un agitateur populaire, voilà à quoi se réduisent les origines authentiques du christianisme. Les additions de 1776 accentuent encore cette impression.

Ainsi, au chapitre XI, un paragraphe s'achevait, dans les premières éditions, sur la remarque: «cela seul fait bien voir que les Evangiles ont été écrits par des gens qui n'étaient au fait de rien». En 1776, Voltaire introduit ici un nouveau paragraphe (p.217):

> Tous ces miracles semblent faits par nos charlatans de Smithfields. Notre Toland et notre Wolston les ont traités comme ils le méritent. Le plus beau de tous à mon gré est celui par lequel Jésus envoie le diable dans le corps de deux mille cochons, en un pays où il n'y avait point de cochons.

L'ironie fait souvent place à une sorte de rage froide, de crispation intérieure qui pousse l'écrivain à de soudains éclats, d'autant plus surprenants qu'ils contredisent son goût de la mesure et de la décence. Parlant du Symbole des apôtres, il s'en tient, en 1766, à l'expression *détestables fadaises* (XI.220). Une note de 1771 parle de *fictions révoltantes*, rappelle la légende de la résurrection, puis la naissance du concept de la Trinité. Là-dessus, explosion inattendue:

> De ces trois dieux on en mange et on en boit un; on le rend en urine et en matière fécale. On persécute, on brûle, on roue ceux qui nient ces horreurs; et tout cela pour que tel et tel jouissent de dix mille pièces de rente, et qu'ils en aient bien davantage dans d'autres pays.

Mais la note de 1771 sur l'absurdité d'un Dieu incarné reste d'un ton fort modéré si on la met en regard d'une autre note sur le même thème, adjointe par Voltaire en 1776 au début du chapitre XXXVII.

> On a poussé le blasphème jusqu'à faire un article de foi que Dieu est venu chier et pisser sur la terre, et que nous le mangeons après qu'il a été pendu; que nous le chions et que nous le pissons; et on dispute gravement si c'était la nature humaine ou la nature divine qui chiait et qui pissait.

Compte tenu des normes de décence de l'époque et des critères de

9. Chapitres XXXII à XXXVI (Jésus y est qualifié de «Socrate rustique»).

goût de Voltaire lui-même, la brutalité du trait a de quoi nous laisser perplexes. Loin de s'adoucir ou de s'apaiser, les convictions du polémiste semblent bien s'être exaspérées. La tension atteint ici un degré absolument inconnu dans la littérature du XVIIIe siècle. Sans doute faut-il y voir le reflet direct d'une agressivité croissante, elle-même liée à un refus sans cesse plus radical. L'insistance volontairement grossière sur les aspects les moins nobles de la vie physiologique, soigneusement oblitérés dans la littérature édifiante et dans la représentation figurée du Christ incarné, a pour but de faire éclater la scandaleuse contradiction entre la perfection de Dieu et l'imperfection humaine. En poussant au maximum la signification concrète des dogmes de l'incarnation et de la transsubstantiation, Voltaire durcit l'oxymore jusqu'à son paroxysme afin de mieux détruire une conception de la divinité qui l'écœure autant qu'elle l'exaspère.

Le procédé polémique n'est pas toujours celui de l'amplification exaspérée ou du condensé rageur. Il consiste parfois à repenser le fait dans une perspective nouvelle, comme si, en se relisant, Voltaire s'était avisé de n'avoir pas exploité un aspect de sa critique. Le résumé de la résurrection, en 1766, insiste sur la contradiction entre la publicité de la mort de Jésus et la discrétion curieuse de sa montée au ciel. Une note ajoutée en 1771 (XI.192 ; p.218) s'étonne, cette fois, du phénomène physique lui-même et le rattache à une conception archaïque du cosmos.

> Monter au ciel en perpendiculaire ! pourquoi pas en ligne horizontale ? Monter est contre les règles de la gravitation [...] Quelle sottise que ces mots aller au ciel, descendre du ciel ! Comme si nous étions le centre de tous les globes, comme si notre terre n'était pas l'une de ces planètes qui roulent dans l'étendue autour de tant de soleils, et qui entrent dans la composition de cet univers, que nous nommons le ciel si mal à propos.

A un degré variable, le livre tout entier va dans le même sens, qui est celui de la dénonciation et de la destruction des mythes. Les premiers chrétiens sont qualifiés d'énergumènes, de canaille, d'hommes « déguenillés », « au regard farouche », d'imbéciles et de « cœurs abrutis ». Incapables de réflexion théorique ou philosophique, ils ont adopté telle quelle la doctrine concoctée par le Juif Paul, que Voltaire tient pour le véritable fondateur du christianisme. Il est vrai, remarque-t-il dans une note de 1771, que « ce sont les fous qui fondent les sectes, et que les prudents les gouvernent » (p.224).

En 1766, Voltaire alléguait contre Paul un fragment du *Philopatris*, attribué par lui à Lucien. En 1771, il admet en note que Lucien n'a pas pu voir Paul et qu'il est même douteux qu'il ait écrit le *Philopatris*. Mais comme le texte de 1766 est supposé être l'œuvre de Bolingbroke, Voltaire le maintient intégralement et effrontément.[10] La phrase sur «ce Paul au grand nez et au front chauve dont Lucien se moque» est conservée intacte, avec une mauvaise foi éclatante, comme si Voltaire n'avait pu se résigner à retrancher dans cette diatribe antipaulinienne. Il préfère, au contraire, l'agrémenter de nouvelles attaques, en intercalant dans le texte de 1776 cette remarque acerbe: «Ce Paul, en s'exprimant ainsi, parlait évidemment en juif, et non en chrétien; mais il parlait encore plus en énergumène insensé qui ne peut pas mettre deux idées cohérentes à côté l'une de l'autre» (p.225). Plus loin, dans une autre note sur le même sujet (ch.XIII; p.229), il insistera avec force sur le fait que jamais Paul ne dit que Jésus soit Dieu et qu'il semble ignorer jusqu'au mot *Trinité*.

Il en résulte avec évidence que le christianisme est le produit d'une fraude et qu'il s'est nourri de la crédulité humaine, ce qui lui inspire en 1771 la conclusion désabusée: «L'homme est donc une espèce bien méprisable puisqu'elle est ainsi gouvernée» (p.231). Un peu plus loin, une note de la même édition suggère une autre explication de ce phénomène d'acceptation passive: c'est le mortel ennui qui se dégage des récits hagiographiques, qui les sauve de la vigilance de l'esprit d'examen, auquel ils ne pourraient résister (p.262).

Voltaire, pour sa part, semble complètement immunisé contre cet ennui, et il se plonge dans les absurdités des légendes hagiographiques avec une délectation cruelle. A propos de deux évêques qui auraient ressuscité pour venir signer la condamnation d'Arius, il interroge le lecteur:

> Les nègres ont-ils des fables plus ridicules sur leurs fétiches? Les singes, s'ils savaient écrire, écriraient-ils de telles sottises? C'est ainsi pourtant que l'Ancien Testament, le Nouveau, et le ramas de l'histoire de l'Eglise sont faits.

Tout le paragraphe, précisons-le, est un ajout de 1776 qui a disparu des éditions postérieures (XXXII.88-92; p.318).

Il n'est pas jusqu'au dernier chapitre (XL) qui ne soit intégralement une addition de 1771. Intitulé «Excès de l'Eglise romaine», il résume

10. Il agira de même, plus loin, avec une citation de Rutilius (p.269).

tous les griefs formulés à son endroit par Voltaire dans le reste de l'œuvre : barbarie, scélératesse, débauche, fureur criminelle, imposture, défi à la nature comme à la morale. Faire de Dieu une aussi odieuse caricature, c'est faire la litière de l'athéisme, contre lequel Voltaire mène un combat incessant depuis la fin des années 1760. Un ajout de 1776 le soulignera en finale : « prenons-y garde, c'est l'absurdité des dogmes chrétiens qui fait les athées » (p.349).

On le voit, l'étude des variantes, entre 1766 et 1776, du texte de *L'Examen important de milord Bolingbroke* intéresse la recherche à plusieurs titres. Elle nous instruit sur les techniques de composition de l'écrivain, qui procède par surcharges et par extension ; elle nous instruit sur les habiletés tactiques du polémiste qui, rappelons-le, mène la guerre sur deux fronts ; elle nous instruit enfin sur l'évolution spirituelle du penseur. A cet égard, plus aucun doute n'est permis : l'hostilité de Voltaire contre la tradition judéo-chrétienne, sous toutes ses formes, loin de désarmer, ne cesse de s'exacerber, jusqu'aux limites de ce qui paraissait tolérable, au XVIIIe siècle, en matière de goût et de sensibilité. Parler d'une rémission, d'une accalmie (en pensant, par exemple, à *Dieu et les hommes*), c'est se laisser prendre aux ruses subtiles du tacticien, qui espère se faire des alliés de certains protestants libéraux, c'est tomber dans le piège qu'il tendait au lecteur non prévenu. Libéré de cette hypothèque, livré à ses obsessions et à ses phobies, mais de plus en plus cohérent avec lui-même et avec ses convictions rationalistes et déistes, Voltaire nous laisse entrer, par le biais des variantes et des additions à *L'Examen important*, dans les méandres secrets de sa pensée. Preuve de plus, s'il en fallait encore, que les éditions critiques ne sont pas un divertissement gratuit pour érudits.

L'imaginaire historique du XVIIIe siècle : l'exemple de Voltaire

Si on entend par « imaginaire historique » un ensemble de représentations subjectives liées à des choix idéologiques et à certaines pesanteurs culturelles, il est certain que le siècle des Lumières – s'il en avait pris conscience – les aurait dénoncées comme autant de « préjugés », et nous savons que la chasse aux préjugés bénéficiait d'une priorité absolue dans la lutte « philosophique ».[1] Un des grands livres issus de la pensée des Lumières (attribué tantôt à Dumarsais, tantôt à d'Holbach) s'intitule d'ailleurs *Essai sur les préjugés*.

Le problème tient précisément à ce que les grands hommes des Lumières n'ont jamais pris clairement conscience du fait qu'ils étaient imprégnés de cet « imaginaire », qui constitue un des fondements de leur attitude intellectuelle et qui explique la passion avec laquelle ils la soutiennent.

Essayer de cerner les contours de l'imaginaire historique du XVIIIe siècle ne signifie nullement qu'on veuille discréditer les Lumières, les mettre en procès. Chaque époque se choisit des références favorites et s'inscrit dans un système de valeurs privilégiées, qui fonctionnent dialectiquement par attirance et par rejet. La nôtre ne fait pas exception à cette règle, et nos successeurs, avec le recul du temps, ne manqueront pas de le souligner.

Dans le cas du siècle des Lumières, je commencerai par mettre en relief les obstacles qu'il convient de surmonter.

La difficulté principale d'un tel travail critique tient à la multiplicité du sujet traité. Le XVIIIe siècle n'est ni unitaire, ni réductible aisément à quelques caractéristiques générales : il évolue considérablement au fil du temps, il varie selon les latitudes, les formes de gouvernement, les

1. Voir entre autres l'ouvrage de Werner Schneiders, *Aufklärung und Vorurteilskritik* (1983).

cadres linguistiques et culturels. L'Italie et l'Allemagne n'existent pas encore comme entités nationales et on ne peut traiter sur le même pied la Toscane, le royaume de Naples, les Etats pontificaux et la Lombardie, pas plus que la Prusse, la Bavière, le Wurtemberg et la Saxe.

Il faut avoir constamment à l'esprit cette géographie culturelle et politique très particulière, trop souvent oubliée aujourd'hui. Les Lumières, si elles représentent le courant le plus fort, servi par les esprits les plus vigoureux et les écrivains les plus doués, sont loin de faire l'unanimité. Elles se heurtent, non seulement aux forces traditionnelles, mais aussi à des courants de pensée doués d'une grande capacité d'attraction spirituelle, comme le piétisme, le méthodisme ou le jansénisme, que l'ordre établi combat souvent avec plus de résolution qu'il ne s'en prend aux « lumières ».

Enfin, les penseurs qui se définissent comme « philosophes », et sont donc supposés être alliés dans un même mouvement de réforme, sont très loin de partager les mêmes vues : sans même évoquer l'opposition entre Voltaire et Rousseau, il suffit de rappeler les sarcasmes de Voltaire contre Montesquieu et *L'Esprit des lois* (entre autres dans *L'A.B.C. ou dialogues entre A, B, et C*), ou sa dénonciation farouche de l'athéisme matérialiste du baron d'Holbach et de ses amis (entre autres dans l'*Histoire de Jenni*, un de ses derniers contes). On ne peut ni ignorer, ni minimiser ces différences, et à vouloir trouver à tout prix un commun dénominateur, on finit souvent par aboutir au plus petit et au plus vague. Mieux vaut donc s'attacher à quelques grands thèmes, et dégager les nuances de leur interprétation.

Mon analyse portera principalement sur Voltaire, mais aussi sur quelques autres grands représentants des Lumières françaises. La situation est radicalement différente en Espagne, en Autriche ou en Prusse.

1. Si l'on s'en tient aux Lumières françaises, la référence la plus générale est celle du monde antique, et particulièrement du modèle romain.

La pédagogie jésuite et la lecture du *De viris illustribus* ont laissé des traces profondes dans les esprits cultivés. On y offre moins une vision historique qu'une série exemplaire de comportements moraux : désintéressement, civisme, courage, domination de soi, rigueur, sens du sacrifice. La rhétorique révolutionnaire s'en emparera, avec Mirabeau, Robespierre, Saint-Just et bien d'autres. Cette vision sublimante nourrit aussi la peinture d'histoire, la plus noble dans la hiérarchie des genres, celle que cultive la seconde moitié du siècle, qui s'éloigne de Watteau et, par la voix de Diderot, va répudier Boucher et les «petits-maîtres». Le triomphe du néo-classicisme, qui aboutira au style davidien, s'inscrit dans ce contexte. Il suffit de relire les *Salons* de Diderot pour en percevoir la vogue, mais aussi la signification patriotique et moralisante.

A l'intérieur de ce modèle antique, l'accent est mis très nettement sur l'histoire romaine. La démocratie athénienne n'est ni bien comprise en général, ni très appréciée. Quant au modèle spartiate, il ne séduit que quelques adeptes de la conception à la fois autoritaire et rigoriste de l'Etat, comme l'abbé de Mably, en qui Benjamin Constant verra un des maîtres de la pensée républicaine autoritaire et antilibérale. Voltaire, surtout après l'expérience prussienne, n'y croit guère et il ira jusqu'à comparer l'Etat spartiate à la forteresse de Spandau. La position de Voltaire envers l'histoire romaine ne se comprend qu'en fonction de son attitude envers la religion. Celle-ci est d'ailleurs le pivot de toute sa réflexion historique après 1750. A ses yeux, le mérite essentiel des Romains est leur tolérance religieuse. Voltaire écrit, au chapitre L de *La Philosophie de l'histoire* :

ils adoptèrent, ou permirent, les cultes de tous les autres peuples, à l'exemple des Grecs, et [...] au fond le sénat et les empereurs reconnurent toujours un Dieu suprême, ainsi que la plupart des philosophes, et des poètes de la Grèce[2]

et un peu plus loin (p.264) :

Cette association de toutes les divinités du monde, cette espèce d'hospitalité divine fut le droit des gens de toute l'antiquité, excepté peut-être chez un ou deux petits peuples.

Comme il n'y eut point de dogmes, il n'y eut point de guerre de religion. C'était bien assez que l'ambition, la rapine versassent le sang humain, sans que la religion achevât d'exterminer le monde.

Il est encore très remarquable que chez les Romains on ne persécuta jamais personne pour sa manière de penser. Il n'y en a pas un seul exemple depuis Romulus jusqu'à Domitien, et chez les Grecs il n'y eut que le seul Socrate.

Voltaire a pourtant moins de sympathie pour les Grecs, d'abord parce qu'ils n'ont pas cessé de se faire la guerre (du moins n'était-ce pas pour des motifs religieux), ensuite parce que «la Grèce fut le pays des fables» et que Voltaire se méfie de la tendance au merveilleux. La Fontaine déjà écrivait : «le monde est vieux, il le faut amuser comme un enfant»

2. *La Philosophie de l'histoire*, éd. J. H. Brumfitt (Voltaire 52), p.263.

et Fontenelle avait dénoncé, dans ses *Dialogues des morts* et dans son *Histoire des oracles*, cette pente naturelle vers l'erreur.

Ce que Voltaire admire chez les Grecs relève surtout de l'art et de l'esthétique:

> Ce peuple [...] paraît né avec des organes plus favorables aux beaux-arts que tous les autres peuples [...] ils eurent dans leur langue un mélange harmonieux de consonnes douces et de voyelles qu'aucun peuple de l'Asie n'a jamais connu [...] La belle architecture, la sculpture perfectionnée, la peinture, la bonne musique, la vraie poésie, la vraie éloquence, la manière de bien écrire l'histoire, enfin, la philosophie même, quoique informe et obscure, tout cela ne parvint aux nations que par les Grecs.[3]

Mais son admiration inconditionnelle va toujours aux Romains, moins d'ailleurs à ceux de la République qu'aux empereurs de la dynastie des Antonins. Tolérance, libéralisme, haut niveau de culture, sage gestion d'un empire pacifié, administration remarquable, sont pour lui autant de modèles inégalés. C'est en fonction de la même référence religieuse que s'explique sa haine à l'égard de Constantin. Il le dénonce comme l'assassin de son beau-frère, de son neveu, de son beau-père, de son propre fils Crispus et de son épouse Fausta.[4] Or ce tyran, ce monstre, a été absous de ses crimes et couvert d'éloges par «de lâches flatteurs ecclésiastiques». Ils ont fait de lui un grand homme, et même un saint, «parce qu'il s'est fait trois fois plonger dans une cuve d'eau» (exemple typique de l'ironie désacralisante de notre auteur).[5]

Pour Voltaire, c'est avec lui que commence la décadence de Rome. Constantin a sacrifié les vertus civiques qui faisaient la grandeur de l'Empire. Jusque-là, Rome avait su assimiler l'Orient: «Il semble qu'il ait immolé l'Occident à l'Orient. L'Italie tomba quand Constantinople s'éleva.»[6] Après lui, l'Occident gangrené par l'esprit théologique va progressivement s'affaiblir, pour s'effondrer sous le choc des barbares:

> La faiblesse des empereurs, les factions de leurs ministres et de leurs eunuques, la haine que l'ancienne religion de l'empire portait à la nouvelle, les querelles sanglantes élevées dans le christianisme, les disputes théologiques substituées au maniement des armes, et la mollesse à la valeur, des multitudes de moines

3. *La Philosophie de l'histoire*, ch.XXIV, p.174-75.

4. *Essai sur les mœurs*, ch.X, éd. R. Pomeau (Paris 1963), i.296-302.

5. *L'Examen important de milord Bolingbroke*, ch.XXX, éd. R. Mortier (Voltaire 62), p.310.

6. *Essai sur les mœurs*, i.299.

remplaçant les agriculteurs et les soldats, tout appelait ces mêmes barbares qui n'avaient pu vaincre la république guerrière, et qui accablèrent Rome, languissante sous des empereurs cruels, efféminés et dévots.[7]

Le christianisme avait sapé les structures de l'Empire, et Voltaire en voit la preuve jusque dans les vies de martyrs: le centurion Marcel, qui jette sa ceinture militaire et son bâton de commandement au milieu des aigles, en criant d'une voix séditieuse: «Je ne veux servir que Jésus-Christ, le roi éternel; je renonce aux empereurs»; Polyeucte qui renverse les statues du temple; le diacre Laurent qui refuse de contribuer aux charges publiques; ou saint Théodore, canonisé pour avoir incendié à Amazée le temple de Cybèle.

Fondé sur le syncrétisme religieux et sur le culte de l'Etat, l'Empire ne pouvait résister à ce que Voltaire appelle «la secte chrétienne [...] la seule qui osât dire [...] qu'elle devait non seulement dominer, mais écarter toutes les religions».

L'attitude de Voltaire est loin d'être unique. Un des livres majeurs de l'historiographie des Lumières, la *History of the Decline and Fall of the Roman Empire* d'Edward Gibbon, propose une thèse assez similaire, avec cependant une appréciation plus compréhensive du haut moyen âge.

2. L'exaltation de Rome et le constat tragique de son effondrement ont conduit à une autre dominante de l'imaginaire historique des Lumières: l'obsession de la décadence.

Le choc est venu, cette fois, de Montesquieu et de ses *Considérations sur les causes de la grandeur des Romains, et de leur décadence* (1734). Là où Bossuet voyait la réalisation des vues de la Providence, c'est-à-dire la main – favorable ou vengeresse – de Dieu, le président de Montesquieu cherche des causes internes, politiques, géographiques, sociales, et surtout morales.

L'interprétation était très neuve et son impact fut considérable. Non seulement l'histoire n'était plus le simple déroulement de la volonté d'un Dieu tout-puissant, mais elle se révélait comme une ligne brisée, sujette à de brusques ruptures, à des spasmes et à des reculs, ce qui impliquait une réévaluation du temps humain.

Quiconque est familier avec la pensée des Lumières sait combien est contestable le fameux optimisme historique qu'on lui attribue. Peu de

7. *La Philosophie de l'histoire*, ch.LI, p.266.

livres sont aussi désabusés que *Candide*. On le trouvera, à la fin du siècle, chez des penseurs mineurs, comme Chastellux et Condorcet, et Voltaire, quand il lit *De la félicité publique*, en fait la remarque critique à son jeune disciple.

Depuis Fontenelle, le siècle des Lumières a conscience des aspects inquiétants et terribles de la condition humaine, de son goût du merveilleux et d'une certaine cruauté foncière. Fontenelle écrit que « tous les hommes se ressemblent si fort qu'il n'y a pas de peuple dont les sottises ne nous doivent faire trembler ». Voltaire est horrifié, dans l'histoire moderne, par l'exécution d'Oldenbarnevelt dans cette Hollande qu'il admire tant, et plus encore par le cannibalisme de la foule parisienne qui a exhumé le cadavre de Concini et à fait griller son cœur. Cette peur des foules et de leur déchaînement se retrouvera même chez Diderot.

La ligne de l'histoire est donc brouillée, jamais droite ni constamment ascendante. La barbarie nous guette, derrière le décor séduisant d'une civilisation raffinée, en dépit des préceptes moraux et des normes religieuses.

Les meilleures institutions sont fragiles et mortelles. Montesquieu s'y attache longuement et attentivement dans *De l'Esprit des lois*. Le livre VIII est consacré tout entier à l'analyse « De la corruption des principes des trois gouvernements », les chapitres VI, VII et VIII traitant du cas de la monarchie, et le chapitre XVIII s'achève sur cette formule terrible : « Les fleuves courent se mêler dans la mer : les monarchies vont se perdre dans le despotisme ». La vision tragique qui sous-tend l'histoire universelle selon Montesquieu trouvera son écho, en plein XIXe siècle, dans le propos de Gobineau qui ouvre son *Essai sur l'inégalité des races humaines* (1853) : « La chute des civilisations est le plus frappant, et en même temps le plus obscur de tous les phénomènes de l'histoire ».

Cette idée est plus répandue qu'on ne pense au milieu du XVIIIe siècle. Bernis, en 1758, n'est pas encore cardinal lorsqu'il écrit au duc de Choiseul, en parlant de la France : « nous touchons à la dernière période de la décadence ».

Certes, Voltaire est moins pessimiste, du moins sur l'évolution générale de la France. Il ne cesse, après 1760, de se réjouir de la « révolution des esprits » qui s'amorce : entendons par là le recul de la religion catholique et de l'influence du clergé, qu'il stimule à sa manière en clôturant ses lettres à partir de cette époque par la formule abrégée « écrasons l'infâme ». En revanche, et assez curieusement, Voltaire est persuadé qu'il vit en un siècle de déclin littéraire, poétique et culturel, un siècle de journalistes (qu'il méprise), qui succède à ce sommet inégalable qu'est le « siècle de Louis XIV ». Diderot va un peu dans le même sens lorsqu'il déplore que tout ce qui est gagné du côté philosophique, soit perdu sans retour du côté poétique (ce qui explique son accès de primitivisme et sa nostalgie des époques barbares dans l'essai *De la poésie dramatique*). Le ton des plus grands n'est donc pas celui du triomphalisme : ils ont, au contraire, le sentiment d'une usure et d'un déclin (qu'on perçoit jusque dans les *Salons* de Diderot). Contrairement à ce qu'écrit Paul Valéry, il y a longtemps que les hommes savent que les civilisations sont mortelles.

3. Une des représentations historiques les plus obsédantes est celle du danger du *fanatisme*, de la violence aveugle et cruelle qu'il suscite, et de la bonne conscience qui habite ceux qui l'exercent au nom de leur Vérité.

Le XVIIIe siècle s'accorde à dénoncer l'Inquisition, et rares sont ceux qui, même dans le clergé, osent la réhabiliter comme le fera l'abbé Feller dans son *Dictionnaire historique et critique*. Les horreurs de l'Inquisition sont un leit-motiv de l'œuvre de Voltaire, une fois encore après 1750, c'est-à-dire à une époque où Voltaire s'engage de plus en plus directement dans la lutte contre le catholicisme. Montesquieu consacre à l'Inquisition un des très rares passages vraiment émotifs de *L'Esprit des lois*, le chapitre XIII du livre XXV, intitulé « Très humble remontrance aux inquisiteurs d'Espagne et de Portugal », à propos du supplice d'une jeune Juive de 18 ans brûlée à Lisbonne, qui s'achève sur cette prédiction menaçante :

> Si quelqu'un dans la postérité ose jamais dire que dans le siècle où nous vivons, les peuples d'Europe étaient policés, on vous citera pour prouver qu'ils étaient barbares, et l'idée que l'on aura de vous sera telle, qu'elle flétrira votre siècle, et portera la haine sur tous vos contemporains.

L'article « Inquisition » du *Dictionnaire philosophique* est écrit sur le mode ironique et fait un éloge grinçant de cette « invention admirable et tout à fait chrétienne » où l'on permet d'emprisonner sur simple dénonciation. Sa survie jusqu'à une date récente en Espagne et au Portugal « a quelque chose de divin ».

Soucieux de toucher le plus large public, Voltaire glisse sa critique de l'Inquisition dans des œuvres narratives où parfois on ne l'attendrait pas. L'auto-da-fé de Candide et de Pangloss à Lisbonne fait écho à celui que Scarmentado admire à Séville. On sera plus étonné de le retrouver dans les pérégrinations d'Amazan à la recherche de la princesse de Babylone (ch.xi) et dans les *Lettres d'Amabed* (Adaté à Shastasid) où Adaté doit faire face à l'hypocrite Père Fa Tutto. Le *Sermon du rabbin Akib* (1761) fait l'historique de la monstrueuse institution.

Du moins n'avait-elle pas contaminé la France, mais là ce sont d'autres horreurs, plus proches, qui vont hanter la pensée, et le sommeil, de Voltaire. La plus abominable, à ses yeux, est l'atroce massacre délibéré de la Saint-Barthélemy. Il l'évoque brièvement à l'article «Fanatisme» du *Dictionnaire philosophique*, un peu plus longuement dans le chapitre CLXXI de l'*Essai sur les mœurs*, pour s'étonner qu'une Médicis ait pu cacher tant de cruauté et de dissimulation.

Au fil des années, l'anniversaire de la Saint-Barthélemy (la nuit du 23 au 24 août 1573) lui devient de plus en plus pénible. Il écrit, le 5 septembre 1774, à son ami d'Argental: «Je ne sais par quelle fatalité singulière j'ai la fièvre tous les ans ce jour-là» (D19110). Le lendemain, il se scandalise, dans une lettre à Mme Du Deffand, des crimes et de la barbarie de ceux qu'il appelle «les Welches»,[8] ce peuple «qui fit la guerre de la fronde et la St-Barthélemi, et qui sifla longtemps Britannicus, Armide et Athalie» (D19112). En août 1772, il compose pour «cette belle fête» ce qu'il appelle «un bouquet», et qui est une pièce en vers. Il l'envoie entre autres à Mme Du Deffand, en précisant: «Ce bouquet n'est pas d'œillets et de roses, il y entre un peu d'épines et de chardons, mais il faut proportionner les offrandes aux saints» (15 août 1772; D17865).

Le 24 août, il se sent si malade qu'il n'écrira plus aucune lettre ce jour-là, à partir de 1766 déjà, comme je l'ai vérifié dans l'édition définitive de la correspondance.

Il n'est pas seul à ressentir ce massacre comme la honte de son pays et du genre humain. Diderot, à l'article «Journée de la St-Barthélemy» de l'*Encyclopédie*, s'arrête et s'exclame: «Je n'ai pas la force d'en dire davantage. Lorsque Agamemnon vit entrer sa fille dans la forêt où elle devait être immolée, il se couvrit le visage du pan de sa robe» et, comme Voltaire, il s'indigne qu'un religieux (l'abbé Jean Novi de Caveyrac) ait osé en faire l'*Apologie* en 1758.

8. Voltaire appelle les Français des «Welches» (sur le mode allemand) lorsqu'ils se comportent de manière cruelle, barbare, ou lorsqu'ils bafouent leurs grands hommes.

4. Autre point névralgique de l'imaginaire historique des Lumières : l'idée du *despotisme oriental*, qui trouve son théoricien le plus brillant en la personne de Montesquieu. Le livre XVII de *L'Esprit des lois* l'explique par l'influence du climat et par l'immensité des empires. Le chapitre VI de ce livre s'achève sur cette conclusion sans nuances : au contraire de l'Europe, qui a formé un « génie de liberté »,

> il règne en Asie un esprit de servitude qui ne l'a jamais quittée ; et, dans toutes les histoires de ce pays, il n'est pas possible de trouver un seul trait qui marque une âme libre : on n'y verra jamais que l'héroïsme de la servitude.[9]

Ceci recoupe, en effet, la conclusion tragique des *Lettres persanes*. Là où les avis commencent à diverger, c'est quand il faut localiser ce despotisme sur l'ensemble du continent asiatique. Montesquieu n'hésite pas à y inclure la Chine (livre VIII, ch.XXI) :

> La Chine est donc un état despotique, dont le principe est la crainte. Peut-être, que dans les premières dynasties, l'empire n'étant pas si étendu, le gouvernement déclinait un peu de cet esprit. Mais aujourd'hui cela n'est pas.[10]

Les « philosophes », en grande majorité, sont d'un autre avis, et Voltaire va s'entendre à créer un véritable mythe chinois, d'ailleurs nourri de la propagande répandue par les bons pères jésuites dans leurs *Lettres édifiantes et curieuses*. Voltaire va célébrer la sagesse de leurs empereurs, la rationalité du confucianisme, la bonne gestion administrative et le recrutement au mérite par un système d'examens (inconnu alors en Europe). Dans ses dialogues, le Chinois apparaît comme un modèle d'équilibre, de modération et de laïcité (la société chinoise étant régie par une morale, et non par une religion où l'on cherche en vain l'équivalent du mot *Dieu*).

Dans ces conditions, le despotisme oriental sera, pour Voltaire, celui de Tamerlan ou de Gengis Khân, et plus près de nous, celui de l'empire ottoman. Voltaire voue à ce dernier une véritable haine et sa correspondance avec Catherine II retentit de hosannah à chaque victoire de l'armée russe sur celui qu'il traite avec mépris du nom générique de « Moustapha ».

L'ingénieur Boulanger, porte-parole du cercle du baron d'Holbach, partage la turcophobie de Voltaire dans les *Recherches sur l'origine du despotisme oriental* (1761), véritable classique de cette veine.

9. *De l'Esprit des lois*, *Œuvres complètes*, éd. Masson, i.376.
10. *De l'Esprit des lois*, i.171.

Aussi le publiciste Linguet fait-il scandale lorsqu'il lance sa fameuse, et paradoxale, réhabilitation du despotisme oriental dans sa *Théorie des lois civiles* (1767), où la prétendue liberté de l'ouvrier, privé de toute garantie économique et de toute protection personnelle, était tenue pour une mystification, camouflant la relation réelle du maître et de l'esclave. A cette société occidentale, qui se gargarise de droit naturel et de liberté civile, Linguet oppose le paternalisme bienveillant du despotisme oriental. Pour lui, le sort de l'esclave est bien plus favorable et plus supportable que celui du manouvrier moderne.

La thèse fut jugée scandaleuse et souleva un immense tollé, tant elle dérangeait les idées reçues. Linguet voyait dans le pouvoir absolu du prince la seule garantie contre l'exploitation des masses misérables par les privilégiés. On ne pouvait rêver une thèse plus directement opposée à celle de Montesquieu. Lorsqu'éclata la Révolution, les jacobins ne tinrent aucun compte des sympathies de Linguet pour les opprimés du quatrième état. C'est comme « apôtre du despotisme » qu'il fut guillotiné le 9 Messidor de l'an II. Le mythe du despotisme oriental avait fait en lui une victime illustre.

5. Si Linguet a échoué dans sa démystification du redoutable « despotisme oriental », il a admirablement réussi, dans un autre domaine, celui de la création d'un mythe : le mythe de la Bastille, où il fit un séjour forcé de septembre 1780 au mois de mai 1782. Les fulgurants *Mémoires sur la Bastille*, maintes fois reproduits, illustrés et traduits, allaient bientôt polariser la vindicte populaire contre ce symbole de l'absolutisme oppresseur, défendu par 32 Suisses et 82 invalides, où étaient détenus, en juillet 89, quatre faussaires, deux malades mentaux et un gentilhomme condamné pour inceste. Une fois de plus, l'imaginaire historique se révélait plus mobilisateur d'énergie que la sobre réalité des faits.

6. Voltaire, infiniment plus modéré que Linguet en matière politique et sociale, s'était contenté, quant à lui, d'entretenir et de répandre un mythe moins explosif, celui du bon roi Henri IV, généreux, tolérant, bon vivant, soucieux du bien-être de ses sujets, très proche d'eux par ses goûts et par son langage. *La Henriade* offrait ainsi un modèle dont se réclameront les « monarchiens ».

7. Il faudrait, si on le voulait complet, mentionner d'autres manifestations du même « imaginaire historique » : l'obsession du dépeuplement de la France à une époque de forte poussée démographique (qu'on

songe à l'article « Population », de Damilaville, dans l'*Encyclopédie* et, en sens inverse, aux thèses populationnistes de Diderot dans le *Supplément au Voyage de Bougainville*) ; la terreur devant les « émotions populaires » liées à la disette, que Diderot ressent exactement comme Voltaire ; l'idéalisation du moyen âge courtois et chevaleresque dès le milieu du siècle (avec La Curne de Sainte-Palaye et certains récits de Baculard d'Arnaud, comme *Sargines*) d'où sortira le « style troubadour » ; le mirage britannique, dont Voltaire est un des responsables et qui se développera chez les « constitutionnels », en dépit des démentis que lui inflige un excellent connaisseur de l'Angleterre, le baron d'Holbach. Mais on entre ici dans un domaine bien connu et largement déchiffré.

En somme, on arrive à la conclusion que l'imaginaire historique du XVIIIe siècle, et en particulier celui de Voltaire, comporte autant d'images positives que d'objets de répulsion. Il n'est en tout cas pas le fait d'une fabrication consciente : même dans ses mouvements les plus passionnés, Voltaire ne falsifie jamais délibérément les textes et les faits. Il se contente de les sélectionner et de les colorer en fonction de ses options profondes, constituant ainsi un petit musée historique intime dont il tire à l'infini des arguments qui viennent à l'appui de ses thèses. Certes, il est loin de l'objectivité visée par l'histoire prétendument « scientifique » élaborée au XIXe siècle, mais est-on bien sûr que celle-là même soit exempte de toute référence à l'imaginaire ? Certains débats, aujourd'hui encore, nous inclineraient plutôt au scepticisme. Qu'on songe aux multiples lectures contradictoires de la Révolution, de Thiers à Michelet, de Lamartine à Quinet, d'Aulard à Furet. Un numéro de la revue *Lire* porte en couverture une Marianne en pleurs divisée sur l'interprétation de la Révolution, de la Terreur et de la guerre de Vendée. On aurait tort de charger Voltaire historien de tous les péchés du monde. Il a voulu, à sa manière, et à l'aide de faits tenus pour vérifiables, repenser l'histoire des hommes en l'arrachant au finalisme théologique d'un Bossuet et à la langue de bois de l'historiographie officielle. La lecture de l'*Essai sur les mœurs* resta un exercice provocant, en même temps que le miroir fidèle des aspirations et des passions d'un homme et d'une partie importante de ses contemporains.

Diderot

Diderot au carrefour de la poésie et de la philosophie

Lorsqu'on veut définir l'attitude générale de Diderot envers la poésie et les poètes, on se reporte immanquablement aux formules célèbres du traité *De la poésie dramatique* :

> Plus un peuple est civilisé, poli, moins ses mœurs sont poétiques [...] La poésie veut quelque chose d'énorme, de barbare et de sauvage. C'est lorsque la fureur de la guerre civile ou du fanatisme arme les hommes de poignards, et que le sang coule à grands flots sur la terre, que le laurier d'Apollon s'agite et verdit [...] Quand verra-t-on naître des poètes ? Ce sera après les temps de désastres et de grands malheurs ; lorsque les peuples harassés commenceront à respirer,[1]

ou encore à la tirade de Dorval dans le *Second entretien* sur *Le Fils naturel* :

> Les poètes, les acteurs, les musiciens, les peintres, les chanteurs du premier ordre, les grands danseurs, les amants tendres, les vrais dévots, toute cette troupe enthousiaste sent vivement et réfléchit peu. Ce n'est pas le précepte ; c'est autre chose de plus immédiat, de plus intime, de plus obscur, et de plus certain, qui les guide et qui les éclaire.[2]

Et sans doute est-il vrai que Diderot a joué un rôle considérable dans l'élaboration d'une nouvelle conception de la poésie et du poète, ainsi que l'a démontré Paul Van Tieghem[3] et, avec plus de nuances, Margaret Gilman.[4] On a souligné à bon droit la place accordée au génie, à l'enthousiasme, à la sensibilité, à l'imagination et à la suggestion dans la poétique de Diderot ; on a noté l'opposition qu'il établit entre « poète »

1. *De la poésie dramatique*, éd. J. et A.-M. Chouillet, DPV, x.400-402.

2. *Entretiens sur le Fils naturel*, éd. J. et A.-M. Chouillet, DPV, x.104-105.

3. « La notion de vraie poésie dans le préromantisme européen », *Revue de littérature comparée* I (1921), p.215-51.

4. *The Idea of poetry in France* (1938), ch.2, « A new vision of poetry : Diderot », p.48-85.

et «versificateur», l'extension considérable qu'il donne à la notion de «poésie» elle-même, en un mot tous les aspects de son esthétique dont l'action s'exerce dans une direction qualifiée volontiers de «préromantique».[5] En 1761 déjà, Hamann s'en autorisait pour ironiser sur ce «philosophe» qui parle «comme un demi-mystique»,[6] mais l'emploi d'une épithète aussi inappropriée devrait, à lui seul, nous mettre en garde contre la tendance à projeter Diderot hors de son monde et de son siècle, à détacher certaines formules de leur contexte naturel pour nous donner de leur auteur une vue incomplète, mal orientée et dès lors abusive.

La bonne méthode consiste, comme toujours, à retourner aux textes, non pas à quelques-uns soigneusement sélectionnés et montés en épingle, mais à tous ceux – et ils sont nombreux – où Diderot s'est intéressé au statut et à la fonction de la poésie, à ceux aussi où il s'est confronté avec telles œuvres poétiques, modernes ou anciennes, françaises ou étrangères. Nous écarterons donc de notre étude tout ce qui concerne la théorie du génie, la subordination de la sensibilité au jugement, la fonction de l'imagination, problèmes qui relèvent plutôt de l'esthétique générale de Diderot,[7] et nous nous en tiendrons aux seules considérations sur la poésie et les poètes.

L'impression qui s'en dégage est beaucoup plus complexe, et surtout beaucoup plus contradictoire que les fameuses réflexions sur la «poésie barbare» ne pouvaient le faire supposer. La position de Diderot a varié et ces variations ne s'inscrivent pas dans une courbe chronologique harmonieuse; elles sont fonction du moment, de l'humeur et, plus précisément, des échelles changeantes que Diderot établit à l'intérieur des activités intellectuelles et artistiques de l'homme.

Une première constatation s'impose: tout au long de sa carrière d'écrivain, Diderot est resté particulièrement sensible à un certain type

5. Margaret Gilman remarquait avec justesse que la présentation de Diderot comme «a precursor of the romantic belief in sentiment and emotion as the source and essence of poetry» était une vue inadéquate et erronée (p.50), mais son étude se borne, sur ce point, à mettre en évidence la théorie du «modèle intérieur» et à rappeler le rôle croissant du jugement par rapport à la sensibilité dans le *Rêve* et le *Paradoxe*.

6. Voir notre *Diderot en Allemagne* (Paris 1954), p.66.

7. Sur celle-ci, l'ouvrage essentiel est aujourd'hui celui de Jacques Chouillet sur *La Formation des idées esthétiques de Diderot, 1745-1763* (Paris 1973). On relira toujours avec profit celui de M. Yvon Belaval, *L'Esthétique sans paradoxe de Diderot* (Paris 1950).

d'opposition entre le poète et le philosophe. Cette opposition se présente tantôt comme une exclusion radicale, tantôt comme une sorte de complémentarité. Le plus souvent, c'est au philosophe qu'il accorde le rôle prépondérant et l'on est surpris du ton méprisant sous lequel il accable parfois l'activité poétique. Historiquement, le rapport hiérarchique se comprend aisément : de même que la philosophie avait été, en des siècles de «ténèbres», la servante de la théologie, il est normal que la poésie et les arts se mettent humblement au service de la philosophie triomphante en un siècle qui se veut et se croit «éclairé». L'article «Encyclopédie» le proclame sans ambages :

> Aujourd'hui que la philosophie s'avance à grands pas ; qu'elle soumet à son empire tous les objets de son ressort ; que *son ton est le ton dominant* [...] *Point de vers surtout ; ils ont l'air si faible et si mesquin au travers d'une discussion philosophique.* Il faut renvoyer ces ornements légers aux articles de littérature ; c'est là que je peux les approuver, pourvu qu'ils y soient placés par le goût, qu'ils y servent d'exemple, et qu'ils fassent sortir avec force le défaut qu'on reprend, ou qu'ils donnent de l'éclat à la beauté qu'on recommande [...] J'ai dit qu'il n'appartenait qu'à un siècle philosophe, de tenter une *Encyclopédie* ; et je l'ai dit, parce que cet ouvrage demande partout plus de hardiesse dans l'esprit, qu'on n'en a communément dans *les siècles pusillanimes du goût.*[8]

Mais, pourrait-on rétorquer, il s'agit là d'un article de dictionnaire, et même précisément de celui où se définit le programme intellectuel d'une entreprise qui se proposait en synthèse de l'âge des Lumières. Le diligent ouvrier de la «boutique encyclopédique» a pu se laisser entraîner par un zèle de pionnier et situer dans une optique déformante les rapports réels entre littérature d'idées et expression artistique.

Rien de tel ne se vérifie dans les faits. Plusieurs textes, échelonnés à des dates très diverses, attestent à l'évidence la constance de Diderot dans cette attitude que l'on pourrait qualifier de radicale ou d'extrémiste. A ses yeux, le poète ne saurait se comparer au philosophe, parce que celui-ci est par vocation l'organe de la vérité alors que celui-là n'a été que trop souvent celui de l'illusion et du mensonge :

> O les poètes, les poètes ! Platon savait bien ce qu'il faisait lorsqu'il les chassait de sa république. Ils n'ont des idées justes de rien. Alternativement organes du mensonge et de la vérité, *leur jargon enchanteur infecte tout un peuple et vingt*

8. «Encyclopédie», DPV, vii.184, 221, 233.

volumes de philosophie sont moins lus et font moins de bien qu'une de leurs chansons ne fait de mal.[9]

Ce singulier mépris ne se comprend qu'à l'intérieur d'une échelle de valeurs où l'éthique l'emporte sur l'esthétique, le souci de la vérité sur celui de l'expression. Diderot n'a jamais varié dans sa conviction profonde que les *choses* comptent plus que les *mots*, que l'activité la plus éminente de l'homme consiste à transformer le monde, non à lui substituer des fictions consolantes et trompeuses.

Qu'un philosophe n'a pas le droit d'être un mauvais écrivain. – J'en conviens, mais on m'avouera que son style ne sera pas celui de l'orateur: *il s'occupera plus de la chose que de l'expression*, de la clarté que de l'élégance, de la précision que du nombre. Ce n'est pas à l'oreille, c'est à la raison qu'il s'adresse; et si telle forme du discours lui paraît porter dans les esprits avec plus de force la lumière et la conviction, fût-elle moins harmonieuse, il ne balancera pas à la préférer.[10]

On lit de même, dans l'*Essai sur les études en Russie*: «En général, dans l'établissement des écoles, on a donné trop d'importance et d'espace à l'étude des *mots*, il faut lui substituer aujourd'hui l'étude des *choses*».[11]

Et en 1771, à propos d'une mauvaise héroïde inspirée par une erreur judiciaire, il dira: «Un bon mémoire, un mauvais poème, cela me convient [...] *des mots, et point d'idées*, des sons et point d'images».[12]

Pour Diderot, il est vrai à la lettre que l'homme est la mesure de toutes choses; dès lors, la tâche primordiale de l'artiste, comme du penseur, sera de contribuer à son progrès moral, intellectuel et social. La logique d'une telle position conduira immanquablement à préférer la «bonne action» à la «belle page», l'homme à l'auteur. On aura reconnu ici un des développements favoris de notre «philosophe». Un long fragment composé pendant son séjour en Russie et destiné soit à Catherine II, soit à la princesse Dachkov porte sur la question de savoir *s'il est plus aisé de faire une belle action qu'une belle page.*[13] Il y répète et

9. A propos de trois poèmes de M. G. D. C. (A.-T., vi.414).

10. *Essai sur les règnes de Claude et de Néron*, éd. J. Deprun et A. Lorenceau, DPV, xxv.261-62.

11. Datant de 1775-1776 (A.-T., iii.421).

12. Sur *Thérèse Danet, femme de Montbailli, à Euphémie son amie* (A.-T., vi.431).

13. Annexé au *Plan d'une université pour le gouvernement de la Russie* (A.-T., iii.536-39).

y justifie une idée qui lui est chère et qui se retrouve dans l'*Essai sur les règnes de Claude et de Néron*: «j'aimerais mieux avoir fait une belle action qu'une belle page [...] c'est la défense des Calas et non la tragédie de *Mahomet* que j'envierais à Voltaire,»[14] ainsi que dans une lettre à Hume du 24 novembre 1767: «Après tout, le soir, quand on se retire et qu'on cause avec soi, on est encore plus content d'une bonne action que d'une belle page»,[15] à laquelle fait écho une lettre à Catherine II du 6 octobre 1775.

Dans le *Plan d'une université*, après avoir exalté la gloire littéraire, «fondement de toutes les autres», et déclaré des savants que «le passé n'existe que par eux», il en revient à son idée fixe: «Cependant, il y a bien de la différence entre celui qui agit et celui qui parle, entre le héros et celui qui le chante: si le premier n'avait pas été, l'autre n'aurait rien à dire. Certes, la belle page est plus difficile à écrire que la belle action à faire; mais celle-ci est d'une bien autre importance».[16] Son dernier mot sur la question, ce sera de proclamer que «l'être rare par excellence, c'est celui qui réunit la force qui fait agir et le génie qui fait dire grandement».[17]

Puisque l'échelle des activités humaines s'établit par référence à des valeurs d'efficacité et en fonction de l'idée de bonheur, il est clair que la place du «philosophe», inspirateur de l'action, préoccupé des *choses*, sera plus importante que celle du poète, dont le royaume est celui des *mots* et de l'illusion. Diderot n'hésite pas à en tirer des conséquences sur le plan législatif et politique. Un Etat bien réglé comptera «plus de philosophes que de médecins, plus de médecins que d'hommes de loi, plus d'hommes de loi que d'orateurs, *presque point de poètes*».[18] Parlant de l'enseignement des langues anciennes, il affirme qu'elles ne sont indispensables qu'«aux poètes, aux orateurs, aux érudits et aux autres classes des *littérateurs de profession, c'est-à-dire aux états de la société les moins nécessaires*».[19] Il s'excuse d'avoir parlé trop abondamment de belles-lettres, «parce que [cette matière] est la mienne et que je la connais mieux. Assez équitable pour ne lui assigner entre les connaissances que

14. DPV, XXV.319.
15. *Correspondance*, éd. Roth et Varloot, vii.221.
16. A.-T., iii.468-69.
17. A.-T., iii.539.
18. *Plan d'une université*, 1775-1776 (A.-T., iii.444).
19. A.-T., iii.472.

le rang qu'elle mérite, j'ai cédé à une tentation bien naturelle, celle d'en parler un peu *plus longtemps* peut-être *que son importance ne le permettait*».[20]

Mais c'est dans *Jacques le Fataliste* que Diderot a marqué avec le plus de vigueur l'opposition radicale entre philosophes et poètes (ou du moins certains poètes):

> Jacques, vous êtes une espèce de philosophe, convenez-en. Je sais que c'est une race d'hommes odieuse aux Grands [...], aux magistrats [...], aux prêtres [...], aux poètes, gens sans principes et qui regardent sottement la philosophie comme la cognée des beaux-arts, sans compter que ceux même d'entre eux qui se sont exercés dans le genre odieux de la satire n'ont été que des flatteurs.[21]

La plainte du philosophe appelle toutefois un double commentaire. Implicitement, c'est moins le poète que l'homme de lettres, le littérateur professionnel qui est visé ici. Celui-ci avilit sa condition en la ravalant à celle de l'amuseur, de l'adulateur des grands, de ces mêmes grands que le philosophe entend éclairer et conduire.[22] De là à l'abjection des parasites réunis à la table de Bertin, il n'y a plus que quelques échelons à descendre. «Tous les poètes qui tombent, nous les ramassons [...] Jamais on ne vit ensemble tant de bêtes tristes, acariâtres, malfaisantes et courroucées [...] Nul n'aura de l'esprit, s'il n'est aussi sot que nous».[23]

Ce péril ne guette pas seulement des poètes déchus comme Poinsinet, Robbé ou Palissot; il menace les meilleurs, et même Horace, «le plus adroit corrupteur des grands».[24] Trop de poètes sont des «gens sans principes», ignorants des exigences primordiales de leur art, de la plus essentielle surtout: «le vrai, le bon et le beau se tiennent de bien près».[25] Le précepte vaut d'ailleurs pour le philosophe comme pour le poète:

> Il faut qu'il y ait des orateurs, des *poètes*, des *philosophes*, de grands artistes; [...] Il importe surtout qu'ils soient *excellents moralistes*, condition sans laquelle ils deviendront des corrupteurs dangereux. Ils préconiseront le vice éclatant, et laisseront le mérite obscur dans son oubli. *Adulateurs des grands*, ils altéreront, par leurs éloges mal placés, toute idée de vertu: *plus ils seront séduisants, plus*

20. A.-T., iii.488.

21. *Jacques le Fataliste*, éd. J. Proust, DPV, xxiii.91.

22. Voir notre article sur «Diderot et la notion de peuple» dans *Europe* 405-406 (1963), p.116-26.

23. *Le Neveu de Rameau*, éd. H. Coulet, DPV, xii.133-34.

24. *Plan d'une université* (A.-T., iii.484).

25. *Essais sur la peinture*, DPV, xiv.408.

on les lira, plus ils feront de mal. Voilà une des raisons pour lesquelles je relègue l'étude des belles-lettres dans un rang fort éloigné.[26]

Cette primauté de la fonction moralisatrice de l'art et de la philosophie est un dogme intangible aux yeux de Diderot. Nous verrons plus loin qu'il conditionne la plupart de ses jugements sur la poésie ancienne et moderne.

Le passage cité dans *Jacques le Fataliste* appelle toutefois une deuxième remarque : le poète abhorre le philosophe parce qu'il tient «sottement» la philosophie pour «la cognée des beaux-arts». La crainte de voir la concurrence entre philosophes et poètes se muer en une éviction pure et simple était-elle si chimérique et si sotte ?

A certains moments, Diderot lui-même n'en paraît plus tellement convaincu. Sans aller (et comment l'aurait-il pu ?) jusqu'à dénoncer le philosophe comme un destructeur conscient des valeurs poétiques, il n'a pas manqué de remarquer que les progrès de la raison, de la science et de l'esprit critique coïncidaient curieusement avec une nette régression de l'activité poétique et avec un appauvrissement de ses sources. Un long développement du *Salon de 1767* est consacré à la question angoissante : notre temps devra-t-il payer les progrès des «lumières» au prix très lourd d'une décadence de la création poétique ?

Le jugement est la qualité dominante du philosophe ; l'imagination, la qualité dominante du poète. – L'esprit philosophique est-il favorable ou défavorable à la poésie ? Grande question presque décidée par ce peu de mots. – Il est vrai. Plus de verve chez les peuples barbares que chez les peuples policés [...] *Partout décadence de la verve et de la poésie ; à mesure que l'esprit philosophique a fait des progrès, on cesse de cultiver ce qu'on méprise.* Platon chasse les poètes de sa cité. L'esprit philosophique veut des comparaisons plus resserrées, plus strictes, plus rigoureuses, sa marche circonspecte est ennemie du mouvement et des figures. *Le règne des images passe, à mesure que celui des choses s'étend.* Il s'introduit par la raison une exactitude, une précision, une méthode, pardonnez-moi le mot, *une sorte de pédanterie qui tue tout* : tous les préjugés civils ou religieux se dissipent, et il est incroyable *combien l'incrédulité ôte de ressources à la poésie* ;[27] les mœurs se policent, les usages barbares, poétiques et pittoresques cessent, et il est incroyable le mal que cette monotone politesse fait à la poésie. L'esprit philosophique amène le style sentencieux et sec ; les expressions abstraites qui renferment un grand nombre de phénomènes se multiplient et prennent la

26. *Plan d'une université* (A.-T., iii.469)

27. Cf. Dorval dans les *Entretiens sur le Fils naturel* : «Il y a trop peu de foi sur la terre» (DPV, x.149).

place des expressions figurées. [...] Le philosophe raisonne, l'enthousiaste sent; le philosophe est sobre, l'enthousiaste est ivre. [...] Allez à cinq heures sous les arbres des Tuileries, là, vous trouverez *de froids discoureurs* placés parallèlement les uns à côté des autres, mesurant d'un pas égal des allées parallèles, aussi compassés dans leurs propos que dans leur allure; *étrangers au tourment de l'âme d'un poète*, qu'ils n'éprouvèrent jamais, et vous entendrez le dithyrambe de Pindare traité d'extravagance, et cet aigle endormi sous le sceptre de Jupiter, qui se balance sur ses pieds et dont les plumes frissonnent aux accents de l'harmonie, mis au rang des images puériles.[28]

Et il y revient, un peu plus loin, dans la suite de cet entretien (réel ou supposé) avec l'abbé Morellet:

Il y a dans la poésie toujours un peu de mensonge: l'esprit philosophique nous habitue à le discerner, et adieu l'illusion et l'effet.[29] Les premiers des sauvages qui virent à la proue d'un vaisseau une image peinte la prirent pour un être réel et vivant; et ils y portèrent leurs mains. Pourquoi les contes des fées font-ils tant d'impression aux enfants? C'est qu'ils ont moins de raison et d'expérience; attendez l'âge, et vous les verrez sourire de mépris à leur bonne. C'est le rôle du philosophe et du poète. *Il n'y a plus moyen de faire des contes à nos gens* [...] *Une nation est vieille quand elle a du goût.*

On sent, dans tout ce texte, un accent indéniable de regret, voire de culpabilité. Faudrait-il donc croire que la philosophie est bel et bien «la cognée des beaux-arts»? Diderot est aussi sensible au déclin de l'esprit poétique qu'il l'est inversement aux progrès de la pensée éclairée. Mieux que tous ses contemporains il a compris que la marche ascendante des «lumières» se paierait d'un prix très lourd: la perte d'une certaine ingénuité, de la fantaisie, de l'imagination et du rêve. On ne peut à la fois conserver la fraîcheur d'âme du primitif, le pouvoir d'illusion de l'enfance et développer la méthode critique, la rigueur scientifique et l'esprit d'examen. Placé devant le choix, il n'eût certes pas balancé, mais le choix eût été douloureux pour sa sensibilité d'artiste.

Sous cet éclairage, les lignes fameuses du traité *De la poésie dramatique* reprennent leur véritable caractère: non pas celui d'un programme esthétique et d'une revendication, mais plutôt d'une nostalgie ou d'un adieu mélancolique à quelque chose qui s'en va. La poésie des âges barbares, la plus authentique peut-être, la plus sublime en tout cas,

28. *Salons*, éd. Seznec et Adhémar, iii.153-54.

29. *Salons*, iii.157. Il écrit à Falconet, en 1767: «je décrochais de la muraille une vieille lyre dont la philosophie avait coupé les cordes» (*Correspondance*, vii.54).

appartient à un monde révolu, aussi impossible à ressusciter que l'Eden tahitien après le passage de Bougainville. Pour Diderot comme pour Rousseau, l'histoire est irréversible: l'âge d'or de la poésie est derrière nous. Gardons-nous d'ériger en esthétique ce qui n'est qu'un regret attendri. Sans doute, Diderot s'inquiète de voir la critique et la grammaire supplanter le génie créateur:

Si j'avais la Raison à peindre, je la montrerais arrachant les plumes à Pégase [...] Il n'est plus cet animal fougueux qui hennit, gratte la terre du pied, se cabre et déploie ses grandes ailes, c'est une bête de somme, la monture de l'abbé Morellet, prototype de la méthode.[30]

Il y voit une forme de vieillissement précoce,[31] vieillissement d'un individu ou de toute une société.

C'est dans le même sens d'ailleurs qu'il s'inquiète de voir le monde s'uniformiser «comme un galet» par l'usure de siècles de civilisation et de politesse.[32] «La bizarrerie des peuples policés»,[33] une délicatesse excessive, des mœurs maniérées, des tabous risibles imposés à l'artiste,[34] tout cela fait courir à la poésie le risque d'un dépérissement irrémédiable. Si Diderot en appelle à la poésie des époques chaotiques et barbares, ce n'est certes pas pour la ressusciter en un siècle «éclairé»: toute son œuvre est là pour le prouver. L'image de la pythie écumante, des sacrifices humains, des «fureurs de la guerre civile et du fanatisme»[35] n'est pas faite pour lui plaire, *hic et nunc*. Il n'en admire qu'une réfraction littéraire.

Et peut-être n'a-t-on pas assez souligné jusqu'ici que le traité *De la*

30. *Salons*, iii.154.

31. Cf. la lettre à Sophie Volland du 11 septembre 1769: «Puisque je me plais tant à lire les ouvrages des autres, c'est qu'apparemment le temps d'en faire est passé [...] un poète qui devient paresseux, fait fort bien de l'être; et quel que soit son prétexte, la vraie raison de sa répugnance, c'est que le talent l'abandonne» (*Correspondance*, ix.137).

32. Cf. notre étude «L'‹original› selon Diderot», *Saggi e ricerche di letteratura francese* 4 (1963), p.139-57.

33. *De la poésie dramatique*, DPV, x.403.

34. «Qui oserait parmi nous étendre de la paille sur la scène et y exposer un enfant nouveau-né?» (DPV, x.403). On remarquera qu'il s'agit là de la Nativité. Ce qui rejoint la phrase curieuse du *Salon de 1767*: «il est incroyable combien l'incrédulité ôte de ressources à la poésie». On pourrait sans peine déduire de l'esthétique de cet athée un *Génie du christianisme* avant la lettre.

35. DPV, x.401.

poésie dramatique (1758) était postérieur de deux ans seulement aux *Monuments de la mythologie et de la poésie des Celtes et particulièrement des anciens Scandinaves* de Paul-Henri Mallet. Seul, à notre connaissance, P. Vernière a remarqué que le chant du «fanatique expirant» reproduit au chapitre XIII du traité[36] n'était autre que le verset barbare entonné par le roi Logbrod dans la version française de Mallet, reproduite en 1758 par Helvétius dans *De l'Esprit*. Diderot a donc connu la poésie des Scaldes dès 1758, le fait est indiscutable. Qu'il soit, ou non, remonté à la source de Helvétius, peu importe. Il reste qu'un seul texte de cet art «primitif» a suffi à le marquer. Si profondément même que l'image finale s'en imposera à son esprit et lui servira, à l'occasion, de référence esthétique. Lorsqu'en 1762 il définit pour Sophie Volland[37] sa conception personnelle du sublime, c'est dans les termes mêmes du chant de mort de Logbrod: «Des idées voluptueuses entrelacées avec des idées terribles;[38] par exemple de belles femmes[39] à demi-nues qui nous présentent un breuvage délicieux[40] dans les crânes sanglants de nos ennemis. Voilà le modèle de toutes les choses sublimes».

Il serait abusif d'en conclure que Diderot eût souhaité voir renaître des mœurs semblables au siècle de l'*Encyclopédie*, de Catherine II, de Frédéric le Grand et de Turgot. La critique s'est souvent égarée en ne faisant point le départ exact entre une nostalgie très «littéraire» et les principes fondamentaux d'une esthétique et d'une philosophie de l'histoire.

Que le déclin de la poésie soit lié au progrès de l'esprit philosophique, voilà qui constitue, aux yeux de Diderot, une réalité sans doute regrettable, mais aussi évidente qu'irrécusable. Il lui arrive même de se demander si la philosophie elle-même n'a pas perdu quelque chose à cette déplorable concurrence. Elle est bien loin, l'heureuse époque où le sage était *à la fois* philosophe, musicien et poète!

Un sage était autrefois un philosophe, un poète, un musicien. Ces talents ont dégénéré en se séparant. *La sphère de la philosophie s'est resserrée.*[41] *Les idées ont*

36. *Œuvres esthétiques*, éd. P. Vernière, p.241, n.1.
37. Le 14 octobre 1762 (*Correspondance*, iv.196).
38. En 1758: «confondant des idées sensuelles avec des idées féroces».
39. En 1758: «des filles».
40. En 1758: «une bière délicieuse».
41. Cf. ci-dessus, *Salon de 1767*.

manqué à la poésie. La force et l'énergie aux chants; et la sagesse privée de ces organes ne s'est plus fait entendre aux peuples avec le même charme.[42]

Le philosophe aurait tort de se désintéresser de la forme, de tourner le dos à l'art: quoi de plus évident pour l'auteur du *Rêve de d'Alembert*, si soucieux de donner à sa pensée l'habit à la fois le plus seyant et le plus original?

Aux détracteurs du style de Sénèque il rétorque: «Le philosophe n'a pas le droit d'être un mauvais écrivain»,[43] certes, mais la perfection qu'on attend de lui ne saurait être celle de l'orateur. La beauté formelle, pour le philosophe, réside dans une adéquation parfaite avec l'idée, non dans le respect craintif de préceptes théoriques de l'art du bien-dire. Elle est dans un certain rapport heureux, non dans des formules figées.

Quant au poète, en se séparant du philosophe, puis en s'opposant à lui, il s'est voué à un formalisme stérile. Il faut retenir la formule déjà citée plus haut: «Les idées ont manqué à la poésie». Diderot, en effet, ne conçoit pas la poésie (ni l'art) indépendamment d'un contenu, de ce que Roger Caillois appelle de nos jours une «provision». Le grand reproche qu'il adresse à la plupart des poètes contemporains, ce n'est pas tant de manquer de talent que de sentiments, et surtout d'idées. Leur sort est de rimer à vide, de faire de leur art un simple jeu formel, un divertissement sans conséquence, donc une caricature de la poésie véritable.

Ce grief revient comme un leit-motiv dans les analyses critiques de la *Correspondance littéraire*. Voici pour Lemierre:

ce poète n'a pas un grain de morale et de philosophie dans sa tête [...] il ne s'avise jamais de se replier sur lui-même, de me ramener à mes devoirs, à mes liaisons, à mon père, à ma mère, à ma femme, à mon ami, à mon amie, à mon origine, à la fin qui m'attend, au bonheur, à la misère de la vie. Je ne connais pas de poème où il y ait moins de mœurs [...] Le Mierre n'a qu'une seule des qualités du poète, la chaleur de l'imagination [...] Je n'ai pas encore rencontré une peinture touchante, un vers d'âme, un mot sensible; jamais il ne me ramène en moi-même [...] *Il ne réfléchit point; il ne fait point réfléchir*; sans cela cependant point d'effet, point de beautés solides [...] Il est jeune et il ignore apparemment qu'un ouvrage, quel qu'il soit, ne peut réussir *sans moralité* [...] Comment se résout-on à écrire d'un art imitatif de la nature, sans savoir faire un vers sublime [...] sans savoir faire un vers touchant [...] sans savoir faire

42. *Entretiens sur le Fils naturel*, DPV, x.151.

43. *Essai sur les règnes de Claude et de Néron*, DPV, xxv.262.

un vers plaisant [...] sans savoir faire un vers moral? Cet homme s'est imaginé que la peinture n'était que l'art de la lumière et des ombres, il n'a pas vu au delà.[44]

Les étrangers ne sont pas mieux traités. Après la lecture de J. G. Jacobi, Diderot se plaint: «Je regrette le temps que j'ai perdu à lire ces pièces [...] Je regrette bien davantage l'argent mal employé par ce pauvre commerçant à faire une aussi belle édition d'ouvrages *aussi faibles d'idées, aussi pauvres de sentiments*, aussi communs d'invention».[45] Voilà qui donnerait raison à «*quelques-uns de nos philosophes modernes, qui traitent les poèmes et la poésie fort dédaigneusement* [...] mais je ne pense pas comme ces philosophes». Lit-il *Les Grâces* de Wieland, c'est pour se lamenter: «je deviens vieux, très vieux apparemment, puisque je ne saurais plus *me repaître de ces bagatelles*. Peu s'en faut que ces fictions ne me paraissent presque toujours puériles et souvent *vides de sens* [...] Et puis, en général, il y a dans tous ces ouvrages trop de roses, de jasmins, de bouquets, et *pas assez d'idées* et de finesse».[46] Dans *La Mort d'Abel* de ce Gessner que l'époque tenait pour un génie, «trop de peintures et d'images, et pas assez de sentiment».[47] Il n'est pas jusqu'à Algarotti, bon voltairien cependant et chaleureux adepte des Lumières en Italie, qui ne tombe sous le même verdict: son *Congresso di Citera* est mauvais, parce qu'il ne fait «ni sentir, ni penser».[48]

Le cas de Pierre Légier est plus grave encore: «ses *Amusements poétiques* m'ont un peu ennuyé [...] cela est si commun, si pauvre, *si vide d'idées* [...] Mon ami Légier n'a pas des idées bien nettes de la décence [...] Jeunes poètes, lisez, étudiez, instruisez-vous et vous chanterez ensuite».[49]

Lier la poésie à des images graveleuses, choquantes ou ordurières, c'est la dégrader. Sur ce point, Diderot se montre intransigeant:

La peinture a cela de commun avec la poésie, et il semble qu'on ne s'en soit pas encore avisé, que toutes deux elles doivent être *bene moratae*; il faut qu'elle ait des mœurs [...] Je ne suis pas scrupuleux. Je lis quelquefois mon Pétrone [...] Je pardonne au poète, au peintre, au sculpteur, au philosophe même un

44. Sur *La Peinture* de Lemierre, DPV, xviii.146, 148, 154, 157.
45. A.-T., vi.424-25 (1771).
46. A.-T., vi.426-27 (1771).
47. DPV, xiii.118 (1760).
48. DPV, xiii.45 (1758).
49. DPV, xviii.221-22 (1769).

instant de verve et de folie; mais je ne veux pas qu'on trempe toujours là son pinceau et *qu'on pervertisse le but des arts* [...] Rendre la vertu aimable, le vice odieux, le ridicule saillant, voilà le projet de tout honnête homme qui prend la plume, le pinceau, le ciseau.[50]

L'art – donc la poésie – doit toujours offrir une leçon, et plus particulièrement une leçon de morale. Son admiration des classiques latins ne l'aveugle pas sur leurs défauts: «Le libertin Ovide [...] les naïves saletés de Catulle [...] les élégantes obscénités de Martial [...] Pétrone [dont le] nom seul fait rougir. Presque tous ces écrivains sont peut-être sans conséquence entre les mains d'un homme fait; mais [...] souvent dangereux pour les mœurs» et il n'est pas bon qu'ils constituent «la première étude de la jeunesse».[51]

Pudibonderie? Nullement, et comment la soupçonner sans ridicule de la part de l'auteur du *Supplément*, de la *Suite de l'Entretien*, de *Jacques le Fataliste*? Bien plutôt effet d'une conception exigeante et austère de la poésie et de sa fonction. Il est permis d'être leste dans les contes, et Diderot ne s'en est pas privé dans *Jacques le Fataliste* où d'ailleurs il s'en explique. Il n'en va pas de même pour la poésie: chaque genre a ses lois et ses devoirs.

De l'examen attentif des nombreux textes cités, – et la liste aurait pu être allongée sans peine – il résulte que la poésie, telle que Diderot la souhaiterait, est tout autre chose qu'un art «énorme, barbare et sauvage». Elle est même plutôt l'opposé d'un art de type «primitif».

Diderot n'a cessé de réaffirmer sa ferme conviction que tout poète digne de ce nom doit posséder, outre le don naturel sans lequel rien n'est évidemment possible, une solide formation intellectuelle, philosophique et littéraire. On l'a entendu sermonner les jeunes poètes, à propos de Pierre Légier: «Lisez, étudiez, instruisez-vous», conseil assurément peu compatible avec les vaticinations de la Pythie et le fracas des guerres civiles. Ses vrais maîtres, ses vrais modèles, ce ne sont pas les scaldes, mais les anciens, et la raison en est simple:

Pourquoi est-ce que les ouvrages des Anciens ont un si grand caractère? C'est qu'ils avaient tous fréquenté les écoles des philosophes.[52]

50. *Essais sur la peinture*, DPV, xiv.391-92.

51. *Plan d'une université* (A.-T., iii.484); cf. iii.469: «Il importe surtout qu'ils soient excellents moralistes».

52. *Pensées détachées sur la peinture*, *Œuvres esthétiques*, éd. Vernière, p.764.

Que les modernes s'en souviennent :

Peut-on être un grande poète et ignorer les langues anciennes et quelques-unes des langues modernes ? Peut-on être un grand poète sans une forte teinture d'histoire, de physique et de géographie ? Peut-on être un grand poète sans la connaissance des devoirs de l'homme et du citoyen, de tout ce qui tient aux lois des sociétés entre elles, aux religions, aux différents gouvernements, aux mœurs et aux usages des nations, à la société dont on est membre, aux passions, aux vices, aux vertus, aux caractères et à toute la morale ? *Quelle érudition* ne remarque-t-on pas dans Homère et Virgile ! Que n'avaient-ils pas étudié avant que d'écrire ? Nos poètes Corneille et Racine, moins instruits, n'auraient pas été ce qu'ils furent. Qu'est-ce qui distingue particulièrement Voltaire de tous nos jeunes littérateurs ? *l'instruction*. Voltaire sait beaucoup et *nos jeunes poètes sont ignorants*. L'ouvrage de Voltaire est plein de choses ; leurs ouvrages sont vides. Ils veulent chanter, ils ont du gosier ; mais, faute de connaissances, *ils ne chantent que des fadaises mélodieuses. La profession de poète exige donc de longues études*. La variété des connaissances primitives qui lui sont nécessaires, suppose donc qu'il s'est avancé fort loin dans la carrière des écoles publiques. Le nombre des élèves s'éclaircissant à mesure que cette carrière se prolonge, il se trouve donc dans la classe la plus voisine de la fin et la plus diminuée, et tant mieux. J'en dis autant des orateurs, des érudits et des autres *professions qui ne souffrent pas de médiocrité, et à qui l'instruction ne sert de rien sans le génie ; d'ailleurs peu nécessaires dans une société, même quand on y excelle.*[53]

Même son de cloche plus loin : « sans grec, et, à plus forte raison, sans latin, on n'est point un homme de lettres : il faut absolument à celui-ci une liaison intime avec Homère et Virgile, Démosthène et Cicéron, s'il veut exceller »,[54] ou encore : « Ces deux langues [le latin et le grec] renferment de si grands modèles en tous genres, qu'il est difficile d'atteindre à l'excellence du goût sans les connaître. Voyager à Rome pour les peintres, voyager à Rome et à Athènes pour les littérateurs ; celui qui a un peu de tact, discernera bientôt l'écrivain moderne qui s'est familiarisé avec les Anciens, de l'écrivain qui n'a point eu de commerce avec eux ».[55]

Nous voilà loin des délires prétendument romantiques. A bien lire Diderot, on en arrive à la conclusion que son grief majeur aux poètes du temps est dans l'inconsistance de leurs sujets. Ils s'attardent à des

53. *Plan d'une université*, « Connaissances essentielles et connaissances de convenance » (A.-T., iii.443-44).

54. A.-T., iii.473.

55. A.-T., iii.478.

bagatelles, ils soufflent des bulles de savon, ils pratiquent un érotisme de salon: ils n'ont, en somme, ni sentiments, ni mœurs, ni idées. Au fond, l'ancien élève des jésuites est resté fidèle à une esthétique très classique, tout comme à la distinction traditionnelle des trois niveaux de style. Il voudrait voir renaître le sublime et voir la poésie s'attaquer résolument à de grandes questions. Ainsi s'explique sa boutade: «L'amour, de tous les temps, a fait des poètes, et ce n'est pas un de ses moindres forfaits».[56]

Le poète selon son cœur, ce n'est pas un Saint-Lambert,[57] un Lemierre, un Voltaire ou un Wieland, c'est Homère:

Plusieurs années de suite, j'a été aussi religieux à lire un chant d'Homère avant de me coucher que l'est un bon prêtre à réciter son bréviaire [...] Homère, toujours Homère élèvera le génie, familiarisera avec tous les dialectes, offrira des modèles d'éloquence dans tous les genres. Son vers ressemble au polype, vivant dans son tout et dans chacune de ses parties. Les autres poètes font des vers et même de fort beaux, mais on y sent le travail et la composition. La langue de la poésie semble être la langue naturelle d'Homère. Qu'on me pardonne le petit grain d'encens que je brûle devant la statue d'un maître à qui je dois ce que je vaux, si je vaux quelque chose.[58]

S'il avait pu connaître les *Idylles*, l'*Hermès*, l'*Invention*, il eût certes aimé Chénier, ce poète nourri d'idées, de sentiments et de «mœurs».

Bien loin de condamner la poésie, Diderot se borne donc à condamner les poètes de son temps. Peut-on lui donner tort? Sans doute, son goût personnel reste prisonnier des conventions d'époque et les poèmes qui sont sortis de sa plume ne méritent pas mieux que l'oubli.[59] En revanche, il a su rendre au concept de «poésie» un sens plus large,[60] plus haut et surtout plus pur que la plupart de ses contemporains.

56. Sur l'épître *Sainval à Rose* (A.-T., vi.432).

57. «Je ne trouve pas à M. de Saint-Lambert assez d'habitude de la vie champêtre, assez de connaissance et d'étude de la nature rare [...] il n'a jamais attendu l'inspiration de la nature [...] il a *prophétisé*, pour me servir de l'expression de Naigeon, *avant que l'Esprit fût descendu*» (DPV, xviii.25-26).

58. *Plan d'une université* (A.-T., iii.478, 481).

59. Du moins sur le plan strictement littéraire, car ils ont valeur de témoignage par leur intérêt philosophique, politique et social. Cf. l'étude de Jean Varloot sur «Le poète Diderot» dans *Europe* 405-406 (1963), p.203-19.

60. C'est ainsi qu'il appelle *Paméla*, *Clarisse*, et *Grandison* «les trois poèmes de Richardson» (*Eloge de Richardson*, DPV, xiii.206).

Le poète ne sera pas exclu de la nouvelle cité des hommes. Au contraire, la poésie authentique a sa place dans le monde des Lumières.

Voilà la fonction du poète. Quelle différence entre le versificateur et lui! Cependant ne croyez pas que je méprise le premier: son talent est rare. Mais si vous faites du versificateur un Apollon, le poète sera pour moi un Hercule.[61]

Son Pégase se détournera de son chemin pour planer au-dessus des ruines de quelques villes célèbres; là, il suspendra son vol pour pleurer sur les malheurs de l'espèce humaine.[62]

Des hommes de génie ont ramené de nos jours la philosophie du monde intelligible dans le monde réel. *Ne s'en trouvera-t-il point un qui rende le même service à la poésie lyrique*, et *qui la fasse descendre des régions enchantées sur la terre que nous habitons?* [...] Si le genre lyrique est mauvais, c'est le plus mauvais de tous les genres. S'il est bon, c'est le meilleur. Mais peut-il être bon, si l'on ne s'y propose point l'imitation de la nature, et de la nature la plus forte? A quoi bon mettre en poésie ce qui ne valait pas la peine d'être conçu?[63]

Rien ne convient tant à un poète que les écarts [...] ils donnent à l'ouvrage un caractère de liberté qui est tout à fait de bon goût. L'image d'un homme qui erre en se promenant, au gré des lieux et des objets qu'il rencontre, s'arrêtant ici, là précipitant sa marche, m'intéresse tout autrement que celle d'un voyageur courbé sous le poids de son bagage, et qui s'achemine, en soupirant après le terme de sa journée.[64]

Voilà, pour Diderot, la nature et la fonction de la poésie de demain. Il ne concevrait pas un monde «éclairé», plus sage et plus heureux, qui fût privé de poésie. L'homme ne se nourrit pas seulement de pain, ni même de raison. Le cœur et l'imagination, eux aussi, revendiquent leurs droits, et Diderot s'en félicite.

La passion et la raison ne se contredisent pas toujours; l'une commande quelquefois ce que l'autre approuve [...] La raison sans les passions, serait presque un roi sans sujets [...] Sénèque parle au cœur, et n'en est pas moins convaincant; car le cœur a son évidence [...] mon cœur se révolte contre cette ingrate dialectique.[65]

61. *De la poésie dramatique*, DPV, x.359.
62. «Réflexions sur l'ode» (A.-T., vi.412).
63. *Entretiens sur le Fils naturel*, DPV, x.150-51.
64. A propos de Lemierre (DPV, xviii.145).
65. *Essai sur les règnes de Claude et de Néron*, DPV, xxv.318, 322, 332, 337.

La tête dit ce qu'elle veut; le cœur sent comme il lui plaît. Rien n'est si commun que de prendre sa tête pour son cœur.[66]

L'imagination, voilà la qualité sans laquelle on n'est ni un poète, ni un philosophe, ni un homme d'esprit, ni un être raisonnable, ni un homme [...] Un homme entièrement privé de cette faculté serait un stupide [...] C'est la triste condition du peuple, et quelquefois du philosophe [...] vous le forcez d'imaginer [...] alors, que devient-il? Peintre ou poète.[67]

Et le poète qui feint, et le philosophe qui raisonne, sont également et dans le même sens conséquents ou inconséquents [Le poète] a reçu de la nature, dans un degré supérieur, la qualité qui distingue l'homme de génie de l'homme ordinaire, et celui-ci du stupide; l'imagination, sans laquelle le discours se réduit à l'habitude mécanique d'appliquer des sons combinés.[68]

Et c'est pourquoi le poète apparaît souvent aux «hommes ordinaires» comme un être qui déraisonne: «Un poète est un homme d'une imagination forte qui s'attendrit, qui s'effraye lui-même des fantômes qu'il se fait».[69] Les termes de «fureur», de «délire», d'«ivresse», d'«enthousiasme» lui viennent spontanément à l'esprit pour parler du vrai poète.

Il ne faut pas se méprendre sur la tonalité de l'éloge qu'il fait de la sagesse raisonneuse. C'est avec une ironie amère qu'il écrit:

Garder en tout un juste milieu, voilà la règle du bonheur. Il ne faut point faire de *poésie* dans la vie. Les héros, les amants romanesques, les grands patriotes, les magistrats inflexibles, les apôtres de religion, les philosophes à toute outrance, *tous ces rares et divins insensés* font *de la poésie* dans la vie, de là leur malheur [...] Il est d'expérience que la nature condamne au malheur celui à qui elle a départi le génie, et celle qu'elle a douée de la beauté; c'est que ce sont *des êtres poétiques* [...] Je faisais en moi-même l'éloge de la médiocrité qui met également à l'abri du blâme et de l'envie, et je me demandais pourquoi cependant personne ne voudrait perdre de sa sensibilité et devenir médiocre?[70]

La poésie s'identifie, dès lors, avec le sens du beau risque, avec le délire créateur, privilège de ceux qui ont su garder intacte la jeunesse

66. A Sophie Volland, 9 septembre 1767 (*Correspondance*, vii.115).

67. *De la poésie dramatique*, DPV, x.359-60.

68. DPV, x.361.

69. *Essais sur la peinture*, DPV, xiv.377.

70. *Salon de 1767*, éd. Seznec et Adhémar, iii.148. On trouve le même développement dans *Le Neveu de Rameau*.

de leur cœur: «On veut être M. de l'Empirée à vingt ans, et M. Baliveau à cinquante. C'est tout juste mon âge».

Le rêve de Diderot, son ambition secrète, c'eût été de réconcilier la vie et le rêve, la poésie et la philosophie, et d'opérer, pour commencer, cette réconciliation en lui-même. L'immédiateté de la connaissance poétique est une forme de sagesse d'un type privilégié: n'est-ce pas la démarche qu'il esquissait lui-même dans des œuvres comme *Le Rêve de d'Alembert* ou *Le Neveu de Rameau*?

On croit percevoir par instants dans la poétique de Diderot, au-delà des anticipations romantiques ou des références classiques, de lointaines réminiscences platoniciennes:

> La poésie suppose une exaltation de tête qui tient presque à l'inspiration divine. *Il vient au poète des idées profondes dont il ignore et le principe et les suites.* Fruits d'une longue méditation dans le philosophe, il en est étonné, il s'écrie: «Qui est-ce qui a inspiré tant de sagesse à cette espèce de fou-là?»[71]

Son absence de dons poétiques, si évidente sauf pour lui, ne l'a jamais empêché de se croire autant un poète qu'un philosophe. Si la vérité a ses droits, l'illusion a les siens: «O douces illusions de la poésie, vous n'avez pas moins de charmes pour moi que la vérité»,[72] et de soupirer: «Puissiez-vous me toucher et me plaire jusque dans mes derniers instants!»

Pendant son séjour en Russie (1773-1774), alors qu'il se prépare à rédiger le *Plan d'une université* où il est si souvent question de la poésie et des poètes, – fût-ce pour en restreindre le nombre et en rabattre l'importance sociale, – il confie à ses auditeurs amusés: «Messieurs, je sens maintenant que je me suis complètement mépris sur ma véritable vocation. J'ai voulu être un philosophe, et la nature m'avait destiné à être poète».[73]

Tardive et vaine résipiscence. Ni *Les Eleuthéromanes*, ni le dithyrambe sur le voyage en Russie (avec le vers «autant d'eau que l'Oder» que Nicolay trouvait «un peu Hottentot») ne sont de nature à nous faire regretter le choix que fit Diderot vers la trentaine.

La voie qu'il choisit était bien celle de son génie: lui seul a pu s'y tromper. Mais on lui saura gré d'avoir mieux compris la poésie que

71. *Réfutation suivie de l'ouvrage d'Helvétius intitulé l'Homme* (A.-T., ii.342).

72. Article «Grecs», *Encyclopédie*, sur Orphée (DPV, vii.333).

73. L.-H. Nicolay, *Mémoires*, cités par E. Heier dans «The Encyclopedists and L.-H. Nicolay (1737-1820)», *Revue de littérature comparée* (1962), p.507.

ses contemporains, et d'en avoir parlé avec plus de bonheur. Il a maintenu, au temps des héroïdes, des idylles et des épigrammes, le sens d'une poésie exigeante et élevée, nourrie d'enthousiasme mais aussi de savoir, d'exaltation divine et de sagesse inconsciente. En condamnant pour insuffisance ou pour médiocrité les versificateurs frivoles de son temps, en élaborant une poétique où le don et l'effort, la forme et le contenu s'équilibrent dans un dosage judicieux, sans faire pour autant du poète un mage ou un surhomme, Diderot sauvegardait l'héritage du passé tout en ouvrant la voie à la poésie de l'avenir.

Diderot et le « grand goût », ou du prestige de la peinture d'histoire au XVIIIe siècle

Nos catégories esthétiques sont très inadéquates lorsqu'il s'agit de juger de la critique d'art du XVIIIe siècle, et elles aboutissent même, à la limite, à en méconnaître le sens et la portée. En France, tout particulièrement, sous l'influence des frères Goncourt – qu'il faut cependant créditer d'avoir remis le XVIIIe siècle à la mode – l'art de cette époque a été résumé sous l'étiquette de « fêtes galantes » et l'on a privilégié systématiquement Watteau, Pater, Lancret, Boucher et Fragonard.

Si on prend le temps de se plonger dans la lecture des *Salons* de Diderot (à partir de 1759), on constate avec étonnement que la pratique des beaux-arts s'oriente alors dans une tout autre direction, et que la critique contemporaine s'attache de préférence à des œuvres qui ne s'inscrivent nullement dans nos canons actuels. La question n'est pas de savoir qui a tort ou raison ; une telle question n'aurait d'ailleurs aucun sens, puisqu'il s'agit ici d'un problème de mentalité collective d'une part, d'esthétique personnelle de l'autre.

Historiquement, il semble qu'on puisse avancer que la première partie du XVIIIe siècle a été marquée en profondeur par le goût rococo et que les catégories de la grâce, de la fluidité et de l'élégance y ont largement prévalu.[1] Mais il serait abusif de les étendre au siècle tout entier, d'autant plus qu'une réaction contre ce maniérisme gracieux s'organise et se développe à partir de 1760.

Mon propos est d'examiner ici les comptes rendus des Salons rédigés par Diderot, à partir de 1759, à la demande de son ami Grimm, à

1. Voir l'excellent ouvrage de Philippe Minguet, *Esthétique du rococo* (1966), réédité chez Vrin.

l'intention de la *Correspondance littéraire*, donc sans aucune volonté de publicité ou même de notoriété. Toutes mes citations seront empruntées à l'admirable édition des *Salons* réalisée par Jean Seznec – Oxonien d'honneur, s'il en est – en collaboration avec Jean Adhémar.[2] Les textes les plus importants et les plus révélateurs se trouvent, pour l'essentiel, dans les années 1763, 1765 et 1767, sans que cette remarque ait pourtant la moindre connotation restrictive.

A force d'insister, avec d'excellentes intentions, sur la *modernité* de Diderot, on risque de perdre de vue tout ce qui le rattache à son époque et l'admiration passionnée qu'il voue à l'antiquité. Jean Seznec n'est jamais tombé dans ce piège et la présente étude se situe dans le droit fil des préoccupations qui lui ont inspiré, dès 1955, les attachants *Essais sur Diderot et l'antiquité* et en 1963 la conférence à Johns Hopkins sur *Diderot and historical painting*.[3] Mais nous verrons aussi que Diderot a su prendre ses distances par rapport aux «anticomanes» et que, ici comme ailleurs, sa position critique est aussi originale qu'elle est complexe.

Dans le milieu des peintres du XVIIIe siècle, en France tout au moins, il existe une hiérarchie codifiée par des concours et que nul ne songe à contester. Elle place au rang le plus élevé la peinture d'histoire, autrement dit la peinture à sujet historique, ou mythologique, destinée à l'édification morale, ou civique, du spectateur.[4] La peinture de genre, le portrait, la nature morte sont considérés comme des genres inférieurs et Greuze ne se consolera jamais de n'avoir pas été reçu à l'Académie en qualité de «peintre d'histoire» après avoir réalisé un *Septime Sévère reprochant à Caracalla son fils d'avoir attenté à sa vie dans les défilés d'Ecosse*.[5]

Diderot partage intégralement ce jugement de valeur, ce qui ne l'empêche pas de manifester un goût passionné pour la «magie» de Chardin, ce peintre de la vie silencieuse auquel il a consacré quelques-unes des plus belles pages des *Salons*. Mais lorsqu'il s'agit de formaliser un jugement, de hiérarchiser les œuvres, Diderot reste fidèle à la priorité

2. Edition en 4 volumes (Oxford 1957-1967). Il en existe une réédition comportant un plus grand nombre de reproductions photographiques.

3. The Mary Flexner Lectures at Bryn Mawr College (Oxford 1957).

4. *Aspects of the eighteenth century*, éd. Earl Wasserman (Baltimore, London 1965), p.121-42.

5. Le seul travail consacré à la peinture d'histoire reste celui de Jean Locquin, *La Peinture d'histoire en France de 1747 à 1785* (1912).

de la peinture d'histoire. Serait-il donc à ce point prisonnier des critères traditionnels ? Faudrait-il parler à ce propos d'un Diderot conservateur, ou d'un goût timoré ? Je ne le crois évidemment pas, et c'est ailleurs, à mon sens, qu'il faut chercher l'explication de cette orientation esthétique.

Tout en étant sensible aux qualités techniques (« le faire »), Diderot – comme toute la critique de son temps – accorde un rôle prépondérant au *sujet* de l'œuvre, c'est-à-dire à sa fonction signifiante, et donc didactique. L'art, pour lui, ne peut être un jeu gratuit ; sa mission est d'enseigner (*docere*), au même titre que l'écriture ou le discours. Le jugement artistique est, par là, indissociable des options morales, sociales, ou philosophiques de l'observateur. La peinture représente, elle figure, elle illustre, et ce qu'elle représente ne saurait être indifférent. Le choix du sujet est donc un élément déterminant, mais qui ne saurait suffire à lui seul. Reste à trouver le style qui fait passer dans les meilleures conditions le message que l'artiste veut transmettre (pour autant que ce message existe, sur quoi Diderot se montrera toujours intransigeant).

Ainsi n'a-t-on pas tout dit lorsqu'on a souligné le goût de Diderot pour la peinture d'*histoire* et l'importance considérable qu'il accorde à *l'événement* représenté par le tableau. La médiocrité de la plupart des tableaux d'histoire que Diderot est amené à juger prouve, à suffisance, que ces exigences préalables ne sont qu'une condition très partielle pour décider de la qualité de l'œuvre finalement réalisée.

Le sujet historique, ou parfois le motif sentimental (comme chez Greuze), ne vaut que s'il suscite dans l'esprit et dans la sensibilité du spectateur un sentiment d'admiration – en d'autres termes s'il s'impose par son sens de la grandeur. Au-delà du sujet, et des diverses catégories dont il relève, le critère le plus élevé auquel Diderot se réfère est celui du *grand goût*, ou de la *grande manière*. Qu'entend-il par là ? C'est ce que nous allons essayer de cerner de plus près en examinant attentivement les textes. Seznec mis à part, peu de critiques d'art ont mis ce caractère en évidence, et la sélection opérée dans les « morceaux choisis » des *Salons*, en insistant sur Chardin, Robert et Greuze, accentue ce phénomène de « divergence historique » dans la mesure où il occulte ce qui, pour Diderot, était la mission primordiale de toute représentation picturale.

Plutôt que de moderniser Diderot à tout prix en voulant en faire un précurseur de l'art moderne, il me semble plus efficace et plus correct de souligner ce que son esthétique a d'original au sein même de son temps, et par rapport à cette dimension culturelle.

Le concept d'un art abstrait n'a même pas effleuré son esprit. Toute peinture, pour lui, suppose un sujet ; toute bonne peinture doit s'inspirer d'une *idée*, de préférence d'une idée associée à la *grandeur*. Ce principe est formulé, dès 1759, à propos d'un tableau de Vien, sévèrement comparé à une *Résurrection* de Rembrandt (i.65) :

> Ces gens ci croyent qu'il n'y a qu'à arranger les figures. Ils ne sçavent pas que *le premier point, le point important, c'est de trouver une grande idée*, qu'il faut se promener, méditer, laisser là les pinceaux et demeurer en repos jusqu'à ce que la grande idée soit trouvée.

Lorsque Diderot découvre chez un peintre ce sens de la grandeur combiné avec celui du sujet attachant et poétique, son enthousiasme le rend indulgent aux faiblesses secondaires de l'exécution. Restout a exposé, au salon de 1763, un *Orphée descendu aux enfers pour en ramener Eurydice*, et notre critique de s'extasier (i.199-200) :

> Quel sujet pour un poète et pour un peintre ! qu'il exige de génie et d'enthousiasme ! [...] La composition est grande, belle et une [...] Voyez-vous comme tous ces objets se tiennent et s'enchaînent ? Et ce Temps revenu sur ses pas pour rendre Eurydice à la vie et à son époux, n'est-il pas d'une belle poésie ? Et cette Parque se refusant à la tâche inusitée de renouer son fil, est-ce une idée indigne de Virgile ? Pensez donc, mon ami, que l'artiste l'a trouvée à quatre-vingts ans.

Et ceci fait passer sur les faiblesses de l'œuvre : personnages mesquins, sans rien de majestueux, air niais d'Eurydice, froideur d'Orphée, faiblesse de la couleur. « Il faut le lui pardonner ; le sujet était trop fort pour son âge [...] Cet homme est encore un aigle en comparaison de Pierre et de beaucoup d'autres. »

Le sujet du tableau constitue donc un présupposé essentiel, qui conditionne d'emblée le jugement du spectateur. Aussi, à propos d'une *Vestale* de Vanloo, Diderot s'interroge (*Salon de 1765* ; ii.72) :

> Mais pourquoi est-ce que ces figures de Vestales nous plaisent presque toujours ? C'est qu'elles supposent de la jeunesse, des grâces, de la modestie, de l'innocence et de la dignité ;[6] c'est qu'à ces qualités données d'après les modèles antiques, il se joint des idées accessoires de temple, d'autel, de recueillement,

6. On notera au passage cette insistance sur des valeurs d'ordre moral, et non pictural, et l'importance accordée à la dernière, très proche de l'idée de grandeur.

de retraite et de sacré;[7] [...] c'est qu'une vestale est un être en même temps historique, poétique et moral.

Telles sont donc bien quelques-unes des catégories qui dominent l'esthétique de Diderot: la fonction représentative d'un sujet doué d'une réalité historique indiscutable, sa beauté intrinsèque, les associations nobles et pures qu'il entraîne, enfin son rôle démonstratif et didactique. Diderot n'est pas plus proche de « l'art pour l'art » que de l'art abstrait.

Vérité, poésie et moralité: ces trois concepts ne peuvent se dissocier, sous peine de produire une œuvre incomplète et donc manquée. Leur trait commun, leur lien profond, est toujours un certain sens de la grandeur. Aussi Diderot apprécie-t-il hautement une *Artémise au tombeau de Mausole* par Deshays (*Salon de 1765*; ii.101):

Ce grand lambeau de draperie, ramené sur la tête, tombant en larges plis sur le devant, et se déployant sur le côté de son visage tourné vers le fond [...] est de la plus grande manière et produit le plus bel effet. Que cette femme a l'air grand, touchant, triste et noble! [...] Belle, très-belle composition; beau poëme. [...] Lorsque je me rappelle cette esquisse, et en même temps nos scènes sépulcrales de théâtre, nos Artémises de coulisse, et leurs confidentes poudrées, frisées, en panier, avec le grand mouchoir blanc à la main, je jure sur mon âme que je ne verrai jamais ces insipides parades de la tristesse; et je tiendrai parole.

Cette opposition mérite qu'on s'y arrête: Diderot a horreur d'un maniérisme qu'il juge faux, et surtout dénué de noblesse et de grandeur. Cet athée attend de l'art ce que d'autres attendent de la religion, et il ne peut s'accommoder de ce qui pourrait avilir le sentiment ou, par une touche d'afféterie et de modernisme incongru, lui enlever son caractère authentiquement sacré. Si l'on ne prend pas en considération cette catégorie, assez inattendue de prime abord, qui est celle du *sacré*, on passe à côté d'un des caractères déterminants de la critique d'art de Diderot. De même, devant un *Projet de tombeau* qui juxtapose la figure de la Pureté et celle de l'Amitié, Diderot s'exclame d'abord: « Un tombeau qui a le caractère lugubre, c'est celui-ci » (ii.223). On pourrait croire ce jugement négatif ou hostile; il n'en est rien, puisqu'il enchaîne aussitôt: « Belle draperie, *bien poétique*; beaux caractères de têtes; *belle pensée* », la formule finale condensant dans son esprit toutes les autres.

7. Etrange langage, pourrait-on objecter, sous la plume d'un matérialiste athée, mais nous verrons qu'il n'y a là rien de vraiment insolite.

Un long passage du *Salon de 1767* est consacré à une *Prédication de saint Denis* présentée par le néo-classique Vien, auteur de la célèbre *Marchande d'Amours* très admirée à l'époque. Diderot est profondément déçu, et il s'en explique très longuement (iii.77-78). L'analyse commence par une condamnation sans appel: «à travers la plus grande intelligence de l'art, il est sans idéal, sans verve, sans poésie». Après quoi, comme toujours en pareil cas, Diderot refait le tableau qui aurait convenu au sujet. Se succèdent alors les «je les vois», «je les aurais vus», la longue série des «vous verrez», pour en venir à la synthèse:

Voilà la scène que j'aurois décrite, si j'avois été poëte, et celle que j'aurois peinte, si j'avois été artiste. Vien dessine bien, peint bien; *mais il ne pense ni ne sent* [...] Pauvre d'idées, il restera pauvre d'idées. Sans imagination, il n'en aura jamais.

Encore faut-il que ces idées ne soient pas de celles qui relèvent de la superstition la plus intolérante et la plus rétrograde. Peinture et sculpture, dit-il, sont des arts aussi utiles qu'agréables, «surtout si on ne les emploie pas à tenir constamment sous les yeux des peuples ou des actions déshonnêtes ou des atrocités de fanatisme, qui ne peuvent servir qu'à corrompre les mœurs ou à embéguiner les hommes, à les empoisonner des plus dangereux préjugés» (iii.220). On retrouve ici un des thèmes qui sont chers à l'auteur de *La Religieuse*.

Même les tableaux de ruines qu'il aime tant, et qui nourrissent chez lui un courant de lyrisme métaphysique, ne sont jamais coupés de leur valeur didactique, c'est-à-dire de l'idée qu'ils véhiculent. Il corrige mentalement l'un d'eux en y ajoutant une inscription latine rappelant la cruauté des tyrans. L'adjonction d'une *idée* transforme l'œuvre et lui donne un sens (iii.243).

Ces ruines me parleraient [...] Je m'entretiendrais de la variété des choses de ce monde, si je lisais au-dessus de la tête d'une marchande d'herbes, *au divin Auguste, au divin Néron*, et de la bassesse des hommes qui ont pu diviniser un proscripteur, un tigre couronné. Voyez le beau champ ouvert aux peintres de ruines, s'ils s'avisaient d'avoir des idées, et de sentir la liaison de leur genre avec la connaissance de l'histoire.

Et voilà, par une habile association, la peinture «ruiniste» récupérée par la peinture d'histoire et promue au rang du grand art.

Certes, Diderot sait fort bien que l'idée ne suffit pas. Sinon, il ne se contenterait pas de multiplier dans les *Salons* les tableaux imaginaires, refaits selon son goût. Le peintre est aussi et surtout un artisan, qui possède ce que Diderot appelle «le faire», mais il n'a du génie que quand il est en même temps penseur (iii.290).

Qu'est-ce que le plus beau faire sans idée? Le mérite d'un peintre. Qu'est-ce qu'une belle idée, sans le faire? Le mérite d'un poëte. *Ayez d'abord la pensée; et vous aurez du style après.*

Le rapport entre la technique et le sens du beau sujet est cependant loin d'être simple, et rares sont ceux qui parviennent à les combiner. Le grand sujet n'est pas à la portée des médiocres. Ainsi, «Hallé est toujours le pauvre Hallé. Cet homme a la rage de choisir de grands sujets, des sujets qui demandent de l'invention, des caractères, du dessin, de la noblesse, toutes qualités qui lui manquent [...] Vous m'ennuyez, monsieur Hallé, vous m'ennuyez [...] Tout cela est misérable» (i.207). Mais à la même page, Diderot ne craint pas de se contredire apparemment en suggérant au peintre Pierre, qu'il méprise en dépit de ses succès et de sa richesse, de relire les bons auteurs français et les poètes latins.

Ils ne vous donneront pas le génie, parce qu'on l'apporte en naissant; mais ils vous remueront, ils élèveront votre esprit, ils dégourdiront un peu votre imagination; *vous y trouverez des idées et vous vous en servirez.*

Au fond, Diderot est parfaitement cohérent avec sa doctrine: l'art doit enseigner, il doit faire naître des idées et des émotions, et cette exigence ne dépasse pas les capacités du peintre moyen. Qu'il évite cependant, s'il n'a pas de génie, les sujets marqués par la noblesse et la grandeur, car c'est à ce niveau que l'on reconnaît l'artiste supérieur.

Cette priorité accordée au «grand style» explique la sévérité de Diderot à l'égard de Boucher et sa méprisante indifférence envers Watteau. Il apprécie pourtant le talent du premier (i.112):

Personne n'entend comme Boucher l'art de la lumière et les ombres. Il est fait pour tourner la tête à deux sortes de personnes, les gens du monde et les artistes. Son élégance, sa mignardise, sa galanterie romanesque, sa coquetterie, son goût, sa facilité, sa variété, son éclat, ses carnations fardées, sa débauche doivent captiver les petits-maîtres, les petites femmes, les jeunes gens, les gens du monde, la foule de ceux qui sont étrangers au vrai goût, à la vérité, aux idées justes, à la sévérité de l'art [...] *Les gens d'un grand goût, d'un goût sévère et antique, n'en font nul cas.*

Confronté à une pitoyable *Esther évanouie devant Assuérus* de Restout (i.200-201), Diderot se tire d'affaire en évoquant le tableau du Poussin sur le même sujet: «Je fais ici comme Pindare, qui chantait les dieux de la patrie quand il n'avait rien à dire de son héros». Les qualités dominantes du chef-d'œuvre du Poussin sont définies une fois encore comme «la noblesse et la simplicité». Deux ans plus tard, au Salon de 1765, il revient à ce tableau exemplaire pour en souligner la noblesse, l'action forte et pathétique (ii.84).

Cette noblesse et cette grandeur n'ont aucun rapport avec la dimension du tableau, ni avec celle des personnages. De deux petites toiles de ruines antiques, il nous dit en 1765: «Cela est noble et grand; et si vous appliquez à ces restes d'architecture les principes que je viens d'établir, vous vous rendrez raison de *leur noblesse et de leur grandeur en petit*» (ii.118).

Cette exigence a de curieuses conséquences. Ainsi, par exemple, Diderot n'aime pas, en peinture, les étoffes à fleurs parce qu'elles n'ont «ni simplicité ni noblesse» (i.63).

Un tableau manqué de Lagrenée permet de mieux comprendre les motivations de cette exigence de grandeur. Le peintre a fait petite et mesquine la tête de Pompée, et lorsque le critique lui a dit son objection, La Grenée lui a répondu qu'elle était plus grande que nature. «Que voulez-vous obtenir», s'écrie Diderot, «d'un artiste qui croit qu'une tête grande, c'est une grosse tête, et qui vous répond du volume, quand vous lui parlez du caractère» (iii.106). A son goût, «toutes ces natures sont *trop petites, trop ordinaires. Il me les falloit plus exagérées*, moins comparables à moi. Ce sont de petits personnages d'aujourd'huy». C'est bien là ce qu'il entend par l'expression «idéal»: l'art doit échapper au banal, au quotidien, pour prendre une dimension surhumaine, grandiose, sublime, que la distance temporelle favorise, et qui justifie sa préférence pour les sujets antiques. L'impression du sublime peut s'obtenir de deux façons: «ou de grandes figures et peu d'action; ou beaucoup d'action et des figures de proportion commune». Mais il n'y a pas de milieu: «le simple est sublime ou plat».

Nous l'avons dit plus haut, le *grand* goût est aussi le goût *sévère et antique*. Diderot a noté maintes fois cette relation, qui naît d'un refus du réalisme minutieux. Citant un de ses artistes préférés, Vernet, il le commente en ces termes, qui précisent sa conception du «modèle idéal»: «Quant vous faites beau, vous ne faites rien de ce qui est, rien même de ce qui puisse être», ce qui relègue automatiquement le portraitiste à un rang inférieur. Comment reconnaître ce beau idéal, qui n'a que des supports très imparfaits dans le réel (iii.56)?

Ces gens qui parlent sans cesse de l'imitation de la belle nature, croyent de bonne foi qu'il y a une belle nature subsistante, qu'elle est, qu'on la voit quand on veut, et qu'il n'y a qu'à la copier. Si vous leur disiez que c'est un être tout à fait idéal, ils ouvriraient de grands yeux, ou ils vous riroient au nez.

Le critère existe pourtant. C'est «la conformité avec l'antique» (iii.59).

Le retour à l'antique, fût-ce dans la peinture ruiniste, n'a rien d'une esthétique «intensiviste». Ce que Diderot reproche à Robert, c'est précisément de pratiquer une esthétique maladroite de l'intensité: «puisque vous vous êtes voué à la peinture des ruines, sachez que ce genre a sa poétique; vous l'ignorez absolument; cherchez-la.[8] Vous avez le faire, mais l'idéal vous manque». En quoi consiste-t-il ici? Dans l'évocation de la solitude et du silence (iii.228):

Un seul homme, qui aurait erré dans ces ténèbres, les bras croisés sur la poitrine et la tête penchée, m'auroit affecté davantage; l'obscurité seule, la majesté de l'édifice, la grandeur de la fabrique, l'étendue, la tranquillité, le retentissement sourd de l'espace m'auroit fait frémir; je n'aurois jamais pu me défendre d'aller rêver sous cette voûte, de m'asseoir entre ces colonnes, d'entrer dans votre tableau.

Déjà en 1761, à propos d'un *Jugement de Pâris* exposé par Pierre, il critiquait l'inutile présence des Grâces et de l'Amour (i.115).

C'est la pauvreté d'idées qui fait employer ces faux accessoires. [...] Que tout annonce un grand silence, une profonde solitude et la chute du jour. Voilà, mes amis, ce qu'il faut savoir imaginer et exécuter, quand on se propose un pareil sujet.

La vraie grandeur n'est ni dans le pathos, ni dans la frénésie. Puisqu'elle est par essence *simple*, elle suppose la réserve et la retenue (*Salon de 1765*; ii.183).

Rien de si facile que de se livrer à la fureur, aux injures, à l'emportement. [...] C'est dans la scène tranquille que l'acteur me montre son intelligence, son jugement. C'est lorsque le peintre a laissé de côté tout l'avantage qu'il pouvoit tirer d'un moment chaud que j'attends de lui *de grands caractères, du repos, du silence*, et *tout le merveilleux d'un idéal rare* et d'un technique presque aussi rare.

Nous en arrivons ainsi au point de jonction essentiel entre l'esthétique de la grandeur et le retour à l'antique. Diderot n'a pas un respect superstitieux pour les anciens; il ne les admire pas au nom d'un apriorisme scolaire. Puisque toute sa critique se fonde sur la notion du

8. Voir à ce propos notre ouvrage sur *La Poétique des ruines en France* (Genève 1974).

beau idéal d'une part, sur l'exigence de vérité de l'autre (non d'un vérisme myope et appliqué, mais d'une découverte de la vérité cachée sous les formes changeantes), l'art antique est le moyen terme qui satisfait à ces deux priorités.

On connaît la page magnifique du *Salon de 1765* où Diderot proclame sa sympathie pour Winckelmann, «cet enthousiaste charmant» (ii.207). Non qu'il l'approuve en tout. Il croit, comme lui, que l'art antique est né de la liberté, qu'il élève l'âme, qu'il surgit de la conjonction heureuse des mœurs et du climat, mais il se sépare de lui lorsqu'il place l'antique au-dessus de la nature. Pour Diderot, ce choix reflète une réponse maladroite à un faux problème, et Winckelmann est comparé par lui à un Don Quichote de l'art.

Voyant les choses de plus haut, et sans superstition anticolâtre, Diderot tend à associer l'antique et la nature:

> Celui qui dédaigne l'antique pour la nature, risque de n'être jamais que petit, foible et mesquin. [...] Celui qui aura négligé la nature pour l'antique risquera d'être froid sans vie, sans aucune de ces vérités cachées et secrètes qu'on n'apperçoit que dans la nature même. Il me semble qu'il faudroit étudier l'antique pour apprendre à voir la nature.

On ne saurait être plus clair, ni plus explicite, sauf à définir ce qu'on entend par nature: toute la question est là.

L'antique, pour Diderot, s'identifie pourtant toujours avec le style classique tel que le prônent un Poussin ou un Winckelmann, tel que s'efforceront de le reconstituer un Canova ou un Thorwaldsen.

Il s'agit d'un mixte de grandeur et de simplicité. D'un groupe sculpté du Salon de 1765, il écrit en termes élogieux: «Son caractère est simple, l'attitude vraie. [...] Cela a une odeur d'antiquité qui plaît» (ii.223). L'art antique est fait de mesure et de proportions judicieuses: «les Anciens ne souffraient jamais rien contre le sens commun, et on remarque un jugement profond dans tous leurs ouvrages, qualité précieuse et rare parmi les Modernes» (ii.233). Le sous-entendu polémique de cette remarque saute aux yeux; il s'agit de combattre le maniérisme rococo et les outrances baroques. Déjà dans le *Salon de 1761*, il louait un tableau de Challe (*Socrate sur le point de boire la cigüe*) en des termes non équivoques (i.124):

> On dirait que c'est une copie d'après quelque bas-relief antique. Il y règne une simplicité, une tranquillité [...] qui n'est guère de notre temps. [...] Il n'y avait qu'un homme d'un goût exquis [il s'agit de l'abbé Galiani] qui pût

remarquer ce morceau. *Non est omnium.*[9] Il faut être fait à la sagesse de l'art antique.

L'essentiel, dans cet alliage, est du côté de la sagesse, de la simplicité, de la noblesse, et non de l'ancienneté de l'œuvre. Diderot n'a pas le fétichisme de l'antique, il sait que le néo-classique doit se garder de la froideur et de la raideur.

Ainsi, Slodtz est félicité d'avoir « su se garantir de l'exactitude froide de la simplicité affectée, les deux défauts où l'on tombe par une imitation servile de l'antique » (*Salon de 1765*; ii.224). Ailleurs, il raille « les petites besicles de l'anticomanie » (*Salon de 1767*; iii.316).

Certes, il faut éviter toute imitation servile, mais rien ne remplace l'école des anciens pour atteindre à la vraie grandeur. On n'accède à la vraie, à la belle nature qu'en passant par leur intermédiaire, et cette affirmation vaut dans tous les arts : « on devient rarement grand écrivain, grand littérateur, homme d'un grand goût, sans avoir fait connaissance étroite avec les Anciens ». Leur simplicité est plus encore l'effet des mœurs que du génie. Il faut donc transposer leur ton « à nos temps qui, très-corrompus, ou plutôt très-maniérés, n'en aiment pas moins la simplicité. *Il faut parler des choses modernes à l'antique* » (iii.239). C'est, avec un quart de siècle d'avance, la célèbre recommandation d'André Chénier : *sur des pensers nouveaux faisons des vers antiques.* Tant il est vrai qu'il existe, au cours du dernier tiers du XVIIIe siècle, une profonde convergence de goûts et d'aspirations, indépendamment de toute influence directe : bien plus que le discutable préromantisme, c'est le néo-classique qui imprègne le *Zeitgeist* de la fin du siècle.

Rigueur, décence, civisme, héroïsme, grandeur, voilà les idées-forces de l'époque, et il est évident qu'elles s'accordent mieux avec la peinture d'histoire qu'avec toute autre. Insistons sur le fait qu'il s'agit bien d'histoire, et non de mythologie, alors qu'on a souvent tendance à les englober sous la même dénomination. Diderot serait ravi de voir rayer de la peinture tous les sujets mythologiques, qu'ils soient anciens ou modernes (lisez : chrétiens). Il conclut l'analyse d'un tableau religieux par ces mots : « Nous en serions réduits à l'histoire et aux scènes publiques ou domestiques de la vie, et peut-être n'y auroit-il pas grand inconvénient » (*Salon de 1765*; ii.94). On comprend mieux, dans ce

9. L'histoire de cette déconvenue est racontée par Diderot dans le *Salon de 1769*, iv.103-107.

contexte, que Diderot s'enflamme au même degré et au même moment, pour Greuze, pour Lagrenée et pour Robert. Entre l'*Artémise* de Deshays et une *Mère bien-aimée* de Greuze, il se refusera donc à faire un choix (ii.159).

Il aime les «scènes domestiques de la vie» à la Greuze pour leur sentimentalisme moralisant. La peinture d'histoire y ajoute une tonalité pathétique dans une action grandiose. Lorsque, dans le *Salon de 1767*, Diderot imagine le tableau d'histoire qu'on pourrait peindre sur l'héroïsme de M. de Saint-Hilaire, il n'est question que d'«inspirer la terreur», de «désolation», de «tête échevelée», de «bras fracassé», de traces de sang par terre (iii.110). C'est le même goût qui lui faisait aimer les héros barbares de la vieille poésie scandinave buvant dans le crâne de leurs ennemis. Car le néo-classicisme de Diderot n'est ni froid, ni guindé et il s'accommode fort bien à l'occasion d'une certaine violence, pourvu qu'elle s'inscrive dans une finalité morale exemplaire. Les scènes de bataille sont donc exceptées de la condamnation que Diderot prononce contre les sujets empruntés à l'histoire de la France moderne (iii.219): la perruque et le chapeau y détruisent l'impression de majesté et de gravité. «On dirait», écrit-il, «que de *grands* événements, de *grandes* actions ne soient pas faits pour un peuple aussi bizarrement vêtu, et que les hommes dont l'habit est si ginguet ne puissent avoir de grands intérêts à démêler». A propos des dessins allégoriques de Cochin sur les règnes des rois de France, il note encore dans le *Salon de 1767* (iii.331):

> la barbarie et le mauvais goût des vêtements donnent à ces compositions un air *bas, ignoble*, un faux air de bambochades. Il faudrait un génie rare, un talent extraordinaire, une force d'expression peu commune, une grande manière de traiter de plats vêtements, pour conserver aux actions *de la dignité*.

Imposer l'histoire moderne aux peintres et aux sculpteurs, conclut Diderot, c'est vouer les beaux-arts à la décadence prochaine.

La meilleure peinture d'histoire est donc celle qui cherche ses sujets dans l'antiquité, et il en va de même pour le paysage. C'est ainsi que Vernet l'emporte sur Loutherbourg, mais qu'en définitive Poussin l'emporte sur Vernet, avec le «sublime *Et ego in Arcadia*» (iii.267).

Pourquoi les grands peintres d'histoire sont-ils si rares? Diderot s'est posé plusieurs fois la question, et sa réponse ne varie guère: «avant de se livrer à un genre de peinture, quel qu'il soit, il faudrait avoir lu, réfléchi, pensé; il faudrait s'être exercé à *la peinture historique qui conduit à tout*» (*Salon de 1767*; iii.268). L'artiste doit donc être homme de culture, penseur et philosophe à sa manière, mais sa condition sociale ne l'y prédispose guère, et c'est ici que l'analyse de Diderot prend un tour assez inattendu (*Salon de 1767*; iii.56):

> L'art demande une certaine éducation; et il n'y a que les citoyens qui sont pauvres, qui n'ont presque aucune ressource, qui manquent de toute perspective, qui permettent à leurs enfants de prendre le crayon. Nos plus grands artistes sont sortis des plus basses conditions. [...] N'oubliez pas, parmi les obstacles à la perfection et à la durée des beaux-arts [...] ce luxe qui dégrade les grands talents, en les assujettissant à de petits ouvrages, et les grands sujets en les réduisant à la bambochade; [...] Ajoutez à ces causes la dépravation des mœurs, ce goût effréné de galanterie universelle qui ne peut supporter que les ouvrages du vice, et qui condamnerait un artiste moderne à la mendicité, au milieu de cent chefs-d'œuvre dont les sujets auroient été empruntés de l'histoire grecque ou romaine. On lui dira: oui, cela est beau, mais cela est triste; un homme qui tient la main sur un brasier ardent, des chairs qui se consument, du sang qui dégoutte: ah fi, cela fait horreur; qui voulez-vous qui regarde cela?

On comprend sa déception en visitant le Salon de 1769: «Le pauvre Sallon que nous avons eu cette année! Presqu'aucun morceau d'histoire» (iv.65). Greuze s'y est essayé à la peinture d'histoire, sans succès malheureusement: «Le plus habile homme du monde est un ignorant lorsqu'il tente une chose qu'il n'a jamais faite. Greuze est sorti de son genre: imitateur scrupuleux de la nature, il n'a pas su s'élever à la sorte d'exagération qu'exige la peinture historique» (iv.106). Et un peintre d'histoire chevronné comme Lagrenée passe, lui aussi, à côté de l'essentiel. Dans un *Cérès et Triptolème*, il est tombé dans la mignardise et dans la fadeur: «Cet homme ignore le but de son art; il ne sait pas ce que c'est qu'une poésie; il ne sait pas que toute poésie exagère le vrai» (iv.77).

Cette esthétique tendue vers le sublime a pu rendre Diderot injuste à l'égard d'un Boucher ou d'un Watteau: elle n'en reste pas moins un des aspects les plus singuliers et les plus significatifs du goût français entre 1760 et la fin du siècle. Les projets grandioses de Ledoux et de Boullée vont dans le même sens. L'architecture se veut sévère et majestueuse; elle tend au dépouillement, de même que la sculpture. L'art monumental cesse alors d'illustrer le prestige royal pour servir d'allégorie à l'idée naissante de *nation*. La peinture d'histoire prônée par Diderot, la moralité en action si chère à son cœur, sont autant de facettes d'un art mis au service d'une collectivité qui prend conscience de sa force et de son avenir. Les scènes des tableaux d'histoire préfigurent les psychodrames de la Révolution ; ils en fournissent parfois le modèle. «Le grand goût» dont Diderot se veut le prophète est l'expression parfaite d'un âge qui a voulu concilier Raison et Imagination, Nature et Sublime, Poésie et Vertu. «Je suis heureux quand j'admire», ce premier mot du *Salon de 1759*, est aussi le dernier mot de l'esthétique de Diderot. Loin de s'opposer au romantisme, une telle esthétique y prépare. Lorsque Diderot, en 1767, s'écrie : «Poètes, soyez ténébreux», lorsqu'il propose aux artistes «je ne sais quoi de terrible, de grand et d'obscur» (iii.166), au-delà même de David, c'est Delacroix qu'il annonce. Le «grand goût» n'est donc ni exclusif, ni passéiste : il est simplement à l'échelle d'une certaine idée de l'homme.

Diderot et les théologiens : l'article « Bible » de l'*Encyclopédie*

Hostile aux religions en général, et au christianisme en particulier (même s'il y met moins de hargne que Voltaire), anticlérical comme presque tous les « philosophes » de son temps, Diderot n'en a pas moins reçu une forte imprégnation théologique pendant ses longues années en Sorbonne. Nous savons aujourd'hui, grâce aux patientes investigations de M. Blake Hanna, qu'il parcourut le cycle complet de la Faculté de théologie de Paris, c'est-à-dire de la Sorbonne, et qu'il en sortit Docteur, prêt à assumer de réelles fonctions ecclésiastiques. S'il y renonça pour des raisons assez diverses (l'esprit d'indépendance, le désir de se faire comédien, des raisons sentimentales aussi), il garda des rapports littéraires et scientifiques avec des hommes d'Eglise et il dut tenir compte, jusque dans une sorte d'autocensure librement acceptée, du statut de son frère Didier, chanoine et chrétien très intransigeant. Mais il y a plus : en tant que sujet de la Monarchie très catholique de droit divin, et même en tant que citoyen d'une France aux structures fortement cléricales, Diderot doit intégrer le fait religieux dans sa réflexion. L'exclure en vertu d'a priori idéologiques conduirait à un irréalisme assez absurde qui ne correspond guère au tempérament du directeur de l'*Encyclopédie*. Bien plus tard, lorsqu'il rédigera, à la demande de Catherine II, un *Plan d'une université* (qui n'est nullement réservé à la seule Russie, quoi qu'en dise l'édition Assézat-Tourneux), il tient compte du contexte historique de son temps en commençant par définir le statut, le fonctionnement, le programme, et jusqu'aux ouvrages de référence, de la Faculté-reine de l'époque, celle de Théologie.

Lorsque Diderot ne laisse pas vagabonder ses pensées (« ses catins »), lorsqu'il ne se laisse pas entraîner vers les conjectures et les paradoxes (où son génie s'épanouit sans doute le mieux), il lui arrive de composer avec le réel en s'inscrivant dans le cadre des mentalités du temps, avec le souci d'en tirer le meilleur parti possible dans la perspective d'émancipation intellectuelle qui est la sienne. A côté d'un Diderot subversif (celui du *Rêve de d'Alembert*, de *Jacques le Fataliste*, ou du *Supplément au Voyage de Bougainville*), il est un Diderot pragmatique, habile dans l'art du compromis. Celui-là évite tout ce qui ressemblerait à une provocation et se contente d'un discours modéré, où l'audace n'apparaît qu'en filigrane.

Ce souci d'agir concrètement, de garder le contact avec le public le plus divers, d'éviter les heurts qui auraient pu mener l'*Encyclopédie* au naufrage, d'indisposer ses protecteurs, tout cela a pu conduire Diderot à la prudence qui caractérise certains articles: qu'on songe à l'éloge de la monarchie française et de son gouvernement à la fin de l'article «Autorité politique». Son refus de suivre le conseil de Voltaire en transportant l'*Encyclopédie* à Clèves, dans les territoires de Frédéric II, tient – entre autres – à la même raison.

Si la prudence s'imposait au directeur de l'*Encyclopédie*, responsable vis-à-vis des libraires-éditeurs, mais aussi vis-à-vis de M. de Malesherbes, si elle s'imposait dans les articles dont il avait pris la charge, rien ni personne ne l'obligeait à joindre à des articles touchant à des questions extrêmement délicates de foi un commentaire, ou un supplément éditorial, de son cru.

On peut donc se demander pourquoi Diderot a jugé opportun, ou nécessaire, de le faire à la suite du très orthodoxe article «Bible» de l'abbé Mallet.[1] Seule une lecture attentive permet de déceler quelques pistes et d'avancer prudemment quelques hypothèses.

Le supplément éditorial recommande d'abord la rédaction d'un traité – dont Diderot s'empresse de donner le plan – «qui renfermerait tout ce qu'on peut désirer sur les questions préliminaires de la *Bible*». C'est ce qu'il appelle discrètement «donner des vues aux auteurs, pour [...] publier *sur plusieurs matières* de meilleurs [ouvrages] que ceux qu'on a». En d'autres termes, que des experts publient sur ce sujet ce que l'*Encyclopédie*, pour des raisons assez évidents, ne peut pas offrir.

Les directives proposées par Diderot sont nettes et claires. Le traité sera articulé en deux grandes parties: «la première serait *une critique* des livres et des auteurs de l'Ecriture sainte». Dom Calmet, en bon bénédictin et en catholique très respectueux, s'était contenté d'en faire un

1. Voir Diderot, article «Bible», éd. John Lough et Jacques Proust, DPV, VI.182-87.

Commentaire littéral,[2] qui ne devait guère satisfaire les exigences du directeur de l'*Encyclopédie*. Quant à la seconde, on y renfermerait «certaines connaissances générales qui sont nécessaires pour *une plus grande intelligence* de ce qui est contenu dans ces livres». Ce qui suppose que les textes sacrés ne sont vraiment intelligibles que si on les encadre dans un ensemble géographique et culturel très large, et donc au prix d'une vaste information savante.

Dans la première section de la première partie, on agitera six questions:

1. les *différents noms* qu'on a donnés à la *Bible*, le *nombre de livres* qui la composent, les classes différentes qu'on en a faites.

Ceci équivalait à poser le problème de l'étendue du *corpus* biblique et à signaler les variations doctrinales s'y rapportant. La doctrine de la permanence et de l'inviolabilité de ce *corpus*, soutenue à la fin du XVIIe siècle par Bossuet contre Jurieu, Basnage et Saurin, s'y trouvait implicitement contestée.

2. prouver la divinité des Ecritures contre les païens et les incrédules; évoquer l'inspiration et la prophétie, examiner *en quel sens* les auteurs sacrés ont été inspirés, si les termes sont aussi inspirés que les choses, *si tout ce que ces livres contiennent est de foi* (même les faits historiques et les propositions de physique).

L'idée même d'un *examen* de cette matière devait paraître subversive dans un pays catholique à l'époque. Introduire le concept de sélection équivalait à traiter les textes sacrés sur le même pied que les autres, pour n'en garder qu'un noyau intangible (choisi selon quel critère?).

3. discuter *l'authenticité* des livres sacrés, et *le moyen de distinguer* les livres «véritablement canoniques» d'avec ceux qui ne le sont pas.

Ceci relançait la controverse entre catholiques et protestants quant à savoir *si l'Eglise juge l'Ecriture* et reposait du même coup le problème des livres dits *deutérocanoniques*, c'est-à-dire d'un degré moindre de valeur.

Chaque fissure dans la masse doctrinale pouvait ainsi être exploitée en vue d'une critique à la fois historique et interne, ébranlant la stabilité et l'homogénéité de l'ensemble.

4. les différentes versions de la Bible et leurs diverses éditions, en se servant de tous les éléments disponibles (copies, manuscrits, éditions); si la Vulgate est la seule autorisée, si la lecture en est défendue ou

2. *Commentaire littéral* (1707-1716), 22 volumes in-4°.

permise, s'il faut condamner les traductions des livres sacrés. En passant, Diderot soulevait la question de la langue-mère: «on examinerait quelle a été la première langue du monde; si l'hébraïque mérite cette préférence».

La philologie et la critique historique du XIXe siècle répondront, peu ou prou, à ces vœux, qui pouvaient sembler assez prématurés en 1752.

5. l'examen du style de l'Ecriture, de la source de son *obscurité*, des *différents sens qu'elle souffre*, de l'usage qu'on doit faire de ces sens.

Si ce sens faisait difficulté, c'est la parole divine elle-même qui faisait problème.

6. la division des livres, leurs commentaires, «l'usage qu'on peut faire des rabbins, de leur *Talmud*, de leur *Gémare*, et de leur *Cabale*», l'autorité des Pères, et de «ceux qui sont venus depuis».

L'exégèse juive se voyait ainsi réintégrée dans le vaste champ du commentaire biblique, avec toutes les conséquences qui pouvaient en découler.

La seconde section de la première partie ferait «l'analyse et la critique» de chaque livre de l'Ecriture, pris isolément (son histoire, les auteurs, les temps, la forme littéraire).

La troisième section se subdiviserait en trois questions:

1. les livres cités dans l'Ecriture, leurs auteurs
2. les livres apocryphes, conservés ou perdus, chrétiens ou antichrétiens
3. les textes ayant rapport à l'Ecriture (Philon, Flavius Josèphe, Hermès Trismégiste, les oracles des sibylles, le symbole des Apôtres).

La seconde partie du traité projeté comprendrait huit subdivisions:

1. la géographie sacrée
2. l'origine et la division des peuples (commentaire de Genèse x)
3. la chronologie de l'Ecriture (en y incluant celle des empires d'Egypte, d'Assyrie et de Babylone)
4. l'origine et la propagation de l'idolâtrie (le plus curieux, le plus philosophique et le plus savant des chapitres, selon Diderot)
5. l'histoire naturelle relative à l'Ecriture (pierres précieuses, animaux, plantes – les noms de leurs équivalents actuels)
6. poids, mesures et monnaies des Hébreux jusqu'au-delà du temps des apôtres
7. les idiomes des livres saints; les figures, paraboles, allusions et autres «phrases poétiques et proverbiales», donc «en un mot, ce qui forme une bonne partie de *l'obscurité des prothéties et des évangiles*»

8. un abrégé de l'histoire du peuple juif jusqu'au temps des apôtres; son gouvernement, ses usages, sa politique, ses maximes.

Diderot espère bien inciter un savant à remplir ce programme. Même si ce que celui-ci en dira n'est pas nouveau, son travail sera utile, pour autant qu'il tienne en un seul ouvrage, conçu selon une méthode claire et uniforme, «avec un choix judicieux des matériaux dispersés, *et la plupart inconnus*, recueillis d'un grand nombre de savants».

Cette présentation atténue assez sensiblement ce que le programme pouvait avoir d'audacieux et d'insolite. On peut le lire comme un schéma d'études religieuses conçu dans un esprit de parfaite orthodoxie, tout comme on peut y subodorer des velléités critiques et l'amorce d'une exégèse biblique libérée des contraintes dogmatiques. Tel quel, il témoigne en tout cas d'une remarquable information, mais aussi de la volonté de communiquer cette documentation aux profanes, sinon au grand public, ce qui – en toute hypothèse – constituait une nouveauté que d'aucuns pouvaient juger inquiétante.

Commence alors une longue et surprenante[3] digression destinée à faire l'éloge des théologiens. Leur savoir est immense, et le plan que Diderot a proposé plus haut n'est «qu'une introduction à la connaissance de la religion». En effet, le théologien qui possède déjà toutes ces matières «ne se trouve encore qu'à la porte du grand édifice qu'il a à parcourir; *une seule thèse de licence contient toutes les questions dont je viens de parler*».

Diderot s'insurge contre l'idée reçue qui veut qu'un théologien ne soit «qu'un homme qui sait un peu mieux son catéchisme que les autres; et sous prétexte qu'il y a des mystères dans notre religion, on s'imagine que toute sorte de raisonnements lui sont interdits».

Au contraire, s'exclame l'encyclopédiste: «Je ne vois aucune science qui demande plus de pénétration, plus de justesse, plus de finesse, et plus de subtilité dans l'esprit». Et il s'en explique longuement: «ses deux branches sont immenses, la scolastique et la morale; *elles renferment les questions les plus intéressantes*».

Le théologien doit connaître les devoirs de tous les états, discerner les limites du permis et du défendu. Son éloquence «doit être un tonnerre qui foudroie nos passions, et en arrête le cours», ou inverse-

3. Sentiment que partagent les éditeurs cités, John Lough et Jacques Proust, p.186, n.2: «Ce magnifique éloge de la Sorbonne est plutôt inattendu».

ment elle doit avoir «cette douceur qui fait entrer imperceptiblement dans notre âme des vérités contraires à nos penchants».

Le ton se fait de plus en plus admiratif, au fil du propos. «Quel respect et quelle vénération ne méritent pas de tels hommes! Et qu'on ne croie pas qu'un théologien, tel que je viens de le peindre, soit un être de raison» (c'est-à-dire imaginaire, fictif). «Il est sorti de la faculté de théologie de Paris plusieurs de ces hommes rares. On lit dans ses fastes les noms célèbres et à jamais respectables des Gersons, des Duperrons, des Richelieux et des Bossuets. Elle ne cesse d'en produire d'autres pour la conservation des dogmes et de la morale du christianisme».

A notre grand étonnement, Diderot dénonce avec indignation les écrivains «qui se sont échappés d'une manière inconsidérée contre ce qui se passe sur les bancs de théologie», et il estime qu'ils méritent «d'être dénoncés à cette faculté, et par elle au clergé de France».

Avouons ici notre perplexité. L'auteur des *Pensées philosophiques* se livrerait-il à d'hypocrites compromissions? tiendrait-il le double langage de l'opportuniste? ou bien faudrait-il lire ces passages comme un discours ironique destiné à être décodé *a contrario*, comme le sont tant de textes voltairiens fondés sur l'antiphrase?

La dernière hypothèse paraît difficilement soutenable, car l'éloge de la Sorbonne se concrétise dans l'éloge de ses méthodes pédagogiques. Diderot se fait le défenseur chaleureux de la *sorbonique*, c'est-à-dire de la longue soutenance de thèse qui durait douze heures.

«Cette thèse ne tua point l'illustre Bossuet: mais elle alluma en lui les rayons de lumière qui brillent dans ses ouvrages.»

Il remarque que les soutenances en Sorbonne diffèrent de celles qu'on pratique dans certains collèges. Moins d'appareil: «on y est plus occupé des bons arguments et des bonnes réponses que de la pompe et de l'ostentation; moyen sûr d'en imposer aux ignorants». Personne n'est là pour arrêter le débat si le candidat se trouve en difficulté. Au contraire, le président de séance est plus content «de voir celui qui soutient un peu embarrassé sur une objection très forte qu'on lui propose, que de l'entendre répondre avec emphase à des minuties».

Le sérieux, la rigueur, la correction de la procédure sont explicitement soulignés et approuvés par l'auteur.

Ce n'est point pour éblouir le vulgaire que la faculté fait soutenir des thèses; *c'est pour constater le mérite* de ceux qui aspirent à l'honneur d'être membres de son corps: aussi ne voit-on point qu'elle s'empresse à attirer une foule d'approbateurs; tous les licenciés y disputent indifféremment: *c'est que ce sont des actes d'épreuve et non de vanité.* Ce n'est point sur un ou deux traités qu'ils soutiennent, les seuls qu'ils aient appris dans leur vie; leurs thèses n'ont d'autres bornes que celles de la théologie.

Aussi proteste-t-il avec énergie contre la mauvaise foi, ou l'inconscience, des calomniateurs de cette éminente faculté. Ils n'ont fait que répéter des racontars malveillants, sans prendre la peine de vérifier leur information. Et Diderot peut conclure comme suit:

Nous espérons que ceux à qui l'honneur de notre nation et de l'Eglise de France est cher, nous sauront gré de cette espèce de digression. Nous remplissons par là un de nos principaux engagements; *celui de chercher et de dire, autant qu'il est en nous, la vérité.*

Notre surprise est grande, aujourd'hui, de découvrir en Diderot un des plus chauds défenseurs de la Faculté de théologie de Paris. La vieille Sorbonne n'avait cessé, de Rabelais à Voltaire, et même au-delà, d'être tenue pour une institution anachronique, médiévale, ridiculement verbeuse, intolérante, parfois odieuse, et d'être abondamment brocardée à ce titre. L'éloge que lui adresse Diderot apparaît comme assez paradoxal, voire même suspect. Le ton, cependant, et la nature même des arguments en prouvent le sérieux. Plus qu'un plaidoyer, c'est un dithyrambe que Diderot rédige à l'intention de ses anciens maîtres. Sans doute peut-on admettre qu'il a voulu neutraliser par là certains critiques qui auraient pu menacer l'existence de son dictionnaire; peut-être la conclusion devait-elle atténuer ce que le traité suggéré plus haut pouvait avoir d'inquiétant et inciter à en lire le projet dans une perspective très bienveillante. Mais ces raisons tactiques, si plausibles soient-elles, n'expliqueraient pas la chaleur du ton, l'accent si personnel de l'argumentation, les critiques adressées aux institutions concurrentes, le souci d'objectivité dont elle témoigne.

Diderot affirme ici sa solidarité avec ses compagnons d'études, théologiens comme lui, et avec ses anciens maîtres, qui l'ont jugé avec une sereine rigueur. Il réhabilite le savoir immense des uns, l'intelligence et la conscience professionnelle des autres. La fierté du Français et de l'ancien «brillant sujet» éclate dans ces pages, qui se veulent la négation des lieux communs traditionnels sur les «sorbonnagres». Son zèle l'entraîne jusqu'à vouloir dénoncer au clergé de France ceux qui dénigrent *inconsidérément* une vénérable institution qui devrait, au contraire, faire l'honneur de la nation. Faudrait-il discerner en filigrane, dans ce mouvement d'indignation, quelque ressentiment antigallican ou antijanséniste ? Jansénistes et gallicans n'avaient pas épargné l'*Encyclopédie* dès sa naissance. Il serait excessif de vouloir l'affirmer de manière tranchée. Ce qui est indubitable, c'est que le supplément éditorial à l'article « Bible », qui peut paraître insolite sous la plume de l'auteur des *Pensées philosophiques* et de la *Lettre sur les aveugles*, ne doit pas être lu comme la parole captieuse d'un habile manœuvrier, mais comme le témoignage de la fidélité intellectuelle d'un ancien élève, comme l'expression de sa respectueuse reconnaissance envers des professeurs dont il s'est certes éloigné, mais dont il a pu apprécier la qualité, l'honnêteté et le vaste savoir. Reconnaissance morale donc, et qui se doublerait d'une reconnaissance de dette. Si Diderot a délibérément choisi d'écrire ce supplément, c'est peut-être parce qu'il tenait à faire savoir à ses vieux maîtres tout ce qu'il leur devait en âme et conscience, avant de leur dire un adieu définitif. Il n'aurait pu le faire d'une manière plus élégante, ni plus chaleureuse.

Diderot entre les «têtes froides» et les «enthousiastes»

Sur bien des points importants, qui touchent à l'esthétique, à la morale et à la politique, la pensée de Diderot ne se prête pas à une définition simple et tranchée. Oscillante de nature, toujours sollicitée par d'autres voix, elle se refuse aux tentatives de réduction unilatérale, comme le penseur lui-même se refusait à toute forme d'adhésion inconditionnelle. Très tôt, on l'a accusé de versatilité, et lui-même y a prêté la main en se comparant un jour au coq sans cesse en mouvement sur le clocher de Langres. De là à tenir sa pensée pour inconsistante, ou volontairement paradoxale, donc décevante (dans tous les sens du terme), il n'y avait qu'un pas, qu'une certaine critique n'a pas hésité à franchir.

En réalité, cette pensée est très loin d'être négative, ou mue par le seul désir de surprendre. Elle est, au contraire, sensible à la complexité de la vie et des êtres, consciente aussi de ses propres insuffisances. Elle varie comme la personnalité de l'homme qu'elle habite : «J'avais en un jour cent physionomies diverses», parce qu'elle participe de la mobilité du vivant et qu'elle ne confond pas fidélité avec fermeture ou dogmatisme, mais avec ouverture et diversité. Toute l'œuvre de Diderot procède de cette recherche d'une vérité sans cesse fuyante, parce qu'irréductible aux abstractions et aux systèmes. Faut-il y voir une faiblesse ou une force ? Ce serait mal poser la question. Pour lui, chaque prise de position se réfère à un donné particulier, passé ou présent, par rapport auquel il doit se situer. Toute systématisation entreprise au mépris du réel, toute généralisation proférée au détriment du particulier et de l'instant lui sont insupportables ; il n'y voit qu'excès de l'intelligence raisonneuse, outrance de notre orgueil intellectuel. Sa parenté d'esprit avec Montaigne est évidente sur ce point. Il cherche la vérité dans la nuance, dans le subtil accord avec une réalité irréductible à nos catégories préfabriquées. Pensée questionneuse donc, et qui prend plus de plaisir à créer des nuages qu'à les dissiper, comme Lessing l'avait si justement remarqué dès la lecture de la *Lettre sur les sourds et muets.*

Pourquoi, dès lors, s'étonnerait-on de ses variations à propos de l'enthousiasme ou, inversement, de son panégyrique des esprits « froids et tranquilles » dans le *Paradoxe sur le comédien* ?

Sans doute faut-il, dans une juste appréciation de ces flottements, tenir compte de la chronologie et de l'évolution qu'elle suppose dans sa pensée. Mais l'alternance, dans le cas présent, ne se réduit pas à un *avant* et à un *après.* Elle touche à un questionnement plus profond, à une oscillation qui tient à la nature même de la pensée de Diderot, sollicitée à la fois, et contradictoirement, par l'enthousiasme et par la lucidité, le tout étant affaire de dosage, de circonstance et de sujet.

Encore convient-il de s'entendre au préalable sur le (ou les) sens qu'ont les mots *enthousiasme* et *enthousiaste* au début du XVIIIe siècle.[1] L'un d'eux est résolument négatif : il désigne un délire inspiré, une exaltation folle, un fanatisme aveugle, un dévoiement de la sensibilité, toutes manifestations tenues alors pour morbides ou pathologiques. Cette interprétation est d'origine cartésienne ou libertine ; dans d'autres cas, elle découle de la dégradation subie par le mot anglais correspondant, à la suite des extravagances et des aberrations qui s'étaient manifestées dans le milieu prophétique des « camisards » réfugiés, et qui trouvaient leur corollaire français dans les phénomènes paranormaux observés sur la tombe du diacre janséniste Pâris au cimetière de Saint-Médard. Parmi les exemples relevés par Fritz Schalk, on retiendra quelques expressions très significatives de ce rejet :

– Saint-Evremond : « ces *enthousiasmes de religion* qui rendent la vie odieuse à tant de fanatiques » ;

– Malebranche : « ce feu, *ces emportements, ces enthousiasmes* sur de petits sujets marquent sensiblement le dérèglement de son imagination » (il s'agit de Tertullien) ;

– Marivaux : « les discours *d'enthousiaste et d'inspiré* que Cromwell tenait souvent dans l'armée » ;

– Burton (*Anatomy of melancholy*) : « out of presumption of their

1. Voir à ce sujet les excellentes études de Werner Krauss, « Uber französischen ‹ enthousiasme › im 18. Jahrhundert », *Wiss. Zeitung Universität Halle* 19 (1970), p.91-100, et de Fritz Schalk, « Zur Geschichte von ‹ Enthousiasme › », *Romanische Forschungen* 87 (1975), p.191-225, ainsi que l'ouvrage de S. Tucker, *Enthusiasm : a study in semantic change* (London 1972) et l'excellent article de P. E. Knabe, « Enthousiasme » dans

holiness and good gifts, become *prophets, enthusiasts*, and what not?» (contre la pathologie des sectes).

Shaftesbury va dans le même sens lorsqu'il publie en 1708 *A letter concerning enthusiasm*, tout comme le fera David Hume, en 1758, dans un *Essay on superstition and enthusiasm*. Richard Hurd, en sa qualité d'évêque de Worcester, dénonce en 1752, dans un sermon aussitôt publié, *The Mischiefs of enthusiasm and bigotry*.

En Allemagne, Reimarus accuse tous les «inspirés» de pervertir la religion naturelle. Aussi met-il dans le même sac théosophes, quakers, piétistes, chiliastes, boehmistes, fanatiques, méthodistes, Herrnhuter, et autres mystiques, tous possédés par «un esprit fanatique et enthousiaste», et forme-t-il le vœu qu'un jour quelqu'un écrive l'histoire de cette aberration.[2] Le *Dictionnaire de Trévoux*, organe des jésuites, considère «enthousiaste» comme un synonyme de «fanatique, visionnaire» et cite en exemple les quakers et les anabaptistes dans une notice d'un ton très hostile (éd. de 1771).

Les matérialistes français du groupe holbachique emploient ces mêmes termes dans un sens très critique, qui se confond pour eux avec l'aliénation religieuse et le fanatisme aveugle. La Révolution, puis Mme de Staël, et enfin les romantiques, réhabiliteront entièrement la notion d'enthousiasme, dont ils feront le principe même de toute élévation spirituelle.[3]

Schlüsselbegriffe des kunsttheoretischen Denkens in Frankreich von der Spätklassik bis zum Ende der Aufklärung (Düsseldorf 1972).

2. *Schützschrift für die vernünftigen Verehrer Gottes* (1972), i.164 et suiv.

3. Robespierre (*Discours sur la guerre*, 1792): «la France entière, animée du saint enthousiasme de la liberté». Mme de Staël lui consacre les chapitres X, XI et XII de la IVe partie de *De l'Allemagne* et s'insurge contre la confusion de l'enthousiasme avec le fanatisme. Pour elle, «l'enthousiasme se rallie à l'harmonie universelle: c'est l'amour du beau, l'élévation de l'âme, la jouissance du dévouement, réunis dans un même sentiment qui a de la grandeur et du calme [...] l'enthousiasme est tout pour les nations littéraires [...] l'enthousiasme seul est inaltérable». Vigny (*Journal d'un poète*): «Ce n'est pas pour rien qu'enthousiasme veut dire Dieu en nous». Baudelaire (*Paradis artificiels*): «L'enthousiasme et la volonté suffisent pour élever l'homme à une existence supranaturelle». G. Sand (*Correspondance*, 1866): «La foi est une surexcitation, un enthousiasme, un état de grandeur intellectuelle». Par contre, Valéry (*Variété*, I, 1924): «L'enthousiasme n'est pas un état d'âme d'écrivain». Fort curieusement, Chateaubriand maintient le sens dépréciatif du XVIIIe siècle. Il dit, dans l'«Epilogue» d'*Atala*, avoir voulu montrer «les dangers de l'ignorance et de *l'enthousiasme religieux, opposés aux lumières*, à la charité et au véritable esprit de l'Evangile».

Le jeune Diderot, fortement marqué par l'influence de Shaftesbury, oscille entre ce sens négatif et la conception néo-platonicienne de l'enthousiasme conçu comme un don divin, un état supérieur de l'esprit, héritage de la Renaissance italienne (Giordano Bruno) et française (Ronsard, Pontus de Tyard, Agrippa d'Aubigné). Ce flottement est très net dans les *Pensées philosophiques* (1746), mais il résulte au moins autant d'une confusion sémantique que d'une absence de rigueur théorique. Lorsqu'il écrit, dans la pensée XXXIX: «Le vrai martyr attend la mort; l'enthousiaste y court», il reprend le point de vue de Shaftesbury et des tenants de la religion naturelle et raisonnable. On y retrouve l'écho de la dédicace «A mon frère» de l'*Essai sur le mérite et la vertu* où il considérait Didier-Pierre comme un «ennemi de l'enthousiasme et de la bigoterie».[4] La pensée XXVIII est plus complexe et va plus loin. Elle s'inscrit dans une série où il fait l'éloge du scepticisme et qui traite moins de religion que d'épistémologie.

Les esprits bouillants, les imaginations ardentes ne s'accommodent pas de l'indolence du sceptique. Ils aiment mieux hasarder un choix que de n'en faire aucun; se tromper que de vivre incertains [...] Ils assurent tout, bien qu'ils n'aient rien soigneusement examiné: ils ne doutent de rien, parce qu'ils n'en ont ni la patience, ni le courage. *Sujets à des lueurs qui les décident, si par hasard ils rencontrent la vérité; ce n'est point à tâtons, c'est brusquement et comme par révélation.* Ils sont entre les dogmatiques, *ce qu'on appelle les illuminés chez le peuple dévot.* J'ai vu des individus de cette espèce inquiète qui ne concevaient pas comment on pouvait allier la tranquillité d'esprit avec l'indécision.[5]

Pour le sceptique, c'est-à-dire pour le jeune Diderot de 1746: «Toute ma vie j'ignorerai, sans chagrin, ce qu'il m'est impossible de savoir. Pourquoi regretterais-je des connaissances que je n'ai pu me procurer, et qui, sans doute, ne me sont pas fort nécessaires, puisque j'en suis privé?» Diderot ne se satisfera pas très longtemps de ces limites imposées à notre besoin de connaître. Reste en tout cas qu'il parle des «imaginations ardentes» sans malveillance aucune et qu'il constate objectivement qu'il leur arrive de «rencontrer la vérité comme par révélation». S'il s'oppose à cette famille d'esprits, ce n'est ni par paresse intellectuelle, ni par incuriosité, mais parce qu'il constate qu'ils «aiment mieux de demeurer accrochés à une branche que de s'abandonner au torrent». La formule a de quoi surprendre le lecteur, qui s'attendrait plutôt à

4. *Essai sur le mérite et la vertu*, DPV, i.291.

5. *Pensées philosophiques*, éd. R. Niklaus et Y. Belaval, DPV, ii.33-34.

voir le sceptique dans cette position d'attente. Certes, la pensée suivante éclairera un peu mieux l'idée que Diderot se fait, à ce moment, de la recherche de la vérité, mais ce tâtonnement et ces faux pas se concilient malgré tout assez mal avec l'image du torrent auquel s'abandonne l'esprit. Il semble que Diderot, en 1746, soit encore sollicité simultanément par la chaleur des passions, justifiées dans les pensées I à V,[6] et par le paisible détachement du sceptique, esprit froid s'il en est.[7]

Son point de vue a, en tout cas, considérablement évolué lorsqu'il donne, en 1753, les *Pensées sur l'interprétation de la nature.* L'expérience déjà acquise dans l'*Encyclopédie*, la maturation de sa réflexion personnelle, le contact avec les expérimentateurs, tout cela a contribué à enrichir et à nuancer sa conception de la recherche et de l'attitude intellectuelle qu'elle suppose. Il ne croit plus à la recherche erratique et tâtonnante, livrée au hasard et progressant par à-coups.

Il a compris que toute recherche est d'abord un questionnement, qu'elle exige une longue pratique et s'inscrit dans une visée presque programmatique, qu'elle s'accommode très mal de « l'indolence du sceptique ». Diderot va s'efforcer de récupérer une faculté authentiquement divinatoire en excluant les connotations religieuses et mystiques qui lui sont trop souvent associées dans la pratique du langage.

C'est évidemment la pratique des ateliers et des laboratoires qui l'amène à faire l'éloge des « manouvriers d'expériences », opposés aux philosophes trop théoriciens dans la pensée XVI. La pensée XXX revient plus longuement sur la nature à la fois très pratique et assez mystérieuse de leur don.

La grande habitude de faire des expériences donne aux manouvriers d'opérations les plus grossiers un pressentiment qui a le caractère de l'inspiration. Il ne tiendrait qu'à eux de s'y tromper comme Socrate, et de l'appeler un *démon*

6. Encore que Voltaire, dans ses annotations, considère que dès le moment où ces passions s'équilibrent dans une juste harmonie (cf. pensée IV), « ce balancement est sagesse ; il exclut l'enthousiasme ». Il est douteux qu'une telle conclusion aurait pu être acceptée par Diderot à cette date. Voltaire fera plus tard l'apologie de « l'enthousiasme raisonnable » (article « Enthousiasme », *Dictionnaire philosophique*), qu'il dit être « le partage des grands poètes ». A propos du même article de l'*Encyclopédie*, il avait écrit à d'Alembert (le 13 novembre 1756) : « on n'a que faire d'un si long discours pour savoir que l'enthousiasme doit être gouverné par la raison » (D7055).

7. Dans leur introduction aux *Pensées philosophiques*, Robert Niklaus et Yvon Belaval parlent, fort justement, d'un « caractère d'ambiguïté que certains flottements ne font que renforcer » (DPV, ii.5).

familier [...] Ils ont vu si souvent et de si près la nature dans ses opérations, qu'ils devinent avec assez de précision le cours qu'elle pourra suivre dans le cas où il leur prend envie de la provoquer par les essais les plus bizarres. Aussi le service le plus important qu'ils aient à rendre à ceux qu'ils initient à la philosophie expérimentale, c'est bien moins de les instruire du procédé et du résultat, que de faire passer en eux *cet esprit de divination* par lequel on *subodore*, pour ainsi dire, des procédés inconnus, des expériences nouvelles, des résultats ignorés.[8]

Revenant sur ce problème qui semble vraiment l'obséder, il explique cette étrange capacité divinatoire par la pratique constante de l'analogie, démarche cependant moins scientifique que poétique (comme il le dira lui-même dans *Le Rêve de d'Alembert*), où la même thématique reparaît.[9] La genèse de leur faculté divinatoire, si les « manouvriers d'expériences » voulaient ou pouvaient la communiquer, « serait une histoire fidèle de toutes les extravagances apparentes qui leur ont passé par la tête ». Et il ajoute (pensée XXXI) : « Je dis *extravagances* ; car quel autre nom donner à cet enchaînement de conjectures fondées sur des oppositions ou des ressemblances si éloignées, si imperceptibles, que les rêves d'un malade ne paraissent ni plus bizarres ni plus décousus ? » Il y revient avec insistance dans la pensée XXXII (*Premières conjectures*) :

C'est cette habitude de déraison que possèdent dans un degré surprenant ceux qui ont acquis ou qui tiennent de la nature le génie de la physique expérimentale ; c'est à ces sortes de rêves qu'on doit plusieurs découvertes. Voilà l'espèce de divination qu'il faut apprendre aux élèves, si toutefois cela s'apprend.

Remarquons simplement que cet « esprit de divination » n'a aucun rapport avec une mystique ou une source religieuse. S'il tient du rêve et de la déraison, c'est qu'il fait appel à l'imagination, à la fantaisie, à la capacité d'associer les idées les plus diverses, comme le faisait Socrate, « dans une combinaison prompte et juste ».

Il en viendra, sur sa lancée, à opposer au simple « observateur de la nature » celui qu'il appelle *l'interprète* de la nature, seul capable de

8. *Pensées sur l'interprétation de la nature*, éd. Jean Varloot et Herbert Dieckmann, DPV, ix.47-48.

9. Et même, plus tard encore, dans sa *Réfutation d'Helvétius* : « fait-on des expériences au hasard ? L'expérience n'est-elle pas souvent précédée d'une supposition, d'une analogie » (*Réfutation suivie de l'ouvrage d'Helvétius intitulé l'Homme*, *Œuvres philosophiques* [O.P.], éd. P. Vernière, Paris 1964, p.598).

s'élever, au-delà du multiple, jusqu'à « l'essence même de l'ordre » (LVI). Par ce biais, Diderot récupère une faculté généralement rapportée à une présence divine ou démonique, quand on ne la confinait pas dans l'ordre poétique.

Dans les mêmes *Pensées* surgit soudain, au terme de « conjectures sur l'imitation de la nature » (XXXVII), un rejet presque passionnel de l'admiration « froide et stérile » qu'inspire à certains le « goût antique pour les grandes entreprises ». L'association froideur-stérilité explicite assez clairement l'aversion que devaient lui inspirer, à cette date, les « esprits froids ». Sans doute les associe-t-il à ces esprits systématiques, qu'il appelle ailleurs « méthodistes », et dont il dit qu'au lieu de réformer leurs notions sur les êtres, ils prennent à tâche de modeler les êtres sur leurs notions (XLVIII).

L'*Encyclopédie* nous permet d'élargir l'enquête, à la fois dans les sujets et dans le temps. L'article « Divination » renvoie certes à « Prophétie » et à « Enthousiasme », mais se maintient au plan religieux et historique. « Eclectisme » aborde le problème de front : « l'enthousiasme divin » y est dépeint comme une étrange aliénation.

Celui qui l'éprouve est privé de l'usage commun de ses sens [...] son action est extraordinaire ; *il ne se possède plus* ; il ne pense plus et ne parle plus par lui-même ; [...] il ne sent point l'action du feu, ou il n'en est point offensé ; il ne voit ni ne redoute la hache levée sur sa tête ; il est transporté dans des lieux inaccessibles, il marche à travers la flamme ;[10] il se promène sur les eaux, etc.[11]

Cette forme de possession intérieure ne peut que lui sembler suspecte. L'enthousiaste, « ministre d'un dieu qui l'obsède », est un être qui ne raisonne plus et qui se sent « élevé au-dessus de la nature commune ».[12] Il peut être un martyr, mais aussi un redoutable fanatique et un impitoyable persécuteur. Diderot lui préfère, personnellement, les philosophes dits « éclectiques », c'est-à-dire indépendants (puisque le penseur « éclectique » est « un homme qui recueille et qui crible »).

L'éclectisme a permis à la libre pensée de survivre à l'intolérance des

10. Ce phénomène, lié selon lui à une intense concentration de l'esprit, l'a beaucoup frappé (cf. le prêtre de Calame, dans *Pensées philosophiques*, II, et le curé Moni de Langres dans *Le Rêve de d'Alembert*, DPV, XVII.172).

11. « Eclectisme », DPV, VII.107-108.

12. C'est pourquoi il souhaite (article « Encyclopédie ») que l'éditeur d'un dictionnaire encyclopédique ne soit « jamais enthousiaste, à moins que ce ne fût de la vérité, de la vertu, et de l'humanité » (DPV, VII.261).

premiers chrétiens tout en maintenant la paix sociale. Ici se situe le premier éloge des « esprits froids » (vii.39) :

Le soulèvement des prêtres, du peuple, et des philosophes, aurait été général, sans un petit nombre d'*hommes froids*, tels qu'il s'en trouve toujours dans les sociétés, qui demeurent longtemps spectateurs indifférents, qui écoutent, qui pèsent, qui n'appartiennent à aucun parti, et qui finissent par se faire un système conciliateur, auquel ils se flattent que le grand nombre reviendra. Telle fut à peu près l'origine de *l'éclectisme*.

L'article « Consolation » évoque le fanatisme des Albigeois et leur indifférence à la mort, avant de conclure : « Exemple frappant de ce que peuvent l'enthousiasme et la superstition, lorsqu'ils se sont une fois fortement emparés des esprits » (vi.490). Il s'agit, bien entendu, du sens religieux du terme. On le retrouve, un peu dans le même sens, à l'article « Impassible, impassibilité » (vii.505) :

Une mère qui verrait son enfant en danger, courrait à son secours les pieds nus à travers des charbons ardents, sans en ressentir de douleur. *L'enthousiasme et le fanatisme* peuvent élever l'âme au-dessus des plus affreux tourments. Voyez dans le livre de la *Cité de Dieu*, l'histoire du prêtre de Calame. Cet homme s'aliénait à son gré, et se rendait impassible même par l'action du feu.

L'article « Fureur » (vii.313-14) apporte quelques utiles précisions qui permettent de nuancer les degrés d'enthousiasme dans le domaine artistique. A première vue, à son degré extrême, la fureur poétique devrait coïncider avec les types de discours où les règles sont les moins contraignantes, et particulièrement avec la conversation. Or c'est l'inverse qui se vérifie.

Il est plus essentiel au musicien d'être *enthousiaste* qu'au poète, au poète qu'au peintre, au peintre qu'à l'orateur, et à l'orateur qu'à l'homme qui converse. L'homme qui converse ne doit pas être *froid*, mais il doit être tranquille.

Mais l'article le plus important pour notre propos est très certainement celui sur les « Théosophes » (viii.365-93), dont l'intérêt a été souligné par Jean Fabre dès 1960.[13] Il commence par affirmer, à la suite de Brucker, que ces philosophes

regardaient en pitié la raison humaine ; ils n'avaient nulle confiance dans sa lueur ténébreuse et trompeuse ; ils se prétendirent éclairés par un principe intérieur, surnaturel et divin, qui brillait en eux et s'y éteignait par intervalles,

13. Voir *Cahiers de l'association internationale des études françaises* 13 (1961).

qui les élevait aux connaissances les plus sublimes lorsqu'il agissait, ou qui les laissait tomber dans l'état d'imbécillité naturelle lorsqu'il cessait d'agir ; qui s'emparait violemment de leur imagination, qui les agitait, qu'ils ne maîtrisaient pas, dont ils étaient maîtrisés, et qui les conduisait aux découvertes les plus importantes et les plus cachées sur Dieu et sur la nature.

On pourrait supposer que leur irrationalisme de principe, leur attitude presque mystique à l'égard de la connaissance, leur croyance en une lumière intérieure d'origine divine, susciteraient l'ironie, voire l'hostilité de Diderot, matérialiste décidé et défenseur des valeurs rationnelles. Loin de là : notre encyclopédiste s'empresse de prendre ses distances par rapport aux critiques de la théosophie. Ils ont, dit-il,

passé pour des fous auprès de *ces hommes tranquilles et froids dont l'âme pesante ou rassise n'est susceptible ni d'émotion, ni d'enthousiasme*, ni de ces transports dans lesquels l'homme ne voit point, ne sent point, ne juge point, ne parle point, comme dans son état habituel.

Ce sont les mêmes qui ont tourné en dérision ou taxé de friponnerie le *démon de Socrate*.

Et Diderot d'intervenir personnellement dans le débat par une longue digression qui s'ouvre sur cette question : « Me sera-t-il permis de dire un mot en faveur du démon de Socrate et de celui des théosophes ? » Car il se sent proche de ces hommes, doués comme lui « d'une grande sensibilité que tout frappe, à qui rien n'échappe ». Comme eux, il a des pressentiments, de ces « jugements subits auxquels nous sommes entraînés par certaines circonstances très déliées » et qui sont « d'autant plus justes et plus prompts que nous avons plus de pénétration et d'expérience ».

Leur erreur est de chercher une cause divine à ce don (viii.366) :

il leur semble que c'est une voix secrète qui parle au fond de leur cœur, et qui les avertit. Ils se croient inspirés, et ils le sont en effet, non par quelque puissance surnaturelle et divine, mais par une prudence particulière et extraordinaire.

Ce qu'il appelle ici *prudence* n'est autre que cette faculté associative qu'il louait en 1753 chez les « manouvriers d'expériences » et il en parle presque dans les mêmes termes : « Ils rapprochent les analogies les plus éloignées ; ils voient des liaisons presque nécessaires où les autres sont loin d'avoir des conjectures. » Ils sont un peu ce qu'est Dieu dans l'harmonie universelle :

Dieu voit l'ordre de l'univers entier dans la plus petite molécule de la matière.

La prudence de *certains hommes privilégiés* tient un peu de cet attribut de la Divinité.

On ne s'étonnera pas, dès lors, de le voir interrompre un peu plus loin (viii.368-69) une biographie de Paracelse par cette profession de foi :

L'enthousiasme est le germe de toutes les grandes choses, bonnes ou mauvaises. Qui est-ce qui pratiquera la vertu au milieu des traverses qui l'attendent, *sans enthousiasme* ? Qui est-ce qui se consacrera aux travaux continuels de l'étude, *sans enthousiasme* ? Qui est-ce qui sacrifiera son repos, sa santé, son bonheur, sa vie, aux progrès des sciences et des arts et à la recherche de la vérité, *sans enthousiasme* ? Qui est-ce qui se ruinera, qui est-ce qui mourra pour son ami, pour ses enfants, pour son pays, *sans enthousiasme* ?

A bien des égards, Diderot s'identifie mentalement à Paracelse : lui aussi dépiste les secrets des métiers, lui aussi fréquente des gens de toute condition, lui aussi a plus appris de ceux que le monde appelle *ignorants* que de la science livresque, lui aussi n'est guère pieux ; mais l'analogie s'arrête là, car Diderot ne voudrait être ni vaniteux, ni crapuleux, ni débauché, ni polygraphe.

Le génie étrange de ces théosophes, fait d'intuitions fulgurantes, continue cependant à le fasciner. Il le rapproche d'une folie qui tiendrait de l'hallucination et qui pourrait s'exercer dans le bien comme dans le mal. La longue digression (viii.390-91) sur la parenté entre génie et folie touche à une des questions majeures de l'esthétique de Diderot, dont on retrouvera d'ailleurs certains échos dans *Le Neveu de Rameau*.

Je conjecture que ces hommes, d'un tempérament sombre et mélancolique, ne devaient *cette pénétration extraordinaire et presque divine qu'on leur remarquait par intervalles*, et qui les conduisait à des idées tantôt si folles, tantôt si sublimes, qu'à quelque dérangement périodique de la machine. Ils se croyaient alors inspirés et ils étaient fous [...] ils imaginaient que c'était la Divinité qui descendait, qui les visitait, qui les travaillait [...] et ils donnaient des préceptes pour s'acheminer artificiellement *à cet état d'orgasme et d'ivresse* où ils se trouvaient au-dessus d'eux-mêmes et qu'ils regrettaient, semblables à ceux qui ont éprouvé l'enchantement et *le délire délicieux que l'usage de l'opium porte dans l'imagination et dans les sens* [...] *O que le génie et la folie se touchent de bien près* ! Ceux que le Ciel a signés en bien et en mal sont sujets plus ou moins à ces symptômes [...] On les enferme et on les enchaîne, ou on leur élève des statues : ils prophétisent ou sur le trône, ou sur les théâtres, ou dans les chaires ; ils tiennent l'attention des hommes suspendue ; ils en sont écoutés, admirés, suivis ou insultés, bafoués, lapidés ; leur sort ne dépend point d'eux, mais des circonstances dans lesquelles ils se montrent. *Ce sont les temps d'ignorance et de grandes calamités qui les font naître*: alors les hommes qui se croient poursuivis par la Divinité se rassemblent autour de *ces espèces d'insensés*, qui disposent d'eux. Ils ordonnent des sacrifices, et ils sont faits; des prières, et l'on prie; des jeûnes, et l'on jeûne; des meurtres, et l'on égorge; des chants d'allégresse et de joie, et l'on se courronne de fleurs, et l'on danse et l'on chante; des temples, et l'on en élève; les entreprises les plus désespérées, et elles réussissent; ils meurent, et ils sont adorés. *Il faut ranger dans cette classe Pindare, Eschile, Mahomet, Shakespear, Roger Bacon, et Paracelse.* Changez les instants, et celui qui fut poète eût été ou magicien, ou prophète, ou législateur. O hommes à qui la nature a donné *cette grande et extraordinaire imagination*, qui criez, qui subjuguez, *que nous qualifions insensés ou sages*, qui est-ce qui peut prédire votre destinée? Vous naquîtes pour marcher entre les applaudissements de la terre ou l'ignominie, pour conduire les peuples au bonheur ou au malheur, et laisser après vous le transport de la louange ou de l'exécration.

On aimerait connaître la date de rédaction de ce passage, publié en 1765, mais que Diderot a dû écrire pendant l'intervalle (1757-1765) qui sépare les deux séries de volumes de l'*Encyclopédie*. C'est précisément pendant cette même période que Diderot rédige les textes théoriques sur le théâtre dont bien des aspects semblent liés à l'article « Théosophes » par ces « rapports secrets » qu'évoque le début du *Troisième entretien sur le Fils naturel*.

Dorval est possédé par « les transports de son *enthousiasme* ».[14] Il est « sous le charme » du spectacle de la nature, ce « séjour *sacré* de l'*enthousiasme* ». Il y cherche « un antre qui l'inspire ». Bientôt le spectacle de l'eau soulève son âme et enflamme son imagination. « *Le moment de l'enthousiasme* » s'annonce « par un frémissement qui part de sa poitrine et qui passe, d'une manière délicieuse et rapide, jusqu'aux extrémités de son corps » pour se muer bientôt en « une chaleur forte et permanente qui l'embrase, qui le fait haleter, qui le consume, qui le tue ». Dorval monologue en état de délire et il en sort comme d'un profond sommeil (x.98-99).

Le poète est tenu pour une sorte de mystique, accédant à un état second où il vaticine, et se confond ainsi avec le prophète ou avec le mage. Il est, ou se croit, possédé par une force mystérieuse qui s'est emparée de lui. L'art, l'amour et la religion sont les domaines privilégiés de ces états de transes (x.104-105):

Les poètes, les acteurs, les musiciens, les peintres, les chanteurs du premier

14. *Entretiens sur le Fils naturel*, éd. J. et A.-M. Chouillet, DPV, x.128.

ordre, les grands danseurs, les amants tendres, les vrais dévots, toute *cette troupe enthousiaste et passionnée sent vivement et réfléchit peu. Ce n'est pas le précepte ; c'est autre chose de plus immédiat*, de plus *intime*, de plus *obscur*, et de plus *certain*, qui les guide et qui les éclaire.

Sans le dire, Diderot renoue ici avec la théorie néo-platonicienne du poète-vates, possédé par son « démon », éclairé par une lumière intérieure qui exclut le recours à la raison raisonnante.

Le refus de la raison explique que ces inspirés émergent toujours aux « temps d'ignorance et de grandes calamités », donc à des périodes où la pensée analytique capitule devant l'irrationnel, qui vient combler le vide laissé dans les esprits. Il en est aussi question dans le *Second entretien*, par la voix de Dorval : « Alors les hommes se meuvent dans les ténèbres. Ce sont les temps de l'ignorance et du crime, du fanatisme et des conquêtes » (x.122). Mais c'est surtout dans le fameux passage du chapitre XVIII, « Des mœurs », dans le traité *De la poésie dramatique* (1758), que le rapprochement entre poésie et barbarie est poussé jusqu'à ses limites. On connaît ce morceau lyrique, trop souvent cité comme le *credo* poétique définitif de Diderot (x.402) :

La poésie veut quelque chose d'énorme, de barbare et de sauvage. C'est lorsque la fureur de la guerre civile ou du fanatisme arme les hommes de poignards, et que le sang coule à grands flots sur la terre, que le laurier d'Apollon s'agite et verdit [...] Quand verra-t-on naître des poètes ? Ce sera après les temps de désastres et de grands malheurs.

Nous avons étudié ailleurs[15] le contexte de cette surprenante vaticination. Inquiet du déclin de la poésie, saturé par instants de culture et de rationalité, grand amateur d'Homère, lecteur passionné qui vient de découvrir dans Helvétius l'atroce grandeur de l'*Edda*, Diderot rêve à haute voix de grandeur sauvage et de barbarie héroïque. Mais on s'égarerait en prenant ces délires inspirés pour un programme d'avenir. Diderot aime à s'en délecter rétrospectivement, par la lecture ou par le biais de la peinture d'histoire. Ces bouffées primitivistes lui servent d'antidote à un excès de sociabilité et de délicatesse, à des mœurs modernes « faibles, petites et maniérées ». L'artiste a le droit d'y rêver, et même d'y prendre un bain de sauvagerie rafraîchissante. Le philo-

15. Voir « Diderot au carrefour de la poésie et de la philosophie », *Revue des sciences humaines*, octobre-décembre 1963, p.485-501. Voir ci-dessus, p.149-67.

sophe ne saurait les proposer sérieusement en modèle. En somme, il arrive à Diderot de se prendre au piège de son propre lyrisme.

Dans la mesure cependant où l'article « Théosophes » associe création poétique (Pindare, Eschyle, Shakespeare), théosophie (Paracelse), religion (Mahomet), et action politique (législateur, sur le trône), Diderot est conscient de l'ambiguïté de la notion même d'enthousiasme, génératrice de grandeur, de beauté sublime, mais aussi d'horreur et de tyrannie.

Aussi, à la réflexion, clôture-t-il son article assez dithyrambique par une importante restriction, qui tourne aussitôt à la condamnation. L'enthousiasme, lorsqu'il se transfère du poétique au politique et surtout au domaine religieux, manifeste rapidement ses virtualités maléfiques. Les théosophes modernes sont des esprits dangereux. Ils déshonorent la Révélation, ils rétrécissent l'empire de la raison ; ils taxent d'hérésie toute idée nouvelle ; ils réduiraient volontiers toute connaissance à celle de la religion et toute lecture à celle de la Bible ; ils « ont pris en aversion la philosophie et les philosophes [et] réussiraient à éteindre parmi nous l'esprit de découvertes et de recherches, et à nous replonger dans la barbarie, si le gouvernement les appuyait, comme ils le demandent » (viii.392-93).

Soudain dégrisé de ses ferveurs lyriques, Diderot mesure le grave danger que représente, pour ses amis « philosophes » et pour la cause qu'ils servent, un concept si aisément détourné vers le fanatisme et vers l'aliénation religieuse. L'ambiguïté de l'enthousiasme lui apparaît soudain clairement, et il en réprouve la version moderne, dégénérée et menaçante. Pour un Pindare, pour un Shakespeare, que d'Abraham Chaumeix, que d'Omer Joly de Fleury !

Mieux que tout autre texte, l'article « Théosophes » éclaire le double mouvement de la pensée de Diderot devant les séductions de l'enthousiasme (ou du « feu intérieur ») et devant les perversions qu'il est capable d'engendrer. L'esthète et le philosophe militant se contredisent parfois en lui, même si, en profondeur, l'esthète ne cesse d'éclairer la démarche du penseur, toujours en quête d'analogies, de liaisons cachées. Esthétiquement, l'enthousiasme est source de grandeur, mais cette grandeur peut s'exercer dans le mal comme dans le bien (le Neveu de Rameau le soulignera complaisamment). Diderot met son lecteur en garde contre ses propres effusions et il ne retrouve son sang-froid philosophique que pour réprouver les aspects religieux d'un phénomène dont les autres facettes le fascinent pourtant.

Au cours des années ultérieures, la réflexion philosophique et scientifique de Diderot va s'engager dans une voie différente. L'étude du cerveau et des phénomènes nerveux, résumée dans l'image de la toile d'araignée que le Docteur Bordeu évoque dans *Le Rêve de d'Alembert*, l'importance croissante accordée au *sensorium commune* par rapport aux sensations périphériques, une certaine autocritique aussi, vont amener Diderot à revoir en termes nouveaux l'opposition de l'enthousiaste et de l'esprit froid. Conçu en parallèle avec *Le Rêve*, et dans son prolongement, le *Paradoxe sur le comédien* fixe très clairement ce qu'est devenue la position de Diderot à la fin de 1769.

Le *Paradoxe* a sans aucun doute un caractère provocant et radical, mais on aurait tort de n'y voir qu'une foucade, un caprice, un désir de surprendre et de choquer. Lui-même écrivait à Grimm, le 14 novembre 1769 : « Avec un peu de soin, je n'aurois peut-être jamais rien écrit où il y eût plus de finesse et de vue ».[16] Le ton péremptoire du Premier n'est si tranchant que parce que Diderot s'y réfute lui-même et qu'il souligne délibérément le virage pris par sa pensée en matière esthétique.

Il admet l'importance du don naturel, mais il le juge insuffisant : l'étude des grands modèles, la connaissance du cœur humain, l'expérience, l'usage du monde, et surtout un travail assidu doivent le perfectionner. Pour lui, la qualité première de l'acteur n'est pas la sensibilité (comme il l'affirmait en 1758), mais le jugement :

> Il me faut dans cet homme un spectateur *froid et tranquille* ; j'en exige, par conséquent, de la pénétration et nulle sensibilité.[17]

Ce n'est pas que Diderot ignore ou conteste le rôle de l'inspiration, mais il ne la situe plus au climax de l'émotion, où elle se confondrait avec l'impact de la sensibilité. Ce qu'il appelle « le moment sublime » est postérieur à la phase émotive, et il étend sa constatation à l'artiste en général, qui n'est grand qu'au moment où il parvient à se dédoubler (*O.E.*, p.309) :

> Et pourquoi l'acteur différerait-il du poète, du peintre, de l'orateur, du musicien ? Ce n'est pas dans la fureur du premier jet que les traits caractéristiques se présentent, [...] c'est dans des moments tout à fait inattendus [...] *C'est au sang-froid à tempérer le délire de l'enthousiasme.*

On ne saurait être plus clair. Pourtant le Premier reviendra à la charge,

16. *Correspondance*, éd. G. Roth et J. Varloot, ix.213.
17. *Œuvres esthétiques* [*O.E.*], éd. P. Vernière (Paris 1965), p.306.

longuement, comme s'il pressentait la difficulté de convaincre le lecteur et de renverser les idées reçues (*O.E.*, p.310) :

La sensibilité n'est guère la qualité d'un grand génie [...] Ce n'est pas son cœur, c'est sa tête qui fait tout,

ou encore (*O.E.*, p.311) :

La sensibilité n'est jamais sans faiblesse d'organisation[18] [...] Dans la grande comédie du monde toutes les âmes chaudes occupent le théâtre ; tous les hommes de génie sont au parterre. Les premiers s'appellent des *fous* ; les seconds, qui s'occupent à copier leurs folies, s'appellent des sages.

Au fur et à mesure que le dialogue progresse, le Premier s'identifie de plus en plus avec Diderot et la part d'autocritique se fait plus évidente, mais aussi d'autant plus pertinente pour la justification de sa thèse (*O.E.*, p.362) :

lorsque j'ai prononcé que la sensibilité était la caractéristique de la bonté de l'âme et de la médiocrité du génie, j'ai fait un aveu qui n'est pas trop ordinaire, car si Nature a pétri une âme sensible, c'est la mienne.

Le jeu du grand acteur, de même que le processus de création chez l'artiste, sera donc, en définitive (*O.E.*, p.372),

l'ouvrage d'une *tête froide*, d'un profond jugement, d'un goût exquis, d'une étude pénible, d'une longue expérience et d'une ténacité de mémoire peu commune.

Diderot aurait-il, une fois pour toutes, condamné cet enthousiasme qu'il avait si chaleureusement loué à tant d'occasions ? La réponse n'est pas aussi simple, car la thèse du *Paradoxe* concerne le moment de la représentation pour l'acteur, et celui de la composition pour l'artiste. Entraîné par sa propre chaleur argumentative, Diderot en arrive à durcir, par moments, une réalité infiniment complexe et à s'exprimer en termes trop absolus (« de la pénétration et *nulle* sensibilité »). Ailleurs, il semble distinguer entre les phases du processus créateur, où un premier mouvement d'enthousiasme sera ensuite *tempéré* par le sang-froid et transposé en « modèle idéal ». Surtout, l'enthousiasme lui est suspect parce qu'il tient du délire, qu'il est incompatible avec les exigences formelles de l'art, et enfin parce qu'il est aisé à contrefaire dans ses manifestations extérieures.

18. C'est la thèse de Bordeu dans le *Rêve*.

Après les apologies lyriques de 1758, le balancier est allé cette fois à l'extrême opposé. Cependant, on le sait par *Le Rêve de d'Alembert*, «notre véritable sentiment n'est pas celui dans lequel nous n'avons jamais vacillé, mais celui auquel nous sommes le plus habituellement revenus».[19] Or Diderot reviendra assez vite à une conception plus positive de l'enthousiasme, où l'élan poétique et une certaine ferveur retrouvent une adhésion momentanément sacrifiée à un «beau paradoxe».

Dans ce qu'il est convenu d'appeler la *Réfutation d'Helvétius* (1773-1774), il critique l'utilitarisme du livre *De l'Homme* en tirant argument de l'esprit de sacrifice désintéressé dont font preuve tant de philosophes (*O.P.*, p.573):

> Comment résoudrez-vous en dernière analyse à des plaisirs sensuels, sans un pitoyable abus des mots, *ce généreux enthousiasme* qui les expose à la perte de leur liberté, de leur fortune, de leur honneur même et de leur vie ?

Plus loin, parlant du poète, il l'oppose à «l'homme froid» et à «l'esprit réglé» (*O.P.*, p.577):

> je voudrais bien savoir comment l'intérêt, l'éducation, le hasard, donnent de la chaleur à l'homme froid, de la verve à l'esprit réglé, de l'imagination à celui qui n'en a point. *Plus j'y rêve, plus le paradoxe de l'auteur me confond.* Si cet artiste n'est pas *né ivre*, la meilleure instruction ne lui apprendra jamais qu'à contrefaire plus ou moins maussadement l'ivresse. De là tant de plats imitateurs de Pindare et de tous les auteurs originaux.

On se souvient de la place qu'il accordait à Pindare dans l'article «Théosophes», à côté des «inspirés» et des «insensés». Or c'est la même conception de la poésie qu'il va défendre contre Helvétius un peu plus loin (*O.P.*, p.591):

> La poésie suppose *une exaltation de tête qui tient presque à l'inspiration divine.* Il vient au poète des idées profondes dont il ignore et le principe et les suites. Fruits d'une longue méditation dans le philosophe, il en est étonné, il s'écrie: «Qui est-ce qui a inspiré tant de sagesse à cette espèce de fou-là ?»

Si le véritable sentiment est celui auquel on revient le plus habituellement (pour employer sa propre formule), Diderot est bien plus l'homme de l'enthousiasme (sauf au sens mystico-religieux) que celui de la tête froide. S'il lui est arrivé de parler éloquemment en faveur de

19. *Le Rêve de d'Alembert*, éd. J. Varloot, DPV, xvii.113.

la seconde, c'est pour se purger de ses propres défauts et pour souligner la part de concentration et de travail qui entre dans toute création artistique. En profondeur, Diderot reste l'homme de l'élan, de la chaleur, de l'exaltation de tête, comme il dit.[20] Il se sent proche de cette troupe «enthousiaste et passionnée» où se rejoignent poètes, musiciens et danseurs.

Prenons-y garde d'ailleurs: s'il fait l'éloge du spectateur «froid et tranquille», c'est surtout en raison de son pouvoir de concentration et du contrôle qu'il est capable d'exercer sur lui-même (qualité qui lui fait complètement défaut et qu'il n'en admire que plus vivement). Il le voit comme un homme supérieur, comme un génie doué d'une exceptionnelle pénétration d'esprit. Jamais il ne le confond avec l'esprit rassis, pragmatique et sec de ceux qu'il appelle les «méthodistes», pour lesquels il n'éprouve invariablement qu'un parfait mépris.

La fable du coucou et du rossignol illustre bien ses préférences. Le coucou sait peu de choses, mais elles ont du poids, de l'ordre, et on les retient. Le rossignol, toujours nouveau, se joue des règles et enchante les forêts. Le coucou possède l'artifice et *la méthode*. Le rossignol se lance dans les modulations les plus hardies, suit les chants les plus neufs et les plus recherchés; il est emporté par l'*enthousiasme*; son chant est successivement doux, léger, brillant, pathétique, mais il n'est pas fait pour tout le monde. Aussi le jugement de l'âne, qui n'y a rien entendu, sera-t-il négatif: «Cela me paroît bizarre, brouillé, décousu. Vous êtes peut-être plus sçavant que votre rival, mais il est plus méthodique que vous, et *j'en suis, moi, pour la méthode*».[21] Si la méthode plaît aux ânes, Diderot, en tout cas, l'a en horreur: «Je ne sçaurois m'accommoder de ces gens stricts. Ils ressemblent à ces écureuils du quai de la Ferraille qui font sans cesse tourner leur cage, les plus misérables créatures qu'il y ait».[22] Ecrivant en juin 1770, à l'abbé Galiani, il constate que depuis son départ pour Naples, on n'entend plus au Grandval que «les criaille-

20. Voici comment Julie de Lespinasse le voit en juin 1773: «C'est un homme extraordinaire, il n'est pas à sa place dans la société. Il devrait être chef de secte, un philosophe instruisant, enseignant la jeunesse. Il me plaît fort, mais rien de toute sa manière ne vient à mon âme: sa sensibilité est à fleur de peau: il ne va pas plus loin que l'émotion» (*Correspondance*, xiii.17). Pour Mme Geoffrin, «il est toujours comme un homme qui rêve, et qui croit réel tout ce qu'il a rêvé» (*Correspondance*, xiii.242).

21. A Sophie Volland, 20 octobre 1760 (*Correspondance*, iii.169).

22. A Sophie Volland, 5 août 1762 (*Correspondance*, iv.88).

ries aigres et sèches» de l'abbé Morellet et «la grosse et lourde raison de notre ami Marmontel».[23]

Dans le *Salon de 1767*, parlant du critique, il le montre arrachant les plumes à Pégase, et ajoute: «C'est une bête de somme, la monture de l'abbé Morellet, prototype de la méthode la discipline militaire naît quand il n'y a plus de généraux; la méthode, quand il n'y a plus de génie».

Diderot est douloureusement sensible, lui qui est à la fois poète et philosophe, à la décadence de la poésie entraînée par les progrès de l'esprit philosophique, qui requiert le jugement au détriment de l'imagination.

Dans le même *Salon*, il constate que «l'esprit philosophique amène le style sentencieux et sec», et il le déplore en constatant le déclin de l'ode:

> *Le philosophe raisonne, l'enthousiaste sent.* Le philosophe est sobre, l'enthousiaste est ivre [...] Allez à cinq heures sous les arbres des Tuileries. Là, vous trouverez de froids discoureurs placés parallèlement les uns à côté des autres; mesurant d'un pas égal des allées parallèles; aussi compassés dans leurs propos que dans leur allure, étrangers aux tourments de l'âme d'un poète, qu'ils n'éprouvèrent jamais. Et vous entendrez le dithyrambe de Pindare traité d'extravagance; et cet aigle endormi sous le sceptre de Jupiter, qui se balance sur ses pieds, et dont les plumes frissonnent aux accents de l'harmonie, mis au rang des images puériles. Quand voit-on naître les critiques et les grammairiens? Tout juste après le siècle du génie et des productions divines. Ce siècle s'éclipse pour ne plus reparaître [...] Le génie crée les beautés; le critique remarque les défauts. Il faut de l'imagination pour l'un, du jugement pour l'autre.[24]

Mais si la sympathie de Diderot va aux enthousiastes, aux poètes, aux natures entières et ferventes, il sait aussi d'expérience que ces êtres d'exception sont voués au malheur dans notre ordre social:

> Il ne faut point faire de poésie dans la vie. Les héros, les amants romanesques, les grands patriotes, les magistrats inflexibles, les apôtres de religion, les philosophes à toute outrance, tous ces rares et divins insensés font de la poésie dans la vie; de là leur malheur.

Le monde appartient aux médiocres, aux «methodistes». L'éloge sarcastique de M. Baliveau rejoint celui de Briasson dans *Le Neveu de Rameau*. Autre chose est de savoir si Diderot souhaite personnellement

23. A Galiani, juin 1770 (*Correspondance*, x.67).

24. *Salons*, éd. Seznec et Adhémar, iii.154.

ordonner sa vie sur un tel modèle. Il a beau faire l'éloge du juste milieu; la question qui se pose à lui est de savoir «pourquoi personne ne voudrait perdre de sa sensibilité et devenir médiocre».

Lui-même n'y a jamais songé, quitte à passer pour « un énergumène »[25] aux yeux des froids raisonneurs.

La philosophie, à laquelle il a voué sa vie, ne saurait la remplir intégralement. Elle est «l'opium des passions, la vieillesse d'un moment».[26] Diderot sait que son siècle est celui de la philosophie, et il s'en félicite à maintes reprises, mais il voit dans cette sagesse tranquille l'effet de l'âge et du vieillissement. Ses bouffées primitivistes, ses élans d'enthousiasme, sont autant d'expressions de sa nostalgie d'une époque plus sauvage et plus poétique. Toute poésie, écrit-il dans le *Salon de 1767*, comporte une part de mensonge; la philosophie le dénonce à bon droit, mais elle évacue la poésie en même temps que ses écarts. A l'inverse de Voltaire, Diderot ne croit pas à «l'enthousiasme raisonnable». Celui que ses contemporains appelaient «le philosophe» ne sortira jamais de ce dilemme qui le déchire au plus profond de son être. Il sait la nécessité du jugement et de l'esprit critique, serviteurs de la vérité, mais il en décèle les limites et le côté desséchant. Il connaît les dangers de l'enthousiasme, sa proximité des excès mystiques, du fanatisme et des formes inquiétantes de l'aliénation, mais il y voit aussi la source de l'authentique poésie et de la vraie grandeur.

Il arrive à Diderot de se rêver observateur froid et tranquille; il lui arrive même de prêcher pour le bonheur dans la médiocrité. Pourtant, dans le secret de sa conscience, il reste le frère en esprit de ces inspirés, de ces insensés que sont les poètes et les théosophes. Si Diderot n'a pas écrit de système, si son discours philosophique s'écarte de celui de Condillac ou de son ami d'Holbach, si son dialogue reste ouvert et sa pensée questionneuse, si même ses articles encyclopédiques portent l'empreinte de sa subjectivité passionnée, c'est peut-être parce qu'il a tenté ce qui, dans son esprit, devait être le paradoxe suprême: la conciliation de la poésie et de la pénétration, de l'esprit froid et de l'enthousiasme.

25. A Galiani, juin 1770 (*Correspondance*, x.67).
26. Fragment sans date (*Correspondance*, xvi.66).

Diderot et le projet d'une «philosophie populaire»

En 1753, dans la pensée XL du traité *De l'interprétation de la nature*, Diderot critiquait avec force «l'affectation des grands maîtres» et leur goût de l'obscurité, et il concluait cette condamnation par un appel à ses confrères philosophes: «Voilà donc à peu près trois mille ans de perdus pour autre chose. *Hâtons-nous de rendre la philosophie populaire.*»[1] Il ajoutait, pour plus de clarté: «Si nous voulons que les philosophes marchent en avant, *approchons le peuple du point où en sont les philosophes.*».

Diderot posait ainsi avec insistance un des problèmes fondamentaux de la nouvelle philosophie, celui des rapports avec le grand public et de l'accessibilité des œuvres philosophiques aux non-spécialistes. Que ce souci soit en liaison directe avec l'expérience récente des premiers tomes de l'*Encyclopédie*,[2] et surtout avec la conception exotérique du savoir qui caractérise le grand projet encyclopédique, n'a pas échappé aux commentateurs de cet ouvrage si divers, et dont les disparates ont caché aux contemporains la foisonnante richesse. On ne manquera pas, au passage, de noter le paradoxe qu'il y a à revendiquer une «philosophie populaire» dans un ouvrage dont la critique de l'époque s'accordait à dénoncer l'obscurité.[3]

Le texte de Diderot est d'ailleurs moins transparent qu'il n'y paraît. Lorsqu'il cite des «noms célèbres», c'est pour mentionner le chimiste Stahl et les *Principia mathematica* de Newton, ce qui devrait nous alerter. Pour Diderot, le terme «philosophie» englobe beaucoup plus de

1. *Œuvres complètes*, DPV, ix.69.

2. *De l'interprétation de la nature* paraît en novembre 1753 en même temps que le tome III de l'*Encyclopédie*.

3. Voir à ce sujet l'introduction de P. Vernière à Diderot, *Œuvres philosophiques*, p.167-73.

domaines que celui où nous avons coutume de l'enfermer : il y inclut la pensée scientifique dans son extension la plus large. Inversement, il réserve aux seuls «métaphysiciens» le privilège de l'obscurité, «dût-on m'accuser de faire ici mon apologie», remarque-t-il ironiquement.

Ce qui équivaut à se ranger au nombre de ces «métaphysiciens», et à échapper ainsi partiellement à l'obligation de clarté imposée généralement aux philosophes. Dans le texte de 1753, Diderot justifie cette exception par la démarche même de l'esprit à la poursuite de notions abstraites : «les grandes abstractions ne comportent qu'une lueur sombre» (belle antithèse, soit dit au demeurant). Il en donnera une autre raison, plus personnelle, dans un texte de sa vieillesse.

Le statut particulier de la métaphysique ne renverse cependant pas l'exigence de clarté et d'accessibilité imposée par la pensée XL aux ouvrages des philosophes. Et c'est bien ainsi que l'entend le professeur allemand Johann August Ernesti, illustre latiniste et ancien maître de Melchior Grimm, lorsqu'il ouvre l'année académique à la Thomas-Schule de Leipzig, le 2 mai 1754, par une *Prolusio de philosophia populari*, qui se réclame d'emblée des *Pensées de l'interprétation de la nature* dont Ernesti a d'ailleurs (grâce à Grimm) percé l'anonymat.[4] L'éminent philologue tempérait un peu la sévérité de Diderot : il prouvait qu'une philosophie exotérique, et donc populaire, avait bel et bien existé dans l'antiquité, lorsque la philosophie s'élaborait en liaison étroite avec la vie sociale. Pour le présent, il recommendait aux philosophes de renoncer aux traités systématiques et d'employer de préférence l'expression dialoguée.[5]

L'écho favorable de la *Prolusio* – même si, paradoxalement, elle fut prononcée en latin – confirme l'importance du sujet et l'urgence du débat institué par Diderot. Vers le milieu du XVIIIe siècle, il semble que certains penseurs ne veulent plus s'accommoder de l'ambiguïté qui n'a cessé de marquer la pensée libre, ou non-orthodoxe.

Les conditions politiques et les contraintes de la censure, si réelles et si pesantes soient-elles, ne suffisent pas à expliquer la volonté d'ésotérisme qui a si souvent prévalu dans la littérature clandestine, hétérodoxe,

4. Voir notre article «Diderot, Ernesti et la ‹philosophie populaire›», *Essays on Diderot and the Enlightenment in honour of Otis Fellows*, éd. J. Pappas (Genève 1974), p.207-30.

5. On peut se demander si le futur auteur du *Rêve de d'Alembert* a eu connaissance de ce vœu.

étrangère aux idées régnantes et aux institutions. Cette idéologie d'opposition hésite, pour des raisons de principe autant que d'opportunité, entre la diffusion ouverte et la communication réservée.[6] Bien des esprits libres doutent de l'utilité, voire même de la possibilité, d'atteindre un large public populaire: sur ce point, jusque vers 1760-1770, «sceptiques, cyniques, conservateurs se rejoignent dans une commune défiance». Il existe, au sein des Lumières, une tendance à l'élitisme que Miguel Benítez a remarquablement analysée.[7] On pourrait parler aussi d'un pessimisme foncier sur la nature humaine.

Diderot n'est évidemment pas de ceux-là, et la part importante qu'il a dans le projet encyclopédique après 1750 le fortifie nécessairement dans ses convictions. Car, en dépit d'un coût assez prohibitif, l'*Encyclopédie* se veut une œuvre ouverte à tous: «l'homme du peuple et le savant auront toujours également à désirer et à s'instruire dans une encyclopédie».[8] Aussi s'oppose-t-elle à l'idée d'un savoir réservé, même si des raisons d'opportunité et de tactique la forcent à pratiquer la méthode des renvois: «Tout bien considéré, j'aimerais mieux qu'on dît la vérité sans détour.»

Certes, Diderot n'a pas la candeur de croire que n'importe quel discours peut s'adresser à n'importe quel public. Toute communication suppose un destinataire préparé à la recevoir, et il serait insensé de ne pas tenir compte des niveaux du savoir (vii.186-87):

> Les connaissances ne deviennent et ne peuvent devenir communes, que jusqu'à un certain point. On ignore, à la vérité, quelle est cette limite. On ne sait jusqu'où tel homme peut aller [...] Mais la masse générale de l'espèce n'est faite ni pour suivre, ni pour connaître cette marche de l'esprit humain. Le point d'instruction le plus élevé qu'elle puisse atteindre, a ses limites: d'où il s'ensuit qu'il y aura des ouvrages qui resteront toujours au-dessus de la portée commune des hommes; d'autres qui descendront peu à peu au-dessous, et d'autres encore qui éprouveront cette double fortune. A quelque point de perfection qu'une *encyclopédie* soit conduite, il est évident par la nature de cet ouvrage, qu'elle se trouvera nécessairement au nombre de ceux-ci.

En d'autres termes, s'il n'y a pas de savoir réservé, le degré d'instruc-

6. Voir le chapitre «Esotérisme et Lumières: un dilemme de la pensée du XVIIIe siècle» dans notre livre *Clartés et ombres du siècle des Lumières* (Genève 1969), p.60-103.

7. «Lumières et élitisme dans les manuscrits clandestins», *Dix-huitième siècle* 14 (1982), p.289-303.

8. Diderot, article «Encyclopédie» (DPV, vii.187-88).

tion et d'information déterminera toujours la portée de la communication, et l'homme du peuple en saura plus sur certains points, et moins sur d'autres, que l'encyclopédiste.

Certains collaborateurs de l'*Encyclopédie* seraient plus enclins que Diderot à partager le pessimisme des libertins :

> Les grands noms ne sont bons qu'à éblouir le peuple, à tromper les petits esprits et à fournir du babil aux demi-savants. Le peuple qui admire tout ce qu'il n'entend pas croit toujours que celui qui parle le plus et le moins naturellement est le plus habile.[9]

Autre chose est de limiter l'audience du savoir pour des raisons contingentes, par crainte d'éveiller la suspicion du pouvoir. Diderot admettrait, à la rigueur, quelques prudentes concessions sur ce point :

> un moyen d'accorder le respect que l'on doit à la croyance d'un peuple, et au culte national, avec la liberté de penser, qui est si fort à souhaiter pour la découverte de la vérité, et avec la tranquillité publique, sans laquelle il n'y a point de bonheur ni pour le philosophe, ni pour le peuple ; ce serait de défendre tout écrit contre le gouvernement et la religion en langue vulgaire ; de laisser oublier ceux qui écriraient dans une langue savante, et d'en poursuivre les seuls traducteurs.[10]

Mais ce ne sont là qu'habiles manœuvres et subtiles précautions destinées à tromper la vigilance des censeurs. Le problème central reste posé : est-il légitime, est-il opportun, est-il souhaitable de concevoir une philosophie destinée au plus grand nombre ? ou la philosophie a-t-elle pour vocation de rester l'affaire des spécialistes ?

Pour Diderot, et pour les encyclopédistes qui l'entourent, la question primordiale ne se pose plus dans les termes, si souvent employés depuis la Renaissance (et même depuis l'averroïsme), de la double vérité : il le proclame hautement à l'article «Aigle» : «L'homme un et vrai n'aura point deux philosophies, l'une de cabinet et l'autre de société : il n'établira point dans la spéculation des principes qu'il sera forcé d'oublier dans la pratique».

La question n'est pas davantage de savoir s'il convient de dire la vérité à tous, donc également au peuple.[11] Diderot rejettera toujours

9. «Autorité dans les discours et dans les écrits» (article anonyme).

10. Diderot, article «Aius locutius» (DPV, v.315-16).

11. Voir à ce propos l'ouvrage de Werner Krauss, *Est-il utile de tromper le peuple ?* (Berlin 1966), qui étudie les réponses françaises proposées au concours de classe spéculative de l'Académie des sciences et belles-lettres de Berlin pour 1780.

avec horreur l'idée qu'on doit mentir au peuple, et le cynisme de Frédéric II, tout comme plus tard la servilité de Grimm, ne lui inspirent que de la répulsion.

Pour lui, la vraie question est de savoir s'il importe de donner à la philosophie (par quoi il entend aussi la philosophie morale et la théorie des sciences) un langage, une forme, une expression qui la rendent accessible à tous, où du moins à tous ceux qui s'y intéressent activement. Le problème n'est plus seulement d'ordre moral ou pragmatique; il touche à la possibilité de communication et de réception d'une pensée neuve et abstraite, donc malaisément intégrée dans le vocabulaire usuel. En fait, Diderot instaure un débat sur l'idée de *vulgarisation*: il est conscient des concessions qu'elle implique, de ses limites aussi, mais il veut élargir l'audience de la philosophie sans mettre en danger sa dignité.

L'Allemagne répondra à cet appel en s'engageant résolument dans la voie de la *Popularphilosophie*, dont le programme est avant tout moral et éducatif, et que la philosophie romantique a eu le tort de traiter avec le plus parfait mépris.[12] Les *Popularphilosophen*, qu'ils s'appellent Knigge, Garve, Engel ou Hirzel, se veulent avant tout les instituteurs de la masse populaire, surtout paysanne, et ils ont largement réussi à atteindre cet objectif.[13]

Sans doute les situations ne sont-elles pas entièrement comparables. L'*Aufklärung* allemande reste en liaison étroite avec l'Etat et avec les confessions protestantes; en France, l'enseignement de la philosophie est toujours le privilège de l'Université, donc indirectement de l'Eglise. La philosophie non-confessionnelle est l'affaire d'amateurs (déjà au temps de Descartes) ou de non-conformistes qui écrivent et pensent en marge des institutions, et souvent contre elles. Cette marginalisation est, selon nous, une des causes profondes du caractère radical de la

12. Voir l'excellente étude de Jürgen Voss sur les acquis positifs de la *Popularphilosophie* dans la culture allemande du XVIIIe siècle, «Der gemeine Mann und die Volksaufklärung im späten 18. Jahrhundert», *Vom Elend der Handarbeit. Probleme historischer Untersuchung* (Stuttgart 1981), p.208-33.

13. J. Voss (p.223) cite divers témoignages sur le degré d'alphabétisation et de lecture très supérieur de la masse paysanne allemande par rapport à celui de la même classe sociale en France. Il estime à un million le nombre d'exemplaires vendus entre 1788 et 1813 du *Noth-und Hilfsbüchlein für Bauersleute*, qui n'est certes pas un ouvrage philosophique, mais n'a pas d'équivalent du côté français.

philosophie française depuis le curé Meslier et le «militaire philosophe» jusqu'à Boulanger, d'Holbach, Naigeon et Sylvain Maréchal.[14]

Contrainte de porter le masque ou de se diffuser clandestinement, elle éprouve d'énormes difficultés à toucher les masses, ne serait-ce qu'en raison du prix élevé des manuscrits et des imprimés colportés. Mais c'est à un autre obstacle que Diderot fait allusion dans la pensée XL, puisqu'il découle de la formation intellectuelle de ces mêmes philosophes : leur langage technique fait écran, il écarte le grand public qu'on aimerait au contraire attirer et intéresser. C'est en ce sens qu'«il faut rendre la philosophie populaire».

Jusqu'à un certain point, c'est ce que tente de faire Voltaire lorsque, vers 1760, il change de ton, de style et même de public, au grand scandale de certains de ses admirateurs. Le poète universellement respecté, le dramaturge applaudi partout va se faire le missionnaire de la philosophie nouvelle auprès des masses, pour lesquelles il écrit le *Dictionnaire philosophique portatif*, l'*A.B.C.*, *Le Philosophe ignorant*, *Dieu et les hommes* et pour qui il commente et crible de ses sarcasmes les textes bibliques et évangéliques.

Mais le propos de Diderot dépasse, et de loin, la lutte contre «l'infâme» : il s'agit pour lui de reconstruire une philosophie, de revoir les cadres de la pensée, de concevoir une nouvelle idée du bonheur. Comme l'avait suggéré Ernesti, mais de façon tout à fait indépendante, Diderot recourra au dialogue, à la fois pour clarifier sa propre démarche

14. Il faudrait, pour être complet, y joindre les romans érotiques ou grivois, qui ont servi plusieurs fois de véhicule à la pensée «philosophique». Il y a, dans *Le Portier des Chartreux*, et surtout dans *Thérèse philosophe*, de longs développements sur la morale matérialiste qui annoncent les interminables discours philosophiques des héros de Sade. Dans *Thérèse philosophe*, l'abbé T… s'entend objecter par son élève, Madame C… : «Pourquoi ne pas communiquer le fruit que vous avez tiré de vos méditations métaphysiques à nos amis, à nos concitoyens ?» A quoi il rétorque, en reprenant les thèses ésotériques des libertins : «de cent milles personnes, il n'y en a pas vingt qui s'accoutument à penser ; et de ces vingt, à peine en trouverez-vous quatre qui pensent en effet par elles-mêmes» (*Thérèse philosophe*, éd. Jacques Duprilot, Genève-Paris 1980, p. 156-57). D'où il tire ensuite la prudente conclusion : «De là, il faut être extrêmement circonspect sur le genre des vérités que nous avons examiné aujourd'hui» (p. 157). Le rôle de cette littérature assez particulière dans la diffusion du matérialisme, s'il est souvent négligé, est cependant loin d'être négligeable. Reste que Diderot, qui a pourtant pratiqué ce genre de littérature à ses débuts, ne songeait certainement pas à ce type de vulgarisation en écrivant les *Pensées sur l'interprétation de la nature*.

et pour toucher une audience de non-spécialistes, dont la maréchale de Broglie est l'exemple le plus vivant.

Le Rêve de d'Alembert atteste à la fois ce besoin de communiquer avec le profane et la difficulté d'y parvenir. La critique a noté le souci de vérisme, le refus du dialogue des morts, le jeu habile des partenaires, tout ce qui doit vivifier l'exposé et lui enlever l'air de la sévérité et de l'abstraction. La présence du «grand public» s'incarne ici dans la personne de Mlle de Lespinasse, commise d'abord à la notation des propos du savant endormi, et progressivement de plus en plus active, au point d'intervenir sur le fond du débat («Puisque le docteur a entendu votre conte, il faut qu'il entende aussi le mien», et plus loin: «Un moment, docteur: récapitulons»). Mais Julie ignore le vocabulaire des sciences et leur théorie. Elle en est réduite à se servir de comparaisons, en concédant que celles-ci «sont presque toute la raison des femmes et des poètes». Ailleurs, elle avoue: «Je suis comme les enfants, j'aime les faits merveilleux».[15] L'admirable est que le Docteur Bordeu réussira à faire passer son discours sans concéder rien d'essentiel sur le fond et tout en se servant des mots techniques, comme il le fait remarquer à d'Alembert (p.154). Mais, ceci dit, peut-on parler de «philosophie populaire» à propos d'une œuvre qui n'accéda à la notoriété qu'en 1830?

Dans les dernières années de sa vie, revenant sur l'expérience durement acquise, Diderot aura des mots très amers sur la difficulté de transmettre une pensée hétérodoxe. En lisant la *Lettre sur l'homme et ses rapports* de Hemsterhuis en 1773, il s'arrête à un passage où le philosophe hollandais s'inquiète de l'avenir que prépare l'athéisme:

> à moins [...] qu'on ne parvienne à rendre les vérités philosophiques si palpables et *si populaires* que les misérables sophismes de ceux de la seconde espèce ne persuadent plus même des enfants

Et Diderot rétorque, à la défense de ces athées:

> Je vous avoue que je ne crois pas la chose impossible aux philosophes, s'ils veulent s'en occuper sérieusement, et si l'on veut bien leur laisser la même liberté d'écrire qu'on accorde à leur adversaire [...] Le point important est d'avoir raison. Le petit livre intitulé *Le bon sens* fera plus de mal ou de bien que toutes les plaisanteries de Voltaire.

Et tout à la fin de ce commentaire, Diderot s'en prendra à l'intolérance qui a, écrit-il,

15. *Le Rêve de d'Alembert*, éd. J. Varloot, DPV, xvii.172.

contraint la vérité et habillé la philosophie d'un habit d'arlequin en sorte que la postérité, frappée de leurs contradictions dont elle ignorera la cause, ne saura que prononcer sur leurs véritables sentiments [...] Moi, je me suis sauvé par le ton ironique le plus délié que j'aie pu trouver, les généralités, le laconisme, et l'obscurité. Je ne connais qu'un seul auteur moderne qui ait parlé nettement et sans détour; mais il est bien inconnu.[16]

Si on rapproche cette allusion du passage précité, on peut croire avec quelque raison qu'il s'agit ici du baron d'Holbach et des nombreux ouvrages sortis de son officine entre 1760 et 1770.

Parmi ces nombreux ouvrages, qui sont soit anonymes, soit attribués sans preuve à un auteur décédé, il en est un qui aborde de front, et en termes radicaux, l'idée d'une «philosophie populaire». Il s'agit de l'*Essai sur les préjugés*, publié en 1770 et donné par les éditeurs (d'Holbach? Naigeon?) pour une œuvre de Dumarsais (1676-1756). Cet *Essai*, qui suscita la colère de Frédéric II, est sans doute le plus intransigeant et le plus révolutionnaire des manifestes en faveur d'un exotérisme sans restriction. D'emblée, l'auteur proclame sa conviction:

Sans la vérité, l'homme n'a ni expérience, ni raison [...] il demeure dans une enfance perpétuelle; il est la victime de ses préjugés, c'est-à-dire des jugements qu'il porte ou des opinions qu'il adopte avant d'avoir examiné.[17]

La politique croit habile de tromper le peuple. Elle crée ainsi les préjugés qui, à leur tour, excitent dans les empires des «secousses effrayantes» (p.71). On en arrive ainsi logiquement à la conclusion «que la vérité est également nécessaire et au souverain, pour assurer son pouvoir, et aux sujets pour être heureux, soumis et tranquilles» (p.183).

L'impératif du philosophe est donc clair (p.187):

quand le sage aura le bonheur de connaître la vérité,[18] qu'il ne l'enfouisse point en avare dans le fond de son cœur, *il la doit à ses semblables, à ses concitoyens, au genre humain*. Il est inhumain et sordide, s'il refuse de partager avec eux le trésor qu'il a découvert.

Ensuite, il incombe à l'Etat de répandre cette semence (p.103):

c'est au gouvernement, et surtout à l'éducation, qu'il appartient de *rendre*

16. Fr. Hemsterhuis, *Lettre sur l'homme et ses rapports, avec le commentaire inédit de Diderot*, éd. Georges May (New Haven 1964), p.445 et 513.

17. Nous citons d'après la réédition de 1822 (Paris, Niogret), ch.I, p.67.

18. On ne manquera pas d'être frappé par l'emploi du singulier, qui donne à cette «vérité» un caractère assez abstrait.

commune et populaire la vérité que le sage a tant de peine à découvrir [...] L'expérience et l'habitude parviennent à faciliter à l'homme du peuple, à l'artisan le plus grossier, des opérations très compliquées ; sommes-nous donc en droit de douter que l'habitude et l'expérience ne lui facilitassent de même la connaissance si simple des devoirs de la morale et des préceptes de la raison, desquels dépend évidemment son bonheur ?

Puisque le savoir scientifique et technique découvert par le savant, le chimiste ou le mécanicien finit par se répandre jusque dans le peuple, « pourquoi les vrais principes de la politique et de la morale ne pourraient-ils pas *se simplifier* au point d'être sentis par les hommes les plus ordinaires ? » (p.101).

Cependant, on voit surgir çà et là, mais souvent en note, des restrictions de fait qui rappellent le pessimisme des libertins (p.101, n.1) :

pour l'ordinaire, les ouvrages utiles ne sont faits ni pour les grands, ni pour les hommes de la lie du peuple ; *les uns et les autres ne lisent guère* ; les grands d'ailleurs se croient intéressés à la durée des abus, et le bas peuple ne raisonne point. Ainsi tout écrivain doit avoir en vue *la partie mitoyenne d'une nation.*

L'auteur de l'*Essai* se méfie d'ailleurs de l'engouement du « vulgaire » pour la singularité, et de la séduction que peut exercer la bizarrerie d'une conduite ou la nouveauté des idées (p.199-200). « L'homme qui pense n'est pas toujours un sage ; un penseur peut être d'un tempérament vicieux ».

Le vrai philosophe refuse les prestiges qui servent à éblouir. Il aime le genre humain et veut se rendre utile à lui (p.201).

En effet, *l'arrogance des philosophes a dû souvent dégoûter* les hommes de la philosophie ; ses disciples, fiers de leurs découvertes réelles ou prétendues, ont quelquefois montré leur supériorité *d'une façon humiliante pour leurs concitoyens* ; des penseurs atrabilaires ont révolté les hommes par leurs mépris insultants, et n'ont fait que leur fournir des motifs pour s'attacher plus opiniâtrement à leurs erreurs.

La philosophie prônée par l'auteur de l'*Essai* garde un caractère essentiellement pragmatique (p.273) :

Le vrai et l'utile sont les signes uniques auxquels la philosophie consent à s'arrêter ; c'est d'après cette mesure invariable qu'elle juge tous les objets, qu'elle les approuve ou les rejette ; qu'elle les estime ou les méprise. En un mot, *l'esprit philosophique est l'esprit d'utilité.*

Aussi se méfie-t-il d'une certaine forme de poésie, trop proche à son gré de la mentalité religieuse. Il est urgent, d'après lui, de détruire «le temple gothique de la superstition», de briser «ces ornements inutiles et sans goût qui menacent nos têtes» (la Révolution s'en chargera bientôt), car nous accéderons alors au temple de la nature, qu'il caractérise en ces termes (p.334):

son sanctuaire éclairé est *ouvert à tous les hommes*; le souverain qui commande et le sujet qui obéit, le philosophe qui médite et le cultivateur qui travaille, peuvent également y venir consulter la vérité; *elle leur parle à tous une langue intelligible*; elle leur donne des leçons proportionnées à leurs besoins.

Certes, l'auteur de l'*Essai* reste sceptique sur les possibilités immédiates d'un progrès intellectuel généralisé; le pessimisme des libertins reste sous-jacent dans son discours (p.360, n.1):

Nous voyons qu'en tous pays les hommes ne songent qu'à se procurer des amusements puérils, et sont traités comme des enfants par ceux qui les gouvernent [...] Nous voyons en Europe des académies pour toutes les sciences et les arts, nous n'en voyons nulle part qui s'occupent de la politique et de l'art de bien vivre. Bien plus, il n'existe dans aucun pays une école de morale.

Il est fréquemment question des «préjugés habituels», des «suffrages stupides d'une multitude ignorante», de «la reconnaissance peu raisonnée des peuples» (p.379). Le public que vise l'*Essai*, celui que visent presque tous les «philosophes» (et Robespierre le leur reprochera avec véhémence), c'est bien la classe moyenne, cet ensemble indéfini qui se situe entre les grands, bénéficiaires de l'ordre établi, et une masse aveuglée par l'ignorance, audience encore floue et à laquelle le nom de «bourgeoisie» s'applique assez malaisément, puisqu'il s'agit avant tout d'esprits sollicités par la vérité et éclairés déjà par les premiers rayons de la «lumière». «Les grands et le peuple sont dans toutes les nations les derniers qui s'éclairent, parce qu'ils connaissent le moins l'intérêt qu'ils ont de s'éclairer» (p.386).

Il faut donc avant tout parier sur l'avenir et faire confiance à la force de la vérité (p.392):

ce qui est aujourd'hui un paradoxe pour nous, sera pour la postérité une vérité démontrée. L'homme de génie pense de son temps comme pensera l'avenir; il n'est point de son siècle, *il parle très souvent une langue inintelligible pour lui.* Les philosophes profonds sont les vrais *prophètes* du genre humain. Le sage sait que les routes battues ne conduisent qu'à des erreurs universelles, et que le seul moyen de rencontrer la vérité, est de s'écarter du chemin où la multitude s'égare.

L'auteur de l'*Essai* met tout son espoir dans le livre pour opérer cette mutation (« la typographie rend indestructible les monuments de l'esprit humain »). La durée du livre et son rayonnement vaincront l'obstacle de la routine et du conservatisme (p.394) :

Que les hommes qui pensent répandent donc les lumières qu'ils ont acquises; qu'ils écrivent, qu'ils laissent aux races futures la preuve de leur existence [...] Ainsi sages, je le répète, vous n'êtes point les hommes de votre temps ; vous êtes les hommes de l'avenir, *les précurseurs de la raison future.*

La conclusion de l'*Essai sur les préjugés*, tout enthousiaste qu'elle soit, est plutôt un pari sur l'avenir qu'un appel à la génération présente. La méthodologie de cette philosophie rendue enfin populaire, son langage, sa démarche, sa spécificité ne sont même pas envisagées, comme si le problème ne se posait pas, ou comme s'il allait de soi.

Le baron d'Holbach se montre à la fois plus pragmatique et plus optimiste dans son *Ethocratie, ou le gouvernement fondé sur la morale,*[19] et ce n'est pas pour des raisons fortuites que le livre est dédié au jeune roi Louis XVI (en des termes dithyrambiques, qui disent assez l'espoir d'un changement prochain).

D'emblée, le climat plus optimiste est fixé : « Des exemples présents à nos yeux ne sont-ils pas faits pour nous prouver qu'il ne faut pas désespérer du genre humain » ? (p.6).

Que l'on commence par éduquer ce peuple si longtemps maintenu dans l'ignorance : « la populace n'est si vicieuse et si méprisable que parce que le gouvernement néglige de la faire convenablement instruire. Dans un Etat bien constitué, il devrait y avoir des écoles gratuites et publiques, où l'on instruirait et nourrirait la jeunesse : et les lois devraient alors contraindre les parents d'y envoyer leurs enfants, pour recevoir des leçons et du pain qu'ils sont incapables de leur donner » (p.196-97).

Au-delà de ce premier niveau, accessible à tous, il faudra distinguer entre une éducation morale, indispensable à l'ensemble de la nation, et une éducation philosophique plus poussée. D'Holbach, qui, on le sait,[20] n'est guère féministe, exclurait volontiers les femmes de cette éducation supérieure (p.105) :

19. Amsterdam, Marc-Michel Rey, 1776.

20. Voir l'article de Paulette Charbonnel, « Repères pour une étude du statut de la femme dans quelques écrits théoriques des ‹ philosophes › », *Etudes sur le XVIIIe siècle* 3 (1976), p.93-110.

Les femmes, par la faiblesse de leurs organes, ne sont pas susceptibles des connaissances abstraites, des études profondes et suivies qui conviennent aux hommes.

En définitive, d'Holbach n'est guère partisan d'une «philosophie populaire», à moins qu'il ne s'agisse d'une philosophie très simplifiée, réduite à un code de morale et de comportement. Déjà *Le Système de la nature* (1770) s'achevait sur la constatation résignée que la philosophie matérialiste et l'athéisme resteraient toujours minoritaires, compte tenu de la faiblesse de l'esprit humain.

Il semble qu'après 1770 l'avant-garde «philosophique» ait cessé de croire à la possibilité de réaliser l'exhortation lancée en 1753 par Diderot. Dans l'*Ethocratie*, d'Holbach s'en tient à un programme minimal (p.191):

un des premiers soins du gouvernement devrait être de songer à la confection d'un *Catéchisme moral* ou d'un *Code social* simple, clair, accommodé à l'âge, à la capacité, à l'intelligence des élèves.

A lire les ouvrages publiés par le groupe matérialiste après *Le Système de la nature*, on a le sentiment que les penseurs les plus radicaux ont renoncé à l'idée de rendre la philosophie accessible au plus grand nombre. De philosophique, le débat est devenu pédagogique, didactique, et par là institutionnel: généraliser l'enseignement et répandre la morale, telles sont les tâches ressenties comme prioritaires au cours des années qui précèdent la Révolution.

Fait révélateur: la pensée philosophique se dilue progressivement en une variante laïque du catéchisme. En 1790, l'éditeur De Bure publie un abrégé de *La Morale universelle* (1776) du baron d'Holbach sous le titre *Eléments de la morale universelle ou catéchisme de la nature*. Bientôt la Révolution elle-même va reprendre cette tactique vulgarisatrice calquée sur la pratique de l'Eglise. L'idéologue Volney, disciple avoué d'Helvétius et de d'Holbach, manifestera en l'an II (1793) son zèle révolutionnaire en publiant *La Loi naturelle, ou le catéchisme du citoyen français* où les principes de la nouvelle philosophie morale sont exposés par questions et réponses.

Le rêve de Diderot ne s'est donc pas réalisé. Lui-même, nous l'avons vu, a dû «se sauver par le ton ironique [...], les généralités, le laconisme, et l'obscurité», comme il l'avoue en 1773, vingt ans après les *Pensées sur l'interprétation de la nature*. Mais l'intolérance de l'Etat et de l'Eglise, qu'il met en cause, n'est pas la seule explication de cet échec. Il semble que la philosophie des Lumières se soit d'elle-même détachée de ce programme ambitieux. L'a-t-elle jugé irréaliste ou utopique ? c'est possible. Mais il est plus probable qu'elle a cru le peuple mal préparé à cette initiation et qu'elle s'est assigné par priorité des tâches plus urgentes, tout particulièrement dans le domaine de l'enseignement de base.

L'échec de la « philosophie populaire » en France tiendrait donc à des causes multiples : circonstantielles dans le contexte politique et institutionnel, mais aussi théoriques et fondamentales. Les « idéologues » de la fin du siècle se détournent de la métaphysique à laquelle Diderot accordait encore en 1753 un statut privilégié ; ils ont peu de goût pour la spéculation abstraite et vont donc imposer à la philosophie des objectifs utilitaires et sociaux. Mais, plus profondément, ils n'ont pas cru à la conciliation entre la « philosophie » et le peuple, à la possibilité d'approcher – comme disait Diderot – « le peuple du point où en sont les philosophes ». Avec le XIXe siècle, et la spécialisation croissante de la philosophie, l'appel enflammé de Diderot perdra ses derniers échos. Il apparaîtra, avec le recul du temps, comme une des chimères les plus significatives et les plus séduisantes de l'âge des Lumières.

Diderot et l'assistance publique, ou la source et les variations de l'article «Hôpital» de l'*Encyclopédie*

Plusieurs articles de l'*Encyclopédie* sont consacrés à la politique d'assistance et de santé en France, et plus précisément à l'absence d'une véritable politique en cette matière.

L'article «Charité» (III; 1753) est le moins explicite. Il se borne à évoquer l'ordre des frères de la Charité, et il le fait en termes élogieux encore qu'assez brefs: «Ces Religieux si utiles ne font point d'études, et n'entrent point dans les ordres sacrés.» Les seuls vœux y sont «d'obéissance, de pauvreté, de chasteté [et] de s'employer au service des pauvres malades». L'article est signé G, sigle qui est censé représenter l'abbé Edme Mallet.

Le ton est très différent à l'article «Hôtel-Dieu» (VIII; 1765), contribution anonyme, non identifiée par Jacques Proust, alors que l'édition Assézat-Tourneux en attribue la partie terminale à Diderot. Rappelons-en les passages les plus saillants. D'emblée, la présentation de l'hôpital se veut résolument critique: «c'est le plus étendu, le plus nombreux, le plus riche, et le plus effrayant de tous nos hôpitaux.» L'explication de ce dernier qualificatif ne tardera guère:

> Qu'on se représente une longue enfilade de salles contiguës, où l'on rassemble les malades de toute espèce, et où l'on en entasse souvent trois, quatre, cinq et six dans un même lit; les vivants à côté des moribonds et des morts; l'air infecté des exhalaisons de cette multitude de corps malsains, portant des uns aux autres les germes pestilentiels de leurs infirmités; et le spectacle de la douleur et de l'agonie de tous côtés offert et reçû. Voilà l'*hôtel-Dieu*.
>
> Aussi de ces misérables les uns sortent avec des maux qu'ils n'avaient point apportés dans cet hôpital, et que souvent ils vont communiquer au-dehors à ceux avec lesquels ils vivent. D'autres guéris imparfaitement, passent le reste de leurs jours dans une convalescence aussi cruelle que la maladie; et le reste périt, à l'exception d'un petit nombre qu'un tempérament robuste soutient.

L'analyse pourrait sembler excessive et le ton poussé au noir. Aussi l'auteur juge-t-il nécessaire de souligner que tel est «le tableau que les administrateurs eux-mêmes en ont tracé à la tête des comptes qu'ils rendaient au public dans le siècle passé».

Quant à la conclusion, elle condamne sans pardon une institution qui, à travers sa longue histoire, n'a cessé de s'enrichir, sans jamais améliorer la qualité des services rendus aux malades: «On a proposé en différents temps des projets de réforme qui n'ont jamais pû s'exécuter, et il est resté comme un goufre toujours ouvert, où les vies des hommes avec les aumônes des particuliers vont se perdre.» L'auteur se garde d'ajouter en finale une quelconque suggestion de réforme, car il est intimement persuadé de son inutilité absolue dans un système à la fois périmé et inamendable. Derrière cette analyse sévère se lit, en filigrane, le procès d'une institution fondée sur la charité (et donc prospère au sein d'une société qui se réclame de valeurs chrétiennes), mais que paralyse l'absence de statuts organiques, de contrôle permanent, de gestion compétente, et qui est livrée ainsi aux intérêts particuliers, donc au désordre et à l'incurie. Par une étrange perversion, l'hôpital se mue en fabrique de malades, et la promiscuité y corrode le moral autant qu'elle contamine le physique. En précisant, d'un air faussement détaché, que l'Hôtel-Dieu «est situé dans la maison même d'Ercembalus, préfet ou gouverneur de Paris sous Clotaire III, en 665», l'encyclopédiste relègue au rang des vieilleries médiévales (voire mérovingiennes) une institution périmée, et par là pernicieuse, qui n'est évidemment qu'un échantillon particulièrement probant de l'archaïsme et du dysfonctionnement des structures de l'Etat.

Si l'attribution de l'article «Hôtel-Dieu» fait problème, il en va tout autrement de l'article «Hôpital» (VIII; 1765), qui est l'œuvre de Diderot, et que nous nous proposons de relire attentivement.[1]

Au sens premier, l'hôpital est un lieu de refuge destiné aux pauvres, et qui relève à ce titre de l'assistance publique; Diderot le distingue explicitement de ce qu'il appelle «l'hôpital de malades», mais il les associe dans un souci global de réforme, clairement énoncé au paragraphe 5: «Nous n'entrerons point dans le détail historique des différents *hôpitaux*; nous y substituerons quelques vues générales sur la manière

1. Nous citons d'après l'édition des contributions de Diderot à l'*Encyclopédie* procurée par Jacques Proust et John Lough, DPV, vii.426-29.

de rendre ces établissements dignes de leur fin.» Attachons-nous donc à l'analyse de ces «vues générales». La première est d'ordre politique: plutôt que de multiplier des asiles aux misérables, il faut prévenir la misère, diminuer le nombre des pauvres, par une meilleure distribution du travail et par une incitation à l'épargne (§ 8). Adepte d'une économie de production et d'échange, Diderot voudrait exclure les mendiants professionnels du bénéfice de l'assistance des hôpitaux et des asiles. C'est avec indignation qu'il évoque «ces paresseux jeunes et vigoureux, qui trouvant dans notre charité mal entendue des secours plus faciles et plus considérables que ceux qu'ils se procureraient par le travail, remplissent nos rues, nos temples, nos grands chemins, nos bourgs, nos villes et nos campagnes.» Et il ajoute: «Il ne peut y avoir de cette vermine que dans un Etat où la valeur des hommes est inconnue.» Pour lui, seuls les malades, les infirmes, et ceux qui souffrent de conditions de départ inadéquates, ont droit à l'aide de la collectivité: «Il ne doit y avoir de pauvres dans un Etat bien gouverné, que des hommes qui naissent dans l'indigence, ou qui y tombent par accident.»

Une pensée qui investit d'une valeur élevée le travail individuel et l'effort productif, qui accorde au travail une signification morale et sociale, qui exalte l'artisanat, l'industrie et l'agriculture au détriment des autres activités, rejoint à certains égards l'éthique puritaine, et on sait que Daniel Defoe, en Angleterre, proposait dès 1704 de faire la chasse aux chômeurs, dénoncés a priori comme fainéants et parasites.[2]

Diderot aborde le problème en des termes assez semblables:

> Il ne faut pas que les hôpitaux soient des lieux redoutables aux malheureux, mais *que le gouvernement soit redoutable aux fainéants* [...] Rendre la condition des mendiants de profession et des vrais pauvres égale en les confondant dans les mêmes maisons, *c'est oublier qu'on a des terres incultes à défricher, des colonies à peupler, des manufactures à soutenir, des travaux publics à continuer.*

Avocat enthousiaste du productivisme et de l'expansion, Diderot se

2. Le pamphlet *Giving alms no charity, and employing the poor a grievance to the nation* est de 1704. Denis Marion le résume comme suit dans son *Daniel Defoe* (Paris 1948), p.71-72: «1. En Angleterre, il y a plus de travail que de main-d'œuvre; les ouvriers manquent, et non les emplois. 2. Personne, sain de corps et d'esprit, n'est pauvre faute de travail. 3. Les entreprises de charité publique ruinent les familles et augmentent le nombre des pauvres. 4. Il faut punir la pauvreté, au lieu de la secourir, car elle ne peut être que le résultat de la paresse et de l'ivrognerie. A la différence de *Pour en finir avec les dissidents*, ce beau raisonnement était pur d'intention parodique.»

méfie de l'énorme masse des «sans travail» (catalogués *fainéants*) et il résoudrait volontiers le problème social qu'ils posent par leur mise au travail obligatoire dans des entreprises d'intérêt collectif: aménagement du territoire, développement agricole et industriel, expansion coloniale.

Il attend du gouvernement, à cette date, bien moins des réformes de structure qu'une attitude plus contraignante à l'égard des «sans travail».[3] Dans sa pensée, il y a du travail pour tous, et ceux qui ne travaillent pas sont donc des parasites qu'il faut éliminer, ou bien rendre efficaces par tous les moyens dont dispose l'Etat. Peu familier avec les problèmes économiques, il ne suppose pas qu'il puisse exister un sous-emploi, et que le chômage soit, dans bien des cas, une tragique impasse. D'importants travaux ont mis en relief l'étendue et la profondeur de la misère, en France, au XVIIIe siècle, et ses liens avec la criminalité et la prostitution.[4] Le penseur bourgeois qu'est Diderot n'en a pas été foncièrement conscient et on retrouve, dans cette perspective, des conditionnements intellectuels que Jacques Proust a relevés et étudiés dans son attitude devant le paysannat russe.[5] Au niveau idéologique, la position de Diderot est cependant cohérente: dans une société tendue vers le bien-être et vers un développement technique dont l'*Encyclopédie* est à la fois la porteuse et le symbole, il n'y a pas de place pour des êtres improductifs; la vieille notion de *charité* n'a plus de sens dans un monde en pleine expansion où toutes les énergies sont requises. L'hôpital n'accueillera plus que les victimes du destin ou de la naissance: c'est une question de justice, de raison, et de «saine politique».

De la partie sociale, on passe sans transition à la question de l'organisation hospitalière et à la politique de la santé. Diderot propose diverses réformes:

3. De même, dans l'article «Laquais», il s'inquiète de l'exode des campagnes et de la multiplication des domestiques dans les villes: «les fils de nos laboureurs quittent la maison de leurs pères, et viennent prendre dans la capitale un habit de livrée. Ils y sont conduits par l'indigence et la crainte de la milice, et retenus par la débauche et la fainéantise.»

4. Voir entre autres J. P. Gutton, *La Société et les pauvres en Europe: XVIe-XVIIIe siècle* (Paris 1974); O. H. Hufton, *The Poor of 18th-century France: 1750-1789* (Oxford 1974). On peut aussi se référer à des ovrages plus anciens, comme C. Bloch, *L'Assistance et l'Etat en France à la veille de la Révolution* (Paris 1908), et pour un parallèle Dorothy Marshall, *The English poor in the 18th century* (London 1926).

5. Dans les *Etudes sur le XVIIIe siècle* 3 (Bruxelles 1976), p.223-33: «‹Le joueur de flûte de Passy›: Diderot et l'image du paysannat russe».

1. subordonner la construction des hôpitaux aux exigences médicales, puisque «confondre les malades dans un même lieu, c'est les détruire les uns par les autres».

2. multiplier et diversifier les hôpitaux, selon une répartition raisonnable.

3. les intégrer dans un programme général, qui permettrait de mieux distribuer les malades en cas de disette ou d'épidémie.

4. l'ensemble des fonds destinés aux pauvres devrait être géré par le souverain, «le père de tous ses sujets», ce qui signifie en clair que l'Etat doit prendre en cette matière le relais de l'Eglise, afin de normaliser la politique de santé au plan national.

5. la comptabilité des hôpitaux serait publique, et leurs revenus équilibrés par l'autorité royal («y a-t-il rien de plus absurde qu'un hôpital s'endette, tandis qu'un autre s'enrichit?»)

C'est alors seulement que Diderot révèle la source principale de son information, en renvoyant son lecteur aux «différents mémoires que M. de Chamousset a publiés sous le titre de *vûes d'un citoyen*». L'ouvrage en question a été publié à Paris, chez l'éditeur Lambert, en 1757 (2 tomes en un volume in-12). Il reprend divers textes, antérieurs parfois de plusieurs années:

i. *Avertissement* (p.1-34);
Plan d'une maison d'association, dans laquelle au moyen d'une somme très-modique chaque associé s'assurera dans l'état de maladie toutes les sortes de secours qu'on peut désirer (p.35-77);
Additions et éclaircissemens au Plan... (p.80-113);
Copie de la Délibération des six corps des marchands, en date du 13 juillet 1754 (p.113-15);
Lettre critique à l'auteur d'une brochure intitulée «Plan d'une maison d'association, etc.» (p.116-31);
Lettre à l'auteur de la Critique, etc. (p.132-75);
Exposition d'un plan proposé pour les malades de l'Hôtel-Dieu (p.176-209);
Exécution d'un plan proposé pour les malades de l'Hôtel-Dieu (p.209-40).

ii. *Deux mémoires: le premier, sur la conservation des enfans et une destination avantageuse des enfans trouvés* (p.1-86). *Le second, sur les biens de l'Hôpital S. Jacques, leur état actuel et leur véritable destination* (p.87-126).[6]
Plan général pour l'administration des hôpitaux du royaume, et pour le banissement de la mendicité (p.127-277).

6. Ces mémoires avaient fait l'objet d'une première édition en 1756, s.l., in-12, 126 pages.

Ces intéressants opuscules étaient l'œuvre d'un mécène qui s'était attaché avec passion aux problèmes de la politique de santé, et dont le *Plan d'une maison d'association* contenait en germe l'idée d'une assurance contre la maladie et l'invalidité. Il s'appelait Claude-Hubert Piarron de Chamousset (1717-1773), et il devait publier encore, en 1769, un *Dernier prospectus sur l'établissement que j'ai formé pour procurer à mes concitoyens l'eau de Seine la plus pure, clarifiée par l'unique moyen du repos dans des réservoirs de grez.*[7] Ce riche philanthrope avait conçu, outre ses projets d'assurance mutuelle sous forme de «maison d'association», l'idée de compagnies d'assurance contre l'incendie et de caisses de retraite pour les domestiques âgés, alimentées par l'employeur et par l'employé, chacun payant la moitié d'une cotisation fixée à douze livres par an. Le même Chamousset avait créé à Paris la «petite poste», c'est-à-dire des postes disséminées dans les quartiers, et ouvert dans la plaine de Grenelle un établissement destiné aux enfants trouvés, où il faisait appliquer les méthodes préconisées dans son *Mémoire politique sur les enfants*, c'est-à-dire le remplacement du lait de nourrice par du lait d'animaux et la suppression du maillot. L'année même de sa mort (1773), il proposait encore de remplacer l'ancien Hôtel-Dieu, détruit par l'incendie du 29 décembre 1772, en le scindant en deux unités, l'hôpital Saint-Louis d'une part, le couvent des Cordeliers du faubourg Saint-Marcel d'autre part: cette suggestion fut d'ailleurs adoptée et mise à exécution.[8]

On peut donc, à bon droit, considérer Piarron de Chamousset comme un des promoteurs du mouvement «philanthropique» de la seconde moitié du XVIIIe siècle, avant Turgot et avant l'abbé Baudeau.[9] Sa pensée est représentative, dans ses audaces comme dans ses inquiétudes et ses phobies, du grand courant réformiste, utilitaire et rationaliste bourgeois dont l'*Encyclopédie* est imprégnée et d'où sortiront les trop rares velléités de transformation concrète de la société française (entre autres le passage de Turgot au ministère). Les *Œuvres complètes* de Chamousset, «contenant ses projets d'humanité, de bienfaisance et de patriotisme» ont été rééditées après sa mort, en 1783, avec un *Eloge*

7. Paris, d'Houry, 1769, 4 pages in-8°.

8. Une biographie attentive lui a été consacrée par F. Martin-Ginouvrier sous le titre *Un Philanthrope méconnu du XVIIIe siècle: Piarron de Chamousset* (Paris 1905).

9. L'auteur des *Idées d'un citoyen sur les besoins, les droits et les devoirs des vrais pauvres* (Paris et Amsterdam 1765), 138 pages in-8°.

et une analyse de ses ouvrages, dus à l'abbé Cotton Des Houssayes (Paris 1783). La Bibliothèque nationale en possède plusieurs exemplaires, dont deux, reliés en maroquin rouge, portent les armes de la reine Marie-Antoinette et de Madame Louise-Marie-Thérèse d'Artois. Une nouvelle édition parut en 1787, ce qui témoigne de l'actualité des vues de Chamousset à la veille de la Révolution, et de leur écho dans les cercles les plus élevés de la société d'ancien régime.

Il y aurait beaucoup à dire sur les projets à caractère *social* imaginés par Chamousset: la générosité y voisine avec le souci du rendement, un amour sincère pour l'humanité malheureuse avec le sens de l'intérêt bien compris. En somme, certaines des contradictions souvent reprochées à la bourgeoisie du XIXe siècle apparaissent déjà en pleine clarté au milieu du XVIIIe dans ces textes curieux, et parfois déconcertants.

Ainsi, le *Mémoire politique sur les enfans* est manifestement inspiré par le souci d'améliorer le sort des enfants trouvés (c'est-à-dire abandonnés)[10] et de combattre la terrible mortalité infantile. Mais lorsque l'auteur en vient à s'interroger sur «La destination des enfans» (ii.25 et suiv.), c'est pour en faire des «pupilles de la nation» dont celle-ci pourra disposer au même titre que les parents disposaient, à l'époque, de leur progéniture: «Des enfans qui ne connoissent de mère que la patrie, et qui sont jetés entre ses bras presqu'au moment de leur naissance, doivent lui appartenir, et être employés de la façon qui lui sera la plus utile.» Dans son esprit, ces «enfans de la patrie» iront suppléer la milice (fort redoutée en milieu paysan), fournir des matelots à une marine royale en plein développement, mais surtout ils peupleront la Louisiane, ce qu'il justifie longuement au chapitre IX, «dans lequel on fait voir que loin que *l'exportation des enfans* nuise à la population du Royaume, elle l'augmente considérablement». Quant aux filles, elles seront formées au travail hospitalier et serviront ensuite dans les communautés qui secourent les malades dans les villages.

Le document le plus révélateur de l'état d'esprit de ce réformateur social est sans doute le *Plan général pour l'administration des hôpitaux du royaume* (ii.127-277). La préoccupation dominante de Chamousset vise

10. Leur nombre était très élevé, et la mortalité parmi eux atteignait des proportions alarmantes (cf. les chiffres cités par O. H. Hufton). Voir à ce sujet l'ouvrage, ancien mais fondamental, de L. Lallemand, *Histoire des enfants abandonnés et délaissés* (Paris 1885).

à ne pas gaspiller l'assistance publique par une générosité abusive envers les mendiants professionnels, à séparer par conséquent les vrais pauvres des vagabonds et des voleurs, et donc à «bannir la mendicité de la capitale et de ses environs»: «On doit espérer de déraciner totallement cette gangrenne funeste aux Etats et qui, produite par l'oisiveté, n'est que trop souvent suivie des vices les plus dangereux et des crimes les plus noirs.» Afin d'éliminer ceux qu'il dénonce comme des parasites sociaux, il importe d'établir «un centre d'union entre tous les hôpitaux», en d'autres termes une sorte de fichier des indésirables:

Un des premiers soins de ce Bureau des hôpitaux doit être *de séparer dans des maisons différentes les véritables Pauvres d'avec les Mendians de profession*; les premiers méritent toute notre commisération et nos secours; et les seconds les punitions les plus sévères; véritables fléaux d'un Etat qu'ils surchargent sans jamais le servir, ils répandent par toutes nos provinces le plus pernicieux exemple.

On sait que cette idée aboutira, en 1767, à la création des «dépôts de mendicité», véritables maisons de force à caractère disciplinaire et répressif que Turgot essaiera vainement de supprimer en 1776. La pression de l'opinion publique, effrayée par les effets du vagabondage, contraindra le gouvernement à les rouvrir.[11]

Chamousset juxtapose les arguments humanitaires[12] et les motivations économiques[13] pour soutenir ses vues. Bien avant Marx, il a compris que le travail du prolétariat est la source des richesses nationales. Il écrit: «*Les pauvres ne sont pauvres que pour eux-mêmes*; ils font par leur travail la richesse d'un pays; on ne peut donc, sans s'appauvrir et sans joindre la déraison à l'ingratitude, les abandonner (p.146).» Concrètement, cela devrait aboutir, selon lui, à accueillir les invalides, les incurables et les vieillards caducs à l'hôpital Saint-Jacques, et à enfermer les autres dans des «maisons de punition». Ici s'ouvre le chapitre le plus troublant de ce *Plan* si représentatif de l'esprit du temps, «Conduite que l'on doit tenir à l'égard des mendians que la paresse

11. Cette peur collective présage nettement ce que sera la «Grande peur» de 1789.

12. Camille Bloch cite de lui (*L'Assistance et l'Etat*, p.148, n.5) cette phrase que nous n'avons pu identifier: «Les principes de la morale nous apprennent que les malheureux ont un droit réel à notre superflu.» Restait évidemment à déterminer où commençait ce superflu.

13. N'oublions pas que c'est vers la même époque qu'Helvétius élabore sa morale de l'intérêt général.

seule empêche de se livrer au travail» (p.208-21). Les mendiants seront détenus et soumis au travail obligatoire.[14] Afin d'empêcher les évasions, ils ne pourront se couper la barbe. Ceux qui se refusent à la corvée seront mis au cachot, et les obstinés seront placés dans des cellules reliées à un tuyau qui y déversera constamment de l'eau: s'ils veulent éviter la noyade, ils utiliseront la pompe mise à leur portée, et l'on peut croire qu'ils accepteront ensuite de faire ce même travail à des fins plus utiles dans l'adduction de l'eau potable vers des réservoirs situés en altitude. La très grande majorité apprendra un métier, et sera dirigée vers des manufactures où l'on manque de bras. Les ultimes réfractaires seront *exportés* (*sic*) en Louisiane.

On reste aujourd'hui confondu devant une politique aussi tranquillement coercitive et répressive. Le présupposé de Chamousset, qui est partagé par Defoe comme par Diderot, est qu'il y a plus de travail disponible que de main-d'œuvre et que les chômeurs sont donc des paresseux, postulat dont les recherches des historiens modernes ont prouvé la fausseté. De là à en tirer des conséquences qui présagent par instants *La Colonie pénitentiaire* de Kafka, il n'y avait qu'un pas, que Chamousset n'hésite pas à franchir. Surprenante application de l'utilitarisme rationnel en un siècle voué à la «bienfaisance» et à la «sensibilité», mais qui s'égare sur un point essentiel: au lieu de combattre les causes économiques et sociales de la misère, il préfère encore s'attaquer aux misérables. Dans la mentalité collective de la nouvelle bourgeoisie en plein essor, l'inquiétude devant la vague de criminalité conduit à d'élémentaires réflexes de défense, dont les «dépôts de mendicité» seront la réalisation concrète.

Diderot, s'il a condensé les vues de Chamousset dans l'article «Hôpital», les adopte pour l'essentiel:[15] «il n'y a dans une société d'asiles que pour les vrais pauvres [...] que le gouvernement soit redoutable aux fainéans». Ses emprunts à Chamousset ne se limitent pas à la réforme des hôpitaux pour malades. Ils concernent, à cette date, l'ensemble d'une politique d'assistance sociale qui se voudrait à la fois généreuse

14. C'est aussi ce qui se passe en Angleterre dans les *workhouses* et en Hollande dans les *tuchthuizen*. On notera cependant que le *Workhouse Act* remontait à 1722.

15. Le chapitre XIX, «Des domestiques», du *Plan général* (ii.257-61) dit déjà ce que répétera l'article «Laquais» de l'*Encyclopédie*: les domestiques sont trop nombreux, ils enlèvent aux campagnes des ouvriers et des cultivateurs qui y seraient plus utiles, «le libertinage, l'ivresse, les débauches achèvent d'étouffer en eux tout sentiment».

et sélective. Diderot, en citant sa source, n'a d'ailleurs pas caché sa dette et il nous révèle par la même occasion sa méthode de travail et de composition.

Vu l'interruption de l'*Encyclopédie* entre le tome VII (1757) et le tome VIII (1765), il n'est pas possible de dater avec précision la rédaction de l'article «Hôpital», mais l'on en retiendra qu'il reflète assez bien les vues sociales de Diderot autour de 1760: elles sont celles d'un conservateur réformiste.

Le sont-elles toujours vingt ans plus tard ? La réponse nous est donnée dans les *Mélanges* du fonds Vandeul, où Diderot a rassemblé ses contributions à l'*Histoire philosophique et politique des établissemens et du commerce des Européens dans les deux Indes*,[16] et dont un érudit italien, Gianluigi Goggi, a donné une précieuse édition critique.[17] Le texte de 1765 y est repris, mais allongé par de longues et nombreuses additions qui interrompent l'exposé primitif. Le premier ajout concerne la mauvaise administration des hôpitaux, et c'est pour déplorer que «les questions qui touchent *au bonheur de l'espèce humaine* sont peut-être celles qui ont été le moins résolues». Mais la suite amplifie avec virulence le procès fait aux vagabonds et aux mendiants de profession: «hommes paresseux qui trouvent plus doux de tendre la main dans les rues que de se servir de leurs bras dans les ateliers». Diderot les traite de «misérables», de «voleurs du vrai pauvre»; il stigmatise «leur hypocrisie, leurs vices, leurs débauches, leurs nocturnes saturnales».[18] Les mendiants réfractaires à l'asile, et donc au travail, sont des «vicieux» qu'il faut réduire par la force, et au besoin par la prison. Diderot estime qu'une administration qui se refuse à cette politique répressive «montre en cela plus d'humanité que de lumières», et il juge ce «sentiment de compassion mal raisonné».

A la lumière du discours social de Diderot, il convient donc de nuancer l'affirmation de Georges Gusdorf: «L'histoire de la bienfaisance au siècle des Lumières sera celle de la lente et incomplète substitution à l'intention répressive d'une intention philanthropique.»[19] En fait, les

16. Edition en 10 tomes (Genève, Pellet, 1780).

17. Denis Diderot, *Mélanges et morceaux divers*: *contributions à l'Histoire des deux Indes*, tomo II (Siena 1977).

18. Diderot ne regarde pas le Paris nocturne de la prostitution et du crime avec les mêmes yeux que Restif de La Bretonne.

19. *Les Principes de la pensée au siècle des Lumières* (Paris 1971), p.383.

deux intentions sont complémentaires, et le projet réformiste suppose l'élimination radicale des individus tenus pour dangereux. Cela étant, Diderot préfère s'étendre sur l'énorme masse des vrais pauvres, de «ceux qui n'ont que leurs bras à opposer à la misère». Ce que le texte de 1765 traitait, de manière expéditive, en un petit paragraphe, est développé cette fois sur plusieurs pages. Il ne suffit plus, pour se préserver de la misère, d'un «travail modéré» et d'«un peu d'économie»; Diderot examine de plus près les mécanismes de la paupérisation: «Pour tous ces malheureux, un jour de maladie est un jour d'indigence. Tout vieillard est un pauvre. Tout estropié par accident, ou maléficié par nature, est un pauvre. Tout ouvrier, tout soldat, tout matelot hors de service ou hors d'état de servir, est un pauvre.» Sa réflexion va plus loin encore, et il comprend maintenant pourquoi ce processus se perpétue: «La pauvreté engendre la pauvreté, ne fût-ce que par *l'impossibilité où se trouve le pauvre de donner aucune sorte d'éducation ou d'industrie à ses enfants.*» Tant et si bien que les accidents (incendie, inondation), les longs hivers, les disettes, les épidémies, les guerres, les dévaluations, les faillites ont pour effet de multiplier dangereusement et durablement le nombre des pauvres.

Il ne s'agit pas là d'une inéluctable fatalité, mais d'un effet de «l'injustice de nos lois constitutives». Et cette injustice frappe des hommes utiles et méritants, «qui ont cultivé les terres, taillé la pierre, construit nos édifices, nourri nos enfants, fouillé nos mines et nos carrières, défendu la patrie, secondé le génie, servi l'industrie dans toutes branches». L'ingratitude morale se double ainsi d'une aberration économique, qui frappe les couches les plus productives de la nation. Mais comment pourrait-on rompre cet enchaînement funeste? Diderot ne croit pas que les hôpitaux soient la solution la plus appropriée:

> Des secours particuliers et momentanés, *sagement dispensés par le gouvernement dans le temps de grandes calamités populaires*, vaudraient peut-être mieux que des hôpitaux entretenus à perpétuité. Ils préviendraient la mendicité, et les hôpitaux ne font que la fomenter.

Diderot s'en prend alors, en des termes enflammés, à la mauvaise gestion des hôpitaux et à la malhonnêteté de leurs administrateurs:

> Administrateurs de ces asiles, quand vous êtes coupables de négligence, il faut que vos âmes soient de glace! Quand vous vous permettez des concussions, quels noms vous donner? Je voudrais qu'on vous trempât dans le sang et dans la boue [...] Vous joignez la lâcheté, l'inhumanité, la prévarication au vol; et

à quelle espèce de vol encore! Vous arrachez à celui qui meurt de faim, le pain qu'on vous a confié pour lui.

La dénonciation s'achève sur le ton d'une catilinaire contre «les administrateurs infidèles» et «les ministres négligents», qu'il voue à l'ignominie et à l'exécration.

La suite de l'article traite de l'organisation sanitaire et médicale des hôpitaux. Elle développe les critiques contenues dans l'*Encyclopédie* en les actualisant. Diderot souligne avec force les dangers de la contagion et déplore le peu de progrès réalisé en une matière aussi importante pour la société et pour le bonheur des hommes: «Etonnante maladresse que ne devra pas oublier celui de nos philosophes qui écrira *l'immense traité de la barbarie des peuples civilisés.*» Diderot s'insurge aussi devant la politique du pire qui s'accommode de la haute mortalité dans les asiles pour asociaux: «on a tué beaucoup d'hommes, sans en corriger aucun». Pour lui, les hôpitaux sont à réformer, non à supprimer, mais l'effort principal doit viser «à diminuer, *par l'aisance générale*, la multitude des malheureux qui sont forcés de s'y réfugier».

Associer à une politique de prospérité la création d'hôpitaux modernes, telle est la tâche d'un gouvernement éclairé, et c'est l'occasion, pour Diderot, de faire l'éloge chaleureux des efforts de M. et Mme Necker, ce «couple généreux» qui s'est acquis ainsi «la plus méritoire de toutes les naturalisations».[20] Mais Diderot ne se veut ni nationaliste, ni chauvin. Il souhaite que de tels établissements voient le jour dans tous les pays du monde, «car *ma pensée n'a jamais de limites que celles du monde*, quand elle est occupée du bonheur de mes semblables».

La partie v, et dernière, reprend presque littéralement le texte de l'*Encyclopédie*, amputé toutefois de son dernier alinéa, c'est-à-dire du renvoi au livre de Chamousset.

La comparaison de l'article «Hôpital» avec le chapitre «Sur les hôpitaux» des *Mélanges* se révèle donc du plus haut intérêt pour la connaissance des vues sociales de Diderot et de leur évolution au cours

20. L'allusion à la fondation de l'hôpital Necker (p.33) permet de conclure que l'article doit être postérieur à 1776. L'autre allusion (p.31-32) concerne le voyage de Joseph II en France au début du règne de Louis XVI. On se rappellera que la reine Marie-Antoinette, dont Diderot loue la sensibilité (p.32), possédait un exemplaire somptueusement relié des *Vues d'un citoyen* de Chamousset.

d'une période qui couvre, au minimum, une douzaine, et au maximum une vingtaine d'années.

Alors que l'aspect économique et social du problème de la pauvreté était encore abordé, au sein de l'article publié en 1765, dans une perspective de répression et d'assistance pure et simple, l'essai des *Mélanges* élargit le débat pour le situer dans un contexte nettement plus politique. Le Diderot de la vieillesse dénonce une gestion de l'Etat qui conduit à la paupérisation des masses, il s'attaque cette fois aux causes du mal autant qu'à ses effets et, sans renoncer à la répression des criminels, des vagabonds et des marginaux, il met en évidence l'absurdité et l'injustice d'un système qui pénalise des hommes et des femmes qui ont mérité, par leur travail, la reconnaissance de la nation.

Sur ce point comme sur d'autres se trouve ainsi vérifiée une «politisation» croissante de la réflexion de Diderot, ainsi que son attitude de plus en plus critique envers le système de gouvernement. L'absence d'une vraie politique sociale et d'une économie qui répartirait plus équitablement les richesses produites par le pays est beaucoup plus nettement formulée et dénoncée dans les *Mélanges*.[21] La réflexion de Diderot, en ces matières, a mûri en s'approfondissant. Faut-il, pour autant, y entendre le discours d'un révolutionnaire?[22] Nous ne le croyons pas, et la comparaison attentive des deux articles nous semble en faire la preuve. Le Diderot de 1776 est certes plus agressif et plus contestataire, mais il croit, plus que jamais, à la vertu des réformes et à la possibilité immédiate de leur application. L'éloge de Joseph II et de Marie-Antoinette, souverains éclairés et généreux, l'enthousiasme pour la politique des Necker et le ton évident de sincérité qui le traverse,[23] l'appel confiant lancé à tous les «citoyens de l'univers» en vue d'une «réformation générale des hôpitaux», tout cela n'est pas l'expression d'une pensée révolutionnaire, mais d'un ardent réformisme, lié à une adaptation progressive des institutions et à la pénétra-

21. Avec une accentuation très nette de la rhétorique et du pathétique qui caractérise la plupart des contributions de Diderot à l'*Histoire des deux Indes*.

22. C'est, on le sait, la thèse de M. Yves Benot dans son livre, aussi neuf qu'attachant, sur *Diderot: de l'athéisme à l'anticolonialisme* (Paris 1970), que nous avons discutée et nuancée dans un article de la *Revue belge de philologie et d'histoire* 49 (1971), p.892-901, intitulé «Diderot anticolonialiste».

23. «Je ne crains pas qu'on m'accuse d'adulation. Je crois avoir assez prouvé que je ne savais ni craindre ni flatter le vice puissant; et j'acquis par là le droit de rendre hautement hommage à la vertu» (p.34).

tion du sens de l'Etat et de l'intérêt des masses travailleuses dans l'esprit des nouveaux dirigeants. Nous savons, bien sûr, que l'histoire allait tromper ces espoirs et que l'ancien régime se révélerait incapable d'opérer sa réforme intérieure. Il n'en reste pas moins que Diderot, dans sa vieillesse, a cru à une voie modérée et généreuse, à une solution qui associerait la vertu, le bonheur, l'humanité et l'intérêt général. Economiste libéral, il reste, selon nous, ce «réformiste à la fois sentimental et hédoniste» que nous évoquions, en 1971, à propos du livre d'Yves Benot.

Rhétorique et discours scientifique dans *Le Rêve de d'Alembert*

L'extraordinaire essor de la pensée scientifique, particulièrement dans les sciences de la nature et de la vie, a ébloui et fasciné les philosophes du XVIIIe siècle. La science leur permettait de sortir enfin des abstractions de la métaphysique et des subtilités verbales de la scolastique, pour fonder sur des bases plus solides et plus durables leur interprétation du monde. Celle-ci pouvait être d'un christianisme très orthodoxe (c'est le cas du catholique Pluche et du protestant Bonnet), d'une audace voilée sous un conformisme prudent (Buffon), d'une intempérance camouflée sous le discours fantastique (dans *Telliamed*), tout comme elle pouvait servir à la justification ouverte du matérialisme, avec La Mettrie, Robinet ou Diderot. A cette utilisation variée correspond un registre littéraire extrêmement diversifié, qui va de la vulgarisation mondaine d'un Fontenelle à la rhétorique souvent un peu guindée de Buffon, des rêveries d'un Maillet aux extrapolations hardies et au dialogue «éclaté» du *Rêve de d'Alembert*. Tant et si bien qu'il est peu d'époques où la littérature scientifique ait connu un développement aussi brillant qu'au XVIIIe siècle européen (car le phénomène se vérifie aussi en Angleterre, en Italie, en Hollande et ailleurs).

Dans cet ensemble prestigieux, *Le Rêve de d'Alembert* se distingue par des caractères assez exceptionnels et il apparaît, à la réflexion, comme une des œuvres les plus originales et les plus insolites de son temps. Longtemps négligé par la critique, cet extraordinaire dialogue a fait l'objet, à notre époque, d'un grand nombre d'éditions, de commentaires et d'études analytiques qui en ont dégagé la signification philosophique et la qualité littéraire.[1] Cette dernière a été attentivement

1. Les éditions de Paul Vernière (1951) et de Jean Varloot (1962); les articles de Herbert Dieckmann, de J. S. Spink, de Jean Varloot, d'Yvon Belaval, de Jacques Proust, de Lester Crocker, de Ian Smith, de Ian Alexander; la thèse de Jean Mayer

scrutée par Jean Varloot, qui intitule «Un grand écrivain» la dernière partie de son excellente introduction, mais c'est surtout Herbert Dieckmann qui en a montré l'étonnante complexité dans sa pénétrante communication du 21 juillet 1965 sur la forme artistique du *Rêve*.[2] On a comparé la construction de ces dialogues à une symphonie, de plus en plus «déliée» au fil de la progression, et dont «l'entrecroisement s'exécute dans un *tempo* qui varie sans cesse pour correspondre à l'expressivité du moment» (Varloot, p.CXXXI); on a dit le rôle de la «rêverie» comme forme originale de la pensée créatrice; on a souligné la fonction dynamique des personnages contemporains (Belaval); on a parlé des trois parties du *Rêve* comme d'une comédie en trois actes (Vernière). Et telle est l'originalité exceptionnelle de l'œuvre qu'elle s'accommode simultanément de ces interprétations, qui l'éclairent sans pour autant l'épuiser.

C'est que Diderot a tenu, et réussi, là une gageure dont le recul du temps et la prolifération récente du «merveilleux scientifique» ne nous permettent peut-être plus assez de sentir la difficulté et la nouveauté. A notre sens, ce n'est pas tant au niveau de la thématique (ovisme, transformisme, préformation, sensibilité et mouvement, passage de la matière inerte à la matière pensante) que l'on peut saisir la nouveauté du *Rêve* et en scruter le mode opératoire: pour l'essentiel, en effet, ces idées se retrouvent dans les *Eléments de physiologie*, dont l'élaboration se situe pourtant sur un autre plan, scientifique et documentaire plutôt que littéraire et philosophique, tandis que le matérialisme énergétique qui les sous-tend repose, en gros, sur les mêmes prémisses que *Le Système de la nature* qui lui est presque contemporain.[3] Si *Le Rêve de*

sur *Diderot homme de science* et celle de Jacques Roger sur *Les Sciences de la vie dans la pensée française du XVIIIe siècle* (1963).

2. «Die künstlerische Form des *Rêve de d'Alembert*», *Arbeitsgemeinschaft für Forschung des Landes Nordrhein-Westfalen* (Köln, Opladen, 1966). En préparant la présente communication, nous n'avions pas encore connaissance des exposés présentés à la réunion de la Modern Language Association (Denver, 1969) par MM. Dieckmann, May et Vartanian pour célébrer le deuxième centenaire du dialogue. Ces textes ont paru depuis lors dans les *Diderot studies*, auxquelles nous renvoyons le lecteur. Il s'agit de: Herbert Dieckmann, «The metaphoric structure of the *Rêve de d'Alembert*»; Georges May, «*Le Rêve de d'Alembert* selon Diderot»; et Aram Vartanian, «The *Rêve de d'Alembert*: a biopolitical view». Voir aussi, à ce propos, l'analyse qu'en donne Yvon Belaval, sous le titre «Trois lectures du *Rêve de d'Alembert*» dans *Diderot studies* 18 (1975), p.15-32.

3. Nous renvoyons, pour le détail du rapprochement, à notre article «Holbach et

d'Alembert reste une œuvre unique en son genre, si son irréductible originalité en fait une inimitable réussite, c'est donc pour des raisons qu'il faut chercher ailleurs, du côté de l'élaboration formelle et de la structure interne, ainsi que dans la *fonction* que Diderot accorde à son information scientifique et aux extrapolations poétiques qui s'en autorisent. Comme le disait Diderot lui-même, à propos de théâtre il est vrai : «Il est sûr que le plan ne me coûte rien, et que le dialogue me tue»;[4] c'est dans le détail de l'exécution, dans l'équilibre des parties, dans «l'aération» de l'exposé que résidait la complexité de l'entreprise, la difficulté de la réalisation, mais aussi le mérite singulier et la valeur exemplaire.

La composition littéraire du *Rêve* n'a aucun équivalent au XVIIIe siècle, ni après, d'ailleurs. On ne saurait le comparer à la vulgarisation élégante des *Entretiens sur la pluralité des mondes*, ni à la science-fiction ironique de *Micromégas*, dont le propos démonstratif saute aux yeux; moins encore à des œuvres systématiques et doctrinales comme le traité *De la nature*, de Robinet, ou l'*Essai analytique*, de Bonnet. Mais cette composition n'est insolite que parce que le propos de l'auteur l'était également et dès le départ. Il ne s'agissait pas, pour Diderot, de *transmettre* des connaissances scientifiques, de *communiquer* une théorie achevée et close, mais en quelque sorte de voir clair dans ses propres idées en les laissant se jouer sous sa surveillance vigilante (c'est ce qu'il appelle «le plaisir de se rendre compte à soi-même de ses opinions»), de tenter de résoudre les apories présentes du matérialisme par le recours à une science non seulement faite, mais encore à faire, en se livrant par instants au vertige de l'analogie, tout en gardant conscience de sa nature foncièrement poétique. Nous avons employé ailleurs, pour qualifier cette méthode, l'expression «dialogue heuristique» :[5] encore convient-il d'examiner de plus près comment cette recherche opère, par quelles voies, et selon quelle rhétorique procède ce subtil discours. Car rien n'est moins improvisé, moins arbitraire que la démarche apparemment capricieuse du *Rêve*, surtout dans sa deuxième et troisième partie. Diderot le savait mieux que quiconque, et il s'en est expliqué à Sophie

Diderot : affinités et divergences», *Revue de l'Université de Bruxelles* 1-2 (1972), p.223-37.

4. *Correspondance*, éd. Roth et Varloot, ii.260.

5. «Diderot et le problème de l'expressivité», *Cahiers de l'Association internationale des études françaises* 13 (1961), p.283-97. Voir ci-dessous, p.258-70.

Volland sans fausse modestie, mais aussi sans forfanterie: «Cela est de la plus haute extravagance et tout à la fois de la philosophie la plus profonde. Il y a quelque adresse à avoir mis mes idées dans la bouche d'un homme qui rêve. Il faut souvent donner à la sagesse l'air de la folie afin de lui procurer ses entrées. J'aime mieux qu'on dise: Mais cela n'est pas si insensé qu'on croirait bien, que de dire: Ecoutez-moi, voici des choses très sages».[6] Il s'agit donc, pour cet écrivain arrivé, en 1769, à la pleine possession de ses moyens en même temps qu'à la conscience très nette de l'obstacle qu'il affronte, de rendre un débat scientifique et philosophique accessible, sinon au lecteur courant, du moins au non-initié de bonne volonté, de captiver son attention et de la maintenir jusqu'au bout en dépit de la technicité du sujet et de la spécialisation du vocabulaire. Car Diderot est de ceux qui se refusent à réserver le savoir: «Il faut rendre la philosophie populaire», s'écriait-il, quinze ans plus tôt, dans le traité *De l'interprétation de la nature*.[7] Mais il se refuse avec la même vigueur à la tentation de sacrifier la rigueur et la hauteur d'un exposé philosophique aux séductions fallacieuses de la vulgarisation. Diderot s'enferme ainsi, de son plein gré, dans une terrible contrainte qui l'oblige à être à la fois philosophe *et* artiste, écrivain scientifique *et* poète, sans jamais diluer son message philosophique, et tout en maintenant, ou même en accentuant, les virtualités persuasives (donc rhétoriques) de son discours. Sa tâche se complique encore par le fait que la vision qu'il tente d'imposer au lecteur n'est pas un ensemble cohérent et rationnel, organisé en système clos, mais une synthèse ouverte, où l'hypothèse, l'imagination, le rêve ont leur part. C'est à cette conciliation des contraires qu'il va s'attaquer de manière géniale, sans pouvoir et sans vouloir se retrancher derrière l'exemple des anciens et les commodités un peu usées du «dialogue des morts».

Notre propos n'est pas de reprendre ici les analyses pénétrantes d'un Jean Varloot ou d'un Herbert Dieckmann, mais d'insister sur un aspect qui est resté jusqu'ici dans l'ombre, et qui touche à l'économie de l'œuvre, à son architecture littéraire, à ce que sa structure a de plus

6. 31 août 1769 (*Correspondance*, ix.126-27).

7. Appel qui ne sera guère entendu et compris, si ce n'est de quelques esprits de la même trempe que la sienne, comme le philologue allemand Ernesti; voir notre étude «Diderot, Ernesti et la ‹philosophie populaire›», *Essays on Diderot and the Enlightenment in honor of Otis Fellows* (Genève 1974), p.207-30.

original et peut-être de plus attachant. On a maintes fois remarqué que ces dialogues s'agencent comme les actes d'une comédie classique; on a moins scruté leur articulation interne, où se marque cependant le plus nettement le génie de l'écrivain et la «littérarité» de son discours scientifique et philosophique.

Le premier dialogue est sans doute, à cet égard, le moins complexe et le plus proche du dialogue socratique, avec sa dialectique du maître et de l'élève, et par la feinte ingénuité de sa maïeutique. Dans le débat entre Diderot et d'Alembert, c'est le premier qui dirige et oriente, le second qui questionne et objecte. D'Alembert procède d'emblée par une concession aussitôt suivie d'une restriction:

«J'avoue qu'un... Mais... car enfin...»

Il passe ensuite, en toute humilité, à l'interrogation directe:

«Je voudrais bien que vous me dissiez...»

pour finir par l'aveu d'incompréhension:

«Je ne vous entends pas.»

Très vite, le lecteur comprend que, dans ce jeu littéraire, Diderot locuteur et Diderot auteur se recouvrent parfaitement, que le rôle de d'Alembert consiste à relancer la discussion, à sectionner le discours pour l'aérer, et que, sur le plan formel, ses propos se ramènent à des interrogations et à des objections:

«Cette façon de voir est nouvelle...»

«Soit. Mais quel rapport y a-t-il...»

parfois à de simples commentaires ou développements d'une idée de Diderot, s'achevant cependant sur une impasse:

«Assurément... Mais... je ne vois pas trop comment...»,[8] ce qui permet au meneur de jeu de poursuivre sa démonstration. Car c'est bien d'une *démonstration* qu'il s'agit (sur la sensibilité active et l'animalisation), et non d'un jeu de l'esprit ou d'une hypothèse. Au point où nous en sommes, la position de Diderot est d'ailleurs toujours conforme à ce qu'on pourrait appeler un *matérialisme orthodoxe* (et qui s'exprime à la même époque dans *Le Système de la nature*).

L'alternance entre Diderot et d'Alembert se réduit à la succession, si courante au théâtre, du discoureur et du faire-valoir. La brièveté, le ton, la forme même des interventions de d'Alembert en témoignent: questions, interruptions, encouragements («Allons, pulvérisez donc», p.94), suggestions, réserves qui sont celles que l'on peut attendre du

8. *Le Rêve de d'Alembert*, éd. J. Varloot, DPV, xvii.89-92.

lecteur moyen. D'Alembert n'est là que pour éviter la monotonie d'un exposé continu sur un sujet aride, pour faire en quelque sorte la médiation entre le penseur d'avant-garde (Diderot) et un public non-initié.

Les choses ne restent pourtant pas longtemps aussi simples. Bientôt, nous verrons d'Alembert prendre l'initiative du retour à un sujet (le passage de la sensibilité à la pensée) dont un *excursus* de Diderot les avait éloignés :

«Mais pour en revenir à l'homme... rappelez-vous... que vous m'avez laissé» (p.99).

De simple comparse, il se mue ici en arbitre et devient à son tour un «actant» qui réoriente à point nommé une discussion occupée à s'enliser. Diderot se sert de lui pour annuler les effets fâcheux d'une tendance à la digression dont il se sait affligé depuis toujours. Plus loin, il le muera en dépositaire d'un savoir physiologique dont sa célébrité le fait garant, lui attribuant ainsi les avantages du savoir tenu pour *acquis* et se réservant les prestiges aventureux d'un savoir encore *neuf* et *contestable*. Procédé habile, et qui permettra au double de Diderot de s'esclaffer devant les formes encore scolastiques de cette orthodoxie scientifique : «Galimatias métaphysico-théologique» (p.106).

Le rôle de d'Alembert, s'il est irremplaçable et donc essentiel au premier dialogue, n'en reste pas moins celui d'un comparse, étonné et sceptique, admiratif et prudent, qui fait penser au personnage du Famulus dans le *Faust* de Goethe. Rôle peu flatteur, en définitive, et dont on comprend que d'Alembert ait hâte de sortir en allant se coucher, alors que Diderot le harcèle encore de recommandations, d'avertissements, d'ultimes et péremptoires déclarations. Le dialogue s'achève, assez comiquement, sur une sortie qui tient de la dérobade et de la fuite, où un d'Alembert assez piteux esquive les vastes problèmes évoqués par son ami :

– Diderot : «Accordez à l'homme, je ne dis pas l'immortalité, mais seulement le double de sa durée, et vous verrez ce qui en arrivera.»

– d'Alembert : «Et que voulez-vous qu'il en arrive ? Mais qu'est-ce que cela me fait ? qu'il en arrive ce qui pourra. Je veux dormir. Bonsoir.»[9]

9. Page 113. C'est de la même manière ironique et désinvolte que Diderot achèvera son paradoxal *Entretien d'un père avec ses enfants*, comme si le sommeil était la seule issue aux débats philosophiques insolubles. Mais le sommeil va prendre, dans la seconde partie, une fonction narrative et énonciative assez inattendue.

Dès la deuxième partie (c'est-à-dire *Le Rêve* proprement dit), ces rapports se transforment radicalement. Diderot a disparu en tant qu'actant, tandis qu'apparaissent Bordeu et Julie de Lespinasse. Mais c'est à l'intérieur de ce trio que les relations vont atteindre à la plus extrême complexité.

Au départ, Bordeu et Julie causent devant un d'Alembert endormi, dont ils évoquent le sommeil agité et les propos incohérents (narration rétrospective). Suit alors (p.117) la relation, enregistrée par Julie, des «rêveries» de d'Alembert:

«Un point vivant... Non, je me trompe. Rien d'abord, puis un point vivant...»

On remarquera le décousu de ce discours, son rythme saccadé, son style nominal, ses continuelles interruptions. Cet exposé s'adresse en principe à un Diderot absent (mais cru présent), alors que sous la forme qu'il prend ici (dans la transcription de Julie), il a pour auditeur Bordeu. Mais nous nous rendrons vite compte que Bordeu joue dans cette seconde partie le même rôle de penseur audacieux qui était dévolu à Diderot dans la première.

Le langage cryptique de d'Alembert (à la fois physiquement présent et mentalement absent, ce qui élargit le fossé entre le *récit* et la *diégèse*) est rapporté par une secrétaire qui n'y entend rien devant un spécialiste qui, non content de tout saisir, est capable de prévoir et de prolonger les développements les plus hardis de cette pensée. On admirera la complexité et la nouveauté géniale de ce discours saisi à deux niveaux:

passé: d'Alembert rêvant à haute voix → Diderot (absent)

présent: lecture de ces propos par Julie → ses commentaires embarrassés → les réactions de Bordeu.

Les interventions de Julie dans l'énoncé de son texte suscitent par moments la perplexité de Bordeu:

«Est-ce vous qui parlez?»

A quoi elle réplique: «Non. C'est *le rêveur*» (p.117).

On a trop étudié les thèmes scientifique et philosophique de ce célèbre développement pour que nous y revenions ici. Nous voudrions pourtant mettre en relief comment, une fois encore, l'écrivain Diderot a su échapper à la longueur et à la monotonie.

Tantôt cette variété se déploie au sein même du discours, comme lorsque le rêveur fait parler Diderot, formulant donc à la fois la question et la réponse:

«Mon ami d'Alembert, prenez-y garde» (p.118).

Ce long passage se termine provisoirement à la page 121, grâce à une habileté de composition que nous aimerions définir comme un jeu de *relais*. Pour cela, il faut que Bordeu soit capable de reproduire le discours de d'Alembert presque mot à mot, et sans cependant le connaître :

« Vous m'en défiez... Et si je rencontre ?... »

L'avantage est double : Julie est déchargée momentanément de son rôle assez lassant de lectrice, et la reconstitution opérée par Bordeu confère à la théorie exposée (le passage de la contiguïté à la continuité) une *nécessité interne et logique* qu'elle n'aurait pas eue dans la simple transcription.

Ce premier relais sera suivi d'un second, où Julie reprend son exposé en style direct :

« Après votre radotage, ou le sien, il m'a dit... » (p. 122).

Mais très vite, Bordeu se substitue à elle ; lorsque le texte devient peu clair, il y supplée, ce qui va provoquer un amusant jeu de scène, Julie appelant un domestique pour savoir si par hasard son papier n'a pas été confié à Bordeu.

Si nous résumons la structure rhétorique de ce passage, nous arrivons à ce schéma :

Discours d'auteur (= Diderot) → mis dans la bouche d'un « rêveur » (= d'Alembert) → transcrit, puis lu par Julie de Lespinasse → restitué conjecturalement par Bordeu.

L'initiative revient ensuite à Julie, avec des interventions un peu réticentes de Bordeu (p. 125). Dans tout ce passage, Julie paraît dépassée par le sens du texte qu'elle *dit* sans le comprendre, et fait l'éloge, par contraste, de la vulgarisation gracieuse de Fontenelle, que Bordeu juge inappropriée aux « sujets graves » (sensibilité, unité de l'être vivant, génération).

Le discours « rapporté » de d'Alembert est maintenant achevé, tandis que Bordeu s'efforce de le rendre intelligible à son interlocutrice (image du lecteur moyen). Sur ces entrefaites, d'Alembert se réveille à demi (p. 135) et se met à parler, cette fois en style direct, tandis que le médecin et Julie l'écoutent et le commentent.

Ici se place le discours lyrique de d'Alembert sur l'unité dans la totalité, sur l'éternel passage, où se condensent toutes les idées chères à l'auteur (rejet du fixisme, mais aussi d'un matérialisme trop mécaniste).

De tout évidence, d'Alembert et Bordeu expérimentent, dans des formes et à des registres divers, la philosophie personnelle de Diderot.

La soudaine inspiration du dormeur s'arrête («Il ne dit plus rien», p.140) et la discussion redevient un simple dialogue. Reste que, pour Bordeu, les hypothèses aventureuses du «rêveur» sont les vérités de demain. En somme, tout se passe comme si Diderot se dédoublait pour trouver d'une part un exutoire à ses imaginations les plus folles, et pour leur donner aussitôt la caution du plus grand médecin français de son temps. Le procédé est d'une habileté consommée, tant pour son efficacité démonstrative que pour sa séduction littéraire.

Diderot n'est cependant pas au bout de ses ruses rhétoriques. Ne voilà-t-il pas qu'il confère à Julie, jusque-là réservée et rétive, une soudaine faculté intuitive qui lui fait entrevoir d'étonnantes analogies? C'est elle, en effet, qui va lancer l'image de la toile d'araignée (pour expliquer la relation entre les sens périphériques et le centre moteur), et Bordeu d'applaudir, puisque – à l'instar de M. Jourdain – la douce Lespinasse est devenue capable de faire de la philosophie sans le savoir. Ce nouveau *relais* est peut-être un des plus inattendus de l'œuvre. Dans les pages suivantes, la position de Julie devant Bordeu répétera, à peu près, celle de d'Alembert devant Diderot dans le premier dialogue, et c'est à Bordeu que reviendra l'idée d'imaginer un Dieu qui serait matière, et donc périssable.

Diderot a-t-il senti que son découpage rejoignait un processus déjà connu? Toujours est-il qu'au moment où Bordeu va se lancer dans un monologue à caractère scientifique, et non plus analogique («laissons là tous ces êtres imaginaires... revenons au vôtre», p.144), il est interrompu par un d'Alembert cette fois définitivement réveillé. Ce nouveau relais s'ouvre sur la question: «Mademoiselle, vous êtes avec quelqu'un; qui est-ce qui cause là avec vous?» Mais rien ne peut empêcher Bordeu de poursuivre imperturbablement sur sa lancée, avec un jeu de scène où il renvoie dormir ce tiers un peu gênant.

Devant un d'Alembert soudain réduit au silence, encore que nullement endormi, Bordeu va poursuivre son exposé sur les problèmes de la sexualité devant une Julie conquise et admirative (ce qui lui vaudra, de la part de Bordeu, un compliment dont il n'est pas coutumier: «il y a plaisir à causer avec vous», p.146).

De la sexualité, Bordeu passe aux «monstres», et aux enseignements qu'on peut en tirer: tératologie qui rejoint celle de la *Lettre sur les aveugles*, de vingt ans plus ancienne.

Au fil du temps, la discussion s'est faite, sous l'impulsion de Bordeu, de plus en plus scientifique, médicale et précise dans son vocabulaire, ce qui va susciter un nouveau rebondissement, provoqué par une remarque de d'Alembert, jusqu'ici médusé et figé dans un silence total :

«Je crois que vous dites des ordures à Mlle de l'Espinasse» (p.153). Ce qui entraîne la riposte de Bordeu (= Diderot) :

«Quand on parle science, il faut se servir des mots techniques», à quoi d'Alembert va d'ailleurs acquiescer immédiatement.

Enchaînant sur cette idée, d'Alembert se lance dans un développement sur les aspects complémentaires de la bi-sexualité, ce qui lui vaut une sèche rebuffade de Julie, qui ne semble guère vouloir prolonger la discussion de ce sujet délicat et qui tient à ce que son dialogue avec Bordeu ne soit pas interrompu.

«Oui, oui, taisez-vous, et ne vous mêlez pas de *nos* affaires...» (p.154).

Simple jeu de scène, procédé rhétorique, qui souligne à la fois le côté confidentiel de l'entretien et la passion avec laquelle Julie de Lespinasse (c'est-à-dire le lecteur moyen) écoute les théories audacieuses de Bordeu. On constate également que le respect presque religieux avec lequel les propos oniriques de d'Alembert avaient été enregistrés, puis écoutés, n'est plus de mise lorsque le célèbre académicien se met à parler en pleine lucidité (c'est-à-dire en son nom personnel, et non plus comme un double de Diderot).

Dorénavant, c'est Bordeu qui parle en maître devant une Lespinasse médusée.

– «Vous voyez, Mademoiselle...» (p.154).

– «Je vais vous le dire...» (p.155).

– «Docteur, vous avez raison...» (p.157).

Les théories de Bordeu sur l'unité mentale et sur ses perturbations d'origine physiologique sont si hardies que Julie, toute pénétrée pourtant d'admiration, ne peut cacher une légère incrédulité. Le docteur n'abuse-t-il pas de son autorité pour mystifier une auditrice inexperte ?

– «Je crains, Docteur, que vous n'abusiez un peu de ma crédulité. Prenez-y garde, si vous me trompez une fois, je ne vous croirai plus» (p.160).

Cette objection permettra à Bordeu de lever les derniers doutes de Julie en évoquant le cas récent des jumelles de Rabastens, tel qu'il avait été relaté dans la *Gazette de France*. On remarquera en passant que c'est peut-être la première fois que l'auteur d'un texte *littéraire* et *scientifique* jugeait bon de se fonder sur une information de presse et d'insérer de tels «realia» dans une œuvre de fiction.

Là-dessus pourrait s'achever logiquement le discours de l'homme de science:

– «J'entends du faubourg jusqu'ici un malade qui m'appelle» (p.163). Mais Diderot a encore trop besoin de lui pour le laisser partir si facilement. Et c'est alors que, par un nouveau relais, il réintroduit d'Alembert, si longtemps réduit au silence par Julie, et lui fait poser la question essentielle:

– «Docteur... comment suis-je resté *moi* pour les autres et pour moi?»

A quoi Bordeu répond en le renvoyant à son propre discours:

– «Vous nous l'avez dit en rêvant»,

façon habile de montrer l'unité et la cohérence d'un exposé qui ne semblait avancer que par bonds et par digressions.

D'Alembert, locuteur primordial aussi longtemps qu'il rêve, retombe à l'état de veille au niveau du non-initié et Julie acquiert, du même coup, le statut de l'initiée qui peut lui faire la leçon:

– d'Alembert: «Qu'est-ce que vous dites là?»

– Mlle de Lespinasse: «Je dis que l'esprit monastique se conserve, parce que le monastère se refait peu à peu» (p.165).

Le duo Bordeu-Lespinasse traite maintenant le pauvre d'Alembert en intrus incompréhensif, venu s'imposer en tiers à leur échange si bien accordé. Veut-il y aller d'une anecdote (sur le pédant de collège frappé d'amnésie), Julie intervient pour déclarer:

«Puisque le Docteur a entendu votre conte, il faut aussi qu'il entende le mien» (p.167).

Et cette émulation piquante fait oublier la lourdeur qu'aurait pu entraîner une succession d'exemples curieux.

Fascinée par l'intelligence, par la faconde, par l'originalité de Bordeu qui est devenu maintenant l'irrésistible meneur de jeu, Julie de Lespinasse le supplie de lui raconter d'autres histoires vraies et merveilleuses:

«Docteur, racontez-le-moi. Je suis comme les enfants. J'aime les faits merveilleux. Et quand ils font honneur à l'espèce humaine, il m'arrive rarement d'en disputer la vérité» (p.172).

Le lecteur aurait vraiment mauvaise grâce, après un tel aveu, de se montrer plus exigeant ou plus critique. Lui aussi se trouve maintenant dans la position de l'auditeur attentif, bienveillant, captivé.

Tout un discours sur la perte de la conscience du moi, puis sur son hypertrophie, aboutit à un soudain point d'arrêt. Par le biais de la théorie de la prédominance alternée de l'origine du faisceau (le cerveau), ou de ses brins (les organes), Diderot en est venu au problème du génie, capital pour son propos de littérateur-philosophe. Ainsi s'explique la brusque rêverie de Bordeu, qui introduit la digression sur la sensibilité des médiocres et sur la lucidité du grand homme, qui sera reprise et amplifiée dans le *Paradoxe sur le comédien* (1769-1778).

Une fois de plus, la présence d'un interlocuteur permettra de vivifier ce discours, et même de l'autoriser. D'abord choquée par ce qu'elle tient pour un paradoxe,

«Ah! Docteur, quel blasphème!...» (p.178)

Julie se reconnaît dans ces âmes sensibles, promptes aux larmes et aux soupirs, mais elle se résout volontiers à n'être «jamais qu'un enfant», si tel est le prix dont il faut payer l'émotivité.

L'apologie du génie lucide et froid, faite par Bordeu, et son rejet horrifié par Julie («Dieu me garde de la société de ce sage-là») actualisent en quelque sorte le débat intérieur qui a certes dû déchirer Diderot lui-même sur ce point qui lui tenait tellement à cœur.

L'écart se creuse, pour une fois, entre le maître et sa disciple. Il est temps de changer de thème et, pour cela, de réintroduire le troisième partenaire. Aussi voyons-nous reparaître d'Alembert, bien levé maintenant, mais toujours en robe de chambre et bonnet de nuit, comme il se doit dans une bonne comédie d'intrigue.

Le problème posé par d'Alembert sera celui qu'il vient de vivre, c'est-à-dire celui du sommeil et de ses conséquences sur notre état de conscience. Mais c'est entre Bordeu et Julie que le débat va se poursuivre, jusqu'à ce que brusquement le meneur de jeu décide de s'en prendre à d'Alembert, à propos de l'illusion psychologique de la liberté (p.185):

– d'Alembert: «Vous croyez?»

– Bordeu: «Et c'est vous qui me faites cette question! vous qui livré à des spéculations profondes, avez passé les deux tiers de votre vie à rêver les yeux ouverts, et à agir sans vouloir».

Et voilà d'Alembert une fois de plus rejeté dans le silence et exclu de la discussion.

De la fausse liberté, on passe tout naturellement à la question de la responsabilité morale, et Bordeu proposera de substituer aux mots *vice* et *vertu*, à la grande indignation de Julie, les mots de *malfaisance* et de *bienfaisance*. Pour lui, le problème moral doit être démystifié, le seul critère de choix étant celui de la *vérité*, et non seulement de l'utilité sociale.

Il reste cependant à débattre d'autres problèmes liés à une philosophie matérialiste, et c'est à nouveau d'Alembert qui sera chargé d'assurer le relais, en posant à Bordeu la double question:

«Mais l'imagination? mais les abstractions?» (p.188)

De la philosophie des sciences, nous débouchons sur une poétique et sur une théorie du langage, qui montre combien Diderot est conscient des apories de l'expression et de la communication.

«Par la raison seule qu'aucun homme ne ressemble parfaitement à un autre, nous n'entendons jamais précisément, nous ne sommes jamais précisément entendus [...] notre discours est toujours en deçà ou au delà de la sensation» (p.193).

Dépassant les cadres mentaux de son siècle, Diderot balaie en quelques phrases les illusions de Condillac sur le langage universel et mathématisé, pour y réintroduire une problématique dont il a pris, en sa qualité d'artiste, une conscience toute particulière.

Le second entretien, c'est-à-dire *Le Rêve de d'Alembert* proprement dit, a bouclé sa boucle: l'écrivain peut congédier ses personnages, dont il a tiré tout le parti possible. Mais il se ravisera, nous le savons, pour rappeler ses deux favoris, Bordeu et Julie, et les engager sur le terrain délicat des conséquences éventuelles de sa philosophie scientifique sur le plan de la sexualité (problème qui inspirera aussi le *Supplément au Voyage de Bougainville*): chasteté et continence, masturbation et mélange des espèces sont évoqués à bride abattue, devant une Julie de Lespinasse interloquée et fascinée; le rythme effréné de la conversation évitera de s'attarder sur aucun de ces points explosifs, que Bordeu n'aborde d'ailleurs qu'en se retranchant derrière une théorie un peu hypocrite de la double vérité. C'est ainsi que Diderot expédie en trois pages le problème troublant de l'hybridation, c'est-à-dire celui de la frontière entre l'humanité et l'animalité, auquel Vercors consacrera tout un roman dans ses *Animaux dénaturés*.

Le moment est venu de conclure. Diderot se trouvait, en concevant *Le Rêve de d'Alembert*, devant une difficulté à laquelle aucune tradition littéraire ne lui offrait de solution toute faite. Son propos n'était pas de vulgariser une science déjà élaborée, avec tout ce que cela comporte de concessions au public, mais bien au contraire, de faire pénétrer le lecteur – qui était d'ailleurs le lecteur futur, puisque l'ouvrage ne fut diffusé qu'à partir de 1830 – dans une pensée en plein développement, et qui se projetait dans un avenir encore incertain. Il fallait à la fois plaire sans recourir à la facilité, et persuader dans un domaine où tout restait à faire (la biologie) : dilemme insoluble pour bien des écrivains, mais que Diderot surmonte par l'habileté de la composition et le délié de l'écriture. En jouant avec les personnages, en réglant leurs entrées et leurs sorties, en alternant les niveaux narratifs, en changeant de rythme, en variant le ton, en mêlant le grave et le saugrenu, Diderot a résolu une des difficultés majeures qui guettaient l'écrivain-penseur : un des premiers, peut-être le premier, il a su intégrer le discours scientifique dans une nouvelle poétique et franchir d'un bond – qui est celui de l'art – le gouffre qui séparait, et opposait, hommes de sciences et hommes de lettres.

Note sur un passage du *Rêve de d'Alembert*: Réaumur et le problème de l'hybridation

On connaît le passage célèbre de la *Suite de l'entretien* où Diderot, par la bouche de Bordeu, s'attaque au problème de l'hybridation et déplore que

> grâce à notre pusillanimité, à nos répugnances, à nos lois, à nos préjugés, il y a très peu d'expériences faites; qu'on ignore quelles seraient les copulations tout à fait infructueuses [...] quelles sortes d'espèces on se pourrait promettre de tentatives variées et suivies;

Passant du général au particulier, Diderot enchaîne en déclarant:

> Mais un fait singulier qu'une infinité de gens instruits vous attesteront comme vrai, et qui est faux, c'est qu'ils ont vu dans la basse-cour de l'archiduc un infâme lapin qui servait de coq a une vingtaine de poules infâmes qui s'en accommodaient; ils ajouteront qu'on leur a montré des poulets couverts de poils et provenus de cette bestialité.[1]

Dans une note de son excellente édition critique du *Rêve*,[2] M. Paul Vernière a rapproché ce passage d'un texte du *Dictionnaire philosophique* de Voltaire et d'une remarque de la *Correspondance littéraire* se rapportant l'un et l'autre à des expériences faites à Bruxelles (plus exactement à Tervueren) pour le compte de Charles de Lorraine. L'allusion à la personnalité de l'archiduc est un argument séduisant, mais on notera, en revanche, que Diderot (ou Bordeu) parle de «poulets couverts de poils» tandis que les textes allégués sont d'accord pour parler de «lapereaux».

1. *Le Rêve de d'Alembert*, éd. J. Varloot, DPV, xvii.203-204.
2. Société des textes français modernes (Paris 1951), p.161.

Il est donc fort probable que Diderot se fonde sur une double tradition et que les «poulets couverts de poils» ont une origine propre. Cette seconde source n'a pas échappé aux savantes investigations de Jean Mayer:[3] elle n'est autre que le tome II de la série des *Quadrupèdes* (1753 et suiv.) de l'*Histoire naturelle* de Buffon.

Dans son chapitre consacré au lapin, Buffon évoquait la possibilité d'une copulation entre lapin et lièvre et notait en termes sarcastiques:

> Il y avait plus de raison d'attendre quelque produit de ces accouplements, que des amours du lapin et de la poule dont on nous a fait l'histoire, et dont, suivant l'auteur, le fruit devait être *des poulets couverts de poils ou des lapins couverts de plumes.*[4]

L'identité des termes est probante, comme aussi la commune attitude négative de l'écrivain et du naturaliste devant ces prétendues observations.

Mais qui donc est «l'auteur» sur lequel Buffon ironise avec tant d'insistance et que Diderot récuse ainsi après lui? M. Mayer l'identifie avec Réaumur et se réfère un peu hâtivement à un *Art d'élever des poulets*, sans nous fournir de plus amples précisions bibliographiques.

Déjà M. Vernière, dans une autre note de son édition (p.161, n.1), signalait que «Réaumur avait poussé plus loin [que Maupertuis] les expériences et prétendait avoir réussi le métissage du lapin et de la poule, ce que contestait Haller».[5] Mais lui aussi n'avait pas mené l'enquête plus avant. E. Guyenot, dans son ouvrage fondamental sur *Les Sciences de la vie aux XVIIe et XVIIIe siècles: l'idée d'évolution* (Paris 1941), ne s'étend guère sur les expériences faites par Réaumur dans le domaine de la génération. «Le prince des naturalistes» y est considéré avant tout comme un observateur du monde des insectes. Sans doute est-il dit de lui qu'il «réussit à construire des fours permettant l'incubation artificielle des œufs et facilitant l'étude de leur développement», mais l'ouvrage en question n'est pas même cité. Le métissage des poules et des lapins est évoqué cependant, mais de manière indirecte, à propos d'un élève de Linné, N. E. Dahlberg, dont M. Guyenot résume un mémoire latin où l'expérience de Réaumur était rappelée et invoquée en témoignage: «Réaumur n'a-t-il pas raconté que des lapins ayant

3. Dans son précieux *Diderot homme de science* (Rennes 1959), p.261, n.106.

4. Souligné par Buffon.

5. Dans ses *Primae lineae physiologiae* (éd. de 1751), trad. fr. *Eléments de physiologie* (1774), i.347.

réussi à couvrir des poules, il en résulta des poulets portant une laine molle en guise de plumage?» (p.37).

Personne ne semble donc avoir eu le désir, ou la curiosité, de retourner à la source de cette singulière anecdote et de vérifier la surprenante histoire des poulets à la «laine molle» et des poulets «couverts de poils».[6] La recherche est pourtant aisée et elle conduit à des résultats qui intéressent autant l'histoire des sciences que l'exégèse de Diderot.

En 1749, l'Imprimerie Royale publiait à Paris un ouvrage en deux tomes intitulé: *Art de faire eclorre et d'élever en toute saison des oiseaux domestiques de toutes espèces, soit par le moyen de la chaleur du fumier, soit par le moyen de celle du feu ordinaire*, par M. de Réaumur, de l'Académie royale des sciences, etc. Ces deux volumes se composaient d'une série de mémoires distincts traitant de l'incubation artificielle et donnant les plans et l'utilisation des fours imaginés à cet effet par Réaumur, pionnier en cette matière comme en bien d'autres.

L'auteur devait, quelques années plus tard, en donner une version vulgarisée et plus nettement utilitaire dans une *Pratique de l'art de faire eclorre*. On y chercherait en vain le dernier mémoire de l'édition 1749, le plus étendu aussi, curieusement intitulé *Esquisse des amusemens philosophiques que les oiseaux d'une basse-cour ont à offrir*.[7]

Parmi ces «amusements philosophiques», le mélange des espèces et les essais d'hybridation occupent une place prépondérante (p.308 et suiv.). Après avoir rappelé les alliances possibles entre poules et coqs d'espèces différentes, Réaumur déclare que «La curiosité peut conduire à faire des alliances plus disproportionnées que celles d'oiseaux qui ne diffèrent qu'en espèce». Lorsque «le chardonneret mâle féconde les œufs du serin femelle, il en naît des mulets[8] dont le chant n'est ni celui du chardonneret, ni celui du serin».[9]

Mais des «accouplements beaucoup plus contraires aux règles de la Nature, se font quelquefois dans les basse-cours»: Réaumur cite l'exem-

6. Voir toutefois sur ce thème, l'étude de J. Rostand, «Réaumur embryologiste et généticien», *La Vie et l'œuvre de Réaumur (1683-1757)* (Paris 1962), p.99-115.

7. Quatrième mémoire (ii.239-339).

8. Terme alors généralement employé pour désigner les hybrides. Buffon et Diderot s'en servent dans la même acception.

9. La même expérience est rapportée par Guyenot, p.365, mais les auteurs cités (Adanson et Sprengel) sont postérieurs à Réaumur.

ple d'une «canne» et d'un coq.[10] Il déplore qu'un accident survenu aux œufs de cette cane l'ait «privé du plaisir de voir les oiseaux qui en seroient nés» et souhaite que l'expérience soit reprise, «car on m'a assuré qu'il n'étoit pas rare de voir des cannes aussi déréglées qu'avoit été la mienne».

Mais l'essentiel est rapporté dans les pages suivantes (310 et suiv.). Nous nous contenterons ici de citer Réaumur, en le résumant à l'occasion.

> Il a été beaucoup parlé dans Paris, il y a quelques années, d'amours tout autrement étranges que celles d'une canne et d'un coq, des amours d'une poule et d'un lapin. M. l'abbé de Fontenu,[11] que ses travaux suivis pour l'Académie des Inscriptions et Belles-Lettres dont il est membre, n'empêchent pas d'aimer la Physique et de faire des expériences et des observations curieuses, communiqua à l'Académie des Sciences ce qui se passoit dans la maison de M. son frère, où il demeure, entre une poule et un lapin: il l'informa de la forte inclination que ces deux animaux si mal assortis avoient prise l'un pour l'autre, qui étoit telle que le lapin en usoit avec la poule comme il eût fait avec une lapine, et que la poule lui permettoit tout ce qu'elle eût pû permettre à un coq. Ce fait parut à l'Académie de ceux qui ne doivent être crus que lorsqu'on est certain qu'ils ont été vûs par des yeux qui savent bien voir.

Or l'abbé n'avait pas été le témoin oculaire de cette singulière inclination; il se bornait à rapporter les observations faites par les domestiques de la maison. Réaumur demanda que les animaux lui fussent confiés, ce que l'abbé lui accorda bien volontiers.

> Le lapin et la poule me furent aussi apportés dès le lendemain 24 juin; je les logeai dans un lieu où j'avois la commodité de les observer sans les troubler, dans une garde-robe où on entre par le cabinet où je travaille, et dans laquelle je pouvois voir tout ce qui se passeroit sans y entrer.

Réaumur rapporte ensuite avec un grand luxe de détails et une extrême précision chronologique le déroulement ultérieur de cette expérience.

Du 24 au 28 juin, l'indifférence réciproque des deux animaux est complète. Le 28, à 5 heures du matin, le lapin s'approche de la poule

10. L'exemple sera repris par Ch. Bonnet dans ses *Considérations sur les corps organisés* (iii.18), citées par Vernière dans son édition du *Rêve de d'Alembert*, p.161, n.1, mais les *Considérations* datent de 1762, sont donc postérieures à Réaumur et peut-être tributaires de son *Art de faire eclorre*.

11. Auteur présumé d'une traduction de *Théagènes et Chariclée*, parue en 1727.

et se livre à «des mouvements dont la fin n'étoit pas équivoque», mais il n'insiste guère, la poule n'étant manifestement «pas disposée à se prêter à ses caresses.»

Le même manège est observé le 30 et la poule est obligée de chercher un refuge, sous une chaise d'abord, sur un tabouret ensuite. Vers 7 heures cependant, le lapin parvient à se cramponner à la poule.

> Elle s'accroupit comme fait toute poule qui après avoir fui devant le coq consent à souffrir ses caresses; elle permit au lapin de se poser comme il le voulut [...] enfin la poule devint pour lui une lapine; il resta sur elle en action quatre ou cinq fois plus de temps qu'un coq n'y fût resté. Mais la jonction fut-elle aussi complète que celle d'une poule avec un coq, d'un lapin avec une lapine? C'est ce que j'ignore; ce que je sais, c'est que ce qui se passa fut suffisant pour refroidir le lapin.

Réaumur, dès lors convaincu, ne se crut plus tenu «de suivre avec assiduité leurs démarches» et se contenta d'observations plus espacées. «Ces amours, si bizarrement assorties, m'ont paru mériter que j'en tinsse une espèce de journal pendant près de deux mois.» Le 15 juillet, il croyait pouvoir déceler la trace d'une étreinte dans le plumage de la poule. Le lendemain encore, le lapin manifestait «une ardeur exceptionnelle».

La substitution d'une seconde poule à la première fut un échec complet. La bête, bien que très familière, se montra effarouchée et il fallut la séparer du lapin au bout de quatre jours.

Réaumur s'excuse, auprès du lecteur, de cette profusion de détails en rappelant

> le temps où tout Paris souhaitoit si fort d'en être instruit, le temps où je ne trouvois personne qui ne voulût que je lui racontasse ce qu'il y avoit de réel dans leurs amours, où la curiosité de les voir l'un et l'autre amenoit chez moi tant de gens de différens ordres.

Mais l'essentiel restait à attendre: quel allait être le résultat de cet accouplement contre nature? Aboutissement décevant, puisque la poule ne pondit chez lui que cinq œufs clairs, non fécondés, et un sixième pourri, où jaune et blanc étaient mêlés.

L'expérimentateur se demande s'il n'eut pas tort en renvoyant trop vite, après ce demi-échec, la poule à son propriétaire. Il croit que l'expérience pourrait être reproduite et qu'elle conduirait peut-être à l'obtention d'œufs fécondés. Elle éclairerait, dans ce cas, «une des plus obscures, et une des plus intéressantes matières de la Physique,[12] la génération des animaux» (p.325), car, pour lui, l'organisation de l'être vivant reste un mystère (p.329-30).

Réaumur conclut son mémoire en préconisant une étude approfondie des «mulets» (p.333), étude bien plus profitable, selon lui, que les observations microscopiques de Leeuwenhoek et de Hartsoeker et il joint quelques conseils pratiques à l'usage de ceux qui voudraient s'y consacrer.

Il y a loin, comme on voit, de l'échec du métissage entre poule et lapin pratiqué par Réaumur aux poulets «couverts de poils» évoqués par Buffon et Diderot. La filiation n'en est pas moins évidente.

Diderot a-t-il connu l'*Art de faire eclorre*? Aucune citation ne permet de l'affirmer. Les seuls ouvrages de Réaumur qu'il cite nommément sont l'*Art de convertir le fer forgé en acier*[13] et le *Traité des insectes.*[14] On sait comment, et dans quelles circonstances, Diderot fit passer dans l'*Encyclopédie* la documentation gravée rassemblée par Réaumur en vue d'une *Description des arts* entreprise sous l'égide de l'Académie des sciences.[15] Ecarté par Réaumur, en 1749, de l'opération de la cataracte tentée sur la fille de Simoneau, il ouvrira la *Lettre sur les aveugles* par des remarques amères sur «cet habile académicien» qui «fait si secrètement des expériences» qui «ont moins besoin de spectateurs, quand elles se font, que d'auditeurs, quand elles sont faites».[16] En 1753 encore, l'article XVI du traité *De l'interprétation de la nature* cache assez mal, sous la généralité du propos, une pointe sarcastique contre le célèbre naturaliste:[17]

Il faut cependant avouer que parmi ces manouvriers d'expériences, il y en a de bien malheureux: l'un d'eux emploiera toute sa vie à observer des insectes

12. On voit que ce mot recouvrait, au XVIIIe siècle, l'acception de l'actuelle biologie.

13. Article «Acier», DPV, v.250.

14. A.-T., ix.373. Il s'agit évidemment des *Mémoires pour servir à l'histoire des insectes.*

15. J. Proust, «La documentation technique de Diderot dans l'*Encyclopédie*», *Revue d'histoire littéraire de la France* 57 (1957), p.335-52, spéc. p.341 et suiv.; et J. Mayer, *Diderot homme de science*, p.130. Mais J. Mayer parle d'un «véritable délit» là où J. Proust voit pour sa part la simple «relève» d'une entreprise à l'abandon.

16. *Lettre sur les aveugles*, DPV, iv.17.

17. *Pensées sur l'interprétation de la nature*, DPV, ix.40; voir aussi J. Mayer, p.114, n.40.

et ne verra rien de nouveau; un autre jettera sur eux un coup d'œil en passant et apercevra le polype ou le puceron hermaphrodite.[18]

C'est qu'entre Diderot et Réaumur la cassure est profonde et tient à des causes plus sérieuses qu'un simple mouvement d'humeur: Réaumur, croyant sincère comme Maupertuis ou Bonnet, entend faire servir son œuvre scientifique à des fins morales et religieuses. De même que Buffon, Diderot a dû se sentir agacé par «cette théologie des insectes»[19] et l'autorité de Buffon, son maître incontesté en matière de sciences naturelles, n'a pu que l'ancrer dans ses préventions.

L'idée même de l'hybridation avait de quoi le heurter dans la forme un peu naïve que Réaumur lui donnait et que le texte de Buffon sur «les poulets couverts de poils» infléchissait encore dans le sens du ridicule. Linné n'avait lancé cette théorie, vers 1742, que pour mieux sauvegarder le principe de l'immutabilité des formes issues des mains du Créateur et combattre d'avance toute possibilité de transformisme, en conciliant ainsi le fixisme avec les mutations enregistrées par l'expérience et par la paléontologie.

Il n'est d'ailleurs pas indispensable, pour l'intelligence du texte de la *Suite de l'entretien*, que Diderot ait lu dans le texte l'*Art de faire eclorre*. Il a pu ne connaître l'expérience que par l'*Histoire naturelle* de Buffon; peut-être aussi s'est-il souvenu de lectures plus anciennes et plus indirectes encore, datant de l'époque où il commençait à se documenter pour l'*Encyclopédie*. De même qu'il a pris connaissance de l'*Art de convertir le fer forgé en acier* dans un résumé de seize pages rédigé par Fontenelle,[20] il a pu lire le compte rendu détaillé de l'*Art de faire eclorre* paru dans le tome premier de la *Bibliothèque raisonnée* de 1750.[21] Cette remarquable publication bibliographique, éditée à Amsterdam depuis 1728 par des protestants réfugiés (dont Barbeyrac et Desmaizeaux), rendait compte des œuvres les plus importantes parues en langue française dans le domaine des belles-lettres, de la philosophie et des sciences. La *Bibliothèque impartiale* de Formey allait, en 1750, se vouer à une tâche semblable. Dans l'Europe entière, et pendant trente ans

18. Diderot vise dans le premier cas Réaumur et ses *Mémoires pour servir à l'histoire des insectes*, dans le second Trembley et son cousin Bonnet (cf. Guyenot, p.198 et 263 et suiv.).

19. Cf. J. Mayer, p.107 et n.11.

20. Cf. J. Proust, p.337.

21. *Bibliothèque raisonnée des ouvrages des savans de l'Europe* (1750), p.306-307.

(1728-1758), ces deux revues ont informé les élites cultivées de l'actualité littéraire et scientifique en France sous une forme analytique et généralement objective.

Lorsque Diderot associe, en 1746, dans la XVIIIe des *Pensées philosophiques*, les noms de Newton, Musschenbroek, Hartsoeker et Nieuwentijt – au point d'étonner un de ses commentateurs modernes[22] qui trouve que «Diderot mêle quelque peu ses références» – ne serait-ce pas, peut-être, parce qu'il a trouvé ces mêmes noms associés, un an plus tôt, dans un compte rendu anonyme des *Leçons de physique expérimentale* de l'abbé Nollet, paru dans la *Bibliothèque raisonnée*?[23]

Simple hypothèse puisque nous connaissons, hélas, très mal les premières lectures et la formation de base de Diderot, et que nous ignorerons sans doute toujours la composition de la bibliothèque qu'il possédait, au dire de Wille, dès 1740.

Il n'en reste pas moins certain que, par la voie du livre, de la revue ou de la tradition orale,[24] Diderot a eu connaissance des expériences de Réaumur et qu'elles ont alimenté sa réflexion scientifique, fût-ce même en aiguisant son scepticisme envers le témoignage des «gens instruits» trop crédules. La filiation est évidente, encore que discontinue, qui conduit des prétendus «poulets couverts de poils» à la célèbre fantaisie des «chèvres-pieds». N'est-ce pas que Diderot, comme Réaumur, trouvait dans la biologie, outre son intérêt immédiat, une riche matière à rêveries et l'occasion d'«amusemens philosophiques»?

22. P. Vernière dans son édition des *Œuvres philosophiques*, p.17, n.2.

23. 1745, i.92-101.

24. Réaumur parle de la curiosité de «tout-Paris».

Diderot et le problème de l'expressivité : de la pensée au dialogue heuristique[1]

S'il me fallait définir l'originalité de Diderot dans l'ensemble de la pensée française du XVIIIe siècle, je la situerais plus volontiers dans sa démarche spirituelle que dans les positions auxquelles elle s'attache. Il n'est aucune des attitudes fondamentales du penseur dont on n'ait pu relever des antécédents ou des expressions parallèles, et les savants commentaires qui ouvrent les éditions critiques du *Supplément*, du *Rêve* ou du *Neveu de Rameau* offrent ce trait commun de ramener en quelque sorte Diderot à la ligne générale de son siècle et à ses préoccupations dominantes. L'essentiel est donc ailleurs et la singularité de son œuvre, ce qu'elle a d'irréductible, réside plutôt dans son cheminement vers la recherche de la vérité que dans le caractère de la vérité atteinte.

Un de nos poètes les plus originaux, qui est aussi un de nos meilleurs critiques et des plus profonds, M. Yves Bonnefoy, écrivait dans une étude sur « L'acte et le lieu de la poésie » :

> C'est l'honneur déjà de la pensée conceptuelle de questionner plutôt que de répondre. C'est l'honneur de toute pensée. L'Occident a mal commencé avec Œdipe.[2]

J'ajouterais volontiers, pour ma part, que c'est l'honneur de Diderot d'avoir su résister, à une époque qui oscilla entre le scepticisme et l'affirmation, à la tentation séculaire d'Œdipe, à ce mouvement profond qui pénètre et soulève la pensée occidentale. Entre l'affirmation qui fige et le pyrrhonisme qui suspend, Diderot s'est refusé à choisir ; il a rejeté l'esprit de système et le doute stérilisant pour prendre une voie

1. Communication présentée au douzième congrès de l'Association internationale des études françaises, le 26 juillet 1960.

2. *Les Lettres nouvelles* du 11 mars 1959, p.41.

plus personnelle, celle de la pensée questionneuse, en d'autres termes: celle de la découverte et du risque. Risque spéculatif, s'entend, puisqu'il s'agit d'un jeu d'idées où l'esprit avance par hypothèses et paradoxes, prêt à rebrousser chemin devant l'impasse et à reprendre la recherche à son point de départ. Le cheminement de la pensée répond ici à une dialectique serrée où l'esprit s'oppose à lui-même, se contredit, lutte pied à pied contre ses propres tentations dans un duel en champ clos qui fait de l'œuvre de Diderot un perpétuel débat intérieur.

Cette attitude répond, chez le penseur, à la conscience aiguë de la multiplicité de l'homme, de l'être et de la vérité. Les prétendues contradictions de Diderot viennent de là, comme aussi – et c'est là mon propos – la nouveauté de ses moyens d'expression.

Le *moi* et le monde ne sont pas unitaires, mais divers, et cette diversité est le sel de la vie:

> nous sommes nous, toujours nous, et pas une minute les mêmes.[3]

voilà pour l'homme.

> pas une molécule qui ressemble à une molécule, pas une molécule qui se ressemble à elle-même un instant.[4]

voilà pour la matière.

> J'avais en une journée cent physionomies diverses, selon la chose dont j'étais affecté.[5]

voilà pour Diderot lui-même.

L'être véritable, qu'il soit matière, pensée, caractère ou comportement, ne se définit donc jamais par l'identité, par la fidélité à soi-même, mais par la mobilité. Etre, pour Diderot, ce n'est pas être telle chose, c'est changer, c'est expérimenter, c'est se défaire pour se refaire, se nier pour se découvrir. Au primat de la stabilité Diderot oppose celui de la multiplicité ou de l'alternance; la cohérence et la rigueur lui apparaissent comme des mutilations à la réalité, comme un trompe-l'œil qui nous satisfait à bon compte en apaisant notre besoin de certitude, ce «désir de trouver une assiette ferme» dont parle Pascal.

Alors que Montesquieu, Voltaire, Rousseau et tant d'autres nous apportent une pensée élaborée, organisée, réduite à des schèmes cohé-

3. *Réfutation suivie de l'ouvrage d'Helvétius intitulé l'Homme* (A.-T., ii.373).
4. *Le Rêve de d'Alembert*, éd. J. Varloot (DPV, xvii.128).
5. *Salon de 1767*, éd. Seznec et Adhémar, iii.67.

rents, Diderot nous livre une pensée qui se fait devant nous, qui se cherche en tâtonnant, qui s'affronte à autrui, mais aussi à elle-même:

> en tout notre véritable sentiment n'est pas celui dans lequel nous n'avons jamais vacillé, mais celui auquel nous sommes le plus habituellement revenus.[6]

Il est donc plus important de chercher que de trouver, de questionner que de répondre. Ce point de vue n'est pas celui d'un Diderot mûri, tardivement révélé à lui-même; il l'a découvert, pour ainsi dire, d'emblée et en a pris conscience dès ses premiers ouvrages. Je rappellerai ici la déclaration capitale qu'il fait, en 1746, dans la XXIXe *Pensée philosophique*:

> On doit exiger de moi que je cherche la vérité, mais non que je la trouve. [...] qu'ai-je à craindre, si c'est innocemment que je me trompe?[7]

Le droit à la libre recherche va donc de pair avec le droit à l'erreur sincère, l'unique critère d'appréciation étant celui de la bonne foi. Dans la pensée précédente, il s'en prenait à ces «esprits bouillants», à ces illuminés qui «craignent la profondeur des eaux» et qui redoutent «de s'abandonner au torrent». «Sujets à des lueurs qui les décident, si par hasard ils rencontrent la vérité, ce n'est point *à tâtons*, c'est brusquement et comme par révélation» (p.26-27). «S'abandonner au torrent», chercher la vérité «à tâtons».

Toute la méthode intellectuelle de Diderot est formulée ici, dès sa première démarche, avec une surprenante lucidité. Et n'est-il pas curieux de constater l'analogie d'expression entre la formule de Diderot et ce passage de la *Correspondance littéraire* où Grimm compare son ami «le philosophe» à un torrent dont l'effort impétueux et rapide renverse tout ce qu'on voudrait opposer à son passage?[8]

Le procédé heuristique se trouve ainsi, sinon constitué, du moins en germe dans la première œuvre originale de Diderot. Reste à lui trouver une forme appropriée: le mode d'expression choisi en l'occurrence convient mal, en effet, à la nouveauté du propos. Diderot recourt encore, faute de mieux, au découpage en «pensées», parce que ce procédé ne requiert aucun effort de composition, aucune rigueur. Ce genre amorphe – au sens propre – doit correspondre à la démarche

6. *La Suite d'un entretien entre M. d'Alembert et M. Diderot* (DPV, xvii.113).
7. *Pensées philosophiques*, éd. R. Niklaus et Y. Belaval (DPV, ii.34).
8. Cité par George Roth, dans Diderot, *Correspondance*, iv.281.

sautillante d'un esprit encore hésitant, flottant entre diverses sollicitations: déisme, scepticisme ou simple conformisme. Fragmentaire, invertébrée, sans consistance ni structure, la forme des *Pensées philosophiques* laisse le lecteur insatisfait. Elle représente une solution maladroite et temporaire au problème posé par le désir de ne pas systématiser une pensée mouvante, tout occupée à se chercher en se dépassant. Le problème de l'expression littéraire se rattache spontanément, chez Diderot, à un cadre plus vaste; sa conception de l'homme, de l'univers et de la vérité. Il discerne déjà ce qui sera son propos le plus constant: l'analyse de «ces notions privilégiées» que l'homme refoule craintivement «dans un recoin de sa cervelle, comme dans un sanctuaire».[9]

En d'autres termes la critique de ces tabous que ses œuvres les plus originales remettront vigoureusement en question. Mais le cadre limité et fragmentaire des «pensées» se prête mal à une telle investigation.

Aussi, comme d'instinct, Diderot se sent-il entraîné à faire éclater cette gangue en y intégrant tout naturellement des embryons de dialogue. Les positions intellectuelles qui le sollicitent s'incarnent en un personnage, reçoivent la vie et la parole: l'athée, le sceptique, le déiste discutent, combattent pied à pied, multiplient les objections. Les pensées XV, XVI et XX sont caractéristiques à cet égard. Le style s'y anime, s'y diversifie et le ton de la conversation autorise la désinvolture en supprimant les transitions et les raccords. Mais Diderot est encore bien loin d'avoir tiré de cette découverte toutes les conséquences qu'elle recèle: les *Pensées philosophiques* sont, sur ce point comme sur d'autres, une œuvre de débutant, plus riche de promesses que de réalisations.

Diderot ne renoncera d'ailleurs pas immédiatement au type littéraire usé de la «pensée». Il y reviendra, en 1753, dans les *Pensées sur l'interprétation de la nature* et en 1762 encore dans les *Additions aux Pensées philosophiques*. Mais il s'agit, dans le premier cas, d'un ouvrage purement scientifique où la forme a peu d'importance: Diderot se contente d'aligner des conjectures, simples hypothèses présentées comme telles; il n'engage pas de débat. Et l'on sait, quant aux *Additions*, que ces pensées ne sont pas de lui et qu'il s'est contenté de leur donner une toilette littéraire. Aucune conclusion d'ordre esthétique ne peut donc être déduite de ces deux retours au procédé des *membra disjecta*.

En réalité, après 1746, Diderot, instruit par son demi-échec, se détourne des «pensées» et cherche ailleurs une solution plus convenable.

9. *Pensées philosophiques*, XXXIV (DPV, ii.35-36).

Ce sera pour adopter le procédé de la lettre. Il ne s'agit nullement de la lettre intime, confidentielle, spontanée dont la correspondance avec Sophie Volland contient tant d'exemples éblouissants, mais d'une lettre au caractère plus conventionnel et très largement fictif: la «lettre ouverte» qui s'adresse, au-delà d'un destinataire dont l'identité importe peu, à un petit nombre de lecteurs et, par là, à la postérité.

Les avantages du choix sautent aux yeux. Sans souffrir du découpage et de la fragmentation des «pensées», il tolère, derrière l'apparente continuité du discours, le décousu, l'irrégularité, la nonchalance, la désinvolture. L'exposé gagne en liberté ce qu'il perd en rigueur et en clarté. Diderot en donne une première application en 1749 avec la *Lettre sur les aveugles*, adressée à une énigmatique correspondante. Mon propos n'est pas ici d'en sonder, après tant d'autres, les audaces scientifiques et philosophiques, mais d'en dégager les perspectives littéraires.

La simple comparaison de cette *Lettre* avec une des *Lettres philosophiques* de Voltaire suffit à nous éclairer. Les qualités de l'une sont de clarté persuasive, de progression ordonnée; Diderot entasse dans sa pseudo-missive les éléments les plus hétéroclites. L'information scientifique, l'hypothèse, la propagande et la mystification y voisinent dans un désordre dont il s'excuse d'ailleurs en passant:

Nous voilà bien loin de nos aveugles, direz-vous; mais il faut que vous ayez la bonté, Madame, de me passer toutes ces digressions: je vous ai promis un entretien, et je ne puis vous tenir parole sans cette indulgence.[10]

Le mot révélateur est lâché: «un entretien». Diderot a donc pleine conscience du caractère aberrant et hybride de sa *Lettre*: en fait, il dialogue avec un interlocuteur absent, comme il dialoguera plus tard avec un mort dans la *Réfutation d'Helvétius*, ou plus exactement il soliloque. Bien plus qu'aux autres, c'est à lui-même que Diderot s'adresse et il n'expose ses idées que pour mieux les démêler (p.66).

Et toujours des écarts, me direz-vous. Oui, madame, c'est la condition de notre traité.

Diderot s'affirme ouvertement incapable de suivre un plan préconçu; il lui faut suivre les idées comme elles lui viennent, voir où elles le conduisent, quitte à les abandonner pour recommencer avec d'autres.

10. *Lettres sur les aveugles*, éd. R. Niklaus et Y. Belaval (DPV, iv.45).

Une telle attitude procède à la fois de la liberté de l'expérience et de la gratuité du jeu. S'il lui arrive de sérier les problèmes, c'est comme une concession à sa destinataire, c'est-à-dire au public éventuel: «puisque vous aimez la méthode» (p.67). Pour lui, nous connaissons ses goûts: entre le coucou méthodique et le rossignol inspiré, l'hésitation n'est pas permise. La méthode est bonne, tout au plus, pour les ânes solennels. Elle est «la pédanterie des lettres». «[Les] gens stricts [...] ressemblent à ces écureuils du quai de la Ferraille qui font sans cesse tourner leur cage, les plus misérables créatures qu'il y ait».[11] Le commentaire de Diderot sur la fable de Galiani éclaire rétrospectivement ses tâtonnements littéraires. Diderot s'identifie mentalement avec le rossignol. Comme lui, il «s'élance dans les modulations les plus hardies, suit les chants les plus neufs et les plus recherchés», mais tel le chant du rossignol, le sien «n'étoit pas fait pour tout le monde».[12] *Piscis hic non est omnium*, avait-il mis en épigraphe aux *Pensées philosophiques*.

L'absence de méthode, la démarche en zigzag procèdent donc, chez Diderot, d'une volonté consciente. Il a senti qu'une pensée en marge des normes traditionnelles demandait à s'exprimer par des voies originales. Et le voilà qui s'identifie, par une sorte de mimétisme intellectuel, avec l'aveugle Saunderson, qui parle par sa voix, comme il parlera plus tard par celle de Bordeu, de Rameau ou d'Orou. Ces discours fictifs sont l'exutoire du libertinage de son esprit – comme il dira dans *Le Neveu de Rameau* et dans l'article «Distraction» de l'*Encyclopédie* –; ils sont l'expression littéraire de ce «délire» qu'il affectionne devant ses intimes, mais dont il rougit un peu devant le public.[13] Soliloque cette fois encore, car les timides objections du pasteur Holmes n'altèrent en rien la ligne du discours.

La part reste belle pourtant, dans cette première *Lettre*, à l'exposé scientifique cohérent. Les digressions et les «écarts» vont bientôt l'évincer presque complètement dans la *Lettre sur les sourds et muets* (1751). Il en résulte un ouvrage à peu près illisible, que n'ont d'ailleurs repris ni l'édition de la Pléiade ni l'édition Vernière, véritable bavardage à bâtons rompus sur les sujets les plus divers. Diderot le sent si bien qu'il s'en explique dans une lettre de dédicace qui est un véritable plaidoyer *pro domo*. Il y déclare: «Quant à la multitude des objets sur lesquels *je*

11. A Sophie Volland, 5 août 1762 (*Correspondance*, iv.88).
12. A Sophie Volland, 20 octobre 1760 (*Correspondance*, iii.169).
13. Lettre à Damilaville, septembre 1762 (*Correspondance*, iv.144).

me plais à voltiger, sachez et apprenez à ceux qui vous conseillent, que *ce n'est point un défaut dans une lettre, où l'on est censé converser librement*, et où le dernier mot d'une phrase est une transition suffisante».[14] Dans le corps de la *Lettre*, il dira: «Cette réflexion, Monsieur, me conduit à une autre. Elle est un peu éloignée de la matière que je traite; mais *dans une lettre les écarts sont permis*, surtout lorsqu'ils peuvent conduire à des vues utiles» (p.139) et plus loin encore il s'écriera: «Mais je m'écarte toujours» (p.144).

Je vois dans ces aveux la justification du genre choisi en même temps que celle d'un mode de raisonnement et d'exposition assez inusité. «Converser librement», écrit-il en 1751; «un entretien», disait-il en 1747. La forme pseudo-épistolaire n'est, comme on le voit, qu'un paravent qui dissimule une tentative maladroite de dialogue: un dialogue à distance où nous ne percevrions qu'une seule voix. Il reste à Diderot à découvrir l'utilisation la plus heureuse de cette disposition naturelle: soit dans la forme romanesque, où l'interpellation d'un lecteur-auditeur vivifiera le récit et nuancera l'optique, soit par l'invention d'un interlocuteur actif, à la fois autre et lui-même, qui lui servira d'excitant et au besoin de frein.

En attendant, Diderot se livre ici impunément à son goût pour le soliloque décousu. Un des meilleurs connaisseurs de Diderot, Herbert Dieckmann, a cru pouvoir taxer d'exagération les témoins contemporains qui ont insisté sur cet aspect à la fois pittoresque et agaçant du personnage. Mais outre que ces témoignages convergent, outre qu'ils sont de dates fort diverses (celui du président de Brosses est de 1754, celui de Garat de 1779), qu'ils sont corroborés par des étrangers (Zollikofer déclare que Diderot «parle généralement seul, de sorte qu'il est difficile de lui faire des objections» et Ramdohr est frappé par «son imagination prompte aux improvisations poétiques»), nous les trouvons sous la plume de ses intimes (Meister: «Diderot conversait bien moins avec les hommes qu'il ne conversait avec ses propres idées») et, qui mieux est et me paraît tout à fait probant, sous celle de Diderot lui-même: «Vous savez», dit-il à Grimm, à qui est adressé le traité *De la poésie dramatique*, «que je suis habitué de longue main à l'art du soliloque».[15]

14. «Lettre de l'auteur à M. B. son libraire», *Lettre sur les sourds et muets*, éd. J. Chouillet (DPV, iv.133).

15. *De la poésie dramatique*, éd. J. et A.-M. Chouillet (DPV, x.346).

Diderot va transformer insensiblement le destinataire de sa *Lettre* en un interlocuteur imaginaire, silencieux mais indispensable, puisqu'il lance les idées ou fait rebondir le raisonnement. Il est caractéristique de relever en 1751 déjà, dans une lettre consacrée à des problèmes d'esthétique et de langage, un procédé qui trouvera son plein emploi dans les contes et dans *Jacques le Fataliste*: la transformation du lecteur en interlocuteur muet à qui l'on souffle des objections ou des remarques critiques:

> Il vous paraîtra singulier, sans doute, que... mais considérez, je vous prie, que... il faut avouer, cependant, que....[16]
> convenez que... (p.146)
> Cette sagacité vous surprendra moins peut-être, si vous considérez que... (p.147)
> Quoi que vous pensiez de mon expédient, je vous prie de considérer que... (p.149)
> Mais, me dira-t-on... (p.151)
> Vous avez cependant cru, Monsieur, devoir soutenir... (p.155)
> N'allez pas me faire des difficultés... (p.158)
> Je vous exhorte, Monsieur, à peser ces choses... (p.162)
> Eh! Messieurs, répondrai-je... (p.175)
> l'on m'objectera peut-être... mais je répondrai... (p.191).

L'objection, ici, n'est encore que fictive et purement formelle: Diderot ne la suscite que pour mieux l'anéantir. Il n'en ira plus de même dans le dialogue véritable, tel qu'il s'institue dans *Le Neveu de Rameau*, où le caractère problématique de la vérité sera au contraire souligné et maintenu.

La *Lettre sur les sourds et muets* reste donc une œuvre assez hybride dont la faiblesse provient de la discordance entre la forme adoptée (celle de la lettre) et le ton véritable (qui est déjà celui d'un dialogue ébauché). Le besoin de dédoublement s'y affirme de manière encore maladroite, mais il répond à une conception originale de la vérité et du savoir, à un procédé de découverte que Diderot n'a d'ailleurs jamais mieux formulé qu'ici. Il s'agit d'un texte capital, hautement révélateur et dont Lessing a su apprécier aussitôt l'importance et la nouveauté:

> Pour moi, *qui m'occupe plutôt à former des nuages qu'à les dissiper, et à suspendre les jugements qu'à juger*, je vais vous démontrer encore que si *le paradoxe* que je viens d'avancer n'est pas vrai, [...] il est impossible de raisonner et de

16. *Lettre sur les sourds et muets* (DPV, iv.142).

discourir. Car discourir ou raisonner, c'est comparer deux ou plusieurs idées. Or comment comparer des idées qui ne sont pas *présentes à l'esprit dans le même temps?*[17]

L'aveu est trop explicite pour ne pas inciter à la réflexion. Une première conclusion s'impose à l'esprit: Diderot a pris cette fois une nette conscience de la direction particulière de sa pensée, pensée questionneuse, qui suscite les problèmes moins pour les résourdre que pour inquiéter et troubler, pour ébranler notre confort intellectuel. Diderot est un éveilleur, non un guide ou un maître à penser; l'analogie est frappante avec la pensée de Lessing, avec l'interrogation faustienne, avec la démarche gidienne.

Deuxième constatation: la nécessité du recours au paradoxe, non pas dans l'acception moderne de paralogisme, d'idée à la fois brillante et fausse, mais dans le sens où l'entendait le XVIIIe siècle et, dès le XVIIe, un Mariotte ou un Huyghens: «proposition nouvelle, jamais exposée jusqu'à ce moment».[18] De même, Jacques pourra répondre à son maître: «Un paradoxe n'est pas toujours une fausseté». Les caractères du paradoxe sont donc sa nouveauté et sa nature hypothétique. La future méthode «heuristique» de Diderot est bien en germe dans cette seconde *Lettre*: toute découverte résultera d'une affirmation hasardeuse; seul le risque est fécond; dans le monde de l'esprit, le salut vient du non-conformisme et de l'audace. *Le Rêve de d'Alembert*, le *Paradoxe sur le comédien*, le *Supplément au Voyage de Bougainville*, l'*Entretien d'un père avec ses enfants* procéderont tous de cette attitude première.

«Je jette mes idées sur le papier et elles deviennent ce qu'elles peuvent», écrit-il dans l'*Addition à la Lettre sur les sourds et muets*, postérieure de quelques mois. Il dira, plus elliptiquement, dans *Le Neveu de Rameau*: «mes pensées, ce sont mes catins.» La liaison des deux textes est la preuve d'une continuité littéraire trop souvent niée ou ignorée.

L'oscillation apparente de Diderot est le fait d'une pensée questionneuse et investigatrice: elle n'est pas synonyme de confusion et de désordre. Sa nature est d'aller à l'unité par la multiplicité, d'éclairer tous les aspects, d'explorer toutes les routes. «Si je vous arrête encore un moment à la sortie du labyrinthe où je vous ai promené, c'est pour

17. *Lettre sur les sourds et muets* (DPV, iv.162).

18. Lettre de Mariotte dans Marie-Jeanne Durry, *Autographes de Mariemont* (Paris 1955-1963), i.i.213 et 216, n.1.

vous en rappeler en peu de mots les détours», écrit-il avant de conclure la *Lettre sur les sourds et muets*. Mais le propre d'un labyrinthe, c'est qu'on finit toujours par en sortir.

Le Neveu de Rameau sera, lui aussi, un labyrinthe, mais la confrontation fait apparaître lumineusement que si, dès 1751, Diderot est en possession de sa démarche intellectuelle originale, il ne s'est pas encore forgé l'instrument littéraire requis. La forme lâche et invertébrée de la lettre éclate sous la poussée de sa forte personnalité. Théorie, controverse, hypothèse paradoxale et dialogue imaginaire s'y mêlent confusément. Il reste à Diderot à découvrir un type nouveau de dialogue.

Cette découverte prendra des années. Elle sera retardée par les tâches écrasantes, mais fécondes, de l'*Encyclopédie*. La pratique des «arts mécaniques» discipline la pensée de Diderot et, surtout, l'oriente vers le réel. Comme le baron du Rondeau cher à Italo Calvino, «à force de vivre au milieu des livres, il avait eu la tête dans les nuages, quelque peu, et s'était de moins en moins intéressé au monde dans lequel il évoluait [...] l'*Encyclopédie*, avec ses beaux articles sur l'Abeille, l'Arbre, le Bois, le Jardin, lui fit porter sur tout ce qu'il avait autour de lui un regard neuf».[19] Ainsi, dans *Le Neveu de Rameau*, Diderot saura incarner les idées, les faire vivre devant nous en les fixant dans un décor familier et dans un moment de l'histoire.

L'échec du théâtre de Diderot est tout aussi instructif. Son erreur première a été d'y recourir au dialogue le plus fermé, le plus rigide, le plus artificiel qui soit. Sa nature primesautière y étouffe ou s'y guinde. Au contraire, dès qu'il s'agit de s'expliquer librement, il recourt d'instinct à la technique du dialogue en lui donnant la forme insolite de l'entretien entre l'auteur et son personnage, étape initiale de ce dédoublement qui lui permettra de converser avec un autre lui-même. Les *Entretiens* avec Dorval sont comme une première ébauche de ce que sera *Le Neveu de Rameau*.

Je n'ai point à faire état ici de *La Religieuse* (1760) ou de l'*Eloge de Richardson* (1761) qui ne sont pas, à proprement parler, des œuvres de recherche et d'élucidation. Le véritable aboutissement des tâtonnements de l'écrivain se place vers 1762, lorsqu'il compose le premier jet de ce qui deviendra la *Satyre seconde*, c'est-à-dire *Le Neveu de Rameau*. Les remaniements apportés quinze ans plus tard ne modifieront rien d'essentiel sur le plan de la nouveauté formelle.

19. Italo Calvino, *Le Baron perché* (1969), p.135.

Si l'on veut bien tenir *Le Neveu de Rameau* pour le type même du dialogue de recherche, le mystère qui entoure sa signification apparaîtra comme un faux problème. Il serait vain de vouloir l'inscrire dans les schémas littéraires traditionnels : *Le Neveu de Rameau* n'est ni un conte philosophique, ni une palinodie antidéterministe, ni un tableau de mœurs, ni la synthèse d'une situation prérévolutionnaire, ni une vengeance personnelle : il est, par excellence, une œuvre d'expérimentation et de liberté créatrice, une œuvre irréductiblement originale.

Le Neveu n'est ni une thèse (Mornet), ni un verdict (Hegel), ni une fantaisie (Goethe) : il ne prouve pas plus qu'il ne condamne. Au dialogue épidictique, hérité de Platon, Diderot a substitué cette fois une création géniale et sans précédent, le dialogue heuristique. La position de Diderot-auteur ne se confond entièrement ni avec celle de Lui, ni avec celle de Moi ; il cherche la vérité, en l'occurrence la vérité morale, à travers ses deux personnages, sans s'identifier avec aucun. Aussi le dialogue n'aura-t-il point de conclusion ; il devra se poursuivre en nous, stimuler notre réflexion. Il ne saurait d'ailleurs y avoir de conclusion à un problème qui n'admet pas de réponse universelle et invariable. Ce qui compte, ce n'est pas le point d'aboutissement (qu'on songe à la souveraine désinvolture de la fin de l'*Entretien d'un père avec ses enfants*), mais le chemin qui y conduit, le bouillonnement des idées, la progression sinueuse de la pensée. Alors que dans les *Lettres* ce processus n'aboutissait qu'à des zigzags ou à des digressions, ici, l'interlocuteur canalise le débat, le relance ou le précise. La psychologie (partiellement imaginaire) du Neveu, son irrévérence, son goût du scandale, son mépris des tabous permettent d'ébranler les opinions reçues, d'expérimenter des idées sans engager pour autant sa responsabilité personnelle et tout en maintenant la crédibilité romanesque. « Les originaux [...] les bouffons rompent la monotonie fastidieuse des jugements », dira-t-il en 1773 à Zollikofer.

Avec *Le Neveu*, pour la première fois, les exigences de l'art et celles d'une pensée foncièrement « problématique » se recouvrent avec bonheur. La fiction du dialogue permet à Diderot de se détacher de lui-même (Moi), de donner corps à certaines de ses tentations intellectuelles et morales (Lui), de prendre ainsi du recul et d'assister en spectateur amusé à un débat qui le concerne au premier chef. Il est clair que, dans la pensée de Diderot, ni Lui ni Moi n'ont tout à fait raison. Entre un moralisme intempérant, quelque peu hypocrite, et un immoralisme débridé qui conduit à la perversion de toutes les valeurs, le choix n'est pas simple. Diderot est à la fois inquiété par la justesse de certains propos du Neveu et ému par sa secrète détresse :

> Admirais-je ? Oui, j'admirais ! étais-je touché de pitie ? j'étais touché de pitié ; mais une teinte de ridicule était fondue dans ces sentiments et les dénaturait.
>
> O fou, archifou, m'écriai-je, comment se fait-il que dans ta mauvaise tête, il se trouve des idées si justes, pêle-mêle, avec tant d'extravagances ?
>
> J'étais quelquefois surpris de la justesse des observations de ce fou, sur les hommes et sur les caractères ; et je le lui témoignai.[20]

N'y aurait-il pas un moyen terme entre la «bonne conscience» un peu pharisaïque du bourgeois («vous êtes un gros monsieur [...] vous avec du foin dans vos bottes», lui dit le Neveu) et la «mauvaise conscience» du parasite et du proxénète ? L'intention de Diderot, c'est de montrer qu'une morale doit être vécue et en même temps jugée, que nous ne pouvons ni accepter passivement des normes, ni les rejeter a priori, que l'expérience morale est à la fois risque perpétuel et constante invention. Le sage s'efforcera de faire le bien tout en s'interrogeant sur la validité et sur les mobiles de son comportement.

Le dialogue de Diderot n'est donc ni une démonstration, ni une maïeutique, mais plutôt l'expression d'une pensée qui s'élabore devant nous et qui ne progresse qu'en s'adressant à elle-même les objections les plus fortes et les plus insidieuses. «Je suis double, je fais deux rôles», avouait-il déjà dans le traité *De la poésie dramatique*. La fonction de l'autre, de Lui, est d'être «ce grain de levain qui fermente et *qui restitue à chacun une portion de son individualité naturelle*» : il est un catalyseur, un révélateur. Sa présence fait tomber les masques : «il fait sortir la vérité» .

Que l'on compare la *Satyre seconde* et la correspondance privée de 1762 : on verra que la *Satyre* aborde bien des questions, réveille bien des obsessions qui s'agitent dans la vie intérieure du philosophe. On a trop expliqué Diderot en se référant à la situation historique ou à un contexte littéraire et philosophique ; mieux vaudrait l'expliquer par lui-même. Cette confrontation montrerait également combien le procédé du dialogue est esthétiquement supérieur. Ce qui est, dans les lettres, affirmation sans nuance, acquiert dans le dialogue une ambiguïté et une vie insoupçonnées. «Votre ramage», écrit Diderot à Sophie,

20. *Le Neveu de Rameau*, éd. H. Coulet, DPV, xii.166, 104, 137.

«ôtera aux idées l'air abstrait, hérissé et pédantesque que notre savoir scholastique leur donne plus ou moins». Tel sera aussi le rôle littéraire du dialogue.

Diderot ne renonce à rien, il ne choisit pas. Contrairement à ce que que pense M. Wais, son dialogue ne lève pas «la bipolarité de Diderot dans une unité momentanée». L'artiste expérimente *in vivo* (ou dans cette vie supérieure qu'est la fiction littéraire) les problèmes qui le hantent.

Avec *Le Neveu de Rameau* Diderot a découvert, sinon un art de vivre qu'il cherchera jusqu'au bout, du moins une formule d'art qui lui permet d'exprimer avec bonheur ses débats de conscience et ses problèmes intérieurs. La formule resservira dans *Le Rêve de d'Alembert*, dans *Le Paradoxe*, dans le *Supplément*, dans l'*Entretien d'un père avec ses enfants*, dans l'*Entretien avec la maréchale*, et l'on pourrait sans peine en déceler les traces dans les *Salons*, dans *Jacques le Fataliste* ou dans les contes. Toute l'œuvre de Diderot apparaît sous cet éclairage comme une recherche passionnée de la vérité à travers une forme littéraire originale patiemment élaborée. A travers ses fluctuations et ses contradictions, qui sont le fait d'une pensée qui se veut intégrale et non systématique, elle porte le témoignage d'un homme qui n'a jamais cessé de «se rendre compte à soi-même de ses opinions» et de «tenir registre des mouvements de son cœur et des pensées de son esprit».[21]

Peu d'œuvres sont aussi liées à la personnalité exceptionnelle de leur créateur, aussi originales dans leur conception et dans leur démarche, et c'est pourquoi sans doute il en est peu qui aient gardé au même degré leur fraîcheur et leur modernité d'accent.

21. Lettre à Sophie Volland, 14 juillet 1762 (*Correspondance*, iv.39).

A propos du sentiment de l'existence chez Diderot et Rousseau : notes sur un article de l'*Encyclopédie*

La rêverie existentielle de Rousseau a fait, dans les vingt dernières années, l'objet de nombreux et excellents commentaires.[1] Il semble qu'on se soit moins intéressé à ses antécédents en littérature, et surtout à ses antécédents immédiats. M. Marcel Raymond, le premier, a noté[2] que «c'est à l'Islam que l'on doit songer, et à sa quiétude passive», en même temps qu'il faisait ressortir l'analogie entre le «contemplatif solitaire» Jean-Jacques et les «nouveaux contemplatifs», c'est-à-dire les quiétistes dont l'influence imprégnait le milieu où vécut Mme de Warens. Après lui, M. Henri Roddier a rapproché la rêverie de la *Ve Promenade* du «kef» oriental, «rêverie purement passive dont on ne s'arrache qu'avec peine».[3]

Mais peut-être ne fallait-il pas chercher si loin. C'est le XVIIIe siècle lui-même qui nous fournit, avant Rousseau, un des exemples les plus curieux de la redécouverte par l'homme moderne du sentiment de l'existence. L'étonnant est que ce texte soit de Diderot et qu'il n'ait, jusqu'ici, retenu l'attention que de rares critiques :[4] nous voulons parler de l'article «Délicieux» de l'*Encyclopédie*.

1. Citons ici pour mémoire les pénétrantes études de MM. Raymond, Spink, Osmont, Poulet, Roddier et Ricatte.

2. *Les Rêveries d'un promeneur solitaire*, éd. M. Raymond (Lille, Genève 1948), p.XXXIV.

3. *Les Rêveries d'un promeneur solitaire* (Paris 1960), p.LXXXII.

4. Le parallèle a été brièvement esquissé par M. Jean Pommier dans «Etudes sur Diderot (III)», *Revue d'histoire de la philosophie et d'histoire générale de la civilisation* n.s. 10 (1942), p.174. L'article «Délicieux» est commenté, mais sans référence à Rousseau, par M. Robert Mauzi, *L'Idée du bonheur au XVIIIe siècle* (Paris 1960), p.254 et 332, et par M. Paolo Casini, *Diderot philosophe* (Bari 1962), p.320.

Cet article, qui porte l'astérisque de Diderot et qu'on peut donc lui attribuer avec certitude, parut dans le quatrième volume de l'*Encyclopédie* en octobre 1754.[5] Après avoir rapporté le terme à la sensation du goût, à un mets, un vin, une odeur, Diderot ajoutait:

> Le repos a aussi son *délice*; mais qu'est-ce qu'un repos *délicieux*? Celui-là seul en a connu le charme inexprimable, dont les organes étaient sensibles et délicats; qui avait reçu de la nature une âme tendre et un tempérament voluptueux; qui jouissait d'une santé parfaite; qui se trouvait à la fleur de son âge; qui n'avait l'esprit troublé d'aucun nuage, l'âme agitée d'aucune émotion trop vive; qui sortait d'une fatigue douce et légère, et qui éprouvait dans toutes les parties de son corps un plaisir si également répandu, qu'il ne se faisait distinguer dans aucun. Il ne lui restait dans ce moment d'enchantement et de faiblesse, ni mémoire du passé, ni désir de l'avenir, ni inquiétude sur le présent. Le temps avait cessé de couler pour lui, parce qu'il existait tout en lui-même; le sentiment de son bonheur ne s'affaiblissait qu'avec celui de son existence. Il passait par un mouvement imperceptible de la veille au sommeil; mais sur ce passage imperceptible, au milieu de la défaillance de toutes ses facultés, il veillait encore assez, sinon pour penser à quelque chose de distinct, du moins pour sentir toute la douceur de son existence: mais il en jouissait d'une jouissance tout à fait passive, sans y être attaché, sans y réfléchir, sans s'en réjouir, sans s'en féliciter. Si l'on pouvait fixer par la pensée cette situation de pur sentiment, où toutes les facultés du corps et de l'âme sont vivantes sans être agissantes, et attacher à ce quiétisme *délicieux* l'idée d'immutabilité, on se formerait la notion du bonheur le plus grand et le plus pur que l'homme puisse imaginer.

L'analogie avec la rêverie de Rousseau, telle qu'il l'analyse dans les *Dialogues* et dans la *Ve Promenade*, est frappante et porte sur un certain nombre de points essentiels. Si le «repos délicieux» de Diderot est loin d'épuiser la rêverie contemplative de Jean-Jacques, celle-ci lui reprend cependant la quasi totalité de sa substance et le point de départ même de son expérience, quitte à les approfondir, à les nuancer et, par suite, à les transformer en une matière parfaitement originale.

Reprenons donc, un à un, les éléments de l'analyse psychologique pratiquée par Diderot et comparons-les à leurs correspondants chez Rousseau.[6]

5. Il est reproduit dans DPV, vii.9. Rappelons que les *Dialogues* de Rousseau datent de 1772-1775 et la *Ve Promenade* de 1777.

6. Toutes nos citations de Rousseau sont empruntées à l'édition de la Pléiade, *Œuvres complètes*, éd. B. Gagnebin, R. Osmont et M. Raymond (Paris 1959-).

L'épithète *délicieux*, tout d'abord, revient avec une fréquence caractéristique sous la plume de Jean-Jacques pour qualifier la rêverie :

une rêverie delicieuse (*Confessions*, XII ; i.642)
des rêveries delicieuses (*IIe Dialogue* ; i.820)
une délicieuse rêverie (*IIe Dialogue* ; i.822)
les délices habituelles de J. J. (*IIe Dialogue* ; i.858)
le précieux *far niente* [...] occupation délicieuse et necessaire (*Ve Promenade* ; i.1042)
mille reveries confuses mais délicieuses (*Ve Promenade* ; i.1044)
une réverie delicieuse (*Ve Promenade* ; i.1045)

Cette expérience exquise, « au charme inexprimable », Diderot l'attache au *repos*. Rousseau n'en juge pas autrement, puisqu'il lie la rêverie au « far niente », à l'« oisiveté », à une réceptivité toute passive :

le contemplatif J.-J. [...] a souvent grand besoin de ce repos (*IIe Dialogue* ; i.816)
On le trouve en laissant *reposer* sa tête et *livrant* uniquement *ses sens à l'impression des objets extérieurs* (*IIe Dialogue* ; i.816)
son imagination fatiguée a besoin de repos (*IIe Dialogue* ; i.817)
Il n'y faut ni un repos absolu ni trop d'agitation (*Ve Promenade* ; i.1047)
Le repos est moindre, il est vrai, mais il est aussi plus agréable quand de légéres et douces idées (*Ve Promenade* ; i.1048)

Un repos absolu équivaudrait à un « engourdissement léthargique » (*IIe Dialogue* ; i.816)[7] et rendrait la rêverie impossible. Diderot partage ce point de vue, comme nous le verrons vers la fin de son article.

Le « repos délicieux », selon Diderot, est un état privilégié auquel n'accèdent que ceux qui ont « des organes sensibles et délicats, une âme tendre et un tempérament voluptueux ». Ce dernier qualificatif doit s'éclairer lui-même par le recours à l'article « Voluptueux » de l'*Encyclopédie* : est voluptueux celui « qui aime les plaisirs sensuels » et parmi ces plaisirs sensuels figurent « *l'ombre, les eaux fraîches*, les fruits exquis, les vins délicieux ».

On serait tenté de croire, au premier abord, que la nature contemplative de Rousseau et un certain fond de puritanisme le pousseraient à s'opposer à ce point de vue. Il n'en est rien et la convergence des textes, une fois de plus, se révèle tout à fait remarquable.

Rousseau, lui aussi, considère l'expérience de la rêverie comme une

7. « Sans mouvement la vie n'est *qu'une létargie* [...] Un silence absolu porte à la tristesse. Il offre une image de *la mort* » (*Ve Promenade* ; i.1047).

expérience privilégiée et les conditions qu'elle requiert ne diffèrent guère de celles que formulait Diderot:

> ces dedomagemens ne peuvent être sentis par toutes les ames [...] Il y faut des dispositions de la part de celui qui les éprouve (*Ve Promenade*; i.1047)

Quelles sont ces dispositions?

> une imagination riante (*Ve Promenade*; i.1047)
> Un cœur actif et un naturel paresseux (*IIe Dialogue*; i.816)
> cette lenteur de penseur jointe à cette vivacité de sentir (*Confessions*, III; i.113)

mais aussi cette sensibilité très proche de la sensualité dont parlait Diderot:

> J.-J. m'a paru doué de la *sensibilité* physique à un assez haut degré. Il dépend beaucoup de ses sens [...] sa *sensualité*, quoique vive, n'est jamais fougueuse (*IIe Dialogue*; i.807)
> Ses gouts sont sains, délicats même mais non pas rafinés. Le bon vin, les bons mets lui plaisent fort, mais [...] (*IIe Dialogue*; i.808)
> il est *sensuel* plus qu'il ne faudroit peut-être, mais pas assez pour n'être que cela. On dit du mal de ceux qui le sont. Cependant ils suivent dans toute sa simplicité l'instinct de la nature qui nous porte à rechercher ce qui nous flate et à fuir ce qui nous répugne [...] *L'homme sensuel est l'homme de la nature* [...] Il est vrai qu'il faut borner ce mot de *sensualité* à l'acception que je lui donne, et ne pas l'étendre à ces *voluptueux de parade* qui se font une vanité de l'être, ou qui ... tombent dans la dépravation, ou qui ... dédaignent les plaisirs dont tout homme a le choix, et se bornent à ceux qui font envie au peuple (*IIe Dialogue*; i.808)[8]
> J.-J. esclave de ses sens (*IIe Dialogue*; i.808)
> cette humeur indolente et *voluptueuse* (*IIe Dialogue*; i.822)

et enfin cet aveu

> je n'ai plus que des *sensations* (*VIIe Promenade*; i.1068)

A «l'âme tendre» de Diderot correspond chez Rousseau

> un cœur très sensible (*IIe Dialogue*; i.820)
> ce naturel ardent et doux (*IIe Dialogue*; i.810)
> un cœur aimant et tendre (*IIe Dialogue*; i.822)

En revanche, Rousseau va moins loin que Diderot lorsque celui-ci

8. L'idée que le «plaisir de sensation» doit être lié à «une cause morale» sera développée dans la *IXe Promenade*, i.1094 (Rousseau à la foire).

exige qu'on jouisse «d'une santé parfaite» et qu'on se trouve «à la fleur de son âge» pour accéder à ces délices intérieures. Jean-Jacques a cinquante-trois ans quand il rêve dans l'île Saint-Pierre et sa santé est loin d'être parfaite, on le sait par les *Confessions*.

Il n'empêche que lui aussi lie la possibilité de rêver à une condition physique satisfaisante et à la jeunesse des organes. L'aptitude à la rêverie décline avec l'âge. Il parle d'une «sensualité d'enfant» (i.816) et constate dans la première carte à jouer du Musée de Neuchâtel (i.1165):

> Je sens déja mon imagination se glacer, toutes mes facultés s'affoiblir. Je m'attends à voir mes reveries devenir plus froides de jour en jour [...]

On lit dans la *IIe Promenade* (i.1002):

> Mon imagination déja moins vive ne s'enflamme plus comme autrefois [...] je m'enivre moins du délire de la rêverie [...] un tiéde allanguissement énerve toutes mes facultés, l'esprit de vie s'éteint en moi par degrés [...]

et dans la *V^e* (i.1049):

> Le malheur est qu'à mesure que l'imagination s'attiedit cela vient avec plus de peine et ne dure pas si longtems.

Les autres conditions énumérées par Diderot regardent plutôt les dispositions psychologiques: «l'esprit troublé d'aucun nuage, l'âme agitée d'aucune émotion trop vive». Rousseau insiste, lui aussi, sur cette sérénité intérieure:

> Il faut que le cœur soit en paix, et qu'aucune passion n'en vienne troubler le calme (*Ve Promenade*; i.1047)
>
> [il craint bien moins les maux à venir que] le trouble du repos, la privation du loisir, la nécessité d'agir (*IIe Dialogue*; i.823)

Diderot lie cette impression de détente, de détachement à la sensation «d'une fatigue douce et légère». On constate que, pour Rousseau, elle sera le plus souvent consécutive à un exercice physique: la marche, la promenade, l'action d'herboriser ou celle de ramer.

> il faut que ses mains, que ses pieds, que ses doigts agissent, *que son corps soit en exercice* et que sa tête reste en repos. Voila d'où vient sa passion pour la promenade: il y est en mouvement sans être obligé de penser [...] Il passeroit volontiers sa vie à *bêcher dans un jardin pour y rêver à son aise* (*IIe Dialogue*; i.845)

L'association de la rêverie et de la marche, déjà soulignée au quatrième livre des *Confessions*, est abondamment développée dans la *II*[e] *Promenade* (i.1004).

En revanche, on ne voit pas trace chez Rousseau des remarques curieuses de Diderot sur la dissolution du plaisir dans l'ensemble du corps («un plaisir si également répandu, qu'il ne se faisait distinguer dans aucun [membre]»).

Ce plaisir est d'ailleurs fugace, conformément à la définition qu'en donne l'*Encyclopédie* à l'article «Bonheur»; il ne saurait être un état. Rousseau écrit (i.1046): «comment peut-on appeller bonheur un *état fugitif* qui nous laisse encor le cœur inquiet et *vuide*, qui nous fait regreter quelque chose avant, ou desirer encor quelque chose après?» Diderot l'appelle «ce moment d'enchantement et de faiblesse» et le caractérise par un sentiment de vacuité intérieure, de totale disponibilité: «il ne lui restait *ni* mémoire du passé, *ni* désir de l'avenir, *ni* inquiétude sur le présent». Le temps est, en quelque sorte, aboli.

Le caractère négatif du «repos délicieux» est souligné par les deux écrivains. La carte à jouer n° 17 porte: «*Rêverie.* D'où j'ai conclu que cet état m'étoit agreable *plustot comme une suspension des peines de la vie que comme une jouissance positive*» (i.1169). Lorsque Rousseau nous dépeint son retour à la conscience après l'accident de Ménilmontant, c'est encore au moyen d'une cascade de négations restrictives, d'une série de *ni* (*II*[e] *Promenade*; i.1005). Même procédé encore, et avec la même fin, dans la *V*[e] *Promenade*: «*sans que* je m'en fusse apperceu [...] *sans* prendre la peine de penser [...] *sans aucun* concours actif de mon ame» (i.1045).

Comme on le voit, le «repos délicieux» de Diderot correspond de très près à la rêverie passive de Rousseau, non à sa rêverie active qui est une forme d'extase, une attitude expansive et positive, génératrice d'élans, créatrice de fictions (comme celle d'où sortit *La Nouvelle Héloïse*). Il s'agit bien ici de cette attitude où l'âme tend à se circonscrire, à se resserrer sur elle-même, de cette tendance à retrouver un moi par le détachement que M. Georges Poulet a superbement analysée.[9] «O homme! – s'écrie Rousseau – resserre ton existence au dedans de toi» (*O.C.*, iv.308), répondant ainsi à la belle formule de l'article «Délicieux»: «il existait tout en lui-même».

Dans cet état, le temps paraît s'arrêter. Diderot écrit: «le temps avait cessé de couler pour lui» et Rousseau parle de la rêverie à Saint-Pierre

9. *Etudes sur le temps humain* (Paris 1950), p.169.

comme d'« un état où *le tems ne soit rien* pour elle [l'âme], où *le présent dure toujours sans* neanmoins marquer sa *durée* et sans aucune trace de succession » (*Ve Promenade* ; i.1046).

Diderot identifie ce bonheur avec le « sentiment de l'existence » :[10] « le sentiment de *son bonheur* ne s'affaiblissait qu'avec celui de *son existence* » et Rousseau, une fois de plus, lui fait écho, jusque dans l'emploi – si caractéristique – du possessif :

> l'homme de la nature [...] jouit de lui-même et de *son* existence (*IIe Dialogue* ; i.865)
> aucun autre sentiment [...] que celui seul de *notre* existence (*Ve Promenade* ; i.1046)
> le sentiment de l'existence dépouillé de toute autre affection est par lui-même un sentiment précieux (*Ve Promenade* ; i.1047)

L'analyse de Diderot fait apparaître cet état comme un subtil intermédiaire entre la lucidité et le sommeil :

« Il passait par un mouvement imperceptible de la veille au sommeil ; mais sur ce passage imperceptible, au milieu de la défaillance de toutes ses facultés, il veillait encore assez ». Rousseau, de son côté, situe la rêverie à mi-chemin entre la « letargie » et la vie active (i.1047), entre le sommeil et l'état de veille (i.845). La *IIe Promenade*, elle, renversera le processus et, à l'instar de Montaigne, nous illustrera le passage de l'état d'inconscience à la redécouverte du moi vivant (i.1005).

« Il veillait encore assez, – ajoute Diderot –, *sinon pour penser à quelque chose de distinct*, du moins pour sentir toute *la douceur de son existence* ». « Rêveries sans objet », écrit Rousseau (*Confessions*, XII), « reveries confuses » (i.1044) et le mot « engourdissement » lui semble le mieux approprié pour en suggérer l'idée (i.809, 816). Pour Diderot, l'existence se définit en quelque sorte par l'impression de douceur ; c'est un qualificatif que Rousseau affectionne, lui aussi :

> les *douces* rêveries [...] livré aux *douceurs* du désœuvrement et de la vie contemplative (*Confessions*, XII ; i.638)
> les *doux* loisirs (*IIe Dialogue* ; i.846)
> ses *douces* rêveries (*IIe Dialogue* ; i.865)
> *douces* idées, [...] société liante et *douce* [...] longue et *douce* rêverie [...] ce que j'y ferois de plus *doux* seroit d'y rêver à mon aise (*Ve Promenade* ; i.1048-49)

10. Il faut noter que Diderot emploie le terme même dont M. Jean Wahl a voulu créditer le seul Rousseau ; cf. éd. Raymond, p.xv et *Œuvres*, i.1800.

Conscience estompée, jouissance vague, sentiment de plénitude, c'est ainsi que l'un et l'autre analysent l'impression ressentie:

> sentir avec plaisir mon existence, sans prendre la peine de penser (*Ve Promenade*; i.1045)
> nourrir en nous le plaisir d'exister sans donner de l'exercice à nos facultés. (*IIe Dialogue*; i.816)

Aussi Diderot peut-il conclure qu'«il en jouissait d'une jouissance *tout à fait passive*, sans y être attaché, sans y réfléchir, sans s'en réjouir, sans s'en féliciter», anticipant ainsi sur les formules restrictives dont se servira Jean-Jacques.

Le côté *passif* de cette délectation est un point sur lequel Rousseau insiste avec beaucoup de netteté, comme s'il redoutait de la voir confondue avec la rêverie créatrice (qui sera celle des romantiques): il parle souvent de son «humeur paresseuse» (*Confessions*, XII; i.638), de son «oisiveté» (i.640), de son «désœuvrement» (i.638). Sa rêverie n'est pas le rêve de Jean-Paul, de Novalis ou de Poe: «j'aime mieux rêver éveillé qu'en songe», avoue-t-il (i.640), et «j'ai toujours peu regretté le sommeil». Il nous assure qu'il «deviendroit indolent, paresseux par gout, par raison même, quand il ne le seroit pas par temperament» (i.822), il parle de sa «douce oisiveté» (i.822), de son «excessive indolence» (i.857). De même, dans la *Ve Promenade*, «le précieux *far niente* [fut] l'occupation délicieuse et necessaire d'un homme qui s'est dévoué à l'oisiveté» (i.1042) et, dérivant au gré de l'eau, mollement bercé par son agitation, il s'absorbe dans son mouvement continu «sans aucun concours *actif* de son ame» (i.1045).

Le bonheur suprême, à en croire Diderot, consisterait à pouvoir éterniser ces instants, à leur donner une permanence dont l'homme ne sait que trop, hélas, qu'elle n'est pas en son pouvoir. «Si l'on pouvait *fixer* par la *pensée* cette *situation* de pur *sentiment*, où toutes les facultés du corps et de l'âme sont *vivantes*, sans être *agissantes*, et attacher à ce quiétisme *délicieux*[11] l'idée d'immutabilité, on se formerait la notion du bonheur le plus grand et le plus pur que l'homme puisse imaginer».

Le contraste entre la rêverie et la réflexion (ou la méditation intellectuelle) est un thème récurrent chez Rousseau (cf. i.1062). Ce que Diderot appelle si heureusement un «quiétisme délicieux» est analysé par Rousseau dans des termes fort semblables à ceux de l'*Encyclopédie*:

11. Souligné par Diderot.

nourrir en nous le plaisir d'exister sans donner de l'exercice à nos facultés (*II*^e^ *Dialogue*; i.816)

[les] mouvemens internes que la rêverie éteignoit en moi (*V*^e^ *Promenade*; i.1045)

Quant au «quiétisme», il est clair que Diderot, si peu mystique, si éloigné de la prière, n'en parle que par analogie et au sens purement étymologique d'une «doctrine du repos». Il en allait tout autrement de Rousseau qui n'a cessé de réagir contre la tentation du quiétisme[12] et qui devait donc se garder soigneusement de donner des gages à ses ennemis en employant une métaphore qui pouvait prêter à confusion.

Chez l'un et chez l'autre, le sentiment de l'existence, issu d'une sensation de vacuité, aboutit à une impression de plénitude; l'homme n'a plus rien à solliciter de la divinité, puisqu'il se sent maintenant l'égal de Dieu

on se suffit à soi-même comme Dieu (i.1047)[13]

tant que cet état dure celui qui s'y trouve peut s'appeller heureux, non d'un bonheur imparfait, pauvre et rélatif [...] mais d'un bonheur suffisant, parfait et plein *qui ne laisse dans l'ame aucun vuide* qu'elle sente le besoin de remplir (i.1046).

L'homme se suffit donc à lui-même, sans recourir à une quelconque transcendance. Mais ce bonheur «plein, parfait et suffisant» n'est qu'un bonheur momentané, Rousseau le sait, alors même qu'il ébauche les *Rêveries*:

Le bonheur est un etat trop constant et l'homme un être trop muable pour que l'un convienne à l'autre (carte à jouer n° 3; i.1166)

et il développera l'idée dans la *V*^e^ et la *IX*^e^ *Promenade* (i.1046, 1085).

Rousseau ne peut s'empêcher de crier «Je voudrois que cet instant durât toujours» (i.1046), anticipant ainsi sur le cri de Faust «Verweile doch, o Stunde, du bist so schön!», et réitérant à sa manière le dessein chimérique conçu par Diderot d'attacher à une «situation de pur sentiment» «l'idée d'immutabilité».[14] La rêverie étouffe un instant «quelque foible et courte reflexion sur l'instabilité des choses de ce

12. i.228, n.1 et 930, n.5, et *Rêveries*, éd. Raymond, p.xxxiv.

13. Dans le *Salon de 1767* (*Salons*, éd. Seznec et Adhémar, iii.139-40), Diderot lui aussi parlera étrangement d'«exister à la façon de Dieu».

14. Voltaire, plus rassis, affirme à l'article «Heureux»: «Prétendre être toujours heureux est la pierre philosophale de l'âme» (Voltaire 33, p.159).

monde» (i.1045), l'homme rêve comme d'une «suprême félicité» d'un «état simple et permanent» (i.1046). Mais ce n'est là qu'une illusion passagère : les moments de bonheur parfait ne sont que «des points bien clairsemés dans la ligne de la vie» (i.1046), les lieux de la rêverie deviennent bientôt ceux de la nostalgie et du souvenir (i.1048-49).

Dès lors, et puisque le bonheur absolu est une chimère, il faut peut-être lui substituer le sentiment, plus naturel et plus spontané, de sa propre existence. Rousseau n'a pas hésité à le faire, renversant ainsi les idées reçues, dans un texte peu connu :[15] «On s'imagine que la première [de nos passions] est le désir d'être heureux ; on se trompe [...] L'état naturel d'un être passible et mortel tel que l'homme est de se complaire dans le sentiment de son existence».

C'est que Rousseau dégage du sentiment de l'existence, fort bien décrit par Diderot en 1754, des implications qui vont très au-delà d'une simple analyse psychologique. On se méprendrait en croyant que notre propos était de «réduire» Rousseau à Diderot, ou, en lui trouvant des «sources», de contester son originalité et sa maîtrise. Soyons net : ni Diderot, ni Rousseau n'ont découvert, ni même redécouvert le sentiment de l'existence, lié à une certaine qualité de l'expérience intérieure qu'un La Fontaine était fort capable d'éprouver. Ce qui importe, c'est de constater que ce sentiment de l'unicité du moi, de la plongée dans la vie intérieure commence à se manifester *ouvertement*, à *prendre forme* – timidement, puis avec une triomphale assurance – au moment même où, après 1750, l'homme moderne s'affirme comme individualité irréductible, expression d'un monde nouveau où les solidarités anciennes font place à la redoutable, mais fascinante expérience de la solitude.[16]

Nous avons tenté d'établir une relation de priorité, non de «doit et avoir», et essayé de relever des concordances là où l'on pensait trouver une singularité. Cela dit, il serait abusif de vouloir comparer un modeste article de dictionnaire aux éblouissantes variations d'un virtuose du style. Outre que Rousseau ajoute aux analyses un peu sèches de Diderot les prestiges du décor et la dimension supplémentaire du souvenir, il y a dans les *Rêveries* un accent, un ton, une musique, une vibration qui lui confèrent ce caractère exceptionnel et supérieur qu'il ne faut refuser

15. Reproduit par M. Raymond, p.xxii, et *Œuvres*, i.1801.

16. Nous nous en voudrions de répéter ici les développements irréfutables de Groethuysen sur les origines de la pensée bourgeoise.

au psychologue que pour l'accorder avec d'autant plus de force à l'artiste de la prose.

Sensibilités

« Sensibilité », « néo-classique », ou « préromantisme » ?

Les ambiguïtés et les contradictions de la notion de *préromantisme* ont été maintes fois soulignées. S'il fallait faire crédit à cette catégorie historique, le XVIIIe siècle proprement dit, « l'âge des Lumières », s'étendrait tout au plus sur une quarantaine d'années : débutant en 1715 (avec la mort de Louis XIV), il s'achèverait en 1755, si l'on en croit Paul Van Tieghem.[1] Privé de Diderot et de Rousseau, de tout son contenu affectif, « sensible » ou émotif,[2] le siècle des Lumières s'étiole par là-même en un rationalisme desséchant, lequel à son tour (dans l'esprit de ses détracteurs) s'identifierait avec Voltaire. A ce compte, Bayle et Laclos seraient exclus d'une période dont ils sont, à des titres divers, de hautes illustrations.

On pourrait, à la rigueur, restreindre ces visées annexionnistes (dont le romantisme lui-même, reconnaissons-le, est bien innocent), et limiter la vague préromantique en France au dernier tiers du XVIIIe siècle. Baculard d'Arnaud, Loaisel de Tréogate, Ramond de Carbonnières, Letourneur, Mercier et Bernardin sont appelés au banc des témoins et servent de caution. Mais n'est-ce pas faire bon marché de Chénier, de Parny, de Condorcet, de Chamfort, de Laclos, de Volney, de

1. *Le Romantisme dans la littérature européenne* (Paris 1948) : « Le préromantisme français nous apparaît comme composé d'abord de deux vagues successives, celle de Diderot et de Rousseau qui se forme à partir de 1755, celle de leurs successeurs [...] qui entrent dans la carrière à partir de 1769 » (p.40). Il est significatif que dans son livre posthume sur *Le Sentiment de la nature dans le préromantisme européen* (Paris 1960), Paul Van Tieghem ne parle plus d'un courant ou d'une période préromantique au XVIIIe siècle, mais seulement d'écrivains préromantiques.

2. Ce genre de définition restrictive a été spirituellement qualifié de « definition by larceny » par Peter Gay, précisément à propos de la notion de « préromantisme ». Voir *The Party of humanity : essays in the French Enlightenment* (New York 1964), p.253-54.

Beaumarchais, de l'abbé Delille, de Sade même, qui les valent bien en qualité littéraire et en signification historique ?

En ce genre de débat, il est vraiment trop facile de dresser nom contre nom, et champion contre champion. Le critère de la représentativité est une affaire trop subjective pour permettre d'établir une périodisation solide. Au fond, ce qui invalide le plus nettement le concept de « préromantisme », c'est que pour la seule période où l'on pourrait invoquer en sa faveur des arguments de fait, l'irruption indéniable de la sensibilité y coïncide avec un vigoureux renouveau de classicisme. L'ère dite *préromantique* est celle-là même que d'autres historiens désignent, avec autant de bon droit, sous le nom d'âge *néo-classique*. Faut-il, devant ce paradoxe, renoncer à toute tentative de synthèse, considérer toutes les divisions périodiques comme des vues de l'esprit ? Ce serait abdiquer un peu vite et, comme on dit en anglais, « jeter le bébé avec l'eau du bain ».

Le dernier tiers du XVIIIe siècle (et on pourrait lui adjoindre les années du Consulat et de l'Empire) constitue bel et bien une entité douée de traits caractéristiques. L'équivoque vient de ce qu'on veut, de part et d'autre, réduire ces traits à un seul, passer ainsi du complexe au singulier, ramener le foisonnement à la ligne.

Dans le domaine des beaux-arts, – depuis l'architecture jusqu'aux arts décoratifs –, la chose va de soi. La fin du XVIIIe siècle est marquée essentiellement par un souci de rigueur, de pureté, de dépouillement, de vérité simple et noble (« edle Einfalt und stille Grösze », selon la formule de Winckelmann). Les grâces désinvoltes, les artifices fragiles du rococo sont dénoncés comme autant d'expressions de la décadence et de la perversion. Ce n'est pas un simple hasard si la Révolution, dans sa phase dure et pure, se voudra romaine et se drapera dans la toge de Brutus. David évincera Boucher et ses charmes frelatés. Houdon représentera Voltaire et Diderot à l'antique. Le second suggéra à Pigalle de glorifier Voltaire en le sculptant nu à l'âge de soixante-seize ans. Bouchardon statufiera Louis XV en empereur romain. Le style rocaille, aux courbes alanguies, fait place à des réalisations grandioses et dépouillées. Le souci de monumentalité l'emporte sur la recherche de la délicatesse et sur le charme un peu précieux de la décoration des « petits appartements ». Les projets gigantesques d'un Ledoux et d'un Boullée, presque cubistes dans leur sobriété, marquent la fin du siècle d'une empreinte puissante.

Avec l'injustice des mouvements de réaction, la critique va rejeter en bloc les « fêtes galantes », les scènes de boudoir, la sensualité égrillarde et frelatée de Crébillon et de Voisenon, la fausse ingénuité des jeunes filles de Greuze, et elle le fait au nom d'une esthétique qui se veut morale, civique, virile, avant de s'affirmer ouvertement républicaine. L'antiquité n'est plus proposée en exemple au nom de la doctrine sacro-sainte de l'imitation, au titre d'une précellence aussi évidente que postulée, mais parce qu'elle offre les modèles d'une noble simplicité, d'une fidélité constante à la Nature et à la Vérité.

On aurait tort, cependant, d'enfermer toute la fin du siècle dans la sévérité du style davidien ou dans la perfection glacée des personnages de Canova. La rigueur spartiate n'est pas un dénominateur qui permette de rendre compte de manière satisfaisante des tendances multiples d'une époque qui fut riche et contradictoire, comme tous les moments créateurs de l'histoire du génie humain.

Le succès de l'épithète « préromantique », mise à la mode et fondée en théorie par Paul Van Tieghem,[3] a fait oublier, ou négliger, un fait qu'avait relevé Louis Bertrand dans son livre, déjà ancien, et toujours unique en son genre, *La Fin du classicisme et le retour à l'antique dans la seconde moitié du XVIIIe siècle et les premières années du XIXe, en France* (Paris 1807). Etudiant la littérature du Directoire et de l'Empire, il notait avec surprise : « Ce qu'il y a de plus bizarre, c'est que ces élucubrations à tendances ultra-romantiques sont contemporaines des œuvres les plus étroitement classiques » (p. 365), et de citer Nodier et Raynouard, Creuzé de Lesser et l'abbé Delille.

On pourrait évidemment lever la contradiction en opposant ces deux courants comme la fin d'un goût et la naissance d'un autre. Dans cette hypothèse, deux tendances irréductibles l'une à l'autre auraient coexisté pendant quelques décennies en se superposant. Il en serait résulté une zone confuse, hybride, où se recouperaient deux styles et deux époques, un point de chute et un point de départ.

L'inconvénient d'une telle interprétation, qui a l'incontestable mérite d'être claire, simple et didactique, c'est qu'elle ne colle pas aux faits. Chénier, Mme de Staël, Chateaubriand, tout comme Diderot dans la génération antérieure, n'opposent pas en eux le penchant à l'émotion et le goût de la rigueur ; ils s'efforcent de les concilier. Les jeunes

3. Synthétisée ensuite par André Monglond pour le domaine de langue française (*Le Préromantisme français*, Grenoble 1930).

romantiques se réclament de Chénier. En peinture, le groupe des «barbus» ou des «primitifs» s'habille à la grecque, donne dans la mystique des hiérophantes et traite David de « Vanloo », ou de « rococo » (Bertrand, p.316).

On révère le «grand goût», le «style sévère», mais il n'exclut ni l'émotion, ni le pathétique. L'hellénisme de Chénier, s'il avait été connu vers 1800, aurait paru sans doute un peu trop alexandrin et insuffisamment « antique ». Mais on s'engoue aussi pour la poésie « erse », pour Ossian, pour la barbarie des chants de l'*Edda* révélés par P.-H. Mallet, de même qu'on redécouvre le gothique, ou Shakespeare, et qu'on crée de toutes pièces la fascination de la montagne, ou le fantastique scientifique.

Tout cela est-il aussi contradictoire qu'on veut bien le dire ? On s'engagerait sur une voie sans issue en voulant réduire la complexité de l'époque à une question de thèmes ou de motifs. Nous nous contenterons d'en prendre deux, pour être concret et pour rester dans les limites de notre sujet : les ruines d'une part, les tombeaux de l'autre.

La thématique des ruines[4] ne saurait s'identifier a priori avec une sensibilité romantique, ni même préromantique (quelle que soit l'extension historique qu'on veuille donner à son acception). Elle apparaît, après 1330, chez Pétrarque, dans une perspective humaniste qui s'inscrit elle-même dans la vaste aspiration à la « restauratio » ou « renovatio » de la Rome antique. Les ruines sont occasion à méditer sur une splendeur passée dont les vestiges, même ébréchés, fragmentaires, humiliés par le temps, restent objet d'admiration et de stupeur. La mélancolie n'est qu'une réaction passagère qui s'efface bientôt devant l'exaltation du prestige romain et le rêve de sa restauration intégrale. C'est le thème «Roma quanta fuit, ipsa ruina docet», qui se retrouvera amplifié, magnifié chez Du Bellay.

Il faudra attendre Hubert Robert et son plus éloquent exégète, le Diderot des *Salons*, pour voir naître une « poétique des ruines » associée au crépuscule, à la solitude, à la méditation sur la fugacité du temps et sur la précarité de l'amour.[5]

Loin de poursuivre sur cette lancée, Volney ramènera la thématique

4. Que nous étudions isolément dans *La Poétique des ruines en France* (Genève 1974).

5. L'obsession des ruines est telle, dans l'art de Robert, qu'il lui arrive de représenter à l'état de ruines des monuments encore intacts, comme la Galerie du Louvre. Voir H. Burda, *Die Ruine in den Bildern Hubert Roberts* (München 1967).

des ruines, en 1791, dans l'orbe de la réflexion historique et philosophique, plus proche en cela de Montesquieu, de Voltaire ou d'Holbach, que des rêveries exaltées du *Salon* de 1767. Le spectacle fantomatique de la forêt de colonnes qu'est devenue l'antique Palmyre l'incline à méditer sur les causes de la ruine des empires.

Le motif littéraire des ruines, loin d'inclure nécessairement la nostalgie et le lyrisme, s'accommode des usages les plus divers. Il lui arrive, comme chez Diderot, de s'associer à la rêverie intime, à l'enthousiasme devant le sublime, à l'exaltation et au cri. Dans ce cas, il faudrait – en bonne logique – situer l'élan préromantique vingt-cinq ans environ avant la grave méditation néo-classique et inverser le schéma trop communément adopté par les histoires littéraires.[6]

L'inspiration sépulcrale, elle aussi, se prête à des variations diverses, sinon toujours contradictoires.[7] Du côté anglais, il s'agit de la manifestation récurrente du vieux thème puritain du « Memento mori » et du « Pulvis es, et in pulverem reverteris », abondamment exploités depuis le moyen âge dans le moralisme didactique et dans les danses macabres. Les *Night thoughts* (1742-1745) de Young s'inscrivent dans une constante qui avait largement alimenté l'art baroque en idées et en images. Comme le dit joliment Louis Cazamian : « L'esprit du *Penseroso* de Milton, et non celui de *L'Allegro*, donne le ton à la littérature du paysage au XVIIIe siècle ».[8] Young ne dit pas autre chose que ce que répètent, un peu partout, les orateurs sacrés et les apologistes, mais il le dit avec une émotion contagieuse qui éveille de tragiques frissons. Il n'en reste pas moins que *Les Nuits* se présentent comme une œuvre oratoire, discursive, dont la langue est abstraite et la structure toute cérébrale, en somme une « machine » très classique qui ne diffère pas, en substance, de la poésie de Pope. Young est un apologiste plus qu'un poète, et c'est a posteriori qu'il apparaîtra comme un ancêtre (fort

6. L'évolution interne de l'esthétique de Diderot va dans le même sens : si l'exaltation de la sensibilité débridée dans les *Entretiens entre Dorval et moi* (écrits en 1756) correspond assez bien au « préromantisme » défini par Van Tieghem, et repris par Monglond, il faudrait tenir pour « classique » la précellence accordée à la lucidité et à l'intelligence dans le *Paradoxe sur le comédien* (écrit entre 1769 et 1778).

7. Dans son étude sur « Le ‹ plaisir des tombeaux › au XVIIIe siècle », *Revue de littérature comparée* (avril-juin 1938), p.287-311, R. Michéa a déjà clairement opposé un mouvement protestant, venu d'Angleterre, et une conception latine, dans laquelle le culte des morts rejoint celui de la patrie.

8. *Histoire de la littérature anglaise* (Paris 1925), p.801.

douteux) de la sensibilité romantique. En France, en Italie, en Espagne, en Allemagne, dans les pays où la religion s'est puissamment institutionalisée et rationalisée, cette thrénodie puritaine sur la vanité du bonheur, sur la fécondité de la souffrance et sur l'impasse de l'incroyance a été ressentie comme une forme rajeunie et rénovée du vieux pessimisme chrétien, un peu oublié au XVIIIe siècle au profit d'une théodicée éperdument finaliste et rassurante.

La vogue de Young correspond à la transformation de la sensibilité religieuse qui émerge, d'une manière parallèle, dans *La Profession de foi du vicaire savoyard* (la seule œuvre de Rousseau, notons-le, que Voltaire ait toujours admirée sans réserve). Faut-il, pour autant, crier au romantisme ? Ce serait oublier un peu vite que ce siècle, tenu généralement pour irréligieux, est aussi l'inspirateur de la religiosité moderne, subjective, lyrique, individualiste, bien éloignée de la foi d'un Bossuet, d'un Pascal ou d'un Malebranche.

Mieux vaut donc s'en tenir au cadre chronologique que nous nous sommes assigné, et qui est celui de la fin du siècle. Or les œuvres « sépulcrales », si elles foisonnent à cette époque,[9] ne brillent guère par leur caractère romantique. Leur sens le plus apparent est tantôt moral, tantôt civique ou national.[10] L'exemple le plus significatif est sans doute le fameux poème *Dei sepolcri* (1807) d'Ugo Foscolo. Que le même Foscolo soit aussi l'auteur des *Ultime lettere di Jacopo Ortis* aurait dû nous rappeler la coexistence dans un même esprit de poussées sentimentales tournées vers la délectation morose et d'un ardent patriotisme qu'exalte la Révolution française. *Dei sepolcri*, à l'instar des *Notti romane* d'Alessandro Verri et des *Cimeteri* de Pindemonte, sont une amplification morale sur la grandeur nationale, sur le culte des morts, lequel se confond d'ailleurs avec celui des grands hommes et avec la passion de la liberté.

Loin de relever d'une inspiration « lugubre » (Van Tieghem, p.37), une telle poésie perpétue l'inspiration civique, morale et austère qui imprégnait, dans un autre registre, le *Marat assassiné* de David (1793).

9. La manie sépulcrale est beaucoup plus, autour de 1800, qu'un thème littéraire. On pourrait y déceler une véritable obsession collective. Nous renvoyons, sur ce point, à la remarquable étude de Lionello Sozzi, « I ‹ sepolcri › e le discussioni francesi negli anni del Direttorio e del Consolato », *Giornale storico della letteratura italiana* 144 (1967), p.567-88.

10. Les nombreux textes cités par Lionello Sozzi vont tous dans ce double sens.

Pour Foscolo, tout comme pour David, « fia santo e lagrimato il sangue per la patria versato ».

L'utilisation du tombeau dans l'architecture néo-classique est un des traits les plus révélateurs de son inspiration. L'imagination de Boullée est obsédée par les cénotaphes. S'y combinent l'idée de grandeur et celle de la perpétuité : coniques ou pyramidaux, ils tendent vers une nudité presque abstraite, qui doit suggérer leur éternité, en même temps que leur parenté avec les réalisations colossales de l'Assyrie et de l'Egypte.

Les architectes visionnaires de l'âge néo-classique[11] sont, en dernière analyse, des poètes. Boullée conçoit, en 1784, un extraordinaire cénotaphe sphérique en l'honneur de Newton,[12] héros de la science qui a trouvé la formule mathématique du mouvement de l'univers. « Esprit sublime ! Génie vaste et profond ! Etre divin ! », s'écrie-t-il. « O Newton ! Si par l'étendue de tes lumières et la sublimité de ton génie tu as déterminé la figure de la terre, moi j'ai conçu le projet de t'en envelopper de ta découverte. C'est en quelque façon t'avoir enveloppé de toi-même ». Les effets d'ombre et de lumière devaient donner à cette sphère une apparence étrange, capable de suggérer le mystère du

11. Ils ont été littéralement révélés par Emil Kaufmann dans la monographie *Three revolutionary architects* (Transactions of the American philosophical society n.s. 42, 1952). En fait, Kaufmann leur avait consacré des articles et des études en langue allemande depuis 1929. Une synthèse de ces travaux a paru en 1955 sous le titre *Architecture in the age of reason : baroque and post-baroque in England, Italy and France* (Cambridge, Harvard University Press) et a été traduite en français en 1963 sous le titre *L'Architecture au siècle des Lumières.*

12. Les éloges de Newton sont toujours rédigés dans un style exalté à la fin du XVIIIe siècle. Le botaniste André-Joseph Canolle, autre exemple de la convergence entre la poésie et l'esprit scientifique à cette époque, écrit dans ses *Délices de la solitude, puisés dans l'étude et la contemplation de la nature*, au chapitre des « Emblèmes de l'amour » : « O génie de Newton ! porté sur tes ailes audacieuses, je m'élève dans les cieux à travers ces globes dont les immenses ellipses ont été concentrées par toi dans la sphère de nos connaissances. J'y vois, des yeux de ton sublime entendement, ces masses lumineuses qui en imposent même aux imaginations les plus hardies, se mouvoir au gré de ces mêmes lois qui maîtrisent nos cœurs ». (2e éd., Paris 1799, p.50). On ne manquera d'être frappé par l'analogie entre le ton de ce passage et celui de Chénier dans l'*Invention* ou dans l'*Amérique*, ainsi que par la ressemblance entre cette théorie de l'amour-attraction et les conceptions développées un peu plus tard par Charles Fourier. Tant il est vrai que l'étude littéraire de cette période reste encore à faire.

cosmos. « Oui, je le crois », écrit Boullée, « nos édifices, surtout les édifices publics, devraient être, en quelque façon, des poèmes ».[13]

Le même Boullée imagine de gigantesques cimetières, au portail pyramidal, veillés par des sphinx, et qui doivent, la nuit, se transformer en « architecture des ombres ». Diderot écrivait, dans le *Salon* de 1767 : « Il faut ruiner un palais pour en faire un objet digne d'intérêt ». Hubert Robert avait appliqué la formule à la lettre en imaginant la Grande Galerie du Louvre à l'état de ruines. Boullée, quant à lui, crée de toutes pièces ce qu'il appelle « une architecture ensevelie » et l'exemple qu'il en donne est précisément un *Monument funéraire* dont les lignes basses et plongeantes suggèrent l'absorption et l'ensevelissement.

En somme, qu'il s'agisse de peinture, d'architecture ou de littérature, néo-classique et sensibilité, loin de s'exclure ou de diverger, font excellent ménage dans les grandes conceptions de la fin du XVIIIe siècle. Ledoux rêve de construire de vastes palais classiques à cheval sur un cours d'eau, au-dessus d'une grotte (château d'Eguière) ou face aux sommets alpestres (palais épiscopal de Sisteron).

Ledoux réalise dans le style néo-classique le plus pur quelques-unes des chimères de Rousseau et préfigure par instants le plan des phalanstères. Son projet de la ville de Chaux comprend un Panarèthéon et une Cénobie en pleine forêt.

L'architecte exécute sur le papier les prouesses scientifiques et techniques que Chénier exaltera dans l'*Amérique* et dans *Hermès*. Possédé par le démon de l'absolu, il dessine la cité parfaite, le temple de l'amour, la palais de la concorde, la maison de l'union. En contrepartie, le poète Delille exalte le projet de Ledoux au chant V de *L'Imagination* (1806) :

> A l'honneur des Français, que n'eût point ajouté
> Le généreux projet de ta vaste cité !
> Là serait le bonheur ; là de la race humaine
> Le monde eût admiré le plus beau phénomène.

Mais aucune fantasmagorie d'architecte ne renvoie plus éloquemment au subconscient de l'époque que l'extraordinaire « Rendez-vous de Bellevue, à la pointe du rocher » imaginé par Lequeu, et qui rassemble dans un incroyable tohu-bohu un temple grec en réduction, une tour

13. Dans E.-L. Boullée, *Essai sur l'art*, présenté par J.-M. Pérouse de Monteles (Paris 1968), p.47 et 137. Le commentateur remarque qu'il y eut au moins trois autres projets de « Cénotaphe à Newton » avant 1800 (p.138, n.110).

Renaissance, une porte gothique. C'est le même Lequeu qui imaginera ce souterrain romantique aux galeries cachées, aux machines menaçantes, aux couloirs dérobés destinés à des épreuves initiatiques, qui semble préfigurer *La Colonie pénitentiaire* de Kafka, alors qu'il se réfère très simplement à quelques pages de *Séthos* de l'abbé Terrasson, illustrant de façon puérile une initiation à l'héroïsme et au devoir.[14]

Certes nous voilà loin, très loin, des grâces et des volutes du rococo. La seconde moitié du siècle des Lumières est allée demander aux anciens une leçon de grandeur, un modèle de rigueur et de majesté, et – comme l'a fort bien montré Peter Gay dans son livre *The Enlightenment: an interpretation. The Rise of modern paganism* (1966) – une vision du monde à la fois grandiose, cohérente et laïque à opposer au prestige de la tradition chrétienne.

Antiquité rêvée, où le souvenir de Plutarque se mêle à celui de Sénèque, et que la Révolution tentera de revivre. Mais l'âge éclairé projette en elle ses hantises, ses inquiétudes, ses élans. Comme le dit Hugh Honour dans un livre qui synthétise excellemment les données du problème : « The Neo-classical movement contained within itself the seeds of most of the Romantic forces that were to destroy it ».[15] Aussi conclut-il son ouvrage par une brillante analyse du tableau d'Ingres, *Œdipe et le Sphinx* (1808), qui marque la rupture interne en voie de s'opérer : « A new vision of antiquity, is here beginning to emerge, very different from the cool, calm land of liberty and reason described by Winckelmann and painted by David. In this grim mountain cleft there is no sign of eternal springtime. The dark irrational gods are once more closing in » (p.190).

Encore faudrait-il admettre, au départ, que l'antiquité des néo-classiques n'ait été que ce paysage tranquille et froid de liberté et de raison.

Nous avons vu, par l'exemple de Diderot, de Chénier, de Boullée, que le retour à l'antiquité pouvait inclure la poussée de l'émotion, la pulsion du rêve, l'appel du cosmique, la méditation sur l'éternité et sur

14. Tous ces projets, dont la plupart ne sont jamais sortis des cartons de leurs auteurs, ont fait l'objet d'une exposition itinérante (Bibliothèque nationale de Paris, Metropolitain Museum, etc.) et ils figurent dans le copieux catalogue *Visionary architects* (Houston, University of St. Thomas, 1968).

15. *Neo-Classicisms* (Londres 1968), p.186.

le temps. L'examen attentif des faits révèle, on s'en aperçoit, que néo-classique et sensibilité, loin d'être incompatibles, se sont enrichis d'apports mutuels, qu'ils se nourrissent de la même substance qui ne se dissociera qu'après 1825, lorsqu'éclatera une unité sans doute précaire et confuse, mais riche et variée comme la vie même.

Un magistrat «âme sensible»: le président Dupaty (1746-1788)

On se méprendrait singulièrement sur les mobiles et sur les objectifs des penseurs du XVIIIe siècle en les confinant a priori dans l'ordre de la pure raison. Certes, l'époque elle-même s'est tenue pour *éclairée* (ou en passe de le devenir, grâce à l'effort de ses porte-parole les plus qualifiés) et elle s'est présentée délibérément au regard de la postérité comme une ère de réflexion critique et de renouveau scientifique. En se disant *philosophique*, et en élargissant considérablement ce concept, le siècle s'est cru le détenteur d'une sagesse nouvelle, mieux adaptée à la réalité humaine parce que coupée de tous les absolus, y compris celui d'une pure raison. Mais jamais il n'a entendu se cantonner dans un discours théorique ou se mettre au service d'une rationalité intégrale, qu'il s'efforce au contraire de contenir dans des limites précises en accordant leur juste part à l'émotion, à la sensibilité, aux passions, à toute la vie profonde des sensations et de l'intériorité. En définissant l'imagination «la folle du logis», Malebranche reste fidèle à l'orthodoxie cartésienne bien plus qu'il n'annonce la couleur des temps futurs. Diderot est plus représentatif de son époque lorsqu'il proclame: «La raison se traîne, l'imagination vole: mettez la raison sur les ailes de l'imagination, elles voleront ensemble partout où il faut dissiper l'ignorance et détruire les erreurs».[1] Comme l'a fort bien dit Robert Niklaus, «the Age of Enlightenment is the Age of Reason and the Age of Sensibility in one. This truth is reflected in all the cultural activities of the period [...] No careful critic can afford to neglect either element».[2] Nous voudrions illustrer cette remarquable convergence du propos critique et réformateur d'une part avec la sensibilité expansive et l'amour des hommes

1. Selon le témoignage de D.-J. Garat dans ses *Mémoires historiques sur le XVIIIe siècle et sur M. Suard*, deuxième édition (Paris 1821), i.236.

2. *A literary history of France: the eighteenth century* (London 1970), p.389.

d'autre part, par l'exemple d'un écrivain un peu oublié, mais qui eut son heure de gloire, le président Dupaty.

La vie de ce magistrat se confond pratiquement avec son œuvre, l'une et l'autre mises au service d'une réforme de la jurisprudence inspirée par l'horreur d'une législation archaïque et de coutumes barbares. Toute sa carrière est vouée à cet amour pratique des hommes, à ce pragmatisme généreux qui se réclame de la doctrine de Montesquieu, de l'exemple de Voltaire, de la sensibilité effervescente de Diderot. Mais le cas de Dupaty est exemplaire à d'autres égards encore: il montre la pénétration des Lumières à l'intérieur de la bourgeoisie fortunée et des milieux parlementaires, si hostiles en général au courant «philosophique»; il éclaire les liens entre la vie politique et le monde littéraire dans la seconde moitié du siècle ainsi que la lente progression des idées réformatrices; il illustre enfin la diffusion d'une certaine rhétorique de la sensibilité et son utilisation à des fins pratiques, concrètes et positives.

Nous ne retracerons pas en détail les événements qui jalonnent une existence qui fut courte, mais bien remplie, et nous nous bornerons à en dégager les étapes les plus marquantes.[3] Charles-Marguerite-Jean-Baptiste Mercier Dupaty[4] naquit à La Rochelle, le 9 ou le 10 mai 1746, du second mariage de Charles-Jean-Baptiste Mercier Dupaty avec Louise-Elisabeth Carré de Clam.[5] La famille avait accumulé une importante fortune dans les plantations de Saint-Domingue, où Charles (le père) était né en 1720; très tôt cependant, il avait quitté l'île avec sa mère, devenue veuve en 1723 et bientôt remariée à Paris. A son mariage avec la fille d'un trésorier de France, Charles s'était fixé à La Rochelle où il avait obtenu la survivance de la charge de son beau-père. Après un bref retour à Saint-Domingue, où il siégea au Conseil supérieur de la colonie, il s'établit définitivement à La Rochelle, dont il devint successivement échevin et premier conseiller perpétuel. Sa qualité de notable et ses curiosités scientifiques (il avait commencé des études de

3. Pour une information plus complète, on se réfèrera à la notice rédigée par M. Roman d'Amat pour le *Dictionnaire de biographie française*, xii, col. 318-20. Riche et détaillée, cette notice est cependant conçue dans un esprit inutilement polémique.

4. On écrivait indifféremment Dupaty et Du Paty au XVIIIe siècle.

5. Les descendants adopteront au XIXe siècle le patronyme Dupaty de Clam, qui fut rendu tristement célèbre par le rôle que joua dans l'affaire Dreyfus le colonel de ce nom, qui est d'ailleurs l'arrière-petit-fils de notre Dupaty.

médecine avant d'entrer dans l'administration) lui valurent d'être élu très jeune à l'Académie de La Rochelle (1744) où il présenta des mémoires sur des problèmes d'agriculture et d'élevage (culture des moules, des huîtres, sucreries, canne à sucre). Il mourut à La Rochelle le 27 mars 1767.

Son fils Charles-Marguerite avait commencé par suivre les traces paternelles. Ayant fait ses débuts littéraires à dix-sept ans, il entrait à l'Académie de La Rochelle à dix-neuf ans, et en devenait le directeur à vingt ans. Foudroyante progression, qui n'était pas uniquement le résultat de son mérite.[6]

A la fin de 1765, l'académicien de dix-neuf ans prononçait un discours «Sur l'utilité des lettres»; l'année suivante, un «Eloge du chancelier de L'Hôpital» assez révélateur de ses tendances politiques et de son adhésion précoce au mouvement «philosophique».[7] Toujours en 1766, il fut chargé, en sa qualité de directeur de l'Académie, de haranguer le nouvel intendant de l'Aunis, Sénac de Meilhan,[8] qu'il admonesta d'un ton tranchant et peu conforme aux usages, en lui réclamant du pain pour les pauvres et de la justice pour tous.

Sous la pression du milieu familial, il avait dû reprendre la charge de trésorier de France à La Rochelle,[9] mais il ne l'avait fait qu'après avoir été menacé de déshérence (1764). C'est que le jeune homme rêvait de jouer un rôle actif dans l'Etat et qu'il espérait bien se pousser dans les milieux littéraires. Il se sentait en tout cas appelé à de plus hautes destinées. Aussi s'arrangea-t-il, à la mort de son père (1767), pour obtenir des lettres de vétérance – à vingt et un ans! – après quoi il quitta La Rochelle pour Bordeaux et la trésorerie pour une seconde carrière, cette fois de magistrat. Le 10 février 1768, il était reçu avocat général au Parlement de Bordeaux; l'année suivante, il devenait

6. Son biographe, M. Roman d'Amat, affirme que ses parents avaient 80.000 livres de rentes, ce qui constituait une très grosse fortune à l'époque.

7. L'éloge académique était devenu, au XVIIIe siècle, un véritable genre littéraire, où excellèrent Fontenelle, d'Alembert et Thomas. Il était souvent le véhicule de la pensée «philosophique» et réformiste.

8. Le futur écrivain politique et auteur du roman *L'Emigré*.

9. La charge était héréditaire dans la famille de la première femme de son père, née Richard Des Herbiers.

membre associé de l'Académie locale, fondée en 1712, et dont la réputation était très étroitement liée à la gloire de Montesquieu.[10]

Le jeune Mercier Dupaty avait su faire parler de lui en dehors de l'Aunis et de la Guyenne en posant au mécène «philosophe», adepte de Montesquieu et de Voltaire. En 1767, il avait fait les frais d'une médaille en or destinée à récompenser le meilleur éloge du bon roi Henri IV, ce qui devait lui valoir la bénédiction du patriarche de Ferney, enchanté de voir ses idées se répandre dans la magistrature de province.[11] Il avait fait la preuve de ses curiosités cosmopolites en lisant à l'Académie de La Rochelle des *Réflexions sur la littérature allemande* qui s'inscrivaient dans une veine récemment ouverte par Turgot, puis en 1769 une imitation de l'*Elégie écrite dans un cimetière de campagne* de Thomas Gray, très à la mode en ces années. Il avait marqué son entrée à l'Académie de Bordeaux en instituant un prix pour le meilleur éloge de Montesquieu. Décidément, ce jeune magistrat manifestait d'excellentes dispositions pour la cause «philosophique», et il faisait un usage aussi spectaculaire que généreux de sa grosse fortune. On savait, à Bordeaux, qu'il collaborait au *Mercure*, qu'il correspondait avec les célèbres «philosophes» de Paris, qu'il se signalait par ses idées libérales et par son hostilité envers les jésuites et envers l'absolutisme. Bientôt, on le retrouvera entouré d'une petite cour d'avocats aux idées avancées, dont certains feront une brillante carrière politique dans les cercles Girondins, comme Vergniaud ou Garat.

Il apparaît comme l'inspirateur d'une tendance libérale qui va s'élargissant dans la magistrature, et dont l'avocat général de Grenoble, Michel Servan, est alors la plus célèbre illustration. Au nom d'un idéal de justice et de raison, il s'élève contre les empiètements du pouvoir central (représenté à Bordeaux par le duc de Richelieu), contre la chasse sournoise aux protestants, contre les abus de toute sorte d'une jurisprudence archaïque et d'une magistrature trop sensible aux pressions extérieures. Sa rencontre avec Diderot, née d'un concours de

10. Voir P. Barrière, *L'Académie de Bordeaux, centre de culture internationale au XVIIIe siècle (1712-1792)* (1951), spéc. p.44, 66, 118 et 231.

11. «Le bon Dieu bénisse cet avocat général de Bordeaux qui a fait fraper la médaille de Henri 4 [gravée par Cathelin d'après Cochin]. On dit qu'il est aussi éloquent que généreux. Les parquets de province se sont mis depuis quelque tems à écrire beaucoup mieux que le parquet de Paris» (Voltaire à G.-H. Gaillard, 23 janvier 1769; D15445).

circonstances, va arracher à celui-ci des cris d'admiration dans une belle lettre adressée le 22 septembre 1769 à Sophie Volland.

Le jeune ménage Dupaty était venu à Paris à la fin de l'été de 1769 et y avait assisté à une des ultimes représentations du *Père de famille*. Peu habituée à un tel spectacle, la jeune femme (dont c'était la première sortie publique) avait été prise de peur devant un geste menaçant de Saint-Albin et avait poussé un cri aigu qui avait troublé le déroulement de la pièce. Mais laissons ici la parole à Diderot lui-même :

Cela m'a valu la visite de son mari, qui a grimpé à mon quatrième étage pour me remercier du plaisir et de la peine que je leur avais faits. Ce mari est avocat général au parlement de Bordeaux. Il s'appelle Mr Du Paty. Nous causâmes très agréablement. Lorsqu'il s'en allait et qu'il fut sur mon palier, il tira modestement de sa poche un ouvrage imprimé[12] sur lequel il me pria de jeter les yeux avec indulgence, s'excusant sur sa jeunesse et la médiocrité de son talent.

Le voilà parti. Je me mets à lire, et je trouve, à mon grand étonnement, un morceau plein d'éloquence, de hardiesse et de logique. C'était un réquisitoire en faveur d'une femme convaincue de s'être un peu amusée dans la première année de son veuvage, et menacée aux termes de la loi de perdre tous les avantages de son contrat de mariage.

J'ai appris depuis que ce même magistrat adolescent s'était élevé contre les vexations du duc de Richelieu, avait osé fixer les limites du pouvoir du commandant et de la loi, et fait ouvrir les portes des prisons à plusieurs citoyens qui y avaient été renfermés d'autorité. J'ai appris qu'après avoir humilié le commandant de la province, il avait entrepris les évêques qui avaient annulé des mariages protestants, et qu'il en avait fait réhabiliter quarante. Si l'esprit de la philosophie et du patriotisme allait s'emparer une fois de ces vieilles têtes-là, ô ! la bonne chose ! Cela n'est pas aisé, mais cela n'est pas impossible. Lorsque je revis Mr Du Paty, je lui dis qu'en lisant son discours, ma vanité mortifiée n'avait trouvé de ressource que dans l'espérance que, marié, ayant des enfants, la soif de l'aisance, du repos, des honneurs, de la richesse le saisirait et que tout ce talent se réduirait à rien. Vous auriez souri de la naïveté avec laquelle il me protestait le contraire.[13]

Certes, Dupaty n'était pas aussi naïf que Diderot le pensait, et il ne lui était pas indifférent de se savoir approuvé et soutenu par le directeur de l'*Encyclopédie*. N'avait-il pas été salué déjà par Voltaire comme

12. Le *Discours de M. Dupaty, avocat général, dans la cause d'une veuve accusée d'avoir forfait avant l'an de deuil* (1769) fera aussitôt l'objet d'un article de Diderot dans la *Correspondance littéraire* du 1er octobre 1769 (A.-T., vi.388-89).

13. *Correspondance*, éd. G. Roth et J. Varloot, xi.1769.

un des hommes appelés à «débarbariser» la France? Dans une lettre personnelle datée de Ferney le 27 mars 1769 (D15538), l'auteur de *La Henriade* le félicitait de son admirable discours à l'Académie[14] et saluait en lui un des esprits novateurs et audacieux en qui il mettait ses espoirs:

> Vous avez signalé à la fois, Monsieur, votre patriotisme,[15] votre générosité et votre éloquence. Un beau siècle se prépare, vous en serez un des plus rares ornements; vous ferez servir vos grands talents à écraser le fanatisme qui a toujours voulu qu'on le prît pour la religion. Vous délivrerez la société des monstres qui l'ont si longtemps opprimée en se vantant de la conduire. Il viendra un temps où l'on ne dira plus: les deux puissances,[16] et ce sera à vous, Monsieur, plus qu'à aucun de vos confrères, à qui on en aura l'obligation. [...] Travaillez, Monsieur, à nous débarbariser tout à fait.

S'il avait connu plus intimement le jeune magistrat, sans doute eût-il conclu sa lettre par un «Ecrasons l'infâme»; il se contenta, pour cette fois, d'espérer qu'on graverait un jour une médaille en son honneur.

Le nom de Dupaty allait reparaître dans la correspondance de Voltaire à la fin de 1769 et au début de 1770 à propos d'une représentation à Bordeaux de la tragédie *Les Guèbres*, qu'on venait d'interdire à Lyon.[17] Voltaire n'hésite pas à se réclamer de l'appui de Dupaty dans une lettre au gouverneur de Guyenne, le duc de Richelieu, à qui il le présente comme un «jeune avocat général qui pétille d'esprit et qui déteste cordialement les prêtres de Pluton», d'ailleurs un «idolâtre de la tolérance».[18] Le 25 juin, il le décrit au même Richelieu comme «un franc Guèbre» qui s'arrangera pour autoriser la représentation de sa pièce (D16449). Il ne semble pas se douter de l'opposition sourde, puis violente, qui existait entre les deux hommes, représentants d'intérêts contradictoires et de groupes sociaux antagonistes.[19]

En effet, le moment était venu, pour Dupaty, d'entrer enfin dans la grande histoire. Enhardis par leur victoire sur les jésuites, les parlemen-

14. Th. Besterman suppose qu'il s'agissait d'un éloge de Henri IV.

15. Il est significatif que Voltaire et Diderot se servent du même terme pour exprimer ce qui est, à leurs yeux, la forme nouvelle de la relation entre l'individu et la collectivité nationale.

16. La puissance spirituelle et la puissance temporelle, ou l'Eglise et l'Etat.

17. Lettre à Jacques Lacombe, 23 octobre 1769 (D15969).

18. 20 avril 1770 (D16304).

19. Il savait pourtant Richelieu hostile aux philosophes et protecteur de Palissot (voir D16449), et peut-être ne se faisait-il, au fond, pas trop d'illusions sur le sort de sa démarche.

taires avaient osé défier le pouvoir central en prenant fait et cause pour leurs collègues bretons, que le procureur général de Rennes, La Chalotais, avait dressés contre le duc d'Aiguillon. Dupaty incita ses confrères bordelais à se montrer irréductibles dans la défense de leurs prérogatives, en s'inspirant de la théorie des «pouvoirs intermédiaires» chère à Montesquieu. Aussi lui revint-il de rédiger, le 13 août 1770, des remontrances au roi, conçues dans un esprit de résistance ouverte. Le choc devait aboutir à la chute de Choiseul et à la venue au pouvoir du triumvirat Terray-Maupeou-Aiguillon. Le gouvernement, se sentant défié, réagit avec promptitude et sa riposte fut très dure. Le 25 septembre 1770, Dupaty était arrêté dans sa résidence de Clam, en Saintonge, et enfermé près de Lyon au château de Pierre-Encise. Les protestations du Parlement entraînèrent sa libération, mais il fut astreint à rester en résidence surveillée à Roanne où il s'occupa à lire et à commenter Beccaria. Libéré complètement au printemps de 1771, il rentrait aussitôt au Parlement, mais pour très peu de temps puisqu'en septembre 1771 tout le corps des parlementaires bordelais se voyait condamné à l'exil, en raison de sa coalition avec les réfractaires du Parlement de Paris. Dupaty devait, pendant trois ans (1771-1774), mener une existence obscure à Muret.[20] Du moins ses mésaventures lui avaient-elles valu de connaître, pendant quelques mois, les fumées de la gloire et les agréments de la popularité.

Voltaire, pourtant favorable aux réformes de Maupeou, s'émut vivement du sort de son jeune protégé, comme en font foi plusieurs lettres de la fin de 1770. Ecrivant à d'Alembert, il s'inquiète de l'arrestation d'un «jeune philosophe» dont les seuls délits sont d'aimer la tolérance, la liberté et Henri IV (D16713). A son correspondant F.L.C. Marin, il dit «s'intéresser infiniment» à l'avocat général de Bordeaux (D16724). Un peu plus tard, il s'informe à nouveau auprès de d'Alembert: «Je serai très vivement affligé s'il est vrai que mon Alcibiade[21] dans sa vieillesse persécute mon jeune Socrate de Bordeaux. Ou je suis bien trompé, ou mon Socrate est un philosophe intrépide.

20. La fin de cet exil correspond à la mort de Louis XV et à l'avènement d'un gouvernement plus favorable à la pensée des Lumières. Dupaty occupa ses loisirs en rédigeant, pour l'Académie de Bordeaux, un «Eloge de Montaigne» conçu dans une optique très «philosophique» (1772).

21. Le duc de Richelieu (1696-1788), gouverneur de Guyenne et maréchal de France.

Vous me mandez qu'il est gai dans son château [de Pierre-Encise]; mais moi je m'attriste en songeant qu'il suffit d'une demi-feuille de papier pour ôter la liberté à un magistrat plein de vertu et de mérite».[22] Dans sa réponse, écrite au retour d'un voyage dans le Midi, d'Alembert lui annonçait la nouvelle de l'exil à Roanne (D16802). Sur quoi Voltaire s'empressa de réconforter Dupaty en lui annonçant qu'il venait d'ajouter son nom à celui du chancelier d'Aguesseau dans l'édition des *Questions sur l'Encyclopédie* qui s'imprimait à Genève,[23] ajoutant que c'était faire grand honneur à un magistrat janséniste, qui n'était pas, comme lui, à la fois «philosophe et patriote», et l'assurant par surcroît de son zèle, de son estime et de son respect (D16824). Quand on songe que la formule s'adressait à un homme de vingt-quatre ans, on se dit qu'elle avait de quoi lui tourner la tête. Dupaty allait d'ailleurs être l'hôte de Voltaire à Ferney en février 1771. Il lui avait, au préalable, adressé une lettre, datée de Roanne le 19 janvier 1771 (D16979), où les mâles déclarations d'indépendance alternent assez fâcheusement avec des grâces maniérées et des prétentions au bel-esprit. Visiblement, Dupaty s'y tortille afin d'être brillant, spirituel et d'étaler ses lectures. Il fallait cependant du courage pour écrire, du fond de son exil:

> [les Français] se plaignent d'être esclaves, ils n'ont qu'à dire tous: nous sommes libres, et ils le seront. Mais il faut désespérer d'une nation dont une moitié est payée pour opprimmer l'autre, où personne ne connoît ni ses lois ni ses droits et où l'on ne sçait que persécuter tous ceux qui pensent ou qui font de grandes choses [...] Le projet est formé d'éteindre le flambeau de la philosophie que vous avez allumé. Déjà Séguier a voulu souffler. Ils ne rêvent aujourd'hui que ligue et complot.

Mais il se comparait ensuite à Antisthène, inquiet de se voir loué par le peuple, proclamait avec emphase qu'il ne se sentait pas exilé puisqu'«on n'est point en exil où l'on peut penser, sentir et aimer» et assurait Voltaire en conclusion: «Tant que ce cœur battra, vous serez

22. Le 5 novembre 1770 (D16743).

23. Il s'agit du fameux article «Blé», section VI, *Grammaire, morale*, où Voltaire commente le dicton «Ne nous remets pas au gland quand nous avons du blé» et dénonce les archaïsmes intolérables de la société du XVIIIe siècle: «Ne nous gouverne plus dans le XVIIIe siècle comme on gouvernait au temps d'Albouin, de Gondebald. [...] Ne parle plus des lois de Dagobert, quand nous avons les œuvres du chancelier d'Aguesseau, les discours de MM. les gens du roi, Montclar, Servan, Castillon, La Chalotais, Dupaty, etc. Ne nous cite plus les miracles de saint Amable» (M.xviii.16).

où je suis, et je serai où vous êtes». Tout Dupaty est dans ce mélange de rhétorique et de vigueur, d'ostentation et de sincérité, d'élan généreux et d'affection encore scolaire. Cet homme qui semble avoir le goût de la bravade, et même du défi, est aussi très sensible au qu'en-dira-t-on. Il versifie dans l'intimité et envoie des poèmes de sa façon à Voltaire (D16847), mais il le supplie de ne pas les divulguer, parce que la barbarie régnante est telle que le Parnasse, pour un magistrat, «est presque un mauvais lieu» (D17043). On retrouvera plus tard ce souci de ne pas choquer, cette prudence qui correspond à la volonté bien arrêtée de ne pas compromettre une carrière.[24] Au XVIIIe siècle aussi, on pouvait être à la fois opposant et conformiste.

Ses collègues parlementaires n'y furent pas insensibles. Eux qui l'avaient soutenu et suivi dans le conflit avec le gouvernement ne tardèrent pas à lui faire grise mine à son retour. S'était-il trop ouvertement compromis, à leurs yeux, avec les «philosophes»? Le soupçonnaient-ils de se préparer une trop brillante carrière? Méprisaient-ils, au fond d'eux-mêmes, ce riche parvenu? Tous ces éléments ont joué, mais le plus déterminant fut sans doute le coup de barre du pouvoir central au moment de l'avènement du jeune Louis XVI (1774). Les parlements sont alors rétablis dans leurs prérogatives, mais le gouvernement s'efforce en même temps de coordonner et de moderniser la jurisprudence, ce qui lui concilie aussitôt les faveurs du parti réformateur et des «philosophes». Dupaty, qui avait été l'inspirateur et l'organisateur de la résistance à Maupeou, trouve, à son retour de

24. En 1784, Beaumarchais envoya à Dupaty des billets de loge pour la représentation du *Mariage de Figaro*, dont on sait quelle opposition il avait suscitée dans l'entourage du roi et de la part de Suard, alors censeur royal. Dupaty sollicita l'échange de ses billets de loge contre des billets de rez-de-chaussée, arguant du fait qu'il se rendait au théâtre avec sa femme et ses filles «qui ont leurs raisons de ne pas se montrer en public». Beaumarchais lui répondit par une lettre cinglante, le 10 mai 1784: «Je n'ai nulle considération [...] pour des femmes qui se permettent de voir un spectacle qu'elles jugent malhonnête, pourvu qu'elles le voient en secret. J'ai donné ma pièce au public pour l'amuser et pour l'instruire, non pour offrir à des bégueules mitigées le plaisir d'aller en penser du bien en petite loge, à condition d'en dire du mal en société. Les plaisirs du vice et les honneurs de la vertu, telle est la pruderie du siècle. Ma pièce n'est point un ouvrage équivoque; il faut l'avouer, ou le fuir. Je vous salue et je garde ma loge» (L. de Loménie, *Beaumarchais et son temps*, Paris 1858, ii.581). Sainte-Beuve affirme que cet incident était destiné (comme quelques autres) à faire de la réclame pour une pièce qui n'en avait pas besoin (*Causeries du Lundi*, 21 juin 1852, Paris, 4e éd., vi.237).

Muret, un parlement hostile à toute réforme, bien décidé à reconquérir les privilèges des robins. Les causes de friction, puis de choc, vont se multiplier et le conflit devient ouvert lorsque Dupaty, après une longue attente, finit par acquérir une «survivance» dans la charge de président à mortier. Toutes les arguties juridiques, toutes les rebuffades, toutes les humiliations publiques seront bonnes pour décourager, puis écœurer, cet ambitieux qui ne possède ni quartiers de noblesse, ni trois générations d'ancêtres magistrats. L'affaire prendra les proportions d'un défi ouvert lancé par les orgueilleux parlementaires au secrétaire d'Etat Vergennes. Toute la France se passionne pour ce conflit d'autorité. Dans les seuls *Mémoires secrets* de Bachaumont, près de 80 notices sont consacrées à «l'affaire Dupaty», et certaines sont fort longues, reprenant des discours, des mémoires, ou des lettres royales. L'ancien «patriote» de 1770 apparaissait aux yeux des uns comme l'homme-lige du gouvernement, comme une victime de la morgue parlementaire et de l'obscurantisme aux yeux des autres. Que Dupaty ait déplu par son agitation et son goût de la publicité, on n'en saurait douter, mais il incarnait aussi l'ascension d'une bourgeoisie non issue de la robe et son alliance avec un groupe de penseurs hostiles à la religion, ou du moins à son emprise sur la société. Ce renversement d'alliances est caractéristique d'une époque qui vit la venue au pouvoir de Turgot, de Malesherbes, de Vergennes, de Necker. Les épisodes du conflit entre Dupaty et les parlementaires bordelais (ou du moins la majorité d'entre eux) défrayèrent longtemps la chronique. La petite guerre dura des années: elle provoqua une grève des juges, une intervention directe du roi, l'exil du premier président; signe des temps: elle s'acheva sur un armistice, le gouvernement chargeant Dupaty de préparer la réforme de toute la justice criminelle et l'envoyant en Italie pour y étudier le problème (1784-1785). C'était une manière élégante d'éloigner de Bordeaux le magistrat contesté, sans pour autant le désavouer ou se déjuger. De cette expérience italienne, Dupaty devait tirer la matière de ses *Lettres sur l'Italie*, publiées en 1788, avant une mort précoce qui lui évita peut-être l'échafaud où montèrent son protecteur Malesherbes et ses protégés Vergniaud et Roucher.

Mais la haine des parlementaires et leur obstination à le chasser de leurs rangs n'étaient pas les seuls titres de Dupaty à la sympathie du public. Comme ses contemporains, il admirait en Voltaire le défenseur des Calas autant que le dramaturge ou le poète. Particulièrement au fait des défaillances de la procédure et de la fragilité des preuves, sensible à la discrimination qui pesait sur les paysans et sur les ouvriers, Dupaty va mener campagne pour rouvrir des dossiers criminels douteux et pour revoir des jugements trop sévères. Sa première intervention se situe à Bordeaux lorsqu'en sa qualité de président de la Tournelle, il fait libérer – au grand dam des procureurs – un particulier qu'il tient pour détenu arbitrairement (1773). Peu de temps après, il alerte l'opinion dans l'affaire de trois paysans de Chaumont, accusés de vol nocturne avec effraction (à une époque où le vol domestique entraînait *ipso facto* la peine de mort), et condamnés au supplice de la roue. Son *Mémoire justificatif* pour Lardoise, Simare et Bradier[25] fera sensation jusqu'à la cour, où Marie-Antoinette s'émeut et envoie de l'argent aux accusés. En 1787, il leur évitera définitivement l'exécution. Enhardi par ce succès, Dupaty saisit toutes les occasions qui lui permettront, au prix d'un éclat public, de faire progresser l'idée d'une refonte complète de la justice criminelle : c'est l'affaire Estinès à Toulouse, puis celle des sept Allemands roués à Metz en 1769, et qu'il fait réhabiliter. En dépit de l'opposition de la haute magistrature, il impose au public la conviction de l'urgente nécessité d'une réforme profonde du système judiciaire français. En 1788, à l'occasion de l'Assemblée des notables, il lance une violente philippique contre des méthodes désuètes et cruelles dans sa *Lettre sur la procédure criminelle de la France, dans laquelle on montre sa conformité avec celle de l'Inquisition, et les abus qui en résultent*[26] qui fait de lui une manière de Beccaria français. Sa mort inopinée, survenue le 17 septembre 1788, l'empêchera de réaliser son grand projet (qui illustre la volonté de changement qui prévalait dans les cercles dirigeants avant 1789), et aussi de connaître une Révolution qui lui aurait probablement été fatale.

Il serait intéressant de relire attentivement les œuvres juridiques de Dupaty, dans la mesure où elles ne se dissocient jamais de son sens de l'humain, de la vérité et de l'équité. Sa critique de la torture, de la procédure secrète, des châtiments disproportionnés, de l'inégalité des prévenus devant la loi, tout cela relève de ce que les Lumières ont de plus généreux et de plus positif.

Mais tout cela s'enrobe aussi dans une rhétorique qui, avec le recul, donne une impression d'apprêt et de pose. A l'époque, au contraire,

25. *Mémoire justificatif pour trois hommes condamnés à la roue* (Paris 1786), 251 pages in-4°.

26. S.l. 1788, 177 pages in-8°.

on en approuvait «la grande clarté, la logique pressante, l'éloquence vigoureuse, la saine hardiesse».[27] Les milieux maçonniques s'étaient empressés de fêter son courage et son patriotisme: le 16 août 1779, la Loge des Neuf Sœurs le couronnait à l'occasion de sa fête annuelle au Wauxhall;[28] on y lisait un extrait du chant IX consacré au mois de novembre dans le poème *Les Mois* du jeune Roucher, où Dupaty était célébré comme défenseur de la liberté, comme magistrat incorruptible, comme ami généreux:[29]

> Je ne veux confier ce sacré ministère
> Qu'à l'homme vertueux, dont l'éloquence austère
> N'adopte, pour tonner contre l'oppression,
> Ni mot injurieux, ni lâche passion:
> Qu'à l'inflexible honneur il soit resté fidèle,
> Et qu'enfin Dupaty lui serve de modèle.
>
> Peut-être à ce seul mot, Dupaty, rougis-tu?
> Mais à notre amitié bien moins qu'à ta vertu
> Je devais aujourd'hui ce solennel hommage [...]
> On saura que j'avais pour ami véritable[30]
> Un homme incorruptible, intrépide, équitable,
> Qui, *sensible aux malheurs par le peuple soufferts*,
> Sut braver, jeune encore, et l'exil et les fers.
> Poursuis donc, Dupaty, ta course glorieuse [...]

En 1786, la même Loge faisait graver son portrait pour rappeler son intervention en faveur des trois condamnés de Chaumont. Après avoir bénéficié de l'appui et de l'admiration de Voltaire et de Diderot, il s'était lié d'amitié avec la nouvelle génération des «philosophes», avec Condorcet tout particulièrement, mais aussi avec Chamfort qui le tenait pour «un des hommes les plus vertueux du royaume, plein d'esprit, de talent et de simplicité» (lettre d'octobre 1775). Protecteur

27. Bachaumont, *Mémoires secrets*, 10 mars 1786.

28. Mais Dupaty plaça modestement ses lauriers sur la tête du jeune Garat (qui venait de composer un éloge de Montesquieu). Garat citera Dupaty dans ses *Mémoires historiques* (éd. 1821, i.345) à propos de l'affaire des trois hommes de Chaumont, mais sans rappeler l'existence de ces liens personnels.

29. Dans la somptueuse édition illustrée de 1779, publiée par souscription, ce passage se trouve au tome ii.136-37.

30. Roucher, venu à Bordeaux pour y présenter son poème, y avait trouvé un admirateur enthousiaste en Dupaty. Celui-ci lui procura, par ses relations à Paris, le poste de receveur de la gabelle (sans résidence) à Montfort-l'Amaury. On sait que le malheureux Roucher fut exécuté le même jour qu'André Chénier, en 1794.

des belles-lettres, il fut le mécène, non seulement de Roucher, mais aussi de Nicolas-Louis François, dit François de Neufchâteau,[31] à qui il trouva un emploi à Saint-Domingue, et qui l'en remercia par un quatrain qui figure au-dessous du portrait de Dupaty dans certaines éditions:

> De l'absence et du temps, quel ascendant vainqueur!
> Ton buste, ô Dupaty, me console et m'enflâme;
> Et la publique voix parle moins à mon cœur
> Que ce marbre éloquent où respire ton âme.

A la fin de sa vie, Dupaty devait ajouter à cette double auréole de mécène des lettres et de réformateur des abus la gloire, plus durable encore, de l'écrivain. C'est en 1788 seulement qu'il se décida à publier, après l'avoir retouchée et mise en forme, sa correspondance du voyage italien de 1784-1785. Il mourut trop tôt pour en connaître le succès, qui fut considérable et se prolongea jusque sous la Restauration.[32]

Les *Lettres sur l'Italie, écrites en 1785* ne sont ni un simple récit de voyage, ni un guide touristique, comme les *Délices d'Italie* de Rogissard (1707), comme le *Nouveau voyage d'Italie* de Misson (1691-1698), ou comme cette encyclopédie de l'Italie ancienne et moderne géographique, économique et artistique qu'est le *Voyage en Italie* de Lalande (1769). Il offre plus d'analogie avec les *Lettres familières* du président de Brosses, et surtout avec les *Considérations sur l'Italie* de Duclos, mais ces deux ouvrages n'ont paru qu'après la Révolution (respectivement en 1799, dans une édition très fautive – qui ne fut corrigée qu'en 1836 – et en 1791), et leur style diffère profondément de celui de Dupaty. La ressemblance tient surtout à ce que de Brosses en 1739, Duclos en 1767, et Dupaty en 1785 voyagent en «philosophes», curieux de mœurs autant que de beaux-arts, et qu'ils réfléchissent aux problèmes de retard culturel, de paupérisme, de superstition qui se posent à eux à chacune de leurs étapes.[33]

31. François de Neufchâteau fut ministre de l'Intérieur après Thermidor, comme Garat le fut avant la Terreur. Il est significatif de retrouver à ce poste deux anciens protégés de Dupaty.

32. Quérard en cite une dizaine d'éditions. Celles de 1819, 1824 et 1825 comportent une notice biographique sur l'auteur. L'édition originale de 1788 était anonyme.

33. La seule étude détaillée sur le sujet est, à notre connaissance, l'article de E. Berti Toesca, «Il Presidente Du Paty alla scoperta dell'Italia», *Nuova antologia* (octobre 1956), p.205-18. Voir aussi J. Bertaut, *L'Italie vue par les Français* (s.d.), p.125.

Le décalage entre les trois auteurs est surtout affaire de sensibilité, de style et de ton. A l'impressionnisme de Charles de Brosses, à la gravité un peu sèche de Duclos succèdent, avec Dupaty, l'exhibitionnisme sentimental et le goût du pathétique. A l'instar de Diderot, de Mercier ou même de Baculard, il affectionne le style exclamatif, le cri entrecoupé de points de suspension, l'ivresse lyrique, la pose extatique, l'épanchement attendri.

Tout le monde n'appréciera pas cette phraséologie, cette rhétorique passablement vaticinante.[34] Les sceptiques et les «rationaux» ironiseront cruellement, comme la vieille marquise de Créqui dans une lettre à Sénac de Meilhan: «Il y joue Montesquieu, comme le singe joue l'homme [...] et partout des sensations, des émotions. [...] Il faut cependant voir cela, afin d'accroître, s'il se peut, son mépris sur les réputations; car cela réussit.» La Harpe parlera d'un «mélange de bon sens et de faux esprit». D'autres critiqueront la continuelle recherche, l'abus des néologismes, les allures inspirées et une perpétuelle affectation d'«humanité» et de «sensibilité», comme autant de concessions à la mode. Mais c'est précisément en tant qu'expression d'un moment très curieux de la sensibilité en France que ce livre mérite d'être relu. Dupaty y apparaît à la fois comme un généreux réformateur, comme un disciple des «encyclopédistes», comme une âme déjà romantique et comme un esthète néo-classique. Peu d'écrivains sont aussi représentatifs

34. Stendhal détestera évidemment le style de Dupaty au même titre que celui de Chateaubriand. Il se gausse des «traits d'esprit du président Dupaty», tout juste bons pour des commis marchands français, et s'indigne que son livre, «protégé par les industriels» ait eu quarante éditions (*Promenades dans Rome*, Firenze, i.91 ; daté du 11 novembre 1827). Stendhal fait erreur dans son estimation et on voit mal qu'il y ait dans les *Lettres* des plaisanteries pour commis-voyageurs. Chateaubriand, qui aurait dû exécrer en Dupaty le voltairien anticlérical, s'est montré au contraire plus équitable pour son prédécesseur: «L'admiration déclamatoire de Dupaty n'offre pas de compensation pour l'aridité de Duclos et de Lalande, elle fait pourtant sentir la présence de Rome; on s'aperçoit par un reflet que l'éloquence du style descriptif est née sous le souffle de Rousseau, *spiraculum vitae*. Dupaty touche à cette nouvelle école qui bientôt allait substituer le sentimental, l'obscur et le maniéré, au vrai, à la clarté et au naturel de Voltaire. Cependant, à travers son jargon affecté, Dupaty observe avec justesse. [...] A la villa Borghèse, Dupaty voit approcher la nuit: ‹Il ne reste qu'un rayon du jour qui meurt sur le front d'une Vénus›. Les poètes de maintenant diraient-ils mieux ?» (*Mémoires d'Outre-Tombe*, éd. Levaillant, iii.431-32). A la date où Chateaubriand écrit ses *Mémoires*, il a renié beaucoup d'aspects du premier romantisme et repris goût au XVIIIe siècle, si vilipendé dans *Le Génie du christianisme*.

de la synthèse qui était en voie de s'opérer à la fin du siècle, et qui visait à concilier les élans du cœur avec les exigences de la raison.

Dans l'«Avertissement» de l'édition de 1788, l'auteur revendique avec vigueur la qualité d'«âme sensible»:

> On reprochera peut-être à l'auteur d'avoir écrit plusieurs endroits avec un certain enthousiasme, avec sensibilité; mais souvent il a écrit en présence même des objets, et il a le malheur de sentir. [...] On pourra encore accuser le style d'être quelquefois poétique. Comment décrire un tableau sans en faire un?

Duclos avait mis l'accent sur la malpropreté des auberges, sur la déchéance des Romains (qu'il préférait appeler «les habitants de Rome»), sur la crapule et la filouterie des Napolitains. Dupaty est beaucoup plus disposé à s'attendrir ou à sympathiser. A Toulon et à Gênes, il s'apitoie sur le sort atroce des galériens, à Monaco sur la misère des pauvres. Il fait le procès de l'administration génoise, de la prétendue liberté lucquoise, et réserve toute son admiration au grand-duc de Toscane, prince éclairé, moderne et «philosophe», qui a tiré ses états du sous-développement. Les défauts des Napolitains le choquent moins que Duclos, et il est sensible à leur amour des enfants ainsi qu'à leur conception très originale du bonheur de vivre.

Nourri de souvenirs classiques, de Plutarque au *De Viris* et de Cicéron à Horace, il proclame sa déception devant le spectacle d'une Rome humiliée, misérable, ravagée par «la faux du temps, la hache de la barbarie ou le flambeau du fanatisme» (lettre XLVI). Il s'écrie, après Montaigne, «Non, cette ville n'est pas Rome, c'est son cadavre; cette campagne, où elle gît, est son tombeau; et cette population, qui fourmille au milieu d'elle, des vers qui la dévorent» (lettre XLIV), et pourtant, de cette ville dont presque plus rien ne subsiste, si ce n'est le Colisée et le Panthéon, le prestige est toujours irrésistible: «la renommée de Rome n'étonne plus, que Rome étonne encore» (lettre XLVI).

Mais le disciple de Montesquieu cède bientôt la place au contemporain de Delille et de Bernardin. Traducteur de Tibulle et de Properce (dont il intercale des passages traduits de sa plume aux endroits les plus appropriés), il s'attarde volontiers au charme des lieux agrestes, aux plaisirs de la solitude, aux délices de l'imagination. Il s'assied (lettre L) parmi les fleurs, dans le tombeau de Cecilia Metella, et se laisse envahir par la beauté du site, par le bourdonnement des abeilles, par les souvenirs historiques, et par «mille autres impressions [qui] jetèrent peu à peu mon âme dans une rêverie délicieuse».

La lettre LIV, écrite de Tivoli, est d'une écriture déjà pleinement romantique, qui insiste sur le fracas de la cascade, sur le tumulte des eaux,[35] sur les contrastes saisissants du paysage: mais cette page digne de Chateaubriand s'achève sur une invocation à Horace!

L'adieu à Tivoli (lettre LV) associera en lui le père de famille, le poète sensible et l'humaniste classique, pour s'achever sur un discours qui tient à la fois de Rousseau et de l'élégiaque Bertin:

> Adieu vallon, adieu cascades, adieu rochers pendants [...] En vain vous voulez me retenir; je suis un étranger. [...] Mes enfants, il faudra venir vous asseoir sous cet antique olivier. [...] Adieu encore, belles ondes [...] que je regretterai [...] et non pas tous ces marbres, tous ces bronzes, toutes ces toiles, tous ces monuments tant vantés, car vous, vous êtes la nature, et eux, ils ne sont que l'art.

A Frascati, dont les jardins lui paraissent affreusement dégradés, il montre peu de goût pour les jeux d'eaux bizarres auxquels les Italiens se complaisent, et préfère réserver son intérêt aux «aspects romantiques» du site (lettre LVIII).

Surtout, Dupaty est l'homme des promenades vespérales et solitaires (au Colisée; lettre LXXIII): aux «premières ombres du soir», il se délecte à voir «la nuit se glisser par les arcades» et à fixer son regard à la plus haute pierre «sur laquelle le dernier rayon du soleil mourait». Il affectionne (à l'opposé de Mme de Staël[36]) le mystère et les ténèbres des catacombes (lettre LXIX: aux catacombes de St Sébastien). «J'aime les lieux souterrains,» écrit-il, «là, détachée de tous ses sens et seule avec elle, l'âme jouit alors de toute sa sensibilité, elle s'élève à une hauteur inconnue. On dirait que la route du ciel est sous la terre.» Les lieux «affreux» le charment, lorsqu'ils ont une histoire: le paysage sinistre de Paestum parsemé de mares d'eau croupissante, hanté par les corbeaux et les couleuvres, a pourtant «je ne sais quelle horreur, qui me charme», c'est qu'il s'y projette en imagination dans une ville grecque, parmi les

35. Déjà la première lettre, écrite d'Avignon, montrait la fontaine de Vaucluse plus violente et plus contrastée que ne l'avaient représentée Pétrarque et Delille (dans *Les Jardins*).

36. L'auteur de *Corinne* a bien connu Dupaty, grand admirateur de son père, et elle s'est souvenue des *Lettres* dans son roman. Voir C. Pellegrini, «A proposito della cornice di *Corinne*», *Mélanges Henri Hauvette* (Paris 1934), p.511-18.

Sybarites (lettre XCVIII). Mais il n'est pas insensible à la variété des couleurs au plein jour : à la Villa Adriana (lettre LXXI), il ne se lasse pas « de contempler ces ruines, de couleur violette, répandues sous un ciel d'azur, sur des gazons d'un vert tendre ».

L'auteur de la postface de l'édition de 1792, qui signe C*** et qui doit être Condorcet, souligne, dans une lettre du 4 mars 1790, la manière très particulière qu'avait Dupaty d'écrire, de voir, de louer et de voyager. « L'esprit philosophique marchait le premier [...] L'esprit littéraire suivait [...] pour traduire les sensations en images et les récits en spectacles. L'esprit magistral [de magistrat] n'était pas moins occupé à étudier les lois du pays [...] à considérer de sang froid les abus, à confronter le langage de la justice avec les habitudes de la barbarie. [...] Les ruines de l'antiquité et l'infortune des grands hommes le frappaient d'une sublime terreur. Il devenait peintre et poète aussitôt que compatissant. »

Faudrait-il tenir pour « préromantique » ce produit exemplaire du croisement des Lumières et de la sensibilité, ce fervent admirateur des anciens ? La vérité est plus complexe : Dupaty est réformateur parce qu'il s'intéresse au sort des déshérités et qu'il est « l'ami des hommes » ; il se livre aux épanchements les plus poétiques aux lieux mêmes que sanctifie la poésie latine. La critique du système juridique, en cet adepte de Voltaire et de Montesquieu, trouve sa source dans un élan sentimental.[37] Romantique avant la lettre, il ne connaît pourtant d'autre modèle que « le beau idéal ». Contemporain de Laclos et de Bernardin, de Parny et de Delille, ce magistrat « âme sensible », ce « philosophe » poète illustre la richesse et la complexité d'une époque trop méconnue de notre littérature, celle qui correspond aux ultimes années de l'ancien régime.

37. Il vérifie ce que disait, trente ans plus tôt, l'article « Foible » de l'*Encyclopédie* : « à mesure que l'esprit acquiert plus de lumières, le cœur acquiert plus de sensibilité. »

Des larmes de la sensibilité aux larmes du sentiment : Baculard d'Arnaud, Diderot, Ballanche

Si on veut dégager l'étude du XVIIIe siècle des catégories figées où on voulut l'enfermer, c'est aux textes qu'il faut retourner, mais à tous les textes, et non pas seulement aux textes que je qualifierais de canoniques en raison de la place qu'ils occupent dans les anthologies et dans les programmes d'enseignement. Pour des raisons qui tiennent au succès de ce concept fallacieux et réducteur que l'on a baptisé préromantisme, la vogue de la «sensibilité» a été souvent localisée, en France, dans la seconde moitié du XVIIIe siècle, et même assez volontiers dans la période qui précède la Révolution.

Mon propos, aujourd'hui, est de rouvrir avec vous un des ouvrages les plus appréciés et les plus souvent réédités au siècle dit des Lumières. Il s'agit d'un roman de Baculard d'Arnaud, le premier d'une très longue série de récits sensibles et attendrissants ; il s'intitule *Les Epoux malheureux, ou histoire de M. et Mme de La Bédoyère ; écrite par un ami*. Dans sa forme première,[1] le livre vit le jour en 1745 dans une édition avignonnaise qui fut suivie de beaucoup d'autres. Lorsqu'en 1783 l'auteur refondit son ouvrage et le développa considérablement par l'insertion d'épisodes indépendants, l'éditeur eut soin de notifier au lecteur que 60 éditions du texte primitif étaient déjà sorties des presses. D'autres devaient lui succéder, en 1788, 1792, 1795, 1803, 1813, et la dernière (s'il faut en croire l'excellente bibliographie de Martin, Mylne et Frautschi) fut publiée en 1815. On ne peut que s'émerveiller d'un retentissement aussi long, puisque trois quarts de siècle séparent l'édition princeps de la dernière édition répertoriée.

1. Qui ne comprend que les deux premières parties. Les deux dernières sont de 1746.

La fortune de ce livre est d'autant plus surprenante que Baculard n'a fait qu'y transposer une histoire vraie, qui a passionné les contemporains, mais dont les protagonistes avaient disparu depuis longtemps en 1800, et a fortiori en 1815. N'était la longueur du récit, il aurait pu s'intégrer, après 1772, dans ces *Epreuves du sentiment* qui firent de Baculard un des auteurs les plus appréciés du grand public, en France et même à l'étranger.[2]

Le roman nous raconte, par la voix du protagoniste, l'histoire authentique d'une mésalliance entre un fils de grande famille et une actrice du Théâtre Italien. Le jeune avocat parisien Marguerite-Hugues-Charles-Marie Huchet de La Bédoyère était né à Rennes en janvier 1709 d'un père procureur général au Parlement de Bretagne et d'une mère issue d'une riche famille d'armateurs. Devenu avocat général à la Cour des Aides, le jeune homme voyait s'ouvrir devant lui une brillante carrière parlementaire, quand il avait tout compromis en contractant dans une semi-clandestinité, le 21 janvier 1744, à la paroisse Saint-Paul, un mariage d'amour avec une jeune actrice, chanteuse et danseuse de la Comédie italienne, Agathe Sticotti.[3] La jeune épouse, née en novembre 1722, était donc à peine majeure au moment du mariage. Son père, Fabio Sticotti, originaire du Frioul, était arrivé à Paris sur le tard et s'était fait une réputation aux Italiens dans le rôle de Pantalon. Il avait épousé une chanteuse du nom d'Ursule Astori. Tel était le milieu – complètement discrédité à cette époque, tant au plan moral qu'au plan social[4] – que le jeune La Bédoyère avait essayé de faire accepter par une famille de noblesse de robe, bretonne par surcroît. Les parents avaient attaqué la validité du mariage et les deux

2. Une des nouvelles des *Epreuves du sentiment*, *Adelson et Salvini*, devait fournir en 1824 le livret d'un opéra de Bellini. Il est curieux de constater que le traducteur anglais des *Epreuves du sentiment*, John Murdoch, a intitulé son livre *The Tears of sensibility* (Dublin, Milliken, 1773, 2 vol.). Nous y avons trouvé la confirmation, a posteriori, du titre donné à cet exposé.

3. Le jeune La Bédoyère, passionné de théâtre, écrivait pour les Italiens, où il fit jouer en 1745 une comédie en vers de 3 actes, *L'Indolente*. Le frère d'Agathe, Antonio Sticotti, qui joue un rôle important dans l'ouvrage de Baculard, sera plus tard l'auteur d'une brochure intitulée *Garrick, ou les acteurs anglais* (Paris, Lacombe, 1769), qui sera le point de départ du *Paradoxe sur le comédien* de Diderot. Sticotti, dans l'ouvrage en question, se présentait comme «acteur».

4. Agathe avait pourtant été portée sur les fonts baptismaux, le 24 novembre 1722, par Mme Riccoboni, mais il ne s'agissait pas de la romancière de *Fanny Butlerd*.

parties échangèrent mémoires et documents justificatifs. Le procès passionna l'opinion française et s'acheva sur un jugement entièrement négatif pour le jeune couple. Le jeune La Bédoyère perdit sa situation et ne récupéra qu'une minime partie de l'héritage qui lui revenait. Les biographes sont muets sur le reste de sa vie ; on sait seulement qu'il mourut à Rennes en 1786 et que sa femme (de mœurs exemplaires, assure-t-on) ne lui survécut que quinze jours.[5]

Quoi qu'il en soit du destin ultérieur de ces personnages, le roman de Baculard est donc tiré d'une histoire authentique contemporaine et son auteur l'a assorti d'une masse impressionnante de documents qui constituent un vrai dossier juridique. Nous nous trouvons donc, bien avant Balzac, devant un récit qui se veut réaliste, qui se double de copieux realia, et qui traite de front le problème social de la mésalliance, les préjugés de caste et les exclusives lancées contre les gens de théâtre. Baculard n'avait pas le sentiment (en 1745 du moins) d'écrire un roman, ce qui aurait supposé une fiction coupée de références trop précises, et il espérait encore fléchir les parents par l'évocation pathétique de la vertu et des bons sentiments. La révision de 1783 orientera le livre vers le romanesque et en compliquera l'intrigue. L'ouvrage de 1745 est donc à la limite entre la littérature et le document : il n'en est que plus intéressant dans sa volonté un peu naïve de porter témoignage.

Lorsque les parents apprennent le projet de mariage de leur fils, ils lui dépêchent un oncle chargé de l'endoctriner et c'est la première apparition (p.35) de la thématique des larmes : « si tu voyais les larmes que tu coûtes à ta malheureuse mère [...] tu pleures ! Ces larmes sont la marque d'un cœur qui reconnaît sa faute ». Larmes de la douleur et larmes du repentir se situent dans une veine encore proche de la sensibilité baroque et de l'émotion religieuse. La discussion, d'un pathétique très appuyé, s'achève de part et d'autre sur un flot de larmes. « Mon oncle laissa échapper quelques larmes [...] Quoi, lui dis-je, tout en pleurs, vous me quittez, mon cher oncle ? » Les larmes sont devenues ici l'expression d'une certaine qualité d'âme. Les deux interlocuteurs se situent à un même niveau éthique, où les larmes sont l'indice de la sincérité et la manifestation d'un cœur souffrant. La larme ne supprime pas la parole. Elle ponctue plutôt le discours et lui sert de garant. Mais, très vite, l'émotion étouffe la voix et tient lieu d'argument par sa seule

5. La *Biographie universelle* croit savoir que le mari d'Agathe, l'âge venu, avait fait casser, lui aussi, le mariage de son propre fils pour cause de mésalliance.

éloquence sensible, au sens étymologique du mot. «Les sanglots me suffoquaient, l'abondance de mes larmes m'accablait, je m'étais rejeté aux pieds de mon oncle, je lui serrais les mains ; quels combats ! » (p.40). Cette fois, le geste se substitue à la parole, et le sanglot au discours. Plus direct, plus spontané que celui-ci, il est l'expression non médiatisée de l'émotion et de la souffrance. Mais il suppose toujours, on l'a vu, que celui qui les verse et celui qui les observe partagent le même code de valeurs. Lorsqu'il comprend que son oncle reste inflexible, le narrateur change de ton et l'oncle lui-même s'exprime alors avec un mélange «de colère et de hauteur». En réalité, l'oncle a pour instruction de ramener le récalcitrant à Rennes, de gré ou de force. Là-dessus, notre héros est comme paralysé : «Je voulus parler, je ne pus m'épancher qu'en sanglots, enfin je tombai sans connaissance aux pieds de mon oncle» (p.41). On constate que l'esthétique théâtrale l'emporte de très loin, dans ce passage, sur l'esthétique romanesque. L'analyse et le récit sont réduits au minimum, et cela au profit du discours direct relayé par le sanglot, ou résolument aboli à son profit.

En dehors de ses discours menaçants ou suppliants, le héros se partage entre les pleurs («le visage inondé de larmes», p.42) et l'évanouissement, comme si les attitudes les plus spectaculaires, les expressions les plus spécifiquement corporelles, donc matérielles, étaient la marque privilégiée de la sensibilité. Celle-ci ne se manifeste pas à travers un comportement complexe, qui serait la traduction codée d'une intériorité préservée, mais par des signes physiques aisément reconnaissables. On pourrait dire, en ce sens, que la «sensibilité» en pleurs est une des formes que prend une philosophie empiriste (ou sensualiste), qui peut chez certains se muer en matérialisme. De même que la sensibilité, à son autre versant, frôle parfois l'érotisme ou le voyeurisme, elle traduit ici la douleur en des termes physiques, concrets, perceptibles aux sens.

Le côté physique de la sensibilité est d'ailleurs souligné par notre auteur : «La douleur m'avait accablé, j'étais anéanti, je ne faisais que répandre des larmes, je refusai de prendre la moindre nourriture» (p.46). Notre héros réussit à s'échapper, va retrouver sa chère Agathe et verse de nouvelles larmes, cette fois de tendresse et de joie : «j'arrosais ses mains de mes larmes, je les couvrais de mille baisers» (p.55). Une remarque de sa part souligne d'ailleurs le caractère prépondérant du physiologique dans ces effusions sentimentales : «l'excès du sentiment semblait m'empêcher de goûter tout le bonheur d'une pareille entrevue» (p.55).

Les larmes font partie d'un système rhétorique parallèle, qui s'inscrit dans des conventions tacites ; elles peuvent donc aussi tenir lieu d'argument : « J'employai mes larmes, mes soupirs, l'amour même, pour rassurer Agathe » (p.60). On s'aperçoit très vite que ce constant recours aux larmes est une solution de facilité qui dispense le romancier d'une véritable analyse de ces sentiments qu'il ne cesse d'évoquer. Lorsque l'entrevue entre l'oncle et Agathe s'achève par un échec (le « préjugé » l'emportant sur l'« humanité », dit l'auteur), le héros tombe dans l'accablement, et n'en sort que pour annoncer ses intentions suicidaires, après quoi, « je retombai dans une morne stupidité, et baigné dans un torrent de larmes qui coulaient du fond même de mon cœur » (p.75). Le discours se déchire, le plaidoyer éclate devant la pulsion toute physique des sanglots : « Je ne pus achever, je pleurais ; et c'était les larmes de la douleur » (p.77).

Fait singulier : il semble que le héros sensible ne pleure que dans la confrontation avec une autre personne. Lorsqu'il est seul, le jeune La Bédoyère « s'accable, s'empoisonne, s'assassine, se brûle lui-même », il est « son premier tyran, son plus cruel bourreau » (p.78) – on remarque le côté paroxystique et forcené de l'expression – mais il ne pleure qu'avec Agathe ou devant son oncle. Ceci confirme le caractère rhétorique, ou plus précisément la fonction persuasive, des larmes dans ce roman. Ainsi, les larmes d'Agathe, dans la mesure où elles prouvent son amour, sont des « larmes délicieuses pour un Amant » (p.81). Avec une touche de cruauté inconsciente qui rappelle les vers de Néron dans *Britannicus*, le héros nous confie : « Eh ! que les yeux d'une Amante sont ravissants, adorables, lorsqu'ils sont couverts de larmes ! Le cœur s'y baigne tout entier et avec une volupté inconnue des Amants ordinaires » (p.86), ce qui associe involontairement sensibilité érotique et sensibilité émotive.

Tout le roman, dans les quatre parties de sa première édition, se déroule dans un continuel flot de larmes, et il serait lassant de citer in extenso les passages qui en sont littéralement inondés. Je me contenterai de la seule page 41 de la IIIe partie où on peut lire : « je tenais ma bouche collée sur ses mains, je les arrosais de mes larmes [... Agathe] ne pouvait que laisser couler des larmes [...] je la couvre de mille baisers mouillés de pleurs, ma bouche essuie ses larmes ». Comme Baculard prend soin de le préciser dans le « Discours préliminaire » à la IIIe partie, parue en 1746, et qui fait écho au succès du livre, les larmes de ses héros ont suscité celles du lecteur : « j'ai eu la gloire de faire couler ses pleurs, une seule de ces larmes ne détruit-elle pas toutes les objections de mes censeurs?» (p.11-12).

En somme, dans le système moral de l'époque, les larmes sont l'expression de l'humanité et – comme l'a fort bien montré Gerhard Sauder dans son livre sur l'*Empfindsamkeit*[6] – elles mettent les «âmes sensibles» sur un pied d'égalité qui transcende les distinctions de classe, d'éducation ou de profession. La sensibilité est l'indice d'une supériorité intrinsèque sur les âmes calculatrices ou blasées. Là-dessus, Baculard rejoint l'auteur de *Mérope* dont il ne peut entendre «qu'avec un plaisir secret qui [lui] arrache des larmes» le beau vers: «Il suffit qu'il soit homme, et qu'il soit malheureux». La sensibilité n'est pas antivoltairienne; elle se veut, au contraire, l'illustration vivante d'une philosophie toute tendue vers le destin terrestre d'un homme réhabilité, lavé de tout péché originel, par ses qualités de cœur. Les héros de Baculard, comme ceux de Nivelle de La Chaussée, mais aussi comme ceux du théâtre de Diderot, se rejoignent dans le sublime du pathétique et des larmes.

Mais si le Diderot du *Fils naturel* (1757) donne encore dans le «genre larmoyant», les analyses matérialistes de la psychologie et des mécanismes de la perception qui conduisent au *Rêve de d'Alembert* vont l'amener progressivement à une nouvelle appréciation (beaucoup plus critique) de la fonction de la sensibilité, y compris ses manifestations lacrymales. Il est inutile d'entrer ici dans le détail de cette argumentation, dont on retiendra surtout qu'elle ne se contente pas d'approximations confuses, mais va résolument au fond d'un problème qui touche tantôt à la biologie, tantôt à la psychologie, tantôt à une théorie de la communication. Diderot oppose le cerveau, centre où se rassemblent et s'organisent les perceptions, aux ramifications externes du faisceau nerveux, point d'application des sensations et lieu de l'émotivité. L'un est une force de concentration, l'autre un facteur de désordre; l'un est fermeté, l'autre faiblesse. L'émotivité relève, par conséquent, du domaine viscéral (le diaphragme, selon Diderot) et s'en trouve aussitôt dévaluée. Ecoutons Bordeu-Diderot faisant la leçon à la trop sensible Julie de Lespinasse: «Un mot touchant a-t-il frappé l'oreille? un phénomène singulier a-t-il frappé l'œil? et voilà tout à coup le tumulte intérieur qui s'élève, tous les brins du faisceau qui s'agitent, le frisson

6. Gerhard Sauder, *Empfindsamkeit* (Stuttgart 1974-1980).

qui se répand, l'horreur qui saisit, les larmes qui coulent, les soupirs qui suffoquent, la voix qui s'interrompt, l'origine du faisceau qui ne sait ce qu'il devient ; plus de sang-froid, plus de raison, plus de jugement, plus d'instinct, plus de ressource».[7] A quoi Julie ne trouve à répondre que: «Je me reconnais». Mais les héros de Baculard auraient pu, eux aussi, se reconnaître dans cette impitoyable analyse clinique. On sait comment Diderot en déduira toute une théorie du grand homme, sans cesse occupé à se rendre maître de ses mouvements afin de devenir, si possible, «tranquille et froid». La sensibilité larmoyante se trouve par là disqualifiée. Les êtres sensibles sont mis au même plan que les fous, ils sont en scène alors que le grand homme est au parterre et les regarde. «Vous passerez votre vie à rire et à pleurer», dit Bordeu à Julie, «et vous ne serez jamais qu'un enfant».

Dans le *Paradoxe sur le comédien* (dont le premier jet est contemporain du *Rêve*), Diderot reprend cette idée, presque mot à mot, pour l'appliquer aux arts, et surtout au théâtre. «Une femme malheureuse, et vraiment malheureuse, pleure et ne vous touche point: il y a pis, c'est qu'un trait léger qui la défigure vous fait rire».[8] La sensibilité peut rendre «sot et plat», car «l'homme sensible perd la tête et ne se retrouve qu'au bas de l'escalier» (p.332 et 331). Elle est inconciliable avec la création: «si les larmes coulent, la plume tombe des mains, on se livre à son sentiment et l'on cesse de composer». On ne peut s'opposer plus catégoriquement au fameux *Si vis me flere* d'Horace. Au bout du compte, la sensibilité est définie: «cette disposition compagne de la faiblesse des organes, suite de la mobilité du diaphragme [...] qui incline à compatir, à frissonner, à admirer, à craindre, à se troubler, à pleurer, à s'évanouir, à secourir, à fuir, à crier, à perdre la raison, à exagérer, [...] à n'avoir aucune idée précise du vrai, du bon et du beau, à être injuste, à être fou» (p.343). D'où le ton méprisant pour parler, plus haut (p.310), de «ces pleureurs-là».

La sensibilité se voit ainsi évacuée du grand domaine littéraire auquel elle ne peut accéder en raison des faiblesses qui lui sont inhérentes. «Abandonnez votre éternelle pleureuse à quelques-uns de nos rôles élégiaques» (p.372). Diderot ressent la sensibilité, telle qu'elle règne à l'époque, comme une caricature du vrai sentiment, ce qui justifie une distinction capitale pour notre propos. «C'est qu'être sensible est une

7. *Le Rêve de d'Alembert*, éd. J. Varloot, DPV, xvii.179.
8. *Œuvres esthétiques*, éd. P. Vernière, p.317.

chose, et sentir en est une autre. L'une est une affaire d'âme, l'autre une affaire de jugement» (p.372). Texte capital, certes, tout comme celui du *Rêve*, mais qui n'a été connu qu'au XIXe siècle et n'a donc exercé aucune influence immédiate. Il est clair, pourtant, qu'il témoigne d'une prise de conscience des limites, voire même des impostures, de la sensibilité et de ses larmes et qu'une nouvelle conception de la vie émotive se prépare après 1770.

Cette nouvelle conception, qui ne situe plus la sensibilité au plan viscéral, mais la hausse au même plan que l'intelligence, nous l'étudierons dans le premier ouvrage de Pierre-Simon Ballanche, *Du sentiment considéré dans ses rapports avec la littérature et les arts*. Bien que publié à Lyon en 1801, cet ouvrage fut composé en pleine époque révolutionnaire: Ballanche en fit une lecture en 1797 (an V) devant la société littéraire lyonnaise *Amicitiae et Litteris*. Issu d'une expérience tragique personnelle et récente, cet essai s'inscrit dans une problématique toute différente, d'inspiration nettement religieuse et transcendentale. Si l'homme n'est pas fait pour cette terre, mais pour l'au-delà; si «le repos est la mort de l'âme» et que l'homme aspire à se sacrifier, il faut en déduire que «le malheur est nécessaire à l'homme». Pour le spiritualiste Ballanche, apologiste du sentiment, «le malheur retrempe l'âme [...] il fait naître la mélancolie, cette mélancolie qui donne de la douceur aux larmes même de la douleur, et qui y ajoute ce charme irrésistible qui fait qu'on aime à les répandre» (p.132-33).

Avec Ballanche apparaît le thème romantique de la douceur des larmes, et s'il aime Sterne, c'est – entre autres – parce qu'il «fait pleurer», mais aussi que «ces larmes sont douces comme des gouttes de rosée» (p.218). Avec le spiritualisme mystique de Ballanche, la sensibilité hoquetante, les torrents de larmes de Baculard sont devenus insupportables: «Bon Dieu! comme ce d'Arnaud nous met à la torture! [...] Laissez tous ces livres cruels, et prenez Richardson» (p.220-21).

Julie et Clarisse sont les seules héroïnes qui l'ont fait pleurer. Mais les larmes ne jouent plus, dans la nouvelle forme de sensibilité, le rôle déterminant qu'elles avaient chez les «âmes sensibles». Le sentiment devra se manifester par des voies plus hautes, plus spirituelles, puisqu'il est l'arme par excellence «contre l'athée et le matérialiste» (p.224), puisqu'il est «la preuve de notre spiritualité» (p.182). La fonction du sentiment n'est pas d'exciter des sensations fortes, d'évoquer des effusions spectaculaires, mais bien de «jeter un voile de mélancolie sur quelques scènes de la vie», de nous faire supporter notre exil sur la terre, de nous accompagner sur le bord de la tombe et de nous présenter l'espoir de l'immortalité (p.60).

Dans son introduction (p.24), Ballanche a pris la peine d'opposer la sensibilité au sentiment, en définissant ce dernier comme la conscience de cette sensibilité, c'est-à-dire comme une forme élevée de spiritualité. La religiosité déjà romantique de Ballanche rejette les émotions toutes physiologiques des «âmes sensibles» pour transcender la souffrance dans une vision théocentrique. Si l'homme est fait pour l'infini et pour la vie éternelle, si le malheur n'est qu'une épreuve, la larme devient douce, et la boucle se referme, du moins provisoirement. S'achève en tout cas un attachant chapitre de notre histoire littéraire et culturelle.

Philosophies des Lumières

Rousseau et la dissemblance

Avec le XVIIIe siècle, le problème de la définition du *moi*, de la prise de conscience d'une *singularité* acceptée comme telle, prend une importance toute nouvelle. Non que l'introspection eût été négligée dans le passé, mais elle tendait à un autre but; c'est ainsi que Montaigne, en se peignant lui-même, avait encore le sentiment de peindre toute l'humaine condition. Aussi Rousseau le récusera-t-il explicitement en le mettant «à la tête de ces faux sincères qui veulent tromper en disant vrai», ajoutant d'ailleurs pour plus de précision: «Il se montre avec des défauts, mais il ne s'en donne que d'aimables; il n'y a point d'homme qui n'en ait d'odieux. Montaigne se peint ressemblant, mais de profil».[1]

La sincérité doit donc être totale, sans réserves ni restrictions. Cette exigence est le mobile qui sous-tend la vie morale et l'œuvre littéraire de Rousseau, qui lui donne sa physionomie particulière et qui a, plus que toute autre vertu, séduit les contemporains et la postérité.[2] Ce besoin de s'examiner, puis de se confesser, cette attention perpétuellement attachée au *moi* intérieur, Jean-Jacques les a poussés plus loin que quiconque avant lui, sans doute parce que cette constante redéfinition de sa nature profonde répondait à une secrète inquiétude, en même temps qu'à une fervente volonté de transparence. Le temps est loin où le *moi* était tenu pour haïssable, et la singularité jugée ridicule.[3] Dans le cas de Rousseau, le *moi* envahit l'œuvre, il en constitue la substance, il en est finalement la raison d'être: cet aspect essentiel de sa personnalité a été excellemment étudié par les exégètes les plus compétents, et nous n'y reviendrons donc pas.[4]

1. *Œuvres complètes*, éd. B. Gagnebin, R. Osmont et M. Raymond, i.1150.

2. On lira avec profit, sur ce sujet, le chapitre 3, «Rousseau, sincerity and truth» dans Henri Peyre, *Literature and sincerity* (New Haven, London 1963), p.79-110.

3. Voir à ce sujet notre article sur «L'‹original› selon Diderot», *Saggi e ricerche di letteratura francese* 4 (Torino 1963), p.139-57.

4. Voir entre autres Marcel Raymond, «Jean-Jacques Rousseau: deux aspects de sa vie intérieure (intermittences et permanence du ‹moi›)», dans *Annales de la Société J.-*

L'objectif de la présente étude est à la fois plus restreint et plus précis. Il ne s'agit point d'aborder dans son ensemble la question délicate de la détermination du *moi* et de ses mobiles, mais d'en cerner un aspect particulier, dont les répercussions sont néanmoins d'un intérêt majeur pour la compréhension de l'écrivain, ainsi que de l'impact que sa très singulière personnalité a exercé sur les lecteurs. Ce niveau de conscience pourrait se définir, selon la perspective adoptée, comme étant celui de l'*altérité*, de l'*originalité*, mais Rousseau lui-même semble marquer une préférence pour la notion de *dissemblance*, plus conforme aux habitudes de langage de son temps, et que nous avons donc reprise par souci de fidélité.

Rousseau perçoit son *moi* comme une alternance de mouvements de dispersion et de concentration, de ruptures soudaines (qualifiées de «folies», de «délires», d'«extravagances») et de profondes continuités, qui tiennent à son être même et à la vision du monde sur laquelle il ne variera pas. La première *dissemblance* ainsi découverte, et aussitôt analysée, est donc d'ordre intérieur. Rousseau se définit comme un être changeant, contradictoire, paradoxal, et dès lors imprévisible. Il est significatif que cette description, encore traditionnelle dans son style et passablement complaisante dans le ton, apparaisse dans le premier texte d'intention proprement «littéraire» de Jean-Jacques, l'autoportrait destiné à ouvrir la feuille périodique *Le Persiffleur*, dont le projet remonte à l'année 1749.

Avec un humour qui sent un peu l'application, si ce n'est l'ostentation, il présente à son lecteur «certaines particularités de mon caractére qui le mettront au fait de ce qu'il peut s'attendre à trouver dans mes écrits». Partant d'un texte de Boileau qui n'était qu'une variante du vieux thème érasmien de la folie universelle («tous les hommes sont fous; et malgré tous leurs soins, / Ne diffèrent entre eux que du plus

J. Rousseau 29 (1941-1942), p.7-57; Jean Starobinski, *Jean-Jacques Rousseau: la transparence et l'obstacle* (Paris 1957); Ronald Grimsley, *Jean-Jacques Rousseau, a study in self-awareness* (Cardiff 1961); ainsi que le petit *Rousseau par lui-même* (Paris 1961), de Georges May, admirable dans sa justesse et dans sa concision. On tirera grand profit des notes très copieuses du premier tome de l'édition de la Pléiade (1959), dues à B. Gagnebin, R. Osmont et M. Raymond. Grâce à Ralph Leigh, nous disposons maintenant d'une édition de la *Correspondance complète* qui excelle à la fois par sa rigueur dans l'établissement du texte et par sa sérénité de ton dans les commentaires, qui nous changent heureusement du style apologétique ou hagiographique qu'ont cru longtemps devoir adopter certains éditeurs et critiques de Rousseau.

ou du moins»), il se présente comme un lieu privilégié de contradictions (et déjà, par là, comme un cas *exceptionnel*) :

Rien n'est si dissemblable à moi que moi-même,[5] c'est pourquoi il seroit inutile de tenter de me définir autrement que par cette varieté singuliére [...] En un mot, un protée, un Cameléon, une femme sont des êtres moins changeans que moi [...] C'est cette irrégularité même qui fait le fond de ma constitution [...] Avec tout cela; à force de m'examiner, je n'ai pas laissé que de démêler en moi certaines dispositions dominantes et certains retours presque périodiques qui seroient difficiles à remarquer à tout autre qu'à l'observateur le plus attentif, en un mot qu'à moi même.[6]

Les détracteurs de Rousseau ont maintes fois relevé et dénoncé ce qu'ils tenaient pour une incohérence et pour une marque d'instabilité grave. Les auteurs de l'*Histoire de madame de Montbrillant* disent de René (= Jean-Jacques) que «c'est un homme sans caractère», et Diderot s'exclame, en juillet 1762, après l'*Emile*: «Rien ne tient dans ses idées. C'est un homme excessif.»[7] Jean-Jacques lui-même y voyait plutôt l'indice d'une nature impulsive, non dominée par la sociabilité, et il insistait sur le fait que cette irrégularité d'humeur tenait davantage à la relation entretenue avec les autres qu'à des traits fondamentaux («c'est pourquoi je suis assés constamment de la même humeur avec les mêmes personnes»).

Mais il n'est guère nécessaire d'insister sur ce premier sens de la *dissemblance*, assimilée à l'inconstance et au changement. Elle est presque un lieu commun depuis Horace et depuis que Montaigne a défini l'homme «un sujet merveilleusement vain, divers et ondoyant»; Diderot lui-même, dans un mouvement d'humeur, s'est dit aussi changeant que le coq sur le clocher de Langres, formule hâtive à laquelle la postérité s'est empressée de faire un sort abusif.

L'important est moins dans la dissemblance avec lui-même, assez secondaire après tout et qui masque une identité sous-jacente, que dans

5. A juste titre, Donal O'Gorman rapproche cette déclaration du portrait du Neveu de Rameau par Diderot, au deuxième alinéa de son dialogue, et surtout de la formule de synthèse: «Rien ne dissemble plus de lui que lui-même». Sur ce point et sur quelques autres, les analogies relevées par ce critique entre Jean-Jacques et le Neveu donnent à réfléchir (*Diderot the Satirist*, Toronto 1971, iii.136-84: «The caricature of Rousseau»). O'Gorman remarque que toute cette thématique remonte à la satire I.iii d'Horace, où il est dit de Trebatius: «Nil fuit unquam sic impar sibi.»

6. *Le Persiffleur* (*O.C.*, i.1108-10).

7. *Correspondance*, éd. Roth et Varloot, iv.72.

la dissemblance avec les autres, en d'autres termes la *singularité*, ou l'*altérité*. Ce motif, assez peu fréquent au début, deviendra bientôt dominant, et parfois obsédant, dans une œuvre dont le caractère personnel, donc autobiographique, va s'accentuant au fil des années. Il constitue, en définitive, une des clés de la personnalité de Rousseau et un des thèmes les plus féconds de sa création.

Dans un des textes malaisés à dater qu'il a rassemblés sous le titre générique *Mon portrait*, Rousseau semble encore considérer sa singularité comme un privilège flatteur, dans la mesure où elle le désigne à l'attention de l'opinion publique et le sépare de la masse incolore des «hommes ordinaires»:

> Je ne me soucie point d'être remarqué, mais quand on me remarque je ne suis pas fâché que ce soit d'*une manière un peu distinguée*, et j'aimerois mieux être oublié de tout le genre humain que regardé comme un homme ordinaire.[8]

Un peu plus loin (n° 15), il reprend la même idée pour la développer et il déclare: «Je passe pour un homme singulier.» Cette singularité est postulée cette fois, notons-le, comme relevant du jugement des autres, et non du sien, mais elle n'a rien de négatif ou de préjudiciable. En effet, c'est plutôt son propre discours qui pourrait le desservir («à ne consulter que mon intérest, il seroit plus adroit de laisser parler de moi les autres que d'en parler moi même»). Mais son amour-propre, avoue-t-il, est si fort «que j'aime mieux qu'on en dise moins de bien et qu'on en parle davantage».

Jusqu'ici l'idée de *singularité* se rattache toujours étroitement à celle de *gloire*, et peu lui importe, semble-t-il, qu'elle soit réelle ou simplement postulée, pourvu qu'elle l'arrache à l'oubli et à l'indifférence, les pires sanctions pour un écrivain qui s'est voulu, tout à la fois, un artiste et un témoin, un maître à penser et un modèle de vie.

Le même recueil contient toutefois, dans la même thématique de l'amour-propre, une affirmation quelque peu divergente. Il aurait, confie-t-il (n° 21), «moins d'amour propre que les autres hommes», ou bien il faudrait croire que «le [sien] est *fait d'une autre manière*». Nous touchons ici à une idée quasi ontologique, celle d'une dissemblance de nature, liée à des dispositions innées. Il s'agit bien de la même affirmation que celle formulée, en 1764, au début d'une ébauche des *Confessions*,

8. *Mon portrait*, n° 14 (*O.C.*, i.1123).

et qui remonterait beaucoup plus haut s'il faut l'en croire: «m'étant senti bientôt *une espèce d'être à part*».[9]

Rousseau ne dit pas clairement et explicitement en quoi consiste cette dissemblance radicale, dont on verra plus loin les implications décisives. Il faut réunir certaines déclarations de principe, certains aveux, certaines professions de foi, certains discours justificatifs, pour s'en faire une idée plus nette.

La singularité de Jean-Jacques est avant tout d'ordre moral et psychologique, si on l'en croit. Non qu'il soit plus vertueux que les autres (même s'il l'est plus que la majorité), mais ses fautes n'ont jamais un caractère intentionnel. Son cœur est pur, sa volonté est innocente, et ses fautes ne sont donc que des erreurs, qui ne mettent jamais sa volonté en cause. Rousseau prétend qu'il a droit à l'absolution, et, fort de ses principes, il la réclame même à l'avance. Dans une de ses premières lettres, adressée en 1740 à M. de Mably, il s'en explique très ouvertement: «Que s'il m'arrive de commêtre quelque faute, je répons d'avance qu'elles seront toujours dignes de pardon, parce qu'elles ne seront jamais volontaires».[10]

Trois ans plus tard, le 10 avril 1743, il s'explique et se disculpe devant M. Dupin de l'incartade commise envers sa femme, dont il est aussi l'obligé. Il le fait d'abord en se présentant (bien avant le Dorval de Diderot, mais après les héros de Prévost) comme un être marqué par une douloureuse fatalité: «Un triste penchant à prévoir tous les malheurs que je crains, et une cruelle exactitude du sort à justifier toutes mes craintes, me rend le mien comme assuré» (Leigh 53). En d'autres termes, Jean-Jacques n'a pas voulu le ridicule incident; il y a été conduit par un destin inéluctable. Et au cas où Claude Dupin n'aurait pas été convaincu par cet argument de poids (bien sûr, il ne le fut pas), Rousseau se retranche derrière sa singularité, c'est-à-dire derrière son innocence.

Après une concession rapide aux exigences de la modestie («Je n'ai ni assez de talents, ni assez de mérite, ni assez de sagesse, pour me croire digne de votre protection et de vos bontés»), il reprend le leit-motiv de sa pureté d'intention: «Rempli de travers et de défauts, je sais du moins les haïr. Il est des retours sur nos fautes qui valent mieux que de n'en avoir pas commis.» Donc, même fautif, Rousseau est plus vertueux

9. *O.C.*, i.1148.

10. *Correspondance complète*, éd. Ralph Leigh, i.120 (Leigh 36).

que les autres, dans la mesure où la faute stimule sa prise de conscience et approfondit en lui l'horreur du mal. La faute est excusée, puisqu'elle rend Jean-Jacques meilleur et l'immunise ainsi pour l'avenir. Loin de montrer en lui un « méchant », elle est promesse et garantie d'excellence, pour autant qu'on veuille bien lui faire confiance. Aussi conclut-il son plaidoyer par un appel au pardon: « Si les erreurs d'un tel caractère [entendons: d'un caractère sortant à tel point de l'ordinaire] paraissent dignes de quelque indulgence, j'implore la vôtre et celle de Madame Dupin. » On connaît la suite de l'incident.

Dans un autre contexte, ce sont les mêmes arguments qu'il utilisera, quinze ans plus tard, lors de «l'affaire de l'Ermitage», devant Mme d'Houdetot: «Je suis foible, il est vrai; ma vie est pleine de fautes car je suis homme. *Mais voici ce qui me distingue des hommes que je connois.* C'est qu'au milieu de mes fautes je me les suis toujours reprochées; c'est qu'elles ne m'ont jamais fait mépriser mon devoir ni fouler aux pieds la vertu; c'est qu'enfin j'ai combattu et vaincu pour elle dans les momens où tous les autres l'oublient. »[11] A bon droit, le Dr Jacques Borel a pu parler, à propos d'un tel raisonnement, d'une conception d'origine religieuse, fondée sur l'effet purificateur du repentir.[12]

L'intensité de ce repentir efface le péché et exalte le pécheur. Dans la longue lettre de confession qu'il adresse de Monquin, le 26 février 1770, au très pieux M. de Saint-Germain, il répète inlassablement: «J'étois homme et j'ai péché; j'ai fait de grandes fautes que j'ai bien expiées, mais jamais le crime n'approcha de mon cœur. Je me sens juste, bon, vertueux, autant qu'homme qui soit sur la terre» (Leigh 6673 bis).

On retrouve ici l'écho lointain du célèbre « O felix culpa » chrétien. Mais Rousseau renchérit sur cette vertu rédemptrice de la faute assumée en proclamant l'excellence du pécheur ainsi pardonné (par lui-même si ce n'est par les autres). Lui seul sait ses vrais mérites et peut donc se proclamer *meilleur*, en vertu d'une introspection purifiante qui n'est possible qu'à un être exceptionnel tel que lui.[13] Cette affirmation revient sous sa plume comme un leit-motiv révélateur.

11. Samedi 25 mars 1758 (Leigh 633).

12. Jacques Borel, *Génie et folie de Jean-Jacques Rousseau* (Paris 1966), p.117: « On devine là une position religieuse traditionnelle ».

13. Bien que pénétré de lectures évangéliques, Rousseau n'a jamais songé que ce raisonnement apologétique était assez proche de celui tenu par le pharisien de la

A Mme d'Houdetot, le 2 novembre 1757 (Leigh 560):

Ah si je suis un méchant, que tout le genre humain est vil! *Qu'on me montre un homme meilleur que moi*, qu'on me montre une âme plus aimante, plus sensible, plus éprise des charmes de l'amitié, plus touchée de l'honnête et du beau, qu'on me la montre, et je me tais.

A M. de Malesherbes, le 4 janvier 1762 (Leigh 1622):

je mourrai [...] très persuadé que de tous les hommes que j'ai connus en ma vie, *aucun ne fut meilleur que moi.*

Au même, le 28 janvier 1762 (Leigh 1654):

Aussi je ne vous déguiserai point que, malgré le sentiment de mes vices, *j'ai pour moi une haute estime.*

Ce qui corrobore ce qu'il écrivait, vers la fin de 1753, dans une lettre destinée au critique Fréron et qu'il garda en portefeuille (Leigh 207):

Il ne vous est pas, sans doute, aisé de concevoir comment on peut jouir *de sa propre estime* [...] je vous déclare derechef très publiquement que *je m'estime beaucoup* et que je ne désespére pas de venir à bout *de m'estimer beaucoup d'avantage.*

Ce sentiment d'excellence, s'il vient à entrer en conflit avec le jugement des autres, se trouve devant une alternative: ou il s'effondre devant l'évidence d'une culpabilité admise par le reste du groupe social, ou il s'exalte encore, mais cette fois au détriment des autres, tenus a priori pour «méchants» et malveillants. La conscience de l'excellence morale dans la singularité conduit, avec une implacable logique, à l'obsession du complot. Au fil des années, la conspiration des «méchants» devient, dans son esprit, toujours plus présente et plus menaçante. L'homme pur est, par essence, leur cible, mais il les défie du haut de son innocence et de sa supériorité morale. En pleine querelle de l'Ermitage, il écrit à Diderot:

je défie un cœur comme le vôtre d'oser mal penser du mien. D'autres peut-être parleroient mieux de moi *si je leur ressemblois davantage.* Que Dieu me préserve de me faire approuver d'eux. Que les méchans m'épient et m'interprétent; Rousseau n'est pas fait pour les craindre, ni Diderot pour les écouter.[14]

parabole de Luc, xviii.11, qui priait en lui-même: «O Dieu! je te rends grâces que je ne suis pas comme le reste des hommes.»

14. Le 24 ou le 25 octobre 1757 (Leigh 544).

Lorsqu'il ne croira plus à l'innocence de Diderot, c'est M. de Saint-Germain qu'il prendra à témoin pour crier son mépris des «méchans», mais aussi l'impossibilité où ils sont d'avoir prise sur lui (lettre du 26 février 1770). On notera comment Rousseau oppose de manière radicale *moi* et les *méchants*, mais aussi *moi* et les *hommes*, comme si les deux ensembles se confondaient à la limite:

je reste ici bas à la merci des méchans; mais enfin que me peuvent-ils faire? [...] au jour de ma mort qu'il faudra bien enfin qui vienne, mes persécuteurs m'auront rendu service en dépit d'eux. Pour quiconque en est là les hommes ne sont plus guère à craindre. Aussi peuvent-ils jouir de leur reste: tant qu'ils ne changeront pas la nature des choses, tant qu'ils n'ôteront pas de ma poitrine le cœur de Jean-Jacques Rousseau pour y mettre celui d'un malhonnête homme, je les mets au pis.[15] [...] J'envie la gloire des martyrs. Si je n'ai pas en tout la même foi qu'eux, j'ai la même *innocence* et le même zèle, et mon cœur se sent digne du même prix.

Un tel être peut, à la rigueur, se suffire à lui-même, grâce à la richesse de sa vie intérieure et au sentiment qu'il a de son excellence et de sa pureté. Il écrira en 1777, dans la «Huitième promenade»:

Réduit à moi seul, je me nourris il est vrai de ma propre substance mais elle ne s'épuise pas et je me suffis à moi-même [...] C'est à ce retour sur nous même que nous force l'adversité, et c'est peut-être là ce qui la rend insupportable à la pluspart des hommes. Pour moi qui ne trouve à me reprocher que des fautes, j'en accuse ma foiblesse et je me console; car jamais mal prémédité n'approcha de mon cœur.[16]

L'unicité de Jean-Jacques, sa vertu jusque dans la faute, sa *dissemblance* profonde avec «les autres», tout cela le justifie à ses yeux, mais fait aussi son malheur sur terre. De toute évidence, il se croit et se sent *incompris* parce que *différent*, et il le dit sans ambages dans la violente réponse du 26 octobre 1757 à Melchior Grimm:

Je crois voir d'où viennent tous les bizarres devoirs qu'on m'impose; c'est que tous les gens avec qui je vis me jugent toujours sur *leur* sort, jamais sur le *mien* [...] Personne ne sait se mettre à ma place, et ne veut voir que je suis

15. Ce détachement annonce l'inspiration de la «Première promenade» («qu'ai-je encore à craindre d'eux, puisque tout est fait [...] Ils se sont ôté sur moi tout empire, et je puis désormais me moquer d'eux»).

16. *Les Rêveries du promeneur solitaire* (*O.C.*, i.1075).

un être à part, qui n'a point le caractère, les maximes, les ressources des autres, et *qu'il ne faut point juger sur leurs règles.*[17]

Idée qu'il explicite après coup dans une note où il s'exclame: «Quel honnête homme n'aimerait pas cent fois mieux être coupable de *mes fautes* que de *leurs trahisons*?»

Parce qu'il est «un être à part» et qu'il dissemble des autres, Rousseau estime avoir droit à un traitement particulier, ainsi qu'à un jugement fondé sur des normes exceptionnelles, adéquates à son cas.

Il fonde ce droit imprescriptible sur sa sincérité et sur sa franchise, vertus supérieures et rares qui effacent les fautes qu'il a pu commettre, tant il est vrai que, pour Rousseau, *l'intention* importe bien plus que l'acte lui-même.

Puisqu'il est à la fois «innocent» et «être à part», il connaît son bon droit en même temps qu'il ressent la difficulté de le faire admettre par autrui, contradiction qui le crucifie et qu'il essaie de dépasser en s'adressant directement au lecteur. Toute l'œuvre autobiographique de la vieillesse pourrait porter la suscription «A tout François aimant encor la justice et la vérité» figurant sur le «billet circulaire» qu'il distribua sans succès au printemps de 1776.

La tragédie de l'être «à part» est moins dans sa solitude, puisqu'elle est acceptée comme telle, que dans la difficulté de communiquer et de se faire entendre, comme si l'on ne parlait pas la même langue de part et d'autre. C'est bien la situation qu'il décrit dans une lettre à Mme d'Epinay que R. Leigh date des environs du 12 mars 1756: «Apprenez mieux *mon dictionnaire*, ma bonne amie, si vous voulez que nous nous entendions. Croyez que mes termes ont *rarement le sens ordinaire*, c'est toujours mon cœur qui s'entretient avec vous et peut-être connoîtrez-vous quelque jour qu'*il ne parle pas comme un autre*» (Leigh 391). Il aime à répéter, après Ovide, «Barbarus hic ego sum, quia non intelligor illis».

Rousseau parle la langue du cœur, mais surtout la langue de *son* cœur, et il incombe aux autres de faire l'effort indispensable pour entrer dans cet univers préservé.

Certains s'y refusent, les uns par ignorance, d'autres par indifférence, quelques-uns par calcul. Ceux-là le qualifient hypocritement de «mons-

17. Leigh 545. La suite ressemble étonnamment à certains passages du *Neveu de Rameau*, et apporte ainsi de l'eau au moulin de D. O'Gorman.

tre abominable»[18] et tentent par tous les moyens d'accréditer cette imposture. Ils l'accusent d'être «hors de la nature» et l'estiment trop coupable pour mériter d'être entendu. Jean-Jacques devra donc crier sa vérité, la déposer au besoin dans le chœur de l'église Notre-Dame, multiplier les écrits justificatifs, et tenter même de pénétrer dans le for intérieur de ses pires détracteurs pour mieux les accabler et faire éclater son innocence: ce sera la fonction du «Français» moyen des *Dialogues.*

L'hostilité du public s'explique par la gêne qu'il éprouve devant un homme «dont *la singularité* révolte son amour-propre» (i.768). Il le juge à son aune, et le juge donc mal, «car cet homme ne *ressemble à nul autre que je connoisse*; il demande *une analyse à part* et *faite uniquement pour lui*» (i.774).

Ce texte capital n'a peut-être pas été suffisamment souligné par la critique. Il contient simultanément l'énoncé le plus clair d'une singularité revendiquée comme unique et l'exigence d'un examen fondé sur des normes particulières. Jamais, peut-être, l'individu n'avait proclamé ses droits avec autant de vigueur contre la société; jamais il ne s'était réclamé avec autant d'insolente audace d'un statut exceptionnel.

Rousseau se sent donc «autre», irréductiblement «à part». Il l'est, dans une certaine mesure, par des dispositions caractérielles innées; mais il l'est surtout parce que le monde ne l'a pas adultéré. «De tous les hommes que j'ai connus celui dont le caractére derive le plus pleinement de son seul tempérament est J. J. *Il est ce que l'a fait la nature*: l'éducation ne l'a que bien peu modifié» (i.799).

Des observateurs, pourtant bien intentionnés, sont portés à juger sa conduite extraordinaire: «au contraire, c'est à force d'être naturelle que celle de J. J. est peu commune» (i.850).

Au début du «Premier dialogue», Rousseau évoque la seule société qui pourrait lui convenir, celle d'êtres vertueux et simples qui lui ressembleraient (i.668 et suiv.), thème déjà abordé dans la troisème lettre à M. de Malesherbes (26 janvier 1762: «Je la peuplois bientôt d'etres selon mon cœur [...] Je m'en formois une société charmante dont je ne me sentois pas indigne»). Compagnie imaginaire, bien entendu, et qui relève de la pure chimère, puisqu'il est entendu qu'ici bas Rousseau est et restera solitaire et différent, singulier et incompris. Dans cet univers de rêve, qu'il appelle «monde idéel» ou «monde enchanté», la communication est directe et aisée, mais on remarquera

18. *Rousseau juge de Jean Jacques*, «Premier dialogue» (*O.C.*, i.738).

surtout que la moralité (à l'instar de celle de Jean-Jacques) est plus dans l'intention que dans l'acte. «Peut-être n'est-on pas dans ces contrées plus vertueux qu'on ne l'est autour de nous, mais on y sait mieux aimer la vertu» (i.670).

Il est vrai que ce monde-là n'existe pas, et que dans celui-ci Jean-Jacques est douloureusement *seul* (le mot revient sept fois en deux alinéas; i.728-29). Lui qui se sent «le plus sociable et le plus aimant des humains» («Première promenade») tentera donc de renouer un contact sans cesse menacé. Le recours personnel l'a déçu et ses meilleurs amis (de Diderot à Duclos) l'ont abandonné et trompé. Peu importe la vérité du fait, puisque telle est la conscience qu'il en a. Il ne lui reste donc qu'à trouver le salut dans l'écriture. Ce médium, qui n'avait servi qu'à établir sa gloire dans les premières œuvres, devra maintenant le *sauver* en le justifiant devant les autres. Parce qu'il est «dissemblable» et qu'on lui refuse cette «analyse à part» qu'il réclamait à Mme d'Epinay, il fera servir l'écriture à une fin qu'on ne lui avait jamais assignée avec autant de vigueur. Elle le dévoilera, elle analysera les tréfonds de son être; et par là elle le disculpera. Rousseau institue, avec son lecteur, un dialogue où il s'engage intégralement, dans une totale «transparence». L'œuvre se fait confession; elle s'édifie sur l'histoire d'un «être à part», dont elle ne cachera rien, puisque – une fois encore – la franchise de l'aveu effacera les fautes avouées.

L'homme exceptionnel élabore une œuvre exceptionnelle, et il en a conscience. Cet «homme qui ne ressemble à nul autre» va créer une œuvre qui ne ressemble à nulle autre, et il le proclame avec fierté. Faut-il citer ici le célèbre début des *Confessions*: «Je forme une entreprise qui n'eut jamais d'exemple, et dont l'exécution n'aura point d'imitateur»?

Mais Jean-Jacques n'a pas attendu 1766 pour revendiquer cette priorité et cette excellence. Au début de janvier 1758, il déclarait à Sophie d'Houdetot: «Je commence une correspondance qui n'a point d'exemple et ne sera guère imitée» (Leigh 601), ce qui est déjà presque littéralement la formule des *Confessions*.

«Œuvre unique parmi les hommes», affirme-t-il fièrement dans le «Deuxième dialogue» (i.859).

La nouveauté n'est pourtant pas dans l'intention de surprendre ou d'étonner; elle est dans le sujet lui-même, qui rompt avec les habitudes littéraires et avec les usages moraux:

Je veux montrer à mes semblables un homme dans toute la vérité de la nature;

et cet homme, ce sera moi. *Moi seul.* Je sens mon cœur et je connois les hommes. Je ne suis fait comme aucun de ceux que j'ai vus ; j'ose croire n'être fait comme aucun de ceux qui existent. Si je ne vaux pas mieux, au moins *je suis autre.*

Il rejette toute prétention «littéraire», au sens traditionnel, puisqu'écrire pour le plaisir d'écrire n'est que futilité et vaine gloriole. Dans un *Fragment biographique* daté par les éditeurs de 1755-1756, il condamne les livres modernes «si froids avec tant d'esprit», dont les auteurs «ne croyent rien de ce qu'ils disent, et ne se soucient pas même de le faire croire aux autres. Ils veulent briller et non convaincre» (i.1113).

L'œuvre est là pour *témoigner.* Elle exprime sa différence, sa singularité ; elle l'éclaire et le justifie. Non qu'il ait à se guinder ou à prendre la pose (i.56) :

On m'a imputé de vouloir être original et faire autrement que les autres. En vérité je ne songeais guére à faire ni comme les autres, ni autrement qu'eux. Je désirois sincerement de faire ce qui étoit bien.

Mais s'il ne se blanchit pas, il ne blanchira pas les autres. Le seul crédo dont il se réclame est celui de la vérité, *intus et in cute*, et la vérité a ses droits, qui sont imprescriptibles.

Déjà en 1757 (le 31 août, selon R. Leigh), il se présentait en héraut d'une franchise totale, allant jusqu'à la brutalité, dans une lettre à Mme d'Epinay :

Mais savez-vous comment je racheterai mes fautes durant le peu de tems qui me reste à passer près de vous ? *En faisant ce que nul autre ne fera après moi.* En vous disant sincérement ce qu'on pense de vous dans le monde et les bréches que vous avez à réparer dans votre réputation. Malgré tous les prétendus amis qui vous entourent, quand vous m'aurez vu partir, vous pourrez dire adieu à la Vérité ; vous ne trouverez plus personne qui vous la dise.[19]

On conçoit la frayeur que cette entreprise sans précédent suscita parmi les anciens amis de Rousseau, assurés d'emblée d'être mis en cause. Mais l'essentiel n'est pas là ; il est dans une volonté de dévoilement qui souligne ce qu'un individu a d'*unique*, ce qui le différencie des autres, propos déjà explicite dans sa première lettre à M. de Malesherbes (4 janvier 1762 ; Leigh 1622) :

19. Leigh 523. Dans le même ton, il écrit au maréchal de Luxembourg, dont le fils venait d'être fait capitaine des gardes : «Assez d'autres vous feront des complimens» (vers le 30 août 1759 ; Leigh 854).

Je me peindray Sans fard, et Sans modestie, je me montrerai a vous tel que je me vois, et tel que je Suis, car passant ma vie avec moi je dois me connoitre et je vois par la maniere dont ceux qui pensent me connoitre, interpretent mes actions, et ma conduite qu'ils n'y connoissent rien. *Personne au monde ne me connoit que moi seul.*

Rousseau proclame son originalité, sa «dissemblance», et il l'assume avec orgueil. Il la réalise en la vivant et il la fixe dans son œuvre.

«Moi, moi seul»: ce cri souvent répété marque l'irruption de l'individu dans la littérature, mais aussi la valorisation positive de la singularité. Avec Rousseau, la littérature change de fonction. Elle échappe au souci formel des «belles-lettres» pour devenir le constat d'une expérience, unique et précieuse. L'original n'est plus un excentrique – comme Cardan, qui était sincère mais fou (i.1150) ; il est «l'homme de la nature», le témoin de la Vérité, et parfois son martyr. A la perspective esthétique normative va se substituer une perspective psychologique et morale différentielle qui privilégiera la singularité, l'écart, *l'authenticité.* En somme, singularité, sincérité, moralité fourniront de nouveaux critères d'appréciation. L'œuvre n'a de sens que *vécue*, et une nouvelle critique y prend sa source, qui prétend avec Herder que la vie d'un auteur est le meilleur commentaire de son œuvre. A cet égard, Rousseau a sans doute contribué plus que quiconque à l'émergence d'une nouvelle norme littéraire, méconnue jusque-là au profit de la mimésis: *l'originalité.* C'est de lui, c'est de son exemple, que se réclameront les *Stürmer*, et avec eux tous ceux qui privilégient l'expression *immédiate* de l'expérience, ressentie dans son unicité et dans la fascination de sa «différence». En affirmant simultanément le caractère unique de son *moi* et le caractère exceptionnel de son projet, Rousseau jetait les bases d'une nouvelle littérature, qui est encore la nôtre. Peu de singularités auront été littérairement aussi fécondes.[20]

20. A moins d'adopter le point de vue étroitement moraliste et traditionnel d'Irving Babitt, qui voit dans cette volonté de singularité la marque de la maladie et de la folie, *Rousseau and romanticism* (New York 1919).

La remise en question du christianisme au XVIIIe siècle

Dans son ouvrage posthume sur *La Pensée européenne au XVIIIe siècle, de Montesquieu à Lessing* (Paris 1946), Paul Hazard consacrait toute une première partie à ce qu'il appelait «Le procès du christianisme», et qu'il traitait de manière approfondie dans un quatrième chapitre intitulé significativement «Le Dieu des chrétiens mis en procès». La formule était parlante, incisive, et elle répondait dans une large mesure à la réalité. Peut-être, cependant, ne rendait-elle pas entièrement compte de la complexité du débat et trahissait-elle, en les durcissant, les intentions de certains des hommes qui y participèrent. Ce qui est vrai de quelques penseurs ne vaut pas nécessairement pour tous les autres: la transformation qui s'opère dans la pensée religieuse (et irréligieuse) du siècle des Lumières déborde le cadre d'un *procès* et relève de motivations variées qui trouvèrent un écho dans des familles d'esprit très diverses.

On distingue, dans la critique religieuse du XVIIIe siècle, une double tendance. La première vise bel et bien à mettre en accusation une religion tenue pour responsable des souffrances et des misères du genre humain; l'autre tente de repenser cette religion, de l'adapter aux exigences nouvelles de l'esprit. Opposés sur l'essentiel, ces deux courants participent d'un même refus de l'immobilisme et d'une commune désaffection pour les aspects coercitifs et institutionnels de l'Eglise établie. A des titres équivalents, ils représentent le mouvement du siècle dans ce qu'il a de plus caractéristique et de plus profond, si l'on veut bien admettre qu'aucun siècle – même celui des Lumières – ne se laisse capter au piège d'une définition unilatérale.

A notre sens, l'expression «remise en question du christianisme» a le mérite de refléter la vérité profonde d'une époque où ont coexisté des doctrines aussi variées que l'athéisme radical, le déisme rationnel, le théisme sentimental, le rationalisme ésotérique des loges,[1] la théosophie prophétique des illuministes, le christianisme fraternel des piétistes, la tendre mystique des quiétistes.

Dans tout cela, impossible de dégager une évolution continue et linéaire allant dans le sens d'une radicalisation progressive. Les tendances antagonistes coexistent et, parfois même, se répondent dialectiquement. Dans certains cas, les manifestations les plus radicales se placent au début du siècle : le *Mémoire*[2] du curé Meslier est rédigé autour de 1720, et la polémique anti-chrétienne du *Militaire philosophe* lui est antérieure de dix ans au moins.[3] Il faut donc résister à la tentation de dessiner dans cet ensemble contradictoire et confus une courbe harmonieuse et régulière. En bonne méthode, mieux vaut dégager quelques lignes de force, autour desquelles les œuvres s'ordonneront en fonction de leur thématique, sans vouloir à tout prix les ordonner historiquement.

Si l'on veut comprendre la spécificité du siècle des Lumières dans le domaine religieux, il n'est pas mauvais de le comparer à son prédécesseur. Au XVIIe siècle, l'empreinte religieuse s'exerce avec force sur les esprits, et on en a la preuve dans la passion avec laquelle le public cultivé s'intéresse et participe aux grands débats religieux. Le succès des *Lettres provinciales* est un signe des temps. Le rôle des ecclésiastiques dans la vie intellectuelle est considérable : parmi les meilleurs esprits de l'époque, bon nombre appartiennent à la Société de Jésus, à la congrégation de l'Oratoire, ou aux cadres pastoraux de l'Eglise, quand ils ne font pas partie du clan janséniste.

Les opposants à la stricte orthodoxie se répartissent en deux groupes. L'un est extérieur à l'Eglise, c'est celui des « libertins », érudits et mondains, que leur scepticisme aristocratique rend peu dangereux, en même temps que leur audience est limitée par leur ésotérisme même. Naudé, La Mothe Le Vayer, Saint-Evremond ne sont connus que dans une élite, et le pouvoir ne s'inquiète guère de leurs impiétés. Naudé est l'homme de confiance de Mazarin, et Saint-Evremond, s'il est exilé

1. La première loge continentale est créée en 1721 à Mons.

2. Le vrai titre du *Testament* du curé Meslier est en effet, *Mémoire des pensées et sentiments de Jean Meslier* ; voir l'édition critique procurée par R. Desné, J. Deprun et A. Soboul (Paris 1970-1972).

3. Voir *Difficultés sur la religion, proposées au P. Malebranche par Mr. ***, officier militaire dans la marine* [*Le Militaire philosophe*], éd. R. Mortier (Bruxelles 1970).

de France, le doit à ses remarques critiques sur le traité des Pyrénées, non à ses opinions philosophiques. L'autre groupe se situe délibérément à l'intérieur de l'Eglise; il se veut d'ailleurs plus «pur», plus authentiquement chrétien que la hiérarchie elle-même. Ce n'est pas simple hasard s'il compte, avec Arnauld, Pascal, Barcos, Nicole – sans parler de sympathisants comme Racine et Boileau – quelques-uns des plus brillants esprits du siècle. Encore qu'il se veuille d'un christianisme intransigeant, ce noyau d'irréductibles est plus redouté, donc plus persécuté que les libertins par le pouvoir et par l'Eglise officielle.[4]

Saint-Simon raconte, à ce propos, dans ses fameux *Mémoires*, une savoureuse anecdote.[5] En 1707, on s'occupait à Versailles de la composition d'une mission officielle française qui devait se rendre en Espagne. Tout allait bien, quand Louis XIV crut entendre soudain un nom suspect, celui de Louis de Fontpertuis, dont il soupçonnait la mère d'être une adepte fanatique du grand Arnauld. Lorsque le duc d'Orléans lui répondit que, loin d'être janséniste, Fontpertuis ne croyait pas en Dieu, le roi s'écria: «Si cela est, il n'y a point de mal; vous pouvez le mener.»

Peut-être n'est-ce pas sans raison que le roi se méfiait d'un groupe en qui il voyait «une graine de républicains», mais dans les dernières années de son règne son obsession frisait le ridicule et Saint-Simon n'est pas le seul à en sourire. L'Eglise, quant à elle, avait d'excellentes raisons pour détester ces puritains rigoristes, ennemis de la fréquente communion: les polémiques entre jansénistes et jésuites ont peut-être plus fait que les traités matérialistes pour répandre l'incrédulité en France, et les tirades de l'anticléricalisme le plus virulent se trouvent dans les *Nouvelles ecclésiastiques*,[6] organe janséniste. Voltaire n'avait donc pas tort de saluer dans le jeune Pascal un esprit apparenté, et de tenir les *Provinciales* pour l'ouvrage en prose le mieux écrit du XVIIe siècle.

L'opposition la plus redoutable, au grand siècle, se situe donc à l'intérieur du catholicisme, non en dehors. Richard Simon, adversaire malheureux de Bossuet et fondateur de l'exégèse biblique en France, reste profondément attaché à sa foi catholique et à sa congrégation de

4. Pour les mêmes raisons, l'archevêque de Paris Christophe de Beaumont se montrera bien plus sévère pour Rousseau que pour Voltaire.

5. Saint-Simon, *Mémoires*, éd. Y. Coirault (Paris 1983-1988), ii.869 et iii.86.

6. On y trouve entre autres des histoires atroces de vocations forcées, qui n'ont rien à envier à *La Religieuse* de Diderot.

l'Oratoire. Quant à Isaac de La Peyrère,[7] que son ancienne qualité de protestant a familiarisé avec la Bible et qui va lancer la théorie des «préadamites» (ancêtres des Gentils, comme Adam sera l'ancêtre du peuple élu), on le laisse tranquillement imprimer ce qu'on tient pour les élucubrations d'un original inoffensif.

Bayle et Fontenelle, à qui Paul Hazard assigne un rôle primordial dans ce qu'il appelle «la crise de la conscience européenne»,[8] ne jouent qu'un rôle mineur dans la crise religieuse: Bayle, parce qu'il est resté (comme l'ont prouvé avec force Elisabeth Labrousse et Walter Rex) foncièrement protestant, et même profondément fidéiste; Fontenelle, parce qu'il s'en tient toujours à une méthode prudemment allusive et qu'il se borne à dénoncer les errements et les faiblesses de la pensée mythique, sans viser jamais la religion établie.[9]

Le XVIIIe siècle renonce à cette réserve. De même qu'il remet en question les habitudes mentales les plus ancrées, les structures de l'Etat et celles de la société, il va s'interroger sur les fondements d'une religion avec laquelle la vie civile avait fini par s'identifier par le biais du calendrier, du rituel ou de l'éducation. L'incrédulité gagne les milieux bourgeois, en majorité jansénistes au XVIIe siècle: Helvétius et Condorcet, Diderot et Naigeon, Voltaire et d'Holbach appartiennent à la bourgeoisie cultivée, celle précisément qui va donner le ton et qui marquera le siècle de son empreinte.[10] L'indifférence religieuse touchera même certains cercles intellectuels relevant de l'obédience cléricale: bon nombre d'abbés, ou prétendus tels, n'ont pas retenu grand-chose de leur passage au séminaire, et ils se comportent dans leur vie et dans leurs écrits comme d'authentiques laïcs. L'abbé Castel de Saint-Pierre, l'abbe Coyer, l'abbé Terrasson, Du Laurens et Voisenon, pour n'en citer que quelques-uns, n'ont plus d'attaches réelles avec l'Eglise, et il est rare que celle-ci sévisse contre ces esprits forts. Seul Du Laurens paiera de sa liberté, dans une prison ecclésiastique d'Allemagne, les incartades et les impiétés de ses écrits: il est vrai que ce plumitif

7. Voir à son sujet David R. McKee, «Isaac de La Peyrère, a precursor of eighteenth-century critical deists», *Publications of the Modern language association* 59 (1944), p.456-85.

8. P. Hazard, *La Crise de la conscience européenne* (Paris 1935).

9. Ce qui lui vaudra le reproche de «lâcheté» de la part de Voltaire.

10. C'est peut-être dans la mesure où il se voudra «homme du peuple» que Rousseau s'écartera des «philosophes» dans leur attitude envers la religion.

besogneux n'a ni l'entregent, ni les ressources des autres, et qu'il appartient à une bohême internationale d'écrivains de métier, sans protecteurs ni appuis matériels. Les cadres de l'Eglise ne peuvent absorber tous les diplômés qui sortent des collèges et des universités, et le surplus constitue une sorte de prolétariat intellectuel, capable aussi bien de servir les puissants que de les brocarder, et dont Diderot a laissé une peinture inoubliable dans *Le Neveu de Rameau*.

A ce relâchement interne des cadres de l'Eglise correspond une crise sociale qui s'est manifestée à la fin du règne de Louis XIV, époque de disette et d'insécurité, et qui s'exprimera sous des formes diverses à partir de 1750. La désaffection à l'égard de la royauté est devenue un fait évident à ce moment-là, et la religion pâtira nécessairement de son étroite association à l'ordre civil et au système politique. Ce double aspect, religieux et social, s'exprimera par la voix du curé Jean Meslier, desservant de la paroisse d'Etrépigny, en Ardenne, non loin de Charleville et de Sedan. Qu'un modeste curé de campagne, sans fortune et sans relations, sans autre culture que celle reçue au séminaire, se soit insurgé à la fois contre la religion et contre la royauté, le fait est insolite, même en plein siècle des Lumières, mais il illustre de façon exemplaire la radicalisation de la pensée française après la mort du vieux roi.

On s'accorde généralement à voir dans l'essor de la pensée *critique* un des aspects les plus révélateurs de la singularité du XVIIIe siècle. La critique religieuse est, certes, fréquemment mentionnée à cet égard, mais les ouvrages de synthèse se gardent presque toujours d'entrer dans le vif de cette argumentation, traitée par d'aucuns avec quelque mepris. Or l'on constate, à l'examen des faits, le sérieux et la vigueur de ces analyses, leur présentation soignée, et la rigueur de leur démonstration. Le lecteur non prévenu y trouvera, dans bien des cas, l'expression de méthodes et d'attitudes que l'on croyait devoir attribuer au XIXe siècle.

En gros, les critiques porteront sur :

1. *La légitimité historique* du christianisme, c'est-à-dire sur la question de ses origines et de sa tradition (ce type de pensée conduira plus tard à la réflexion historique de Strauss, de Renan, de Loisy, sans parler d'auteurs plus récents).

2. *Son contenu doctrinal*, ce qui aboutit à l'examen des dogmes, en particulier de la Trinité, de la transsubstantiation, mais surtout de la grâce, opposée à la liberté. Une attention toute particulière est accordée au problème du mal, jugé incompatible avec la bonté divine, et avec

la notion même d'un Dieu créateur: l'importance de cette objection suscitera, au XVIIIe siècle, une pléthore de théodicées.

3. *Le rôle moral de l'Eglise*: c'est le côté anticlerical de cette polémique, le plus violent dans bien des cas, mais aussi le moins moderne. On n'a pas attendu 1700 pour dénoncer les abus de la hiérarchie, les scandales monastiques, le culte des images, la corruption du clergé, les formes dégradées de la dévotion populaire, les crimes des fanatiques.

4. *Le rôle politique et social de l'Eglise*: celle-ci est représentée comme l'alliée (d'ailleurs privilégiée et abusive) du pouvoir tyrannique. Elle le sert pour se servir de lui, et dominer ainsi le monde. L'Eglise, force oppressive, a toujours écrasé les faibles, ou les a maintenus dans l'ignorance et la servilité. Sur ce quatrième point, l'attitude des «philosophes» est très divisée: si Meslier et d'Holbach, l'un dans son *Mémoire*, l'autre dans son *Essai sur les préjugés*[11] (qui scandalisera Frédéric II), attaquent cette «sainte alliance», Voltaire et les modérés préfèrent la dissocier afin de s'allier aux chefs d'Etat et devenir ainsi les inspirateurs d'une réforme opérée par le haut.

Selon les personnalités, l'accent sera mis tantôt sur l'un, tantôt sur l'autre de ces chefs d'accusation: c'est ainsi que Voltaire, abrégeant en 1762 le texte de Meslier pour en faire l'*Extrait*, supprimera tous les aspects égalitaires et révolutionnaires de sa pensée pour n'en garder que la critique religieuse historique et doctrinale.[12]

L'histoire de l'Eglise était restée trop longtemps matière réservée pour que les premiers examens de la tradition sacrée, prise dans son ensemble, n'éveillassent aussitôt une curiosité passionnée. Ici encore, les querelles intestines du christianisme avaient ouvert la voie: la polémique entre Jurieu et Bossuet, les recherches des protestants libéraux, avaient mis au jour les incertitudes et les contradictions de la version officielle, admise jusque-là sans trop d'opposition. Une critique érudite va scruter par priorité les origines du christianisme, ses liens avec le judaïsme, l'histoire de Jésus et des apôtres, l'établissement de l'Eglise, et la succession des hérésies.

Meslier n'est pas assez au fait de l'histoire ancienne pour se hasarder

11. *Essai sur les préjugés, ou de l'influence des opinions sur les mœurs et sur le bonheur des hommes. Ouvrage contenant l'apologie de la philosophie* (Londres [Amsterdam, Marc-Michel Rey] 1770).

12. *Testament de Jean Meslier* (s.l. 1762).

sur ce terrain. Sa critique porte davantage sur le contenu de la doctrine et sur ses faiblesses, sur l'idée même de création, sur l'absurdité des miracles, enfin sur la mystification idéaliste; elle laisse de côté le problème de l'historicité du christianisme primitif. C'est précisément cette question qui fascine un jeune historien, formé à Leiden aux méthodes de la critique historique, Jean Lévesque de Burigny (1692-1785). Issu d'une famille d'érudits, il était le cadet de Lévesque de Pouilly, secrétaire et confident de lord Bolingbroke pendant son séjour en France, et probablement son initiateur à la critique biblique. Avec une méthode extrêmement rigoureuse et une information très poussée, recueillie aux sources les plus diverses et souvent très orthodoxes (entre autres les travaux classiques du janséniste Le Nain de Tillemont), Burigny va s'efforcer de priver le christianisme de son autorité historique, de sa prétention au caractère sacré, de l'argumentation édifiée patiemment par les apologistes pour soutenir sa vocation divine. Il compose, autour de 1730, une vaste *Histoire critique du christianisme* qui ne sera publiée qu'en 1766, sous le nom de Fréret, et dans une version abrégée, intitulée cette fois *Examen critique des apologistes de la religion chrétienne*.

L'*Examen des apologistes* est trop peu connu du grand public d'aujourd'hui, et déjà celui du XVIIIe siècle a préféré le ton désinvolte et caustique de Voltaire à cette démarche plus sereine, plus détachée, mais un peu lourde dans son appareil de références et de notes. Son argumentation était remarquable pour l'époque, et les auteurs ultérieurs l'ont beaucoup utilisée, sans toujours l'avouer.

Burigny commence par proclamer son droit à l'examen, sur le plan des principes. Il s'autorise de l'exemple donné par le protestant Grotius et par le catholique Houtteville pour croire qu'une bonne cause doit écarter les paralogismes, les preuves faibles, les arguments équivoques. Entrant ensuite dans le vif du sujet, il conteste l'authenticité des Evangiles, et en tout cas le choix arbitraire du canon: saint Clément utilisait des Evangiles tenus depuis pour apocryphes, et les arguments mis en avant pour justifier l'authenticité du Nouveau Testament prouveraient aussi bien celle des livres dits apocryphes (p.19). Il donne ensuite une série d'exemples de textes falsifiés et d'interpolations opérées sans discrétion par des chrétiens zélés (entre autres dans Flavius Josèphe, p.52-53). Son scepticisme s'étend aux miracles opérés par le Christ, miracles dont l'authenticité aurait immanquablement entraîné la conversion des Juifs, et aux circonstances légendaires de la mort des apôtres (p.63-66). Burigny s'étend assez longuement sur la démonologie chrétienne, restée assez vivace au XVIIIe siècle (contrairement aux conclusions de Mandrou) et démystifie complaisamment des cas de possession (l'histoire de la possédée dont le diable répondait aux *Epîtres* de Cicéron, les prenant pour des textes sacrés, p.89-91). Sa conviction personnelle est que le christianisme fut, dès le début, la religion d'un peuple ignorant, malheureux et crédule, et que le phénomène qui se vérifie dans les missions du Japon et de la Chine (p.97-101) était lié à la nature même de sa doctrine et aux circonstances de son apparition. Son succès fut le résultat d'un calcul politique, et son extension le fruit de la violence, à partir de Constantin. Les arguments tirés de la prétendue excellence morale des chrétiens ne résistent pas à l'examen: il est des hommes vertueux dans toutes les religions, et Burigny consacre un curieux développement à la morale des «yoghis». Quant au martyre, il ne prouve rien, si ce n'est la conviction inébranlable de celui qui le subit; chaque foi a ses martyrs, et le catholicisme, par sa violence, en a suscité bon nombre, entre autres parmi les anabaptistes; d'ailleurs, l'athéisme a ses martyrs, lui aussi, et qui pourraient témoigner pour leurs idées (p.138). Comme on peut le constater tous les jours, la religion chrétienne n'a pas changé les hommes: ils ne sont ni meilleurs, ni plus éclairés que les sages de la Grèce, dont la morale valait bien celle des prédicateurs modernes. Mais l'Europe n'a pas le monopole des «lumières», et elle aurait grand profit à s'informer de la spéculation morale des Chinois, des Japonais et des Siamois (p.159 et suiv.). Burigny va même plus loin: non seulement le christianisme n'a pas amélioré les hommes, mais il les a rendus persécuteurs, en raison de sa prétention à la vérité absolue. Il en donne de nombreux exemples dans l'histoire: la croisade contre les Albigeois, les massacres de Vaudois dans le Piémont, les reniements du concile de Constance, les horreurs de la colonisation espagnole (p.176-85). Ecoutons-le:

Nous avons vu plus haut (chap. 7) les diverses violences qui ont été employées contre les payens, pour les amener au Christianisme, le zele des orthodoxes est encore bien plus grand contre ceux d'entre les Chrétiens dont la créance ne s'accorde pas entièrement avec la leur.

Ce ne fut d'abord que par les châtimens spirituels, que l'on sévit contre ceux à qui l'on donnoit le nom d'hérétiques; les prêtres ayant acquis un très-grand crédit depuis que les Empereurs étoient Chrétiens, l'exil et ensuite la mort furent le partage de ceux qui s'éloignèrent de la secte dominante. En péchant contre les premiers devoirs de l'humanité, on s'imagina plaire à Dieu;

et plus on étoit cruel, plus on étoit censé avoir de la religion. C'est ce qui a fait dire à un auteur fameux,[13] «Je me suis vingt fois étonné que les Juifs, qui haïssent si obstinément les Chrétiens, et qui étant répandus par-tout le monde, savent ce qui s'y passe, et peuvent transporter les nouvelles dans tous les pays, n'aient pas traduit en diverses langues, Chinoise, Japonoise, Malabaroise, l'histoire des Chrétiens; car ils disposeroient par-là toutes les nations à ne pas souffrir que les Chrétiens s'établissent chez elles».

Cet esprit de persécution avoit gagné jusqu'au bon Roi S. Louis, qui disoit confidemment à Joinville,[14] «que, quand un laïc entendoit médire de la religion Chrétienne, il devoit la défendre, non seulement de paroles, *mais à bonne épée tranchante*, et en frapper les médisans et les mécreans à travers le corps, tant qu'elle pourra y entrer».

C'est une violation manifeste des préceptes des premier docteurs de l'Eglise, qui avoient décidé que *la violence ne devoit jamais être employée en faveur de la vérité*. Ceux qui parloient de la sorte n'avoient aucun pouvoir sur la terre. Leurs successeurs, devenus tout-puissans, ne mirent aucune différence entre les rebelles à l'état, et ceux qui ne reçoivent pas aveuglément les décisions de l'Eglise (p.172-73).

A ceux qui croiraient aux vertus positives de la religion chrétienne, il oppose non sans humour les témoignages d'esprits aussi différents que le grand Arnauld et le père Rapin, de la Société de Jésus (p.193-94), lesquels s'accordent à déplorer la décadence morale du monde chrétien de leur temps.

Après avoir utilisé les instruments de la critique historique externe, Burigny va recourir à la critique interne. Cette fois, c'est surtout l'Ancien Testament qui sera visé. La localisation du Paradis terrestre est un non-sens géographique (p.200). Le déluge est une histoire aberrante, bourrée d'impossibilités (c'est un point que le «Militaire philosophe» avait creusé avec une prédilection compréhensible de la part d'un officier de marine). Le Pentateuque ne mentionne pas l'immortalité de l'âme, il accorde en revanche la raison aux animaux et offre de Dieu une représentation toute corporelle (p.209-11). La Bible fourmille d'histoires atroces et scandaleuses dont certaines sont proposées en modèle:

Les incrédules accusent aussi l'Ecriture d'approuver, de proposer pour modele, de louer beaucoup de personnages dont la vie n'a été rien moins qu'édifiante,

13. *La France toute catholique sous le règne de Louis le Grand*, p.66 [note de Burigny].

14. *Joinville*, de Ducange, p.11 [note de Burigny].

et de canoniser des actions qui seroient condamnées par la raison ou par la religion naturelle.

Le livre des Juges (ch.3, v.14) fait l'éloge de l'action d'Aod, qui assassina Eglon, Roi de Moab, dont il étoit devenu le sujet par le droit de la guerre. La lecture d'un ouvrage, où se trouve un principe si dangereux, devroit être interdite aux simples dans un état bien policé. C'est peut-être ce passage qui a séduit les Ravaillac et les Clément, et qui les a engagés à commettre avec confiance le plus grand de tous les crimes.

L'action de Jahel ne paroît pas plus conforme à la saine morale. Elle étoit femme d'Heber, qui étoit en paix avec Jabin, Roi d'Azor; Sizara, Général de ce Prince, fuyant après avoir été battu par Baruc, Jahel va au-devant de lui, promet de le cacher, et cependant le tue en trahison.

Néanmoins Jahel tient une place honorable dans le cantique de Débora. Il y a pourtant dans cette conduite une complication de perfidies qui auroit dû effrayer une conscience tant soit peu timorée. Le P. Calmet en convient. «Il faut reconnoître, dit-il, qu'elle a fait un mensonge, et qu'elle a agi contre la bonne foi qu'on doit garder, en guerre même, envers ses ennemis, en invitant Sizara d'entrer dans sa tente, et en l'exhortant de ne rien craindre. Elle a violé les droits de l'hospitalité pour tromper son ennemi, ce qui n'est jamais permis, l'hospitalité ayant toujours passé pour une chose sainte et inviolable. Il paroît d'ailleurs qu'Heber et Jabin étoient alliés, et on ne voit point que Sizara ait rien fait contre cette alliance» (*Juges*, c.5, v.14).

Il y a plusieurs autres traits de cette nature dans les livres de l'ancien Testament, ce qui avoit engagé les Manichéens à le rejetter avec mépris (p.212-13).

Le livre de *Judith* est plus capable de faire commettre de grands crimes, que d'inspirer de la vertu. On est très-embarrassé à fixer le tems où cette héroïne a vécu. Il est dit, dans le 30e verset du 16e chapitre, qu'elle vecut 150 ans, et que tant qu'elle fut au monde, et plusieurs années après, il ne se trouva personne qui troublât Israël. Or on ne trouve point, dans les derniers siècles du royaume de Judas, aucun tems de tranquillité assez long pour pouvoir placer l'événement du siège de Béthulie. Le P. Calmet n'a d'autre expédient que de donner à Judith 60 ou 65 ans, lorsqu'elle tua Holopherne; cependant elle est représentée dans l'histoire comme étant alors d'une très-grande beauté. Prideaux avoue qu'il est dans l'impuissance d'éclaircir cette difficulté, ch.1, p.73.

L'auteur de la défense des sentimens sur l'histoire critique (lettre 10, p.249) penche à croire que le livre d'*Esther* est une histoire feinte, ou un roman spirituel. Cet auteur a réuni tous les traits qui peuvent confirmer cette idée (p.218).

Voltaire n'aura qu'à puiser ici les exemples qu'il répetera inlassablement dans ses pamphlets et dans *La Bible enfin expliquée*. Enfin, le lecteur attentif aura la surprise de découvrir en l'auteur de l'Ecclésiaste un spinoziste avant la lettre :

L'Ecclésiaste a été un sujet de scandale pour les Déïstes : ils se sont imaginés qu'il étoit clair pour tout homme qui pourroit s'élever au-dessus des préjugés, que ce livre avoit été composé pour prouver que l'homme ne doit chercher qu'à mener une vie tranquille en ce monde ; que l'avenir ne doit point l'inquiéter, parce que tout meurt avec le corps. C'est ce qui se prouve par ces passages (ch.3, versets 12 et 18). «J'ai reconnu qu'il n'y avoit rien de meilleur que de faire du bien pendant sa vie. J'ai dit en moi-même touchant les enfans des hommes, que Dieu les éprouve, et qu'il fait voir qu'ils sont semblables aux bêtes. C'est pourquoi les hommes meurent comme les bêtes, et leur sort est égal. De même que l'homme meurt, les bêtes meurent aussi ; les uns et les autres respirent de même ; l'homme n'a rien de plus que la bête. Tout est soumis à la vanité, et tout tend à un même lieu. Ils ont tous été tirés de la terre, et ils retourneront dans la terre ; qui connoit si l'ame des enfans d'Adam monte en haut, et si l'ame des bètes descend en bas [...] ? J'ai reconnu qu'il n'y a rien de meilleur à l'homme, que de se réjouir dans ses œuvres ; que c'est-là son partage, car qui est-ce qui le ramenera pour connoître ce qui doit se passer après lui ? (*ibid.* ch.8, v.14). J'ai cru que le bien, qu'on pouvoit avoir sous le soleil, étoit de manger, de boire et de se réjouir, et que l'homme n'emportoit que cela avec lui de tout le travail qu'il avoit eu dans sa vie, pendant les jours que Dieu lui avoit donnés sous le soleil. »

Enfin, dans le verset 5 du ch.9, il est décidé positivement que les morts ne connoissent plus rien, qu'ils ne sont point récompensés, et que leur mémoire est ensévelie dans l'oubli ; cependant c'eut été bien là l'occasion de s'expliquer sur l'immortalité de l'ame, si l'auteur avoit eu quelque connoissance de cette doctrine. Il est vrai que, sur la fin de cet ouvrage, il dit que la poussiere rentrera dans la terre d'où elle a été tirée, et que l'esprit retournera à Dieu qui l'a donné. Mais ce Rouah, ou cet esprit, est ce qui est appellé ailleurs, (*Gen.*, ch.8, v.7) *spiraculum vitae*, et il signifie, pour l'ordinaire, quelque chose de corporel. Une preuve, que l'auteur de l'Ecclésiaste n'a pas entendu par là *une substance spirituelle et immortelle*, c'est qu'il se sert du même terme lorsqu'il parle de l'ame des bêtes, (ch.3, v.9). Ces expressions favoriseroient plutôt les Spinosistes que les orthodoxes (p.213-15).

Il sera tout aussi étonné de déceler en l'auteur du Cantique des cantiques un scandaleux libertin.

Pour ce qui est du Nouveau Testament, Burigny constate qu'il est imprégné du sentiment de la proximité de la fin du monde, et qu'il est étrange de le voir démenti par les faits sur cette conviction fondamentale (p.122). Il note d'ailleurs, avec ironie, que l'Eglise interdit la lecture de ce qui constitue le fond même de sa doctrine (*Index*, règle 5) :

Les Chrétiens disent, à la vérité, que leurs livres fondamentaux ont été inspirés par le S. Esprit, mais comment peuvent-ils concilier cette opinion avec les imperfections qu'ils leur attribuent. Dans toute l'Italie et dans tous les pays où l'autorité du Pape est sans bornes, l'Ecriture est regardée comme un livre dangereux pour le plus grand nombre des fideles, et dont il est très-facile d'abuser; en conséquence de cette opinion, il n'est permis de vendre la Bible traduite en langue vulgaire, qu'à ceux qui ont permission de la lire: c'est ce qui est exprimé par la cinquieme regle de l'index, dont voici la traduction.[15] «Etant évident, par l'expérience, que si la Bible traduite en langue vulgaire étoit permise indifféremment à tout le monde, la témérité des hommes seroit cause qu'il en arriveroit plus de mal que de bien; nous voulons que l'on s'en rapporte au jugement de l'Evêque, ou de l'Inquisiteur, qui, sur l'avis du Curé, ou du Confesseur, pourront accorder la permission de lire la Bible, traduite par des auteurs Catholiques en langue vulgaire, à ceux à qui ils jugeront que cette lecture n'apportera aucun dommage; il faudra qu'ils aient cette permission par écrit; que s'il s'en trouve qui aient la présomption de lire, ou retenir la Bible sans cette permission par écrit, on ne les absoudra point» (p.224-25).

En conclusion de cet examen, Burigny énonce les principes de la critique historique moderne et, dans un texte qui mériterait de figurer parmi les classiques de l'histoire, il en formule les règles (p.236-39):

il faut observer que les preuves des religions révelées contiennent des faits, dont la discussion, demandant de longs examens, et renfermant de grandes difficultés, est par conséquent peu à la portée du commun des hommes.

En effet, toutes les religions ont pour fondement des prophéties et des miracles, qui sont, ou conservés par la tradition, ou recueillis par d'anciens livres, écrits en une langue inconnue, non seulement au peuple, mais même à un grand nombre de personnes qui d'ailleurs ont l'esprit cultivé.

On ne peut pas juger de l'argument tiré des prophéties, qu'on ne soit en état de s'assurer, 1° du tems où vivoit le prophete, pour savoir si la prophétie n'est pas postérieure à l'événement; 2° du véritable sens du passage que renferme la prophétie, ce qui suppose la connoissance de la langue originale du livre prophétique; 3° il est nécessaire de savoir dans quelles circonstances s'est trouvé le prophete, afin d'être certain qu'il n'a pas pu conjecturer ce qu'il a prédit; 4° il faudra comparer la prophétie avec d'autres prédictions, que des hasards heureux ont pu vérifier.

Les miracles ont ordinairement pour garans des livres dont la vérité ne peut se prouver sans le secours de l'histoire. 1° Il faut examiner le siecle des historiens qui les rapportent; 2° il faut s'assurer de l'authenticité de leurs livres et de la sincérité de leurs témoignages; 3° il sera nécessaire de s'assurer si les

15. Starti, 4e part., p.5 [note de Burigny].

miracles, dont ils parlent, ne sont pas l'effet de la fourberie, ou s'ils ne peuvent pas avoir des causes physiques pour base. Mais comment un homme peu instruit pourra-t-il se convaincre que ces livres ne sont pas l'ouvrage de l'imposture, tandis qu'il est certain que le genre humain est partagé en différentes sectes qui produisent toutes, en faveur de leurs opinions, des livres qu'elles prétendent également inspirés ? Ce n'est que par un très grand travail qu'on peut discerner le différent mérite de ces ouvrages ; il est contre l'expérience et contre la raison, d'imaginer que tous les hommes puissent faire toutes les recherches nécessaires pour parvenir à ce discernement. Le salut dépendra donc de la science et d'une question de critique.

Quant aux preuves tirées de la tradition, un peu de sagacité suffit pour en connoître l'incertitude ; mais ce n'est qu'après des études profondes et de sérieuses réflexions, qu'on peut déterminer le degré de croyance qu'elle peut mériter.

Il ne suffira pas d'avoir examiné une seule religion, il y a dans le monde une infinité de sectes qui se vantent toutes de tirer leur origine du ciel. Elles se fondent toutes sur le même genre de preuves. Pour donner, avec connoissance de cause, la préférence à l'une d'entre elles, il faudra les comparer et juger qu'elle est la mieux fondée.

Le rôle déterminant joué par les querelles intestines du christianisme dans la naissance de la méthode critique appliquée à l'histoire des religions est mis en évidence par Burigny lorsqu'il souligne (p.248) la validité des reproches formulés par les catholiques contre les protestants, et vice-versa, reproches qui finissent par s'annuler ou, au contraire, par cumuler.

Sociologiquement, l'adhésion religieuse n'est presque jamais le résultat d'un libre choix ; elle est liée au hasard de la naissance (p.259) : on est chrétien parce qu'on est Français, on serait musulman si on était né en Turquie.

Enfin, Burigny rejette l'argument de Pascal qui, s'il était fondé, vaudrait tout aussi bien pour la religion juive ou pour l'Islam. Il conclut en revenant à son point de départ : le doute et l'examen sont légitimes, même pour le croyant, puisqu'ils évitent de mal penser de Dieu et de dégrader l'idée qu'il faut se faire de lui.

L'auteur de l'*Examen des apologistes* ne pose ni à l'athée, ni au matérialiste. Sa critique se veut strictement historique, elle ne touche pas à la philosophie et n'aborde à aucun moment le problème de l'existence de Dieu. L'œuvre vaut surtout par la sérénité de son argumentation, par la solidité de son information, par l'absence de passion et de ressentiment. Elle a beaucoup servi, par la richesse de sa documentation et par la précision de ses références. Mais en définitive, comme toute œuvre de science, elle n'a été ni la plus efficace, ni la plus répandue dans le vaste mouvement de contestation religieuse.

D'autres ouvrages critiques seront plus polémiques de ton, plus diversifiés dans leur argumentation doctrinale. On voit pulluler, après 1700, dans les collections de manuscrits, les *Examens critiques* (*Examen de la religion, Examen de la Genèse, Examen critique du Nouveau Testament, Examen du Nouveau Testament, Examen et Censure des livres de l'Ancien Testament, Histoire critique du christianisme, Analyse de la religion, Traité de la religion*). Certains de ces textes seront imprimés en tout ou en partie, dans des éditions clandestines, entre 1760 et 1770, années où l'assaut contre l'Eglise catholique atteint son point culminant.

Une des œuvres les plus personnelles et les plus substantielles dans cette abondante production manuscrite est sans aucun doute celle qu'il est convenu d'appeler le *Militaire philosophe* depuis que Naigeon et d'Holbach en publièrent, à la fin de 1767, une version très abrégée. Rédigé vers 1710 et intitulé *Difficultés sur la religion proposées au P. Malebranche par Mr ***, officier militaire dans la marine*, ce gros ouvrage est l'aboutissement de la réflexion d'une vie entière. L'auteur inconnu apparaît comme un mathématicien féru de certitudes «géométriques» et résolument méfiant à l'égard des incertitudes de l'histoire. A la différence de celle de Lévesque de Burigny, sa méthode est plus théorique qu'érudite, et il se distance de Meslier par son hostilité au matérialisme athée.

Son traité, car c'en est un, s'ouvre sur un «Premier cahier, contenant ce qui m'a fait ouvrir les yeux», qui résume les arguments anticléricaux classiques en les intégrant dans un récit autobiographique très curieux: un pèlerinage à Notre-Dame des Ardilliers, ses lectures en classe de philosophie, sa participation aux dragonnades, puis ses contacts avec les Indiens d'Amérique, ont fait de cet ancien «diseur d'*obsecro*, d'allégresses, d'oraisons de Ste Brigitte» un ennemi déclaré des «religions factices» (c'est le nom qu'il applique à l'ensemble des religions tenues pour révélées).

Il se livre ensuite à un «Examen général des religions factices», qu'il légitime lui aussi, mais avec d'autres arguments que Burigny. Pour lui, la religion est une question importante (ce qui impose l'examen), mais d'ordre strictement personnel (ce qui le justifie et le fait échapper à l'autorité civile). Le militaire conteste à l'Etat le droit d'imposer une religion, mais lui accorde celui de l'interdire si elle entraîne des conséquences funestes au bien public : les persécutions, le célibat des prêtres, la doctrine de la grâce. En somme, le christianisme – doctrine contraire à l'ordre social (Rousseau dira la même chose dans l'*Emile*) – serait à prohiber, au lieu d'être encouragé.

Pour être désintéressé, l'examen se fondera sur la seule raison et rejettera les témoignages invérifiables, les «faits» douteux que nous offre l'histoire. Or la raison nous prouve que toutes les religions révélées sont incertaines, qu'aucune ne peut donc exiger de nous une croyance absolue. Dieu, qui est pur esprit, n'a pu vouloir communiquer ses volontés par le truchement d'un livre ou d'interprètes humains ; il a imprégné nos devoirs dans notre conscience. L'adhésion à une religion «factice» est donc plus qu'une erreur, un crime qui nous condamne à idolâtrer (cahier II, 120).

Cette partie théorique, il faut le souligner, est d'une remarquable originalité et d'une puissante rigueur démonstrative qui se marque jusque dans la structure des chapitres en «Vérités» et «Arguments démonstratifs».

Le IIIe cahier, s'il est aussi vigoureux, est moins neuf puisqu'il comporte l'examen de l'Ancien et du Nouveau Testament. Il faut remarquer, à cet égard, la singulière analogie des arguments exposés par Meslier, par Lévesque de Burigny et par le Militaire philosophe, alors que ces auteurs écrivaient sans se connaître. On peut se demander si des manuscrits clandestins n'ont pas fourni des matériaux à tous ces contestataires, et l'existence du *Theophrastus redivivus* latin (retrouvé par M. Spink à la Bibliothèque nationale) favorise une telle hypothèse.

Le Militaire contestera la divinité, et jusqu'à la moralité, de l'Ancien Testament. Il se montre scandalisé par la préférence de Dieu pour un seul peuple, et par sa haine pour tous les autres. Il s'attarde (pour des raisons techniques !) sur l'arche de Noé, et exécute sommairement l'histoire d'Adam et Eve. Les Evangiles ne sont, à ses yeux, qu'une rhapsodie maladroite, dont le choix ne repose sur aucun critère sérieux. Lui aussi est horrifié par la théorie de la grâce, suprême injustice d'un Dieu capricieux, et surtout par la facilité de l'absolution, qui efface en un instant les crimes de toute une vie et constitue, à sa manière, un encouragement au vice. La Résurrection n'est qu'une fable, analogue à celles que l'on rapporte au sujet de Romulus ou de Sommonocodom, et d'ailleurs (ici le Militaire est plus original), elle présuppose la notion d'un ciel «localisé» dans l'espace. Il rejette l'idée du Diable, façon commode d'endosser à un tiers la réalité du mal qui est en nous. Pour les miracles, il n'en admet qu'un seul, la création, et il tient tous les autres pour des impostures qui font la richesse de l'Eglise. La notion de péché originel le heurte dans sa conscience: on ne punit pas Pierre pour les fautes de Jean, et du même coup il nie la nécessité d'un Sauveur.

Là-dessus, dans un IVe cahier qui se présente comme l'aboutissement de toute sa pensée, le Militaire philosophe édifie un déisme sans culte, sans prêtres, sans cérémonies, expression directe de la religion «naturelle», fondé (avant Rousseau) sur un *dictamen* de la conscience. On aurait donc tort de le confondre avec Meslier ou avec d'Holbach: le Militaire croit profondément à l'existence d'un Dieu garant des vérités premières et des principes moraux, tout comme il croit à la liberté et à la responsabilité individuelles.

Le sérieux du savant n'exclut pas, chez le Militaire, la verdeur et une certaine impatience qui se marque dans des exclamations et des apostrophes soudaines:

ces gens-là se diront exempts de toutes charges publiques, posséderont les plus beaux biens et lèveront sur le peuple plus d'impôts, le laissant seul chargé de toutes les dépenses de l'Etat et d'aller courir les risques et les fatigues de la guerre pour les mettre à couvert de leurs ennemis, tandis que ces Messieurs seront à table, au lit, à se promener dans leurs superbes jardins, ou à séduire les femmes et les filles des malheureux qui courront s'exposer pour leur défense (I, 3; p.79).

ou encore:

Tout le corps monacal crie d'un ton de Polyphème qu'on ne peut se donner trop tôt à Dieu; sur cet axiome admirable, on reçoit des filles de 15 ans à s'engager pour toute leur vie dans un état contraire à la raison et à la nature; donc le désespoir les rongera jusqu'à la mort. Que ne les reçoivent-ils donc à trois ans, cela serait bien encore plus beau, puisque ce serait encore bien plus tôt (I, 20; p.93).

et plus loin:

On ne peut soutenir que l'espérance de biens infinis, presque impossibles à acquérir, avec une alternative de peines presque impossibles d'éviter, soient un sujet d'amour pour celui qui promet et menace; proposez à un enfant tout ce qu'il pourra désirer; s'il est une après-dîner tranquille sur une chaise, et le fouet s'il remue; vous verrez s'il aimera!

C'est, dit-on, Dieu qui nous nourrit, qui nous fournit tant de choses nécessaires et agréables, nous devons l'aimer. Nous aimons bien père, mère, bienfaiteur. Crème fouettée que cela ! Dieu ne nous donne-t-il pas de même les maladies, les poisons, les accidents ? (III, 71 ; p.246).

A propos des religions orientales,

Est-il plus extravagant de courir et d'attendre respectueusement toutes sortes de biens d'une figure à dix visages, avec cent bras, que d'une oublie incrustée dans un vase précieux et rayonnante de pierreries ; de se tenir dans une rivière pour retirer le soleil de son éclipse, que d'employer quelques gouttes d'eau jetées en l'air pour empêcher le tonnerre, etc. ? Il n'y a point d'impertinences dans le paganisme le plus outré dont on ne trouve une fidèle copie dans notre religion ; le parallèle n'en est pas difficile (I, 17-18 ; p.91).

Il faudrait plus de temps et plus d'espace que nous n'en disposons ici pour épuiser la vaste matière de notre sujet. Nous nous bornerons donc, à propos du *Mémoire* de Meslier, à souligner les aspects sociaux et révolutionnaires de sa critique de la religion chrétienne. Il a connu la misère des campagnes à l'époque des guerres du grand roi, il a vu de ses yeux l'oppression économique et politique sous laquelle gémit le peuple de France, pour les neuf dixièmes composé de paysans au début du XVIIIe siècle. Pour lui, la religion n'est qu'une immense imposture destinée à perpétuer la servitude des masses. Il associe dans sa dénonciation la puissance ecclésiastique et celle des grands ; il incrimine :

cette détestable politique des hommes [qui ont employé] toutes sortes de ruses et d'artifices, pour séduire les peuples, afin de parvenir plus facilement à leurs fins [..] ces fins et rusés politiques abusant ainsi de la faiblesse, de la crédulité et de l'ignorance des plus faibles et des moins éclairés, ils leur ont facilement fait accroire tout ce qu'ils ont voulu [..] et par ce moyen, les uns se sont fait honorer, respecter et adorer comme des divinités [..] et les autres se sont rendus riches, puissants et redoutables dans le monde (i.10).

et il s'écrie :

Voilà [..] la source et l'origine de tous ces prétendus saints, et sacrés caractères d'ordre et de puissance ecclésiastique et spirituelle que vos prêtres et vos évêques s'attribuent sur vous [..] qui, sous prétexte de vouloir vous conduire au ciel, et vous y procurer un bonheur éternel, vous empêchent de jouir tranquillement d'aucun véritable bien sur la terre et [..] vous réduisent à souffrir dans cette vie seule que vous avez les peines réelles d'un véritable enfer (i.13).

Voilà, mes chers amis, comme ceux, qui ont gouverné et qui gouvernent encore maintenant les peuples abusent présomptueusement, et impunément du nom et de l'autorité de Dieu pour se faire craindre, obéir et respecter eux-mêmes, plutôt que pour faire craindre et servir le Dieu imaginaire de la puissance duquel ils vous épouvantent. Voilà comme ils abusent du nom spécieux de piété et de religion pour faire accroire aux faibles et aux ignorants tout ce qu'il leur plaît, et voilà enfin comme ils établissent par toute la terre un détestable mystère de mensonge et d'iniquité (i.21).

Il a cru lui-même à une religion de douceur et de piété (i.18), il a reçu avec ferveur le message de pauvreté du Christ, et la parole rapportée par saint Paul qu'il vaut mieux donner que recevoir (i.30); il a admiré «le bon Job» qui disait, dans le temps de sa prospérité, qu'il était «le père des pauvres, l'œil de l'aveugle, le pied du boiteux, la main du manchot, la langue du muet» (i.30-31). Ensuite, il a eu conscience d'avoir été mystifié et il laisse éclater son indignation (i.33).

Certes, la critique de Meslier s'appuie sur une abondante exégèse biblique et évangélique, elle oppose même au christianisme un matérialisme cohérent et solide, mais en définitive, l'âpreté de son œuvre s'explique surtout par la déception du «clerc» égaré par une phraséologie idéaliste et contraint par les circonstances à se faire le complice d'un ordre hypocrite et vexatoire.

On retrouve dans ses diatribes l'écho des invectives des prophètes juifs; c'est sur le livre des Juges qu'il s'appuie pour mettre les peuples en garde contre l'imposture des rois. Sa hargne contre les «christicoles» est l'envers d'une sensibilité mise à vif. Comment comprendre autrement la sympathie qu'il manifeste pour «un homme qui n'avait ni science, ni étude» et qui «souhaitait que tous les grands de la terre, et que tous les nobles fussent pendus et étranglés avec les boyaux du dernier des prêtres»? Sans doute, dit-il, «cette expression ne doit pas manquer de paraître rude, grossière et choquante, mais il faut avouer qu'elle est franche et naïve; elle est courte, mais elle est expressive, puisqu'elle exprime en assez peu de mots tout ce que ces sortes de gens-là mériteraient» (i.23-24).

L'outrance même de ce langage éclaire la situation dans laquelle l'Eglise s'était placée par son alliance inconditionnelle avec le pouvoir civil, ainsi que l'état d'exaspération où en étaient venus quelques esprits particulièrement réceptifs au scandale de l'injustice et de la tyrannie. Bien sûr, l'exemple du curé Meslier est unique en son siècle, qui fut pourtant le grand siècle de la dénonciation, mais il illustre à sa manière l'exaspération qui couve dans les campagnes et qui éclatera un demi-siècle plus tard.

Meslier est donc un isolé, à la fois dans sa violence et dans la singularité de son propos, dans la mesure où il ne sape le fondement doctrinal de l'Eglise que pour ruiner définitivement sa puissance temporelle. Voltaire le comprendra si bien qu'il aura soin d'amputer l'*Extrait* de 1762 de tout son contenu révolutionnaire et social, et que cette duperie subsistera jusqu'à la publication intégrale du *Mémoire* en 1864.

Le testament spirituel de Jean Meslier n'ayant été connu que sous une forme édulcorée, soigneusement débarrassée de son contenu le plus explosif, l'œuvre la plus radicale que le XVIIIe siècle ait connue est fort probablement *Le Christianisme dévoilé*, qui parut clandestinement en Hollande en 1766 et fut subrepticement introduit en France par le canal de la Lorraine (et avec la complicité de quelques officiers de Nancy). Attribué à titre posthume à l'ingénieur Boulanger (l'auteur de *L'Antiquité dévoilée*), l'ouvrage semble bien être le fruit d'un travail collectif poursuivi par le groupe du baron d'Holbach. Il rassemble tous les arguments exprimés auparavant et les intègre dans une démonstration serrée, incisive et brillante (qui fut pour beaucoup dans son succès).

D'emblée, le ton est plus combatif, plus hostile, plus tranchant que celui de Burigny ou du Militaire. De toute évidence, c'est à une liquidation que l'auteur se livre, et il conçoit ce «dévoilement» comme une exécution sommaire. L'histoire du peuple juif est expédiée en quelques pages méprisantes et sommaires. Jésus n'est guère mieux traité : il suffit que ce «prophète de la populace» soit mort dans un supplice infamant pour qu'il s'en trouve discrédité. Le christianisme, de même, est présenté comme une religion de pauvres et de perturbateurs. On est frappé de l'animosité qui transparaît sous ces formules méprisantes : l'inspiration du *Christianisme dévoilé* est à l'opposé de celle du testament de Meslier, même si leurs arguments se recoupent très souvent. C'est l'esprit des «libertins», leur dédain de la «tourbe, cloaque d'erreur», leur méfiance à l'endroit des masses sollicitées par la superstition et le fanatisme, qui revit dans ces pages. Cette conjonction d'un scepticisme religieux avec un conservatisme social préfigure déjà ce que sera la position d'un Renan.

Mais l'auteur du *Christianisme dévoilé* est aussi un écrivain habile et efficace, qui manie avec brio le procédé du raccourci, grossissant les défauts et faisant saillir les angles, entraînant finalement par son élan même :

En adoptant le Dieu terrible des Juifs, le christianisme enchérit encore sur sa cruauté ; il le représente comme le tyran le plus insensé, le plus fourbe, le plus cruel, que l'esprit humain puisse concevoir ; il suppose qu'il traite ses sujets avec une injustice et une barbarie vraiment dignes d'un démon. Pour nous convaincre de cette vérité, exposons le tableau de la mythologie judaïque, adoptée et rendue extravagante par les chrétiens.

Dieu par un acte inconcevable de sa toute-puissance, fait sortir l'univers du néant; il crée le monde pour être la demeure de l'homme, qu'il a fait à son image; à peine cet homme, unique objet des travaux de son Dieu, a-t-il vu la lumière, que son créateur lui tend un piége, auquel il savoit qu'il devoit succomber. Un serpent, qui parle, séduit une femme, qui n'est point surprise de ce phénomène; celle-ci, persuadée par le serpent, sollicite son mari de manger un fruit défendu par Dieu lui-même. *Adam*, le père du genre humain, par cette faute légère, attire sur lui-même, et sur sa postérité innocente, une foule de maux, que la mort suit, sans encore les terminer. Par l'offence d'un seul homme, la race humaine entière devient l'objet du couroux céleste; elle est punie d'un aveuglement involontaire, par un déluge universel. Dieu se repent d'avoir peuplé le monde; il trouve plus facile de noyer et de détruire l'espèce humaine, que de changer son cœur.

Cependant, un petit nombre de justes échappe à ce fléau; mais la terre submergée, le genre humain anéanti, ne suffisent point encore à sa vengeance implacable. Une race nouvelle paroît, quoique sortie des amis de Dieu, qu'il a sauvés du naufrage du monde, cette race recommence à l'irriter par de nouveaux forfaits; jamais le Tout-Puissant ne parvient à rendre sa créature telle qu'il la desire; une nouvelle corruption s'empare des nations, nouvelle colère de la part de *Jehovah*.

Enfin, partial dans sa tendresse et dans sa préférence, il jette les yeux sur un Assyrien idolâtre; il fait une alliance avec lui; il lui promet que sa race, multipliée comme les étoiles du ciel, ou comme les grains de sable de la mer, jouira toujours de la faveur de son Dieu; c'est à cette race choisie que Dieu révele ses volontés; c'est pour elle qu'il dérange cent fois l'ordre qu'il avoit établi dans la nature; c'est pour elle qu'il est injuste, qu'il détruit les nations entières. Cependant, cette race favorisée n'en est pas plus heureuse, ni plus attachée à son Dieu; elle court toujours à des dieux étrangers, dont elle attend des secours que le sien lui refuse; elle outrage ce Dieu qui peut l'exterminer. Tantôt ce Dieu la punit, tantôt il la console, tantôt il la hait sans motifs, tantôt il l'aime sans plus de raison. Enfin, dans l'impossibilité où il se trouve de ramener à lui un peuple pervers, qu'il chérit avec opiniâtreté, il lui envoye son propre fils. Ce fils n'en est point écouté. Que dis-je? ce fils chéri égal à Dieu son père, est mis à mort par un peuple, objet de la tendresse obstinée de son père, qui se trouve dans l'impuissance de sauver le genre humain, sans sacrifier son propre fils. Ainsi, un Dieu innocent devient la victime d'un Dieu juste qui l'aime[16]

16. Boulanger, *Œuvres* (1790), iv.44-47.

Dialecticien serré, il enferme les apologistes dans leurs propres contradictions :

Quelle indulgence l'homme est-il en droit d'attendre d'un Dieu qui n'a pas épargné son propre fils ? Quelle indulgence l'homme chrétien, persuadé de cette fable, auroit-il pour son semblable ? Ne doit-il pas s'imaginer que le moyen le plus sûr de lui plaire, est d'être aussi féroce que lui ?[17]

Au moins est-il évident que les sectateurs d'un Dieu pareil doivent avoir une morale incertaine, et dont les principes n'ont aucune fixité. En effet, ce Dieu n'est point toujours injuste et cruel ; sa conduite varie ; tantôt il crée la nature entière pour l'homme ; tantôt il ne semble avoir créé ce même homme, que pour exercer sur lui ses fureurs arbitraires ; tantôt il le chérit, malgré ses fautes ; tantôt il condamne la race humaine au malheur pour une pomme. Enfin, ce Dieu immuable est alternativement agité par l'amour et la colère, par la bienveillance et le regret ; il n'a jamais dans sa conduite cette uniformité qui caractérise la sagesse. Partial dans son affection pour une nation méprisable, et cruel sans raison pour le reste du genre humain, il ordonne la fraude, le vol, le meurtre, et fait à son peuple chéri un devoir de commettre, sans balancer, les crimes les plus atroces, de violer la bonne foi, de mépriser le droit des gens. Nous le voyons, dans d'autres occasions, défendre ces mêmes crimes, ordonner la justice, et prescrire aux hommes de s'abstenir des choses qui troublent l'ordre de la société. Ce Dieu, qui s'appelle à la fois le Dieu des *vengeances*, le Dieu des *miséricordes*, le Dieu des *armées*, et le Dieu de *la paix*, souffle continuellement le froid et le chaud ; par conséquent il laisse chacun de ses adorateurs maître de la conduite qu'il doit tenir ; et par-là, sa morale devient arbitraire. Est-il donc surprenant, après cela, que les chrétiens n'aient jamais jusqu'ici pu convenir entr'eux s'il étoit plus conforme aux yeux de leur Dieu, de montrer de l'indulgence aux hommes que de les exterminer pour des opinions ? En un mot, c'est un problème pour eux, de savoir s'il est plus expédient d'égorger et d'assassiner ceux qui ne pensent point comme eux, que de les laisser vivre en paix, et de leur montrer de l'humanité (iv.48-49).

Ces habiletés littéraires se doublent de procédés intellectuels et méthodologiques particulièrement incisifs. L'auteur excelle à instaurer d'insidieux rapprochements entre le christianisme et les religions les plus éloignées dans le temps et dans l'espace : il le met en parallèle avec les rites brahmanes ou mexicains, avec les doctrines égyptiennes et

17. « On nous donne la mort du fils de Dieu, comme une preuve indubitable de sa bonté : n'est-elle pas plutôt une preuve indubitable de sa férocité, de sa vengeance implacable et de sa cruauté ? Un bon chrétien, en mourant, disoit, ‹ qu'il n'avoit jamais pu concevoir qu'un Dieu bon eût fait mourir un Dieu innocent, pour appaiser un Dieu juste ›. » [note de l'auteur].

les cérémonies mithraïques. Il instaure ainsi une véritable analyse comparative des religions qui trouvera au XIXe siècle son plein épanouissement.[18]

Il pratique aussi l'art redoutable de la *reductio ad minimum*, en désacralisant les points fondamentaux de la croyance. Son récit de la Création en est sans doute le modèle:

La bible, qui fait l'objet de la vénération des chrétiens, dans laquelle il n'y a pas un mot qui ne soit inspiré, est formée par l'assemblage peu compatible des livres sacrés des Hébreux, connus sous le nom de l'*Ancien Testament*, combinés avec des ouvrages plus récens, pareillement inspirés aux fondateurs du christianisme, connus sous le nom de *Nouveau Testament*. A la tête de ce recueil, qui sert de fondement et de code à la religion chrétienne, se trouvent cinq livres, attribués à Moyse, qui, en les écrivant, ne fut, dit-on, que le secrétaire de la divinité. Il y remonte à l'origine des choses; il veut nous initier au mystère de la création du monde, tandis qu'il n'en a lui-même que des idées vagues et confuses, qui décélent à chaque instant une ignorance profonde des loix de la physique. Dieu crée le soleil, qui est, pour notre système planétaire, la source de la lumière, plusieurs jours après avoir créé la lumière. Dieu, qui ne peut être représenté par aucune image, crée l'homme à son image; il le crée *mâle* et *femelle*, et bientôt oubliant ce qu'il a fait, il crée la femme avec une des côtes de l'homme; en un mot, dès l'entrée de la bible, nous ne voyons que de l'ignorance et des contradictions (IV.105).

Pour le reste, il reprend les accusations habituelles contre la valeur morale de la Bible (le crime d'Aod sur la personne du roi Eglon justifie à l'avance l'attentat de Ravaillac sur Henri IV). Il souligne la contradiction permanente entre l'intolérance de l'Eglise et la religion d'amour et de paix prêchée dans les Evangiles. Il est plus original lorsqu'il fait apparaître le côté sombre du christianisme (Jésus n'a jamais ri et sa mort est, à proprement parler, un suicide) et ses aspects asociaux (p. ex. la haine du mariage, qu'il explique, p.152, par le fait que Jésus «était de la secte des Esséniens»).

Il dénonce surtout les prétentions théocratiques de cette religion qui soutient les tyrans et qui absorbe en même temps à son profit la plus grande partie des énergies et des revenus de la nation, qu'elle paralyse

18. On retrouve cette méthode au XVIIIe siècle dans la *Dissertation sur Elie et Enoch* (dans le *Recueil philosophique*, éd. Naigeon, 1770) qui rattache le sentiment religieux au souvenir des grandes catastrophes géologiques et à la peur de la fin du monde (thèse favorite de l'ingénieur N.-A. Boulanger).

ainsi dans son développement. L'ampleur de cette critique montre assez qu'il s'agissait là d'un aspect capital pour le lecteur de l'époque.

Un bilan culturel fait apparaître également que les nations catholiques sont les plus ignorantes et les plus esclaves de l'Europe. Inversement, l'auteur soutient que les incrédules n'ont jamais été des perturbateurs de l'Etat et que le gouvernement aurait donc tout intérêt à se les attacher. On sait que c'était la thèse favorite de Voltaire, celle à propos de laquelle il rejettera intégralement les implications politiques de l'*Essai sur les préjugés* et du *Système de la nature*.

La critique religieuse du XVIIIe siècle s'exerce, on le voit, sur un clavier très large où les tendances les plus variées trouvent à s'exprimer, depuis la modération courtoise jusqu'à la diatribe passionnée. Mais ces variantes idéologiques correspondent aussi à des variantes littéraires : la diversité thématique des « examens de la religion » n'a d'égale que leur diversité formelle. On aurait tort de croire celle-ci négligeable : le mode d'expression est un aspect majeur dans une littérature qui se destine à un large public et qui se veut en prise directe sur le monde et sur les hommes. L'*Encyclopédie* est l'exemple le plus célèbre du caractère pragmatique et engagé d'une littérature qui vise ouvertement à changer la commune manière de penser.

Sur le plan du style et du ton, il y a un monde entre le discours savant, paisible, un peu lourd, dépourvu de grâce, qui est celui de l'*Examen des apologistes* et l'agressivité, la dénonciation enflammée, la rhétorique passionnée du *Mémoire* de Meslier, des pages autobiographiques du *Militaire philosophe*, de certains passages du *Christianisme dévoilé*, des notes rageuses de Voltaire à son *Examen important de milord Bolingbroke*.

Voltaire excelle pourtant dans un autre registre, dont il est l'inventeur et l'unique détenteur en son siècle. Dosant avec astuce, dans une matière si grave, l'ironie, le sarcasme, voire la bouffonnerie, Voltaire entend bien mettre les rieurs de son côté. L'indignation (à laquelle il se livre par instants) lui semble littérairement moins efficace que la satire. Sans doute Voltaire n'ajoute-t-il rien aux arguments des critiques anglais et français du christianisme, mais il exploite ce fonds avec tant de succès qu'il en deviendra, paradoxalement, plus redoutable aux yeux de l'Eglise que les auteurs d'ouvrages plus virulents et plus révolutionnaires.

Mieux que dans ses ouvrages étendus (*La Bible enfin expliquée*, ou l'*Histoire de l'établissement du christianisme*), c'est dans ses «facéties» et dans ses dialogues que Voltaire triomphe d'un adversaire accablé sous le ridicule. On en jugera par cet extrait de la *Relation du bannissement des jésuites de la Chine* (1768) où l'Empereur Yong-tching interroge le Frère Rigolet sur les articles de sa foi (M.xxvii.5-7) :

FRÈRE RIGOLET. – Notre Dieu naquit dans une écurie, il y a quelque dix-sept cent vingt-trois ans, entre un bœuf et un âne; et trois rois, qui étaient apparemment de votre pays, conduits par une étoile nouvelle, vinrent au plus vite l'adorer dans sa mangeoire.

L'EMPEREUR. – Vraiment, frère Rigolet, si j'avais été là, je n'aurais pas manqué de faire le quatrième.

FRÈRE RIGOLET. – Je le crois bien, sire; mais si vous êtes curieux de faire un petit voyage, il ne tiendra qu'à vous de voir sa mère. Elle demeure ici dans ce petit coin que vous voyez sur le bord de la mer Adriatique, dans la même maison où elle accoucha de Dieu. Cette maison, à la vérité, n'était pas d'abord dans cet endroit-là. Voici sur la carte le lieu qu'elle occupait dans un petit village juif; mais au bout de treize cents ans, les esprits célestes la transportèrent où vous la voyez. La mère de Dieu n'y est pas à la vérité en chair et en os, mais en bois. C'est une statue que quelques-uns de nos frères pensent avoir été faite par le Dieu son fils, qui était un très bon charpentier.

L'EMPEREUR. – Un Dieu charpentier! un Dieu né d'une femme! tout ce que vous me dites est admirable.

FRÈRE RIGOLET. – Oh! sire, elle n'était point femme, elle était fille. Il est vrai qu'elle était mariée, et qu'elle avait eu deux autres enfants, nommés Jacques, comme le disent de vieux *Evangiles*: mais elle n'en était pas moins pucelle.

L'EMPEREUR. – Quoi! elle était pucelle, et elle avait des enfants!

FRÈRE RIGOLET. – Vraiment oui. C'est là le bon de l'affaire; ce fut Dieu qui fit un enfant à cette fille.

L'EMPEREUR. – Je ne vous entends point. Vous me disiez tout à l'heure qu'elle était mère de Dieu. Dieu coucha donc avec sa mère pour naître ensuite d'elle?

FRÈRE RIGOLET. – Vous y êtes, sacrée majesté; la grâce opère déjà. Vous y êtes, dis-je; Dieu se changea en pigeon pour faire un enfant à la femme d'un charpentier, et cet enfant fut Dieu lui-même.

L'EMPEREUR. – Mais voilà donc deux dieux de compte fait; un charpentier et un pigeon.

FRÈRE RIGOLET. – Sans doute, sire; mais il y en a encore un troisième qui est le père de ces deux-là, et que nous peignons toujours avec une barbe majestueuse; c'est ce dieu-là qui ordonna au pigeon de faire un enfant à la charpentière, dont naquit le dieu charpentier; mais au fond, ces trois dieux n'en font qu'un. Le père a engendré le fils avant qu'il fût au monde, le fils a été ensuite engendré par le pigeon, et le pigeon procède du père et du fils. Or vous voyez bien que le pigeon qui procède, le charpentier qui est né du pigeon, et le père qui a engendré le fils du pigeon, ne peuvent être qu'un seul Dieu ; et qu'un homme qui ne croirait pas cette histoire doit être brûlé dans ce monde-ci et dans l'autre.

L'EMPEREUR. – Cela est clair comme le jour. Un dieu né dans une étable, il y a dix-sept cent vingt-trois ans, entre un bœuf et un âne ; un autre dieu dans un colombier ; un troisième dieu de qui viennent les deux autres, et qui n'est pas plus ancien qu'eux, malgré sa barbe blanche ; une mère pucelle : il n'est rien de plus simple et de plus sage. Eh ! dis-moi un peu, frère Rigolet, si ton dieu est né, il est sans doute mort.

FRÈRE RIGOLET. – S'il est mort, sacrée majesté, je vous en réponds, et cela pour nous faire plaisir. Il déguisa si bien sa divinité qu'il se laissa fouetter et pendre malgré ses miracles ; mais aussi il ressuscita deux jours après sans que personne le vît, et s'en retourna au ciel, après avoir solennellement promis « qu'il reviendrait incessamment dans une nuée, avec une grande puissance et une grande majesté », comme le dit, dans son vingt et unième chapitre, Luc, le plus savant historien qui ait jamais été. Le malheur est qu'il ne revint point.

L'EMPEREUR. – Viens, frère Rigolet, que je t'embrasse : va, tu ne feras jamais de révolution dans mon empire.

A d'autres moments, l'ironie surgit par l'excès même de l'amertume, qui ferait obliquer l'œuvre dans le sens du pathétique. Ainsi dans le second entretien du *Dîner du comte de Boulainvilliers* :

M. FRÉRET. – Mais quand les galiléens ayant gagné une nombreuse populace, commencèrent à prêcher contre la religion de l'Etat, quand après avoir demandé la tolérance ils osèrent être intolérants, quand ils voulurent élever leur nouveau fanatisme sur les ruines du fanatisme ancien, alors les prêtres et les magistrats romains les eurent en horreur. Alors on réprima leur audace. Que firent-ils ? ils supposèrent, comme nous l'avons vu, mille ouvrages en leur faveur ; de dupes ils devinrent fripons, ils devinrent faussaires, ils se défendirent par les plus indignes fraudes, ne pouvant employer d'autres armes ; jusqu'au temps où Constantin devenu empereur avec leur argent, mit leur religion sur le trône. Alors les fripons furent sanguinaires. J'ose vous assurer que depuis le concile de Nicée jusqu'à la sédition des Cévennes, il ne s'est pas écoulé une seule année où le christianisme n'ait versé le sang.

L'ABBÉ. – Ah ! monsieur, c'est beaucoup dire.

M. FRÉRET. – Non, ce n'est pas assez dire. Relisez seulement l'*Histoire ecclésiastique* ; voyez les donatistes et leurs adversaires s'assommant à coups de bâton ; les athanasiens et les ariens remplissant l'empire romain de carnage pour une diphthongue. Voyez ces barbares chrétiens se plaindre amèrement que le sage empereur Julien les empêche de s'égorger et de se détruire. Regardez cette suite épouvantable de massacres ; tant de citoyens mourant dans les supplices, tant de princes assassinés, les bûchers allumés dans vos conciles, douze millions d'innocents, habitants d'un nouvel hémisphère tués comme des bêtes fauves dans un parc, sous prétexte qu'ils ne voulaient pas être chrétiens; et dans notre ancien hémisphère les chrétiens immolés sans cesse les uns par les autres, vieillards, enfants, mères, femmes, filles expirant en foule dans les croisades des Albigeois, dans les guerres des hussites, dans celles des luthériens, des calvinistes, des anabaptistes, à la Saint-Barthélemi, aux massacres d'Irlande, à ceux du Piémont, à ceux des Cévennes; tandis qu'un évêque de Rome mollement couché sur un lit de repos se fait baiser les pieds, et que cinquante châtrés lui font entendre leurs fredons pour le désennuyer. Dieu m'est témoin que ce portrait est fidèle, et vous n'oseriez me contredire.

L'ABBÉ. – J'avoue qu'il y a quelque chose de vrai. Mais comme disait l'évêque de Noyon, ce ne sont pas là des matières de table; ce sont des tables des matières. Les dîners seraient trop tristes si la conversation roulait longtemps sur les horreurs du genre humain. L'histoire de l'Eglise trouble la digestion.[19]

La plaisanterie, dans ce cas, n'est qu'un masque qui doit cacher la crispation du visage, la véhémence du ton. Au-delà, il n'y aurait plus que le renoncement et le désespoir.

Cette revue, fort incomplète, des positions hostiles au christianisme (mais pas nécessairement à toute religion) prouve en tout cas que l'accord est loin d'être unanime dans ce qu'on pourrait appeler le front antichrétien. Il groupe des athées et des déistes, des matérialistes et des spiritualistes, des déterministes et des partisans de la liberté. Leur accord est tributaire de la puissance de l'adversaire, mais aussitôt que celui-ci montre des signes de fléchissement (vers 1770), il éclate. On le verra bien lors de la publication du *Système de la nature*. Comme je l'ai montré ailleurs,[20] on aurait tort de négliger l'existence d'une gauche et d'une droite au sein du mouvement des Lumières.

Leur unité précaire a été maintenue et soudée par l'attitude intégriste, par le conservatisme buté des cadres de l'Eglise officielle. Celle-ci a été jusqu'à confondre avec ses ennemis extérieurs un certain nombre de penseurs qui ne rejetaient pas le christianisme, mais qui espéraient le rénover en le repensant de l'intérieur.

Les privilèges exorbitants du clergé et des ordres ont suscité, au XVIIIe

19. *Le Dîner du comte de Boulainvilliers*, éd. U. Kölving, Voltaire 63A, p.381-83.

20. Dans *Clartés et ombres au siècle des Lumières* (Genève 1969), l'essai intitulé «Esotérisme et Lumières: un dilemme de la pensée du XVIIIe siècle», p.60-103.

siècle, un nombre très élevé d'anticléricaux: les vocations forcées, la luxure des moines, la cupidité cléricale sont alors des sujets littéraires rebattus. Le bas clergé, lui aussi, proteste contre les abus et ses revendications, après 1789, vont dans ce sens. L'évolution d'un homme comme Turgot, ancien prieur de Sorbonne, illustre ce détachement progressif des meilleurs esprits.

Comme l'a bien vu Groethuysen, la bourgeoisie, dans sa majorité, reste attachée à l'idée d'un Dieu, mais elle l'associe de moins en moins à celui que lui présente le clergé. Ainsi s'explique le succès du théisme de Jean-Jacques Rousseau, avec son fondement christologique et son appel au sentiment.

Oui, si la vie et la mort de Socrate sont d'un sage, la vie et la mort de Jésus sont d'un Dieu [..] Avec tout cela ce même Evangile est plein de choses incroyables, de choses qui répugnent à la raison, et qu'il est impossible à tout homme sensé de concevoir ni d'admettre.[21]

L'Eglise du XVIIIe siècle n'a pas compris, et n'a pas admis, l'attitude de ceux qui voulaient sauvegarder l'élan religieux en réduisant l'importance du dogme, de la hiérarchie, du rituel et du culte. Dans cette religion du cœur, limitée souvent au seul Jésus, il n'y avait plus de place pour les aspects coercitifs et pour l'appareil traditionnel de la foi: miracles, saints, communion, confession fréquente. L'idée d'un dieu vengeur et méchant semble monstrueuse, l'Enfer et ses peines éternelles sont un défi à la raison,[22] l'adhésion au Grand Etre devient plus sentimentale ou esthétique que proprement doctrinale. Pour tous ceux-là, Rousseau est le maître à penser, et la *Profession de foi du vicaire savoyard* est leur référence préférée. Le quiétisme de Fénelon avait été condamné pour des raisons similaires, mais la tendance est irrésistible, au XVIIIe siècle, à un christianisme plus dépouillé, réduit à une adhésion du cœur et de la conscience: Voltaire admire les quakers, sans vraiment les comprendre, et la douceur piétiste des Frères Moraves suscite l'admiration, à côté de la persécution.

Ce néo-christianisme est rejeté par l'Eglise avec autant de vigueur, sinon davantage que l'incrédulité, parce que jugé plus séduisant pour le grand nombre. Si Rousseau est aujourd'hui porté aux nues par Henri

21. *La Profession de foi du vicaire savoyard*, *Emile*, IV (O.C., iv.623-27).

22. Voir l'ouvrage de D. P. Walker, *The Decline of Hell: seventeenth-century discussions of eternal torment* (Chicago 1964).

Guillemin, on ne saurait oublier qu'il fut, de son temps, dénoncé par les apologistes, exécré par les dévots, persécuté par l'Eglise officielle (protestante aussi bien que catholique), toujours qualifié d'impie et de blasphémateur.

Refoulé et interdit, ce christianisme ambigu sera cependant la religion de nos grands romantiques, de Lamartine à Hugo, et il leur survivra. Tant il est vrai que la plupart des attitudes contemporaines à l'égard du christianisme, depuis le refus radical jusqu'à l'essai d'« aggiornamento », trouvent leur origine lointaine dans le grand mouvement d'examen et de remise en question dont le XVIIIe siècle fut l'initiateur.

L'athéisme en France au XVIIIe siècle : progrès et résistances

Le concept d'athéisme est, au début des temps modernes, encore si flou et si imprécis qu'il convient de le circonscrire prudemment et d'en déterminer rigoureusement le champ d'application si l'on veut tenir à son sujet un discours qui ne verse ni dans l'invective, ni dans l'apologie. Dans le volume III des *Studi filosofici*, Concetta Bianca a publié une remarquable étude intitulée « Per la storia del termine ‹ atheus › nel Cinquecento : fonti e traduzioni greco-latine ».[1] Il y apparaît clairement que le mot *atheus* fut très peu employé jusqu'au XVIe siècle et que son utilisation coïncide avec de très vives controverses et polémiques (sur la Réforme, sur l'aristotélisme, sur Machiavel, Pomponazzi et Rabelais). C'est ce qu'avait déjà démontré avec éclat le grand historien Lucien Febvre dans son livre classique sur *Le Problème de l'incroyance au XVIe siècle*.[2] Les vocables couramment employés pour désigner l'irréligiosité sont très longtemps *impius* et *impietas* : c'est ainsi qu'en 1484 encore Marsile Ficin traduit les mots *athéos* et *athéotès* dans Platon. Jacques Amyot, traduisant Plutarque en 1559, écrit que « Théodore [...] fut surnommé *l'Athéiste, c'est-à-dire mescreant* ». Adrien Turnèbe, professeur au Collège royal, dans sa traduction des œuvres morales de Plutarque (1556), recourt à l'adjectif *impius*, ou à une périphrase comme « non enim divinationem Deo rationemque spoliamus ».

L'émergence des concepts *athée* et *athéisme* coïncide donc avec un usage passionnément polémique : Calvin traite Rabelais d'athée, comme il traite Louise Labé de prostituée. Lucien Febvre a brillamment montré qu'on ne saurait tirer aucune conclusion formelle de ce répertoire d'insultes. Mais si l'athée se confond, pour les besoins du combat,

1. *Studi filosofici* 3 (1982), p.71-104.

2. *Le Problème de l'incroyance au XVIe siècle : la religion de Rabelais* (édition revue, 1962).

avec l'impie de toute obédience, on ne peut guère se fier aux statistiques effarantes avancées au XVIIe siècle par des apologistes aussi combatifs et aussi décidés que le P. Garasse et le P. Mersenne. Les 40.000 athées qu'ils dénombrent à Paris ne leur servent qu'à alarmer le pouvoir contre les mécréants, c'est-à-dire les sceptiques, les libertins, les libres-penseurs, les déistes et tous ceux qui ne fréquentent pas les offices ou font profession de se moquer des reliques et des images. Les polémistes du grand siècle distinguent les libertins de fanfaronnade et les libertins de conviction, les premiers étant les plus nombreux, prompts à se convertir in extremis et à exprimer leur repentir et leur contrition sous la forme poétique (comme Des Barreaux).

Ce que nous savons des «libertins» illustres, comme Vanini, indique la présence, dans leur philosophie incontestablement hétérodoxe, d'éléments mythiques et de croyances occultes incompatibles avec l'athéisme au sens propre. L'univers de Giordano Bruno, comme celui de Ronsard, est peuplé d'esprits, ou de «démons» au sens grec.

Puisque les mots *athée* et *athéisme* sont employés à tort et à travers, et comme la rigueur des lois incite de toute manière les impies à une grande prudence, nous ne savons pas grand-chose de la pensée secrète des prétendus athées du grand siècle. Ce qui est certain, en revanche, c'est qu'ils appartiennent à deux catégories sociales: la grande noblesse d'une part, les milieux savants ou érudits de l'autre. Pour beaucoup de nobles, l'impiété apparaît comme une provocation qui les sépare de la masse des croyants et qui manifeste leur supériorité: le grand Condé est l'un d'eux, et Bossuet saura occulter cet aspect au même titre qu'il glissera discrètement sur son passage au camp de l'Espagne. En 1688, La Bruyère consacrera tout un chapitre de ses *Caractères*, le seizième et dernier, aux *Esprits forts* (et l'épithète elle-même est significative d'un état d'esprit). Il y dénonce (n° 9) les beaux-esprits «esclaves des grands, dont ils ont épousé le libertinage et porté le joug toute leur vie contre leurs propres lumières et contre leur conscience», ce qui pose le problème de l'incroyance en des termes d'indépendance et de supériorité sociale. Cette remarque est reprise à l'article 16, mais pour en retirer toute signification philosophique: «L'athéisme n'est point. Les grands, qui en sont le plus soupçonnés, sont trop paresseux pour décider en leur esprit que Dieu n'est pas; leur indolence va jusqu'à les rendre froids et indifférents sur cet article si capital, comme sur la nature de leur âme et sur les conséquences d'une vraie religion. Ils ne nient ces choses ni ne les accordent: ils n'y pensent point». Si l'athéisme n'est point, pourquoi La Bruyère prend-il tant de précautions pour en démontrer l'absurdité dans le discours qu'il tient à Lucile, et derrière lequel se profile le souvenir du matérialisme de Démocrite ?

Deux anecdotes racontées par le duc de Saint-Simon dans ses *Mémoires* nous confirment, si besoin en était, que l'athéisme existait bel et bien, et qu'il ne se limitait pas au seul milieu des grands. La première est savoureuse, mais pourrait ne se rapporter qu'à un «esprit fort» sans grand support philosophique ; l'étrangeté serait plutôt dans l'attitude de Louis XIV.

Envoyé en Espagne par le roi pour y guerroyer, le duc d'Orléans (le futur régent) lui suggère les noms de ceux qui devraient faire partie de sa suite, et il cite le nom de Fontpertuis. Ecoutons le dialogue qui s'ensuit :

> A ce nom, voilà le Roi qui prend un air austère : «Comment, mon neveu, lui dit le Roi, Fontpertuis, le fils de cette janséniste, de cette folle qui a couru M. Arnauld partout ! Je ne veux point de cet homme-là avec vous. – Ma foi, Sire, lui répondit M. le duc d'Orléans, je ne sais pas ce qu'a fait la mère ; mais, pour le fils, il n'a garde d'être janséniste et je vous en réponds, car il ne croit pas en Dieu. – Est-il possible, mon neveu ? répliqua le Roi en se radoucissant. – Rien de plus certain, Sire, reprit M. d'Orléans ; je puis vous en assurer. – Puisque cela est, dit le Roi, il n'y a point de mal : vous pouvez le mener.[3]

Saint-Simon en rit, mais s'en désole aussi. La scène se passait en 1708. Il est vrai que le duc d'Orléans, selon le mémorialiste, avait le «désir passionné [...] qu'il n'y eût point de Dieu», mais il croyait très sincèrement au diable (*Mémoires*, v.249-50). Aussi Saint-Simon était-il persuadé que les athées sont «une espèce particulière d'insensés bien plus rare qu'on ne croit». Il va pourtant en rencontrer quelques-uns, d'une trempe exceptionnelle, puisqu'il découvre (*Mémoires*, v.401 ; année 1715) l'athéisme radical et systématique de la famille d'un des plus hauts magistrats français, le président de Maisons, issu d'une lignée de financiers enrichis.

Saint-Simon a soin de les distinguer de «ces prétendus esprits forts qui se piquent de n'avoir point de religion [...] par ce qu'ils croient le belair du monde». Ceux-ci n'en font point état en public, mais leur athéisme est si ferme qu'ils cherchent, pour leur fils unique, «un précepteur qui n'eût aucune religion, et qui par principes élevât avec soin leur fils à n'en point avoir». La famille de Maisons finira par

3. *Mémoires*, éd. Yves Coirault (1983-1988), iii.86.

trouver ce phénix, sage, mesuré, savant, de bonne compagnie, et qu'il évite de nommer. Mais nous savons qu'il s'agissait de l'ancien oratorien, devenu grammairien, logicien et philosophe, César Chesneau Dumarsais, qui collaborera à l'*Encyclopédie*, rédigera le *Traité des tropes*, mais aussi la fameuse définition du *Philosophe* et peut-être même le flamboyant *Essai sur les préjugés*. Avec Dumarsais, la liaison s'établit entre les athées libertins du XVIIe siècle et les athées philosophes du XVIIIe, entre les contemporains de Saint-Evremond et ceux de Diderot.

Il est vrai que dès la fin du XVIIe siècle, le décri général lancé sur les athées avait été vigoureusement contesté par un esprit libre, protestant convaincu, mais de tendance libérale, réfugié à Rotterdam en raison de ses convictions, le méridional Pierre Bayle. Dans ses *Pensées diverses sur la comète*,[4] Bayle soutenait qu'un athée pouvait faire le bien par pur désintéressement et qu'une société d'athées était parfaitement concevable, dans laquelle on observerait des lois de bienséance et d'honneur. La thèse fondamentale de Bayle ne visait pas à soutenir l'athéisme, mais à montrer que nos actions morales sont indépendantes de nos opinions religieuses et qu'un athée peut donc avoir des mœurs pures, pour autant que son athéisme soit de vraie conviction, et non d'opportunisme.

On discuta beaucoup, et longtemps, du «paradoxe» de Bayle, le plus souvent pour le nier. Mais l'idée était lancée de l'athéisme vertueux, et Bayle va en proposer lui-même le modèle dans l'article «Spinoza» de son *Dictionnaire historique et critique* (1697).

Il s'étend sur sa vertu et sa sagesse; d'autre part, dans une très longue note, il le réintègre dans une antique tradition philosophique qu'il retrouve chez les Grecs, chez les Hindous, chez les Perses et jusque dans quelques penseurs indépendants au moyen âge, où Dieu et la nature sont jugés identiques, ce qui – vers 1700 – était tenu pour un athéisme larvé. Notons en passant que la figure de l'athée vertueux se retrouvera plus tard dans le personnage de M. de Wolmar, le mari de Julie d'Etanges dans *La Nouvelle Héloïse*, mais avec cette réserve qu'il est supposé se convertir après la mort de sa femme.

Un fait majeur est acquis après l'intervention très contestée de Bayle, le statut de l'athée s'est profondément modifié; il a acquis une certaine dignité, une respectabilité dont témoigne d'ailleurs le second texte cité de Saint-Simon. L'athéisme lui-même va sortir de l'état de désordre où il apparaît encore chez Vanini pour se décanter, se clarifier et se

4. *Pensées diverses sur la comète*, 2e éd. (1683), ch.172-174.

fortifier d'une argumentation serrée, empruntée à la fois à la science nouvelle et à la spéculation philosophique.

Dès le moment où l'athéisme se présente en pensée consistante et organisée, au début du XVIIIe siècle, il va aussi se ramifier en tendances diverses, de sorte qu'il conviendrait de parler *des* athéis*mes* du XVIIIe siècle plutôt que d'une doctrine unitaire. Tous s'opposent à l'apologétique pascalienne comme à la théodicée de Leibniz pour concevoir un cosmos sans transcendance, régi par des lois éternelles et fait uniquement de matière, mais ils suivent des itinéraires assez différents, jusqu'à s'opposer parfois avec éclat.

Parmi les traités et les opuscules qui sont destinés à le véhiculer, la majorité est d'auteur inconnu et circule en manuscrit, sous la forme de copies de qualité très inégale, et qui se retrouvent aujourd'hui dans les cabinets de manuscrits des grandes bibliothèques, mais aussi dans les fonds anciens de modestes municipalités. Lanson, puis Wade, Spink et aujourd'hui Benítez nous permettent d'avoir une vue assez complète de ce foisonnement de textes, qui ne sont pas tous athées, et qui reparaissent parfois sous des titres différents. Retenons, dans cette masse, l'*Ame matérielle*, les *Dialogues sur l'âme*, l'*Analyse de la religion*, les nombreux *Examens de la religion*, traités, réflexions et lettres, qui tous s'en prennent à la religion révélée, en s'autorisant souvent des anciens pour miner l'autorité de l'Eglise.

Certains de ces manuscrits, comme le *Theophrastus redivivus*, remontent au XVIIe siècle, et la référence à l'antiquité y est prédominante, comme si la pensée libre se cherchait des répondants dans le monde antérieur au christianisme en même temps qu'elle se décernait un certificat d'honorabilité.

Avec le XVIIIe siècle, la pensée athée gagne en audace et en vigueur, en même temps qu'elle sort de l'ombre et de l'anonymat. Le premier auteur qui s'affirme résolument athée est aussi celui dont le militantisme est le plus agressif, mais il l'est impunément, puisque son œuvre était livrée à la postérité à titre posthume. Le curé Meslier (1664-1729), obscur desservant de deux pauvres paroisses ardennaises (Etrepigny et Balaives, non loin de Mézières) laissait à sa mort trois exemplaires manuscrits d'un gros *Mémoire*[5] où il exposait sa vision du monde et ses idées politiques. Aussitôt saisis et mis à l'abri, ces manuscrits n'étaient

5. On doit son édition intégrale et critique à R. Desné, J. Deprun et A. Soboul (Paris 1971).

pas restés complètement inaccessibles et Voltaire devait en donner, en 1762, une version écourtée, remaniée, privée de ses développements politico-économiques d'une violence verbale extrême. Mais on savait, dès 1730, qu'un curé inconnu avait édifié un système matérialiste radical d'où l'idée de Dieu était systématiquement bannie. Formé au séminaire, éloigné des ressources livresques des grandes bibliothèques, Meslier diffère des auteurs anonymes d'*Analyses* et d'*Examens* en ce qu'il n'est ni historien, ni vraiment philosophe. Sa pensée s'est constituée par opposition à l'Etat, à l'Eglise, mais aussi et surtout en réaction à une lecture alors prestigieuse, celle de la *Démonstration de l'existence de Dieu* de Fénelon. Meslier rejette le dualisme, la création et développe un matérialisme athée qui renvoie dans le domaine de l'imaginaire les arguments de l'apologétique. La matière, pour lui, est éternelle et tire d'elle-même le principe de son mouvement. La pensée n'est pas une substance, mais «une manière d'être et d'agir». La religion relève pour une part de la fiction, pour une autre de la politique et de l'esprit de domination. Il fait état de son expérience personnelle, autant et plus que d'une pensée structurée, pour désabuser son lecteur des erreurs où on le maintient dès son enfance. Son mémoire se donne pour objet de prouver que «toutes les religions ne sont qu'erreurs, qu'illusions et impostures» (i.39 et suiv.). Meslier n'a que mépris pour les «déicoles» et les «christicoles», qui se forment de leur Dieu «une image chimérique» (ii.176). Il consacre un chapitre à montrer que «la beauté, l'ordre et les perfections qui se trouvent dans les ouvrages de la nature ne prouvent nullement l'existence d'un Dieu qui les aurait faits», récusant par là l'argument majeur de la théologie à la mode, et de Fénelon en particulier. Ecoutons-le s'exprimer là-dessus dans son style très oral et quelque peu redondant (ii.172):

> ce prétendu Etre infiniment parfait que nos déicoles appellent Dieu n'est qu'un Etre imaginaire qui ne se voit et ne se trouve nulle part; pareillement, ses prétendues infinies et divines perfections ne sont qu'imaginaires, elles ne se voient et ne se trouvent nulle part, personne ne les a jamais vues. Donc il y a beaucoup plus de raison d'attribuer l'existence par elle-même au monde même et aux perfections que nous y voyons que de l'attribuer à un prétendu Etre infiniment parfait, qui ne se voit et ne se trouve nulle part, et qui par conséquent est fort incertain et douteux en lui-même.

Dieu n'est, dans la conception que s'en fait Meslier, rien d'autre qu'une hypothèse inutile, qui explique par l'inexplicable ce qui relève de l'ordre des faits (ii.188-89):

il faut nécessairement reconnaître l'existence de l'être, et non seulement il faut reconnaître l'existence de l'être, mais il faut nécessairement aussi reconnaître que l'être a toujours été, et par conséquent qu'il n'a jamais été créé [...] toutes choses ne sont que des diverses modifications de l'être; et il s'ensuit évidemment qu'il n'y a rien de créé, et par conséquent point de créateur; toutes ces propositions-là se suivent et sont incontestables.

Le ton est péremptoire, et l'assurance de Meslier ne fléchit à aucun moment. L'important, à ses yeux, est de se débarrasser des terreurs et des servitudes ancestrales pour fonder une nouvelle société, où les biens de la terre soient mis en commun, dans une vision d'ailleurs plus archaïsante que prospective. Il est significatif que le XVIIIe siècle français s'ouvre sur le discours, à la fois véhément et occulté, d'un prêtre révolutionnaire.

Le matérialisme athée de La Mettrie procède d'une autre veine et d'un autre esprit. Ce médecin d'origine malouine est allé achever ses études à Leyde, où il s'est initié à la pensée iatro-mécanique de Boerhaave, dont il devient le traducteur et le commentateur en France. La liaison étroite du psychique et du mental physiologique le conduit très tôt au matérialisme, qui s'exprime dès 1745 dans son *Histoire naturelle de l'âme*. Contraint à l'exil, il se fixe d'abord en Hollande, puis à la cour de Frédéric II, où il peut travailler en paix et publier sans crainte, jusqu'à sa mort prématurée en 1751. Dans *L'Homme machine*, qui constitue l'exposé le plus complet de sa pensée, La Mettrie associe le cartésianisme à la biologie et à l'anatomie pour asseoir scientifiquement sa conception moniste de l'univers. Il réintègre l'homme dans la chaîne des êtres et de la vie animale, en lui accordant pour spécificité la masse et la complexité de son cerveau. Si l'animal, selon Descartes, est une machine, l'homme n'est qu'une machine plus perfectionnée, avec «des roues et quelques ressorts de plus», et son corps «n'est qu'une horloge, dont le nouveau chyle est l'horloger». La Mettrie se dit ouvertement athée et matérialiste: il tient l'âme pour «un vrai terme dont on n'a point d'idée» et affirme «qu'il n'y a dans tout l'univers qu'une seule substance diversement modifiée», cette matière dont la nature nous est inconnue. Il polémique, curieusement, contre les *Pensées philosophiques* de Diderot (qu'il croit d'ailleurs un médecin comme lui et qu'il classe parmi les déistes). Diderot le lui rendra bien plus tard: le matérialisme de La Mettrie lui paraîtra trop sommaire et trop mécanique, mais il rejettera surtout sa morale du plaisir, telle qu'elle s'exprimait dans *L'Art de jouir* (1751), et son apologie du despote éclairé.

Diderot ne pourra plus se satisfaire d'un système jugé simpliste et dont l'auteur croyait détenir la vérité, «courte et simple». Il semble bien qu'après 1750 le matérialisme évolue vers plus de nuances et vers de plus grandes exigences méthodologiques. L'hostilité de Diderot envers La Mettrie (qui n'est d'ailleurs pas absolue, comme le prouve une des versions du *Rêve de d'Alembert* où La Mettrie tenait le rôle dévolu finalement à Bordeu) illustre un conflit de générations, mais aussi la maturation et l'affinement d'une pensée sortie enfin de la marginalité.

Le matérialisme de Diderot procède d'un autre courant et d'un autre milieu, où les penseurs ne se satisfont plus de vérités «courtes et simples», mais vont tenter d'expliquer, sans recours à la transcendance, les phénomènes singuliers de la biologie et les démarches complexes de la pensée et de l'imagination. Leur problème fondamental sera d'associer à cette philosophie une morale sans références religieuses ou métaphysiques, mais qui permette de sauvegarder les valeurs de sociabilité, de civisme, de générosité et de sacrifice, résumées dans le concept prestigieux de Vertu.

A cet égard, l'évolution philosophique de Diderot est particulièrement intéressante. Le déiste des *Pensées philosophiques* (1746) rejetait l'athéisme en vertu de l'argument finaliste et fénelonien de l'harmonie de l'univers, concrétisé ici par la beauté de l'aile du papillon. En 1747, dans *La Promenade du sceptique*, il donnait, mais toujours sans vouloir trancher, un poids plus grand à la position de l'athée. En 1749, avec la *Lettre sur les aveugles à l'usage de ceux qui voient*, Diderot rompait avec le finalisme en prenant pour porte-parole le mathématicien aveugle Saunderson, dans la finale de la *Lettre*, elle-même consacrée à des problèmes épistémologiques et psychologiques dans une perspective empiriste.

Dans ce discours (entièrement fictif, faut-il le préciser?), Diderot mettait dans la bouche de l'aveugle les arguments les plus convaincants contre la création divine. Au pasteur Gervaise Holmes, qui lui objecte les merveilles de la nature, Saunderson réplique:

> Eh! Monsieur [...] laissez là tout ce beau spectacle qui n'a jamais été fait pour moi! J'ai été condamné à passer ma vie dans les ténèbres, et vous me citez des prodiges que je n'entends point, et qui ne prouvent que pour vous et que pour ceux qui voient comme vous. Si vous voulez que je croie en Dieu, il faut que vous me le fassiez toucher.[6]

6. *Lettre sur les aveugles à l'usage de ceux qui voient*, éd. R. Niklaus, DPV, iv.48.

Mais il dépasse aussi l'argumentation purement personnelle pour amorcer une démonstration plus générale, fondée sur une hypothèse matérialiste. D'abord, le recours à la divinité est une solution de paresse (iv.49) :

Un phénomène est-il, à notre avis, au-dessus de l'homme, nous disons aussitôt, *c'est l'ouvrage d'un Dieu* ; notre vanité ne se contente pas à moins.

Il devrait donc croire en Dieu sur la foi d'autorités respectées, comme celle de Newton, ce qui lui paraît peu probant. L'hypothèse d'une matière éternelle en fermentation, produisant des monstres à côté de combinaisons heureuses et viables lui semble plus plausible. En des termes d'un lyrisme métaphysique sublime, Saunderson ramène ce monde à « une succession rapide d'êtres qui s'entresuivent, se poussent et disparaissent », à « une symétrie passagère, un ordre momentané » et il conclut en ces termes : « Le temps, la matière et l'espace ne sont peut-être qu'un point ». Après quoi survient le délire de la mort, qui le fait s'écrier : « O Dieu de Clarke et de Newton, prends pitié de moi », ce qui réintroduit l'ambiguïté dans le discours philosophique de Diderot. Mais il aura beau assurer à Voltaire que « le sentiment de Saunderson n'est pas plus mon sentiment que le vôtre », la censure ne s'y laissera pas abuser et le penseur subversif ira méditer au donjon de Vincennes sur les redoutables implications d'un athéisme ouvert et sans masque. Diderot retiendra la leçon et il gardera dans ses tiroirs ses œuvres philosophiques les plus audacieuses et les plus novatrices.

Il est vrai que l'athéisme, dans ses œuvres, n'a plus un caractère militant et combatif. Le problème de Dieu est tranquillement évacué comme une hypothèse inutile : c'est l'affaire de quelques lignes au début de l'*Entretien entre d'Alembert et Diderot*, et Diderot n'hésitera pas à écrire ailleurs qu'« il est très important de ne pas prendre la ciguë pour du persil, mais nullement de ne pas croire en Dieu ». A cette phase de son évolution, la question primordiale n'est plus de raisonner sur l'existence d'un principe divin, mais d'élaborer une interprétation cohérente et souple du vieux mécanisme matérialiste, inadapté aux découvertes récentes des sciences de la nature et à la compréhension des phénomènes mentaux et linguistiques. Dans *Le Rêve de d'Alembert*, Diderot va développer une philosophie dynamique, fondée sur la sensibilité, le mouvement et la mémoire, ainsi que sur le concept d'organisation. Une longue chaîne, infiniment complexe, va relier le bloc de marbre à l'être pensant. « Mettez à la place de Dieu une matière sensible, en puissance d'abord et puis en acte, et vous avez tout ce qui s'est produit dans l'univers, depuis la pierre jusqu'à l'homme.»

A bien des égards, le *Rêve* (écrit en septembre 1769) prolonge et nuance les positions adoptées par le baron d'Holbach et ses amis (dont Diderot était le plus intime) dans ce monument collectif du matérialisme athée qu'est *Le Système de la nature* (1770). L'importance de cet ouvrage massif, que Goethe jugeait «pâle, ténébreux et cadavéreux», tient à ce qu'il constitue la première tentative d'explication matérialiste et athée globale de l'univers, opposée à la vision idéaliste et chrétienne qui régnait dans l'université et dans la pensée philosophique dominante.

Le projet du baron et de ses amis vise à éliminer radicalement la notion de Dieu et à lui substituer la vision d'un univers intégralement rationnel, d'où seraient exclus le mystère, le hasard, l'inexplicable et l'ineffable. Dieu est né de la peur des hommes devant ce qui les dépasse, et ses prêtres l'entretiennent pour la perpétuer: «nous tremblons aujourd'hui parce que nos aïeux ont tremblé il y a des milliers d'années». A la vieille conception lucrétienne du *timor fecit deos*, d'Holbach ajoute la théorie des catastrophes naturelles, chère à l'ingénieur Boulanger. Puisque Dieu est le produit de l'ignorance, le savoir sera le vrai libérateur: «l'homme instruit cesse d'être superstitieux».

Cependant, d'Holbach sait combien cette libération est lente et difficile. Il est loin de tenir le monothéisme pour un progrès: il y verrait plutôt une régression, dans la mesure où un dieu unique accentue le caractère coercitif et répressif du pouvoir des prêtres. Le polythéisme et sa mythologie lui semblent plus proches de la réalité naturelle, alors que le Dieu unique des Juifs et des chrétiens est un tyran capricieux, et même sanguinaire, qui condamne ou sauve à son gré.

Outre la peur, d'Holbach souligne le rôle de l'imagination et du merveilleux dans les croyances religieuses: il faut aux hommes «du merveilleux pour remuer leur imagination».

Sévère pour les religions établies, d'Holbach l'est aussi envers la religion dite *naturelle*, qui escamote le problème du mal et maintient les dogmes de la vie future et de l'immortalité de l'âme. Le déisme lui paraît un compromis bâtard, destiné à concilier l'inconciliable (comme par exemple la liberté humaine et le Dieu vengeur): il est le résidu d'une vieille peur ancestrale:

> la répugnance que la plupart des hommes montrent pour l'athéisme ressemble parfaitement à l'horreur du vide; ils ont besoin de croire quelque chose; leur

esprit ne peut rester en suspens, surtout quand ils se persuadent que la chose les intéresse très vivement, et alors plutôt que de ne rien croire, ils croiront tout ce qu'on voudra, et s'imagineront que le plus sûr est de prendre un parti.[7]

L'option athée est, pour d'Holbach, celle de la lucidité et du courage. Elle accepte la mort sans trembler, puisque «mourir, c'est dormir [...] c'est rentrer dans cet état d'insensibilité où nous étions avant de naître, avant d'avoir la conscience de notre existence actuelle». Elle est aussi une leçon de modestie, qui ramène l'homme à la loi commune de l'univers:

Si tout naît et périt, si tout se change et se détruit, si la naissance d'un être n'est jamais que le premier pas vers sa fin, comment eût-il été possible que l'homme fût exempté d'une loi commune qui veut que la terre solide que nous habitons se change, s'altère, et peut-être se détruise. Faible mortel! tu prétendrais exister toujours; veux-tu donc que pour toi seul la nature change son cours.

L'immortalité de l'âme, la vie future, sont des mirages qui nous empêchent de regarder la vie en face et de transformer la société en corrigeant ses vices (qu'on songe au désintérêt de Pascal pour la politique, qualifiée par lui d'«hôpital de fous»). D'Holbach estime que «le dogme insensé d'une vie future empêche les mortels de s'occuper de leur vrai bonheur, de songer à perfectionner leurs institutions, leurs lois, leur morale et leurs sciences». Il l'appelle ailleurs «une des erreurs les plus fatales dont le genre humain fut infecté».

Mais d'Holbach sait aussi que les hommes tiennent à leurs illusions, fussent-elles mystifiantes, et qu'ils craignent d'affronter la nue vérité. Aussi n'est-il pas convaincu de l'avenir de ses idées, du moins auprès de la grande masse humaine, qu'il juge incapable de suivre la voie de la sagesse et du courage. D'avance, il admet ne parler que pour une minorité, car «les principes de l'athéisme ne sont point faits pour le peuple» et il ne brigue, pour sa part, que «les suffrages du petit nombre des partisans de la vérité». Cette position à la fois pessimiste et élitaire rejoint celle des libertins du XVIIe siècle.

Les successeurs du baron seront plus décidés à faire prévaloir leurs vues, avec parfois un farouche acharnement. La Révolution leur paraît d'ailleurs l'occasion rêvée pour convertir les masses: c'est l'époque des

7. Ces citations sont empruntées à notre article «*Le Système de la nature*, une Bible matérialiste», paru dans les *Beiträge zur romanischen Philologie* 15 (1976), 1, p.43-71.

épigones et des propagandistes, comme Naigeon ou Sylvain Maréchal (auteur, en 1800, d'un curieux *Dictionnaire des athées*), mais aussi de l'athéisme scientifique, avec Lalande et Cabanis. Pourtant, lorsque Chaumette et ses amis voudront faire de l'athéisme le principe philosophique de la Révolution agissante, ils se heurteront au déiste Robespierre, créateur de la Fête de l'Etre suprême, et aux théophilanthropes. Les militants de l'athéisme finiront sur l'échafaud, ou dans un silence discret. La Révolution sera plus rousseauiste que holbachique, et Napoléon, en politicien retors, préférera signer le Concordat.

Les obstacles à la montée et à la progression de la pensée athée ne sont pas tous d'ordre politique et extérieurs au mouvement des Lumières. L'ennemi le plus redoutable et le plus efficace de l'athéisme, au XVIIIe siècle, n'est pas l'Eglise, soutenue par des théologiens sans génie, incapables de rénover l'apologétique et qui se bornent à vitupérer contre l'impiété en des termes véhéments. L'opposition profonde, l'obstacle décisif, est plutôt du côté du théisme rousseauiste et du déisme voltairien. Il n'y a d'ailleurs pas une position athée unitaire et monolithique: c'est ainsi que Diderot prend des distances par rapport à l'utilitarisme moral exposé par le matérialiste Helvétius dans *De l'esprit* (1758) et dans le traité posthume *De l'homme* (1773). Il en regrette les aspects réducteurs et s'exclame: «je ne saurais m'accommoder de ces généralités-là: je suis homme, et il me faut des causes propres à l'homme [...] Quelle utilité retirerai-je d'une enfilade de conséquences qui conviennent également au chien, à la belette, à l'huître, au dromadaire?»[8] Il ne croit ni à l'identité des êtres humains, ni au rôle déterminant de l'éducation, et surtout il est gêné par le ton péremptoire d'Helvétius en matière de morale: «Je n'ai pu trouver la vérité, et je l'ai cherchée avec plus de qualités que vous n'en exigez. Je vous dirai plus: s'il y a des questions en apparence assez compliquées qui m'ont paru simples à l'examen, il y en a de très simples en apparence que j'ai jugées au-dessus de mes forces» (p.594-95), par exemple: pourquoi lui-même reste convaincu qu'il faut rester homme de bien dans une société qui applaudit le vice triomphant et ridiculise la vertu bafouée. Il touchait par là au cœur même la morale purement sociale, relativiste et utilitaire développée par Helvétius. Diderot n'en reste pas moins indéfectiblement attaché au matérialisme athée et la rencontre, à La

8. *Œuvres philosophiques*, éd. P. Vernière (Paris 1956), p.564.

Haye, avec le Hollandais spiritualiste Hemsterhuis[9] lui fournit l'opportunité de réaffirmer sa position avec la plus grande netteté: «l'introduction de Dieu dans la nature ne fait que surajouter un agent superflu» (p.581); «la morale chrétienne est bien la morale la plus antisociale que je connaisse. Donnez-vous la peine de relire le Sermon sur la Montagne» (p.401). Un peu plus loin, il fait l'éloge de ses amis athées: «Je connais un peu les gens dont vous parlez. Soyez sûr qu'ils disent franchement leur sentiment sans aucun esprit de prosélytisme. Qu'ils sont aussi sincères dans leur opinion que vous dans la vôtre. Qu'ils ont autant de mœurs que les plus honnêtes croyants. Qu'on est aussi facilement athée et homme de bien, qu'homme croyant et méchant [...] En un mot, que la plupart ont tout à perdre et rien à gagner à nier un Dieu rémunérateur et vengeur» (p.441). Et il ajoute: «Songez d'ailleurs, Monsieur, qu'il ne faut jamais injurier [...] Démocrite et Epicure n'étaient ni des corrompus, ni des sots» (p.443).

Ce salut aux grands ancêtres masque peut-être une allusion plus critique à un grand contemporain, puisque le «Dieu rémunérateur et vengeur» était précisément le Dieu de Voltaire, devenu in extremis l'adversaire le plus décidé de la philosophie athée.

La position de Rousseau à l'égard du sentiment religieux est bien connue. Elle fut d'ailleurs un des motifs de la brouille entre Jean-Jacques, Diderot et le cercle holbachique. La formation protestante et les élans sentimentaux de Rousseau maintiennent en lui la certitude de l'existence d'un Etre suprême, avec lequel il communie dans les célèbres lettres à M. de Malesherbes de janvier 1762:

> Bientôt de la surface de la terre, j'élevais mes idées à tous les êtres de la nature, au système universel des choses, à l'être incompréhensible qui embrasse tout. Alors, l'esprit perdu dans cette immensité, je ne pensais pas, je ne raisonnais pas, je ne philosophais pas [...] j'étouffais dans l'univers, j'aurais voulu m'élancer dans l'infini.[10]

Dans *La Nouvelle Héloïse* (1761), Julie est une protestante exemplaire, qui s'apprête à comparaître devant Dieu à qui elle porte le bilan de sa vie entière, et non «un repentir imparfait, tardif et forcé» et qu'elle salue dans un état de béatitude (*O.C.*, ii.716):

9. Les notes de Diderot sur le traité *De l'homme* de Fr. Hemsterhuis ont été publiées de manière exemplaire par Georges May en 1964 (Yale University Press).

10. Lettre du 26 janvier 1762 (Leigh 1650).

O grand Etre! Etre éternel, suprême intelligence [...] Dieu très puissant, très bon, dont je ne doutai jamais un moment, et sous les yeux duquel j'aimai toujours à vivre! Je le sais, je m'en réjouis, je vais paraître devant ton trône.

Après quoi le pasteur, convoqué pour la circonstance, va faire en termes très durs le procès de la mort catholique, obsédée par des pensées lugubres et corrompue par la vénalité de l'Eglise.

Julie meurt dans la sérénité de sa foi, persuadée de la survie dans l'au-delà, où elle attendra que Saint-Preux vienne la rejoindre. Et Claire d'Orbe, son amie, sent déjà la présence de cette âme aimante qui les regardera et les protégera «du séjour de l'éternelle paix».

Sans doute Wolmar est-il un athée avoué, mais cet athée vertueux est supposé se convertir après la «bonne mort» de son épouse.

Rousseau contribue ainsi puissamment à régénérer une religion dont l'ardeur et la vitalité semblaient décliner sous les coups de l'esprit critique et dans le corset d'une orthodoxie autoritaire.

Sensibilité mise à part, Rousseau est persuadé de la nécessité politique d'une religion d'Etat. Au chapitre VIII du livre IV du *Contrat social*, il justifie l'obligation d'une «religion civile» et d'une adhésion à ses dogmes (*O.C.*, iii.468):

il importe bien à l'Etat que chaque Citoyen ait une Religion qui lui fasse aimer ses devoirs [...] Il y a donc une profession de foi purement civile dont il appartient au Souverain de fixer les articles, non pas précisément comme dogmes de Religion, mais comme sentiments de sociabilité, sans lesquels il est impossible d'être bon Citoyen, ni sujet fidèle. Sans pouvoir obliger personne à les croire, il peut bannir de l'Etat quiconque ne les croit pas.

Plus encore, celui qui contreviendrait à ces dogmes après les avoir admis sera puni de mort. En quoi consistent ces dogmes? Ils sont simples: l'existence d'une divinité intelligente et bienfaisante, la vie à venir, le bonheur des justes, le châtiment des méchants, la sainteté du contrat social et des lois.

Dans le deuxième dialogue de *Rousseau juge de Jean-Jacques* (i.886), il attribuera le complot des «méchants» contre lui au fait qu'ayant adopté des principes contraires aux leurs, il n'aurait voulu suivre «ni parti, ni secte», ce qui vise évidemment le clan athée holbachique, assimilé plus loin à des «passionnés destructeurs de toute religion, de toute conscience, de toute liberté, de toute morale, aussi organisés et aussi sectaires que les Jésuites, en substituant peu à peu l'intolérance philosophique à l'autre» (i.890).

Quand on sait l'écho prodigieux de la parole rousseauiste, on peut mesurer sans peine le discrédit jeté par Jean-Jacques sur l'athéisme et sur ses tenants.

Ennemi irréductible de Rousseau sur tant de points, Voltaire est assez proche de lui dans son combat contre l'athéisme, du moins à la fin de sa vie, car ce sont les progrès de l'athéisme après 1760 et surtout la publication (en 1770) du *Système de la nature* qui vont tardivement le mobiliser.

On sait la forte impression que fit, en 1762, la *Profession de foi du vicaire savoyard* dans l'*Emile* (livre IV). Cette mise en accusation de la philosophie des Lumières ainsi que de l'autoritarisme catholique tendait à prouver l'existence de Dieu par la beauté du monde et par la voix intérieure de la conscience, «instinct divin, immortelle et céleste voix» (*O.C.*, iv.580-81).

Je crois donc que le monde est gouverné par une volonté puissante et sage; je le vois, ou plustôt je le sens [...] Cet Etre qui veut et qui peut, cet Etre actif par lui-même, cet Etre, enfin, quel qu'il soit, qui meut l'univers et ordonne toutes choses, je l'appelle Dieu [...] J'apperçois Dieu partout dans ses œuvres; je le sens en moi, je le vois tout autour de moi; mais sitôt que je veux le contempler en lui-même, sitôt que je veux chercher où il est, ce qu'il est, quelle est sa substance, il m'échappe, et mon esprit troublé n'apperçoit plus rien.

Cette sensibilité religieuse pourrait ne déboucher que sur une religion naturelle, proche de celle des déistes. Rousseau y réintroduit l'idée de Révélation et la personne de Jésus-Christ. Evoquant la mort de Socrate, paisible et douce, opposée à celle de Jésus, «la plus horrible qu'on puisse craindre», il s'exclame, par la voix de son vicaire (iv.526):

Oui, si la vie et la mort de Socrate sont d'un sage, la vie et la mort de Jésus sont d'un Dieu.

Ce qui ne l'empêche pas d'affirmer, quelques lignes plus loin, qu'«avec tout cela, ce même Evangile est plein de choses incroyables, de choses qui répugnent à la raison et qu'il est impossible à tout homme sensé de concevoir ni d'admettre».

La *Profession de foi* valut à Rousseau la colère de l'Eglise et les rigueurs de l'exil. Elle lui valut quelques éloges de la part de Voltaire et la fureur indignée de Diderot, qui croyait y pressentir ce qu'il appelait «le baptême des cloches». Reste que le choc provoqué par ce chapitre fut profond et durable, et qu'il vint à l'appui de tout un courant qui s'exprime ailleurs par le piétisme ou le méthodisme, ces cheminements anti-institutionnels de la sensibilité religieuse.

La position de Voltaire est plus nuancée, moins radicale que celle de Rousseau. Elle n'en est pas moins opposée a priori à l'athéisme militant. Si on veut en comprendre les motivations, il faut se référer aux articles du *Dictionnaire philosophique* (1764), et de sa suite, les *Questions sur l'Encyclopédie* (1770). L'athéisme est, selon lui, une réaction de refus très compréhensible devant les sottises débitées par les esprits religieux et devant les horreurs commises par les fanatiques, mais une réaction excessive et erronée.

Ils disent: Si nos maîtres nous peignent Dieu comme le plus insensé et comme le plus barbare de tous les êtres; donc il n'y a point de Dieu; mais ils devraient dire: Donc nos maîtres attribuent à Dieu leurs absurdités et leurs fureurs, donc Dieu est le contraire de ce qu'ils annoncent, donc Dieu est aussi sage et aussi bon qu'ils le disent fou et méchant.[11]

A l'article «Dieu», le vieux sage Dondindac résume le catéchisme à ce seul précepte: «C'est qu'il est juste d'adorer l'Etre suprême, de qui nous tenons tout». Dans les *Questions* de 1770, ce même article est longuement développé, et l'analyse affinée (M.xviii.380-81):

L'athée de cabinet est presque toujours un philosophe tranquille [comme Spinoza, cité plus haut] mais l'athée de cour, le prince athée pourrait être le fléau du genre humain [...] Le malheur des athées de cabinet est de faire des athées de cour [...] Dieu nous garde d'un abominable prêtre qui hache un roi en morceaux [...] Mais que Dieu nous préserve aussi d'un despote colère et barbare qui, ne croyant point en Dieu, serait son dieu à lui-même

et il conclut l'article en ces termes:

Mais quoi! parce qu'on a chassé les jésuites faut-il chasser Dieu? Au contraire, il faut l'en aimer davantage.

En 1767, Voltaire publie des *Homélies prononcées à Londres en 1765*, dont la première porte «Sur l'athéisme». Il y concède qu'il y eut, et qu'il y a toujours, des athées vertueux (d'Epicure à La Mettrie), mais il y dénonce une fois encore, le danger de l'athéisme pour la vie publique. Pour Voltaire, comme plus tard pour Dostoievski dans *Les Frères Karamazov*, s'il n'y a pas de Dieu, tout est permis aux méchants:

L'athée fourbe, ingrat, calomniateur, brigand, sanguinaire, raisonne et agit

11. Article «Athée, athéisme», *Dictionnaire philosophique* (M.xvii.476).

conséquemment, s'il est sûr de l'impunité de la part des hommes. Car s'il n'y a point de Dieu, ce monstre est son Dieu à lui-même; il s'immole tout ce qu'il désire, ou tout ce qui lui fait obstacle. Les prières les plus tendres, les meilleurs raisonnements ne peuvent pas plus sur lui que sur un loup affamé de carnage.[12]

Et il conclut en ces termes:

En un mot, des athées qui ont en main le pouvoir seraient aussi funestes au genre humain que des superstitieux. Entre ces deux monstres la raison nous tend les bras.

Non content de combattre l'athéisme par les armes de la dialectique et de l'histoire, Voltaire va recourir à la fiction pour répandre ses idées et pour prouver, comme il l'écrivait le 26 août 1769 au marquis de Villevielle, qu'«on peut être très bon philosophe, et croire en Dieu». C'est la thèse qu'il soutient en 1775 dans son *Histoire de Jenni, ou le sage et l'athée*, avec moins de talent – il est vrai – qu'il n'en avait montré dans *Candide* et dans *L'Ingénu*. L'intention y est transparente, et Voltaire l'admettait volontiers, comme en fait foi une lettre à d'Argental du 4 août 1775 (D19590):

J'ai toujours regardé les athées comme des sophistes impudents [...] L'auteur de *Jenny* ne peut pas être soupçonné de penser comme Epicure [...] Les athées qui veulent me mettre de leur parti me semblent aussi ridicules que ceux qui ont voulu faire passer st Augustin pour un moliniste.

L'action du conte se place en Espagne, lors de l'intervention des Anglais en Catalogne, au cours de la guerre de Succession d'Espagne (1705). Le héros (car Jenni est ici un nom masculin) est le fils d'un digne pasteur devenu député au Parlement, l'honorable M. Freind: ils participent à l'expédition de Catalogne, l'un en qualité de chapelain, l'autre comme volontaire à Montjuich, point de départ d'une série d'aventures rocambolesques qui amèneront le jeune homme et ses amis jusqu'en Amérique.

Sans se soucier de la crédibilité, Voltaire truffe son récit de débats sur la religion et de dialogues sur l'athéisme, car le jeune et séduisant Jenni s'est laissé corrompre «par une troupe de jeunes athées, d'ailleurs gens d'esprit» avec qui il mène «une vie débordée et crapuleuse», sous la funeste influence de la perverse Mme Clive-Hart.

Les chapitres VIII à XI (le XIIe rapporte le mariage de Jenni) sont

12. *Homélies prononcées à Londres*, éd. Jacqueline Marchand (Voltaire 62), p.439.

intégralement consacrés à la critique de l'athéisme philosophique et moral. On y retrouve, plus développée, toute l'argumentation exposée précédemment : « la machine du monde est l'ouvrage d'un être souverainement intelligent et puissant [...] vous devez l'admirer [...] vous devez l'aimer [...] l'athéisme et le fanatisme sont les deux pôles d'un univers de confusion et d'horreur » ; mais « on peut guérir un athée », alors qu'« on ne guérit jamais le superstitieux radicalement ».[13] A la suite d'une longue argumentation à la fois philosophique et historique, l'athée Birton se jettera aux genoux du déiste Freind en s'écriant : « Oui, je crois en Dieu et en vous », après quoi tout s'arrangera dans le meilleur des mondes possibles.

Les lecteurs de Voltaire furent loin de suivre l'exemple de l'athée Birton. On trouva son discours répétitif, défaut bien excusable si l'on songe que Voltaire avait passé, en 1775, le cap des 80 ans. Les amis du baron d'Holbach se gaussèrent de ces radotages dans la *Correspondance littéraire*. Le modèle le plus populaire reste donc bien Rousseau, non pas le théoricien politique du *Contrat*, mais le déiste sentimental des lettres à Malesherbes. L'exaltation de la nature, qui est l'expression typique de la sensibilité du siècle, tend à y retrouver la marque, non point du Dieu chrétien, mais d'une généreuse et bienfaisante Providence, d'un ordre dont la perfection ravit et rassure. Bernardin de Saint-Pierre, dans l'introduction à *Paul et Virginie*, affirme avoir pour devise « Dieu et ma plume », ce qui confirme la thématique finaliste des *Etudes de la nature*. Delisle de Sales (pseudonyme de Jean-Baptiste Isoard) connaît un succès inouï avec sa *Philosophie de la nature* (1769), qui reprend toutes les idées-forces des « âmes sensibles » et des encyclopédistes, mais il rejette le matérialisme et combat l'athéisme.

Sans doute pourrait-on opposer à ce déferlement déiste et sentimental l'athéisme militant d'un Sade dans le *Dialogue entre un prêtre et un moribond*, mais le « divin marquis » est un allié que le cercle du baron d'Holbach aurait récusé avec horreur, en décelant en lui le négateur de ses principes moraux et sociaux.

Comme l'avait prévu *Le Système de la nature*, l'athéisme reste, au XVIIIe siècle, un phénomène minoritaire, mais qui concerne des milieux philosophiques et scientifiques de haut niveau et de grand prestige (qu'on songe à Diderot, à Lalande, à Cabanis). Il aura même son chantre lyrique dans la personne d'André Chénier, qui se disait « athée

13. *Romans et contes*, éd. F. Deloffre et J. Van Den Heuvel, p.653.

avec délices», mais le Chénier dont raffolera le public n'est pas le poète de l'*Hermès*, pas plus que le Shelley dont on raffolera ne sera celui qui avait écrit *About the necessity of atheism*, l'élève de Godwin et, à travers lui, du baron d'Holbach.

Le coup d'arrêt le plus dur infligé à l'athéisme n'est finalement pas venu des philosophes et des écrivains. Il lui sera asséné par une des plus grandes figures de la Révolution française, puisque c'est Robespierre qui déclarera dans son *Rapport* [du 7 mai 1794] *sur les rapports des idées religieuses et morales avec les principes républicains* qu'il faut considérer l'athéisme comme «lié à un système de conspiration contre la République», tandis que «l'idée de l'Etre suprême et de l'immortalité de l'âme est un rappel continuel à la justice: elle est donc sociale et républicaine». Il traitera les athées de «charlatans ambitieux», «rampant dans l'antichambre des despotes». Qu'il s'agisse de Voltaire, de Rousseau ou du plus célèbre des Jacobins, on remarquera que le grief le plus fréquemment avancé contre l'athéisme au XVIIIe siècle est moins d'ordre métaphysique que d'ordre politique et social. L'athéisme faisait peur, parce qu'il semblait menacer les fondements de l'ordre social et les principes de la moralité publique et privée. Il ne pouvait séduire que des esprits audacieux qui cherchaient ailleurs que dans la Révélation ou dans le *dictamen* de la conscience les assises d'une morale à la fois relativisée et remotivée.[14]

14. Nous ne traitons pas ici de la question de l'*agnosticisme*. Le mot n'apparaît qu'en 1884, dans un ouvrage de Jules Claretie sur l'*Histoire de la guerre de 1870-1871*. L'attitude qu'il exprime était certainement plus ancienne, mais elle se manifestait sous d'autres formes, comme le fidéisme (qui juge la croyance en Dieu non justifiable par la raison) ou comme le scepticisme. Il faudrait tenir pour tels des esprits comme d'Alembert et Fontenelle, voire même, avec beaucoup de réserve, comme Montaigne et Charron. Mais il est difficile d'appliquer à ces penseurs une catégorie qui ne coïncide pas avec leur univers mental (le leur étant celui du pyrrhonisme).

Les voyageurs français en Italie et le débat sur les institutions

Baudelaire est peut-être le premier critique moderne qui ait compris et souligné l'importance des récits de voyages dans le tableau général de la littérature française du siècle des Lumières. Le 28 mars 1857, il interrompait la correction des épreuves de ses *Fleurs du mal* pour adresser une longue lettre à son ami, l'éditeur Poulet-Malassis: celui-ci projetait alors de lancer une collection consacrée au XVIIIe siècle et il avait fait établir un projet de catalogue par Charles Monselet.[1]

Très mécontent du choix qui lui était présenté, Baudelaire – qui préparait alors son étude sur Laclos – s'indigne de voir le XVIIIe siècle si ingratement traité par un homme qui aime sincèrement cette grande époque, et il suggère la suppression radicale du catalogue.

«Moi qui suis un remarquable échantillon de crapule et d'ignorance, je vous aurais fait un catalogue éblouissant, rien qu'avec les souvenirs de mes lectures, du temps que je lisais le 18e siècle».

Ce catalogue, on aurait aimé le connaître, mais Baudelaire s'est contenté d'en esquisser les catégories générales et la répartition:

Economistes	Sciences Occultes
Philosophes rationalistes	Facéties et Curiosités
Illuminés	Romanciers
Maçonnerie	Voyageurs (*très important*)[2]

La mention *très important*, soulignée par le poète, dit assez quel intérêt

1. Grand amateur du XVIIIe siècle et spécialiste des «minores», Monselet allait donner la même année deux volumes consacrés à ceux qu'il appelait *Les Oubliés et les dédaignés, figures littéraires de la fin du XVIIIe siècle* (Paris 1857). La liaison entre cet ouvrage et le projet de Poulet-Malassis est claire, mais Baudelaire ignorait que le catalogue n'était pas le fait de ce dernier, ce qui explique le ton de certains passages de sa lettre. Rappelons aussi que Baudelaire partageait le goût très vif de Monselet pour Restif.

2. Baudelaire, *Correspondance générale*, éd. Crépet, n° 275, ii.35.

il accordait à une forme de littérature trop souvent négligée, méprisée, ou considérée pour sa seule valeur pratique.

La richesse, la diversité, la qualité de ces récits de voyage, où le XVIIIe siècle a excellé – du président de Brosses juqu'au président Dupaty – leur intérêt à la fois littéraire et documentaire, les clartés qu'ils jettent sur l'esprit du temps, le rôle qu'ils ont joué dans la formation du goût et de l'opinion, tout cela justifie pleinement la remarque de Baudelaire et suggère l'opportunité d'une anthologie consacrée à ces textes trop peu connus.

Sans doute serait-il injuste d'affirmer qu'ils n'ont pas attiré l'attention des historiens : quantité de bons ouvrages en font foi, mais leur curiosité s'oriente le plus souvent vers le contenu artistique de ces relations, tout particulièrement quand elles se rapportent au voyage le plus classique et le plus apprécié à l'époque : le voyage en Italie.

Depuis les *Mirabilia* du moyen âge, les guides n'avaient cessé de proliférer à l'usage des pèlerins et des touristes attirés par Rome et par l'Italie. A la fin du XVIIe et au début du XVIIIe siècle, on préparait son itinéraire en lisant *Les Délices de l'Italie* de Rogissard, dont il existe plusieurs éditions, revues et corrigées au fur et à mesure. L'édition de 1707[3] comporte une curieuse préface signée H*** (qui n'est autre que l'abbé Havard) où Rogissard est blâmé pour ses multiples erreurs[4] et pour sa dévotion étriquée :

> il ne parle que des églises, et de ces dernières, il n'en aime que les sacristies [...] il nous déterre les reliques les moins connues, les images miraculeuses, et il rapporte toutes les traditions populaires que l'on publie à leur occasion.

On conçoit que les « philosophes » lui aient préféré le guide bien mieux informé et surtout plus critique du protestant Maximilien Misson. Réfugié à Londres, où il devint le précepteur du comte d'Aran, il écrivit pour son élève, en 1691, un *Nouveau voyage d'Italie fait en l'année 1688*, qui fut bientôt classique et devint le Baedeker italien des voyageurs du siècle des Lumières. Anticlérical farouche, il parle avec

3. *Les Délices de l'Italie* (Paris, Charpentier, 1707), 4 vol. in-16, privilège du 8 septembre 1706.

4. Non seulement dans l'information historique, mais aussi dans la véracité des descriptions de palais et d'églises. Havard critique aussi la manie antiquisante qui fait consacrer par l'auteur des pages entières à la Basilique de Constantin au Vatican, (monument dont ne subsiste aucun vestige), alors qu'il ne dit presque rien de Saint-Pierre.

mépris[5] du culte des images et des reliques: «ces ordures [qui] sont comme déifiées sur les autels où on les encense»,[6] mais il ne montre pas moins de hargne contre les auteurs concurrents, qu'il accable de reproches acrimonieux dans les préfaces, avertissements et avis dont sa plume est prodigue. Les touristes du XVIIIe siècle ont parcouru l'Italie «Le Misson à la main» (i.XLVII), sans doute en raison de la qualité et de la diversité de son information, mais aussi parce que Misson, le premier, avait eu l'idée ingénieuse d'un système de symboles assez analogue à celui de nos guides actuels (une étoile pour «un pays médiocrement bon et beau», deux pour une «route meilleure et plus belle», trois pour «un pays extrêmement beau et fertile»; un signe pour «mauvais pays», un autre pour «chemin difficile», etc.), ainsi que d'une liste claire et précise des «curiosités à voir» et des «pierres à acheter».[7]

A côté des guides proprement dits, appelés à l'avenir commercial que l'on sait, apparaissent bientôt les journaux de voyage (le plus souvent en manuscrit, comme celui de Montaigne, de Montesquieu, ou plus modestement de J. J. Bouchard) et les récits composés a posteriori de notes et de souvenirs.[8] Ces derniers ouvrages vont rapidement foisonner, comme si chaque voyageur tenait à laisser à la postérité le témoignage de ses impressions, de ses rencontres, de ses enthousiasmes et parfois de ses déceptions. Les motivations historiques et archéologiques l'emportent d'abord dans ces relations, mais après 1700 la place accordée à la critique d'art ne cessera de grossir et de se perfectionner.[9]

5. *Nouveau voyage d'Italie fait en l'année 1688* (Amsterdam, Paris 1743), «Avertissement», i.XXII.

6. On comprend pourquoi Duclos, en 1767, préfère laisser «son Misson» en France, de crainte de se le faire confisquer dès son entrée dans les Etats pontificaux (mésaventure dont le président de Brosses fut la victime en 1739).

7. Souvenir obligé d'Italie, semble-t-il, et que Dupaty, à la fin du siècle rapportera encore à ses enfants.

8. Un exemple typique en est fourni par les fameuses *Lettres familières écrites d'Italie*, du président de Brosses, dont neuf ont été réellement écrites sur place en 1739-1740, tandis que les 49 autres ont été refaites en France, de 1745 à 1755, à partir de notes anciennes. La démonstration en a été faite par Yvonne Bezard, dans l'introduction à son excellente édition critique (Paris 1931, 2 vol.).

9. C'est aussi l'aspect le mieux étudié, actuellement, dans ces récits de voyage. Nous songeons en particulier à l'article très documenté de Mme Elisabeth Chevalier sur «Les guides d'Italie et la vulgarisation de la critique d'art au XVIIIe siècle» dans la *Revue de littérature comparée* 179 (juillet-septembre 1971), p.366-91, ainsi qu'à l'ouvrage allemand de Ludwig Schudt, *Italienreisen im 17. und 18. Jahrhundert* (Wien 1959).

Les noms de Cochin, de Lalande, de l'abbé Richard, de l'abbé Coyer, des présidents de Brosses et Dupaty, celui de Charles Duclos enfin, justifient l'importance accordée par Baudelaire à ce genre littéraire où le siècle des Lumières a excellé. Chateaubriand, Bonstetten, Mme de Staël, Janin, Berlioz, Ampère, Simond et tant d'autres, vont reprendre cette tradition au XIXe siècle, tout en la renouvelant.[10]

Ce dont, en revanche, on ne semble guère s'être avisé jusqu'ici, c'est que, pour bon nombre de voyageurs «philosophes» du XVIIIe siècle, la tournée italienne avait un autre sens encore que celui du pèlerinage à la «mère des arts» ou à la «Ville éternelle», une fonction plus directement intéressante que la visite des églises, des musées, des antiquités et des collections artistiques. Siècle pragmatique s'il en fut, passionné de réformes sociales, juridiques, pédagogiques et politiques, l'âge des Lumières trouve en Italie une réponse (qui n'est pas nécessairement positive) à ses problèmes, un champ approprié à sa réflexion sur les institutions, le lieu idéal d'une remise en question de la tradition et des structures françaises.

A côté du voyageur-artiste, du voyageur-«antiquaire», du voyageur-dilettante (représentés respectivement par Cochin, l'abbé Barthélemy et le président de Brosses) apparaît le voyageur moderne, économiste et sociologue.

Il s'agit là d'un fait nouveau, qui est nettement un fait d'époque. Misson, en 1691, faisait encore profession publique de silence sur ces matières brûlantes: «j'ai observé un grand silence [...] sur tout ce qui regarde la politique et le gouvernement des états» (i.XIV). Il se déclarait incompétent, et préférait laisser ces recherches aux ministres résidents, puisque «toucher à cela, c'est risquer de n'en dire que des choses insipides», ou se condamner à une «fanfaronnade fort méprisable». C'est donc délibérément qu'il omettra de toucher, dans ses lettres, à tout ce qui relève des mœurs et des coutumes (i.XVIII). Les voyageurs du XVIIIe siècle refuseront ces consignes et mépriseront ces craintes. Pour eux, évoquer l'Italie sans parler de ses mœurs et de ses institutions équivaut à n'en rien dire, à moins qu'on ne soit un artiste enfermé

10. Voir les ouvrages déjà anciens de J. Bertaut, *L'Italie vue par les Français* (s.d.) et de C. von Klenze, *The Interpretation of Italy during the last two centuries* (Chicago 1907). Sur le *Voyage musical en Italie* de Berlioz, voir l'article de J.-M. Bailbé, «Berlioz, Janin et les ‹impressions d'Italie›», dans *Revue de littérature comparée* 180 (octobre-décembre 1971), p.489-513.

dans ses problèmes esthétiques, comme Cochin, ou un collectionneur maniaque, comme l'abbé Barthélemy.

Sans doute ne peut-on généraliser cette constatation dans l'absolu. Le *Voyage d'un Français en Italie fait dans les années 1765 et 1766* de l'astronome Lalande (1769, 8 vol.) est encore une vaste encyclopédie de l'Italie où l'auteur a rassemblé les informations les plus diverses, mais aussi les moins compromettantes. On ne devinerait pas, en lisant le *Voyage*, que Lalande fut un des athées les plus radicaux de son temps, et Stendhal, qui l'a beaucoup utilisé et apprécié, croit devoir l'en excuser dans ses *Promenades dans Rome* (en date du 22 novembre 1827). S'il faut en croire Beyle, Lalande se serait contenté de reproduire les mémoires que lui fournissaient ses amis jésuites, ce qui expliquerait les «falsifications jésuitiques» abondantes dans la documentation historique, mais n'enlèverait rien au mérite du livre, le plus sûr et le plus juste de ton avec celui du président de Brosses. Il est vrai que le gros ouvrage de Lalande se veut un guide, une encyclopédie, plutôt que le récit d'une expérience ou d'une découverte. Il en va tout autrement des relations écrites après 1760, au moment où s'ouvre la grande crise dont la monarchie française ne tardera guère à mourir. Ce ne sont plus, ou plus seulement, des sensations d'art que les touristes iront chercher au-delà des Alpes, mais des leçons de choses, des sujets à dissertations économiques et politiques. Rien d'étonnant si la plupart de ces penseurs sont des hommes d'opposition, des «philosophes», des réformateurs ou des esprits non-conformistes à la recherche de solutions originales aux problèmes nouveaux posés par la transformation de la mentalité collective et de la vie économique. Révolutionnaires? Fort peu en vérité. Réformistes au contraire, fidèles à l'idéal encyclopédiste, soucieux de modernisation: tels sont les voyageurs que nous allons évoquer, l'abbé Coyer, l'académicien Duclos, le président Dupaty.

Le *Voyage en Italie* de l'abbé Barthélemy, effectué en 1755-1756, mais publié seulement en 1801,[11] était encore le voyage d'un «antiquaire» à la recherche de ruines, de monnaies et de médailles. L'érudition s'interpose entre l'Italie et lui comme le tain d'un miroir, et ne lui renvoie que l'écho de ses préoccupations savantes (déchiffrement, authenticité) ou de ses froissements d'amour-propre. Aussi bien le futur auteur du *Voyage du jeune Anacharsis en Grèce* était-il en mission officielle et

11. Par A. Sérieys, qui groupa sous ce titre les lettres de Barthélemy au comte de Caylus, le célèbre collectionneur de raretés étrusques.

n'allait-il en Italie que pour y rencontrer des confrères et y trouver les pièces rares qui devaient enrichir le Cabinet des Médailles dont il avait la garde.

Rien de tel dans le *Voyage d'Italie*[12] de l'abbé Coyer, relation d'un séjour dans la péninsule effectué en 1763-1764. Abbé peu orthodoxe que ce Coyer. Pas plus que Barthélemy il n'exerce de ministère, mais il affiche par surcroît des sympathies pour les idées «philosophiques», côtoie le matérialisme et prône le système républicain. Passionné d'économie politique, il ne s'intéresse guère aux beaux-arts, ni aux monuments. L'Italie constitue, pour lui, un *cas exemplaire*, une sorte de laboratoire expérimental puisque ce pays, «moins grand que l'Allemagne, renferme deux royaumes, plusieurs républiques, deux doges-rois et un Pontife-roi»: un tel pays «est en quelque sorte inépuisable» (i.5-6).

La réflexion de Coyer s'exerce par une constante référence aux situations françaises et par un réseau d'allusions souvent explicites. Remarquant à Turin l'aisance des juifs et leur contribution à la prospérité générale, il ajoute sarcastiquement «et la France n'en a pas voulu pour féconder ses Landes» (i.53-54). Il loue l'économie piémontaise et la «politique sage» d'un pays où les nobles sont astreints à résider dans leurs terres et à dépenser sur place l'argent qu'ils en tirent (i.55). Dépenses modérées d'ailleurs, et d'une parcimonie dont le roi lui-même donne l'exemple en réglant celles de sa maison (i.56).

Curieux de tout, patriote[13] et ami des hommes, Coyer constate que la culture du riz dans le Milanais requiert des eaux stagnantes, qui engendrent des maladies épidémiques et, par là, une lourde mortalité: le paysan meurt hydropique avant quarante ans. Ce qui lui arrache ce mot amer: «Quelques Géorgiphiles[14] français ont proposé la culture du riz: si c'est le riz rouge qui croît à sec sur les montagnes de la Chine, à la bonne heure».

Comme tous ses contemporains, Coyer est obsédé par le problème de la dépopulation et croit que «le monde va finir» (i.72). Le spectacle de l'Italie ne fait que renforcer ses inquiétudes (i.198-99). L'institution

12. Dans un volume de *Voyages d'Italie et de Hollande* (Paris, Duchesne, 1775).

13. Il est l'auteur d'une *Dissertation sur le mot patrie* (1755) qui fit grande sensation à l'époque.

14. Sans doute entend-il par là les «physiocrates», grands admirateurs des *Géorgiques* de Virgile. La célèbre traduction de l'abbé Delille ne parut qu'en 1769.

de la loterie romaine lui semble un facteur d'appauvrissement, et il note que la vente des billets est punie de mort en Savoie au moment même où la France vient d'introduire cette nouveauté (i.97).

Tout éloge de l'Italie contient ainsi, en creux, une critique des vices de l'administration française. Non point que tout lui plaise en Italie, loin de là. Si, par exemple, il admire l'esprit civique de la république de Lucques, il déplore l'abondance des maisons religieuses qui «la sucent sans rien produire», car notre abbé est presque aussi anticlérical que Misson.[15] En revanche, il apprécie la leçon politique vivante qu'offre le port franc de Livourne. Toute la fortune y est fondée sur le négoce, et le libéralisme économique suscite à son tour la tolérance et la paix: les Turcs y ont une mosquée, les juifs peuvent y acquérir des biens immeubles, et ils sont considérés et respectés, sans que leur richesse n'écrase ou n'insulte personne (i.129).

A Naples, dont il abhorre les institutions archaïques et les usages serviles (le jeune roi servi à genoux; i.228), il déplore l'absence de navires français: «Je voudrais trouver notre marine partout [...] de là dépend notre supériorité dans l'Europe» (i.213). On le voit, c'est bien la France, une autre France, progressiste et moderne, qu'il cherche en parcourant la péninsule.

Il admire dans le gouvernement des Etats pontificaux l'usage le plus humain et le plus modéré de l'autorité la plus absolue en Europe: l'âge des papes, leur expérience, leur crainte de sembler injuste et cruel, la brièveté de leur pontificat, leur goût de la tranquillité expliquent ce paradoxe. Mais Coyer souligne le caractère unique de cette situation, qui n'a rien d'un modèle à suivre: le bonheur des sujets tient à l'absence de réflexion, à l'emprise des moines et à la multitude des formes de dévotion qui détournent l'esprit des soucis de la vie terrestre.

Ce qui est certes plus inattendu, c'est d'entendre Coyer exprimer sa profonde admiration pour le régime aristocratique vénitien. Cette étrange sympathie se retrouvera chez d'autres voyageurs-philosophes. Coyer approuve un système qui, émanant de la noblesse, aboutit à la soumettre à la plus rigoureuse des tutelles (l'Inquisition d'Etat) et laisse le peuple, au contraire, jouir librement et paisiblement de ses biens.

15. A Sienne, il s'indigne devant le foisonnement des ex-voto: «ici, toutes les richesses sont dans les églises; la pauvreté est dans les maisons» (i.142). Il constate aussi qu'avec tant d'églises, de saints et d'ex-voto, «les Italiens n'ont pas de meilleures mœurs que les autres états» (ii.186).

Derrière ces raisons avouées, il en est une plus profonde : c'est que le défenseur du commerce et de la noblesse commerçante ne saurait, sans se déjuger, condamner un Etat fondé sur ce principe,[16] et qui a su concilier l'efficacité avec l'austérité, le despotisme légal avec la tolérance de fait.

En effet, Coyer constate la grande liberté de la presse et de la librairie, non seulement à Venise, mais dans toutes les grandes villes italiennes, et même à Rome.[17] Il y trouve ouvertement des livres qu'on n'achète à Paris que sous le manteau.[18]

En somme, le spectacle de la réalité italienne ne l'intéresse que dans la mesure où il suggère des amendements concrets aux institutions et à l'économie françaises. Plusieurs de ces références sont directes et explicites, et la date tardive de la publication se reflète dans leur évolution : des réformes annoncées en 1764 (commerce des grains, gestion des finances, système de taxation), puis abrogées en 1770, sont redevenues exécutoires avec la venue au pouvoir de Turgot (1774), et il n'est pas indifférent que le livre de Coyer n'ait été publié qu'en 1775, à un moment où l'on était « en droit de tout espérer » (ii.55).

Le voyage italien de Charles Duclos, en 1766-1767, ne se comprend que si on en connaît la motivation politique et le sens réel : un exil camouflé. Mêlé de trop près en 1765 à l'affaire de La Chalotais, avec qui il sympathise ouvertement et qu'il fait bénéficier de ses nombreuses relations bretonnes, Duclos s'attire la colère du ministre Saint-Florentin, qui le rappelle de Rennes (20 octobre 1765) et « l'autorise » à voyager en Italie pendant une durée de huit mois (2 novembre 1766),[19] l'intérim du secrétariat académique étant assuré par d'Alembert. Les lettres à son ami L.-P. Abeille, avocat au Parlement de Rennes, dévoilent l'état d'esprit dans lequel il entreprend ce voyage forcé : amertume de savoir La Chalotais embastillé, rancœur de l'exilé, refus du silence qui lui est

16. A Gênes, il fera également le panégyrique d'un Etat républicain qui « ignore le préjugé gothique qui flétrit le commerce » (ii.92).

17. Ce ne sera pas l'avis de Duclos, trois ans après.

18. Coyer ne semble pas avoir compris qu'ils n'étaient tolérés que parce que rédigés dans une langue étrangère. Casanova, devenu censeur sur le tard, a bien expliqué cette tolérance trompeuse.

19. Documents reproduits par J. Brengues dans son édition de la *Correspondance de Duclos (1704-1772)* (Saint-Brieuc 1970), p.213, lettre 169 et p.306, document N.

imposé.[20] L'annonce, longtemps cachée, de la mort de sa mère (plus que centenaire), survenue pendant cette absence obligée, mettra le comble à sa fureur et à son ressentiment.

Pourtant, Duclos ne se mure pas dans une mauvaise humeur grincheuse. Il regarde, il compare, il scrute, et déjà il songe à rédiger ses impressions: «Je vous parlerai, à mon retour, du physique et du moral de ce pays-ci» (28 janvier 1767), «je me suis amusé des lieux que j'ai parcourus, et occupé des hommes et des mœurs» (28 avril 1767). L'ouvrage qu'il imagine n'aura rien de commun avec les récits de voyage traditionnels: «Si j'écrivais mon voyage, il ne ressemblerait à aucun autre, et n'en vaudrait pas moins» (28 janvier 1767).

Ce livre, Duclos l'écrira à son retour, mais il restera à l'état de manuscrit dans ses papiers intimes, et ce n'est que sous la Révolution qu'il verra enfin le jour.[21] Le contenu des *Considérations sur l'Italie* explique que l'édition en ait été différée. Moins anticlérical que l'abbé Coyer, Duclos est plus incisif dans ses vues politiques, plus précis et plus concret dans ses observations économiques. Sa sympathie va aux mêmes régimes: la république de Lucques, les principautés «éclairées» de Parme et de Toscane, la monarchie austère et frugale de Sardaigne.

Il constate la grande densité de population à Lucques, l'absence de vagabonds et de mendiants, et il en conclut que les Lucquois sont heureux.[22] D'ailleurs, note-t-il, «le gouvernement doit être bon, puisque les paysans s'en louent, et que cette première classe des hommes, la plus nombreuse et la plus utile, est le seul thermomètre d'une bonne ou d'une mauvaise administration. La preuve de la vraie liberté d'un peuple est son bien-être [...] *Discite, reges*».[23]

Peu de voyageurs font aussi peu de place à la description des lieux et à la présentation des œuvres d'art: comme il le disait à son ami Abeille, il est exact qu'il ne s'intéresse qu'aux hommes et aux mœurs.

20. Charles Duclos, *Correspondance*, éd. Brengues, lettres 173, 174 et 175.

21. *Voyage en Italie, ou considérations sur l'Italie par feu M. Duclos* (Paris, Buisson, 1791).

22. L'éloge de Lucques est un véritable «topos» philosophique. On le trouve déjà dans le roman de l'abbé Bordelon, *Gongam, ou l'homme prodigieux transporté dans l'air, sur la terre et sous les eaux* (Paris 1711, 2 vol.): éloge des institutions, de la propreté, de l'honnêteté des juges, de la liberté des femmes, de la sécurité en ville.

23. Ce passage (p.26) recoupe les idées des encyclopédistes sur le rôle primordial du paysannat (articles «Peuple» et «Journalier» de l'*Encyclopédie*, et inversement l'article «Laquais»).

Il entend aussi en tirer des leçons: ayant rencontré à Rome les petits-fils du général russe de Munich, il doute qu'ils regagnent leur patrie dans la disposition d'esprit où ils l'ont quittée. Selon lui, en effet, «les voyages, en faisant connaître d'autres gouvernements que le despotisme, ne lui sont pas favorables» (p.46).

Son attitude envers la politique papale est aussi nuancée que celle de Coyer. Il apprécie la modération du gouvernement romain, mais constate qu'elle va de pair avec une léthargie économique. «Rome [...] aurait grand besoin d'une régénération» (p.67), et Duclos se hasarde à faire des suggestions: une relance de l'agriculture (qui assainirait une campagne devenue insalubre), la suppression des asiles, l'abandon des pratiques superstitieuses contraires à la vraie religion, la réforme de la justice civile et criminelle. Il rend hommage, par contre, à l'urbanisme romain qui a multiplié les fontaines et facilité la distribution d'eau potable alors qu'à Paris, «où chacun est consumé par le luxe, on est réduit à puiser l'eau dans une rivière qui est l'égoût général de la ville» (p.63).[24]

Plus clairvoyant que Coyer, il ne croit guère à la libre circulation des livres étrangers, car Rome «craint encore plus les écrivains français que la révolte ouverte du Portugal» (p.67 et 80).[25] Il ne se laisse pas davantage abuser par la modicité des prix de la vie courante, puisque «tout est cher pour un peuple pauvre» (p.117) et il fait d'expresses réserves sur le gouvernement vénitien, dont la longévité ne prouve pas nécessairement l'excellence (p.301).

Quant à la stagnation économique, elle est liée à une mauvaise politique commerciale (exportations insuffisantes, rareté du numéraire) et à l'absence d'une *classe moyenne*, «cette bourgeoisie d'une fortune honnête sans opulence [...] qui vit sans faste et sans inquiétude» (p.126-30). L'exemple du royaume de Naples le confirme dans sa croyance au rôle déterminant des institutions: ce pays fertile est mal administré et souffre d'une répartition archaïque, encore féodale, de la propriété

24. Sur la puanteur et la saleté de la Seine à Paris, polluée par les abattoirs et les excréments des animaux du Châtelet, voir les documents rassemblés au Musée d'Histoire Nationale en vue de l'exposition *La Vie quotidienne à Paris dans la seconde moitié du XVIIIe siècle* (Archives Nationales, 1973, catalogue préfacé par G. Dubosq). Il faudra attendre le régime napoléonien pour que les projets, souvent hardis, du XVIIIe siècle aboutissent à une réalisation.

25. Allusion à la politique du marquis de Pombal.

foncière. Mais le rôle des facteurs moraux n'est pas moins décisif: trop de gens d'Eglise, trop de fêtes chômées, trop de préjugés de caste font obstacle à la prospérité d'un pays, où la terre est pourtant féconde et dont les paysans se pressent dans les villes, ce qui constitue «la marque la plus sûre d'un mauvais gouvernement» (p.143). Les mœurs du peuple napolitain lui inspirent, au demeurant, le plus vif dégoût et les qualificatifs les plus insultants surgissent sous sa plume quand il l'évoque (p.182 et 246).[26]

Comme l'abbé Coyer, il déplore que l'Eglise pousse à la dépopulation par la multiplication des religieux et par la valorisation du célibat.[27] Mais il se garde de tomber dans les vitupérations antimonastiques d'un Voltaire, très probablement visé dans le passage suivant (p.242), couplé à une critique des moines thaumaturges et de l'insolente audace des prédicateurs napolitains:

Les religieux rentés, en France, sortent communément d'une honnête bourgeoisie, paraissent peu dans le monde, et sont, malgré beaucoup de plates déclamations, plus utiles à l'état qu'on ne le pense. Ce serait la matière d'un bon mémoire économique. Je suis étonné qu'aucun d'eux ne se soit avisé de le faire. Je m'en occuperai peut-être un jour.

Ses éloges les plus enthousiastes vont, comme on s'y attend, à l'expérience de «despotisme éclairé» tentée à Parme, avec la collaboration de fonctionnaires français (Le Breton Kéralio, Condillac, Du Tillot,[28] Deleyre). Le voyageur «philosophe» n'a pas de qualificatifs assez flatteurs pour cette administration exemplaire, constamment mise en parallèle avec la bureaucratie inefficace et lourde de Versailles. Mais il a moins de goût pour les vues, trop radicales à son gré, du juriste Beccaria, avec qui il converse longuement à Milan.

On oublie presque, en lisant Duclos, que l'Italie est aussi la patrie des beaux-arts et le conservatoire des ruines. Non pas qu'il s'en désintéresse – les pages sur Saint-Pierre, sur Herculanum et sur Capri en font foi – mais l'essentiel, à ses yeux, ne se trouve pas dans ces aspects

26. Pendant son séjour à Naples, Duclos fut l'hôte de Lady Orford, belle-fille de Robert Walpole, dans son château de Pezzofalcone. Il se lia d'une vive amitié avec les ambassadeurs d'Autriche et d'Angleterre, Kaunitz et Hamilton.

27. «Cette espèce de castration destructive de tous les peuples catholiques par le monarchisme» (p.259-60).

28. Duclos, conversant avec lui, s'émerveille de sa compétence en matière économique (p.311).

abondamment étudiés avant lui.[29] N'est-ce pas en raison de son opposition au ministère qu'il a entrepris ce voyage? N'est-ce pas pour le même motif qu'il gardera sa relation par devers lui? Duclos, comme Coyer, songe toujours à la France quand il analyse la situation de l'Italie. Les *Considérations* sont, au second degré, des considérations sur la France de Louis XV. S'il avait pu, Duclos aurait été plus explicite encore, plus sévère aussi et sa correspondance en témoigne. A l'éloge de l'Infant de Parme, si chaleureux dans son livre, il rêvait d'ajouter des vœux dont sa correspondance gardera le secret: «Il serait à désirer pour l'humanité qu'il fût le souverain d'un grand état, ou le ministre de... *O utinam!* Les réflexions m'étouffent: je vous les garde».[30]

Telles quelles, les *Considérations* n'en sont pas moins un livre important dans l'histoire de la réflexion économique et politique en France, dans la contestation indirecte du système et des institutions. Livre original aussi par la place qu'il accorde aux problèmes sociaux et monétaires, par la priorité ouvertement donnée au pragmatisme dans un domaine resté jusque-là chasse gardée des «antiquaires», des «connaisseurs», des esthètes et des amateurs de sensations exquises.[31]

L'esthétique et le sentiment feront meilleure figure dans le dernier des grands «voyages en Italie» du XVIIIe siècle, le plus célèbre et le plus souvent réimprimé, celui du président Dupaty. Les *Lettres sur l'Italie*, publiées l'année même de la mort de l'auteur (1788), constituent un des chefs-d'œuvre de la littérature de voyage et un des livres les plus instructifs sur l'évolution de la sensibilité, du goût et de la mentalité dans les dernières années de l'ancien régime.[32]

29. La curiosité pratique l'emporte d'ailleurs sur les soucis esthétiques de Duclos. Ainsi, à Herculanum, il se demande pourquoi les Romains n'ont pas inventé le verre à vitre, mais il ne leur en fait pas grief: «Je ne doute pas que nos descendants ne tirent de l'électricité, phénomène de nos jours, un parti qu'ils s'étonneront que nous n'ayons pas aperçu» (p.163-64).

30. Lettre à L.-P. Abeille, 28 avril 1767.

31. Il est significatif que l'ouvrage s'achève par un «Plan abrégé du gouvernement économique de l'état ecclésiastique» (p.342-75) qui traite des taxes, des régies, des douanes, des monts-de-piété, des importations et du prêt à intérêt.

32. Nous avons étudié ces aspects de l'écrivain et résumé les étapes d'une carrière mouvementée dans notre contribution aux *Studies in eighteenth-century French literature presented to Robert Niklaus* (Exeter 1975), intitulée «Un magistrat ‹âme sensible›, le président Dupaty (1746-1788)». Voir ci-dessus, p.295-311.

Il serait trop long de rappeler ici ce que fut la vie de ce grand représentant de la bourgeoisie de province et comment il devint, vers 1780, une des vedettes de la vie politique française. Né à La Rochelle, en 1746, d'une famille enrichie dans les plantations de Saint-Domingue, il est reçu à vingt-deux ans avocat général au Parlement de Bordeaux et entre l'année suivante à l'Académie locale. Ecrivain amateur, fanatique admirateur d'Henri IV, il se lie avec les «philosophes», visite Diderot dans son appartement, correspond avec Voltaire, protège généreusement les jeunes poètes. Il sera aussi, en 1770, l'âme de la résistance de son Parlement à la réforme de Maupeou, ce qui lui vaudra la prison, et l'estime des «patriotes». Mais bientôt il se heurtera lui-même aux préjugés de la caste parlementaire, qui voit en lui un parvenu, un réformateur brouillon, avide de publicité. A l'avènement de Louis XVI, il prend le parti du nouveau gouvernement, progressiste et rajeuni, mais ses collègues bordelais l'en punissent en refusant de ratifier son accession à la dignité de président à mortier. Il s'ensuivra une petite guerre, qui durera des années et passionnera l'opinion publique après 1780. Mais le gouvernement, sur ce point comme sur d'autres, devra composer et camoufler son échec: on enverra Dupaty en Italie (1784-1785), non comme un exilé, mais comme un expert en matière de législation criminelle. Dès son retour, Dupaty s'attellera à une réforme profonde de cette jurisprudence, et il tentera d'y intéresser le public en ouvrant, à l'instar de Voltaire, des procédures de réhabilitation en faveur d'inculpés condamnés sur un dossier douteux, victimes à la fois d'une justice expéditive et de la discrimination sociale. Les parlementaires ne devaient jamais lui pardonner cette campagne, tenue par eux pour diffamatoire et calomniatrice, soutenue par des écrits où ils ne voyaient que battage publicitaire et facile démagogie. Mais du côté philosophique, Dupaty fut salué comme un héros doublé d'un mécène: Roucher célébra son courage dans *Les Mois* (1779), et la Loge des Neuf Sœurs lui fit un accueil triomphal. Le problème de la sincérité ou de l'arrivisme de Dupaty reste posé, mais son œuvre est l'expression d'une âme généreuse, enthousiaste, prompte à l'émotion et aux larmes, avec cependant des accès de grandiloquence, d'affectation et des poussées d'exhibitionnisme sentimental qui devaient lui valoir les sarcasmes de Stendhal dans ses *Promenades dans Rome*.

Le succès des *Lettres sur l'Italie, en 1785* prouve que ce style correspondait aux tendances de l'époque prérévolutionnaire et que ce que nous prenons pour de la pose n'est peut-être qu'une concession au goût régnant, cette sensiblerie qui nous gâte aujourd'hui la lecture de Bernardin de Saint-Pierre ou de Loaisel de Tréogate, sans parler de la rhétorique des orateurs de la Révolution. Chateaubriand s'est montré un juge plus équitable que Stendhal lorsqu'il oppose «l'admiration déclamatoire» de Dupaty à «l'aridité» de Duclos et de Lalande, et quand il conclut qu'«à travers son jargon affecté, Dupaty observe avec justesse».[33]

Si on veut bien examiner de plus près les *Lettres sur l'Italie*, on constate en effet que ce livre curieux est tout le contraire d'un ouvrage homogène. Selon le sujet abordé, le ton change radicalement et passe de l'extase à la dénonciation, du lyrisme à la plus technique des analyses, comme si les *Lettres* étaient écrites à plusieurs niveaux, à l'intention de lecteurs très différents, ou comme si elles correspondaient à des états autonomes, irréductibles, d'une personnalité multiple, et comme éclatée.

Le style extatique, exclamatif, oraculaire jusqu'à l'outrance, semble réservé aux matières artistiques et à la description des sites. C'est bien pourquoi il a accaparé l'attention des lecteurs, tout en provoquant leur agacement.

Cette lecture sélective a eu pour effet de reléguer au second plan un aspect «engagé», auquel Dupaty attachait vraisemblablement plus d'importance et dont il attendait des suites plus immédiates (mais il n'eut pas le loisir de les voir lui-même après 1789). Si l'on veut rendre justice à Dupaty, il faut se souvenir constamment que son livre était, avant tout, un pamphlet contre une législation archaïque et contre une jurisprudence inhumaine. Le pathétique du style relève, par là, simultanément d'une émotion sincèrement ressentie et de la volonté de subjuguer le lecteur par une rhétorique entraînante. Les orateurs de la Convention ne parleront pas autrement.

A lire attentivement Dupaty, on s'aperçoit bien vite que sa critique est impitoyable et que cette «âme sensible» est aussi un polémiste redoutable. A peine arrivé à l'étape d'Avignon, la première de son voyage, il note que le vice-légat y juge souverainement au criminel, et seulement en premier ressort au civil. L'explication est simple: «la justice civile menace principalement les riches; la justice criminelle, les misérables» (lettre II). Quant aux abus et aux erreurs judiciaires, leur histoire est celle «de tous les tribunaux criminels, hors ceux de l'Angle-

33. *Mémoires d'Outre-Tombe*, éd. Levaillant, iii.431-32.

terre. Les lois, en Angleterre, craignent de condamner; les lois, en France, craignent d'absoudre».

A Toulon, Dupaty s'empresse d'aller visiter les galères. Les forçats n'y sont pas mal traités, «ils travaillent, et on les paie. Chose horrible, il y a peut-être dix millions d'hommes, en France, qui seraient heureux d'être aux galères, s'ils n'y étaient pas condamnés» (lettre III). Plutôt que de regarder cette atroce réalité en face, certains crieront à l'exagération, au mauvais goût, à la recherche du sensationnel: la vieille Mme de Créqui croira s'en tirer en ricanant: «il joue Montesquieu comme le singe joue l'homme» (lettre à Sénac de Meilhan).

Les privilégiés ricanaient-ils aussi lorsque Dupaty affirmait avoir vu au bagne des enfants de treize ans, arrêtés pour avoir été trouvés avec leur père en état de contrebande?

J'ai vu plusieurs de ces enfants, et des larmes ont roulé dans mes yeux, et l'indignation s'est allumée dans mon âme, et je ne me suis apaisé que dans l'espoir de ne pas mourir sans avoir dénoncé tous les crimes de notre législation criminelle.

Le régime étatique de Gênes, fondé sur le monopole des produits de consommation, est générateur de misère et de dégradation morale (lettre IX). Les sujets «mendient, ils volent, ils ont des hôpitaux, ils assassinent, ils souffrent». Et Dupaty de s'interroger sur les limites d'un tel processus, c'est-à-dire sur les conditions objectives d'une *révolution*.

La mesure de l'oppression qu'on peut supporter n'est pas encore à son comble [...] Il faut une goutte de trop. Il s'agit uniquement, pour les nobles, d'empêcher cette goutte de trop [...] Ils achètent le silence de ceux qui crient. On croit cependant *la goutte de trop* inévitable: la patience du peuple est lasse.

Cette analyse avait, en 1788, une valeur prémonitoire, et presque prophétique.

Là où Coyer et Duclos sympathisaient avec la classe marchande, Dupaty s'intéresse avant tout à la condition des plus pauvres.

Les pauvres sont partout une espèce mitoyenne entre les riches et les animaux: ils sont bien près des derniers. J'ai voulu goûter le pain de ces pauvres. Les animaux sont heureux [...] Comme le luxe et la magnificence font mal aux yeux quand on vient de regarder la misère!

La misère est telle, à Gênes, qu'on y trouve même des galériens volontaires, qui se sont enrôlés pour échapper à la faim et à la mort (XXII), et qui en sont réduits à renouveler leur contrat tous les huit ans.

Dupaty visite l'hôpital des Incurables au moment où l'on y attend la visite du Doge et du Sénat. On pare, on décore, on parfume même. «Quel horrible mensonge on prépare! Voilà comment on montre aux rois qui voyagent leurs propres états» (XIV).

La mendicité est surabondante et entretenue par l'Etat. Pourquoi ne pas encourager plutôt les honnêtes artisans en améliorant leur condition? Sans doute parce que les nobles n'y ont pas intérêt. «*Le code n'est partout, en grande partie, qu'une liste de privilèges*» (XVI). Ne croirait-on pas entendre Marat ou Babeuf plutôt qu'un riche président à mortier? Les terribles analyses d'un privilégié de l'ancien régime attestant l'existence d'une mauvaise conscience au niveau des plus hautes structures de la France, la perception aiguë de rapports injustes, longtemps acceptés sans vergogne, et soudain ressentis comme scandaleux, donc comme intolérables. Peu de textes sont aussi révélateurs que celui-ci du malaise général qui entraînera la désagrégation rapide du système: mais qui s'attendait à les trouver dans un *Voyage en Italie* qu'on ne lit plus depuis longtemps?

Certes, Dupaty n'est pas lui-même un révolutionnaire conscient. Il croit à la vertu des réformes, et l'éloge de Necker revient comme un leit-motiv dans ses lettres (entre autres XIX et CIII).

A Lucques, il n'est pas dupe des inscriptions *Libertas* qui foisonnent à tous les coins de rues. «A force de lire le nom, le peuple a cru posséder la chose» (XXIII). C'est déjà le mécanisme de la propagande qu'il démystifie ainsi. Quant à la distinction très nette du civil et du criminel dans la procédure, il y voit, comme à Avignon, une volonté délibérée de justice de classe. «Cette loi, comme tant d'autres, a été faite, *non pour le peuple, mais contre le peuple*», car la philosophie des nobles est toujours celle de Machiavel (XXIII). La surpopulation de la République, loin d'être «le thermomètre de la prospérité» comme le croyait encore Duclos,[34] est un signe de misère.

Alors que Coyer et Duclos faisaient le panégyrique du duché de Parme et de son Infant, Dupaty réserve toute sa ferveur au grand duc Léopold de Toscane, administrateur modèle, pénétré de l'esprit des Lumières (XXV-XXVI). N'a-t-il pas réduit les impôts, licencié presque

34. Il est curieux que Dupaty mette cette expression dans la bouche de son interlocuteur lucquois, le comte de R... Il ne connaissait pas les *Considérations sur l'Italie*, et il se peut que la source des deux voyageurs soit la même, en l'occurrence la doctrine de l'aristocratie locale.

toute l'armée, rasé les fortifications de Pise, aboli les usages de cour? Il a établi des manufactures, tracé des routes, fondé des hôpitaux où les malades font l'objet de soins «attentifs et délicats». Son palais est ouvert à tous ses sujets, et particulièrement aux plus malheureux. Hostile à la superstition, il a récupéré des jours chômés inutilement pour «les rendre à l'agriculture, aux arts et aux bonnes mœurs»; il prépare une réforme complète de la législation et il a renoncé à appliquer la peine de mort. Tout cela suppose une activité débordante et une abnégation totale: il se lève à six heures, et travaille sans désemparer. Mais il fait aussi travailler les autres (ce qui ne plaît pas à tout le monde, remarque Dupaty). «Dans ses états, le magistrat juge, le militaire sert, le prélat réside, l'homme en place fait sa place: c'est que le prince règne».

L'administration de la Toscane, application typique du «despotisme éclairé», est un peu l'utopie politique de Dupaty, le modèle qu'il propose à la France, l'image de ce qu'il attend d'un souverain soutenu et conseillé par Necker. Voyager ainsi, c'est préparer des lendemains meilleurs à son pays.[35] Quand donc un prince français se formera-t-il à son métier en lisant Montesquieu, Condillac et Locke? Quant à la liberté, Dupaty souhaiterait qu'elle ne fût pas limitée au commerce: «il faut aussi qu'elle soit indéfinie [...]; lorsque la liberté commence à marcher toute seule, elle fait toujours quelque chute; mais chaque chute l'instruit, et chaque pas la fortifie» (XXVI).

Aussi voit-il se profiler, au-delà du despotisme, l'ère de la liberté républicaine. Dans une vision étrangement dialectique, il résume le processus qui a conduit le grand-duc à supprimer les privilèges de la noblesse et ceux des confréries pour régner seul en maître, mais en maître qui ne peut se permettre la moindre erreur. «La république est toute prête; il ne manque plus au peuple de Toscane pour être libre qu'un tyran; il a déjà un despote» (XXXVIII).

Seule Rome échappe, selon lui, aux lois communes de la politique. Avec une industrie déficiente, une agriculture à l'abandon, une mendicité proliférante, une corruption générale, une administration financière scandaleuse, Rome se porte bien (LXXVII).

35. Dupaty est tout aise de s'entendre dire par un Italien qu'il ne voyage pas comme la foule des Anglais: «sur cent, il n'y en a pas deux *qui cherchent à s'instruire* [...] faire des lieues par terre ou par eaux, prendre du punch et du thé dans des auberges, dire du mal de toutes les autres nations et vanter sans cesse la leur; voilà ce que la foule des Anglais appelle voyager» (XXVI).

Il semblerait que Rome doit, comme état politique, toucher à sa ruine ; comme état social, être travaillée par mille désordres ; comme état civil, être en proie à toutes les misères : chose incroyable, et pourtant vraie, Rome est peut-être l'état politique le plus en sûreté, l'état social le plus calme, l'état civil le moins malheureux.

C'est ici que jouent les facteurs moraux,[36] religieux et les contingences politiques : l'intérêt des princes chrétiens est de « veiller à la conservation d'un despotisme sur lequel s'appuient tous les autres ».

Mais au-delà des raisons générales, il y a celles qui sont liées aux mœurs, au caractère local. Ainsi, à Rome, les rapports des classes sociales sont facilités par une grande aménité. Comme tout se fait en secret, tout le monde ménage tout le monde et lui prodigue paroles bienveillantes et sourires de protection. « Les visages italiens sont des masques, dont la pantomime outre tout ». Mais cette politesse de ménagement évite les heurts et met les petits à l'abri de l'oppression. Le mystère s'éclaire dès lors : le bonheur des Romains résulte de la combinaison d'un esclavage politique apparent et d'une liberté très réelle (LXXXI).

Dans des pages dont la pénétration annonce le meilleur Stendhal, il fait la part des besoins irrépressibles, et de leur corollaire : l'ennui. Le climat romain et la décadence politique ont amorti aussi bien le désir actif que son contraire. La vie, à Rome, se consume « en sommeil, en amour, en vanité, en disputes théologiques et en processions ». Existence charmante et vaine, qui se traduit en siestes, en collations dans les auberges, en promenades nocturnes sur le Corso. « Chaque soirée est une fête publique à laquelle préside l'amour [...] Les sens parlent aux sens [...] ou bien la vanité à la vanité ». La vraie Rome, ce n'est pas celle des consuls, mais bien celle-ci : « voilà Rome comme la veulent son ciel et sa terre ; la voilà comme ils l'ont faite toutes les fois qu'ils ont été libres ».

Dupaty a beau condamner, du bout des lèvres, ce style de vie qui ne doit rien à la sensibilité, « aux émulations de l'âme, aux scrupules de la conscience » ; il a beau rejeter une organisation dont tous les rouages sont vicieux : on le sent captivé, charmé, ensorcelé par la découverte d'un certain bonheur, celui-là même que Stendhal ira chercher en Italie

36. Dupaty appelle ainsi les « facteurs non apparents ou physiques ». Il est surprenant de constater combien certaines de ses analyses recoupent celles de Duclos, qu'il ne pouvait cependant pas connaître.

sous la Restauration. Tout est spectacle à Rome, mais tout y est facile, naturel, instinctif! Le bonheur ne serait-il pas uniquement la conséquence de bonnes institutions?

Ce n'est pas le seul endroit où Dupaty laisse percer un certain pessimisme politique. Il lui arrive de croire à une sorte de fatalité, assimilée à une loi historique. «Toutes les sociétés, à travers la démocratie, ou l'aristocratie, ou la monarchie, vont plus ou moins rapidement au despotisme, comme tous les fleuves [...] vont à la mer» (CIV). Son cœur s'insurge pourtant contre cette loi d'airain: «Quel malheur pour les princes quand ils préfèrent une soumission de nécessité à une soumission d'opinion! [...] Les princes n'aiment pas les résistances; mais *on ne peut cependant s'appuyer que sur quelque chose qui résiste*» (CV).

Adversaire du pouvoir absolu, il place toute sa confiance dans les vertus civiques des magistrats – oubliant ainsi l'animosité de ses anciens collègues – et fait même l'éloge de la vénalité des charges, garantie de l'indépendance des juges. «Malheur aux républiques où les magistrats doivent être pris parmi les riches; et malheur aux monarchies où ils peuvent être pris parmi les pauvres!». Avec des officiers roturiers et des magistrats sans fortune, le monarque est bientôt un despote, et le despote un tyran (CVII).

Il faut croire que Stendhal a lu Dupaty bien distraitement pour le qualifier de «ridicule», à moins qu'il n'ait été exaspéré par le ton extatique de ses descriptions et par la sensiblerie de ses effusions lyriques (dont l'apostrophe finale à ses enfants est un fâcheux exemple). Mais n'est-ce pas pour ces mêmes passages que Creuzé de Lesser le recommandera, en 1806, comme «le plus élégant» des initiateurs à l'Italie?[37]

La vérité est qu'il y a plusieurs personnages qui parlent dans ces *Lettres*, et c'est ce que Condorcet a fort bien remarqué dans une lettre du 4 mars 1790 annexée aux rééditions de l'œuvre de Dupaty: «Il semblait voyager avec plusieurs esprits. *L'esprit philosophique* marchait le premier; il observait tout en finesse, il répandait et recueillait les idées. *L'esprit littéraire* suivait [...] pour traduire les sensations en images, et les récits en spectacles. *L'esprit magistral* [de magistrat] n'était pas moins occupé [...] à dénoncer l'hypocrisie de la jurisprudence, à considérer de sang froid les abus, à confronter le langage de la justice avec les habitudes de la barbarie».

37. *Voyage en Italie et en Sicile, fait en 1801 et 1802* (Paris 1806), «Préface».

A côté de son intérêt culturel, littéraire et artistique, le voyage en Italie prend donc, après 1760, une valeur critique et une fonction «philosophique». Il n'est plus simplement la relation, tantôt émerveillée, tantôt amusée, des incidents de route, des rencontres imprévues, des sensations d'art.[38] Etroitement lié à la crise générale des esprits, au mécontentement des élites bourgeoises, au désir de renouveau des «philosophes», le récit de voyage devient le lieu d'une réflexion sur les institutions sociales où l'on perçoit davantage l'écho de Montesquieu que celui du Père Labat ou du président de Brosses. La situation politique de l'Italie faisait de ce pays le prétexte rêvé à des variations sur les défauts de la société contemporaine, sur les réformes urgentes, sur la forme du monde de demain. Au même titre que les pamphlets et les traités théoriques, mais plus efficacement peut-être, les *Voyages* de Coyer, de Duclos, de Dupaty instituent l'analyse critique de l'ancien régime. Par un biais qui pouvait paraître anodin et sans conséquence, ils annoncent son prochain effondrement, sans jamais le pressentir nettement. On ne leur rendrait pas justice en les confinant dans le seul domaine des beaux-arts et des belles-lettres où on a voulu les enfermer: leur originalité, au contraire, est de faire éclater ce cadre et de donner au plus gratuit des genres littéraires une fonction militante dans la transformation de l'ordre économique, juridique et social.

38. Fonction qu'il garde, bien entendu, chez les voyageurs curieux surtout de pittoresque et de dépaysement comme, par exemple, le président Roland de La Platière qui se montre aussi médiocre écrivain que faible penseur dans ses *Lettres écrites de Suisse, d'Italie, de Sicile et de Malthe, en 1776, 1777 et 1778, à Mlle Phlipon à Paris* (Amsterdam 1780), 6 vol.

Il est intéressant de noter qu'après 1800, le récit de voyage se ressentira du climat général de nationalisme engendré par la Révolution. *Le Voyage en Italie et en Sicile*, de Creuzé de Lesser (1806) a pour épigraphe cette pensée de Du Bellay: «Plus je vis l'étranger, plus j'aime ma patrie». L'auteur veut y infliger un démenti aux «louanges exagérées» prodiguées à l'Italie, aux panégyriques «plus ampoulés et plus faux les uns que les autres». Il rouvre une veine anti-italienne très ancienne, et qui a été étudiée par L. Sozzi dans une communication à l'Académie des sciences de Turin (*Actes*, vol.106, 1971-1972, p.99-190) intitulée «La polémique anti-italienne en France au XVIe siècle».

Libertinage littéraire et tensions sociales dans la littérature de l'ancien régime : de la *Pícara* à la *Fille de joie*

La décision de la Haute Cour des Etats-Unis, en date du 23 août 1963, autorisant la libre circulation des *Memoirs of a woman of pleasure*, mieux connus sous le nom de leur héroïne, Fanny Hill, a véritablement restitué à l'histoire littéraire cet ouvrage important, ce classique de la littérature clandestine. Il a permis aussi de l'aborder dans une perspective nouvelle qui rend justice, non seulement à son attrait littéraire, mais aussi à son intérêt historique et social et, au-delà de son cas particulier, à certaines significations mal explorées du genre dont il relève.

Dans ses attendus, le juge Arthur Klein soulignait lui-même la haute qualité littéraire du livre, notant que ce roman audacieux ne contient en fait pas le moindre mot obscène et faisant remarquer que divers témoignages le présentaient, dans certaines limites, comme un roman historique. A l'intention des censeurs vertueux, le juge ajoutait d'ailleurs avec humour, dans ses conclusions :

While the saga of Fanny Hill will undoubtedly never replace «Little Red Riding Hood» as a popular bedtime story, it is quite possible that, were Fanny to be transposed from her mid eighteenth century Georgian surroundings to our present day society, she might conceivably encounter many things which would cause her to blush.

S'il est vrai que l'histoire de Fanny Hill ne remplacera jamais, à coup sûr, le petit Chaperon rouge comme fable pour enfants, il est fort possible que si Fanny était transposée de son cadre georgien des années 1750 dans notre société contemporaine, il lui arriverait peut-être de rencontrer de nombreuses choses qui la feraient rougir.

La question n'est pas de savoir si Fanny rougirait au spectacle des mœurs de notre société actuelle – problème qui relève de la compétence des moralistes et des sociologues – mais de voir dans quel esprit et selon quelles normes la situation que John Cleland nous dépeint a été abordée dans certains grands romans de l'ancien régime et d'essayer ainsi de dévoiler quelques-unes des structures morales et mentales qui se reflètent inconsciemment par le biais de l'écriture et de la fiction.

La littérature dite «galante» ou «érotique» a fait longtemps l'objet d'un interdit moral qui l'a reléguée dans l'Enfer des bibliothèques publiques, au second rayon des collections privées et au chapitre «Curiosa» des catalogues. Cette exclusion fausse le cours réel de l'histoire littéraire, en négligeant des œuvres dont la valeur esthétique est réelle et qui ont joué un rôle nullement négligeable dans le développement de divers genres, thèmes ou procédés. Nous n'aborderons ici qu'un seul aspect de ce sujet vaste et ambitieux : celui des faux mémoires ou des romans à la première personne relatant la vie d'une héroïne déclassée ou délinquante, afin d'y déceler certaines tensions sociales ou, au contraire, certaines omissions volontaires relevant de tabous dont la signification se prête à des interprétations de caractère social.

L'histoire de Fanny Hill peut se lire dans une double optique. D'aucuns y ont vu, non sans raison, un «ars amandi» qui s'inscrit dans la lignée illustre d'Ovide, de Vatsyâyâna ou de l'Arétin. Mais on peut aussi y découvrir le roman d'un destin, celui d'une femme qui vit en marge de l'ordre social et qui aspire à s'y réintégrer.

Si l'on accepte ce schème, les *Mémoires d'une fille de joie* n'apparaissent plus essentiellement comme un livre libertin, mais comme l'expression d'une réalité sociale où la femme solitaire est reléguée à la condition d'un objet. Vouée aux caprices d'une galerie de libertins plus ou moins dépravés, elle sait aussi habilement diriger sa barque, en renversant à l'occasion le rapport de force entre les sexes, et elle triomphera finalement des obstacles que sa condition de femme et les hasards de la vie ont accumulés sur sa route.

Fondamentalement, une telle narration ne se définit plus seulement par l'érotisme ou par la «galanterie», simples moyens de survivre ou de parvenir dans un ordre qui exclut la femme des fonctions productives respectées, mais par le statut de l'être en marge, qui se révolte contre cet ordre ou qui tente subrepticement de s'y faire admettre. Pour cela, il lui faut spéculer sur les faiblesses et sur les hypocrisies d'une société dont les valeurs morales ne sont qu'un trompe-l'œil que la narratrice a su percer à jour. Qu'elle soit voleuse, prostituée ou hétaïre de haute volée devient, dès lors, secondaire : l'important est de voir comment survit, puis émerge la femme qui, par choix ou par nécessité, a refusé de subir son destin et qui a préféré l'assumer à sa manière. Il importe donc que ce personnage littéraire soit une orpheline, une déclassée, ou une jeune femme issue d'un milieu socialement et moralement méprisé. Il importe aussi que l'histoire soit présentée comme vraie, soit par l'insistance du narrateur, garant et témoin, soit (le plus souvent) par le recours au procédé du roman-mémoires, c'est-à-dire de la narration à la première personne. Enfin, dans une littérature qui s'adresse à une société fortement attachée à des valeurs tenues pour sacrées, stratifiée au point de se vouloir immuable, ce type de roman – foncièrement amoral, sinon nécessairement immoral – devra se charger d'intentions rassurantes et ne débouchera presque jamais sur la contestation d'un système dont toute l'œuvre dénonce pourtant la fausseté.

Nous ne remonterons pas jusqu'à *La Lozana andaluza* pour trouver le prototype de ces héroïnes en rupture de ban. L'œuvre de Francisco Delicado, publiée en 1528 à Venise, et dont l'action se déroule principalement à Rome, se rattache encore à une technique narrative boccacienne : enchaînement d'anecdotes et de bons mots, enregistrement de conversations impromptues, plutôt que construction romanesque centrée sur un destin de femme. C'est cependant en Espagne que ce type littéraire va se manifester avec un éclat tout particulier, dans une œuvre déconcertante de richesse verbale et d'intention satirique, dont la critique moderne est loin d'avoir fait le tour : il s'agit de la fameuse *Pícara Justina*, publiée en 1605, dont les travaux de M. Bataillon[1] ont contribué à mieux nous faire connaître l'écrivain (López de Ubeda) et le destinataire (le puissant Rodrigo Calderón, favori du duc de Lerme, en dépit de ses quartiers de noblesse assez douteux).

Quand on sait la rigueur de la moralité espagnole, le tabou jeté sur les sujets érotiques, la forte emprise de l'Eglise sur la vie intellectuelle, on ne sera pas surpris de constater que cette biographie d'aventurière évite avec un soin particulier toute allusion à la vie des sens, aux dérèglements de la chair, ignore l'existence de la prostitution et limite les écarts de Justine à de simples peccadilles. Ses héritières et homonymes modernes, la Justine de Sade et même celle de Durrell, se montreront moins scrupuleuses sur ce chapitre.

Justine n'est une « pícara » que par le caractère instable de son existence, et parce qu'elle ne s'intègre pas dans la ligne convenue de la

1. Ils ont été groupés en traduction espagnole sous le titre *Pícaros y picaresca. La Pícara Justina* (Madrid 1969).

carrière d'une femme. Ses actes frôlent la limite du code pénal sans jamais tomber sous son application ; le contraire serait surprenant, puisque son objectif n'est pas de bafouer le monde, mais d'en tirer un maximum de profits. Enlevée par des ravisseurs, Justine réussit à les berner ; elle capte la confiance d'une sorcière mauresque dont elle héritera ; elle évince et ridiculise ses prétendants pour finir par commettre la seule erreur de sa carrière en épousant le pire d'entre eux, le joueur débauché Lozano. Il est vrai que dans une deuxième partie, promise au lecteur, elle devait épouser en secondes noces un personnage mieux assorti, Guzmán de Alfarache en personne ! Reste que la structure même du roman, avec ses quatre divisions (*La pícara montañesa, La pícara romera, La pícara pleitista, La pícara novia*) se ramène à un mouvement ascendant, celui d'une jeune fille délurée, mais prudente, qui aspire à la stabilité sociale dans le mariage.

Du point de vue moral, le livre est absolument inoffensif et l'on ne comprend pas que le bibliographe Brunet l'ait qualifié de « roman un peu libre ». Mais sans doute ne l'avait-il pas lu. L'auteur condamne d'ailleurs, dans son « Prólogo al lector », les livres « lascivos, picantes, audaces, improprios, mentirosos [...] que incentivan al amor carnal » ; il met en garde son public contre « el engaño de la carne, que a los broncos, zafios e ignorantes persuade sus embustes y embeleca con sus regalos » et il se présente comme un narrateur soucieux avant tout d'élégance et d'esprit.

Comment s'expliquer, dès lors, la réputation « libertine » de l'œuvre ? Les interpolations un peu lestes de la traduction italienne,[2] qui servit de base à la traduction allemande,[3] ne suffisent pas à en rendre compte. Mieux vaut songer aux critères rigoristes du temps et à l'aisance avec laquelle on usait de qualificatifs dégradants ou péjoratifs pour parler de la femme sortie de sa condition traditionnelle. On voit mal comment se justifierait autrement le choix du titre *The Spanish Libertines* pour l'ouvrage dans lequel le capitaine John Stevens regroupera, en 1707, des extraits représentatifs de *La Celestina*, d'*Estevanille Gonzales*, de *La Pícara Justina*[4] et d'une pièce de théâtre de Juan de Avila.

Il est significatif, d'ailleurs, qu'une telle sélection ait laissé de côté un

2. *Vita della picara Giustina Diez*, trad. B. Barezzi (Venezia 1624).

3. *Der Landstürtzerin Justiniae Dietzin Picarae II. Theile* (Frankfurt am Main 1627).

4. Appelée en anglais *The Country Jilt*, terme qui désigne aussi bien une coquine qu'une coquette.

roman comme *La Hija de la Celestina* (1612) d'Alonso de Salas Barbadillo, véritable biographie de criminelle qui vit de rapines et finira exécutée. Le roman «libertin» évite avec soin le registre tragique; il se veut divertissant, sinon toujours moral. La violence, la criminalité ne sont pas de son ressort: la «gueuse», la «libertine», la «fille de joie» restent toujours en deçà du délit grave, celui qui compromettrait irrémédiablement leur réintégration dans l'ordre social.

Ce rapport fondamental avec le monde et avec les autres imprègne toute la littérature romanesque consacrée, avant 1750, au thème de la femme solitaire et en marge. On le retrouve, bien entendu, dans *Moll Flanders* (1721): dans un livre sur l'évolution du genre picaresque,[5] Robert Alter la définissait avec esprit «a bourgeois picaroon», pour finir d'ailleurs par lui retirer l'étiquette picaresque à la fin de son étude. Le critique insiste à bon droit sur les caractères étranges et contradictoires de cette aventurière: sa volonté de respectabilité, sa pudeur sur les aspects physiques de l'amour, son peu de goût pour l'aventure surtout, son mélange de candeur et de cynisme. Moll est moins une aventurière qu'une femme d'affaires, ayant horreur du risque et de la fantaisie, obsédée par l'or, conditionnée par une vision mercantiliste et fonctionnelle du monde. Elle n'a de goût ni pour la vie légère, ni pour le jeu; elle ne songe qu'à accumuler, à la fois pour se préserver du besoin et pour sortir de sa condition infamante. Bourrée de scrupules religieux puritains, mais sans religiosité vraie, elle vit dans la crainte du lendemain et dans la terreur de la prison; réfugiée en Amérique, elle s'installe sans scrupule dans la prospérité et dans la dignité bourgeoise, en vivant du produit de ses rapines. Sa vraie morale est le culte du succès, son seul Dieu l'argent. L'origine de l'un et de l'autre importe peu, mais elle se montre intransigeante pour tout ce qui concerne les rapports sexuels et use du qualificatif «whore» avec la même désinvolture que les Elizabéthains. Avec Moll Flanders, la joyeuse «pícara» espagnole a changé de caractère en changeant de nationalité: elle ne se joue plus de la vie et des hommes; marquée par l'expérience de la faim, de la misère et de la solitude, torturée par des scrupules qui ne suffisent pas à modifier son comportement, elle considère la vie comme une jungle, le vol comme un métier, l'amour comme une souillure ou comme une affaire. Autant, sinon plus, que le *Journal* de Samuel Pepys, ces mémoires imaginaires d'une voleuse

5. *Rogue's progress: studies in the picaresque novel* (Cambridge, Mass., 1965).

éclairent d'un jour cru (d'autant plus cru qu'il s'agit d'une femme) les contradictions, les obsessions et les scrupules de la pensée bourgeoise anglaise.

L'abandon, la pauvreté, la solitude et l'inexpérience auraient pu faire de Fanny Hill, ou de ses consœurs (Louise, Emily et Harriet), des émules de Moll. Il n'en est rien, et l'auteur s'est privé là d'une ressource que la donnée romanesque lui fournissait d'entrée de jeu, mais qui n'aurait certes pas manqué de retentir sur l'esprit général de l'œuvre. Il lui suffisait probablement d'enfreindre les tabous sexuels, sans avoir à violer par surcroît les tabous sociaux, et cette réserve excusait peut-être bien des audaces aux yeux des lecteurs de l'époque.

Fanny a quinze ans lorsque la variole emporte ses parents. Son éducation est réduite au minimum, «no better than very vulgar»: elle est capable d'épeler et de griffonner; sur le plan moral, l'ignorance du vice lui tient lieu de vertu.

Abandonnée à Londres par une servante qui l'y avait amenée, elle tombe, sans y voir malice, dans le mauvais lieu tenu par Mrs Brown. Les demoiselles de la maison n'auraient pas eu raison de son innocence si, par le plus grand des hasards, Fanny ne rencontrait le grand amour dans la personne du jeune Charles, avec qui elle fait une fugue et mène quelque temps une vie commune délicieuse.

Mais Charles est arraché à Fanny par son père (la situation annonce celle de Des Grieux et de Manon, ou celle d'Armand Duval et de Marguerite Gautier) et la malheureuse se voit contrainte, en toute lucidité cette fois, d'assurer sa subsistance par la prostitution. Entretenue par un riche protecteur, elle le trompe avec un jeune serviteur et se fait prendre en flagrant délit, après quoi il ne lui reste plus qu'à entrer dans l'élégante maison de rendez-vous tenue par Mrs Cole, où se donnent d'étranges réjouissances auxquelles notre héroïne prend part sans la moindre réticence. Les expériences érotiques de Fanny sont arrivées à leur terme lorsqu'elle rencontre un célibataire de soixante ans, épicurien rationaliste, qui l'entretient, lui forme le goût et l'esprit, l'initie à la culture et, à sa mort, lui laisse une fortune considérable. Le moment est venu de faire réapparaître Charles, rentré des Indes aussi pauvre qu'il y était arrivé, et de faire croiser leurs routes. L'histoire se termine sur leur mariage heureux, béni par une nombreuse descendance.

L'étonnant, dans cette histoire, est le dédoublement de personnalité grâce auquel Fanny conserve une sorte d'innocence à travers son odyssée cynique. L'auteur ne la peint jamais en victime, sauf dans l'épisode de Mr Crofts, car Fanny éprouve et décrit l'amour, fût-il vénal, avec un lyrisme constamment émerveillé, au point de ressentir elle-même à quel point son récit verse dans la monotonie («as the circumstances did not admit of much variation, I shall spare you the description»).[6] Elle distingue explicitement la volonté et le plaisir des sens («our virtues and our vices depend too much on our circumstances», p.71), elle oppose le plaisir physique purement animal à celui que donne la passion mutuelle (p.75); il n'en reste pas moins qu'au fil des mois ses regrets et ses scrupules paraissent s'être bien estompés. Les divertissements organisés par Mrs Cole ont beau être dépourvus de la moindre pudeur, le climat élégant qui y règne, la bonne chère, les vins généreux, les belles manières en font, aux yeux de Fanny, et sans doute de l'auteur, un ballet gracieux évoqué avec enthousiasme («though all modesty and reserve were banished from the transaction of these pleasures, good manners and politeness were inviolably observ'd», p.138).

Cleland ne semble pas s'être rendu compte de l'anomalie qu'il y avait à faire soudainement de cette courtisane experte une épouse fidèle, à moins que pour lui comme pour Defoe, la fortune acquise par des voies aussi peu orthodoxes ne tienne lieu de vertu ou, pour être plus précis, n'en soit la condition première. Il est conscient, en revanche, du caractère paradoxal des propos édifiants qu'il fait tenir à Fanny («I could not help pitying [...] those who, immers'd in gross sensuality, are insensible to the so delicate charms of VIRTUE [...] You laugh, perhaps, at this tailpiece of morality», p.213).

Toute œuvre littéraire se définit par son rapport avec un lecteur idéal. Celui de *Fanny Hill* est sans doute ce «rational pleasurist» (p.200) qui sait concilier les plaisirs de l'esprit avec ceux du corps. Public d'aristocrates, de bourgeois fortunés, à qui Cleland propose un style de vie raffiné et des plaisirs ignorés du vulgaire. Ce que la situation de l'héroïne pourrait avoir de dramatique doit donc être voilé, ou même ignoré: l'ascension dans la carrière galante est aussi une ascension vers la richesse et, par là, vers le bonheur. Guillaume Apollinaire et Gérard Bauër, dans leur introduction à la traduction française,[7] n'ont pas

6. *Fanny Hill*, éd. Putnam, p.195; voir aussi le début de la seconde lettre (p.105).

7. Peu d'œuvres ont été aussi souvent rééditées et traduites: cf. H. S. Ashbee, *Catena librorum tacendorum*, p.72 et Jules Gay, *Bibliographie des ouvrages relatifs à l'amour, aux femmes, au mariage, etc.* (sous le pseudonyme du comte d'Idelville), 4e édition remise

manqué de rapprocher Fanny de sa consœur Moll Hackabout, dont Hogarth avait fait en 1732 la triste héroïne des fameuses gravures *A Harlot's progress*. Analogie de départ, et rien de plus, car le destin lamentable de Moll est l'histoire d'une chute à la fois physique, morale et financière, juste châtiment du vice et du dérèglement. Dans la perspective puritaine de Hogarth, l'ascension de Fanny paraîtrait aussi scandaleuse qu'impensable : mais l'un et l'autre se contentent d'observer et de juger leur héroïne, sans condamner la société qui la protège si mal et qui voue la jeune fille solitaire et pauvre à la prostitution.

Guillaume Apollinaire voyait en Fanny Hill une lointaine parente de Manon Lescaut : c'était comparer deux personnages incommensurables et négliger la structure centrale du livre. S'il est une femme qui, dans le roman français, rappelle le destin de Fanny, ce ne peut être que Margot la Ravaudeuse, l'héroïne du roman de Fougeret de Monbron.[8] Le point de départ et le point d'arrivée sont similaires : Margot est issue de la lie du peuple et finira, en accédant à la fortune, par s'embourgeoiser. L'épisode avec Pierrot dans l'infâme cabaret près de La Rapée, avec la table branlante et les chaises cagneuses, est parallèle à celui où Fanny se donne à un marin dans une taverne borgne : tout, jusqu'à la vulgarité du langage, rapproche les deux situations. L'épisode sadomasochiste se retrouve de part et d'autre. Reste cependant que le ton, dans *Margot la Ravaudeuse*, est plus rude et plus délibérément cynique : Fougeret a-t-il voulu récrire *Fanny Hill* en démystifiant son évocation lyrique de l'acte charnel ? On le croirait, si les dates ne contrariaient cette séduisante hypothèse. *Margot la Ravaudeuse* a été publié à Londres vers la fin de 1749 ou au début de 1750, mais le roman existait en manuscrit lors de l'interrogatoire et de l'arrestation de Fougeret, le 7 novembre 1748.[9] L'édition princeps des *Memoirs of a woman of pleasure*, publiée chez G. Fenton, sur le Strand, porte la date de 1749, mais elle

à jour par Lemonnyer, 4 tomes, 1894-1900. Jules Gay dénombre une vingtaine d'éditions françaises pour la seule période entre 1751 et 1900.

8. Ce roman a été réédité par Maurice Saillet et a fait l'objet d'une analyse minutieuse dans un article de M. Arnaldo Pizzorusso, « Situations and environment in *Margot la Ravaudeuse* », *Yale French Studies* 40 (1969), p.142-55.

9. On lira à ce sujet la précieuse biographie due à J. H. Broome, « ‹ L'homme au cœur velu › : the turbulent career of Fougeret de Monbron », *Studies on Voltaire* 23 (1963), p.179-213. Selon certains bibliographes, Fougeret serait aussi l'auteur de la traduction très abrégée de *Fanny Hill* publiée en 1751 (*La Fille de joye, ouvrage quintessencié de l'anglois*, à Lampsaque, 172 pages petit in-8°).

était annoncée dès 1748 et Gay, suivi par Ashbee, situe l'œuvre à une date imprécise entre 1747 et 1749.[10] M. Broome a montré que Fougeret séjournait en Angleterre entre septembre 1747 et mai 1748. Le problème d'une filiation éventuelle entre les deux romans reste donc obscur et insoluble dans l'état actuel de nos connaissances.

Que Fougeret ait imité Cleland, ou inversement, ou encore que les deux œuvres – écrites vers le même moment – soient indépendantes l'une de l'autre, il n'en reste pas moins que le traitement du sujet par l'écrivain français, s'il est plus discret sur le chapitre érotique, est aussi plus agressif, plus critique dans sa motivation sociale. L'obsession de la misère qui tenaillait Moll Flanders se retrouve chez Margot, et non chez Fanny; l'argent, pour Margot, est à la fois (comme le dit M. Pizzorusso) cause d'abjection et moyen de liberté. Les amants de Margot n'ont ni l'élégance, ni la générosité de ceux de Fanny; ils appartiennent d'ailleurs pour une bonne part au clergé. Mais surtout, l'amour est désacralisé par la cynique Margot: il est son métier, son moyen de parvenir; quand il menace de se transformer en besoin, elle l'assouvit avec des laquais interchangeables. Imprégnée de rancœur et d'amertume, *Margot la Ravaudeuse* est implicitement un acte d'accusation contre la société, une revanche sur la misère, une apologie de l'égoïsme lucide. «L'Avis à une demoiselle du monde» enseigne aux débutantes que leur cœur doit être inaccessible à l'amour vrai, que

10. Les recherches érudites du bibliographe anglais David Foxon ont jeté quelque lumière sur ce problème de datation. Dans son livre intitulé *Libertine literature in England (1660-1745)* (New York 1965), M. Foxon a pu établir que le tome Ier des *Memoirs of a woman of pleasure* avait été annoncé le 21 novembre 1748 dans le *General advertiser*, et le tome II dans le *London evening post* des 14-16 février 1749. Un décret de saisie fut lancé le 8 novembre 1749. Le libraire Fenton (en réalité Fenton Griffiths) s'empressa de retirer le livre de la circulation. Il en parut aussitôt une édition abrégée, expurgée des détails les plus choquants, sous le titre de *Memoirs of Fanny Hill* (annoncée dans le *General advertiser* du 8 mars 1750). On notera que l'épisode le plus scabreux, le passage sodomitique, se trouve seulement dans l'édition princeps (ii.177-79). M. Foxon a retrouvé une lettre de John Cleland adressée le 13 novembre à un haut fonctionnaire. Le romancier y plaide la bonne foi et assure que l'idée du livre lui fut suggérée dix-huit ans plus tôt (donc vers 1730) par un jeune noble dont le frère devait devenir ambassadeur. Il précise par la même occasion que l'épisode du flagellant est l'histoire authentique d'un ministre de l'Eglise d'Angleterre.

On sait que le gouvernement anglais décida finalement de verser à Cleland une pension de cent livres pour le sauver de la tentation du genre érotique (en réalité, pour l'amener à mettre sa plume au service du ministère).

l'amour ne peut être qu'une simulation délibérée. Moins instinctive que Nana, plus calculatrice, elle ira également plus loin.

Sans doute n'est-ce pas un simple hasard si, entre 1740 et 1750, en pleine période de contestation du système économique et social, la biographie de la femme galante change de registre et hausse son propos. M. Coulet en a relevé d'autres exemples dans sa remarquable étude sur *Le Roman français jusqu'à la Révolution.*[11] Les romans de Villaret, *La Belle Allemande,*[12] *ou les galanteries de Thérèse* (1745), *Anti-Paméla, ou mémoires de M. D**** (1742), multiplient les épisodes cyniques et bouffons, avec plus de complaisance dans l'un, plus d'analyse intérieure dans l'autre. La mère de Thérèse est une dévergondée qui trompe son boulanger de mari dans une grande huche; elle est avare, vindicative, portée sur la boisson. Aussi Thérèse se dit-elle «victime de l'ambition et de l'avarice de [sa] mère» (p.96). Sa carrière, commencée à treize ans, s'interrompt à dix-huit: nous n'en saurons pas plus long. L'héroïne de l'*Anti-Paméla* est issue d'un milieu tout aussi corrompu: fille d'un brasseur londonien ruiné qui exploite les charmes de sa femme, elle succède à sa mère dans les faveurs d'un affreux caissier de banque. Le dégoût la poussera aux plus basses débauches, dont elle finira par se lasser pour devenir vertueuse par choix.

De telles œuvres, on le voit, n'ont guère de traits communs avec les romans de Crébillon, de Duclos, de La Morlière, de Voisenon, à part une thématique étiquetée «libertine». En réalité, ces divertissements aristocratiques – conçus assez souvent sur le schème de l'initiation et de l'éducation mondaine d'un jeune homme (*Angola, Thémidore, Les Egarements du cœur et de l'esprit, Acajou et Zirphile*) – relèvent d'une tout autre veine que celle que nous avons étudiée. De même, malgré les apparences, Fanny et Margot se trouvent aux antipodes de l'abondante littérature pornographique de l'époque,[13] du *Sopha couleur de feu* jusqu'aux gravelures de Nerciat, en passant par *La Religieuse en chemise* (que Diderot n'hésite pas à citer dans un *Salon*). Margot et ses consœurs s'intègrent dans une réalité sociale accablante et cruelle dont elles

11. Paris 1967, p.388-89.

12. En fait, Thérèse est alsacienne, née à Colmar, élevée à Metz.

13. Il faudrait faire peut-être, dans ce registre, une place particulière au *Portier des Chartreux*. S'il est vrai qu'il relève de la simple pornographie dans sa première partie, le ton change complètement dans la seconde où l'on voit le roman libertin s'achever sur une histoire insolite et tragique de castration et de mort.

triomphent à force de volonté : femmes lucides et décidées, elles forgent leur destin en solitaires dans un monde hostile et pervers. Voleuses comme Moll, femmes légères comme Fanny et Margot, aventurières comme Justine, leur lignée se prolonge jusqu'à nous, témoignant d'une image à la fois fluctuante et continue de la femme en conflit avec l'ordre légal, moral ou social : les lecteurs modernes de Violette Leduc et d'Albertine Sarrazin ne se doutent vraisemblablement guère de cette lointaine parenté.

Les voies obliques de la propagande «philosophique»

La «philosophie» du XVIIIe siècle n'a pas toujours cheminé sur les grandes avenues, celles de l'essai, du discours, du traité ou de l'exposé systématique. Elle a emprunté, on le sait, des voies moins nobles, et parfois moins avouables, afin d'étendre son audience à un public resté fermé à une littérature de haut niveau ou indifférent à toute forme d'idéologie. Les plus grands ont dû composer avec ce lecteur rétif; ils lui ont fait des concessions qui leur ont parfois coûté, même si elles nous ravissent aujourd'hui. Voltaire n'était pas particulièrement fier d'avoir écrit *Candide* et la prudence à elle seule n'explique pas son peu d'empressement à avouer ce qu'il appelait une «coïonnerie». Diderot, dans sa vieillesse, affirmait être prêt à sacrifier un doigt pour n'avoir pas écrit *Les Bijoux indiscrets*, mais outre le caractère douteux de l'anecdote, on peut s'interroger sur la sincérité du propos. Les chapitres résolument «philosophiques» des *Bijoux* ne pouvaient passer qu'à la faveur des récits piquants, salaces et grivois qui les encadraient.

Les traités attribués à Dumarsais, à Fréret, à Boulanger, *Le Système de la nature* du baron d'Holbach, *Le Militaire philosophe*, les nombreux *Examens de la religion* étaient, dans leur conception même, réservés à un public restreint et choisi. La philosophie nouvelle devait se trouver d'autres modes d'expression, d'un accès moins ardu, d'une finalité moins nettement affichée. Les formes littéraires tenues pour basses s'y prêtent à merveille: l'érotisme, le libertinage, voire même la pornographie littéraire, touchent un public rebelle en principe à la réflexion philosophique, mais disposé parfois à l'entendre sous une forme habilement calculée, dans la mesure où ce public potentiel est, lui aussi, en rupture avec le système des valeurs régnantes et où il éprouve, peut-être inconsciemment, le besoin de justifier la subversion morale à laquelle il se livre. Cette alliance momentanée n'offre pas que des avantages. Elle peut discréditer la «philosophie» et servir d'argument à ses ennemis. Elle peut créer l'impression d'une liaison nécessaire, qui rendrait vaine, dérisoire ou hypocrite, la prétention des «philosophes» à fonder une nouvelle morale en parlant au nom de la Vertu. Peut-être est-ce ainsi qu'il faudrait expliquer l'embarras tardif de Diderot à propos de son premier roman? Le fait est que l'alliance de la littérature d'idées et du roman leste s'est limitée le plus souvent à des «minores», si ce n'est à cette bohème misérable et vénale que Robert Darnton a fort bien étudiée.

Quel que soit le jugement qu'on porte sur cette production, il est incontestable que son rôle historique, sa diffusion, ses nombreuses rééditions et sa survie même justifient l'intérêt qu'on peut lui porter. La littérature triviale et la «sous-littérature» sont des forces sociales non négligeables: Paul de Kock et Eugène Sue, Maurice Leblanc et Gaston Leroux, Jean Ray et Hergé ont été, et sont parfois encore, plus connus et plus lus que bien des auteurs dont le nom figure dans les anthologies. Le XVIIIe siècle n'a pas échappé à cette règle. Notre objet n'est pas, dans le cadre limité de cet article, de défricher la totalité d'un terrain encore peu exploré, mais de poser quelques jalons et d'étudier quelques cas révélateurs, pris en dehors de la littérature aujourd'hui tenue pour «canonique» (comme par exemple *Zadig* ou *La Religieuse*).

Le premier exemple que nous étudierons est celui d'un roman pornographique à grand succès, qui a circulé abondamment sous le manteau depuis sa publication clandestine tout au début de 1741. Il s'agit de l'*Histoire de Dom B..., portier des Chartreux*, que l'on attribue, sans preuves convaincantes, à l'avocat Jean-Charles Gervaise de Latouche.

A côté des prouesses érotiques aussi grossières que répétitives (et qui s'achèvent symboliquement par la castration du héros), le roman contient un certain nombre d'ingrédients «philosophiques» qui ne semblent pas servir uniquement d'alibi à l'écrivain anonyme.

Dans le droit fil de l'œuvre, plusieurs passages dépoétisent brutalement l'amour en le ramenant au pur désir physique. L'instinct de génération nous est naturel, et – la Bible à l'appui – l'auteur nous montre qu'il balaie tous les interdits (les enfants d'Adam et d'Eve, ceux de Noé, les filles de Loth). «Voilà la nature dans sa première simplicité.» Malheureusement, «ils oublièrent cette tendre mère [...] ils se forgèrent des chimères qu'ils qualifièrent de vertus et de vices, ils inventèrent des lois qui, bien loin d'augmenter le nombre de leurs prétendues vertus, n'ont fait qu'augmenter celui de leurs prétendus vices; ces lois ont fait les préjugés, et ces préjugés, adoptés par les sots et sifflés par les sages, se sont fortifiés d'âge en âge» (p.245). Ce matérialisme assez primaire se double d'un anticléricalisme virulent, qui culmine dans la haine des moines, «ces pourceaux sacrés que la piété des fidèles nourrit dans l'abondance», «moines scélérats, débauchés, corrompus [...] qui rient de la crédulité des peuples, et, sous le masque de la religion, dont ils se jouent, ministres infidèles, font tout ce qu'elle condamne l'objet de leurs plus chères occupations».[1]

Ils ont été conduits au cloître par les pires mobiles, «la paresse, la paillardise, la lâcheté, l'ivrognerie, le mensonge, la perte des biens et de l'honneur», et ils y commettent «des mystères d'iniquité».

L'auteur se laisse emporter par la passion lorsqu'il parle d'eux: «il faut les regarder comme autant d'ennemis de la société. Inhabiles aux devoirs que la qualité d'honnête homme exigeait d'eux, ils se sont soustraits à sa tyrannie et n'ont trouvé que le cloître qui pût servir d'asile à leurs inclinations vicieuses.» Il les compare aux nuées de sauterelles ou aux invasions barbares. Déchirés par les factions, les complots et la brigue, ils se réconcilient pour endoctriner la masse et la maintenir dans la superstition: «dociles aux ordres de leurs supérieurs, ils se rangent sous leurs drapeaux, montent en chaire, prient, exhortent, persuadent, entraînent des peuples imbéciles qui suivent aveuglément leurs caprices» (p.207).

La pratique de la confession, inventée par les moines, leur a valu richesse, prestige et puissance. Quant au poste de confesseur, il attire «les bénédictions du peuple, les éloges, les caresses des femmes», il fait la fortune de celui qui l'exerce et facilite la réalisation de ses désirs les moins avouables (p.264-65).

Ailleurs, il s'en prend ouvertement à l'abbé Desfontaines et à ses goûts «antiphysiques». Il trace de lui un portrait au vitriol, dénonce la malignité de ses *Observations sur les écrits modernes* et stigmatise ses mœurs scandaleuses en des termes qui rendent les récriminations de Voltaire passablement modérées (p.217-18).

Les «sœurs» qui vivent dans ce qu'elles appellent «la piscine» de ce singulier monastère se vouent entièrement au plaisir et refusent de retourner au monde et à sa prétendue liberté. Elles s'en expliquent

1. Cité d'après la réimpression parue à L'Or du Temps (Paris 1969), p.201-202. Nous avons, ici comme ailleurs, modernisé la graphie.

devant le pauvre Saturnin dans un passage très «féministe», qui est sans doute un des plus étonnants du livre:

> est-ce vivre que d'être continuellement exposées à tous les caprices des hommes, est-ce vivre qu'être continuellement dans les tourments d'une chasteté involontaire; une fille brûle d'amour, et un préjugé fatal la note d'infamie quand elle fait les premières avances [...] si elle se livre à l'amour, une indiscrétion peut la perdre, ses plaisirs sont toujours empoisonnés par la crainte du *qu'en dira-t-on*; si elle reste dans les bornes de la sagesse, il faut que son bonheur lui amène un mari: s'il ne vient pas, le temps fuit, les années se passent, ses charmes se flétrissent, elle meurt vierge et martyre [...] Ici, avons-nous quelque chose de semblable à craindre? [...] le couvent est pour nous un sérail qui se peuple tous les jours de nouveaux objets [...] désabuse-toi si tu nous crois malheureuses!

Et pour bien souligner la portée qu'il donne à son texte, l'auteur fait dire à Saturnin: «Je ne m'attendais pas à trouver tant de raisonnements, des pensées aussi justes, une résolution fondée sur des motifs aussi sensibles, dans une fille que je ne croyais que capable de sentir le plaisir» (p.256). Philosophie eudémoniste et antimonachisme frénétique se conjuguent ainsi pour donner au *Portier des Chartreux*, livre souvent cité et sans doute fort lu, sa physionomie très particulière.

Avec *Vénus dans le cloître* (1719?), c'est – bien avant *La Religieuse* de Diderot – le saphisme qui est au cœur de l'œuvre. L'auteur inconnu s'efforce, dès le premier «Entretien», de le légitimer en nature et en morale. Sœur Angélique rapporte à la jeune Sœur Agnès les propos que lui a tenus un R. P. Jésuite «dans le temps qu'il tâchait à [lui] ouvrir l'esprit et à le rendre capable des spéculations présentes».[2] La religion se scinde en deux corps, «dont l'un est purement céleste et surnaturel, et l'autre terrestre et corruptible, qui n'est que de l'invention des hommes; l'un est politique, et l'autre mystique par rapport à Jésus-Christ, qui est l'unique chef de la véritable Eglise». Les deux corps se sont confondus, «et la voix des hommes confuse avec celle de Dieu».

De ce désordre sont nés «les illusions, les scrupules, les gênes, et ces bourrèlements de conscience qui mettent souvent une pauvre âme au désespoir». Nous ne devons obéir qu'à Dieu seul et il est donc licite à une nonne de «se dispenser, autant que prudemment elle pourra faire, de tout *ce fatras de vœux et promesses* qu'elle a faits, indiscrètement, entre les mains des hommes, et rentrer dans les mêmes droits où elle était

2. Réédition (Paris 1962), p.18.

avant son engagement, ne suivant que ses premières obligations » (p.20). La prudence l'incitera cependant à respecter les formes extérieures de son état et à en faire, au besoin, un « dévot étalage ».

Les vœux monastiques sont une invention de la politique humaine, inspirée au départ par une intention pure et sainte, mais qui a progressivement transformé le cloître en réceptacle du trop-plein de la population, isolé ainsi du corps social.[3] Jeûnes, pénitences, macérations sont d'habiles prétextes à réduire le nombre croissant de ces misérables. L'argent joue un rôle important dans les prétendues vocations : ainsi, Sœur Angélique n'est entrée au couvent que pour faire bénéficier son frère aîné de son « droit de noblesse » ; elle-même n'a reçu pour dot que quatorze mille livres en faisant profession. La vie au couvent n'est supportable que lorsqu'on a déchiré le voile des superstitions : Sœur Angélique accède à la sagesse en démystifiant les vérités humaines (« hors les choses de la religion, il n'y a rien de certain, ni d'assuré dans ce monde »). L'essentiel est de « se conserver toujours l'esprit libre et dégagé des sottes pensées et des niaises maximes dont le vulgaire est infatué » (p.116-17). La bonne philosophie consiste à se garder à la fois de la corruption ou des vices vulgaires[4] et d'un excès de rigueur qui voudrait ignorer les passions. Elle est faite d'équilibre et de quiétude, elle établit « cette tranquillité spirituelle qui est le principe de la joie et le commencement du bonheur que nous pouvons raisonnablement désirer » (p.126).

On croit entendre encore ici l'écho du libertinage du XVIIe siècle, entre son mépris du vulgaire et son goût d'une volupté discrète.

C'est dans *Thérèse philosophe* – dont le titre militant a valeur programmatique – que la part faite à l'élément idéologique atteint la plus haute proportion, au point d'annoncer parfois le ton et l'étendue des dissertations dont nous gratifieront les personnages de Sade (et tout particulièrement Dolmancé).

D'auteur inconnu, publié vraisemblablement en 1748, *Thérèse philosophe* a été attribué par Sade au marquis d'Argens, ce que le témoignage de Casanova ne semble pas corroborer. En juillet 1749, l'avocat Barbier

3. Sœur Agnès résume brutalement cette analyse en disant : « Que les cloîtres sont les lieux communs où la politique se décharge de ses ordures » (p.26). Sœur Angélique trouve l'expression « un peu forte ».

4. Ce qui conduit à la critique de quelques classiques de l'érotisme littéraire (entre autres *Aloysia Sigeia*).

croit savoir que l'auteur pourrait bien être celui des *Pensées philosophiques*, c'est-à-dire Diderot. La rumeur n'a qu'une valeur indicative, mais le commentaire de Barbier a de quoi nous surprendre. Ce bourgeois rangé, vite scandalisé, appelle *Thérèse philosophe* un livre «charmant et très bien écrit». Il a remarqué judicieusement qu'il contient «des conversations sur la religion naturelle qui sont de la dernière force, et très dangereuses». Le fait est que les digressions philosophiques de ce roman se situent à un niveau très supérieur à tout ce que l'on avait vu auparavant, et c'est sans doute pourquoi on en a crédité l'auteur des *Pensées philosophiques*. Il semble, au demeurant, que les années 1750 aient vu l'apogée du mouvement d'intérêt pour la religion naturelle, de même que les classiques du matérialisme se succéderont autour de 1770.

Indépendamment des amours du Père Girard et de Mlle de La Cadière (ici le Père Dirrag et Mlle Eradice), qui avaient fait les gorges chaudes des esprits forts et la délectation cruelle du parti janséniste, indépendamment aussi d'une deuxième partie qui tourne au catalogue des perversions et change d'ailleurs d'héroïne, *Thérèse philosophe* peut être lu, jusqu'à un certain point, comme une initiation progressive à la sagesse à travers l'acquisition d'une nouvelle morale. Naïve et tendre, mais pénétrée dès son enfance de tous les préjugés de la morale traditionnelle, Thérèse va découvrir la volupté en même temps qu'elle accédera, grâce aux leçons de l'abbé T…, aux lumières de la philosophie.

Ce cheminement sera l'aboutissement logique de la réhabilitation des passions, et de son corollaire la condamnation de l'ascétisme, qui constituent aussi les thèmes conducteurs des *Pensées philosophiques*.

D'emblée, Thérèse se justifie au nom d'un argument presque leibnizien, l'excellence d'une création où tout est venu de Dieu :

Imbéciles mortels ! vous croyez être maîtres d'éteindre les passions que la nature a mises dans vous, elles sont l'ouvrage de Dieu. Vous voulez les détruire, ces passions, les restreindre à de certaines bornes. Hommes insensés ! Vous prétendez donc être de seconds Créateurs plus puissants que le premier ? Ne verrez-vous jamais que tout est ce qu'il doit être, et que tout est bien ; que tout est de Dieu, rien de vous, et qu'il est aussi difficile de créer une pensée que de créer un bras, un œil ?[5]

Sa vie sera l'illustration de ce principe et le renversement d'une morale

5. Nos citations de *Thérèse philosophe* sont empruntées à la réédition Slatkine (Genève 1980) de l'édition de Paris 1780.

religieuse qui conduit à l'hypocrisie et aux perversions incarnées dans le Père Dirrag :

> Le cours de ma vie est une preuve incontestable de ces vérités. Dès ma plus tendre enfance, on ne m'a parlé que d'amour pour la vertu et d'horreur pour le vice. « Vous ne serez heureuse », me disait-on, « qu'autant que vous pratiquerez les vertus chrétiennes et morales ; tout ce qui s'en éloigne est le vice ; le vice nous attire le mépris, et le mépris engendre la honte et les remords qui en sont une suite ». Persuadée de la solidité de ces leçons, j'ai cherché de bonne foi, jusqu'à l'âge de vingt-cinq ans, à me conduire d'après ces principes : nous allons voir comment j'ai réussi.

C'est avec les mêmes prémisses, mais dans un autre esprit, que Sade concevra le personnage et le destin de Justine.

Thérèse, mise au courant, constate assez vite qu'elle est habitée par deux passions, « l'amour de Dieu, et celui du plaisir de la chair », sans pouvoir opter résolument pour l'un et renoncer à l'autre. D'où découle un long débat sur la fausse notion de liberté, qui aboutit à la conclusion que : « Pour admettre que l'homme fût libre, il faudrait supposer qu'il se déterminât par lui-même : mais s'il est déterminé par les degrés de passion, dont la nature et les sensations l'affectent, il n'est pas libre ; un degré de désir plus ou moins vif le décide aussi invinciblement qu'un poids de quatre livres en entraîne un de trois » (p.25). Dès lors, « supposer que l'homme est libre et qu'il se détermine par lui-même, c'est le faire égal à Dieu » (p.29). Tout comme le discours amoureux du Père Dirrag est imprégné de souvenirs du quiétisme, celui de Thérèse philosophe rappelle parfois étrangement les thèses jansénistes (morale et puritanisme en moins). Il s'efforce en tout cas de réconcilier Dieu et le déterminisme le plus rigoureux.

Cette sagesse tirée de l'acceptation de notre nature, Thérèse la doit aux leçons de son directeur de conscience, l'abbé T..., esprit indépendant, détaché de toute orthodoxie, qui cumule auprès de la sage Madame C... les fonctions de l'amant discret et celles de l'audacieux maître à penser. Il semble même qu'il ne soit jamais aussi éloquent que lorsque l'amour l'inspire. Ce qui nous vaudra de longs exposés théoriques, qui constituent en fait le centre du roman (p.118-26, 136-58). L'importance de ces discours et la place privilégiée qu'ils occupent dans l'œuvre suscitent l'impression que la narration érotique n'était qu'un prétexte, ou un moyen détourné, pour y amener le lecteur non préparé.[6] Les propos de l'abbé T... illustrent et nuancent, sur plusieurs points déterminants, la position des Lumières au milieu du XVIIIe siècle.

D'emblée, il dissocie sexualité et procréation et, pour ce faire, il s'appuie sur le célibat des moines et des religieuses, tout aussi contraire à la multiplication du genre humain. Interrogé sur l'idée de Nature, il rétorque que «c'est un être imaginaire [...] un mot vide de sens». Les créateurs de religions, esprits politiques, ont imaginé cet être intermédiaire entre Dieu et l'homme pour lui attribuer nos passions, nos maladies, nos crimes et préserver ainsi l'idée de la bonté infinie de Dieu. En réalité, estime l'abbé T..., tout vient de Dieu, et à son égard tout est bien: «il n'y a rien de mal dans le monde eu égard à la Divinité». Bien que l'abbé évite de citer Spinoza, le caractère néo-spinoziste de son raisonnement ne peut manquer de nous frapper.

Les notions de bien et de mal moral ne sont pas des absolus; elles n'existent qu'en relation avec l'intérêt des sociétés établies: le voleur doit être puni parce qu'il trouble l'ordre établi et en proportion du désordre qu'il a causé, bien que son crime soit la conséquence nécessaire de sa conformation personnelle. Le criminel agit nécessairement; il n'est pas libre de commettre ou de ne pas commettre son crime, mais cette irresponsabilité ne l'excuse pas. Elle ne peut justifier le tort qu'il inflige aux autres. Le seul correctif véritable au déterminisme est dans l'éducation, l'exemple, le discours, donc dans la pression du groupe social en vue du bonheur général.

On retrouvera ces thèses sur la pure «socialité» du droit pénal chez Diderot, et Beccaria – bien éloigné cependant du déterminisme matérialiste – consacrera dans *Des délits et des peines* la dissociation du droit et du péché, du social et du sacré.

Thérèse est fortement impressionnée par cet exposé et elle commence dès lors son cheminement vers la philosophie: «je voyais clairement que Dieu et la Nature n'étaient qu'une même chose,[7] ou du moins que la Nature n'agissait que par la volonté immédiate de Dieu. De là je

6. L'auteur signale au passage (p.130) la parenté de son livre avec *Le Portier des Chartreux*, mais il en note la différence de ton: «S'il était moins ordurier, ce serait un livre inimitable dans son genre.»

7. Diderot dira le contraire, en 1753, au début des pensées *De l'interprétation de la nature*: «Aie toujours présent à l'esprit que la *nature* n'est pas *Dieu*.» Paul Vernière a noté l'ambiguïté de cette recommandation (dont l'ordre est d'ailleurs inversé).

tirai mes petites conséquences, et *je commençai peut-être à penser pour la première fois de ma vie»* (p.127).

Le côté rhétorique de la démonstration et son caractère très étudié sont soulignés au passage par le romancier-philosophe (p.100-101, 125):

Je vous promets, dans notre promenade, demain matin, de vous expliquer *l'idée que l'on doit avoir* de cette mère commune du genre humain [la Nature].

Je crois que vous sentez présentement ce que l'on doit entendre par le mot de *Nature*. Je me propose de vous entretenir demain matin de *l'idée qu'on doit avoir des Religions*.

Le propos, comme on le voit, se veut ouvertement, et assez lourdement, didactique et directif. L'interlocuteur y sert de faire-valoir et de disciple consciencieux, ce qui n'a rien de surprenant si on veut bien prendre en considération le caractère *initiatique* de ces longs monologues.

Le sage, identifié ici avec un prêtre détaché de toute orthodoxie, a pour devoir de soumettre sa religion à un examen, s'il veut avoir le droit d'examiner celle des autres. On sait le grand nombre de ces *Examens de la religion* composés pendant la première moitié du XVIIIe siècle, et conservés en manuscrits dans divers fonds d'archives et de bibliothèques.[8]

Dans le cas présent, cet examen aboutit très vite à relativiser la valeur du catholicisme: ses adeptes représentent la vingtième partie d'un des continents, les Pères de l'Eglise se contredisent dans leurs écrits, la Genèse montre Dieu sujet à des passions, faible, inefficace dans ses moyens. La grâce, la prescience de Dieu, sa relation avec le Diable, «quelles pitoyables absurdités!» (p.142). Le péché originel, les interdits alimentaires, l'exaltation de la virginité, l'importance donnée à la prière: autant d'idées attentatoires à la dignité du vrai Dieu, «créateur et maître de toutes choses» (p.148). Le vice majeur du christianisme est dans sa condamnation de la nature humaine, laquelle «n'opère sûrement que par la volonté de Dieu».

Le vrai devoir de l'homme est de contribuer, par son travail et par son action, au bonheur général, tout en préservant l'ordre de la société établie. «Le reste n'est que chimère, qu'illusion, que préjugés» (p.149-50).

8. Il en a été beaucoup question au colloque de 1980 sur *Le Matérialisme du XVIIIe siècle et la littérature clandestine* (Paris 1982), principalement dans les exposés de Miguel Benítez, d'Ann Thomson et de Françoise Weil.

Les religions sont les ouvrages des hommes (le Militaire philosophe les appelait « factices »). Elles ont été établies par la crainte ressentie devant les phénomènes naturels destructeurs : c'est aussi, on le sait, la thèse développée dans les ouvrages attribués à l'ingénieur Boulanger. Plus tard, des ambitieux ont tiré parti de la crédulité des peuples pour annoncer des dieux tyranniques et pour former des sociétés dont ils seraient les chefs ou les législateurs. Ils sont donc les inventeurs des grandes religions modernes et des valeurs qui s'y associent.

Le porte-parole du romancier ne conçoit qu'un Dieu « créateur et moteur de tout ce qui existe », principe de tout ce qui s'est combiné ensuite. Il n'y a donc pas de hasard, mais un déterminisme sans la moindre faille. Nous devons aimer Dieu parce qu'il est souverainement bon, et respecter les lois parce qu'elles sont nécessaires au bien public. Tout ce qui ne blesse ni Dieu, ni les hommes, tout ce qui évite le scandale, est innocent.

Reste la question posée à ce moment par Madame C... : pourquoi ne pas répandre le fruit de ces « méditations métaphysiques » pour le plus grand bonheur des hommes ?

La réponse de l'abbé est celle des partisans de l'ésotérisme, ou du moins de la vérité réservée aux élites. Ce long débat entre ésotérisme et exotérisme se prolongera jusqu'à la fin du siècle, et au-delà :

> Gardons-nous bien de révéler aux sots des vérités qu'ils ne sentiraient pas, ou desquelles ils abuseraient. Elles ne doivent être connues que par les gens qui savent penser, et dont les passions sont tellement en équilibre entre elles qu'ils ne sont subjugués par aucune. Cette espèce d'hommes et de femmes est très rare : de cent mille personnes, il n'y en a pas vingt qui s'accoutument à penser ; et de ces vingt, à peine en trouverez-vous quatre qui pensent en effet par elles-mêmes, ou qui ne soient pas emportées par quelque passion dominante. De là il faut être extrêmement circonspect sur le genre des vérités que nous avons examiné aujourd'hui.

L'auteur ne semble nullement sensible à la contradiction qu'il y a d'inclure de tels propos dans un ouvrage destiné au public. L'ésotérisme pessimiste du prêtre, parfaitement cohérent dans le cadre du trio où il est supposé s'exprimer, devient paradoxal dès l'instant où il tourne au discours ouvert. Ou bien faudrait-il croire que le roman lui-même n'était destiné qu'à un public sélectionné, jugé apte à l'entendre sans dommage ? C'est ce que semble suggérer la suite de ce petit traité, dépourvu d'illusions sur la majorité des hommes. Ceux-ci n'ont guère le souci du bien commun, et les règles religieuses les maintiennent dans le devoir par l'espérance des récompenses éternelles. Elles sont, à leur égard, le voile de l'intérêt général. Que le grand nombre s'en accommode, et qu'il laisse l'honneur, les lois humaines, l'intérêt public guider «les gens qui pensent», leur nombre est «en vérité bien petit» (p.158).

Le long exposé de l'abbé T... a pour effet d'infléchir le roman dans un autre sens et d'en modifier la structure. La narration érotique ne peut plus concerner une adepte de la philosophie telle qu'est devenue Thérèse. Elle bifurque vers le personnage de Madame Bois-Laurier et vers le récit de ses expériences sexuelles. Nous ne retrouverons Thérèse que dans les pages finales, où elle rencontre le Comte à qui elle destine son histoire. Cet homme sensé, d'apparence un peu froide, lui proposera de l'accompagner dans ses terres, à quarante lieues de Paris et d'y être son amie, avant d'y devenir sa maîtresse, si elle le souhaite et le juge propice à sa félicité (IIe partie, p.62).

Le sage, dans ce nouvel avatar, a changé de figure, et c'est le Comte (sans précision) qui va esquisser, en finale, le programme de vie le plus apte à créer les conditions du bonheur. Il consiste, pour l'essentiel, à aimer Dieu et à «contribuer au bonheur public par la régularité de ses mœurs», ce qui ne manque pas de piquant par rapport à la matière du roman, mais s'inscrit parfaitement dans la philosophie déterministe qui le sous-tend. Celle-ci, à son tour, est récupérée par l'ordre social, si bien que *Thérèse philosophe* s'achève sur cette recommandation toute conservatrice :

> Les Rois, les Princes, les Magistrats, *tous les divers Supérieurs*, par gradations, qui remplissent les devoirs de leur état, *doivent être aimés et respectés*, parce que chacun d'eux agit pour contribuer au bien de tous.

Les textes osés ne sont pas nécessairement les plus révolutionnaires. On trouve des accents ouvertement matérialistes cette fois dans un roman de politique-fiction[9] qui eut son heure de gloire, l'*Histoire d'un pou français* (1779). La biographie mouvementée de ce pauvre pou était prétexte à des variations sur la politique étrangère de Vergennes et à une série de portraits-charges (Linguet, Sartine, Beaumarchais, Franklin). Au beau milieu de ce pamphlet d'une ironie corrosive, le récit

9. Nous lui avons consacré une analyse plus détaillée dans le tome X des *Etudes sur le XVIIIe siècle* (Bruxelles 1983). Voir ci-dessous, p.441-53.

s'arrête soudain pour faire place à des considérations nettement philosophiques. Le pou, entraîné par les flots d'une averse soudaine, a perdu presque toute sa famille et il a pu croire un instant sa mort venue. Il interrompt alors son histoire pour méditer sur la mort, sur l'âme et sur son éventuelle survie :

> Je revins enfin de ma profonde léthargie ; c'était comme une nouvelle existence pour moi [...] Mais dans cet assoupissement universel de mes sens et de toutes mes facultés, où était alors mon âme, cette substance céleste sans laquelle mon corps ne serait qu'une matière insensible, et telle que la pierre sur laquelle j'étais par hasard tombé ? Partageait-elle l'engourdissement de la machine qui la tenait renfermée ? Etait-elle tellement inhérente à mon corps, que, lors de l'anéantissement de celui-ci, elle en dût suivre le triste sort ? Pourquoi ne pouvait-elle plus sentir ? Pourquoi n'avait-elle plus la liberté de penser ? Qu'était-elle alors ? Où était-elle ? Les hommes, d'après les réflexions que je leur ai entendu faire plusieurs fois, prétendent que l'âme est une substance spirituelle, distincte du corps, et immortelle. Si elle l'est, comme ils le disent, et si la preuve de son existence réside dans la faculté de penser, il s'ensuivrait que, quoique mon corps fût comme anéanti, mon âme aurait toujours dû dans ce moment jouir de sa raison, de son entendement, et ne pas cesser d'exister, indépendamment de l'autre substance. Toutes ces idées, que je me forme actuellement, me font croire que *cette âme n'est qu'une chimère, qu'elle ne consiste que dans l'organisation de nos corps*, et que cette organisation une fois dérangée, tout est dissipé et rentre dans le néant d'où il a été tiré.

Notre pou-philosophe en tire la conclusion que rien de fondamental ne sépare l'homme de ceux qu'il appelle «les bêtes». La hauteur de ton de ce passage, perdu au milieu d'aventures cocasses et de portraits satiriques, illustre la diffusion de la pensée matérialiste, après 1770 surtout, et la qualité de ses analyses. Une fois de plus se pose la question de savoir quel mobile a pu déterminer l'auteur à se servir du roman pour mettre en forme sa réflexion sur l'âme, dont l'argument découle visiblement des traités sur l'âme matérielle qui ont circulé en manuscrit quelques décennies plus tôt.

L'enquête pourrait, et devrait, être poursuivie. On pourrait y adjoindre *Le Compère Mathieu* à côté d'œuvres moins connues. Dès à présent on peut cependant considérer comme établi le rôle important joué par la littérature narrative, et aussi par la littérature dite triviale, dans la circulation des idées philosophiques. Dans ce domaine aussi, les héros discoureurs et sentencieux de Sade se situent au terme d'une longue et constante tradition au sein de la veine romanesque.

Resterait à établir quelle audience réelle ces «excursus» ont eue dans le public : n'ont-ils touché que des adeptes ? ont-ils entraîné des « conversions » ? n'ont-ils suscité que l'indifférence ennuyée ? ou les a-t-on tout simplement sautés à la lecture ? Nous pouvons d'autant moins répondre à ces questions que nous connaissons très mal les acheteurs et les lecteurs des genres littéraires mineurs et que d'énormes obstacles moraux et sociaux ont limité les échos et les allusions qui auraient pu nous éclairer.

Prélude à la fête révolutionnaire : la « fête bocagère » dans la poésie descriptive de la fin du XVIIIe siècle

Chaque âge (il est banal de le répéter) se trahit et se dévoile dans sa conception de la fête. Faste ostentatoire et goût du trompe-l'œil dans les somptueux divertissements des ducs de Bourgogne, si brillamment étudiés par J. Huizinga.[1] Arcs de triomphe postiches, joyeuses entrées, débauches de pyrotechnie à l'âge baroque.[2] Pompe un peu lourde, aux mouvements bien réglés, d'un « grand siècle » qui se complaît à la perfection quasi mathématique du ballet et aux ingénieuses machineries de l'opéra. Fêtes galantes d'un XVIIIe siècle à la fois libertin et tendre, qui se cache derrière le masque et le travesti, ou tente de fixer l'instant délicieux[3] pour oublier la fugacité du plaisir : Robert Mauzi, puis Jean Starobinski ont écrit sur ces divertissements des pages admirables, qu'il serait inutile de reproduire ici devant des lecteurs avertis.

A côté de la fête mondaine et de la fête publique, la fête religieuse se maintient et se diversifie, tout en évoluant elle aussi au gré du temps. L'année reste ponctuée par des cérémonies rituelles qui s'accompagnent de défilés, de processions, de rassemblements de foule, de manifestations spectaculaires.

Mais il semble que ce soit précisément cet élément de *spectacle* qui finira par engendrer, dans les dernières décennies de l'ancien régime (et principalement autour de 1780), un sentiment de lassitude et la

1. *Le Déclin du moyen âge*, trad. J. Bastin (Paris 1932).

2. Il faut lire sur ce sujet le bel ouvrage d'Eberhard Fahler, *Feuerwerke des Barock : Studien zum öffentlichen Fest und seiner literarischen Deutung vom 16. bis 18. Jahrhundert* (Stuttgart 1973).

3. Voir l'article « Délicieux » de l'*Encyclopédie*, et notre analyse dans « A propos du sentiment de l'existence chez Diderot et Rousseau : notes sur un article de l'*Encyclopédie* », *Diderot studies* 4 (1964), p.183-95. Voir ci-dessus, p.271-81.

volonté d'y substituer une forme plus *authentique* de réjouissance collective.

Certes, le cérémonial traditionnel est toujours vivace. Il perpétue à sa manière le symbolisme d'un pouvoir qui se veut absolu, et par là sacralisé, tout en restant paternel, comme au jour de la Saint-Louis, lorsque le peuple est admis dans les jardins royaux et se mêle aux autres ordres. L'avènement de Louis XVI (1774), loin d'affaiblir cette tradition, la renforce plutôt, dans la mesure où la jeunesse et les bonnes intentions du monarque insufflent un élan nouveau à un système politique dévalorisé et rapprochent un moment la nation de son souverain.

Dans un ouvrage remarquablement documenté et abondamment illustré, A.-Ch. Gruber a fort bien montré ce que furent *Les Grandes fêtes et leurs décors à l'époque de Louis XVI* (Genève 1972): ce ne sont que feux d'artifice, réceptions de princes, grands bals à l'Opéra, inauguration de statues et de places publiques, ou encore rituel de sacre et catafalques funéraires.

Pourtant, la fête aristocratique et la fête publique (ou d'institution) ne satisfont plus intégralement un besoin de communion que le rituel officiel et la rigueur de l'étiquette encadrent sans vraiment l'alimenter, et qui se tourne dès lors vers des modes d'expression nouveaux et vers des exutoires originaux.

L'initiateur du mouvement, ici encore, a été Jean-Jacques Rousseau. Dès 1758, à la fin de la *Lettre à M. d'Alembert*, il s'écriait: «Quoi! ne faut-il donc aucun spectacle dans une république? Au contraire, il en faut beaucoup. C'est dans les républiques qu'ils sont nés, c'est dans leur sein qu'on les voit briller avec un véritable air de fête [...] Nous avons déjà plusieurs de ces fêtes publiques; ayons-en davantage encore, je n'en serai que plus charmé». La fonction de ces fêtes est, dans son esprit, d'augmenter les raisons «de s'aimer et de rester à jamais unis». On bannira «ces spectacles exclusifs qui renferment tristement un petit nombre de gens dans un antre obscur». «Non», s'exclame Rousseau, «peuples heureux, ce ne sont pas là vos fêtes. C'est en plein air, c'est sous le ciel qu'il faut vous rassembler et vous livrer au doux sentiment de votre bonheur».

La fête a donc un caractère essentiellement *ouvert*: elle l'est, à l'instar des réjouissances publiques de la monarchie, sur le plan social et par le choix de son cadre, qui sera spatialité pure, sans cloisons, sans voûte, sans quoi que ce soit qui coupe le spectateur du monde naturel. Ce spectateur n'est d'ailleurs nullement passif, car il participe à la fête, et celle-ci le transforme en acteur: «Donnez les spectateurs en spectacle; rendez-les acteurs eux-mêmes; faites que chacun se voie et s'aime dans les autres, afin que tous en soient mieux unis». La fête est ainsi plus qu'un spectacle: elle requiert la *participation*. Or celle-ci n'est possible que par une adhésion spontanée, qui s'opérera au sein de la liberté. La fête ne s'accommode ni de l'artifice ni du faste éphémère d'une architecture en trompe-l'œil. L'objet le plus simple y suffit: «Plantez au milieu d'une place un piquet couronné de fleurs, rassemblez-y le peuple, et vous aurez une fête».

Et Rousseau de suggérer quelques-uns de ces divertissements collectifs destinés à renforcer l'unité dans la joie. La *simplicité* et l'*économie* les caractérisent toujours: prix sportifs, régates, joutes de bateliers, bals populaires destinés aux «jeunes personnes à marier». L'objectif est toujours celui de la fusion, de l'*unanimité*, de la chaude solidarité du groupe («toutes les sociétés n'en font qu'une, tout devient commun à tous»).

Ainsi, en quelques pages, Rousseau a réussi à esquisser ce que devrait être, ce que sera peut-être, la fête de demain. Fait curieux, et qui donne à réfléchir, il n'a pas songé à vérifier si certains éléments de son programme n'étaient pas déjà réalisés, depuis longtemps, dans le monde, fort négligé jusque-là, des activités rurales. C'est qu'en dépit de ses sympathies champêtres et naturistes, Rousseau connaît assez mal la campagne.[4] D'autres y penseront, après lui, et c'est l'honneur des poètes du genre descriptif que d'avoir intégré en littérature la fête campagnarde et populaire; mieux encore: de l'avoir proposée en modèle.

Point n'est besoin de présenter ces poètes, après les travaux de Victor Klemperer en Allemagne, et d'Edouard Guitton en France. Rappelons simplement qu'ils procèdent d'une double impulsion: l'une, issue d'Helvétius et de la philosophie «sensualiste», vise à faire de la poésie un instrument de connaissance de l'univers naturel et humain (la nature, les saisons, le calendrier et ses fêtes, la liaison entre monde moderne et monde primitif); l'autre, qui relève de l'économie «physiocratique», tend à encourager le retour à la campagne, l'exploitation rationnelle des ressources du sol, la promotion socio-culturelle de la classe paysanne, de très loin la plus nombreuse dans la France des encyclopédistes, de

4. Dans la *Lettre à d'Alembert*, la seule référence concrète se rapporte aux fêtes civiques genevoises.

Turgot et de l'«Ami des Hommes».[5] Il n'est pas aisé de faire le départ, dans cette inspiration, entre la curiosité sincère, l'amour de la nature, l'élan généreux, et le souci du rendement, avec toutes ses implications utilitaristes.[6]

Les motivations populistes (et prérévolutionnaires) se développeront au fil des années, pour atteindre un point culminant vers 1780. Dans le premier grand poème descriptif, *Les Saisons* de Saint-Lambert (publié en 1769, mais nettement antérieur dans sa rédaction et répandu par des lectures particulières), l'intérêt pour la fête champêtre est encore quasi nul. Il est vrai que le dessein avoué du poète est résolument utilitaire et «physiocratique». Dans son «Discours préliminaire», il ne fait pas mystère de son propos: «Il est utile, surtout dans ce moment, d'inspirer aux premières classes des citoyens le goût de la vie champêtre».[7] Sa poésie montrera donc exclusivement des paysans aisés, de riches laboureurs, et surtout ces «nobles de la campagne» dont il se veut l'apologiste (p.XIX-XX). Il n'y a pas place, dans cette poésie de propagande, pour les paysans pauvres («ils n'ont pas plus de sentiments que d'idées [...] ils ont cette fourberie, cette finesse outrée, que la nature donne aux animaux faibles et qu'elle a pourvus de faibles armes»). Une image aussi sombre, aussi peu complaisante, ne saurait susciter la sympathie ou l'admiration, mais tout au plus la pitié, sentiment peu compatible avec le mythe de la «fête agreste» ou de la «fête bocagère».

Ce mythe (car c'en est un) imprégnera, au contraire, les vastes compositions historico-descriptives publiées l'une et l'autre en 1779, *Les Mois* de Roucher et *Les Fastes* de Lemierre.[8] Dix ans avant la Révolution, ces grandes machines poétiques véhiculent les aspirations

5. Victor de Mirabeau, le père de l'orateur révolutionnaire.

6. On est assez surpris de constater que ces considérations utilitaires (assez conservatrices en définitive) sont partagées par Rousseau quand il écrit, dans une note à sa *Lettre*: «Voulez-vous donc rendre un peuple actif et laborieux: donnez-lui des fêtes, offrez-lui des amusements qui lui fassent aimer son état, et l'empêchent d'envier un plus doux».

7. Saint-Lambert, *Les Saisons* (Amsterdam 1769), p.XXIV.

8. Nous avons utilisé les éditions suivantes: Lemierre, *Les Fastes, ou les usages de l'année, poème en seize chants* (Paris, Gueffier, 1779); Roucher, *Les Mois, poème en douze chants* (Paris, Quillau, 1779), somptueuse édition illustrée, réalisée par souscription; jugée trop «philosophique», l'œuvre dut attendre assez longtemps l'approbation des censeurs; sa liste de souscripteurs est un peu le Gotha de la pensée «éclairée» dans les milieux fortunés. Nous les citons par les sigles *F* et *M*. Nous modernisons les citations.

profondes, les nostalgies et les rêves d'une époque de mutation. Sur le plan qui est le nôtre – celui de la fête – elles attestent l'approfondissement des idées contenues dans la *Lettre à d'Alembert*, dans une perspective à la fois exemplaire et critique. Nous tenterons de les ramener à un petit nombre de points fondamentaux.

1. *Intérêt décroissant pour les fêtes religieuses*

Une vision laïcisée et civique de la vie fait passer à l'arrière-plan les jalons chronologiques de l'année religieuse, dont le rythme scandait, depuis plus d'un millénaire, l'existence quotidienne des Français.

Cette sorte de déclassement est reconnue explicitement dans l'« Avertissement » de Lemierre, qui s'en justifie, non sans quelque hypocrisie : « Les fêtes religieuses [...] occupent peu de place dans mon Poème : plus elles inspirent de vénération, moins il fallait les prodiguer » (*F*, p.VIII). Il est symptomatique que Lemierre fasse une exception dûment motivée en faveur d'une fête aussi typiquement paysanne, et peu chrétienne, que les Rogations (*F*, p.89) :

> Les fêtes qu'en son cours nous ramène l'année
> Tenaient devant la foi la raison prosternée,
> Et détournant nos yeux de ce séjour mortel.
> Loin des objets des sens rappelaient l'homme au ciel ;
> Voici les seuls moments, voici l'unique fête[9]
> Où la Religion *sur la terre* l'arrête ;
> Le rattache *à la vie* et met un prix aux soins
> Que prend le Laboureur pour *servir nos besoins*.

La fête tire toute sa valeur de sa finalité concrète, terrestre et humaine. Ce recul du sacré et des traditions rituelles est bien, en 1779, un signe des temps.

Si les Rogations sont récupérées en tant que fête du travail et de la fertilité, la fête de la Saint-Jean l'est en sa qualité d'héritière du paganisme (*F*, p.160-61) :

> Ta fête est parmi nous une époque champêtre,
> Le villageois aiguise et la serpe et la faux,
> La moisson est prochaine, on s'apprête aux travaux.
> Mais avant les travaux, grande joie au village, [...]

9. La fête des Rogations est de toutes les religions, parce qu'elle est de religion naturelle. [note de Lemierre]

On enlace les mains, les villageois robustes
Entraînent en dansant les fillettes en justes,
Vont, viennent, et *d'un cœur au plaisir tout entier*,
Agitent de leurs pas le cercle irrégulier.

Roucher décrit, lui aussi, les feux de la Saint-Jean (*M*, i.204), mais il fait un sort particulier à la Fête-Dieu. Non pour des motifs religieux toutefois, puisque la Fête-Dieu est «la seule de nos solennités, où l'Eglise Chrétienne se soit permis *cet air riant, qui embellissait les fêtes du paganisme*. N'aurait-il pas été possible de l'emprunter plus souvent, sans blesser la pureté du dogme et de la morale? [...] David lui-même a dansé devant l'Arche» (*M*, i.118, note sur la p.81).

En somme, la fête religieuse est rejetée dans l'ombre, dévaluée, sauf quand elle est fête de la joie ou du travail des champs, c'est-à-dire fête de la Nature. En sens inverse, le couronnement de la Rosière prend, chez Roucher, une valeur sacrée, presque mystique, mais le processus est identique (i.201):

Jeune Vierge, sortez. Aux portes de ce temple
Montrez-vous. Tout un peuple attend; qu'il vous contemple:
Qu'il aime dans vos traits les traits de la vertu.

Par ce biais, nous passons du premier caractère à un deuxième, tout aussi important.

2. *Fête de la Vertu*

Plus encore qu'à la fête religieuse, l'exaltation civique de la vertu est supposée en opposition à la fête antique, qu'on juge vouée à la violence, à l'apologie du héros guerrier. Le couronnement de la Rosière de Falaise est préférable, déclare Roucher, aux jeux d'Olympie (i.199):

[...] où le Dieu de la guerre
Formait ses nourrissons à ravager la terre,

et davantage encore aux triomphes romains, où les généraux vainqueurs,

[...] parés d'une pompe et cruelle et frivole,
Triomphateurs sanglants montaient au Capitole;
La triste Humanité se voilait devant eux,
Et fuyait, en pleurant des crimes trop heureux:[10]
Ici, de la Vertu c'est la pompe paisible.

10. Roucher se contredira pourtant, au chant IV, «Août» (*M*, i.335), quand il évoque

Le vers de Roucher pourrait s'appliquer à toute la thématique de la fête développée à la fin du XVIIIe siècle. Le ciment de l'unité du groupe sera l'exaltation des bons sentiments, surtout lorsqu'ils surgissent à l'état naturel dans une collectivité non encore pénétrée de culture (c'est-à-dire, en bonne logique rousseauiste, non pervertie).

Les Fastes évoquent avec complaisance (p.96-98) la fameuse Rosière de Salency (près de Noyon) et Lemierre consacre une longue note à l'institution de sa fête, attribuée par la légende à saint Médard, mais récemment restaurée par M. Pelletier de Morfontaine, intendant de la Généralité de Soissons.

Il est clair, à ses yeux, que cet usage n'est possible que dans un canton aux mœurs archaïques et pures, où se perpétue le climat d'un *âge d'or*:

> Fortuné Salency, dans ta paisible enceinte,
> Les mœurs jusqu'à ce jour n'ont point reçu d'atteinte;
> Assassin ni brigand n'est sorti de tes murs;
> Les cœurs de race en race y sont demeurés purs;
> *L'âge de fer pour toi n'existe point encore.*

La note (p.111-12), plus explicite s'il se peut, précise que «les mœurs du village de Salency respirent l'innocence, la simplicité des premiers âges», et que «les Salenciens sont les Troglodytes modernes».[11]

En d'autres termes, la vertu campagnarde est loin d'être universelle. Elle survit, à l'état primitif, dans quelques endroits préservés («ces mœurs sont circonscrites dans ce petit territoire; les paysans des villages voisins ne ressemblent point à ceux-ci et ne sont que *des paysans vulgaires tels qu'on en voit partout*»), et elle se manifeste curieusement par l'absence de toute requête ou revendication.

L'idéalisation de la vertu champêtre révèle, sous la plume de Lemierre, son caractère mystifiant et ses mobiles conservateurs. Il n'en va pas de même dans le cas de Roucher, qui n'assortit pas son évocation de la Rosière de Falaise (entre Mantes et Montfort-l'Amaury) de commentaires aussi restrictifs.

en termes chaleureux: «[...] le Héros, de qui l'heureuse audace / Revenait triomphante et du Parthe et du Dace», à moins que les Parthes et les Daces n'aient fait partie, selon lui, d'une sous-humanité peu digne de sollicitude.

11. Allusion transparente aux *Lettres persanes*, XI et XIV, où Montesquieu évoquait les mœurs frugales et pacifiques de ce peuple mythique.

Plus optimiste que son émule, il croit à l'innocence paysanne et à son pouvoir d'entraînement. S'adressant à l'héroïne (dont le nom de Gilbert lui paraît bien peu poétique, mais «tout nom devient noble dès qu'il est porté noblement», i.237), le poète déclare (*M*, i.201-202) qu'

> En revoyant ce front, de gloire revêtu,
> Il [le peuple] sentira des mœurs le charme, la puissance;
> Il saura que *les mœurs honorent l'indigence.*

Aucun doute ne le trouble, aucune suspicion ne l'ébranle. La campagne, pour lui, est toujours le réceptacle préservé des vertus et des bonnes mœurs (*M*, ii.13):

> Venez aux champs; venez sous des berceaux épais
> Retrouver les Vertus, la Nature et la Paix:
> Vous les connaissez peu dans vos villes profanes.

L'équation nature–campagne–vertu vaut aussi pour la fête, et lui confère un caractère d'*authenticité* que la fête citadine ou la fête aristocratique ne posséderont jamais.

3. *Simplicité et spontanéité*

Le propre de la «fête agreste» sera d'ignorer l'artifice et l'apprêt. Emanation de la nature et de la vertu, elle en aura obligatoirement la simplicité, l'absence de cérémonial. Comme le voulait Jean-Jacques, le peuple y est à la fois spectateur et acteur: il doit donc inventer ses comportements, se livrer en toute spontanéité à ses impulsions naturelles (a priori identifiées avec le bien moral).

Roucher s'insurge contre la pratique qui tend à donner au couronnement de la Rosière un éclat officiel et une forme institutionnelle. «Je me serais défendu de louer cette solennité champêtre, si le fondateur l'avait revêtue d'un appareil fastueux, peu convenable à la modestie de la vertu qu'on y couronne. Est-ce en effet sur un théâtre élevé à grands frais, surchargé de tout le luxe des cours et des villes, et gardé par des hommes armés, que la pudeur, l'amour paternel, la piété filiale doivent triompher dans les campagnes? *La récompense de ces vertus doit être simple comme elles.* Abattez donc ce théâtre; une pudique villageoise n'est pas une comédienne. Supprimez ces cordons portés par les enfants des Rois; la décoration d'un prince peut-elle faire la parure d'une vierge? Renvoyez vos soldats; la vertu est assez noblement gardée par le respect qu'elle imprime. Ne frappez plus de médailles; l'image de vos rosières est à jamais gravée dans le souvenir de la génération présente» (*M*, i.236-37).

De même, rien ne le touche plus cruellement que le qualificatif de «comédie» dont un journaliste a gratifié les «fêtes céréales» inaugurées par un seigneur des bords de la Garonne, à l'imitation des fêtes de la moisson instituées par les empereurs de Chine. «Voilà comme l'esprit de parti rend injuste. On s'est déclaré ouvertement l'ennemi de son siècle, et l'on blâme en lui ce qu'on admire avec raison dans les temps anciens» (*M*, i.359).

Dans le souci de maintenir le naturel de ces fêtes, Lemierre ira, quant à lui, jusqu'à en réprouver l'extension. Il souhaite que «ces établissements si louables [= les fêtes destinées à honorer la vertu] ne soient pas trop multipliées; *ils dégénéreraient bientôt en pures cérémonies, et dès lors ne signifieraient plus rien*». C'est ce qui est arrivé à l'Eglise avec la cérémonie du pain béni. «*L'esprit de cette distribution s'est perdu, parce qu'elle est devenue cérémonie*», et on a bafoué l'égalité chrétienne en donnant les plus grosses parts au Seigneur (*F*, p.112-13).

Lemierre est bien un homme de ce siècle lassé de la règle et de la méthode. Il leur préfère la libre inspiration de la fantaisie (*F*, p.231):

> Que j'aime ce concours, la gaieté villageoise, [...]
> Un repas *sans apprêt*, les jeux, la cornemuse,
> Et la ronde surtout, dont le refrain plaisant
> Termine le festin, la vendange et mon chant.

Par ce biais, nous découvrons une nouvelle qualité de la fête campagnarde.

4. *Une joie saine et franche*

Nous avons vu plus haut, déjà, *la joie communicative* qui anime les danseurs de la Saint-Jean qui, «d'un cœur au plaisir tout entier, agitent de leurs pas le cercle irrégulier».

On la retrouve lors du bal champêtre de Saint-Cloud (*F*, p.219-20):

> C'est un bal sans lumière où le peuple introduit,
> Sans couvrir son visage est masqué par la nuit.
> D'un bout du parc à l'autre un monde noctambule
> Se heurte, se confond et la gaieté circule: [...]
> Dans le parc, au dehors, et vers les bois voisins,
> Banquets sous le feuillage et jeux de tabarins,
> Joie entière partout, chansons, danses légères.

Cette joie procède de l'abolition des distinctions sociales, du brassage humain favorisé par la nuit, de l'abolition des contraintes et des interdits. Mais n'est-ce pas un prélude à la licence et au dérèglement ? Ce serait ignorer la nature forcément vertueuse des sentiments qu'autorise la spontanéité. Le monde idyllique de Roucher et de Lemierre est, faut-il le dire ? aux antipodes de l'univers sadien.

Non qu'il verse dans la pudibonderie ou dans le puritanisme. Il y flotte un érotisme discret et complaisant, hérité des bergeries poétiques du XVIIe siècle et de la tradition bucolique.[12] Voici comment Roucher évoque (*M*, ii.72-73) les fêtes des vendanges :

> Dieux, quel riant tableau ! Mille bandes légères,
> Les folâtres pasteurs, les joyeuses bergères,
> Les mères, les époux, les vieillards, les enfants,
> Remplissent les chemins de leurs cris triomphants. [...]
> Plus loin, règnent les jeux d'une aimable folie.
> D'un geste, d'un bon mot l'un agace Ismélie,
> Puis, ravit en passant un baiser à Phylis : [...]
> Un rire fou circule autour de la colline,
> En éclats s'y prolonge, et se mêle aux travaux
> Qui doivent d'un vin pur enrichir nos caveaux.

Si cette sensualité reste de bon aloi, si cette gaieté communicative ne dégénère pas en grossièreté ou en libertinage, c'est que tout s'y passe à ciel ouvert, loin de l'atmosphère frelatée des cabinets, des redoutes ou des alcôves.

5. *La fête de plein air*

Ce caractère ouvert, conforme à l'ordre naturel, s'oppose avec force à l'univers confiné qui est celui de l'artifice et de l'anti-nature. Garant des valeurs éthiques fondamentales, il est le trait le plus affirmé de la « fête agreste » et il lui confère son sens exemplaire. Sur ce point, pas le moindre désaccord ne semble possible.

Pour Lemierre, quoi de plus émouvant qu'une noce de village (*F*, p.76) ?

> Sous ses berceaux riants de verdure nouvelle,
> *Cette noce en plein air* est plus vive et plus belle :

12. *Fastes*, ch.5, p.75 : « Usage des bergers le 1er mai ».

Quel palais, quel banquet[13] paraîtrait plus pompeux ?
Et la terre et le ciel se sont parés pour eux...

Dès lors, pourquoi ne pas célébrer à ciel ouvert les cérémonies du culte ? S'adressant au laboureur, le poète lui conseille (*F*, p.89-90) :

Ne viens point à l'autel prier l'Etre suprême,
C'est toi que va chercher la Religion même
Au milieu de ces champs, *Temple de l'Eternel,*
Fermé par l'horizon et voûté par le ciel.

Si la fête du Lendit a tant de charmes pour lui, c'est que les étudiants de l'université de Paris la célèbrent en plein air, à la campagne.

La nature et les jeux dans ces champs vous appellent
[...] à l'ombre des ormeaux.
Un gazon sert de table, on saisit les morceaux :
Non, le festin dressé dans un palais superbe
Ne vaudrait point pour eux *ce repas fait sur l'herbe.*
La troupe rit, folâtre à l'abri des buissons,
Et dans des verres pleins boit l'oubli des leçons.

A l'inverse du monde de Sade, *monde clos* de la séquestration (châteaux, donjons, souterrains, abbayes, prisons de toute sorte), voué au crime, à la violence et au mal, le *monde ouvert* de la poésie champêtre est le réceptacle des antiques vertus, le lieu préservé où survit un passé idyllique et pur, l'ultime vestige d'une incroyable Arcadie.

Roucher est persuadé d'en avoir vu les exquises survivances parmi les paysans de son cher Languedoc natal (*M*, i.220) :

Il est pourtant des lieux, dont *les fêtes agrestes,*
De ces jours fortunés offrent encor les restes.
Inspirés par un ciel, où couronné d'azur,
Souvent, durant six mois, rayonne un soleil pur,
Les bergers de Sicile et de l'Occitanie,
Sans étude, sans art, formés à l'harmonie,

13. Au chant xv, p.276-77, même opposition entre le festin des riches et la fête populaire :

Mais de nos grands festins les ennuis solennels,
La froide gravité, les silences mortels, [...]
La triste indifférence et les airs apprêtés
Qui ne permettent plus de porter les santés,
Ont-ils donc plus d'attrait que *la scène bruyante*
D'un peuple heureux qui boit, rit, déraisonne et chante ?

Cadencent quelques vers, fruits de leurs doux loisirs,
Et jouissent encore en chantant leurs plaisirs.
J'ai vu, dans mon printemps, *ces fêtes bocagères*;
J'associais ma voix à la voix des bergères.
Au bruit du tambourin nous dansions sous l'ormeau,
Vieux témoin des amours et des jeux du hameau: [...]
Souvent d'un trouble vague, en écoutant ces airs,
Je me sentais ému; j'allais aux bois déserts:
Je rêvais aux bergers, à leurs tendres compagnes,
Et redisais leurs vers à l'écho des montagnes.
Hélas! que n'ai-je pu, plaisir de mes beaux jours,
Ou ne vous point connaître, ou vous goûter toujours!

L'éveil à l'amour s'associe ainsi à la nostalgie du paradis perdu, celui de l'enfance étant aussi celui de l'âge d'or.

6. *L'unité retrouvée, ou la fête sans classes*

Echo d'un monde primitif (celui-là même qu'évoquaient les travaux d'un Court de Gébelin), la «fête bocagère» célèbre les retrouvailles de la grande famille humaine, l'unité d'une société divisée par les effets de l'histoire.

Les habitants de Salency, nous assure Lemierre, «se regardent comme la même famille» (*F*, p.112). Mais à la fête de la Rosière, le château s'ouvre, lui aussi, à l'humble fille des champs (*F*, p.97-98):

Le Seigneur la convie à ses propres banquets.
Ah! si tel est le fruit des coutumes publiques,
De *resserrer encore les liens politiques*,
De quel plus grand pouvoir l'usage est revêtu.
Quand sa voix nous rallie au nom de la vertu!

Cette égalité un instant retrouvée n'a rien de commun avec celle que le snobisme suscite dans des villes d'eau comme Spa (*F*, p.135-36).

Là par vanité même on se croit tous égaux:
Tout est Comte ou Baron

Le rêve de Roucher, comme celui de Lemierre, serait de restaurer une société réconciliée, forme agrandie de la famille heureuse et projection sécurisante de la bienveillance paternaliste des «grands».

Aux «fêtes céréales», le châtelain reçoit les paysans et se joint à leurs danses avant de les admettre à sa table (*M*, i.336):

Le Maître, *assis en père* au milieu de la troupe,
Fait revivre pour eux *les jours du Siècle d'Or*,
Siècle où *l'orgueil des rangs* n'existait pas encore.

La fête, derrière son visage rieur, a donc un sens politique et social évident. Elle rappelle aux sociétés, nous dit Lemierre, qu'elles «ne sont qu'une famille, subdivisée en plusieurs branches, mais ayant les mêmes intérêts,[14] les mêmes devoirs, la même existence politique» (*F*, p.XII).

Loin de préparer la Révolution, la «fête agreste» semble plutôt conçue pour l'éloigner, pour en exorciser le spectre. La paysannerie qu'on y évoque sort tout droit de l'imagerie bucolique et du romanesque des «bergeries». Au moment où la noblesse se jette à la fois dans les activités industrielles et dans une relance de l'exploitation agricole, la «fête bocagère» est supposée relâcher les tensions sociales, détendre les conflits, en leur substituant une tendre effusion irénique. Mais la fête révolutionnaire ne se voudra-t-elle pas aussi, à sa manière, un rassemblement émotif de tendances diverses, et parfois contradictoires? Car si l'on peut interpréter la «fête bocagère» chère à Roucher comme une inconsciente mystification physiocratique, on peut également y voir la projection rêvée d'une société réconciliée avec elle-même.[15] La poésie se prête mieux à ces transferts que la politique ne s'en accommode. Mais après tout, l'Assemblée Législative n'aura-t-elle pas son «baiser Lamourette»?

En somme, il semble que la fête champêtre ait cristallisé, autour de 1780, des velléités mythiques dont la motivation politique, économique et sociale n'est pas méconnaissable. Alors que la fête populaire urbaine (Foire Saint-Germain, fête de la Porte Saint-Antoine, fête sur les

14. Lemierre souligne l'intérêt économique de la reconversion agricole bien plus explicitement que Roucher. Après avoir loué *L'Ami des hommes*, il s'écrie: «Et le riche éclairé sur ses vains intérêts, / Conçoit qu'avec l'épi l'or germe en nos guérets» (p.223). Roucher se borne à réhabiliter le rôle du laboureur (*M*, ii.13), fidèle en cela aux thèses «encyclopédistes». Saint-Lambert, avant eux, faisait surtout l'apologie des «nobles de la campagne» (*Les Saisons*, p.XXI).

15. On notera que les poètes descriptifs veulent abolir les oppositions d'âge autant que les chocs d'intérêt (*F*, p.112: la «fête des bonnes gens» couronne alternativement vieilles gens et jeunes personnes; *M*, i.200: la Rosière est accompagnée d'un «sage vieillard» et du «chef de l'agreste Sénat»; *M*, ii.72: toutes les catégories d'âge se mêlent à la fête des vendanges).

Boulevards)[16] excite surtout la curiosité amusée, la «fête bocagère» est chargée de valeurs émotives, exaltantes ou attendrissantes, qui favorisent le jeu de l'imaginaire et qui font d'elle le lieu idéal de la fusion des âmes et du rassemblement des cœurs.

16. Voir *Fastes*, p.36, 123, etc, et de façon générale la contribution d'Edouard Guitton au Colloque du Centre aixois d'études et de recherches sur le XVIIIe siècle, «Populisme et poésie de l'*Epître au peuple* (1760) au poème des *Fastes* (1779)», *Images du peuple au XVIIIe siècle* (Paris 1973), p.317-26.

Une fiction politique de la fin de l'ancien régime : l'*Histoire d'un pou français*

L'immense littérature polémique et satirique des dernières années de l'ancien régime commence seulement à être étudiée de près. Les recherches de Robert Darnton sur les folliculaires de cette époque, féconde en aventuriers et en pirates de l'imprimerie, ont élucidé, outre l'histoire du journalisme et du livre clandestin, le climat particulier et nettement pré-révolutionnaire de la production de ces publicistes. Mais l'histoire générale de ces années reste, elle aussi, un terrain insuffisamment défriché ou, du moins, trop unilatéralement prospecté dans le sens d'une préparation à la prise de la Bastille. Le roman que nous nous proposons d'étudier jette des lueurs révélatrices sur les diverses facettes de la vie politique, militaire et littéraire sous Louis XVI. Il s'inscrit dans un contexte très particulier et pose, on le verra, quelques problèmes sérieux d'identification.

En 1779 paraît, à l'Imprimerie Royale à Paris, un petit récit de 115 pages dont le propos se résume dans un long intitulé :
– *Histoire d'un Pou français, ou l'Espion d'une nouvelle Espèce, tant en France qu'en Angleterre, contenant les portraits de Personnages intéressans dans ces deux Royaumes, et donnant la clef des principaux évènemens de l'an 1779, et de ceux qui doivent arriver en* 1780 (IV + 5-115 p.).

Premier détail embarrassant, l'édition datée de 1779 se présente comme la « 4e édition, revue et corrigée », alors que les éditions ne portant aucune mention sont toutes datées de 1781 :

– Paris, Imprimerie Royale, 1781, 8°, 115 p.
– Paris, 1781, 8°, 112 p.
– Paris, 1781, 8°, 136 p.[1]

1. La bibliographie de Cioranescu mentionne une édition de 1780 dont nous n'avons

La traduction anglaise, datée elle aussi de 1779, a été faite sur la prétendue «4e édition, revue et corrigée» citée plus haut. En voici la description:

– *History of a French louse; or, The spy of a new species, in France and England: containing a description of the most remarkable personages in those kingdoms. Giving a key to the chief events of the year 1779, and those which are to happen in 1780. Translated from the 4th edition of the revised and corrected copy*. London. Printed for T. Becket, 1779.

Il en existe une traduction allemande plus tardive, intitulée *Geschichte einer Laus, oder der Kundschafter von einer neuen Gattung in Frankreich und England, darin eine Beschreibung der merkwürdigsten Personen dieser Reiche und der Schlüssel zu den Haupt-Begebenheiten von 1779 enthalten ist*. [Lüneburg, Herold], 1782.

Le caractère douteux de la date de 1779 est encore souligné dans l'édition Paris, 1781 (112 p.) par le «Post-Scriptum de l'Editeur» qui clôture l'ouvrage, où il est dit explicitement que l'éditeur a reçu le manuscrit au début de septembre 1779. La prétendue «4e édition revue et corrigée» de 1779 pourrait bien n'être qu'un artifice publicitaire.

Reste que ce petit roman a connu quatre éditions et deux traductions, même si la mention de l'Imprimerie Royale n'est peut-être qu'un piège ironique, ce qui n'est pas certain. Aucune des éditions ne donne le nom de l'auteur.

Si on veut comprendre l'arrière-plan politique du récit, il faut se souvenir que sa rédaction se place au beau milieu de la guerre d'indépendance américaine (1775-1783) et peu après l'alliance conclue par Vergennes avec les «Insurgents» (1777). La France se venge ainsi avec un peu de retard de l'affront que l'Angleterre lui a infligé à l'issue de la guerre de Sept Ans. A un moment où les colonies insurgées bénéficient de la sympathie du pouvoir et d'une grande partie de l'opinion, l'auteur du *Pou français* préconise une politique radicalement opposée et fait le panégyrique de l'entente franco-anglaise. On peut en déduire sans trop s'aventurer qu'il est l'expression d'un courant opposé à la tendance pro-américaine de Vergennes, dont on a pu constater a posteriori combien elle avait frayé la voie en France à la poussée révolutionnaire de la bourgeoisie.

De façon plus directe et plus pragmatique, *Le Pou français* est un

pas trouvé trace et qui ne figure pas dans Martin, Mylne et Frautschi, *Bibliographie du genre romanesque français 1751-1800* (Londres, Paris 1977).

pamphlet contre la tentative d'invasion maritime de l'Angleterre par une armada mixte franco-espagnole, projet énergiquement soutenu à Paris par l'ambassadeur américain Benjamin Franklin.

Cet épisode diplomatique et militaire est trop souvent laissé dans l'ombre par les historiens pour qu'il ne soit pas opportun d'en dire quelques mots.[2] Le pouvoir politique anglais se trouvait affaibli, à la fin des années 1770, par l'insurrection américaine, mais aussi par les conflits entre Georges III et le Parlement, et par l'opposition farouche menée par le jeune Pitt et par Burke contre le gouvernement de North, tout à la dévotion du roi. La cohésion des trois royaumes s'en trouvait relâchée et le choix de l'attitude à adopter envers les Insurgents désorientait les responsables, hésitant entre la répression impitoyable et une volonté de concessions.

A Paris, Vergennes se réjouissait des embarras du vainqueur de la guerre de Sept Ans et préparait sa revanche. Il pouvait s'appuyer d'ailleurs sur l'aide éventuelle de l'Espagne, liée à la France depuis Charles III par le fameux «pacte de famille». Ce soutien espagnol n'était pas négligeable, compte tenu de l'importance de la flotte et de la situation assez favorable de l'économie, momentanément en pleine expansion, grâce à la production des mines et de la laine. Encore fallait-il convaincre à Madrid le ministre des Affaires étrangères, Florida Blanca, patriote prudent, peu enclin aux aventures. Le jeune ambassadeur de France, le comte de Montmorin (qui devait succéder à Vergennes en 1784), eut fort à faire pour l'impliquer dans un projet aussi hasardeux.

L'intention secrète de Vergennes[3] était de frapper la puissance de l'Angleterre à son point le plus faible en débarquant en Irlande. Les Espagnols y disposaient de sympathisants dans le clergé catholique et ils avaient promis un évêché à un prêtre qui devait «faire passer dans le peuple cet esprit fanatique qui produit les révolutions». Vergennes, de son côté, était en étroite liaison avec le représentant des légitimistes écossais, lord Caryll, à qui il avait promis, en cas de victoire, la restauration du comte d'Albany.

Les plans militaires avaient été dressés de longue date par le comte

2. Il a fait l'objet d'une thèse due à Paul del Perugia, *La Tentative d'invasion de l'Angleterre en 1779* (Paris 1939).

3. Elle le resta si bien que les ambassadeurs espagnols à Paris (Aranda) et à Londres (Almodovar) l'ignorèrent longtemps.

de Wall, ami du prétendant Charles-Edouard, maréchal de camp au service de la France, et qui connaissait parfaitement les points vulnérables de la défense de l'île. Des troupes d'invasion étaient déjà concentrées en Normandie, sous l'autorité du maréchal de Broglie. La marine française, considérablement renforcée depuis quelques années et commandée par le comte d'Orvilliers, avait repris courage en battant au large d'Ouessant les escadres de l'amiral anglais Keppel, pourtant supérieures en nombre. Tous les indices étaient favorables, en apparence, du côté français et on préparait une proclamation aux Irlandais lorsque Vergennes décida de renoncer au projet, faute d'un appui suffisant et sûr de l'allié espagnol. C'est alors que fut relancé le plan très ingénieux du maréchal de Broglie, qui visait à une série d'opérations simultanées destinées à frapper l'adversaire par surprise : en attaquant Gibraltar et la Jamaïque, en simulant une descente en Irlande et en opérant une double diversion sur Mahon et sur l'Ecosse. La prise de Londres devait se faire ensuite en sept étapes. Mais les moyens dont disposait la France n'étaient pas à la hauteur de ce plan de guerre ambitieux. Il fallut se rabattre sur le projet plus modeste du capitaine Mitchell Hamilton, officier écossais au service de la France, dont l'objectif était à la fois plus proche et plus réaliste, puisqu'il visait l'île de Wight, Portsmouth et Plymouth. En mai 1779, le haut commandement français proposa à l'Espagne une opération combinée sur l'île de Wight et l'amiral d'Orvilliers, alors âgé de 71 ans, fut désigné en qualité de généralissime.

Mais beaucoup de temps avait été perdu, beaucoup d'énergie s'était dépensée en vain et la troupe rassemblée en Normandie souffrait de l'inaction et des épidémies. Le mauvais temps gêna la jonction des deux flottes, qui devait se faire à La Corogne, et la concertation entre les deux états-majors fut d'emblée défaillante. Toute l'affaire sentait l'improvisation et la confusion. Elle n'en eut pas moins un profond retentissement en Grande-Bretagne. Londres vécut alors dans la terreur d'une invasion imminente, et le premier ministre North fut publiquement accusé d'incapacité ou de trahison.

Du côté français, les officiers avaient vu les préparatifs de débarquement avec beaucoup d'enthousiasme, et ils brûlaient de venger les échecs de la guerre précédente. Le chevalier d'Eon demanda au ministre Maurepas l'autorisation de quitter la guimpe qu'on lui avait imposée : « le plus sot des rôles à jouer est celui de pucelle à la cour, tandis que je puis encore jouer celui du lion à l'armée ».

Finalement, on accepta de remplacer le plan français, jugé irréaliste, par un plan espagnol d'invasion par les Cornouailles, après quoi l'idée même du débarquement fut abandonnée (avant d'être reprise par Napoléon vingt-cinq ans plus tard) et la flotte fit retour à Brest. Le seul résultat positif et concret de tout ce remue-ménage fut, en définitive, la prise de La Grenade, dans les Caraïbes, par l'escadre de l'amiral d'Estaing.

L'émotion suscitée par cette invasion avortée, les réactions politiques en sens divers, les manœuvres et tractations occultes qui s'ensuivirent, tout cela se répercute dans le curieux roman du *Pou français*, expression vigoureuse et polémique des thèses du «parti anglais». En suivant les pérégrinations d'un pou à travers les milieux sociaux les plus divers, l'auteur du récit confère à sa fiction une extraordinaire mobilité, en même temps qu'il accrédite les révélations indiscrètes qui font l'essentiel de son propos.

Le récit se présente comme l'autobiographie d'un pou sujet à de nombreuses calamités, au point d'avoir songé à se suicider; mais il a préféré recourir à la plume plutôt que de chercher une mort volontaire qui eût été «un vol fait au genre Poullieux». Il s'en est bien trouvé, puisqu'au moment où il écrit, il peut affirmer: «Je vis actuellement en philosophe dans un pays libre [entendons par là l'Angleterre], je me trouve heureux». Suit alors l'histoire de sa vie aventureuse.

Notre pou est né «sur la tête d'une fille d'amour», qui logeait chez la Montigny (p.6):

> Je suis né sur un terrain fertile, et d'un très-grand produit, que mes ancêtres occupaient déjà depuis près d'un an, et dans lequel ils avaient vécu comme des rois; c'était la tête d'une fille charmante, âgée de dix-sept à dix-huit ans.

Il y passe une jeunesse heureuse et sans soucis, peu de têtes étant aussi belles et aussi fournies. Malheureusement, sa «logeuse» est victime d'une épidémie de peste et meurt dans des conditions atroces. On nettoie aussitôt sa chambre et on extermine les poux.

Le pou-écrivain a eu le temps de chercher un abri et il s'est réfugié sur la tête d'un conseiller-clerc du Parlement de Paris. Voici comment il décrit son «nouveau domicile»: «une forêt dévastée [...] sur un sol ingrat et stérile de sucs et de substances» (p.9).

Le pou y trouve cependant une abondante nourriture, faite de graisse d'ours, une «bouillie onctueuse et épaisse», mêlée de musc et d'ambre, qui finit par se porter au cerveau. Sa femme, malheureusement, est morte de la peste et le pauvre pou en est réduit à vivre avec ses deux filles, qui partagent son lit comme le faisaient les filles de Loth. On notera, au passage, cette pointe voltairienne. Nous apprenons aussi le nom du conseiller : il s'appelle Appletrée, c'est-à-dire Pommier.

Notre héros le quitte bientôt pour se fixer chez la comtesse de La B***, avec qui il fait son entrée à la cour et se place un instant sur le sein de la jeune reine (Marie-Antoinette). Il y reçoit les adorations des courtisans, mais son triomphe est éphémère et il retombe bien vite dans les misères de la vie quotidienne. Il en est réduit à s'associer au destin d'un soldat aux gardes, en compagnie duquel il fréquente la belle Margot, blanchisseuse rue Satory. Celle-ci le laisse tomber dans son linge, si bien que notre pou se retrouve chez « Mademoiselle d'Eon, chevalier de Saint-Louis, ancien capitaine de dragons ». Dès ce moment, la fiction prend son caractère de satire politique.

Le pou passera quinze jours chez Mlle d'Eon,[4] personnage équivoque pour lequel il n'éprouve guère de sympathie (p.16) :

> Jamais je n'ai connu une femme qui eût les manières plus grotesques et plus chevalières [...] gesticulant comme un dragon, ne pouvant s'accoutumer aux habillements de son sexe.

Le seul profit qu'il tire de cette cohabitation est d'apprendre l'anglais en même temps que sa maîtresse, via « les esprits continuels qui sortent du cerveau, et qui forment un véritable élément ». Mais en la fréquentant d'aussi près, il découvre bientôt ses turpitudes et son double jeu. L'auteur accuse d'Eon sans ménagement d'avoir trahi son pays, en sa qualité de secrétaire du duc de Nivernais d'abord, puis comme ministre résident à la cour de Londres. Il dénonce son absence de dignité et de moralité : d'Eon se compromet au jeu de paume avec des laquais et des nègres, fréquente les « bagnos » et autres mauvais lieux où il/elle se prostitue aux hommes les plus misérables. En compagnie de (la) d'Eon, il ira dîner chez son Excellence Monseigneur Benjamin Franklin, le plénipotentiaire des « Insurgents », et il l'entendra dire à d'Eon, tout bas, au départ : « A ce soir, ma divine ».

Le compte de d'Eon étant ainsi réglé, c'est au tour de Franklin de subir les sarcasmes de notre pou voyageur (p.22) :

4. Théveneau de Morande, l'éditeur du *Gazetier cuirassé*, parle, lui aussi, toujours de « Mlle d'Eon ». La réputation du fameux agent secret de Louis XV nous dispense de le présenter ici.

J'avoue que je ne pus m'empêcher de rire de bon cœur, en contemplant la figure grotesque de cet original, qui, sous l'habit le plus grossier, affectoit de tems en tems le ton et les gestes d'un petit-maître [...] Un teint bruni par le soleil, un front ridé, des poireaux sur toute la figure [...] un menton de galoche [...] des dents comme des clous de gérofle.

Le pou perd ensuite sa maîtresse et connaît une nouvelle série d'infortunes. Il manque perdre la vie dans un «déluge universel», en réalité une violente averse qui l'entraîne dans un tourbillon d'eaux écumantes. Quand le soleil reparaît, notre héros est tout surpris de se retrouver vivant, et il se livre à des réflexions philosophiques qui méritent d'être reproduites intégralement (p.24-25):

Je revins enfin de ma profonde létargie; *c'étoit comme une nouvelle existence pour moi*: la seule différence, c'est que j'étois plus gros et plus puissant qu'au moment de ma naissance, et que je me rappelois encore très-distinctement tous les évènemens qui m'étoient arrivés.

Mais dans cet assoupissement universel de mes sens et de toutes mes facultés, où étoit alors mon ame, cette substance céleste sans laquelle mon corps ne seroit qu'une matière insensible, et telle que la pierre sur laquelle j'étois par hasard tombé? Partageoit-elle l'engourdissement de la machine qui la tenoit renfermée? étoit-elle tellement inhérente à mon corps, que, lors de l'anéantissement de celui-ci, elle en dût suivre le triste sort? Pourquoi ne pouvait-elle plus sentir? Pourquoi n'avoit-elle plus la liberté de penser? Qu'étoit-elle alors? Où étoit-elle? Les hommes, d'après les réflexions que je leur ai entendu faire plusieurs fois, prétendent que l'ame est une substance spirituelle, distincte du corps, et immortelle. Si elle l'est, comme ils le disent, et si la preuve de son existence réside dans la faculté de penser, il s'en suivroit que, quoique mon corps fût comme anéanti, mon ame auroit toujours dû dans ce moment jouir de sa raison, de son entendement, et ne pas cesser d'exister, indépendamment de l'autre substance. *Toutes ces idées, que je me forme actuellement, me font croire que cette ame n'est qu'une chimère*, qu'elle ne consiste que dans l'organisation de nos corps, et que cette organisation une fois dérangée, tout est dissipé et rentré dans le néant d'où il a été tiré.

Je n'ignore pas que les hommes, dont l'orgueil et l'amour-propre sont inconcevables, se mettent dans la tête que tous les êtres qui ne sont point eux, et qu'ils qualifient du nom de bêtes, n'ont point d'ames, et qu'à eux seuls est le droit et l'honneur d'en avoir. Pour expliquer ce qui nous fait agir de telle ou telle manière, ils nous accordent simplement une faculté qu'ils nomment *instinct*. Mais cet instinct, quel est-il? [...] C'est ce qu'ils n'ont jamais pu définir jusqu'ici, et qu'ils ne définiront jamais. Ce que je sais, moi, c'est que nous autres messieurs les Poux, nous raisonnons et pensons quelquefois aussi bien qu'eux, et je puis encore ajouter, que je ne voudrois point trocquer mon *instinct* contre l'ame de la plupart d'entr'eux.

Pour cette seule page, l'*Histoire d'un Pou français* mériterait de figurer parmi les classiques de la littérature matérialiste du XVIIIe siècle finissant. Elle apporte une preuve supplémentaire des voies obliques et souterraines du cheminement de la philosophie antispiritualiste.

Ayant eu ensuite la bonne fortune de retrouver quelques-uns de ses enfants, notre pou médite sur la mort et en conclut sentencieusement :

> Elle n'est point tant que nous sommes.
> Quand elle est, nous ne sommes plus.

Recueilli dans la chevelure du valet de chambre La Fleur, qui est à la fois le domestique et le parent du fameux Caron de Beaumarchais, il ne tarde pas à se retrouver chez ce patron despotique et capricieux. Pour une fois, c'est délibérément et pour se venger de lui que le valet a passé le pou à son maître.

Par son intimité avec Beaumarchais, le pou va pouvoir approcher de très près celui qu'il appelle « le petit ministre ». Il décrit ses exploits, ses succès, son apothéose par lui-même et montre comment il gouverne la France avec ses quatre secrétaires et son aumônier. Le « petit ministre » va à l'Opéra, s'y fait admirer et finit sa journée chez Mme Gourdan, la célèbre entremetteuse.

Caron de Beaumarchais affirme cyniquement qu'il « gouverne une vieille Comtesse » et que par elle, qui mène son mari par le bout du nez, il dirige le pays tout entier (p.33).

Le « petit ministre », qu'il appelle aussi « l'Impudent », a fait donner la marine à Sartine, les finances à Necker et Paris à Amelot.[5] La fiction prend un tour de plus en plus actuel et polémique.

Le pou assiste à un dialogue entre l'Impudent (Caron) et Franklin, où ils évoquent divers projets échafaudés par la France contre l'Angleterre. Chassé inopinément de son merveilleux terrain d'observation, il élit domicile chez le ministre de la Marine, condition plus relevée sans doute, mais moins avantageuse que la précédente. Il y apprend cependant de graves secrets d'Etat. Ainsi, Sartine projette de démembrer la Grande-Bretagne entre la France, l'Espagne et le Congrès (américain). Le pou est aussi l'auditeur subreptice d'une conversation entre un vieux commissaire de la marine et un de ses amis. Il y découvre l'état actuel de la marine française, avec ses faiblesses et ses abus. Le vieux commissaire y expose en détail la naissance, sous Louis XIV, de l'Admi-

5. Ministre de la Maison du roi, pratiquement ministre de l'Intérieur.

nistration d'Etat, dite «La Plume» par opposition à L'Epée, et comment cette administration a graduellement abouti à la création d'un type nouveau de fonctionnaire, qu'il observe avec une évidente réprobation. Par sa voix, l'auteur démonte les phases successives de l'ascension de ces parvenus: on entre à «la Plume» comme élève, puis on devient écrivain,[6] écrivain principal, commissaire ordinaire, commissaire principal, intendant, conseiller d'Etat, et on finit par devenir ministre.

La longue carrière de Sartine en est la parfaite illustration. Ancien lieutenant de police, personnage bas et rampant, d'origine espagnole, coupable de concussion, cet intrigant sans scrupules en est venu à partager le pouvoir et en a profité pour modifier le Code de Colbert.

Après cette vive sortie, l'auteur reprend le fil des aventures de son étrange héros. A l'occasion d'un de ses nombreux changements de situation, il assiste au curieux dialogue de M. Benjamin Le Franc (*sic*) avec son voisin au sujet du Dr Franklin. Il y est question de ses aventures, de son souci d'économie, de ses expériences sur l'électricité et de son élévation politique. L'animosité de l'auteur anonyme envers Franklin y apparaît moins comme une affaire personnelle que comme un problème politique, ce qui ne sera pas le cas de la rencontre suivante, relatée à partir du chapitre XV.

Ayant trouvé un nouveau maître, le pou se rend avec lui à Bruxelles, et c'est l'occasion de décrire quelques aspects de la capitale des Pays-Bas autrichiens. A la Comédie (c'est-à-dire au Théâtre de la Monnaie), il voit le prince Charles de Lorraine, gouverneur général de ces régions, «qui y est aimé et chéri jusqu'à l'adoration». Après le spectacle, on se retrouve «dans une espèce de cabaret que l'on nomme *estaminée*, où l'on voit bonne compagnie dans le bourgeois».[7] Mais le séjour à Bruxelles doit surtout nous mettre en face du célèbre publiciste Linguet, qui y publie les *Annales du XVIIIe siècle*. Après diverses aventures à Paris et à Londres, Linguet s'est fixé à Bruxelles en compagnie de sa maîtresse, un colosse de hauteur et de grosseur, d'une propreté douteuse, qui se l'est attaché en le sauvant de la ruine et en le menaçant ensuite de mort.[8] Le pou nous explique les raisons de la soudaine adhésion de

6. Nous dirions: rédacteur.

7. Cette réunion des diverses classes sociales bruxelloises au cabaret est notée avec la même surprise par le Français Damiens de Gomicourt (*Le Voyageur dans les Pays-Bas autrichiens*, 1782).

8. Théveneau de Morande, ennemi farouche de Linguet, prétend que celui-ci aurait volé sa «digne compagne». Sur S.-N.-H. Linguet, voir D. Gay Levy, *The Ideas and*

Linguet au clan dévot, et se livre à un examen critique des «paradoxes» énoncés par le célèbre journaliste sur les Anglais et la guerre présente. A l'en croire, Linguet serait devenu antibritannique par ressentiment, les Anglais n'ayant pas assez apprécié son mérite au cours des deux années qu'il avait passées à Londres. Aussi Linguet leur impute-t-il toute la responsabilité de la guerre et juge-t-il, au demeurant, que Garrick est un acteur médiocre, alors que lui-même ignore l'anglais.

Linguet nous est décrit comme un homme de quarante-quatre ans, marqué par la petite vérole, assez laid, mais spirituel et vif, bien qu'ayant l'air dur. Esprit tortueux, il parle souvent contre sa vraie pensée et ne défend la religion que pour se faire une ressource contre ses nombreux ennemis.

C'est alors au maître du pou à prendre la parole et à narrer sa vie. Ancien élève des Oratoriens, il a refusé d'étudier la médecine, qu'il appelle métier de charlatan. Il aimait au contraire la poésie, les belles-lettres et les spectacles; il a même écrit une comédie, qui n'a pas été représentée, ce qui désolait son père, pour qui le métier d'écrivain est un «métier de gueux». Notre jeune homme lui a opposé les noms de d'Alembert, de La Harpe, de Marmontel, mais ils ne sont aux yeux de son père que «la fange de la littérature». De dépit, le poète manqué est entré à l'Oratoire, où il est resté sept ans. Tombé amoureux d'une jeune fille belle et riche, il a été supplanté par un autre et cherche à s'en consoler.

Linguet lui conseille de partir pour Londres, et d'y écrire contre les ministres (français). Le jeune homme suit cet avis et s'embarque à Ostende sur un des quatre nouveaux paquebots de Frédérick Romberg et Cie, de Bruxelles, battant pavillon impérial. Voilà donc notre pou, en sa compagnie, dans la capitale britannique. Il y assiste à toutes les intrigues de la diplomatie française contre le ministère anglais.[9]

Dès son arrivée à Londres, le maître du pou fait visite au duc d'A...gné[10] et discute avec lui de la nouvelle administration que le roi

careers of Simon-Nicolas-Henri Linguet: a study of 18th century French politics (Urbana 1980) ainsi que C. Bronne et R. Mortier, «Un pamphlet ‹bruxellois› de 1789 contre l'émigration du comte d'Artois», *Bulletin de l'Académie royale de langue et de littérature françaises* 65 (1987), p.149-67.

9. Il se pourrait que le «jeune homme» en question soit Morande, dont l'itinéraire est un peu semblable au sien.

10. Nous n'avons pu identifier ce personnage.

de France établira en Angleterre après sa victoire. Le duc sera nommé Vice-Roi, et il reçoit une lettre de Louis XVI garantissant cet engagement à titre anticipatif.

Le romancier reproduit ici une lettre du comte de Vergennes au duc d'A...gné, à Londres, dans laquelle le ministre des Affaires étrangères expose sa politique. Le Parlement anglais sera supprimé dans sa forme actuelle et deviendra un Parlement à la française, chargé de l'enregistrement et des procès. La famille royale anglaise sera transférée à Saint-Germain-en-Laye. On introduira en Grande-Bretagne la pratique des lettres de cachet.

Mais de nouveaux malheurs attendent notre pauvre pou. Il perd son compagnon de voyage en tombant malencontreusement dans une lettre. En la cachetant à la cire fondue, l'expéditeur lui brûle la cuisse et les jambes, et c'est en assez pitoyable état que le pou arrive chez le destinataire de la lettre, qui n'est autre que le rédacteur du *General advertiser*, manufacture d'abominations contre le gouvernement, une de ces feuilles « qui nourrissent la mélancolie et la mauvaise humeur du peuple anglais ».[11] Après deux jours de jeûne, le pou trouve un nouveau maître, qui n'est autre que Milord Sh... (c'est-à-dire lord Shelburne, qui sera le collègue de Fox, de Burke et de Sheridan dans le cabinet qui succédera en 1782 à celui de North).

La dénonciation politique prend alors un tour particulièrement brutal. Shelburne est représenté comme un agent du roi d'Espagne, avec qui il traite par l'intermédiaire du confesseur de Sa Majesté très Chrétienne. On lui a promis la vice-royauté d'Irlande, et un traité secret le lie au gouvernement espagnol. Une nouvelle administration dirigera l'Irlande, où l'Inquisition sera aussitôt établie. La ville de Dublin a déjà rédigé une adresse au roi d'Espagne.

L'auteur nous offre, à ce propos, un amusant pastiche de décret à la mode espagnole, enregistré ici par Don Nicolas Verdugo (autrement dit, le Bourreau).

Parallèlement, une réunion se tient chez le marquis de R...K...M, que le Congrès américain a désigné en qualité de « Protecteur de la Liberté Ecossaise ». Là aussi, l'administration sera modifiée de fond en comble. Quant au « Protecteur », il aura une cour et des ambassadeurs auprès de tous les souverains de l'Europe.

11. *The General advertiser and morning intelligence*, édité par W. Cooke (1776-1780), et puis par Parker.

Au terme de cette assemblée, l'évêque P...b...gh (Peterborough ?) est promu archevêque de Cantorbéry et réclame la pourpre cardinalice. L'amiral K...P...L (Keppel, que le comte d'Orvilliers avait battu au large d'Ouessant) sera nommé ministre de la Marine anglaise par ordre du roi de France, et l'Honorable Charles Fox deviendra premier ministre d'Ecosse.

L'ouvrage se termine abruptement ici, l'actualité politique et militaire ne permettant pas à l'auteur de se risquer plus avant. Mais qui est l'auteur de ce pamphlet si vindicatif? Les bibliographes s'accordent à l'attribuer à un certain Delauney, inconnu des grandes biographies. Le seul renseignement que l'on ait sur lui provient d'une brève mention qui se trouve dans l'étude de Paul Robiquet sur Théveneau de Morande,[12] mais sans référence, ni indication de source. Evoquant les réfugiés français de Londres, pour la plupart aventuriers sans scrupules, flibustiers de la finance ou gestionnaires indélicats, Robiquet mentionne «Delauney, ancien caissier de mont-de-piété de Douai, deux fois banque-routier et pendu en effigie, [qui] vivait en donnant des leçons de dessin dans les écoles», mais il semble ignorer l'existence du *Pou français*.

Ce qui est certain, c'est que l'auteur, qu'il soit ou non Delauney, appartient au groupe des pamphlétaires français ayant vécu et travaillé à Londres, comme Morande, Linguet, Brissot de Warville, Perkins de MacMahon ou Pellepore. Milieu d'ailleurs mal connu et où les intrigues de toute sorte ont créé des relations mouvantes au gré des intérêts du moment et de l'intervention des services secrets, auxquels sont liés les noms de Beaumarchais et de Goëzman.

Que notre auteur soit un stipendié du cabinet North ressort avec évidence de ses derniers chapitres. Toute la politique de Vergennes y est dénoncée comme une velléité de démembrement de la Grande-Bretagne au profit des puissances catholiques, et les adversaires de la politique royale sont voués à la vindicte publique comme traîtres affidés au complot franco-espagnol.

L'étrange est que notre auteur soit aussi un matérialiste déclaré, qui exprime ses convictions avec d'autant plus de force et de détachement qu'elles lui sont personnelles et qu'elles n'ont rien à voir avec le grand dessein politique dont il se fait l'interprète. Politique, philosophie, diatribes personnelles, tout se mêle dans cette œuvre oubliée et

12. *Théveneau de Morande. Etude sur le XVIIIe siècle* (Paris 1882), p.55.

attachante. Les Lumières, on le sait, n'ont pas volé de sommet en sommet. Les «minores» y ont tenu leur rôle, qui n'est pas négligeable. Que l'*Histoire d'un pou français* soit un échantillon de propagande politique à des fins immédiates, que son auteur appartienne à la bohème littéraire de Paris ou de Londres, ne change rien à la signification de ce livre. Il témoigne d'une finalité nouvelle et diversifiée assignée à l'écriture quelques années avant le grand bouleversement qui libérera l'énergie des écrivains pour l'asservir ensuite d'autant plus rigoureusement.

Les héritiers des «philosophes» devant l'expérience révolutionnaire

Le rôle de la philosophie des Lumières dans la destruction de l'ancien régime reste un des problèmes les plus controversés de l'histoire des idées. Le but du présent article n'est pas d'ajouter une nouvelle unité à une bibliographie déjà copieuse,[1] mais d'aborder le phénomène par un autre biais – et même en sens inverse – en examinant de près quel fut le comportement des ultimes représentants de la pensée «philosophique» devant l'expérience d'une révolution, non plus idéale et rêvée, mais réalisée en acte et vécue du dedans.

Il peut paraître surprenant qu'une seule étude ait été jusqu'ici conçue dans cette optique: rédigée par l'historien américain Frank A. Kafker sous le titre «Les encyclopédistes et la Terreur»,[2] elle aboutit, à la suite d'un dépistage minutieux, à des conclusions très nettes: «Les collaborateurs à l'*Encyclopédie* ne furent pas les collaborateurs de la Terreur. Quoi qu'en disent Burke, Taine et Cochin, les encyclopédistes ne semblent pas avoir été des radicaux [... ceux] qui avaient survécu aux années de 1793 et de 1794 pensaient sans aucun doute que l'ancien régime – celui qu'ils avaient aidé à détruire – était plus acceptable que le nouveau – qu'ils avaient aidé à préparer» (p.295). Cette constatation ne surprendra que ceux qui s'en tiennent, sur les rapports entre Lumières et Révolution, à des images préconçues ou à des schèmes abstraits. Nous n'avons certes pas l'ambition d'apporter, sur ce vaste sujet,

1. Où émergent, aujourd'hui encore, l'ouvrage capital de Daniel Mornet sur *Les Origines intellectuelles de la Révolution française* (Paris 1933) et l'article de synthèse d'Henri Peyre, «The influence of 18th century ideas on the French Revolution», *Journal of the history if ideas* 10 (1949), p.63-87. Il convient d'y ajouter les études d'Albert Soboul sur «Classes populaires et rousseauisme sous la Révolution», *Annales historiques de la Révolution française* 34 (1962), p.421-38, et sur «J.-J. Rousseau et le jacobinisme», *Studies on Voltaire* 70 (1970), p.179-93.

2. *Revue d'histoire moderne et contemporaine* 14 (1967), p.284-95.

des éléments nouveaux d'information. Plus modestement, nous avons voulu rassembler des faits connus et réfléchir sur leur convergence, sans intention polémique, mais aussi sans prévention. Notre dessein est donc d'élargir l'enquête de Frank Kafker au-delà du cadre, un peu étroit, des collaborateurs à l'*Encyclopédie*, et de l'étendre à l'entourage des grands «philosophes» et à leurs disciples immédiats.

Helvétius disparaît en 1771, Voltaire et Rousseau en 1778, Condillac en 1780, d'Alembert en 1783, Diderot en 1784, Mably en 1785, Buffon en 1788, d'Holbach en janvier 1789. Il nous semble vain, et peu sérieux, de spéculer sur ce qu'ils auraient dit, ou fait, devant les événements de 1789 et devant ceux de 1793. Les annexions rétrospectives sont peut-être un procédé commode dans les débats politiques, mais elles ne relèvent pas d'une saine méthodologie historique. Lorsque Voltaire, Rousseau ou Bernardin de Saint-Pierre parlent d'une «révolution» avant 1789, ils ne parlent pas de la même chose, et l'imprécision de leur vocabulaire permettra, par exemple, aux Jacobins et aux royalistes de se réclamer *simultanément* de Rousseau.[3] Nul ne saura jamais, et pour cause, ce que les chefs de file des Lumières auraient pensé de la France nouvelle issue de la Révolution, ni comment ils auraient réagi aux convulsions qui accompagnèrent cette naissance.

Ce que l'on peut déterminer, en revanche, de façon très claire et très certaine, c'est le comportement de leurs amis et de leurs disciples. Fut-il, en gros, similaire à celui qu'adoptèrent les encyclopédistes étudiés par M. Kafker? Tel a été l'objet de notre investigation, trop rapide certes, sans doute incomplète, et qui devrait faire la matière d'une enquête plus approfondie.

A tout seigneur, tout honneur. Nous commencerons cette revue par deux victimes illustres, et exemplaires, de l'intolérance et de l'absolutisme royal. Le premier est Marmontel (1723-1799): né dans une des familles les plus pauvres d'une des provinces alors les plus déshéritées de la France, éduqué grâce à la générosité des jésuites, il a fait une brillante carrière littéraire (entrecoupée d'un séjour à la Bastille) et bénéficie de la protection de la cour jusqu'à la publication du roman philosophique et politique *Bélisaire* (1767), qui suscite la fureur du

3. On lira sur ce sujet le remarquable article de Lionello Sozzi, «Interprétations de Rousseau pendant la Révolution», *Studies on Voltaire* 64 (1968), p.187-223.

clergé et fait de son auteur le porte-parole le plus avancé du «parti éclairé». On sait comment Voltaire intervint dans le débat et couvrit de ridicule la Sorbonne et la censure. Revenu en grâce après 1770, successeur de d'Alembert au secrétariat de l'Académie française, Marmontel se rangera d'emblée, en 1789, du côté des partisans de l'ordre établi et il n'échappera à l'épuration qu'en allant chercher la tranquillité en Normandie. L'auteur des *Contes moraux* et des *Incas* a raconté ces années difficiles dans ses *Mémoires*, qui le font apparaître comme un opposant résolu, mais timide, et une sorte d'émigré de l'intérieur.

La courbe rentrante opérée par l'abbé Raynal (1713-1796) fut peut-être plus surprenante encore, vu l'attitude en flèche qui avait été la sienne. Auteur-directeur de la grande entreprise collective que fut l'*Histoire philosophique et politique des établissements et du commerce des Européens dans les deux Indes* (1772, 2e éd. 1774), il donna à la réédition de 1781 une telle vigueur polémique dans la dénonciation de la tyrannie et de l'exploitation coloniale que le gouvernement se fâcha et le fit décréter de prise de corps. Réfugié à Spa d'abord, en Prusse ensuite, il ne devait regagner la France qu'en 1787, en se terrant discrètement à Marseille. La Révolution le réhabilita, l'invita à parler devant l'Assemblée constituante, et celle-ci fut consternée de trouver dans ce martyr de la liberté, dans cet avocat des esclaves noirs, un partisan déclaré des opinions monarchistes. Tel était le prestige de Raynal que nul ne se hasarda à le mettre en accusation – c'eût été, pour beaucoup, l'équivalent du meurtre du père – et Raynal put achever paisiblement son existence en 1796.

Raynal avait été, vers 1780, le collaborateur et l'ami de Diderot. D'autres membres de ce groupe survécurent à 1789 et traversèrent sans trop de peine les années révolutionnaires. Le plus intimement lié à Diderot, Jacques-André Naigeon (1738-1810) avait été désigné par lui comme son exécuteur testamentaire, et il donna, en 1798, la première édition à peu près correcte, sinon complète, de ses œuvres. Il était célèbre, dans les milieux littéraires, pour son athéisme intransigeant. Naigeon ne vit d'abord dans la Révolution qu'une occasion d'extirper définitivement le christianisme: il rédigea d'une plume vengeresse une *Adresse à l'Assemblée nationale sur la liberté des opinions religieuses* (1791) qui dénonçait le catholicisme comme le fourrier de la réaction, réclamait la séparation de l'Eglise et de l'Etat, et présageait la fin des croyances religieuses. Il y blâmait en termes sévères la pusillanimité d'un Fontenelle ou d'un Helvétius, qui avaient pratiqué l'usage de la double doctrine. Mais lui-même se garda bien de prendre des risques et d'affronter la prison ou la mort lorsque Robespierre instaura le culte de l'Etre suprême: il attendit prudemment sa chute pour le traiter de «monstre» et pour le comparer à Néron. La violence de Naigeon, purement antireligieuse, s'alliait à un conservatisme modéré en matière politique.

D'autres ne poussèrent même pas aussi loin dans la voie révolutionnaire. Suard (1733-1817) et Morellet (1727-1819), familiers du baron d'Holbach et de Diderot, ne cacheront ni leurs opinions royalistes, ni leur sympathie pour les thèses «constitutionnelles». Un familier de Suard, dont la Révolution fit un ministre (et que Mme Roland dans ses *Mémoires* qualifie d'«eunuque politique»), D.-J. Garat a raconté dans ses *Mémoires historiques sur le XVIIIe siècle et sur M. Suard* (1820) comment ce dernier, anglophile et libéral, réagit devant les bouleversements de son pays: «la Convention [lui] a paru le plus inconcevable et le plus terrible phénomène du corps entier de l'histoire» (éd. 1821, ii.334). Suard collabora à la presse royaliste, émigra en Allemagne et en Suisse pendant la Terreur et n'en revint que pour reprendre, à la direction du *Publiciste*, le combat contre l'absolutisme et contre l'arbitraire qui devait lui valoir de retentissants démêlés avec Napoléon.

Quant à l'abbé Morellet, le célèbre économiste, familier de tous les salons d'esprit nouveau, commensal du baron d'Holbach, ennemi des corporations et des privilèges, il répugnait à toute violence et rêvait d'une monarchie à l'anglaise. Ses *Mémoires sur le XVIIIe siècle et sur la Révolution* sont un des meilleurs documents sur ce que fut la vie privée d'un intellectuel sans fortune aux jours les plus sombres de la Terreur. Protégé de Turgot, comme Suard l'était de Necker, grand ami de Franklin, Morellet était un esprit ouvert, «philosophe» sans irréligion, économiste sans dogmatisme, le type même du modéré, très attaché aux droits des propriétaires (au même titre d'ailleurs que son ami le baron d'Holbach).

Cet homme, qui n'avait ménagé ni la noblesse ni les ordres privilégiés, se hérisse devant l'intrusion de la violence dans le mécanisme politique. «Je connus», écrit-il en narrant les journées du 13 et du 14 juillet 1789, «que le peuple allait être le tyran de tous ceux qui avaient quelque chose à perdre [...] et que nous pouvions nous attendre à toutes les horreurs qui ont accompagné, de tout temps, une semblable domination. J'avoue que, dès ce moment, je fus saisi de crainte à la vue de cette grande puissance jusque-là désarmée, et qui commençait à sentir sa force et à se mettre en état de l'exercer tout entière ; puissance aveugle et sans frein, le vrai Léviathan de Thomas Hobbes» (i.375).

En même temps, Morellet nous montre les espoirs suscités par la Constituante auprès de certains de ses amis, l'abbé de Laroche et le jeune Cabanis, avec qui il avait vécu quinze ans chez Mme Helvétius, et comment leurs dissentiments politiques les conduiront à rompre brutalement.

Morellet est sévère surtout pour Sieyès, pour Chamfort, pour les palinodies de Garat et pour celles, plus révoltantes encore, d'un La Harpe. Il nous fait pénétrer à sa suite dans les divisions politiques de l'Académie, vouée à une suppression prochaine. Le clan des partisans de la Révolution comprenait «La Harpe, Target, Ducis, Sedaine, Lemierre, Chamfort, Condorcet, Chabanon, Beauzée, Bailly» ; le clan opposé réunissait, outre Morellet lui-même, «Marmontel, Maury, Gaillard, le maréchal de Beauvau, Bréquigny, Barthélemy, Rulhières, Suard, Saint-Lambert, Delille, Vicq d'Azyr».

On constate qu'une différence d'âge séparait ces hommes de deux générations bien distinctes. Saint-Lambert (1716-1803), plus que septuagénaire en 1789, ne manifesta aucun enthousiasme pour le nouveau régime et se contenta, dans sa retraite d'Eaubonne, d'écrire un éloge de son maître Helvétius, tout en échappant aux poursuites et aux proscriptions. Quant à Delille (1738-1813), le Virgile moderne, le poète universellement admiré, il refusa les offres de la République et préféra l'exil en Angleterre et en Allemagne. Son ennemi littéraire, Antoine Rivarol (1753-1801), voltairien dégagé de toute attache religieuse, emprunta le même itinéraire et retrouva l'auteur des *Jardins* à Hambourg.

Cette coupure se retrouvera en dehors de l'Académie, et on constate que les victimes littéraires les plus célèbres de la Terreur avaient accueilli les événements de 1789 avec enthousiasme. Le poète Roucher (1745-1794) avait été une victime notoire de la censure royale, laquelle avait retardé jusqu'en 1779 la publication du poème *Les Mois*, qui se fit d'ailleurs en une édition fastueuse dont les souscripteurs constituaient une sorte de «Gotha» du mouvement philosophique et de l'opposition : on y trouvait les noms du prince de Conti, de Mme Helvétius, du baron d'Holbach, de Grimm, de magistrats «éclairés» comme Dupaty et Fréteau. De leur côté, les notes très érudites annexées à chacun des Chants constituaient une synthèse de la réflexion moderne sur les mythes et l'histoire, sur la fête et sur les institutions (le divorce, ou l'esclavage). Pendant des mois, l'animosité du pouvoir contre le poète avait alimenté la chronique parisienne dans les *Mémoires secrets* de Bachaumont.[4] Protégé de Turgot, à qui Dupaty l'avait recommandé, Roucher avait obtenu le poste de receveur des gabelles à Montfort-l'Amaury, sans obligation de résidence. Traducteur d'Adam Smith, grand admirateur de Rousseau (dont il révéla les quatre *Lettres à M. de Malesherbes* en les insérant dans les notes sur *Les Mois*), il passait à la fois pour une tête «philosophique» et pour un économiste novateur. Fervent révolutionnaire au départ, il ne tarda pas à s'inquiéter devant la tournure des événements, protesta contre les empiètements de la rue sur l'Assemblée, se cacha sous la Terreur, se contentant de traduire les auteurs anglais et de compléter son herbier, ce qui ne l'empêcha pas d'être finalement arrêté et condamné à mort pour avoir voulu «rétablir la royauté et préparer l'assassinat des représentants du peuple». L'ancien protégé de Dupaty, ce grand protagoniste de la réforme de la législation criminelle sous Louis XVI, aurait dit de son mécène, en parlant de la Révolution, qu'«il serait mort de douleur, s'il n'avait pas été la première victime».

La courbe politique de Roucher ressemble fort à celle d'André Chénier (1762-1794), dont la destinée fut si curieusement parallèle. Il serait vain de redire ici jusqu'à quel point Chénier est la synthèse d'un XVIIIe siècle scientifique, matérialiste et athée.[5] Lui aussi vit venir la Révolution avec joie, mais ses sympathies «constitutionnelles», ses relations avec le milieu des Trudaine et des Pange, ses activités journalistiques et sa haine de la dictature – fût-elle jacobine – le conduisirent à l'échafaud.[6]

Parmi ceux que Morellet étiquetait de «démocrates» au sein de l'Académie, trois «philosophes» allaient connaître un sort analogue: Bailly (1736-1793) montera à la guillotine, Chamfort et Condorcet

4. 19 janvier, 27 et 29 septembre, 17 et 29 novembre 1778; 25 août 1779; 28 mars 1780; 18, 25 et 27 août 1786.

5. Jean Fabre écrit fort justement: «Quand la dignité de la philosophie est en cause, Chénier se montre intraitable: il la défend aussi bien contre Palissot, vieil adversaire des Encyclopédistes, que contre Raynal, alarmé devant les conséquences des lumières» (*Chénier: l'homme et l'œuvre*, Paris 1955, p.61).

6. Chénier et Roucher furent accusés d'avoir été, en 1791-1792, des «salariés de la liste civile», «stipendiés du tyran», «mercenaires du comité autrichien», et d'avoir préparé la contre-révolution «sous l'apparence de soutenir de prétendus principes constitutionnels» (Fabre, *Chénier*, p.109).

n'échapperont au châtiment suprême qu'en cherchant la fuite dans le suicide.

Ceux que l'histoire a groupés sous le nom de «Girondins» appartenaient eux aussi, au départ, à la grande famille «philosophique»: le président Roland et sa femme Manon Phlipon, l'avocat Vergniaud, et Brissot lui-même, le fondateur de la Société des amis des noirs (dont la liste de membres est fort curieusement constituée presque exclusivement de nobles et de très riches bourgeois).

Le cas de Condorcet (1743-1794) est peut-être le plus symptomatique. Voltairien de stricte observance, violemment anticlérical et même antireligieux, ce «démocrate» acharné (selon Morellet) était déjà sous l'ancien régime considéré comme un «philosophe fanatique».[7] Morellet, au chapitre XXIV de ses *Mémoires*, le dépeint comme un esprit partisan, cruel, lâche, assoiffé de sang, à qui l'aveuglement politique a fait perdre la raison: il voit dans sa mort le symbole même de toute l'époque et la manifestation d'une justice immanente. Pour avoir sacrifié la liberté tout en prétendant l'instaurer, Condorcet aurait payé de sa vie l'erreur de beaucoup de ses contemporains. Disciple de Voltaire et des encyclopédistes, fervent de l'idée de progrès, promoteur de réformes pédagogiques, le suicidé de la prison de Bourg-la-Reine incarnait en sa personne l'héritage intellectuel des Lumières.

En somme, Alexandre Deleyre (1726-1797)[8] fut peut-être le seul intime des «philosophes» à être resté fidèle à la Révolution jusque sous la Terreur. Mais pas plus que le brave Mercier (que Mme Roland qualifiait de «zéro dans la Convention»), il ne joua un rôle de premier plan dans l'action politique et dans la direction des affaires. Ses interventions se bornèrent au domaine de l'éducation nationale et le Conseil des Anciens, où il entra en 1795, avait un rôle plus décoratif qu'effectif.

Aucun élève des «philosophes», aucun ancien «encyclopédiste» n'a joué dans la Révolution un rôle aussi éminent que l'abbé Grégoire ou l'évêque Fauchet, que des religieux défroqués comme Fouché, et surtout que Stanislas Fréron, fils du grand ennemi de Voltaire et

7. Bachaumont, *Mémoires secrets*, 19 mars 1786.

8. Ancien jésuite, il avait quitté les ordres pour devenir secrétaire des commandements de l'Infant de Parme, chez qui Duclos le rencontra en 1767. Il s'était illustré donnant une *Analyse de la philosophie de Bacon* (1755) et un *Génie de Montesquieu* (1762). Il collabora à l'*Encyclopédie*, où il donna entre autres l'imporant article «Fanatisme».

redoutable épurateur du midi royaliste. Robespierre, quant à lui, réservait son admiration au seul Jean-Jacques, et il vouait les encyclopédistes aux gémonies comme ennemis du peuple. Dans son rapport présenté à la Convention le 7 mai 1794 (18 Floréal an II) *Sur les rapports des idées religieuses et morales avec les principes républicains, et sur les fêtes nationales*,[9] il les traitait de «charlatans ambitieux [...] fiers dans leurs écrits, et rampants dans leurs antichambres». «Cette secte», s'écriait-il , «en matière de politique, resta toujours au-dessous des droits du peuple: en matière de morale, elle alla beaucoup au-delà de la destruction des préjugés religieux. Ses coryphées déclamaient quelquefois contre le despotisme, et ils étaient pensionnés par les despotes.»[10]

L'attachement aux «lumières» et à la philosophie matérialiste n'était pas chargé, a priori, d'une valeur politique bien déterminée. Le premier ouvrage sur Diderot, qui n'est d'un bout à l'autre qu'un dithyrambe à sa gloire,[11] est l'œuvre d'un royaliste convaincu, antijacobin et futur député libéral, ce même Eusèbe Baconnière de Salverte auquel nous devons également un remarquable *Tableau littéraire de la France au XVIIIe siècle* (1809), chaleureux éloge des Lumières écrit à contre-courant, à un moment où le royalisme s'identifiait avec le rejet d'un siècle tenu pour dissolvant et funeste.

Impitoyable pour Condorcet et pour Chénier, la Révolution a choyé un ennemi des «philosophes» tel que Bernardin de Saint-Pierre; elle a octroyé une chaire de l'Ecole normale au «philosophe inconnu», l'illuministe, le théosophe Claude de Saint-Martin, alors qu'elle emprisonnait Volney, l'auteur des *Ruines*, longue diatribe contre le despotisme qu'on a pu définir «le catéchisme des Lumières», ce même Volney qui avait provoqué, à la Constituante, la mise en vente des biens du clergé. Ginguené, autre «philosophe» passionné de réformes et de problèmes éducatifs, connaîtra lui aussi la prison sous la Terreur et ne sera libéré qu'en Thermidor. On pourrait, en descendant jusqu'aux *minores*, allonger cette liste, mais notre propos n'est pas d'être exhaustif

9. *Œuvres de Maximilien Robespierre*, éd. M. Bouloiseau et A. Soboul (Paris 1967), x.442-69. Ce texte fut très abondamment reproduit à l'époque (voir p.443, n.1, qui contient une vingtaine de mentions).

10. *Œuvres*, x.454-55. On ne sait qui est visé ici: d'Alembert, Raynal, Diderot, Grimm ou même Voltaire.

11. *Eloge philosophique de Denys Diderot*, lu à l'Institut le 7 thermidor an VIII, publié chez Surosne, à Paris, an IX (1801).

ou de faire des dénombrements complets. Le vrai problème est celui de l'insertion des partisans de la «philosophie» dans le grand mouvement historique qui commence en 1789 (de façon spectaculaire, car le processus est bien antérieur, et la crise du ministère Maupeou en est probablement la première manifestation ouverte).

Il importe, pour tenter de voir clair dans la masse des faits, de distinguer avec netteté entre la première phase de la Révolution, qui va en gros de 1789 à 1792, et le Révolution radicalisée, qui va de 1792 à 1794.[12] La première a paru concrétiser les espoirs des réformistes libéraux, adeptes de la monarchie constitutionnelle à l'anglaise, parfois orléanistes, hostiles à l'absolutisme de droit divin, aux privilèges des «ordres», aux lettres de cachet, à l'arbitraire du pouvoir, et soucieux d'accorder à la bourgeoisie la place qui lui revenait dans la gestion de l'Etat. Rares sont les «philosophes» qui n'ont pas applaudi à cette première phase: il y en a eu cependant, et non des moindres, nous l'avons vu.

En revanche, la Terreur marquera le déclin rapide de leur influence et le déclenchement d'une véritable persécution policière. Non point que la Convention ait jamais traqué les «philosophes» en tant que tels, malgré l'antipathie déclarée de Robespierre. Elle n'a entamé, à aucun moment, des procès d'intention ou des poursuites idéologiques contre les héritiers de l'esprit «encyclopédique». Ni Roucher, ni Chénier, ni Lavoisier, ni Bailly, ni Condorcet, ni Chamfort n'ont été recherchés et condamnés pour délit d'opinion, mais pour des motifs clairement politiques.

Ces mobiles ne relèvent pas simplement de rapports de force ou de contingences temporaires: ils dépassent les haines de clans et les rivalités de groupes. Ce qui était en jeu, c'était le concept même de *l'ordre nouveau* qu'il convenait d'instaurer.

Le plus radical des «philosophes» d'avant 1789, l'auteur du *Système de la nature*, se défiait déjà des «opinions du vulgaire», de ce troupeau épris de merveilleux, prompt aux entraînements du moment,[13] enclin

12. Nous n'avons pas à entrer ici dans la polémique très vive qui oppose les historiens de la Révolution sur l'interprétation qu'il convient de donner de ces faits (étapes d'un même mouvement, ou révolutions successives). La question est fort bien exposée dans l'opuscule de J.-R. Suratteau, *La Révolution française: certitudes et controverses* (Paris 1973).

13. André Chénier, avant même de connaître la prison, évoque «la férocité idiote d'un peuple» qui s'amusera à voir rouler sa tête dans le panier (Fabre, *Chénier*, p.77).

à tenir pour «un perturbateur de la société» ou un «ennemi du genre humain» quiconque n'adopte pas ses vues.[14] Rousseau estimait, de son côté, qu'aucune idée ne méritait qu'on fît couler le sang pour la faire prévaloir.[15] Loin de proscrire le droit de propriété, les «philosophes» tenaient le propriétaire pour le seul citoyen à part entière, et ils se bornaient à contester les droits féodaux et les abus de la mainmorte.[16]

Aussi les derniers «philosophes» seront-ils révulsés par le spectacle de la violence, par le fanatisme nouveau qui s'instaure, par le jargon révolutionnaire, par l'irruption des «sections» dans les travaux d'assemblée, par la religion de remplacement des théophilanthropes, et par le culte de l'Etre suprême. Imprégnés de l'idée de perfectibilité, ils croyaient à un passage harmonieux vers une organisation plus rationnelle, mais non égalitaire, hiérarchisée, mais en fonction de critères de valeur individuelle et d'instruction.

Dans leur grande majorité, les héritiers des grands «philosophes» sont des libéraux bourgeois qui ont salué la Révolution avec joie, mais sans se résigner à la violence et au désordre. Comme le dira Chamfort à Marmontel: «Je vois que mes espérances vous attristent: vous ne voulez pas d'une liberté qui coûtera beaucoup d'or et de sang. Voulez-vous qu'on vous fasse des révolutions à l'eau de rose?»[17] A quoi Marmontel répondra que la violence est une chaîne sans fin et qu'elle finit par dévorer ceux qui la déclenchent.

Le malentendu n'est donc pas fortuit. D'une part, il y a des «philosophes» plus ou moins intégrés au système et qui se seraient accommodés de l'ordre ancien, pour autant qu'il fût quelque peu assoupli, modernisé et libéralisé. Ce sont ceux qui, comme Marmontel, Morellet, Raynal et Suard, déplorent les erreurs de Maurepas et les flottements de Louis XVI, qui considèrent qu'avec un peu de clairvoyance et de courage tout aurait pu être sauvé et maintenu.[18] A côté de ces conservateurs, il y a

14. D'Holbach, *Le Système de la nature*, livre II, chapitres X et XI.

15. *Lettres écrites de la montagne*, VIII: «Eh! dans la misère des choses humaines, quel bien vaut la peine d'être acheté du sang de nos frères? La liberté même est trop chère à ce prix.»

16. De même, André Chénier s'opposera à son frère Marie-Joseph par son mépris affiché pour «cette partie du peuple qui n'a ni domicile, ni industrie». Son cadet lui rappellera à juste titre que les non-propriétaires constituent alors l'énorme majorité de la nation (Fabre, *Chénier*, p.810).

17. Marmontel, *Mémoires*, éd. J. Renwick (Clermont-Ferrand 1972), p.366.

18. «Vous m'effrayez», dit Marmontel à Chamfort, «en parlant de détruire; il me

les adeptes – plus ou moins enthousiastes – de l'ordre nouveau, les «démocrates» dont l'engagement ne résistera pas à l'épreuve de la Terreur. Sans vouloir trouver une explication unique à leur destin, on peut se demander si la genèse même de leurs idées, si leur enracinement dans le XVIIIe siècle ne les y préparait pas, dans une certaine mesure. Ils n'ont vu, dans les événements de 1789-1793, qu'une transformation juridique et institutionnelle dont le contenu social se limiterait à l'abolition des privilèges d'ancien régime. La politique et l'éducation nationale étaient leurs préoccupations majeures. Très vite, la dynamique de la Révolution les a dépassés, rejetés, parfois éliminés: ses implications économiques et militaires leur avaient échappé, et l'appel au peuple leur semblait un jeu d'apprenti-sorcier.

Ils avaient rêvé de liberté, et on leur offrait une tyrannie exercée au nom du «salut public», des jugements expéditifs et sans appel, une surenchère dans l'extrémisme, des contrôles tâtillons et malveillants (comme le «certificat de civisme»). Chénier est leur porte-parole quand il chante, dans le poème *Le Jeu de Paume, à Louis David, peintre*, «la belle Liberté, altière, étincelante, armée», et qu'il salue le «peuple deux fois né [...] Phénix sorti vivant des cendres du tombeau». Mais il l'est tout autant lorsqu'il adjure ce même peuple de ne point «souiller sa cause» en «armant pour soutenir ses droits si légitimes, la torche incendiaire et le fer assassin», et lorsqu'il s'écrie «Peuple! ne croyons pas que tout nous soit permis» et «l'oppresseur n'est jamais libre». Ils penseront, comme Brissot: «La philosophie, la justice, l'ordre et l'humanité, voilà le vrai fondement des républiques [...] mais on veut des victimes, frappez donc et puissé-je être le dernier républicain qu'immole l'esprit de parti!»[19]

Il ne nous appartient pas, dans la problématique adoptée ici, de décider si leur comportement fut heureux et sa motivation fondée. Ce qui importe, en revanche, est de démêler quelle fut, devant l'expérience d'une révolution vécue, l'attitude personnelle des héritiers de l'esprit

semblait, à moi, qu'on ne voulait que réparer» (*Mémoires*, p.363). Sénac de Meilhan a exposé cette interprétation conservatrice de la fin de l'ancien régime dans une fort curieuse «Note à consulter pour les auteurs qui écriront l'histoire de la Révolution» (*Portraits et caractères de personnages distingués de la fin du XVIIIe siècle*, Paris 1813, p.216-222), qui rejette d'ailleurs la thèse réactionnaire de Barruel sur l'influence des «philosophes» dans «la ruine du trône et de l'autel» (p.219).

19. Cité d'après J. François-Primo, *La Jeunesse de Brissot* (Paris 1932), p.304.

«philosophique». Sur ce point, aucune hésitation, aucune ambiguïté n'est permise: la transformation souhaitée par les derniers encyclopédistes et par les ultimes survivants de la «philosophie» militante n'a guère dépassé le stade de la monarchie constitutionnelle que pour s'arrêter aussitôt à celui de la république des modérés.

Un observateur perspicace s'en était avisé très tôt, avec une lucidité quelque peu infléchie par la haine. Cet analyste impitoyable s'appelait Maximilien Robespierre, et il écrivait, l'an II, en sa qualité de porte-parole du Comité de salut public:

> Les hommes de lettres en général se sont déshonorés dans cette Révolution; et à la honte éternelle de l'esprit, la raison du peuple en a fait seule tous les frais [...] Ils ont combattu la Révolution, dès le moment qu'ils ont craint qu'elle n'élevât le peuple au-dessus de toutes les vanités particulières; les uns ont employé leur esprit à frelater les principes républicains et à corrompre l'opinion publique; ils se sont prostitués aux factions, et surtout au parti d'Orléans; les autres se sont renfermés dans une lâche neutralité [...] *Hommes petits et vains, rougissez, s'il est possible. Les prodiges qui ont immortalisé cette époque de l'histoire humaine, ont été opérés sans vous et malgré vous.*[20]

Rousseauiste inconditionnel, Robespierre incrimine les fondements mêmes d'une philosophie ramenée arbitrairement à «l'égoïsme en système».[21] Il partage les préventions de son maître à l'égard des «sophistes intrigants qui usurpaient le nom de philosophes» et n'hésite pas à envelopper dans une même réprobation leur comportement civique et leurs convictions philosophiques:

> Vous avez déjà été frappés, sans doute, de la tendresse avec laquelle tant d'hommes qui ont trahi leur Patrie, ont caressé les opinions sinistres que je combats. Que de rapprochements curieux peuvent s'offrir encore à vos esprits! [...] *D'où vient ce singulier accord de principes entre tant d'hommes qui paraissaient divisés?* Faut-il l'attribuer simplement au soin que prenaient les déserteurs de la cause du peuple, de chercher à couvrir leur défection par une affectation de zèle contre ce qu'ils appelaient les préjugés religieux, comme s'ils avaient voulu compenser leur indulgence pour l'aristocratie et la tyrannie, par la guerre qu'ils déclaraient à la Divinité? Non, la conduite de ces personnages

20. *Œuvres*, x.455.

21. Il entend par là le matérialisme, «cette espèce de philosophie pratique qui [...] regarde la société humaine comme une guerre de ruse, le succès comme la règle du juste et de l'injuste, la probité comme une affaire de goût ou de bienséance, le monde comme le patrimoine des fripons adroits». L'abbé Bergier se montrait, tout compte fait, plus équitable que l'Incorruptible à l'endroit d'Helvétius et du baron d'Holbach.

artificieux[22] tenait sans doute à des vues politiques plus profondes ; ils sentaient que pour détruire la liberté, il fallait favoriser par tous les moyens tout ce qui tend à justifier l'égoïsme, à dessécher le cœur et à effacer l'idée de ce beau moral, qui est la seule règle sur laquelle la raison publique juge les défenseurs et les ennemis de l'humanité.

Ce réquisitoire vise plus à frapper fort qu'à être équitable.[23] Ni Condorcet, ni Hébert, ni Roland, ni Chénier ne sont des «traîtres à la patrie», et on ne saurait s'accommoder de la caricature indigne à laquelle Robespierre réduit le matérialisme d'un d'Holbach ou d'un Diderot. Mais derrière l'invective et la menace à peine déguisée, l'analyse était impeccable. Les hommes du Comité de salut public n'ont trouvé aucun allié parmi les héritiers des «philosophes», et ils ont rencontré parmi eux quelques-uns de leurs adversaires les plus déterminés. La formule «les hommes de lettres se sont déshonorés» est la transcription en langage politique et judiciaire d'une constatation déplaisante avec laquelle la révolution jacobine s'est trouvée confrontée. L'*intelligentsia* issue du XVIIIe siècle abandonne la voie révolutionnaire assez tôt, et en tout cas à partir de 1793, non par lâcheté ou par intérêt, mais en vertu d'options fondamentales sur la liberté et sur les droits individuels. On retrouvera ses survivants, autour de Sophie de Condorcet et de Cabanis, parmi les inspirateurs de la Constitution de l'an VIII, et ce n'est pas leur faute si l'aboutissement du Directoire s'appellera Bonaparte. Leurs véritables héritiers, par l'intermédiaire de Constant et de Guizot, de Manuel et de Courier, ce seront les libéraux de la Restauration.[24]

22. Il vient de citer Condorcet, Hébert, Vergniaud et Danton.

23. Il est piquant de le comparer aux invectives de l'abbé Barruel ou encore au sentiment du tzar Alexandre Ier sur «les prétendus philosophes connus sous le nom d'Encyclopédistes», ennemis des trônes et de la religion (lettre de février 1821, dans F. Ley, *Madame de Krüdener et son temps*, Paris 1961, p.572).

24. Mon collègue et ami Jean Stengers a bien voulu relire le présent article en manuscrit. J'ai fait mon profit de ses précieuses remarques, suggestions et critiques, et je l'en remercie très cordialement.

Tournant des Lumières

Aspects du rêve chevaleresque, de La Curne de Sainte-Palaye à Mme de Staël

Dans une lettre adressée à Benjamin Constant le 24 avril 1814, Mme de Staël lui annonce, assez abruptement: «Du reste, la politique est finie pour moi et j'irai en Grèce écrire mon poème sur les croisades de Richard.»[1] Il ne s'agissait ni d'une boutade, ni d'un mouvement d'humeur, puisque le même projet apparaît comme son dernier rêve d'écrivain à la fin du chapitre x de la seconde partie de *Dix années d'exil*:

> je me consolais de ce grand voyage [à Constantinople et en Grèce] en pensant à un poème sur Richard Cœur-de-Lion, que je me propose d'écrire, si ma vie et ma santé y suffisent. Ce poème est destiné à peindre les mœurs et la nature de l'Orient, et à consacrer une grande époque de l'histoire anglaise, celle où l'enthousiasme des croisades a fait place à l'enthousiasme de la liberté. Mais comme on ne peut peindre que ce qu'on a vu, de même qu'on ne saurait exprimer que ce qu'on a senti, il faut que j'aille à Constantinople, en Syrie, et en Sicile, pour y suivre les traces de Richard. Mes compagnons de voyage, jugeant mieux de mes forces que moi-même, me dissuadèrent d'une telle entreprise.[2]

On remarque que Mme de Staël, en 1812, parle toujours de ce projet au présent, même si elle a dû renoncer à son voyage au Proche-Orient pour chercher refuge en Ukraine, et qu'elle y revient avec plus de force encore dans la lettre de 1814. Le rêve, on le sait, ne se matérialisera pas, et Mme de Staël mourra en 1817 avant d'avoir pu y mettre la main.

Que la romancière de *Delphine*, l'essayiste de *De la littérature*, la

1. *Lettres de madame de Staël à Benjamin Constant*, publiées par la baronne de Nolde (Paris 1928).

2. *Dix années d'exil* (Paris 1966), p.176.

révélatrice de la littérature allemande moderne, que la fille du protestant Necker, que l'héritière de toute une face du siècle des Lumières ait pu songer écrire, après 1810, un poème épique sur Richard Cœur de Lion pourrait surprendre de prime abord. Mais ce serait compter sans l'évolution profonde des goûts littéraires au tournant du siècle, sans l'évolution intérieure d'une femme malheureuse, exilée d'abord, traquée ensuite, et enfin sans la résurgence, en plein XVIII siècle, d'un rêve chevaleresque aussi naïf qu'obsédant.[3]

Le retour au moyen âge littéraire et la naissance du style «troubadour» ont fait l'objet d'études importantes et bien connues,[4] auxquelles nous n'ajouterons ici que quelques précisions et quelques analyses en essayant surtout d'y cerner les avatars, et si possible les mobiles, de l'étrange rêve chevaleresque qui fit vagabonder tant d'imaginations de la fin du XVIIIe siècle au début du XIXe siècle (pour autant qu'on puisse assigner un terme à un mythe resté si vivace à l'époque romantique).

Tout commence, ou peu s'en faut, avec Jean-Baptiste La Curne de Sainte-Palaye (1697-1781) et les fameux *Mémoires sur l'ancienne chevalerie considérée comme un établissement politique et militaire* (Paris, Duchesne, 2 vol. in-12). Le grand érudit, le médiéviste le plus respecté de son temps, y avait rassemblé en 1759 cinq mémoires qui avaient été lus par lui devant l'Académie des inscriptions et belles-lettres entre novembre 1746 et août 1750. Publiés dans le tome XX du *Recueil* des travaux de cette Académie, ils avaient eu peu d'échos, alors que leur publication en volume fit sensation et connut plusieurs rééditions.[5] Sainte-Palaye y présentait la chevalerie comme une véritable institution, à la fois sociale et morale, constituant une classe fermée, se recrutant par la cooptation, au terme d'une série d'épreuves à caractère initiatique. La

3. Qui ne se confond pas entièrement avec l'intérêt pour le moyen âge, tel qu'il se manifeste dans le débat entre «germanistes» (Boulainvilliers) et «romanistes» (Du Bos), lequel tourne autour de problèmes à caractère politique et juridique, mais non littéraire (comme dans les chapitres terminaux de *L'Esprit des lois*).

4. Lionel Gossman, *Medievalism and the ideologies of the Enlightenment: the world and work of La Curne de Sainte-Palaye* (Baltimore 1968), spéc. part. IV, «Medievalism and Enlightenment», p.325-58. Henri Jacoubet, *Le Comte de Tressan et les origines du genre troubadour* (thèse; Paris 1923), et *Le Genre troubadour et les origines françaises du romantisme* (Paris 1929). René Lanson, *Le Goût du moyen âge en France au XVIIIe siècle* (Paris et Bruxelles 1926).

5. De 1759 jusqu'en 1781. Nodier les réédita encore en 1826.

thèse était fausse, et Voltaire l'avait déjà combattue en 1756, dans l'*Essai sur les mœurs*, ch.XCVII, «De la chevalerie»:

Jamais ce titre ne fut qu'une distinction introduite par l'usage, et non un honneur de convention, une dignité réelle dans l'Etat: il n'influa en rien dans la forme des gouvernements. Les élections des empereurs et des rois ne se faisaient point par des chevaliers [...] les inféodations, les droits de ressort et de mouvance, les héritages, les lois, *rien d'essentiel n'avait rapport à cette chevalerie.*

Un ajout de 1761 allait préciser encore cette critique, qui vise cette fois manifestement Sainte-Palaye, sans pour autant le citer nommément:

C'est en quoi se sont trompés tous ceux qui ont écrit de la chevalerie: ils ont écrit, *sur la foi des romans*, que cet honneur était une charge, un emploi; qu'il y avait des lois concernant la chevalerie. Jamais la jurisprudence d'aucun peuple n'a connu ces prétendues lois: ce n'étaient que des usages.[6]

Mais Voltaire écrivait en philosophe de l'histoire, non en poète ou en créateur de mythes. Il ne fut donc pas écouté. On préféra s'en tenir à l'image séduisante et idéalisée d'une chevalerie tirée des romans, et d'ailleurs fort honnêtement donnée pour telle par Sainte-Palaye. Les notes de celui-ci, plus développées souvent que le texte, renvoyaient à *Perceforest*, à *Girard de Roussillon*, à *Gérard de Nevers*, à *Lancelot du Lac*, à *Tiran le Blanc*,[7] au *Petit Jehan de Saintré*, voire même à Brantôme, en passant aussi par Joinville et par *Le Théâtre d'honneur et de chevalerie* de La Colombière. L'auteur des cinq mémoires leur avait d'ailleurs adjoint un sixième, lui aussi présenté à l'Académie et publié dans son *Recueil*. Il s'intitulait *Mémoire concernant la lecture des anciens romans de chevalerie* et affirmait en termes péremptoires que la plupart sont «purement historiques»,[8] l'invention, souvent exagérée, n'y portant que «sur les circonstances». Sainte-Palaye cherchait dans les vieux romans l'image des anciennes coutumes chevaleresques et proposait, en raison de leur longueur et de leur valeur inégale, de les publier «par extraits». C'est de là que sortira la fameuse *Bibliothèque universelle des romans*, dirigée par Tressan et Paulmy, qui s'arrêtera – date presque symbolique – en juillet 1789.

6. *Essai sur les mœurs*, éd. R. Pomeau (Paris 1963), ii.22. Voir aussi i.730 et ii.37 et 39.

7. On sait que Diderot aimait appeler ainsi son ami Grimm, ce qui témoigne de la popularité des romans jusque dans les milieux les plus acquis à la nouvelle philosophie.

8. *Mémoires pour l'ancienne chevalerie* (Paris 1759), ii.119.

Dans ses études sur l'origine du genre «troubadour», Henri Jacoubet a interprété ce phénomène comme l'expression littéraire d'un jeune nationalisme, lié aux défaites et aux humiliations de la guerre de Sept Ans, et qui s'exprimera plus tard dans *Le Siège de Calais*, tragédie de Belloy, ou dans *La Partie de chasse de Henri IV*, de Collé. S'il est vrai que les déboires de la politique internationale ont pu favoriser ce courant, où l'amour-propre aristocratique trouvait des compensations imaginaires à ses frustrations, il n'en reste pas moins qu'il déborde largement le cadre français. Les succès militaires et navals de l'Angleterre, sa rapide industrialisation, la montée de la bourgeoisie célébrée par Voltaire, tout cela n'empêche nullement l'éclosion du même mirage chevaleresque et médiéval. En 1762, Richard Hurd, évêque de Worcester, ami de Warton et de Gray, publie des *Letters on chivalry and romance* qui vont dans le même sens que les *Mémoires* de Sainte-Palaye et connaissent un large retentissement.[9] Hurd n'a cependant rien d'un mystique ou d'un «préromantique», lui qui a consacré un de ses meilleurs sermons, en 1752, à dénoncer «The mischiefs of enthusiasm and bigotry». Il s'agit donc bien, en Europe occidentale, d'une question de mentalité spécifique et d'un phénomène de société.

A lire les *Mémoires* de près, on s'aperçoit assez vite que l'apologie de la chevalerie n'y est pas inconditionnelle. Sainte-Palaye est sans aucun doute un admirateur sincère de l'idéal et des vertus du parfait chevalier, mais il est aussi un contemporain de Voltaire fort marqué par l'esprit de son temps. De toutes les qualités du chevalier, c'est la galanterie qu'il apprécie le plus, car cette vertu fut toujours le caractère distinctif de la nation française (i.9, 220). Il tient les châteaux et les cours pour des «écoles de courtoisie» où l'on apprenait la politesse envers les dames, lesquelles y cultivaient «ces grâces naïves et ces sentiments tendres pour lesquels la Nature semble les avoir formées». Il apprécie, dans les chevaliers errants, des redresseurs de torts (ii.63), protecteurs des veuves et des orphelins (i.315). La relation de courtoisie avec le sexe faible est à ses yeux, avec la bravoure au combat, l'honneur impérissable de la chevalerie héroïque, celle d'Olivier de La Marche et du *Petit Jehan de Saintré*.

9. Issues d'un vaste mouvement de curiosité pour le moyen âge et pour l'ancienne poésie (entre autres pour *The Faerie Queene*), les *Letters* seront à l'origine de la naissance du roman historique en Angleterre.

Mais il est trop familiarisé avec les textes du moyen âge[10] pour ignorer entièrement les ombres du tableau. Les chevaliers errants abusent souvent de leurs droits, spolient leur protégée ou leur pupille, s'emparent illégitimement de biens ecclésiastiques (ii.63). Leur galanterie dégénère tantôt en enfantillages et en jeux ridicules (ii.20), tantôt en une «métaphysique d'amour» qui coexiste avec d'abominables obscénités (ii.18, 65), et leur religion n'est souvent qu'une «superstition de galanteries», ce qui lui inspire cette remarque assez inattendue: «Si leur christianisme n'était qu'un amas déplorable de superstitions, nous ne devons pas avoir une idée plus avantageuse de l'innocence prétendue de leurs amusements avec les Dames et les Demoiselles» (ii.14-15), insinuation où on pourrait peut-être déceler un écho de la lecture de *La Pucelle*.

Si le vrai chevalier est respectueux et chaste, que penser de ces chevaliers qui passent sans transition «de leur fanatisme en amour aux plus grands excès du libertinage» (ii.19-20), tels qu'ils se révèlent dans les «arts d'aimer» et dans quelques fabliaux scandaleux?

Jamais on ne vit les mœurs plus corrompues que du temps de nos Chevaliers, et *jamais le règne de la débauche ne fut plus universel.* Elle avait des rues, des quartiers dans chaque ville; et saint Louis gémissait de l'avoir trouvée établie jusqu'auprès de sa tente, pendant la plus sainte des croisades.

Un tel langage n'est pas celui de l'apologiste aveugle ou béat. Il est celui d'un homme des Lumières, passionné certes pour son époque de prédilection, mais qui sait aussi la juger sévèrement en fonction des normes modernes. Le côté spectaculaire et théâtral de la chevalerie l'agace par moments. Il évoque les «dangers d'une fausse bravoure», où l'ostentation se confond avec la gloire, la témérité avec la vraie valeur (ii.4, 51). Il estime que les tournois peuvent être d'utiles «écoles de guerre» (i.182), mais il constate aussi que ce sont des jeux ruineux (ii.28), et à ce titre fréquemment interdits par les papes et par les rois (ii.23). Ils incitent à une folle prodigalité et contribuent à la dégénérescence de la chevalerie (parfois encouragée par des rois astucieux). La disparition de la chevalerie coïncidera d'ailleurs avec celle des tournois (ii.40, 101).

10. Il avait composé en manuscrit un *Glossaire* de l'ancien français, qui fut publié ultérieurement par un de ses collaborateurs, et accumulé une énorme masse de transcriptions de textes.

Il constate que les chevaliers sont fréquemment rebelles à l'autorité royale et déplore cet «inconvénient» (ii.21). Mais il est surtout scandalisé par leur ignorance crasse et par la gloire qu'ils en tirent (ii.45) :

Nos ancêtres ne savaient rien : ils raisonnaient peu ; les exploits et le rang de ceux qui, parmi eux, faisaient trophée de leur ignorance, l'ennoblissaient aux yeux du peuple : ils aimaient la gloire, mais ils ne connoissaient pas la véritable.

Sainte-Palaye ne cache pas à ses lecteurs que l'illustre Du Guesclin ne savait pas écrire (ii.104). Pour sa part, il est entièrement de l'avis d'Alain Chartier, pour qui «un roi sans lettres est un âne couronné». L'ignorance des chevaliers a fait la fortune des clercs, qui se sont emparés de la justice et des finances, c'est-à-dire du vrai pouvoir («car chevaliers ont honte d'estre clercs», disait Eustache Deschamps, ii.83).

Ce médiéviste de métier est un observateur lucide et un juge impitoyable, qui fait équitablement la part des choses. Parlant de la chevalerie, il admet que «les siècles dans lesquels elle était la plus florissante furent des siècles de *débauche*, de *brigandage*, de *barbarie* et d'*horreur*. Souvent tous les *vices* et tous les *crimes* se trouvaient réunis dans les mêmes chevaliers qu'alors on érigeait en héros». Le paradoxe et le mérite de l'institution est d'avoir produit, «au milieu de ces siècles si *grossiers* et si *corrompus*», les plus purs exemples de vertu militaire ou pacifique. Mais il est vrai, ajoute-t-il, que «les hommes sont inconséquents» (ii.3).

Homme des Lumières avant tout, il s'exclame : «Après cela, qu'on ose nous vanter les siècles de l'ignorance et de la barbarie !» Voltaire ne disait rien d'autre dans *Le Mondain*. En somme, pour Sainte-Palaye, la chevalerie aura été «une grande ressource dans les temps malheureux de notre Monarchie» (i.200 et suiv.), ce qui rejoint, pour l'essentiel, le point de vue de l'auteur de l'*Essai sur les mœurs*.

Qu'un livre présentant un bilan aussi contrasté ait suscité en France une vague d'idolâtrie chevaleresque et moyenâgeuse est évidemment chose surprenante, à première vue du moins. Mais on sait que toute lecture est orientée, et donc sélective. De nos jours encore, les aspects négatifs du livre de Sainte-Palaye sont, sinon oblitérés, du moins atténués par les historiens littéraires. Les lecteurs de la fin de l'ancien régime n'ont retenu des *Mémoires* que ce qu'ils étaient bien décidés à y trouver : un modèle de vie opposé au leur, un âge de générosité et de vaillance, un système qui valorisait l'élite aristocratique. Ceux que rebutaient les thèses politiques égalitaires, la transformation de l'économie agraire ou la montée du tiers état pouvaient se réfugier dans cette utopie soigneusement détachée de son contexte négatif. Elle devait aussi séduire les esprits troublés par la poussée de l'esprit critique, de l'incrédulité, de l'ironie ou de l'analyse scientifique. C'est ainsi qu'un livre sérieux, et informé, en dépit de ses erreurs et de ses lacunes, finira par engendrer, dans certains esprits, une curieuse régression infantile, dont la puérilité confinera, par instants, à la niaiserie.

Je n'en veux pour preuve que le succès extraordinaire d'une des nouvelles contenues dans les *Epreuves du sentiment* de Baculard d'Arnaud, le récit pseudo-historique intitulé *Sargines*, publié à Paris chez Le Jay en 1772, et dont la filiation avec le livre de Sainte-Palaye est aussi avouée que manifeste. L'anecdote est mince, même si l'auteur l'étire sur cent trente-six pages. On pourrait la résumer en une simple formule: Comment la valeur finit par venir à un garçon stupide, ou encore: Comment l'amour contribue à faire un chevalier. Le nom du héros est emprunté à Joinville, qui est abondamment cité dans les notes, à côté de Monstrelet, de Froissart, de *Lancelot*, du *Sire de Coucy*, d'Alain Chartier, de Villehardouin, de Thibaud de Champagne, de *Perceforest*, mais nettement moins au total que l'inévitable La Curne de Sainte-Palaye.

L'histoire se passe sous le règne de Philippe-Auguste, règne éclatant où un grand roi créa de grands hommes: «On eût dit que l'âme du monarque s'était répandue sur la nation». Parmi ses courtisans figure le valeureux Sargines, qui «respirait cette vertu mâle et franche, cet instinct de *loyauté* que la chevalerie affermissait dans le cœur de nos ancêtres, caractère propre au Français, et qui s'est, pour ainsi dire, éteint avec cette noble institution» (p.4).

Baculard s'empresse de gloser cette affirmation dans une longue note, rédigée en des termes dithyrambiques. «Ce n'est point ici de ces regrets chimériques qu'arrache l'image du vieux temps: mais on ne saurait se rappeler sans quelque peine l'existence de la chevalerie.» Il ne s'agit donc pas d'un passéisme a priori, mais d'une préférence délibérée pour une institution qui lui paraît moralement exemplaire. Ce choix l'entraîne à mettre en accusation l'époque contemporaine, dominée par l'esprit critique et tournée vers la rationalité. «On sait très bien que *des frondeurs métaphysiciens* qui ne demandent pas mieux que de *soumettre tout à leur examen critique*, se sont appuyés avec complaisance sur les inconvénients de cette institution.» Mais ces quelques abus ne sauraient obscurcir le fait que la chevalerie «a été pour nos ancêtres un foyer créateur de vertus sublimes et d'exploits qui tiennent du prodige».

Le but avoué de Baculard est bien d'exalter les vertus de la chevalerie pour flétrir d'autant plus les vices de l'esprit nouveau, qui se dit et se veut «philosophique». Le temps approche où le satirique Gilbert fustigera les torts du XVIIIe siècle dans le poème de ce nom (1775). Baculard le précède dans cette voie très polémique en dénonçant les travers de l'esprit du temps (p.5):

Nous sommes bien à plaindre! Nous nous applaudissons de la sagesse d'*une raison qui* tous les jours *nous refroidit* davantage. Ce n'est pas cependant la raison qui allume la flamme du génie, et celle de l'héroïsme, *c'est l'enthousiasme*; et tout ce qui nous environne à présent ne contribue qu'à l'éteindre, et est mort pour nos yeux et pour notre âme. Voilà où nous ont conduits la marche compassée du bel esprit, et *la fureur de tout analyser*.

Idée que Mme de Staël développera plus tard dans un chapitre justement célèbre de *De l'Allemagne*.

Nous apprenons ensuite que Sargines a épousé Agnès de Villehardouin, laquelle est morte cinq ans après, en lui laissant pour toute postérité un fils unique. Le jeune Sargines, malgré les soins de son père, malgré d'excellents maîtres, reste un enfant indolent, indifférent à tout, dépourvu d'enthousiasme, et qui «traînait une léthargie continuelle». Arrivé à l'adolescence, il ne sait manier ni l'épée, ni la lance, est incapable de monter à cheval et refuse d'apprendre à lire ou à écrire, «repoussant avec humeur ce qui aurait pu l'arracher à cette paresse avilissante» (p.7).

Les «physiciens» consultés prononceront d'une voix unanime que «cette espèce d'anéantissement» est sans remède et qu'il faut laisser faire le temps. Mais les années passent, et le jeune Sargines ne sort pas de sa profonde apathie, au désespoir de son père et du vieil écuyer auquel celui-ci l'a confié.

L'infortuné père cherche la mort au combat et il est grièvement blessé par une flèche en tentant de sauver un autre chevalier. On le transporte mourant auprès du roi, à qui il avoue la cause de cette folle ardeur. Philippe-Auguste lui promet de voir le jeune homme, ce qui suffit à ranimer en Sargines la volonté de vivre. Tous deux se rendent donc au château de Sargines, où un festin est offert à l'illustre visiteur. Le jeune Sargines y servira le roi, mais avec tant de maladresse et si peu de grâce que son père s'en indigne. Le roi, plus patient, met la chevalerie et ses devoirs au centre de la conversation :[11] il associe l'amour de Dieu et l'amour des dames et recommande «le voyage d'outre-mer» en même temps que la courtoisie. Peut-être, un jour, le jeune homme sera-t-il autorisé à «porter les couleurs» de la dame de ses pensées. La réaction enthousiaste, une fois de plus, vient du vieux père, «pleurant d'attendrissement et de joie» (p.31), alors que le jeune homme reste muet. Il aura cependant l'honneur insigne de «donner à laver» au roi et de lui présenter «le vin du coucher» à l'issue d'un festin où le paon tient la première place, étant «la nourriture des preux et des amoureux».

Sargines fils n'est ni l'un ni l'autre; du moins ne l'est-il pas encore. Ce qui n'empêche pas le roi de lui offrir, le lendemain, à son départ, son épée personnelle et de le faire écuyer sans passer par les épreuves habituelles, tant il est sûr que le jeune homme sera un jour «la fleur de notre chevalerie», comme il l'a vu en rêve pendant la nuit.

La suite est prévisible. Laissons ici la parole à Baculard (p.34-35, soulignements de Baculard).

A quelques lieues de la terre où était confiné le jeune Sargines, demeurait une dame âgée, veuve d'un seigneur d'Aspremont, chevalier *d'ancien lignage*, et un de nos premiers croisés qui avait consumé son bien aux guerres sous Louis le jeune, et à d'excessives libéralités envers ses vassaux. Cette dame venait de quitter la *cour* des sires de Joinville dont son mari était parent; retirée dans un vieux château que son peu de fortune laissait tomber en ruines, oubliée du monde, et ne cherchant elle-même qu'à l'oublier, elle ne vivait plus, en quelque sorte, que pour achever l'éducation d'une nièce qui lui tenait lieu des enfants que la mort lui avait enlevés.

Sophie d'Aspremont est évidemment la perle des jeunes filles, parangon de beauté et de vertu, digne héritière des caractères parfaits qui avaient peuplé jadis le roman baroque. Du long portrait dithyrambique qu'en fait Baculard, on ne retiendra ici que quelques détails révélateurs (p.37):

sa taille réunissait la souplesse de la *nymphe* et la majesté de la *déesse*

c'était, si on ose le dire, *une espèce de culte religieux* qui attachait à cette charmante personne: la vénération ne pouvait se séparer de la tendresse qu'elle inspirait

à sa vivacité piquante se mêlait le charme si touchant de *cette mélancolie délicieuse* qui produit l'intérêt et rend l'émotion durable

11. Il est significatif que Baculard le fasse parler «comme un roi *des Français*» (p.29), et non comme le roi de France.

une *sensibilité* exquise que dirigeait un dévouement sans réserve à la vertu
une fierté de sentiments que *dans ce siècle matériel et livré à la corruption* on aurait accusé de tenir un peu du romanesque
toutes les connaissances qu'on était alors capable d'acquérir, *celles surtout sur la chevalerie* que Sophie regardait comme la source des perfections humaines
l'âme enfin de Minerve, si l'on me passe ces expressions, sous les traits de Vénus.

On remarquera, dans ce portrait, l'alliage très «fin de siècle» du style rococo et du jargon de la sensibilité, en même temps que la priorité accordée au thème de la chevalerie, cette «institution dont l'objet était de former des hommes au-dessus du vulgaire» (p.37). Comme le lecteur pourrait s'étonner qu'une jeune fille pratique avec tant d'ardeur le culte des vertus chevaleresques, Baculard se retranche derrière l'autorité de M. de Sainte-Palaye, dont il sollicite d'ailleurs légèrement le sens, puisque le texte des *Mémoires* dit simplement que «les demoiselles prévenaient de civilité les chevaliers qui arrivaient dans les châteaux».

Malheureusement, Sophie d'Aspremont est pauvre et, comme elle sait «que la richesse préside aux alliances», elle s'est juré de ne jamais se marier, «trop attachée aux convenances qu'exigeait son extraction pour s'abaisser seulement à l'idée d'un engagement qui en eût pu obscurcir l'éclat» (p.38).

Un hasard favorable va conduire Sargines et son domestique vers l'ancien château d'Aspremont, et c'est pour y découvrir «Sophie brodant un manteau de chevalier». Le romancier ne juge pas opportun de préciser à qui on le destine, ou comment un tel vêtement concorde avec la pauvreté de la maison. Il lui suffit d'avoir lu quelque part que c'était une sorte de récompense dont les chevaliers aimaient à se parer à l'occasion d'un tournoi ou d'une bataille. La pauvreté de Sophie n'est donc qu'un ingrédient littéraire destiné à faire obstacle à un dénouement trop rapide et à se rendre l'héroïne d'autant plus attachante, mais elle n'a aucune incidence concrète sur l'action qui doit se maintenir au niveau du mythe chevaleresque, dans une sorte de pureté immatérielle.

Si on en doutait, il suffirait d'écouter les premières paroles prononcées par la tendre pucelle: «Avec quelle ardeur je m'applique à ce travail! une des occupations les plus flatteuses de notre sexe est de contribuer à l'ornement de la noblesse et de la valeur» (p.40). La femme est donc vouée au service du chevalier, qu'elle accueille, désarme, admire et sert à table.

Bien entendu, Sargines tombe follement amoureux de la belle

Sophie, et vice-versa. La jeune fille semble n'avoir qu'une idée en tête et ne posséder qu'un seul sujet de conversation. En effet, «la conversation retombait incessamment sur *les brillants exploits de nos chevaliers*, sur *les prérogatives que la valeur donne à la noblesse*» (p.41). L'idéologie perce ici avec trop d'évidence et souligne maladroitement le propos démonstratif de l'auteur. Mais le petit sauvage qu'est resté Sargines le jeune n'y voit aucun inconvénient, et ce langage enflamme encore son amour naissant. «Sophie s'animait quand elle rappelait quelques actions mémorables de nos anciens *prud-hommes*, et elle en devenait plus belle et plus séduisante aux yeux de son amant.» D'autres, comme le lecteur, se lasseraient de cette fade perfection, de ces monotones discours, de cette idéalisation assez sotte. Mais nous ne sommes pas ici dans l'ordre de la vérité humaine – psychologique ou historique – puisque la ligne narrative est soumise à des conditionnements a priori qui la rendent d'ailleurs transparente et prévisible dans sa gaucherie et dans sa fausse naïveté.

Le résultat est attendu, et il ne tardera guère. Sargines voudra devenir un parfait chevalier et il brûlera les étapes pour y parvenir. «Quelle honte m'accable quand je suis devant l'aimable Sophie! [...] Pierre, elle aime la vertu, la gloire, les combats. Mon ami, si elle allait être informée [...] donne-moi une lance, un écu, un heaume, une cotte de mailles; voilà désormais ma seule parure; je n'en veux plus d'autre; j'aurai continuellement l'épée du roi à mon côté [...] Pierre, je me rendrai digne de la porter» (p.47-48). On imagine la réaction du bon domestique, qui en pleure de joie. Toute la scène est du même naturel.

Sargines portera dorénavant la couleur de sa bien-aimée, le bleu céleste. Elle, de son côté, demandera à toucher l'épée du roi, sur laquelle elle appliquera avec respect «un baiser de ses lèvres de rose» (p.49). Elle assiste à ses exercices; ainsi qu'avaient coutume de le faire les héroïnes des vieux romans, elle l'aide à s'habiller (dans les romans, elles nouaient et laçaient «éguillettes et courroies», ce que Baculard juge sans doute indécent dans le cas de son personnage et se borne à citer discrètement en note).

L'exaltation permanente de Sophie pourrait surprendre le lecteur sceptique, et Baculard s'en avise pour lui faire la leçon (p.57-58):

Ces sentiments sublimes, qu'on ne manquera point aujourd'hui d'accuser d'être exaltés, étaient dans ces temps la base de l'éducation d'un sexe enchanteur. Combien de chevaliers lui ont dû ces *prouesses* qui tiennent du merveilleux! Il n'est que l'*enthousiasme* qui soit capable de nous élever au-dessus de nous-mêmes. Et quelle cause produit plus cette sorte de feu sacré, si ce n'est l'amour, quand l'ardeur de la gloire et des *hauts faits* lui est associée.

On remarquera que le commentaire vise plus à l'éloge du bon vieux temps qu'à la critique du temps présent, cette époque raisonneuse et dégénérée. Une note va cependant dénoncer avec véhémence la décadence morale du XVIIIe siècle «philosophique» et révéler le propos à la fois politique et éthique du récit: «Ce sont en effet des mensonges grossiers pour des âmes *abâtardies* qui ne font que *traîner leur impuissance et leurs goûts factices.*» Contre cet âge perverti, il prône l'exemple de Jeanne d'Arc, d'Agnès Sorel et admire «la candeur» des temps anciens.

Hésitant à s'en charger lui-même, le narrateur fait tenir à la pauvre Sophie d'interminables discours sentencieux et solennels sur les devoirs et la dignité du chevalier. Comme pour s'excuser de ne pas allonger ce sermon, il n'hésite pas à écrire: «Je désirerais fort qu'on eût transmis jusqu'à nous les conversations intéressantes de Mademoiselle d'Aspremont.» Ce qui ne l'empêche pas de nous en garantir la qualité: «Comme elles étaient pleines de son âme noble et vertueuse! quel charme elle prêtait au tableau de la chevalerie!», où le lecteur malicieux trouverait sans doute la preuve d'un pouvoir divinatoire. Pour plus de sûreté, Baculard résume les propos de Sophie d'Aspremont à grands coups d'emprunts aux *Mémoires* de Sainte-Palaye. Emprunts d'ailleurs sollicités, puisque la *largesse* s'y mue, sous sa plume, en *magnanimité.*[12] Il est vrai qu'entraîné par son propos, plus politique qu'historique, Baculard ne peut admettre aucune faille dans l'idéal chevaleresque qu'il propose

12. A propos du *Roman des ailes*, dont Baculard nous dit (p.59, note) que c'est un vieux roman, qui renferme tout ce qui constitue la chevalerie, et entre autres que la chevalerie vient de Dieu. Son information sort évidemment du second mémoire de La Curne de Saint-Palaye (i.82-83). Aussi s'est-il mépris sur le sens de ce poème allégorique de 560 vers, œuvre de Raoul de Houdenc (XIIe siècle), qui est aussi l'auteur d'un *Songe d'enfer* et d'un *Songe de paradis*. Le *Roman des ailes* a été édité au XIXe siècle par Auguste Scheler (*Trouvères belges. Nouvelle série*, Louvain 1879). Raoul affirme, en effet, que «chevalerie est la fontaine de cortoisie [...] De Dieu vient et chevaliers ont», mais son objectif véritable est de prouver que seuls les poètes sont capables de juger du mérite des chevaliers. Ces derniers se trompent en croyant que prouesse suffit, car celle-ci doit être dotée de deux ailes (largesse et courtoisie), chacune pourvue de sept pennes. Le vrai chevalier est don celui qui offre de plantureux dîners et de superbes manteaux, sinon «Honis soit ilh!» (vers 264). Ceci ne cadre évidemment guère avec la thèse de Sainte-Palaye, ni avec la niaise sublimation de Baculard. (Nous remercions notre collègue Pierre Ruelle de ses informations bibliographiques sur le *Roman des ailes*.)

à son lecteur. Villehardouin et Joinville lui fournissent des anecdotes qui le corroborent et qui le font s'écrier en conclusion: «Qu'on dise que l'esprit de chevalerie n'a pas *enfanté des miracles* au-dessus même de tous les prodiges des Grecs et des Romains!» (p.61).

Il lui faudra pourtant admettre que son jeune héros, comme tant d'hommes de sa caste, est incapable de lire et d'écrire; Sophie, heureusement, est là pour combler ces lacunes, et elle se servira, pour arriver à ses fins, d'une belle histoire en pur style troubadour. C'est, sous l'intitulé *Force d'Amour*, une bleuette sentimentale où Rose d'Amour, «fille simplette [...] au parler emmiellé et gracieux [...] aux mains doulcettes comme ermine et plus blanches que lis», finira par épouser sire Eustace Carloman, «jeune banneret d'ancien lignaige», lequel avait dû au préalable satisfaire à l'exigence d'un père «chiche comme villain et d'humeur rebrousse» qui avait cru le décourager en lui commandant de lui amener «ung Sarazin tout vif».

De toute évidence, Baculard se propose de rivaliser ici avec la naïveté et le pittoresque qui font le charme de nos auteurs anciens. Il croit que seule la simplicité permettra de guérir les maux dont souffre la littérature d'un siècle trop poli, «où par malheur pour le génie et la société, tout *pense*, tout *raisonne*, tout se croit *philosophe*». A l'image de la nouvelle, ce récit pseudo-médiéval se veut un préservatif contre la décadence morale et physique d'une époque où pullulent les *persiffleurs*, incapables de traiter sérieusement les sujets graves (p.74). Pour les mêmes raisons, le marquis de Surville composera en pleine Terreur les poésies sentimentales et moralisantes qu'il attribuera sans vergogne à sa lointaine ancêtre. Le style troubadour ne serait-il pas, en définitive, le style de la nostalgie et du refus de la modernité, tout comme en politique le véhicule du sentimentalisme réactionnaire?

Le piquant de l'affaire est que cette prétendue simplicité pue l'artifice et le conventionnel (p.67-68):

> lui dict d'un ton enamouré et avec blandice: bon jour, belle Rose d'amour, et qu'allez-vous querrant dans ce pré? [...] Sire chevalier, je querre violettes novelles. Violettes novelles, répart iceluy tout tremblottant, et ainsi qu'ung qui seroit hors de soy; *poulide flour*, c'est recherche vaine: ne trouverez céans plus belle fleur que vous.

Sur quoi il veut lui baiser la main, ce qu'elle refuse, car «Honnesteté défend que vous songiez seulement à m'amignarder» (p.67-68). Le reste est à l'avenant. On remarquera que c'est avant tout le langage de l'amour chaste et pur que le narrateur s'efforce de retrouver, par un discours qui trahit d'ailleurs davantage une sorte d'érotisme camouflé sous le couvert de la religion. En cette fin de XVIIIe siècle, l'heure est, semble-t-il, à l'art naïf et au pseudo-gothique, comme elle l'est aux rosières et aux prix de vertu.

Sargines, lui, ne se pose pas tant de questions. Ayant aussitôt identifié Rose d'Amour avec sa chère Sophie, il lui tarde d'écrire avec le même feu sur le même sujet. Il ne lui faudra que quelques jours pour y parvenir et Sophie aura la surprise de recevoir une lettre fort bien tournée, même si elle sent plus son XVIIIe siècle que le style pseudo-médiéval de rigueur en la circonstance.

Il ne reste plus à Sargines qu'à faire preuve d'audace et d'habileté à la joute. Ce sera chose faite un an plus tard, à l'occasion d'un tournoi où se pressera toute la noblesse de l'Europe: «des Montmorenci, des Destaing, des Beaumont, des de Nesle, des Castellane» (p.93). Il sera présidé par le prince Louis et par sa femme, Blanche de Castille, dont Baculard fait un éloge dithyrambique («une des plus grandes reines que nous ayons vues sur le trône de France», qui sut allier une extrême piété avec un grand sens du devoir, l'amour du peuple et le souci de la majesté royale, la fermeté avec la justice et l'humanité, p.97).

L'exaltation de la monarchie très catholique au moyen âge n'est certainement ni fortuite, ni involontaire à la veille de l'accession au trône du futur Louis XVI et de Marie-Antoinette.[13] Vision très sélective, au demeurant, dans la mesure où elle exclut de son champ tout ce qui ne s'harmoniserait pas avec l'esprit du temps. Ainsi Baculard se montre-t-il méfiant à l'endroit des «chansons des gestes» (sic), dont il ne sait évidemment rien,[14] mais dont il subodore qu'elles «doivent être des archives de mensonges et d'absurdités» (p.102), dont les auteurs «vendoient leurs éloges au plus offrant». Le médiévisme du XVIIIe siècle finissant trahit ici ses limites et son incompréhension envers tout ce qui dépasse le stéréotype romanesque du goût troubadour.

Le moyen âge est accepté et célébré aussi longtemps qu'il s'identifie

13. Le journaliste de l'*Année littéraire* (cf. ci-dessous) se montrera très attentif à cette analogie, jusqu'à la souligner explicitement.

14. Plus haut, p.77, il disait de Ganelon que c'était «le nom d'un certain archevêque de Sens connu par ses trahisons dans l'histoire de Charles le Chauve, et dont parlent nos vieux romanciers». On sait que la *Chanson de Roland* ne sera retrouvée que vers 1830, et éditée en 1837.

avec la galanterie et la vaillance. Va-t-il au-delà, il dérange la bonne conscience. C'est le cas des fraternités d'armes consacrées par le mélange du sang (détail emprunté à Sainte-Palaye et relégué d'ailleurs en note, p.108), qui s'accompagne du commentaire suivant: «Cette étrange association date peut-être des temps les plus reculés, et on l'a trouvée chez les nations les plus sauvages. Il entrait dans cette bizarre cérémonie autant de barbarie que de susperstition.» Il va de soi qu'un tel détail ne peut convenir au tendre et valeureux Sargines, caché ici sous le nom du *poursuivant d'amour*.

Le moyen âge de Baculard n'a rien de commun avec les époques barbares, cruelles et poétiques évoquées par Diderot dans le traité *De la poésie dramatique*. C'est un moyen âge délicat, sage, raffiné et surtout courtois, puisqu'on doit à la chevalerie «cette *courtoisie française* que les étrangers même se piquent d'imiter» (p.109). Les seuls écarts mentionnés, non sans quelque réserve d'ailleurs, sont «ces espèces de jurements [...] aussi contraires à l'honnêteté qu'au respect dû à la religion» (p.113) qui échappent au comte de Soissons, mais ils sont mis au compte d'une familiarité naïve.

Sargines ne tombe pas dans ces excès, il se bat comme un *Achille français*, triomphe dans quinze courses, émerveille le public qui le porte de bras en bras. Au moment où Blanche de Castille va lui offrir l'écharpe enrichie de diamants destinée au vainqueur, le jeune homme présente son épée au roi et hausse sa visière. Un jeune chevalier s'évanouit à côté de lui: c'était Sophie, qui avait revêtu l'armure pour assister incognito au tournoi. Scène pathétique et théâtrale que le graveur Eisen a choisie pour illustrer la nouvelle. Le dessin est célèbre, fort beau à sa manière, mais très révélateur des contradictions et des confusions du rêve chevaleresque: la reine porte une robe à la mode du XVIe siècle sous un dais Louis XIII, tandis que les jouteurs s'affrontent sur une esplanade en hémicycle dominée par une colonnade de style ionique, au sommet de laquelle se pressent des spectateurs.

Le côté théâtral de ce dénouement est volontairement accentué par Baculard. Sargines jeune lance un défi public aux ennemis de l'Etat et du roi. Son père, pénétré d'un trouble délicieux, est incapable de parler et se contente de serrer son fils dans ses bras tout en l'inondant de ses pleurs. Seule Sophie s'est retirée, honteuse et confuse d'un moment d'égarement, mais Sargines père, quand il apprend qu'il lui doit la transformation de son fils, s'empresse de demander la main de la jeune fille pour le héros du jour. Et tout s'achève sur un superbe banquet inspiré du fameux *banquet du faisan*, égayé par une représentation muette (ou *entremets*) évoquant de manière emblématique le triomphe de l'amour et l'aventure de Sargines. Baculard ne s'interroge pas un instant sur la vraisemblance d'une telle improvisation et sur sa conformité historique avec l'époque où l'action se situe. Mais le lecteur sait depuis belle lurette que la vraisemblance est le cadet des soucis du romancier. Le moyen âge chevaleresque est son âge d'or. Il lui sert à la fois de mythe sécurisant et de repoussoir contre une modernité tenue pour moralement décadente.

Après son mariage, suivi d'une nouvelle joute qu'il remporte haut la main, Sargines suivra l'appel de Foulques de Neuilly et partira pour la Croisade, où il deviendra l'ami le plus intime de Louis IX. L'allusion aux croisades est l'occasion d'une note apologétique où Baculard prend la défense de Foulques, contre l'abbé Velly, auteur d'une *Histoire générale de France* (1755) pourtant tenue à l'époque pour très conservatrice. Contaminé peut-être par l'esprit «philosophique», Velly ne semblait guère apprécier ce «zèle trop aveugle» et montrait peu d'estime pour l'homme. Baculard le justifie parce qu'il prêcha aussi contre le libertinage et l'usure, qu'il dota des filles honnêtes, fit revenir beaucoup de femmes de leurs égarements et qu'il eut le talent d'émouvoir plusieurs usuriers, qui «vinrent dans ses mains *dégorger* le fruit de leurs rapines» (p.129).

Sur sa lancée, il fait l'éloge des bénédictins, «cette société laborieuse et bienfaisante que voudraient aussi blesser de leurs traits l'ingratitude et l'ignorante malignité du bel esprit, deux vices émanés de notre corruption actuelle» (p.130). Il plaide ensuite pour les croisades, victimes «des déclamations critiques de notre siècle» qui n'en a retenu que les inconvénients et les abus dangereux, oubliant délibérément tous les biens qu'en a retirés l'Etat. L'esprit chevaleresque et le sens de l'honneur n'ont heureusement pas tout à fait disparu et Baculard en applaudit la survivance dans tel acte de générosité de la marine anglaise envers un lieutenant de vaisseau de la marine royale.

Le propos de Baculard n'est évidemment pas purement littéraire ou sentimental. Il implique une attitude intellectuelle et morale qui tend à la condamnation du monde présent et d'une société corrompue. Mais, à l'inverse des Jacobins qui en tireront la justification d'un nouvel ordre révolutionnaire issu de la destruction du passé féodal, Baculard se comporte en réactionnaire passéiste, en défenseur de l'idéal originel de la caste nobiliaire, au moment même où celle-ci est en pleine crise et revendique le rétablissement d'un statut qui lui échappe. Derrière la niaiserie du récit édifiant se cache, bel et bien, une thèse politique qui vise, sinon à la restauration d'un passé disparu, du moins à la promotion des valeurs dont on le supposait doté. De tous les récits des *Epreuves du sentiment*, celui-ci est certainement le plus engagé, fût-ce implicitement.

Le succès de *Sargines* fut considérable. Il se maintint pendant un quart de siècle, et même au-delà. Bien entendu, il fut largement solidaire de la popularité des «éditions complètes» des *Epreuves du sentiment*, dont quinze se succédèrent entre 1773 et 1815.[15] Mais *Sargines* connut aussi les honneurs d'éditions séparées: en 1781 (Paris, Didot, in-24), en 1788 (Paris, Le Jay, in-8°), et même en pleine Révolution: Fauche, à Hambourg, et Lepetit, à Paris, en donnent une édition conjointe en 1793 sous le titre *Sargines, ou l'élève de l'amour, nouvelle française* (in-18). L'intervention de Fauche et la date de publication y font soupçonner des visées antirévolutionnaires.

Le sous-titre, *ou l'élève de l'amour*, pourrait provenir de l'adaptation théâtrale qui en fut réalisée, en 1788, par l'acteur-auteur dramatique Boutet, dit Monvel. *Sargines, ou l'élève de l'amour*, comédie en quatre actes, en prose, mêlée de musique, fut créée par les Comédiens italiens ordinaires du roi le 14 mai 1788.[16] La musique était de Dalayrac.[17]

La critique littéraire s'était montrée, d'emblée, très favorable à la nouvelle de 1772, surtout dans les milieux conservateurs. *L'Année littéraire* de Fréron laissait même entendre que Baculard aurait pris pour modèles de ses personnages féminins Marie-Thérèse d'Autriche, «cette grande reine qui fait l'admiration de toute l'Europe», et sa fille Marie-Antoinette, «si justement adorée de tous les Français».[18]

15. Neuchâtel, Société typographique, 1773; Paris, Le Jay, 1773; Amsterdam, Rey, 1773; Paris, Le Jay, 1774; Paris, Delalain, 1775; Amsterdam, Rey, 1775; Paris, Delalain, 1776; Amsterdam, Rey, 1777; Maestricht, 1779; Paris, Moutard, 1781; Maestricht, Dufour et Roux, 1784; Paris, Laporte et Maradan, 1803 (an XI); Paris Laporte, 1813; Paris, Laporte, 1815.

16. Tout comme la nouvelle qui précède *Sargines* dans les *Epreuves du sentiment*, *Adelson et Salvini*, sera transposée en opéra par Vincenzo Bellini en 1825.

17. Il existe deux éditions de cette adaptation, l'une d'Avignon, Garrigan, 1790 (in-8°, 43 p.), l'autre de Paris, Barba, an V (in-8°, 52 p.). Un costume de chevalier porté lors de ces représentations est reproduit par René Lanson, *Le Goût du moyen âge en France au XVIIIe siècle* (1929), figure 6. Cet auteur y voit une tentative de vérité historique, malgré le panache et la fourrure jetée sur le dos. On est très loin, en effet du dessin d'Eisen.

18. *Année littéraire* (1773), iv.244. Le journaliste trouvait que cette analogie était

Quant au très antiphilosophe Sabatier de Castres, il ne tarit pas d'éloges sur *Sargines* dans *Les Trois siècles de la littérature française.*[19] Les légères réserves qu'il exprime à propos du théâtre de Baculard (un peu trop lugubre, trop chargé d'accessoires) disparaissent lorsqu'il s'agit de ses récits (i.42-43) :[20]

M. d'Arnaud fait encore des romans qu'on doit distinguer de la foule des ouvrages qui portent ce nom.[21] Presque tous les siens réunissent à la morale et au sentiment la chaleur et la correction du style. *Sargines*, un de ses derniers ouvrages en ce genre, est un tableau animé des mœurs, de la bravoure et de cette loyauté qui rendent le caractère de nos aïeux si intéressant. *Malheur aux Français modernes que ces sortes de peintures ne toucheraient pas, et qui préféreraient l'art froid de raisonner à cette noble sensibilité, seule capable de former des héros et des sages.*

Il est clair que Sabatier a lu *Sargines* comme un véritable manifeste en faveur des valeurs du passé et comme un modèle en creux proposé à l'époque contemporaine.

Un peu plus loin, il se réjouira de ce que les *Mémoires* de La Curne de Sainte-Palaye aient incité Baculard à «ressusciter parmi nous les heureuses étincelles de cet *enthousiasme d'honneur* qui produisit tant de héros et tant de sages dans des siècles si amèrement taxés d'ignorance et de barbarie. La dernière nouvelle [*Sargines*] serait capable de produire cet effet par l'adresse, la sensibilité et le pathétique avec lequel elle est écrite.» Un tel projet n'est-il pas plus digne d'un bon citoyen, plus utile à la patrie, plus glorieux aux vrais talents, «que celui *d'empoisonner la nation par des travers philosophiques qui la dégradent*, et de substituer à l'élévation, à la franchise, à la générosité, à la gaieté, qui firent toujours l'âme du génie français, des vapeurs mélancoliques, *la folle manie du raisonnement, l'esprit d'indépendance, le persiflage et l'inertie*» (iv.159-60).

facile à deviner et ajoutait : «Il est bien flatteur pour ces deux princesses que lorsqu'un écrivain veut présenter un modèle de perfection, l'idée la plus heureuse qui puisse lui venir à l'esprit soit de tracer leurs portraits.» Le moins qu'on puisse dire est que la ressemblance n'a rien d'évident, mais peut-être Fréron avait-il reçu les confidences de Baculard, soucieux d'apparaître comme un habile courtisan.

19. Ed. La Haye, Paris 1778, 4 vol.

20. Sabatier critique cependant le luxe typographique de l'édition illustrée en 4 volumes des *Epreuves* : «Ces petits manèges décèlent trop de prétention et ne sont d'aucune ressource [...] On loue le talent du graveur séparément de celui de l'écrivain».

21. C'est aussi ce que disait Diderot des romans de Richardson dans l'*Eloge* qu'il lui consacrait.

Ce mythe chevaleresque, et la réhabilitation des croisades qui en découlent se perpétueront au-delà de l'ancien régime et traverseront même la Révolution. La *Bibliothèque universelle des romans* du marquis de Paulmy et du comte de Tressan vulgarisera, après 1775, les romans et les chansons de geste, au prix d'étranges distorsions qui en défigurent le sens. Sedaine écrit, à l'intention de Grétry, le livret de *Richard Cœur-de-Lion* (1784), dont un air célèbre («O Richard, ô mon roi, l'univers t'abandonne») se retrouvera, quelques années plus tard, sur les lèvres des royalistes.

On aurait tort de croire que la noblesse fut seule à subir le charme de ce moyen âge de fantaisie. En 1760 déjà, à propos du *Tancrède* de Voltaire, la *Correspondance littéraire* de Grimm faisait cette surprenante confidence:

> Il faut convenir que les mœurs de la chevalerie mises en action ont un charme inexprimable. Depuis les héros d'Homère et les familles tragiques de l'ancienne Grèce, on n'a rien trouvé d'aussi pathétique que ces mœurs-là. Le courage et la galanterie, la dévotion et l'amour, la candeur, le désintéressement, la loyauté, la vie errante, les travaux pénibles entrepris pour de beaux yeux [...] tout ce contraste de grand, de noble, de simple, de cérémonieux et *de ridicule* offre bien au poète la plus belle carrière pour tous les genres de son art.[22]

Il est vrai que Grimm et Diderot raffolaient de *Tiran le Blanc* et du *Ricciardetto* de Forteguerri, de même que Rousseau avait appris à lire dans les *Amadis de Gaule*. Simplement, une forme de culture populaire accède à une nouvelle dignité autour de 1750 et change dès lors de fonction. Baculard aurait pu ratifier le jugement d'ensemble de Grimm, mais il n'aurait jamais admis la portion de «ridicule».

Le rêve chevaleresque continuera donc à fleurir et à se multiplier, la chute des Jacobins ayant levé le dernier obstacle à son triomphe littéraire. Chateaubriand consacre tout le livre v du *Génie du christianisme*[23] aux *Ordres militaires, ou chevalerie*. Plus chrétien et moins historien que La Curne de Sainte-Palaye, à qui il doit son information, il refuse de séparer les ordres militaires et les ordres religieux. Pour lui, tous deux s'enracinent dans la religion chrétienne:

> Il n'y a pas un beau souvenir, pas une belle institution dans les siècles modernes, que le christianisme ne réclame. Les *seuls temps poétiques de notre histoire*, les

22. *Correspondance littéraire*, éd. Tourneux (Paris 1877-1882), iv.300.
23. Entrepris dès 1799, mis en vente le 14 avril 1802.

temps chevaleresques, lui appartiennent encore : la vraie religion a le singulier mérite d'avoir créé parmi nous *l'âge de la féerie et des enchantements.*[24]

Mais il reste fidèle au stéréotype fixé par le XVIIIe siècle quand il traite de « Vie et mœurs des chevaliers » (ch.IV, p.1019) :

Le seul mot de *chevalerie*, le seul nom d'un illustre *chevalier* est proprement une merveille

ou lorsqu'il évoque les rêves romanesques du jeune chevalier : héroïsme, panache, vertu, désir de gloire, respect des dames.

Le *Génie*, on le sait, engendra une pléthore de récits et de poèmes chrétiens à thème chevaleresque. Mme Cottin donne en 1805 le roman à grand succès *Mathilde, ou mémoires tirés de l'histoire des croisades*, histoire d'un bel amour entre la sœur de Richard Cœur de Lion et Malek Adel, frère de Saladin.[25] Parseval-Grandmaison publie en 1825, après vingt ans de travail, un poème épique sur *Philippe-Auguste* (déjà glorifié dans *Sargines*). Le très légitimiste Marchangy prépare en silence sa *Gaule poétique*, qu'il ne publiera qu'entre 1813 et 1817 et qui contient, dans son 23e récit, une longue apologie des croisades et de leur influence bénéfique sur le système moral de l'Europe (simplicité, retenue, foi intense, bonnes œuvres). Un autre épisode chantera le retour du croisé en France. De ce courant d'idées sortira, entre 1811 et 1822, l'*Histoire des croisades* de Michaud, un des grands succès de librairie sous la Restauration.

Vers la même époque, J.-B. Bonaventure de Roquefort, rendant compte d'un *Recueil de quelques vues, sites et monuments de France* (Rouen 1817) d'Eustache-Hyacinthe Langlois, s'extasie devant l'architecture du moyen âge et s'exclame poétiquement :

Que d'idées inspiratrices se rattachent à ces constructions du Moyen Age, dont l'aspect réveille l'imagination et la sensibilité ! L'histoire de la *Chevalerie, de cette institution admirable qui a sauvé l'Europe en attaquant le monstre de la féodalité*, et qui est la source de cette galanterie que nous possédons plus qu'aucun autre peuple, vient se retracer à la mémoire. Le voilà, ce preux pour lequel les travaux d'Hercule ne sont que de véritables jeux d'enfants : il sort pour défendre la beauté, pour protéger la veuve et l'orphelin, il va porter ses

24. Ed. Maurice Regard, Pléiade, p.1012.

25. Ce beau jeune homme aux traits mâles avait séjourné en Europe et s'y était affilié à la chevalerie, dont il respectait scrupuleusement les lois. Tué en bataille, il a le temps de se convertir, mais Mathilde reste inconsolable et se retire au Carmel.

pas là où l'innocence et la justice auront besoin du secours de son bras. *Dieu, mon roi, ma dame*, telle est la devise qui brille sur son bouclier.[26]

Tout en préservant certains aspects du stéréotype, Roquefort le modifie sur un point essentiel, qui marque le passage de la Révolution : la chevalerie s'oppose, cette fois, à la féodalité ; elle devient une entreprise à la fois héroïque et charitable, parfaitement récupérable à ce double titre.

On comprend mieux, dans ces conditions, l'enthousiasme de Mme de Staël pour la chevalerie et son projet de poème sur les croisades de Richard Cœur de Lion. Pour elle, ce sont les aspects religieux du phénomène et son incidence féministe qui en font l'attrait. Déjà *De la littérature* abordait le sujet en 1800.

Il va de soi que la forte personnalité littéraire de Mme de Staël lui interdit de se laisser emprisonner dans les stéréotypes de la littérature des âmes «sensibles» et des nostalgiques de l'ancien régime féodal. Le thème chevaleresque lui servira, non d'objectif premier, mais d'argument à l'intérieur d'une tout autre problématique. Si elle réhabilite le moyen âge, c'est au nom de la «perfectibilité» du génie humain et de sa conviction que de tout mal peut naître un bien : l'invasion des barbares a eu finalement pour effet de propager les «lumières» dans les peuples du Nord et la religion chrétienne a sauvé la civilisation en favorisant ce mélange de cultures et en suscitant l'enthousiasme, seul capable de surmonter les égoïsmes. S'opposant ainsi à Voltaire, à Gibbon et à Volney, Germaine de Staël se représente l'histoire des hommes comme une lente et difficile accession à «la civilisation universelle», traversée de convulsions et de drames.

On sait le rôle qu'elle assigne aux peuples du Nord, dans cette progression historique. A un Midi païen et contemplatif, ballotté entre la volupté et l'ascétisme, le Nord oppose sa disposition à la mélancolie, son penchant pour les images sombres, son obsession de la destinée des morts (I, ch.8). Le christianisme les a partiellement fondus, bien que «la guerre des anciens possesseurs, et des nouveaux conquérants» se perpétue encore et que la Révolution n'en soit que l'ultime avatar. Il a fait plus encore : il a aboli l'esclavage et libéré la femme (que le paganisme avait dégradée). Dans cet immense processus civilisateur, la

26. Cité par H. Jacoubet, *Le Genre troubadour et les origines françaises du romantisme* (1929), p.49. On sait l'impact qu'eut, entre autres, sur Michelet, le Musée des monuments français créé en 1795, sur proposition de Lenoir.

chevalerie a joué un rôle qui fut longtemps positif, tant qu'elle ne se transforma pas en caste close, coupée de la société (i.145).

La chevalerie était nécessaire pour adoucir la férocité militaire, par le culte de la femme et l'esprit religieux; mais la chevalerie comme un ordre, une secte, comme tout ce qui sépare les hommes au lieu de les réunir, dut être considérée comme un mal funeste, dès qu'elle cessa d'être un remède indispensable.

La différence avec la thèse des «médiévalistes» saute aux yeux. Loin de privilégier la chevalerie comme un idéal, comme un modèle perdu, donc d'en faire un mythe ou «une merveille» (ainsi que dira Chateaubriand, dont le *Génie* n'est d'ailleurs qu'une réponse maladroite à *De la littérature*), Mme de Staël la relativise en la situant dans les données socioculturelles de l'histoire:

Toute institution bonne relativement à tel danger du moment, et non à la raison éternelle, devient un abus indispensable, après avoir corrigé des abus plus grands.

La chevalerie a donc été un bienfait, *hic et nunc*, en des temps cruels et barbares, mais elle n'était pas conforme à «la raison éternelle».

Littérairement, son esprit a fécondé le Nord et nourri le genre romanesque (i.164):

pour intéresser les guerriers, il fallait leur raconter des exploits pareils aux leurs. Consacrer la littérature au récit ou à l'invention de beaux faits de chevalerie était l'unique moyen de vaincre la répugnance qu'avaient pour elle des hommes encore barbares.

Dans l'Orient, au contraire, le despotisme tournait les esprits vers les jeux de l'imagination. L'Italie réunit les deux genres et «c'est à ce mélange heureux que nous devons l'Arioste et le Tasse».

La chevalerie, pour Mme de Staël, est inséparable de la libération de la condition féminine. Si Boiardo, dans l'*Orlando innamorato*, ne verse pas complètement dans la fantasmagorie des *Mille et une nuits*, c'est en raison de la place qu'y occupent «l'esprit de chevalier et la liberté accordée aux femmes dans le Nord» (i.168). Ce lien est encore évoqué, mais en termes politiques cette fois, au chapitre XVIII (i.264). L'autorité royale étant à la fois sans bornes et juridiquement incertaine, la noblesse a cru devoir manifester sa liberté par des formes symboliques:

La délicatesse du point d'honneur, l'un des prestiges de l'ordre privilégié, obligeait les nobles à décorer la soumission la plus dévouée des formes de la liberté. Il fallait qu'ils conservassent, dans leurs rapports avec leur maître, *une sorte d'esprit de chevalerie*, qu'ils écrivissent sur leur bouclier POUR MA DAME ET POUR MON ROI, afin de se donner l'air de choisir le joug qu'ils portaient ; et mêlant ainsi l'honneur avec la servitude, ils essayaient de se courber sans s'avilir. La grâce était, pour ainsi dire, dans leur situation, *une politique nécessaire* ; elle seule pouvait donner quelque chose de volontaire à l'obéissance.

Nous voilà bien loin des fadaises à la Baculard. La vision staëlienne remet la chevalerie en perspective ; elle en démonte le mécanisme, tout en se félicitant de certains de ses effets ; elle la perçoit comme un moment fécond, mais irrémédiablement dépassé, dans la marche en avant de la civilisation universelle. Du coup, on comprend mieux pourquoi un esprit aussi moderne a pu rêver d'un poème sur Richard Cœur de Lion. S'il avait vu le jour, il n'aurait pas eu grand-chose en commun avec celui de Sedaine et de Grétry. Pour s'en persuader, il suffit de relire de plus près le passage de *Dix années d'exil* cité plus haut :

Ce poème est destiné [...] à consacrer une grande époque de l'histoire anglaise, celle où l'enthousiasme des croisades a fait place à l'enthousiasme de la liberté.

Mme de Staël aurait-elle senti, ou insinué par là, quelque analogie entre les croisades et les guerres révolutionnaires, puis napoléoniennes, prélude nécessaire à l'invention de la liberté ? Les mythes ont de ces masques et de ces métamorphoses.

Julie, Virginie, Atala, ou la mort angélique[1]

Dans l'épiloque d'*Atala* (1801), Chateaubriand expose lui-même au lecteur le sens et l'objectif du récit de Chactas:

le tableau du peuple chasseur et du peuple laboureur; le religion, première législatrice des hommes; les dangers de l'ignorance et de l'enthousiasme religieux, opposés aux lumières, à la charité et au véritable esprit de l'Evangile; les combats des passions et des vertus dans un cœur simple; enfin le triomphe du christianisme sur le sentiment le plus fougueux et la crainte la plus terrible: l'amour et la mort.[2]

L'insistance sur les intentions religieuses de ce petit roman tendrait à le faire passer, au même titre que *Le Génie du christianisme* qu'il devait illustrer,[3] pour une rupture avec la tradition du XVIIIe siècle. La préface de 1801 va bien dans cette ligne. «Depuis longtemps», affirme Chateaubriand, «je ne lis plus qu'Homère et la Bible» (p.8). Quant au projet général, qui enveloppe aussi bien le *Génie* qu'*Atala*, il nous dit un peu plus loin dans la même préface (p.11):

Il est sans doute permis à présent, sous un gouvernement qui ne proscrit aucune opinion paisible, de prendre la défense du christianisme comme sujet de morale et de littérature.

Dans la *Défense du Génie du christianisme* (p.29-30), il renchérira sur la valeur apologétique d'*Atala* et de *René*:

L'auteur a dû combattre des poèmes et des romans impies avec *des poèmes et des romans pieux* [...] il avait dit que la Religion embellit notre existence [...]

1. Cette étude reprend la matière d'une des leçons faites à l'Université catholique de Louvain, pour la chaire Francqui belge, en 1984, à l'invitation du professeur R. Pouilliart.

2. Ed. Gilbert Chinard (Paris 1930), p.119.

3. Un peu artificiellement, puisqu'*Atala* devait initialement faire partie du récit épique sur les Natchez qui n'est jamais venu à terme.

il ne suffisait pas d'avancer tout cela, *il fallait encore le prouver. C'est ce que l'auteur a essayé de faire dans les deux épisodes de son livre.*

La valeur apologétique d'*Atala* a été contestée dès sa première publication, par certains critiques catholiques, non sans raison d'ailleurs. Mais ce qui importe, dans la perspective choisie par Chateaubriand, est le sens qu'il a voulu, et cru y inscrire. Ses commentaires ne laissent planer aucun doute là-dessus.

S'il est vrai que certains héritiers attardés du siècle des Lumières (comme l'abbé Morellet) ont tourné cette «histoire indienne» en dérision et ont contesté la philosophie morale exposée par le P. Aubry, c'était pour des raisons idéologiques et par hostilité à la nouvelle mode de dévotion qui sévissait sous le Consultat dans les milieux ralliés au pouvoir. Leur refus de principe, joint à des divergences de goût touchant au style du roman,[4] les a empêchés de voir qu'*Atala* est bien moins le début d'une nouvelle ère dans le roman que l'aboutissement d'une longue lignée issue directement du XVIIIe siècle. Si la critique a coutume d'y voir «l'aube de la littérature romantique», elle ne peut le faire qu'en privilégiant certains aspects au détriment d'autres, bien plus importants.[5] L'objet de la présente étude est précisément de dégager, sur un point précis, la filiation entre ce récit exotique américain et quelques œuvres majeures du XVIIIe siècle: il s'agit du récit de la mort de l'héroïne, de sa valorisation et de sa place dans la structure de l'œuvre.

Le premier exemple qui s'impose est celui de *Manon Lescaut*. Tout semble séparer la petite aventurière du roman de Prévost, que Montesquieu définit «une catin», la petite grue inconsciente et amorale qui ravage la vie de Des Grieux, et la très dévote enfant du chef des Muscogulges (en réalité de l'Espagnol López, que sa mère avait «connu» avant d'épouser le magnanime Simaghan). Cependant, un même destin

4. Morellet se moqua bruyamment des «liquidambars de la fontaine», du rugissement des crocodiles et du style «sauvage» des discours et des chansons.

5. L'information «indienne» de Chateaubriand vient des récits de missionnaires, mais aussi de La Hontan. La dénonciation de «l'enthousiasme religieux» (opposé au véritable esprit de l'Evangile) aurait ravi Voltaire. L'influence de Rousseau et de Bernardin de Saint-Pierre est patente, même si Chateaubriand renie les «rêveries si désastreuses et si coupables» de Jean-Jacques. Quant à l'exotisme, il est à la mode en France depuis les romans de l'abbé Prévost.

tragique attend Manon et Atala dans les vastes étendues sauvages de l'Amérique du Nord.

Au terme d'une vie dissolue et désordonnée, Manon a été condamnée à la relégation en Louisiane, et cette vie nouvelle dans un monde de pionniers l'a transformée. Seules des raisons de prudence l'ont empêchée d'épouser le cher Des Grieux, mais leur vie commune est exemplaire.

La décision du gouverneur et la mort (présumée) de Synnelet les contraignent à fuir la Nouvelle-Orléans. Or, déclare Des Grieux, «nous nous trouvions dans le nouvel Orléans comme au milieu de la mer, c'est-à-dire séparés du reste du monde par des espaces immenses. Où fuir? dans un pays inconnu, désert, ou habité par des bêtes féroces, et par des sauvages aussi barbares qu'elles?»[6] et plus loin: «je vais, loin de vous, chercher la mort parmi les sauvages ou entre les griffes des bêtes féroces» (p.196).

L'analogie avec la fuite de Chactas et d'Atala s'arrête là, puisque les héros de Prévost quittent la ville en prétextant une promenade, sans s'équiper pour une longue randonnée, sans la moindre expérience, en emportant seulement «quelques liqueurs fortes» et les provisions qui pouvaient tenir dans leurs poches. Après deux lieues (soit neuf kilomètres), Manon s'arrête, épuisée, et s'endort réchauffée par les baisers de son amant. Mais ce sommeil est celui de la mort.

Le récit de la mort de Manon est d'une étonnante brièveté. Ses ultimes paroles sont résumées en quelques mots, et le trépas lui-même est contourné par une singulière prétérition (p.199-200):

> N'exigez point de moi que je vous décrive mes sentiments, ni que je vous rapporte ses dernières expressions. Je la perdis; je reçus d'elle des marques d'amour, au moment même qu'elle expirait. C'est tout ce que j'ai la force de vous apprendre de ce fatal et déplorable événement.

Des Grieux attend deux jours et deux nuits (dans l'édition originale; 24 heures dans celle de 1753) avant d'enterrer Manon. La scène de l'ensevelissement est célèbre et elle a fait l'objet d'un commentaire très personnel de la part de Jacques Proust.[7] On retiendra qu'elle est plus développée que celle de la mort, où l'essentiel est curieusement éludé:[8]

6. *Histoire du chevalier des Grieux et de Manon Lescaut*, éd. F. Deloffre et R. Picard (Paris 1965), p.193.

7. «Le corps de Manon», *Littérature*, décembre 1971.

8. Peut-être parce qu'elle n'a pas de valeur événementielle, mais fonction symbolique. La seconde vie de Manon a été une rédemption et sa mort tragique achève de

aucune allusion à la cause de ce décès si soudain (nous savons simplement que ses mains étaient «froides et tremblantes», ses soupirs fréquents, sa voix faible), aucune référence à Dieu, à l'au-delà, à la religion ou à quelque rituel funèbre.

Des Grieux l'enterre de ses mains pour éviter que ce corps tant aimé ne puisse «devenir la pâture des bêtes sauvages», ce qui rappelle davantage les pratiques de la Grèce antique que celles de la France de Louis XV. Ainsi donc, on pourrait estimer que la fin religieuse d'Atala, soutenue par les discours du P. Aubry, ses funérailles chrétiennes dans les déserts du Nouveau Monde (mais plus près de Québec que de la Nouvelle-Orléans), l'importance des développements qui lui sont consacrés, sont un peu comme l'inverse de la tragique finale de *Manon Lescaut*.

En dépit des différences de lieux et de climat, l'analogie est plus grande avec la mort de Julie dans *La Nouvelle Héloïse* (VIe partie). Cet épisode est un des plus longs du roman de Rousseau: il occupe les lettres X, XI et XII[9] et suit à la trace les progrès du mal qui emportera Julie. C'est surtout l'occasion, pour Rousseau, de reparler de l'éducation des enfants, des rapports de Julie avec son mari et avec son amie Claire, mais aussi avec le personnel de sa propriété. On pourrait dire, à cet égard, que la mort de Julie s'oppose à celle de Manon comme un volontarisme tendu à une passivité résignée: Julie, se sentant faiblir, règle dans le détail l'avenir des siens, et même celui de Saint-Preux; elle fait régner autour d'elle l'ordre, l'élégance et l'hygiène la plus stricte; elle s'entoure de fleurs et s'habille en «femme du monde qui attend compagnie» plutôt que comme «une campagnarde qui attend sa dernière heure». On croirait lire, par moment, les règles d'une propédeutique de la bonne mort.

Tel est bien le propos de Rousseau; mais il l'inscrit dans un dessein plus large, qui est l'apologie de la mort protestante – paisible, acceptée, décente, presque raisonnée – par rapport aux excès de la mort catholique et à son rituel baroque. Au ministre calviniste venu lui apporter le réconfort de la religion, Julie adresse un long discours qui dégage la synthèse de sa foi. Il était temps, car l'incrédule Wolmar commençait

la purifier de ses péchés. Manon meurt rachetée, mais non sainte: une conclusion quasi-hagiographique aurait détruit l'unité de l'œuvre.

9. Ce qui correspond à 37 pages dans l'édition procurée par H. Coulet et B. Guyon dans les *Œuvres complètes* (Paris 1964).

à craindre que « ses opinions [athées] indiscrètement soutenues n'eussent enfin trop gagné sur elle ». Or, déclare cet époux respectueux des convictions de son épouse, « si j'eusse été malade, je serais certainement mort dans mon sentiment ; mais je désirais qu'elle mourût dans le sien ». Il sera bientôt rassuré sur ce point, car Julie s'explique en détail sur ses convictions religieuses (qui sont évidemment celles de Rousseau), mais surtout sur sa manière de concevoir la préparation à la mort (ii.715-16) :

> La préparation à la mort est une bonne vie ; je n'en connois point d'autre [...] Mes derniers plaisirs sur la terre sont aussi mes derniers devoirs : n'est-ce pas le [Dieu] servir encore et faire sa volonté que de remplir les soins que l'humanité m'impose, avant d'abandonner sa dépouille ? [...] Ma conscience n'est point agitée [...] Je ne lui porte point un repentir imparfait, tardif, et forcé [...] Je ne lui porte pas le reste et le rebut de mes jours [...] Je lui porte ma vie entière, pleine de péchés et de fautes, mais exempte des remords de l'impie et des crimes du méchant [...] O grand Etre ! Etre éternel, suprême intelligence [...] Dieu très puissant, très bon, dont je ne doutai jamais un moment, et sous les yeux duquel j'aimai toujours à vivre ! Je le sais, je m'en réjouis, je vais paroître devant ton trône.

La longueur de ce discours, « prononcé d'abord d'un ton grave et posé, puis avec plus d'accent et d'une voix plus élevée », tient à l'importance que Rousseau accorde à la signification religieuse de l'ultime passage. Après l'avoir écouté, le pasteur s'écriera : « je croyais vous instruire, et c'est vous qui m'instruisez ». Il dénoncera ensuite le caractère effrayant de la mort catholique (ii.717) :

> Un catholique mourant n'est environné que d'objets qui l'épouvantent, et de cérémonies qui l'enterrent tout vivant. Au soin qu'on prend d'écarter de lui les démons, il croit en voir sa chambre pleine ; il meurt cent fois de terreur avant qu'on l'achève, et c'est dans cet état d'effroi que l'Eglise aime à le plonger pour avoir meilleur marché de sa bourse. Rendons grâce au ciel, dit Julie, de n'être point nés dans ces religions vénales qui tuent les gens pour en hériter, et qui, vendant le paradis aux riches, portent jusqu'en l'autre monde l'injuste inégalité qui règne dans celui-ci [...] J'espère [...] que celui qui doit élever nos enfans prendra des maximes tout opposées, et qu'il ne leur rendra point la religion lugubre et triste, en y mêlant incessamment des pensées de mort. S'il leur apprend à bien vivre, ils sauront assez bien mourir.

A la prétérition de la mort de Manon répond ici une mort raisonneuse, didactique, un peu trop bavarde pour la vraisemblance. Il est vrai que Rousseau tenait à y exprimer ses propres conceptions, et que Julie n'est, dans ce long épisode, que sa fidèle porte-parole.[10]

L'agonie de Julie s'accompagnera de faits surprenants, qui tiennent presque du miracle: le retour imprévu du mari de Fanchon; l'ultime repas, qui rappelle la dernière cène, où Julie se nourrit de poisson, de pain et de vin, et au terme duquel elle semble guérie; la fausse nouvelle de sa résurrection[11] et la joie du peuple «ami du merveilleux». Sans aucune intention sacrilège, Rousseau fait de la mort de Julie un *analogon* de la mort de Jésus, sur le mode mineur et dans un cadre contemporain.[12]

L'élément religieux, étrangement absent dans *Manon*, devient ici le vecteur principal de la fin du roman, qui s'achève sur une sorte de béatification. Dans sa lettre d'adieu, Julie écrit à Saint-Preux: «Soyez chrétien pour l'engager [Wolmar] à l'être», puis, passant au tutoiement de l'amoureuse:

> Non, je ne te quitte pas, je vais t'attendre. La vertu qui nous sépara sur la terre nous unira dans le séjour éternel. Je meurs dans cette douce attente.

L'amour et la foi religieuse se rejoignent finalement, dans une projection vers l'au-delà. La mort de Julie est exemplaire, à tous égards. Elle dégage le roman de ses attaches temporelles pour l'orienter vers la transcendance. Julie sera, pour les survivants, une âme tutélaire, soucieuse de leur bonheur et de leur perfectionnement moral:

> J'aime à croire, écrit Claire d'Orbe, que du lieu qu'elle habite, du séjour de l'éternelle paix, cette âme encore aimante et sensible se plaît à revenir parmi nous, à retrouver ses amis pleins de sa mémoire, à les voir imiter ses vertus, à s'entendre honorer par eux, à les sentir embrasser sa tombe et gémir en prononçant son nom.

Et déjà, quand elle se rend au temple et passe par le cimetière, Claire croit entendre une voix qui l'appelle et qui l'entraîne. L'œuvre s'achève sur cette aspiration à la «bonne mort», qui est aussi une mort sanctifiante.

La mort de l'héroïne a la même valeur béatifiante dans *Paul et*

10. Comme toute *La Nouvelle Héloïse* est d'ailleurs une synthèse de sa pensée. Cette identification explique que Julie refuse de croire à la résurrection des corps.

11. «Il fallait», écrit Wolmar, «qu'elle ressuscitât pour me donner l'horreur de la perdre une seconde fois».

12. Peut-être pourrait-on expliquer par là le comportement aberrant de Claire, qui «se roule par la chambre [...] en mordant les pieds des chaises». Cet excès de désespoir n'a de sens que par rapport à une mort exceptionnelle.

Virginie.[13] Non qu'elle soit inscrite de manière évidente et nécessaire dans la trame de l'œuvre (du moins à la première lecture). En revanche, le côté angélique de l'héroïne est souligné d'emblée et très fortement par l'auteur. Virginie est un être virginal et pur, qui traversera l'enfance dans une parfaite transparence. «Ce sera une vierge, elle sera heureuse», disait Marguerite, dans la version primitive, au moment de nommer l'enfant. Pour qu'elle le reste, dans tous les sens, il lui faudra mourir jeune. Comme Bernardin le dit, dans l'«Avis sur cette édition» de 1789, en réponse aux objections d'un de ses confrères, «il est dangereux de n'offrir à la vertu d'autre perspective que le bonheur[14] [...] *il faut apprendre aux hommes non seulement à vivre, mais encore à mourir*». Cette fois le propos de l'œuvre est explicitement énoncé, et on constatera qu'il va bien au-delà de la fable idyllique que le récit des enfances semblait annoncer.

Venons-en donc au naufrage du Saint-Géran. A la suite d'un ouragan que Bernardin décrit admirablement, le navire est drossé sur les rochers, à courte distance du rivage. Virginie est visible de la côte, debout dans la galerie de la poupe, tendant les bras vers Paul, qui nage désespérément pour la rejoindre. Elle pourrait encore être sauvée. Un marin s'approche d'elle «avec respect» et s'efforce même «de lui ôter ses habits», mais Virginie le repousse «avec dignité»: sans doute sa pudeur alarmée refuse-t-elle un sauvetage qui exposerait son corps virginal aux regards indiscrets. Surgit alors une véritable trombe d'eau qui emporte la chaste héroïne:

> et Virginie, voyant la mort inévitable, posa une main sur ses habits, *et levant en haut des yeux sereins, parut un ange qui prend son vol vers les cieux.*

Que Bernardin ait, ou non, voulu nous peindre une mort chrétienne importe assez peu en définitive. L'essentiel est dans la spiritualisation du trépas librement accepté. Le processus d'angélisation trouve cette fois sa réalisation la plus caractérisée. Virginie renonce à une survie terrestre qui serait forcément ternie et banalisée par les contraintes sociales; à l'embourgeoisement, elle préfère d'instinct la projection

13. Nous citons le roman de Bernardin de Saint-Pierre d'après la très belle édition de M. Edouard Guitton (Paris, Imprimerie Nationale, 1984). Nous lui devons aussi l'information bibliographique et historique sur laquelle nous nous appuyons.

14. C'était l'illusion de Marguerite, la naïve Bretonne.

dans un au-delà édénique, où elle se métamorphosera dans le personnage (éminemment romantique) de la «sœur vierge des anges».[15]

Le caractère à la fois sublime et exemplaire de cette mort angélique se retrouve dans la description du corps de la noyée:

> ses traits n'étaient point sensiblement altérés. Ses yeux étaient fermés; mais *la sérénité était encore sur son front*: seulement les pâles violettes *de la mort* se confondaient sur ses joues avec les roses *de la pudeur*. Une de ses mains était sur ses habits, et l'autre, qu'elle appuyait sur son cœur, était fortement fermée et roidie.

Les funérailles de Virginie sont l'amorce de sa béatification. Les jeunes filles font toucher au cercueil «des mouchoirs, *des chapelets* et des couronnes de fleurs, *en l'invoquant comme une sainte*».

Quant aux consolations que le vieillard prodigue ensuite au pauvre Paul, elles anticipent étrangement sur celles du P. Aubry. Leur vie conjugale aurait été pénible: Virginie avait été déshéritée, et son éducation l'avait rendue plus délicate; elle aurait succombé sous le travail sans qu'ils pussent soutenir à la fois leurs vieux parents et une famille naissante. Elle aurait peut-être dû sacrifier sa vertu aux caprices d'un gouverneur moins scrupuleux que M. de La Bourdonnais. Leurs plaisirs mêmes eussent été amers.

L'argumentation du vieillard rejoint les thèmes classiques de la pastorale chrétienne, celle que les historiens rattachent à la «mort apprivoisée». Elle n'a donc guère d'originalité (p.270-72):

> Les projets de plaisirs, de repos, de délices, d'abondance, de gloire, ne sont point faits pour l'homme faible, voyageur et passager [...].
>
> Mais enfin, de tant d'hommes que nous voyons [...] il n'y en a aucun qui ne soit destiné à perdre un jour ce qu'il chérit le plus, grandeur, fortune, femme, enfants, amis [...].
>
> Est-ce donc le malheur de Virginie, sa fin, son état présent, que vous déplorez? Elle a subi le sort réservé à la naissance, à la beauté, et aux empires mêmes. La vie de l'homme, avec tous ses projets, s'élève comme une petite tour dont la mort est le couronnement. En naissant, elle était condamnée à mourir. Heureuse d'avoir dénoué les liens de la vie avant sa mère, avant la

15. On peut regretter que cette scène, qui pourrait avoir une grandeur presque religieuse, soit affadie par le vocabulaire doucereux des «âmes sensibles»: «cette aimable personne», «cette fille infortunée», «cette digne demoiselle qui n'a jamais voulu se déshabiller comme moi». A certains égards, Bernardin est parfois inférieur à son sujet et à son sens implicite.

vôtre, avant vous ; c'est-à-dire, de n'être pas morte plusieurs fois avant la dernière ! La mort, mon fils, est un bien pour tous les hommes.

Bernardin de Saint-Pierre n'a pas senti que ce discours traditionnel ramenait la mort de Virginie à la normalité, et la banalisait sous les lieux communs de la « consolatio » rhétorique. Le côté exceptionnel de son destin est brièvement rappelé lorsque Virginie est supposée s'adresser à Paul du haut « du séjour des anges » (p.275), mais c'est pour lui faire dire quelques phrases conventionnelles, comme : « O Paul ! la vie n'est qu'une épreuve [...] Aucun des maux qui effraient les hommes ne peut plus désormais m'atteindre ; et vous me plaignez ! » Le discours va s'élever, heureusement, un peu plus loin, lorsque Virginie évoquera « ces rivages d'un orient éternel » dans un passage exalté où Edouard Guitton retrouve les accents du *Cantique des cantiques.*

On le voit, Chateaubriand n'ajoutera à cette fiction spiritualiste de la bonne mort angélisée que les vibrations de sa prose poétique et les agréments exotiques des sauvages du Nouveau Monde. A la limite, on pourrait même trouver Atala moins pure, moins parfaite, moins angélique que la pudique adolescente de l'Ile de France.

Bien que combattue par le vœu qu'elle a imprudemment consenti à sa mère, sa sensualité est forte et le désir, s'il est vaincu, n'en est que plus sensible. Chactas reste suspendu aux lèvres de sa bien-aimée « comme un faon semble pendre aux fleurs de lianes roses, qu'il saisit de sa langue délicate dans l'escarpement de la montagne » (p.51). Elle se reproche « cette passion » (p.51). Ils marchent, le soir, « une main tendrement serrée, un sein tour à tour palpitant, tour à tour tranquille » (p.52). Chactas forcera « cette biche altérée » d'errer avec lui dans la forêt (p.53). Atala change de visage en écoutant un jeune guerrier chanter (p.54) :

Mila a les yeux d'une hermine et la chevelure légère d'un champ de riz ; sa bouche est un coquillage rose, garni de perles ; ses deux seins sont comme deux petits chevreaux sans tache, nés au même jour, d'une seule mère. Puisse Mila éteindre ce flambeau ! puisse sa bouche verser sur lui une ombre voluptueuse ! Je fertiliserai son sein. L'espoir de la patrie pendra à sa mamelle féconde, et je fumerai mon calumet de paix sur le berceau de mon fils.

Si elle ne se croyait liée par le vœu fatal, Atala ne demanderait pas mieux que d'être aimée, désirée et possédée comme Mila, et d'être pour la vie la « colombe solitaire » de Chactas. Avec une évidente complaisance, Chateaubriand multiplie dans ces pages les modulations d'un érotisme «sauvage», plein de poésie, mais chargé de références charnelles que les bienséances européennes ne viennent pas malencontreusement occulter.

Atala est près de succomber au double attrait de l'amour et de la maternité (p.56):

Qui pouvait sauver Atala? qui pouvait l'empêcher de succomber à la nature? Rien qu'un miracle, sans doute; et ce miracle fut fait! La fille de Simaghan eut recours au Dieu des chrétiens; elle se précipita sur la terre, et prononça une fervente oraison, adressée à sa mère et à la Reine des Vierges.

Aussitôt la femme de chair et de désir s'angélise, et – fait significatif – du même coup s'insinue l'idée de la mort prochaine (p.56-57):

Ah! qu'elle me *parut divine*, la simple sauvage, l'ignorante Atala [...] Ses yeux [...] etaient d'une beauté *immortelle.*

Plusieurs fois il me sembla *qu'elle allait prendre son vol vers les cieux* [...] *je craignis qu'Atala n'eût que peu de temps à passer sur le terre.*

Mais l'heure fatale n'a pas encore sonné, et l'amour humain reprend ses droits, la solitude et l'environnement naturel aidant:

Les forces d'Atala commençaient à l'abandonner et *les passions*, en abattant son corps, *allaient triompher de ses vertus chrétiennes.*[16]

Apprenant qu'Atala est fille de López, et non de Simaghan, Chactas la serre éperdument contre lui (p.76-77). N'est-elle pas un peu sa sœur?

Déjà je l'avais saisie, déjà je m'étais enivré de son souffle, déjà *j'avais bu toute la magie de l'amour sur ses lèvres*[17] [...] je tenais mon épouse dans mes bras [...] Pompe nuptiale digne de nos malheurs et de la grandeur de nos amours, superbes forêts [...] *Atala n'offrait plus qu'une faible résistance à mes caresses;*[18] *je touchais au moment du bonheur,*

lorsqu'éclate un coup de foudre (symbole de la colère divine?), suivi du tintement d'une cloche, qui annonce la venue du P. Aubry. Les jeunes gens sont sauvés par le religieux, mais l'heure du choix décisif est arrivée pour Atala. La tentation de la chair est condamnée par le vœu de sa mère, qui a consacré la virginité de la jeune fille «à la Reine

16. Page 71. Version de 1801. En 1805, Chateaubriand corrigera en «‹de sa vertu».

17. Chateaubriand côtoie ici un érotisme très XVIIIe siècle, qui est inconcevable dans *Paul et Virginie*, où la sensualité sous-jacante est plus suggérée que décrite.

18. Version de 1801. Celle de 1805 supprime «à mes caresses».

des Anges», révélation qui arrache à Chactas un cri de douleur et de haine: «Périsse le Dieu qui contrarie la nature!»

Nous avons vu que, dans la *Défense du Génie*, Chateaubriand parlait d'*Atala* comme d'un «roman pieux». Affirmation un peu courte, semble-t-il: séduit, l'instant auparavant, par la beauté du christianisme (l'épisode des laboureurs), Chactas abomine cette religion contre nature (avant de s'y convertir); Atala se suicide en prenant du poison (ce qui prouve son ignorance en matière de foi chrétienne), de crainte de violer le vœu et d'être maudite par sa mère. Car la passion charnelle n'a cessé de l'habiter (p.97-98):

> Haletant après l'ombrage des bois [...] j'aurais désiré que cette divinité se fût anéantie, pourvu que, *serrée dans tes bras, j'eusse roulé d'abîme en abîme avec les débris de Dieu et du monde!* à présent que l'éternité va m'engloutir [...] *j'emporte le regret de n'avoir pas été à toi.*

L'ardeur de ce désir impossible est telle qu'elle choque le P. Aubry. Il estime que «cet excès de passion [...] est rarement juste, il n'est même pas dans la nature», tout en lui révélant que la religion «n'exige point de sacrifice plus qu'humain» (p.98).

Mais il est trop tard. Atala va mourir, saintement puisque ses intentions étaient pures, mais non sans avoir entendu au préalable l'interminable prône de consolation du P. Aubry (p.102-106). L'argumentation du prêtre, nous l'avons dit, ressemble sur bien des points à la «consolatio» du vieillard dans *Paul et Virginie*: la vie est peu de chose; la société atroce, surtout en Europe («ce long cri de douleur qui s'élève de cette vieille terre»); l'amour est un songe, le désir est inconstant; la vie de ménage est faite de soucis, de disputes, d'inquiétudes, de reproches mutuels; l'enfantement se fait dans la douleur; ce que la jeunesse appelle amour n'est qu'illusion, chimère, vanité, rêves d'une imagination blessée. D'ailleurs «l'âme de l'homme se fatigue, et jamais elle n'aime le même objet avec plénitude». Dès lors, «il faut finir» et remercier la bonté divine, «qui vous retire si vite de cette vallée de misère, et de cette terre de visions».

Une «sainte tristesse» succède à la passion, et atteste le triomphe de «cette religion divine». A l'instar de Julie mourante, Atala rassure Chactas et apaise sa tristesse: «il est après cette vie une plus longue vie [...] Je ne fais que te devancer aujourd'hui, et *je vais t'attendre dans l'empire céleste*» (p.108).

Au moment où elle va rendre l'âme, «la grotte parut soudain

illuminée ; *on entendit dans les airs les paroles des anges et les frémissements des harpes célestes*». Chactas croit voir «Dieu lui-même sortir du flanc de la montagne». Quant à Atala, «*cette sainte* avait les yeux levés au ciel, en extase» (p. 109).

Les funérailles d'Atala sont célèbres, et le tableau de Girodet a contribué à en fixer l'image. Spiritualité et sensualité s'y marient : «ses pieds, sa tête, ses épaules et une partie de son sein étaient découverts [...] je n'ai rien vu de plus *céleste*». On aurait pu «la prendre pour la statue de la Virginité endormie» (p. 114).

Comme Des Grieux, Chactas a attendu deux jours avant d'inhumer le corps tant aimé ; comme lui, il creusera de ses mains le tombeau de la pauvre fille.

La parenté d'Atala avec ses illustres devancières est donc évidente ; elle porte même sur des points essentiels. Poésie du verbe mise à part (mais c'est là sans doute que réside le charme majeur de ce petit roman), la finalité de la mort angélique d'une jeune femme conditionne ces œuvres situées dans des contextes si différents. A cet égard, le destin de Virginie est sans doute le plus parfaitement conforme au modèle spiritualiste, puisque Julie se veut théologienne et raisonneuse, alors qu'Atala (en innocente sauvageonne) est en proie à une puissante sensualité. L'attirance sexuelle, qui semble étrangement oubliée par Prévost, que Julie avoue avec une infinie discrétion, que Bernardin suggère de manière allusive, est nettement plus marquée dans le roman de Chateaubriand. Mais dans tous les cas, l'amour terrestre est, sinon aboli, en tout cas sublimé par un élan religieux qui élève l'héroïne au rang de sainte, ou d'ange. L'angélisme, que l'on présente fréquemment comme une particularité romantique (Vigny, Lamartine, Moore), apparaît manifestement comme un des traits déterminants d'une lignée de romanciers français du XVIIIe siècle. Sur ce point comme sur quelques autres, le héraut du romantisme qu'est Chateaubriand peut aussi être tenu pour le continuateur et l'héritier du XVIIIe siècle, ou du moins d'un certain XVIIIe siècle, qui n'est ni celui de Voltaire, ni celui des matérialistes.

Essai de synthèse

L'Europe des Lumières

Aucune culture ne se développe de manière linéaire, selon une progression forcément ascendante. Elle évolue plutôt à la manière d'une courbe ondulante où les points de haute fréquence apparaissent comme des moments privilégiés, où tous les dons semblent réunis miraculeusement, sans qu'on sache très bien ni comment, ni pourquoi.

Après l'Europe romaine, après l'Europe de la Renaissance unie par la latinité, l'Europe des Lumières a été un de ces moments où la culture, au sens le plus large – celui qui inclut la littérature, la musique, les beaux-arts, l'architecture, l'urbanisme, et même l'art de vivre – a vécu un de ses sommets. La France lui a fourni l'instrument de son unité momentanée : une langue portée à un haut degré de rigueur et d'affinement par les écrivains du XVIIe siècle. Le monde germanique et le monde italien lui apporteront son autre langage, universel celui-là : une merveilleuse musique portée à sa perfection par une extraordinaire lignée de génies qui va de Bach à Haendel, de Haydn à Mozart et de Vivaldi à Cimarosa.

Jamais peut-ête l'Europe n'a pris une conscience plus aiguë, et plus explicite, de son unité culturelle que lorsqu'au XVIIIe siècle, entre des limites chronologiques mal déterminées, elle s'est sentie et crue française. On peut s'interroger sur cette option, qui n'a d'ailleurs pas manqué de susciter des réactions, et des résistances.

L'éclat du siècle de Louis XIV y est certes pour quelque chose, si on veut bien, comme le faisait Voltaire, retenir de ce siècle, non ses guerres de conquête et ses destructions cruelles, mais le prestige de ses écrivains, de ses savants, de ses ingénieurs et de ses architectes. Cette merveilleuse floraison n'aurait pourtant pas suffi à cimenter un consensus autour d'une langue et d'une culture : le règne du Roi-Soleil s'était achevé, on le sait, dans les désastres militaires et dans la débâcle financière.

Ce sont les penseurs, les écrivains, ceux qui revendiqueront le titre flatteur de « philosophes », qui vont créer les conditions favorables à une Europe des Lumières qui soit aussi une Europe française. Déjà à la fin du XVIIe siècle, avec Fontenelle, apparaît la conviction qu'on vit dorénavant en un âge *éclairé*, c'est-à-dire dans un climat intellectuel dominé par la raison, par la pensée libre, par l'esprit analytique, par le rejet de ce qu'on appelle les *préjugés*. Pierre Bayle, réfugié en Hollande à la même époque, popularise l'idée d'une République des Lettres, sorte d'internationale de la pensée et de l'écriture.

Le mot, comme la notion de «lumières» (au pluriel), est une création française qui va bien au-delà du simple savoir érudit, et qui se rapporte à une attitude de l'esprit qui renvoie elle-même à une vision du monde où la transcendance cède le pas à l'immanence, l'au-delà à l'ici-bas. La recherche du bonheur et celle de la vérité se feront dorénavant sur cette terre, qui n'est plus une vallée de larmes, mais le terrain de réalisations concrètes, expression d'une volonté pragmatique dont l'*Encyclopédie* est à la fois le porteur et le symbole. Toutes les appellations non-françaises du concept de «lumières» sont tardives et calquées sur le terme français. C'est autour de lui que se constitue et se renforce l'accord sur l'originalité d'un siècle qui fut sans doute le premier à se définir dans un cadre chronologique et dans des termes aussi précis.

L'expression «Europe française des Lumières» n'est ni la marque d'un chauvinisme gallocentrique, ni celle d'une nostalgie tardive. Elle figure explicitement dans le titre du livre d'un ambassadeur de Naples à Paris, le marquis Caraccioli, publié à Venise et à Paris en 1777, *Paris, le modèle des nations étrangères, ou l'Europe française*. Pour ce diplomate, aucun doute n'est possible: «Jadis, tout était romain; aujourd'hui, tout est français», et c'est pour lui une règle historique qu'on reconnaît une nation dominante à ce qu'on s'efforce de l'imiter à l'étranger.

Tel est bien le cas de la nation française. Sa langue est devenue, vers le milieu du XVIIIe siècle, la *lingua franca* des élites sociales et culturelles de l'époque. Même quand les idées (comme celles de Newton et de Locke) viennent d'outre-Manche, il faut, pour qu'elles se répandent, le médium d'une adaptation française. Nombreux sont les écrivains qui choisissent, pour s'exprimer, la langue internationale qu'est devenue le français. C'est le cas de Melchior Grimm, dont la *Correspondance littéraire* informe les princes du Nord de l'actualité littéraire et théâtrale de Paris. C'est le cas du roi de Prusse lui-même, puisque c'est en français que Frédéric II écrit son *Anti-Machiavel*, compose des vers (assez médiocres au demeurant) et correspond avec Voltaire et d'Alembert avec un incontestable talent, qui s'égale parfois au leur. L'Académie de Berlin, qui doit concrétiser la politique culturelle du roi, a le français pour langue officielle : des Français de souche, comme Maupertuis ou d'Argens, y côtoient des représentants du *Refuge* protestant, comme Formey, mais aussi des Italiens, comme Algarotti ou Denina, sans parler des Allemands authentiques.

L'aristocratie allemande s'est francisée plus que toute autre. Les petits princes qui règnent dans leurs résidences délicieusement rococo – qu'on songe à Schwetzingen – font jouer sur leur scène privée les pièces de Voltaire, de Racine, ou de Crébillon.

En Italie, c'est dans une autre classe sociale que le modèle français tend à s'imposer. Un aventurier comme Casanova, un économiste tel que l'abbé Galiani entendent bien, par là, toucher un plus large public européen.

La Hollande joue, dans cette internationale culturelle, un rôle prépondérant. N'est-ce pas à Amsterdam, à La Haye et à Leyde que se trouve alors le centre de l'édition française, qui cherche à fuir la contrainte de la double censure de Paris ? Un journaliste tel que Justus van Effen publie indifféremment ses périodiques en néerlandais et en français. Une jeune fille de la plus haute aristocratie hollandaise, la ravissante Belle de Zuylen, compose en français un petit roman satirique, *Le Noble*, où elle se moque avec impertinence des idées reçues dans son milieu. Loin d'être une intempérance, ce petit volume est l'indice d'une vocation. Plus tard, fixée à Neuchâtel par un mariage tardif et morose, elle se consolera de la grisaille quotidienne en écrivant, en français, des romans et des nouvelles ou en rédigeant une correspondance qui fait d'elle l'égale des plus grandes épistolières d'un siècle qui en fut pourtant brillamment pourvu. Lorsque, la cinquantaine passée, elle se fait pédagogue et prend en main, bien qu'à distance, la formation de son neveu Willem-René van Tuyll van Serooskerken, elle lui écrit, dans les derniers jours de mai 1797, en pleine Révolution, ces lignes étonnantes :

> Laissez là toute étude du hollandais. Parlez-le et ne l'écrivez pas. Le français deviendra la langue unique. J'en suis convaincue. C'est la plus belle, c'est celle qui est susceptible de plus de clarté, de plus de précision.[1]

Isabelle, maintenant devenue Mme de Charrière, est loin d'être la seule de cet avis. Diderot, lorsqu'il rentre de Russie après un séjour d'une demi-année, profère cette stupéfiante prédiction :

1. *Œuvres complètes* (Amsterdam 1983), v.314 (lettre du 31 mai 1797).

Aucune nation en Europe qui se francise plus rapidement que la Russie, et pour la langue et pour les usages.[2]

Diderot est d'ordinaire mieux inspiré. Mais son erreur est explicable : il a trouvé chez les Golitzyn, les Panine, les Narychkine, les Demidov, les Betzki, et même chez les jeunes pensionnaires de Smolnyi Monastyr, un milieu apparemment très francisé. Il a conversé tous les jours en français avec la grande Catherine, qui se dit la fidèle disciple politique de Montesquieu. L'écran que lui présente cette petite société de privilégiés l'a ébloui et trompé sur les réalités profondes de la Russie, qu'il a pourtant discernées dans d'autres domaines.

Il en est allé de même pour bien des écrivains, à commencer par Voltaire qui n'a trouvé à Berlin, à Bayreuth, ou dans le Palatinat, que des interlocuteurs et des correspondants tout prêts à l'admirer et à parler ou à écrire sa langue.

C'était déjà le sentiment du Père jésuite Bouhours, en 1671, dans ses *Entretiens d'Ariste et d'Eugène*. Il prévoit que le français sera bientôt la langue universelle et que toute la terre parlera cette langue. On est déjà en bonne voie, si l'on en croit Ariste, puisque la langue française est parlée dans toutes les cours d'Europe, et il ajoute : « Tous les étrangers qui ont de l'esprit se piquent de savoir le français ; ceux qui haïssent le plus notre nation aiment notre langue ». Eugène, quant à lui, ne voudrait à aucun prix parler une langue étrangère : « Je craindrais, poursuivit-il, que si je venais à parler tant de sortes de langues, on ne me prît dans le monde pour un possédé ». D'ailleurs, pour Eugène, « c'est une chose singulière qu'un bel esprit allemand ou moscovite », ce bel esprit ne pouvant s'accommoder « avec les tempéraments grossiers et les corps massifs des peuples du Nord ».

Moins chauvin que Bouhours, La Bruyère rappellera, au chapitre XII des *Caractères* (« Des jugements ») que « tous les étrangers ne sont pas barbares, et tous nos compatriotes ne sont pas civilisés ».

La conviction que l'Europe est devenue française va s'exprimer d'une manière péremptoire dans le choix du sujet de concours proposé en 1783 par l'Académie de Berlin :

– Qu'est-ce qui a rendu la langue française universelle ?
– Pourquoi mérite-t-elle cette prérogative ?
– Est-il à présumer qu'elle la conserve ?

2. *Œuvres politiques*, éd. P. Vernière, p.267.

Rivarol, dans sa réponse qui sera publiée sous le titre *De l'universalité de la langue française*, affirmera d'emblée, en reprenant sans le dire la formule de Caraccioli : « Le temps semble venu de dire *le monde français* comme autrefois *le monde romain* ». Pour lui,

> l'Europe est parvenue à un si haut degré de puissance que l'histoire n'a rien à lui comparer ; le nombre des capitales, la fréquence et la célébrité des expéditions, les communications publiques et particulières en ont fait une immense république, et l'ont forcée à se décider sur le choix d'une langue.

Ce ne pouvait être que le français, comme Rivarol s'efforcera de le démontrer dans la suite de son essai.

Le prix fut partagé l'année suivante entre Rivarol et un concurrent allemand qui arrivait aux mêmes conclusions, mais dans une dissertation rédigée en allemand. D'ailleurs, dans l'exposé des motifs couronnant Rivarol, le secrétaire de l'Académie avait eu soin de préciser : « L'auteur n'obtiendra les suffrages du public, comme il a déjà obtenu ceux de l'Académie, que lorsque son discours sera lu et médité dans le silence des préjugés nationaux. »

On sent percer là les premiers grondements d'un mouvement qui remettra en question à la fois l'unité européenne, la prépondérance française et l'adhésion à la pensée des Lumières.

Il est vrai que la littérature n'est qu'un des éléments de cette Europe française. Il en est d'autres, moins sujets à l'amour-propre national. Un de ceux qui nous surprennent le plus, à notre époque de passeports, de visas et de contrôles innombrables, c'est l'extraordinaire perméabilité des frontières et le mouvement incessant des écrivains et des artistes. Le XVIIe siècle avait été dans l'ensemble un âge sédentaire. Pour La Fontaine, se rendre en Limousin est tout un événement, qu'on relate en vers et en prose. Aussi conseille-t-il :

> Amants, heureux amants, voulez-vous voyager ?
> Que ce soit aux rives prochaines.

Evitons dès lors le fâcheux exemple de ce pigeon qui,

> … s'ennuyant au logis,
> Fut assez fou pour entreprendre
> Un voyage en lointain pays.[3]

La curiosité, le désir de voir du pays, en somme l'exotisme, tout cela

3. « Les deux pigeons », *Fables*, IX.2.

n'est que sottise et légèreté, comme le prouve l'exemple de certaine tortue :

> Une tortue était, à la tête légère,
> Qui, lasse de son trou, voulut voir le pays.
> Volontiers on fait cas d'une terre étrangère,
> Volontiers gens boiteux haïssent le logis.[4]

Par un revirement radical des valeurs, le XVIIIe siècle sera voyageur, cosmopolite, un peu « dromomane » comme Casanova, comme Jean-Jacques Rousseau ou comme Bernardin de Saint-Pierre. Cette agitation, cette volonté fébrile de mouvement suscite, dès le début du siècle, la réflexion déjà « philosophique » de ce bon sauvage qu'est le Huron Adario dans les dialogues de La Hontan. Il y voit un des traits spécifiques de l'Européen et l'indice d'un malaise psychologique certain.

On pouvait l'interpréter autrement, et y voir le désir légitime de se cultiver par le contact avec d'autres cultures, d'autres usages, d'autres horizons, et de se préserver ainsi d'une autosatisfaction incompréhensive et bornée. Dès la fin du XVIIe siècle, les voyages de Bernier et de Tavernier en Perse et aux Indes alimentent la pensée ethnologique et favorisent le relativisme religieux. Les *Lettres persanes* feront le reste, en dénonçant la sottise des Parisiens et de tous ceux qui s'interrogent : « Comment peut-on être Persan ? ». Paul Valéry a eu raison de voir, dans ce petit ouvrage, une des mutations les plus significatives de la pensée occidentale.

Bien entendu, les voyages coûtent cher et il n'est pas donné à tous de faire, de Calais à Lisbonne ou à Naples, ce « grand tour » qui prépare les jeunes lords anglais à leur future carrière diplomatique ou politique. Il est vrai qu'on peut se mouvoir à moindres frais, à pied comme Jean-Jacques, en mission comme Bernardin de Saint-Pierre que son métier d'ingénieur conduira jusqu'en Sibérie, ou à l'économie, comme Laurence Sterne lorsqu'il entreprend son « voyage sentimental » à travers la France. Reste aux autres la possibilité de se passionner pour les récits de voyage, comme celui de Regnard en Laponie, celui de Maupertuis en Nouvelle-Zemble, celui de La Condamine en Amérique du Sud et ceux des grands capitaines revenus de leur périple autour du monde : Cook et Bougainville, pour ne citer que les plus illustres. On peut aussi se passionner pour les « choses vues » et pour les coutumes étranges

4. « La tortue et les deux canards », *Fables*, x.2.

rapportées par les *Lettres édifiantes* des jésuites partis évangéliser les Indes, la Chine, quand ce ne sont pas les Hurons, les Iroquois, ou les Indiens du Paraguay.

Le P. Lafitau et le P. Kircher ne sont jamais à court de détails surprenants. La littérature voit fleurir, dans le sillage de Montesquieu, les *Lettres siamoises* et Voltaire aime à dépayser les spectateurs de son théâtre (*L'Orphelin de la Chine*, *Les Guèbres*, ou *Alzire* dont l'action se passe à Lima) tout comme il prend plaisir à promener à travers le monde les personnages de ses contes, de *Zadig* et de *Candide* jusqu'à l'*Histoire de Jenni*. Prévost lance avec succès une *Histoire générale des voyages*. Tant et si bien que plus rien ne peut étonner le lecteur européen, que la découverte de «l'autre» remplit d'une intense satisfaction.

Les grandes universités entretiennent, depuis la fin du moyen âge, cette mobilité de corps et d'esprit, et l'usage du latin en favorise souvent l'accès. Les protestants hongrois viennent étudier à Göttingen, à Genève ou à Leyde plutôt que dans la Vienne catholique. C'est à Leyde aussi que s'inscrivent le Rhénan d'Holbach et le Breton La Mettrie, disciple de Boerhaave et futur médecin particulier de Frédéric II.

Pour autant qu'ils veuillent bien se contenter de vivre dans les grandes villes, les voyageurs du XVIIIe siècle ne risquent guère de se sentir complètement dépaysés. Un vaste mouvement urbanistique tend, sinon à détruire les vieux quartiers aux rues étroites et sinueuses, du moins à les doubler de vastes perspectives où s'exprime une toute nouvelle conception de l'espace humain. Ces réalisations se veulent fidèles à un plan rationnel, donc géométrique, qui oscille entre l'espace circulaire (à Paris, la place Louis XV, future place de la Concorde); les «crescents» anglais et écossais, disposés en demi-cercle autour d'un jardin, qui font la beauté de Londres, d'Edimbourg et de Bath; le rectangle ou le carré (comme à Nancy, à Saint-Pétersbourg ou à Bruxelles, avec la place Royale). Pour en atténuer la rigueur un peu sèche, on saura l'agrémenter des charmes de l'ornementation rococo, dont la place Stanislas de Nancy offre un merveilleux exemple.

Parfois ce carré parfait n'est bâti que sur trois de ses côtés, le quatrième s'ouvrant sur la mer ou sur un fleuve, comme l'admirable place du Commerce à Lisbonne, ouverte sur le Tage, et qui fut réalisée par le marquis de Pombal après la destruction de la ville par le tremblement de terre de 1755 et le raz-de-marée qui s'ensuivit. Cette conception grandiose se diversifie ailleurs en fonction du site, surtout lorsque des urbanistes de génie peuvent tailler dans le vif, comme c'est le cas des superbes réalisations de nos architectes européens à Washington et à Saint-Pétersbourg.

Le voyageur venu de France ou d'ailleurs se trouve parfaitement à l'aise dans le décor des châteaux de la famille Esterházy, que ce soit à Eisenstadt ou à Fertöd, d'autant qu'ils peuvent s'y régaler de la musique de Haydn, sous la direction du Kapellmeister en personne. Et ce n'est là qu'un exemple parmi bien d'autres.

Il arrive pourtant que le voyageur s'intéresse aux mœurs du pays qu'il parcourt, à ses coutumes alimentaires, vestimentaires et autres. Sterne traverse la France comme nos ethnologues sillonnent aujourd'hui l'Afrique. Un Luxembourgeois, le jésuite Feller, enseigne dans l'actuelle Slovaquie, alors hongroise, et il s'émerveille des curiosités qu'il y découvre, depuis certains fossiles jusqu'aux terribles histoires de vampires buveurs de sang. La diversité de l'Europe est un peu le complément coloré de son unité culturelle.

Les ferveurs nationalistes n'ont pas encore intoxiqué les esprits. Il est encore possible, comme le fait Montesquieu, de mettre l'Europe au-dessus de sa patrie, et celle-ci au-dessus de son appartenance locale.

Mme de Staël réunit dans son château de Coppet les meilleurs esprits de la France, de la Suisse, de l'Italie et de l'Allemagne. Schlegel y voisine avec Constant, et Bonstetten avec Sismondi. Stendhal, qui n'aimait pourtant pas le style de la romancière, écrira : « C'étaient les Etats-Généraux de l'opinion européenne. Voltaire, à Ferney, n'a jamais rien eu de pareil. Il y avait, sur les bords du lac, six cents personnes les plus distinguées de l'Europe ». Faudrait-il y voir la préfiguration des nombreuses conférences où les noms des lacs suisses jalonneront les étapes successives de la désagrégation de l'Europe, dans la longue guerre intestine qui la déchirera ?

Le congrès de Vienne, en 1814, sera la dernière expression de cette Europe française des Lumières, même si l'esprit qui y souffle s'inspire davantage de madame de Krüdener que de la pensée de Montesquieu. Du moins s'y efforce-t-on de stabiliser une Europe que les campagnes napoléoniennes ont ébranlée dans ses structures fondamentales et qui s'éveille à l'appel des consciences nationales.

La vieille Europe des privilégiés se donnera un dernier rendez-vous aux funérailles du prince de Ligne, « l'homme le plus gai de son époque », s'il faut en croire Goethe. Notre prince charmant est un peu le symbole de cette Europe et de cette société. Lui-même se disait « Français en Autriche, Autrichien en France, l'un et l'autre en Russie ».

Mme de Staël le tenait pour «le seul étranger qui, dans le genre français, soit devenu modèle au lieu d'imitateur».

Cette Europe aristocratique s'éteint dans les illusions de la Sainte-Alliance, et en même temps disparaît peu à peu l'esprit qui l'avait sous-tendue. A l'Europe des dynasties va succéder l'Europe des nationalités (qui n'est pas encore celle des nationalismes). Déjà en plein XVIIIe siècle, Lessing, Hamann et Herder s'étaient insurgés contre la prédominance du français et contre les jugements sévères de Frédéric II sur la langue allemande. En Italie, Alfieri va se faire, dans le *Misogallo*, le champion d'une Italie unie, mais résolument antifrançaise, tandis qu'en Espagne les partisans des Lumières sont assimilés arbitrairement aux collaborateurs de l'administration française et jugés impitoyablement comme «afrancesados». Goya, le peintre du *Dos de mayo*, devra chercher refuge en France et mourra en exil à Bordeaux.

La République française, en créant l'armée nationale et en armant le paysan, a fait de lui un citoyen. Une nouvelle conscience nationale se fait jour, qui déteindra progressivement sur l'Europe, restaurant les langues vernaculaires et restituant dans leur dignité des millions d'hommes jusque-là tenus pour quantité négligeable.

Mais le déclin de l'Europe des Lumières emportera aussi, dans la même débâcle, les précieuses valeurs de culture dont elle était porteuse. La nouvelle Europe sera, d'abord, celle des banquiers et des industriels, la Jérusalem nouvelle des saint-simoniens. Goethe, qui avait si cruellement vilipendé la France lorsque, vers 1770, il se découvrait à Strasbourg une âme germanique, évoquera après 1800, et jusque dans ses entretiens avec Eckermann, «cette époque unique que les Français ne retrouveront jamais», un siècle si riche en idées et en talents, dont il gardera la nostalgie. Le romantisme, alors, lui apparaîtra comme une maladie de l'intelligence et de la sensibilité.

Point n'est besoin d'aller aussi loin. L'histoire est une succession de relais et le XIXe siècle, moins stupide que ne l'affirmera Léon Daudet, saura reprendre quelques-unes des idées-forces léguées par les Lumières. Michelet, comme chez nous de Coster, prolonge les lignes directrices de la pensée éclairée. Hugo, dans quelques superbes pages du *Rhin*, chantera la grandeur, et surtout l'avenir de l'Europe de demain.

Les erreurs d'hier nous ont fait prendre une meilleure conscience de la splendeur du passé et des potentialités de l'avenir. Si cette Europe rajeunie de l'an 2000 veut bien ne pas se borner à être l'Europe de l'acier, du beurre et du blé, l'enjeu d'interminables conférences, si elle veut bien accorder à la culture la place qui lui revient, si elle accepte de favoriser la diversité dans l'échange (des écrivains, des étudiants, des chercheurs, des artistes), elle réussira à mobiliser l'opinion et à sensibiliser la jeunesse. Là où les intérêts matériels divisent, la conscience d'appartenir à une culture à la fois multiple, ouverte et vivante, sera le ferment d'une nouvelle prise de conscience.

Dans l'univers de la société post-industrielle, ce recours aux valeurs culturelles sera la condition de notre survie, comme son absence serait la certitude de notre déclin. Malgré ses zones d'ombre, malgré ses inévitables limites, l'Europe des Lumières doit rester une partie indélébile de notre mémoire collective, en même temps qu'un modèle pour les gestionnaires et pour les technocrates de demain.

Remerciements

Nous exprimons notre reconnaissance à tous ceux qui ont bien voulu nous accorder la permission de reproduire les textes qui figurent dans ce volume.

Pourquoi je suis dix-huitiémiste?, *Revue de synthèse*, 3e série, 97-98 (1980), p.53-62.

La pensée des Lumières, ou «suivre dans le silence les traces de la raison humaine», *Etudes sur le XVIIIe siècle* 13 (1986), p.7-17, Editions de l'Université de Bruxelles.

Fontenelle entre l'optimisme scientifique et le pessimisme anthropologique, *Fontenelle*, publié par Alain Niderst (1989), p.675-682, Presses universitaires de France.

La place de d'Alembert dans la littérature des Lumières, *Jean d'Alembert savant et philosophe: portrait à plusieurs voix* (1989), p.17-39, copyright © Gordon and Breach Science Publishers S.A.

Pour une histoire du pastiche littéraire au XVIIIe siècle, *Beiträge zur französischen Aufklärung und zur spanischen Literatur: Festgabe für Werner Krauss zum 70. Geburtstag*. Schriften des Instituts für Romanische Sprachen und Kultur 7 (1971), p.203-217, Akademie-Verlag Berlin.

Voltaire et le peuple, *The Age of Enlightenment: studies presented to Theodore Besterman*, ed. W. H. Barber *et al.*, St. Andrews University publications 57 (1967), p.137-151, Seymour Press.

Les formes de la satire chez Voltaire, *Documentatieblad Werkgroep 18e eeuw* 15-16 (1972), p.43-64.

Voltaire et la Bible, ou les ruses du polémiste, *Colloque 76: Voltaire. Acts of the eighth Colloquium*, ed. Robert L. Walters, 1983, p.17-28, University of Western Ontario.

L'imaginaire historique du XVIIIe siècle: l'exemple de Voltaire, *Storia della Storiografia* 14 (1988), p.136-145, Editoriale Jaca Book.

Diderot au carrefour de la poésie et de la philosophie, *Revue des sciences humaines*, [62] (1963), p.485-501, Université de Lille III.

Diderot et le «grand goût», ou du prestige de la peinture d'histoire au XVIIIe siècle, The Zaharoff Lecture, 1981-1982 (1982), Oxford University Press.

Diderot et les théologiens: l'article «Bible» de l'*Encyclopédie*, *Beiträge zur romanischen Philologie* 24 (1985), p.199-204, Verlag Rütten & Loening.

Diderot entre les «têtes froides» et les «enthousiastes», *Man and nature/L'Homme et la nature* 6 (1987), p.1-19, © Canadian Society for Eighteenth-Century Studies.

Diderot et le projet d'une «philosophie populaire», *Revue internationale de philosophie* 148-149 (1984), p.182-195, Université libre de Bruxelles.

Rhétorique et discours scientifique dans *Le Rêve de d'Alembert*, *Wolfenbütteler Studien zur Aufklärung* 3 (1976), p.327-338, Herzog August Bibliothek Wolfenbüttel.

Note sur un passage du *Rêve de d'Alembert*: Réaumur et le problème de l'hybridation, *Revue d'histoire des sciences* 13 (1960), p.309-316, Presses universitaires de France.

Diderot et le problème de l'expressivité: de la pensée au dialogue heuristique, *Cahiers de l'Association internationale des études françaises* 13 (1961) p.283-297.

A propos du sentiment de l'existence chez Diderot et Rousseau: notes sur un article de l'*Encyclopédie*, *Diderot studies* 6 (1964), p.183-195, Editions Droz.

«Sensibilité», «néo-classique», ou «préromantisme»?, *Le Préromantisme: hypothèque ou hypothèse?*, éd. Paul Viallaneix, Actes et colloques 18 (1975), p.310-318, Editions Klincksieck.

Un magistrat «âme sensible»: le président Dupaty (1746-1788), *Studies in eighteenth-century French literature presented to Robert Niklaus*, ed. J. H. Fox, M. H. Waddicor and D. A. Watts (1975), p.151-162, University of Exeter Publications.

Des larmes de la sensibilité aux larmes du sentiment: Baculard d'Arnaud, Diderot, Ballanche, *Das weinende Saeculum* (1983), p.31-37, Carl Winter Universitätsverlag.

Rousseau et la dissemblance, *Reappraisals of Rousseau: studies in honour of R. A. Leigh*, ed. Simon Harvey *et al.* (1980), p.24-36, Manchester University Press.

La remise en question du christianisme au XVIIIe siècle, *Revue de l'Université de Bruxelles* (1970-1971), p.415-445, Editions de l'Université de Bruxelles.

L'athéisme en France au XVIIIe siècle : progrès et résistances, *Problèmes d'histoire du christianisme* 16 (1986), p.45-62, Editions de l'Université de Bruxelles.

Les voyageurs français en Italie et le débat sur les institutions, *Modèles et moyens de la réflexion politique au XVIIIe siècle* (1977), p.117-136, Les Presses de l'Université de Lille III.

Libertinage littéraire et tensions sociales dans la littérature de l'ancien régime : de la *Pícara* à la *Fille de joie*, *Revue de littérature comparée* 46 (1972), p.35-45, Didier Erudition.

Prélude à la fête révolutionnaire : la «fête bocagère» dans la poésie descriptive de la fin du XVIIIe siècle, *Les Fêtes de la Révolution*, Bibliothèque d'histoire révolutionnaire, 3e série, 17 (1976), p.73-84, Société des études robespierristes.

Une fiction politique de la fin de l'ancien régime : l'*Histoire d'un Pou français*, *Etudes sur le XVIIIe siècle* 10 (1983), p.63-73, Editions de l'Université de Bruxelles.

Les héritiers des «philosophes» devant l'expérience révolutionnaire, *Dix-huitième siècle* 6 (1974), p.45-57, Société française d'étude du XVIIIe siècle.

Aspects du rêve chevaleresque, de La Curne de Sainte-Palaye à Mme de Staël, *Idéologie et propagande en France*, sous la direction de Myriam Yardeni (1987), p.135-152, Editions A. & J. Picard.

Julie, Virginie, Atala, ou la mort angélique, *Itinéraires et plaisirs textuels : mélanges offerts au professeur Raymond Pouilliart*, éd. Georges Jacques et José Lambert, Université de Louvain : Recueil de travaux d'histoire et de philologie, 6 série, fasc. 32 (1987), p.63-74, Editions Nauwelaerts.

L'Europe des Lumières, *Bulletin de l'Académie royale de langue et de littérature françaises* 65 (1987), p.222-232.

Index